MANDADO DE SEGURANÇA

O GEN | Grupo Editorial Nacional – maior plataforma editorial brasileira no segmento científico, técnico e profissional – publica conteúdos nas áreas de concursos, ciências jurídicas, humanas, exatas, da saúde e sociais aplicadas, além de prover serviços direcionados à educação continuada.

As editoras que integram o GEN, das mais respeitadas no mercado editorial, construíram catálogos inigualáveis, com obras decisivas para a formação acadêmica e o aperfeiçoamento de várias gerações de profissionais e estudantes, tendo se tornado sinônimo de qualidade e seriedade.

A missão do GEN e dos núcleos de conteúdo que o compõem é prover a melhor informação científica e distribuí-la de maneira flexível e conveniente, a preços justos, gerando benefícios e servindo a autores, docentes, livreiros, funcionários, colaboradores e acionistas.

Nosso comportamento ético incondicional e nossa responsabilidade social e ambiental são reforçados pela natureza educacional de nossa atividade e dão sustentabilidade ao crescimento contínuo e à rentabilidade do grupo.

LUIZ FUX

3ª EDIÇÃO
REVISTA, ATUALIZADA E REFORMULADA

MANDADO DE SEGURANÇA

- O autor deste livro e a editora empenharam seus melhores esforços para assegurar que as informações e os procedimentos apresentados no texto estejam em acordo com os padrões aceitos à época da publicação, e todos os dados foram atualizados pelo autor até a data de fechamento do livro. Entretanto, tendo em conta a evolução das ciências, as atualizações legislativas, as mudanças regulamentares governamentais e o constante fluxo de novas informações sobre os temas que constam do livro, recomendamos enfaticamente que os leitores consultem sempre outras fontes fidedignas, de modo a se certificarem de que as informações contidas no texto estão corretas e de que não houve alterações nas recomendações ou na legislação regulamentadora.

- Fechamento desta edição: *31.08.2023*

- O Autor e a editora se empenharam para citar adequadamente e dar o devido crédito a todos os detentores de direitos autorais de qualquer material utilizado neste livro, dispondo-se a possíveis acertos posteriores caso, inadvertida e involuntariamente, a identificação de algum deles tenha sido omitida.

- **Atendimento ao cliente: (11) 5080-0751 | faleconosco@grupogen.com.br**

- Direitos exclusivos para a língua portuguesa
  Copyright © 2024 by
  Editora Forense Ltda.
  Uma editora integrante do GEN | Grupo Editorial Nacional
  Travessa do Ouvidor, 11 – Térreo e 6º andar
  Rio de Janeiro – RJ – 20040-040
  www.grupogen.com.br

- Reservados todos os direitos. É proibida a duplicação ou reprodução deste volume, no todo ou em parte, em quaisquer formas ou por quaisquer meios (eletrônico, mecânico, gravação, fotocópia, distribuição pela Internet ou outros), sem permissão, por escrito, da Editora Forense Ltda.

- Capa: Aurélio Corrêa

- **CIP – BRASIL. CATALOGAÇÃO NA FONTE.
  SINDICATO NACIONAL DOS EDITORES DE LIVROS, RJ.**

F996m
    Fux, Luiz,
        Mandado de segurança / Luiz Fux. – 3. ed. – Rio de Janeiro: Forense, 2024.

    Inclui bibliografia
    "Contém anexo"
    ISBN 978-65-5964-900-6

    1. Mandado de segurança – Brasil. 2. Legitimidade (Direito) – Brasil. 3. Interesses coletivos – Brasil. I. Título.

23-85723   CDU: 347.951.3(81)

Meri Gleice Rodrigues de Souza - Bibliotecária - CRB-7/6439

Aos meus netos Patrick, Rafaella, Nicolas e Maria Valentina.

SOBRE O AUTOR

Ministro do Supremo Tribunal Federal (STF). Ex-Presidente do Supremo Tribunal Federal (STF), do Conselho Nacional de Justiça (CNJ) e do Tribunal Superior Eleitoral (TSE). Professor Titular de Processo Civil da Faculdade de Direito da Universidade do Estado do Rio de Janeiro (UERJ). Doutor em Direito Processual Civil pela Universidade do Estado do Rio de Janeiro (UERJ). Membro da Academia Brasileira de Letras Jurídicas. Membro da Academia Brasileira de Filosofia. Palestrante internacional na Harvard Law School, no Massachusetts Institute of Technology, na Universidade de Oxford, na Universidade de Coimbra, no Council of the Americas e no Cyrus Vance Center/NY. Presidiu a Comissão de Juristas designada pelo Senado Federal para elaborar o anteprojeto do Código de Processo Civil de 2015.

APRESENTAÇÃO

A presente obra se destina ao estudo de notável remédio constitucional brasileiro: o mandado de segurança. Agora, em sua terceira edição, o livro passou por revisão e atualização, incorporando em seu bojo as mais recentes decisões dos tribunais superiores.

Nesse mesmo diapasão, os capítulos envolvendo a jurisprudência do STF e do STJ foram reformulados, colacionando-se os acórdãos de maior relevância na hodiernidade, sem descurar dos precedentes históricos.

Pretende-se, assim, oferecer ao operador do Direito um manual completo e contemporâneo, que não só possibilite aos estudantes a plena compreensão do instituto processual e de sua aplicabilidade prática, mas também proporcione aos juristas uma leitura crítica repleta de reflexões, e ainda sirva de fonte de consulta útil e eficiente a todos os profissionais.

Com efeito, partindo-se de capítulo inicial envolvendo a análise de sua evolução histórica e comparada, perpassam-se, nos que se seguem, o conceito, a natureza jurídica, as condições da ação e a competência, para, então, debruçar-se, de forma minuciosa, sobre o procedimento, para culminar com o exame da sentença e acórdão no Mandado de Segurança, da execução, dos recursos e do descabimento dos honorários advocatícios.

Assim, convicto de que a publicação poderá contribuir sobremaneira para o aprimoramento acadêmico e profissional de seus leitores, faço votos sinceros de um profícuo e prazeroso estudo!

Luiz Fux

PREFÁCIO

A proteção do indivíduo contra o arbítrio do Estado é um dos temas mais importantes da teoria política e da filosofia do direito. Ela esteve na gênese desses segmentos científicos e sempre ocupou o pensamento dos mais notáveis teóricos de cada época, sendo testemunha de seu relevo a herança intelectual deixada por pensadores da estatura de Locke, Montesquieu, Hobbes, Kant, Rosseau, Mill, Hayek e tantos outros.

Os clássicos constituíram os alicerces sobre os quais foi erguido o Estado de Direito dentro do qual a vida política e individual hoje se assenta. Esses alicerces, se é verdade que foram capazes de formatar o próprio âmbito de atuação das instituições públicas, também foram responsáveis por legar os elementos fundamentais que mais tarde seriam recolhidos por uma geração de juristas, sejam eles de tradição anglo-saxã ou romano-germânica, que se mostraram preocupados em elevar a promessa de proteção do indivíduo contra o arbítrio estatal ao *status* de uma efetiva garantia.

Mauro Cappelletti, embora tenha se tornado célebre entre nós pelas notáveis pesquisas publicadas a respeito do acesso à justiça no final do século passado, foi um dos principais entusiastas do regime de garantias processuais fundamentais.

Num período em que as Constituições eram ainda "um prelúdio do céu", um "conjunto de proposições filosóficas", para utilizar as expressões de Nicòlo Trocker,[1] Mauro Cappelletti publica, em 1955, *La giurisdizione costituzionale della libertà*, notando que os direitos fundamentais reconhecidos pelas Constituições emergentes não poderiam ficar à mercê da solução meramente abstrata do texto constitucional, tampouco da disposição positiva da Administração Pública, devendo a efetivação desses direitos ser corporificada pela jurisdição, por meio de garantias judiciais que viabilizassem sua plena proteção.

Ao formular essa ideia, o ainda jovem erudito de Florença examinava a Declaração Universal dos Direitos do Homem e constatava que a versão francesa falava em um direito a "*un recours effectif*", a versão inglesa em "*right to an effective remedy*", e a versão alemã, por sua vez, em "*Recht auf wirksamen Rechtsschutz*", do que extraiu a fundamentação para sustentar que à previsão dos direitos fundamentais deveriam corresponder instrumentos judiciais destinados à sua efetiva proteção.

De fato, a preocupação do jurista italiano tinha origem no próprio dilema, quase insolúvel, com que se defronta o Estado moderno, que foi bem captado por Martin Kriele:

---

[1] TROCKER, Nicòlo. Processo e costituzione nell'opera di Mauro Cappelletti civil processualista. *Rivista trimestrale di diritto e procedura civile*, v. 69, n. 2, p. 446, giugno 2015.

de um lado, o Estado tem de ser mais poderoso que as demais forças sociais dentro de um território, sendo capaz de fazer frente a qualquer tipo de empresa ou sindicato, e, de outro, deve garantir proteção efetiva às forças mais fracas, como os grupos de oposição, intelectuais, minorias étnicas, entre outros.[2]

Sem um forte regime de garantias efetivas, não há instrumentos a que possa recorrer para limitar o exercício do poder, quando ele se excede, tampouco para exercê-lo, quando ele falta, o que, como observam Gilmar Mendes e Paulo Gonet, borra os limites que "permite[m] avaliar a real observância dos elementos materiais do Estado de Direito e distinguir civilização de barbárie".[3]

Embora, no Brasil, o mandado de segurança tenha precedido esse arcabouço teórico – pois a ferramenta surgiu com a Constituição de 1934 –, nele encontrou impulso e subsídios mais profundos para se desenvolver ao longo do século passado e encontrar, por fim, seu mais completo acabamento na Lei n.º 12.016, de 7 de agosto de 2009.

Evidentemente que uma garantia de posição tão central dentro do Estado Democrático de Direito – já que seu cabimento é de utilização ampla, abrangendo todo e qualquer direito subjetivo público sem proteção específica, desde que caracterizadas a liquidez e a certeza do direito – requer constante acompanhamento e aprimoramentos por parte da doutrina. É nesse contexto que se insere esta distinta obra que tenho o prazer de prefaciar, fruto do incansável trabalho, rigor metodológico e profundidade intelectual que são tão marcantes nas obras acadêmicas do Professor e Ministro Luiz Fux.

As garantias processuais fundamentais são, por excelência, o ponto de contato entre o direito processual e o direito constitucional. Entre elas, o mandado de segurança talvez seja aquela que melhor se situa nessa linha limítrofe entre os dois ramos do direito, tendo despertado o mútuo interesse de constitucionalistas e processualistas. A sólida formação que o autor possui em Direito Processual Civil, haurida em sua experiência como Professor Titular de Direito Processual da Universidade do Estado do Rio de Janeiro, conjugada com sua longa atuação profissional como magistrado, desde o Tribunal de Justiça do Rio de Janeiro, o Superior Tribunal de Justiça e, por fim, o Supremo Tribunal Federal, sem dúvidas conferem ao texto uma perspectiva processual-constitucional única, resultado de elementos que não estão reunidos em nenhum outro jurista brasileiro.

Esta obra, que chega à sua terceira edição, não poderia ser mais oportuna, seja por tratar de uma tema em que o Direito Processual se entrelaça intensamente com o Direito Constitucional, sendo escrita por um Ministro de Corte Constitucional de sólida formação processual, seja porque sua profundidade e praticidade atendem, simultaneamente, tanto ao desígnio de aprimorar o arcabouço teórico, que trazemos de uma longa tradição, em torno da proteção do indivíduo contra o arbítrio estatal, quanto ao de munir o jurisdicionado do saber técnico necessário para garantir a tutela de seus direitos.

---

[2] KRIELE, Martin. *Introducción a la teoría del Estado*. Tradução de Eugênio Bulygin. Buenos Aires: Depalma, 1980, p. 149-150.

[3] MENDES, Gilmar Ferreira; BRANCO, Paulo Gustavo Gonet. *Curso de direito constitucional*. 14. ed. São Paulo: Saraiva Educação, 2019, p. 417.

A efetiva vindicação de um direito, qualquer que seja ele, passa pelo domínio de sua disciplina processual. Aqui o leitor encontrará, como não poderia ser diferente, uma profunda análise de todos os aspectos processuais indispensáveis que perpassam a prática do mandado de segurança desde a fase de conhecimento (natureza jurídica, condições da ação, competência, procedimento), até as fases executiva e recursal.

Não me resta senão recomendar vivamente a leitura da obra, que se insere, sem dúvida, no panteão das mais notáveis obras nacionais sobre mandado de segurança.

Bruno Dantas
Presidente do TCU. Professor da UERJ, da FGV Direito-Rio e da UNINOVE. Doutor e Mestre em Direito com Pós-Doutoramento na UERJ e pesquisas na Cardozo Law School e na Université Paris I Panthéon-Sorbonne.

SUMÁRIO

1. **Evolução Histórica** 1
   1.1. Generalidades 1
   1.2. Direito Comparado 3
   1.3. Evolução no Direito brasileiro 8
   1.4. Considerações sobre a inexistência de *vacatio legis* 21
2. **Conceito** 23
3. **Natureza Jurídica** 27
4. **Condições da Ação** 31
   4.1. Legitimidade das partes 33
      4.1.1. Legitimidade ativa no Mandado de Segurança 34
      4.1.2. Legitimidade ativa das pessoas jurídicas de direito público 37
      4.1.3. Legitimidade passiva no Mandado de Segurança ... 37
         4.1.3.1. Indicação equivocada da autoridade coatora e a teoria da encampação 43
      4.1.4. Ministério Público 46
      4.1.5. Litisconsórcio 47
      4.1.6. Intervenção de terceiros 49
      4.1.7. *Amicus curiae* 52
      4.1.8. Terceiro prejudicado e substituição processual 55
   4.2. Interesse de agir 56
      4.2.1. Atos administrativos 59
      4.2.2. Atos judiciais 60
      4.2.3. Atos legislativos e lei em tese 64
      4.2.4. Mandado de Segurança e o devido processo legislativo 69
      4.2.5. Lei inconstitucional 70
   4.3. Direito líquido e certo e ilegalidade ou abuso de poder ... 71
      4.3.1. Ato disciplinar 74
      4.3.2. Ato de dirigente de estabelecimento particular 75
      4.3.3. O Mandado de Segurança e os atos de gestão na Lei n.º 12.016/2009 75

5.	**Competência**		79
	5.1. Generalidades		79
	5.2. A competência no Mandado de Segurança		80
	5.3. Competência originária		80
	5.4. A competência e a delegação de função federal		85
	5.5. A *perpetuatio jurisdictionis*		86
	5.6. Competência Estadual e dos Juizados Especiais		87
	5.7. Competência recursal e recurso ordinário		88
6.	**Procedimento**		91
	6.1. Generalidades		91
	6.2. Fase postulatória		92
	6.3. Requisitos da petição inicial		94
	6.4. Desistência do Mandado de Segurança		99
	6.5. Prazo para o ajuizamento da ação mandamental – decadência		103
		6.5.1. Constitucionalidade de prazo legal para exercício de Mandado de Segurança	104
		6.5.2. A contagem de prazo no Mandado de Segurança	105
		6.5.3. Prazo para o Mandado de Segurança contra ato omissivo	108
	6.6. As provas admitidas e o Mandado de Segurança		112
	6.7. O Mandado de Segurança e o processo eletrônico		114
	6.8. Citação das partes		115
	6.9. A tutela provisória e o Mandado de Segurança		117
	6.10. Caução		121
	6.11. Perda da eficácia da liminar		122
	6.12. A recorribilidade do provimento sobre a liminar		125
	6.13. Suspensão da liminar ou da segurança		126
		6.13.1. Legitimidade para requerer a suspensão de liminar	128
		6.13.2. Do cabimento de suspensão de liminar no âmbito do Supremo Tribunal Federal	129
		6.13.3. Do cabimento de suspensão de segurança contra decisões definitivas	131
		6.13.4. Procedimento da suspensão de liminar ou segurança	131
	6.14. Resposta do réu		134
	6.15. Estabilização da demanda		135
	6.16. Notificação da autoridade coatora e ciência da pessoa jurídica de direito público		136
7.	**Sentença e Acórdão no Mandado de Segurança**		139
	7.1. Natureza da sentença		142

7.2.	Limites dos efeitos da sentença	143
7.3.	Responsabilidade pelo descumprimento de sentença concessiva do Mandado de Segurança	145
7.4.	Notas sobre a mandamentalidade das decisões judiciais	147
7.5.	Coisa Julgada	149
	7.5.1. Generalidades	149
	7.5.2. Coisa julgada no Mandado de Segurança	151

8. Execução 153

8.1.	Generalidades	153
8.2.	Execução no Mandado de Segurança	154
	8.2.1. Execução de pedido declaratório ou constitutivo	157
	8.2.2. Execução para entrega da coisa	158
	8.2.3. Execução de obrigações de fazer e não fazer	159

9. Recursos 161

9.1.	Generalidades	161
9.2.	Recursos no Mandado de Segurança	164
	9.2.1. O Mandado de Segurança e a ordem dos processos nos tribunais	165
	9.2.1.1. Apelação	166
	9.2.2. Duplo grau obrigatório de jurisdição	168
	9.2.3. Recurso Ordinário Constitucional	169
	9.2.4. Recurso Especial e Recurso Extraordinário	171
	9.2.5. Embargos de divergência	176
	9.2.6. Agravo	176
	9.2.7. A técnica de complementação de julgamento colegiado	178

10. Honorários Advocatícios – Descabimento 181

10.1.	Generalidades	181
10.2.	Os honorários e as ações de segurança	181

11. Mandado de Segurança Coletivo 183

11.1.	Generalidades	183
11.2.	Condições da ação	187
	11.2.1. *Legitimatio ad causam*	190
	11.2.2. Legitimidade ativa no *mandamus* coletivo	190
	11.2.3. A legitimidade dos partidos políticos	192
	11.2.4. A legitimidade das organizações sindicais, entidades de classe e associações	194

     11.2.5. A legitimidade do Ministério Público 198
     11.2.6. A legitimidade da Defensoria Pública 199
     11.2.7. Legitimidade passiva no *mandamus* coletivo 199
  11.3. Interesse de agir 199
  11.4. Competência 200
  11.5. Aspectos procedimentais 200
  11.6. Desistência do pedido 201
  11.7. Sentença e coisa julgada 203
     11.7.1. A limitação territorial da coisa julgada 205
  11.8. Litispendência entre ação coletiva e ação individual e entre mandados coletivos 206

Anexo – Lei n.º 12.016, de 7 de agosto de 2009 209

Jurisprudência do STJ – Mandado de Segurança 215

Jurisprudência do STF – Mandado de Segurança 287

Bibliografia 329

1
EVOLUÇÃO HISTÓRICA

1.1. GENERALIDADES

O ideal de proteção dos direitos individuais surgiu na história da humanidade como contraponto ao arbítrio das autoridades governamentais, mercê da indicação histórica de que na Grécia Antiga, notadamente em Atenas, o germe da limitação do poder político, por meio das concepções de separação de poderes e de submissão dos governantes à lei, influenciou a derrocada do Absolutismo Monárquico na Europa e a imposição do dever estatal de atuar com zelo pelas liberdades dos particulares.

Os primeiros instrumentos processuais destinados à tutela dos direitos do homem perante o Estado remontam ao século XII[1], destacando-se, pelo seu relevo, o *habeas corpus*, previsto desde 1215, na Inglaterra, pela *Magna Carta*[2].

O constitucionalismo do Pós-Guerra, sob uma ótica mais recente, é considerado fator marcante revelador dos direitos fundamentais, ora compreendidos como cláusulas pétreas constitucionais.

O Brasil, especificamente, vivenciou, desde sua independência até o advento da Carta Magna de 1988, uma era de múltiplas violações ao ordenamento constitucional. A inefetividade das Leis Supremas decorreu, sobretudo, da diminuta vontade política em aplicá-las de forma direta e imediata. Deveras, a falta de reconhecimento de força normativa aos textos constitucionais brasileiros permitiu que as Constituições, por diversas vezes, fossem relegadas a um segundo plano, como, ocorreu com o golpe do Estado Novo, a ditadura militar e os Atos Institucionais.

---

[1] Nesse sentido, Leonardo Greco chama a atenção para a figura do *Justicia Mayor*, "um funcionário judicial ao qual cabia velar pela segurança dos cidadãos prejudicados por violações dos forais" (Natureza jurídica do mandado de segurança. *Separata da Revista Arquivos do Ministério da Justiça*, n.º 129, p. 45, jan.-mar. 1974).

[2] No texto original: "Nullus liber homo capiatur, vel imprisonetur, aut disseisiatur, aut utlagetur, aut exuletur, aut aliquo modo destruatur, nec super cum ibimus, nec super cum mittemus, nisi per legale judicium parium suorum vel per legem terre". Em tradução livre: nenhum homem livre será capturado ou aprisionado, ou desapropriado dos seus bens, ou declarado fora da lei, ou exilado, ou de algum modo lesado, nem nós iremos contra ele, nem enviaremos ninguém contra ele, exceto pelo julgamento legítimo dos seus pares ou pela lei do país.

A Constituição de 1988 configurou verdadeiro marco zero de uma nova trajetória política brasileira, marcada pela formação de uma opinião pública mais consciente, que disseminou a ideia de igualdade jurídica. Hodiernamente, considerando-se que a atual Constituição tenha recebido um elevado número de Emendas a seu texto original, e que muitos sejam os questionamentos em relação às normas originárias do legislador derivado, o constitucionalismo vive um momento de triunfo com mais de três décadas sem rupturas. Esse fortalecimento da Carta Fundamental fez com que a Constituição passasse a ser a lente pela qual se leem e se interpretam todas as normas infraconstitucionais, o que importa dizer que toda forma de interpretação deve ser constitucional[3]. Esse festejado fenômeno, que implica verdadeira força centrípeta constitucional, tem sido referido pela doutrina como Neoconstitucionalismo[4] e opera-se em paralelo ao pós-positivismo, tendência filosófica que pretende destacar a superioridade axiológica dos direitos fundamentais e o retorno à observação dos valores, aproximando o direito da ética e da moral. Alguns autores identificam uma correlação entre esse fenômeno e uma ampliação dos poderes do Estado na vida social[5].

Em verdade, o constitucionalismo contemporâneo se assenta em, basicamente, três princípios essenciais: o primeiro é a concepção normativa da Constituição e o seu entendimento como Lei Suprema do Estado. O segundo – intimamente ligado ao primeiro – é o da elevação da Constituição a parâmetro de validade de todos os atos do Poder Público. O terceiro é o de que a garantia da Constituição deve ser, essencialmente, judicial, devendo a tarefa de "guarda da Constituição" ser efetivamente desempenhada por um tribunal próprio e específico, situado fora da ordem ou das ordens judiciárias comuns.

Nesse contexto, todos os ramos do Direito[6-7], máxime o direito processual, constitucionalizaram-se[8].

---

[3] Sobre o tema da normatividade do texto constitucional, confira-se HESSE, Konrad. *A força normativa da Constituição*. Porto Alegre: Sergio Antonio Fabris, 2009.

[4] A respeito do Neoconstitucionalismo, confira-se COMANDUCCI, Paolo. "Formas de (neo)constitucionalismo: un análisis metateórico". Trad. Miguel Carbonell. In: Isonomía. *Revista de Teoría y Filosofía del Derecho*, n.º 16, 2002.

[5] "Nos estados liberais 'burgueses' dos séculos dezoito e dezenove, os procedimentos adotados para solução dos litígios civis refletiam a filosofia essencialmente individualista dos direitos, então vigorante. Direito ao acesso à proteção judicial significava essencialmente o direito formal do indivíduo agravado de propor ou contestar uma ação" (CAPPELLETTI, Mauro; GARTH, Bryant. *Acesso à Justiça*. Tradução de Ellen Gracie Northfleet. Porto Alegre: Fabris, 2002. p. 9. Reimpressão).

[6] No Direito Civil italiano, vide Pietro Perlingieri: "O Código Civil certamente perdeu a centralidade de outrora. O papel unificador do sistema, tanto nos seus aspectos mais tradicionalmente civilísticos quanto naqueles de relevância publicista é desempenhado de maneira cada vez mais incisiva pelo Texto Constitucional" (PERLINGIERI, Pietro. *Perfis do direito civil*. São Paulo: Martins Fontes, 1997. p. 6).

[7] No Direito brasileiro, entre outros: MORAES, Maria Celina B.; TEPEDINO, Gustavo. A caminho de um direito civil constitucional. *Revista de Direito Civil*, São Paulo, n.º 21, p. 65; TEPEDINO, Gustavo. O Código Civil, os chamados microssistemas e a Constituição: premissas para uma reforma legislativa. In: TEPEDINO, Gustavo (Org.). *Problemas de direito civil-constitucional*. Rio de Janeiro: Renovar, 2001.

[8] "(...) a expressão constitucionalização do processo comporta dois significados distintos: (a) criação de nova disciplina, na grade curricular, denominada direito constitucional processual ou direito

A Constituição de 1988 e suas normas equacionam destacada relação com o processo, prevendo diversos preceitos fundamentais sobre o sistema processual, inclusive suas garantias e a organização judiciária[9].

É dizer, o mesmo constituinte que concedeu especial destaque à proteção dos direitos fundamentais disciplinou esses direitos e garantias na seara processual. Hodiernamente, a Constituição tutela o processo por meio de princípios e garantias dedicados à efetividade do instrumento e, reciprocamente, o processo tutela a efetividade das normas constitucionais[10]. A partir dessa concepção exsurgem questões pertinentes ao tema da obra, qual seja, o mandado de segurança[11].

1.2. DIREITO COMPARADO

O mandado de segurança brasileiro inspirou-se no *juicio de amparo* do Direito mexicano, nos *writs* do Direito norte-americano, bem como no *mandamus* inglês[12].

O *juicio de amparo*, instituto consagrado pela Constituição mexicana de 1857, com escopo de tutelar os direitos individuais, está previsto no art. 107, I, da atual *Constitución*

---

processual constitucional; (b) novo método ou modo de estudar o processo com os olhos voltados para a Constituição" (LOPES, João Batista. Princípio da proporcionalidade e efetividade do processo civil. In: MARINONI, Luiz Guilherme (Coord.). *Estudos de direito processual civil*: homenagem ao Professor Egas Dirceu Moniz de Aragão. São Paulo: RT, 2005. p. 134).

[9] "(...) a tutela constitucional do processo não seria efetiva se as grandes linhas mestras desenhadas pela Constituição (princípios) não ganhassem eficácia imperativa mediante as correspondentes garantias. Consistem as garantias constitucionais em preceitos dotados de sanção, isso significando que sua inobservância afetará de algum modo a validade ou eficácia do ato transgressor, o qual não pode prevalecer sobre os imperativos constitucionais. Por isso é que geralmente os dispositivos constitucionais reveladores dos grandes princípios são encarados como garantias, a ponto de ser usual o uso indiferente dos vocábulos princípios e garantia para designar a mesma ideia" (DINAMARCO, Cândido Rangel. *Instituições de direito processual civil*. 6. ed. rev. São Paulo: Malheiros, 2004. p. 194-195).

[10] Valem as lições de Ingo Wolfgang Sarlet: "No que diz com a eficácia dos direitos fundamentais propriamente dita, há que ressaltar o cunho eminentemente principiológico da norma contida no art. 5.º, § 1.º, da nossa Constituição, impondo aos órgãos estatais e aos particulares (ainda que não exatamente da mesma forma), que outorguem a máxima eficácia e efetividade aos direitos fundamentais, em favor dos quais (seja qual for a categoria a qual pertençam e consideradas as distinções traçadas) milita uma presunção de imediata aplicabilidade e plenitude eficacial (...) Afinal de contas, como bem lembram Laurence Tribe e Michael Dorf, as normas da Constituição – e, nosso entender, especialmente aquelas que versam sobre os princípios e direitos fundamentais – não devem ser tratadas como um espelho, no qual todos enxergam o que desejam ver" (SARLET, Ingo Wolfgang. *A eficácia dos direitos fundamentais*. 5. ed. Porto Alegre: Livraria do Advogado, 2009. p. 441-442).

[11] Por todos, ver: SARLET, Ingo Wolfgang. *A eficácia dos direitos fundamentais*: uma teoria geral dos direitos fundamentais na perspectiva constitucional. 10. ed. Porto Alegre: Livraria do Advogado, 2010. p. 36-57.

[12] Nesse sentido, Manoel Gonçalves Ferreira Filho (*Direitos humanos fundamentais*. São Paulo: Saraiva, 1995. p. 142), Carlos Alberto Menezes Direito (*Manual do mandado de segurança*. 4. ed. Rio de Janeiro: Renovar, 2003. p. 7) e Arnoldo Wald (*Do mandado de segurança na prática judiciária*. 4. ed. Rio de Janeiro: Forense, 2003. p. 11).

Política de los Estados Unidos Mexicanos, datada de 1917[13]. Destarte, diversos países da América Latina, influenciados pela Carta mexicana, preveem em seus ordenamentos o *amparo*, v.g. Argentina, El Salvador, Costa Rica, Panamá, Bolívia, Equador e Paraguai.

Originariamente previsto para controlar a constitucionalidade das leis e de atos do Poder Público, a novel Constituição ampliou seu objeto para permitir sindicar, também, a legalidade dos atos das autoridades administrativas, judiciárias e legislativas. O *juicio* em face da autoridade legislativa, entretanto, limita-se às hipóteses de leis autoexecutáveis. Quanto ao controle de constitucionalidade, o *juicio de amparo* tem por autoridade coatora o órgão legislativo, ainda que a medida seja requerida contra decisão judicial (art. 107, II), operando-se controle incidental e abstrato.

Destaque-se que o *amparo* depende de iniciativa da parte (art. 107, II) e, no caso de pessoa jurídica de direito público, o seu cabimento se restringe às hipóteses de configuração de dano a direitos patrimoniais. Em qualquer caso, o controle poderá ser realizado pela Suprema Corte ou pelos tribunais inferiores, consoante as regras constitucionais de competência e as previstas pela *Ley de Amparo de 1935*, que regula o presente instituto na atualidade.

O polo passivo do *amparo* admite que figurem ao lado da autoridade pública: (i) contra decisão judicial, a outra parte da demanda; (ii) em sede penal, o ofendido ou seus sucessores que possuam direito à reparação civil; (iii) em ato administrativo, o prejudicado pela concessão do pedido, desde que este tenha pleiteado o próprio ato contra o qual se reclama[14].

O ato impugnado no *juicio de amparo* pode ser suspenso antes da decisão final da causa, seja *ex officio*, seja mediante pedido do autor, dependendo, para isso, da oitiva da outra parte, do colhimento das provas necessárias à suspensão e, ainda, da prestação de caução do autor para eventuais prejuízos que aquela medida possa engendrar, conforme o diploma legal em vigor.

Por fim, comina a Carta mexicana severas sanções ao descumprimento da ordem judicial que defere o amparo, podendo a autoridade ser destituída de seu cargo e, até mesmo, sujeitar-se à pena de prisão. Destarte, o diploma prevê pena de prisão e multa ao autor que afirme falsamente fatos ou os omita dolosamente.

A evolução do instituto no direito mexicano e na América Latina, de um modo geral, apresenta relevantes peculiaridades.

---

[13] **Artículo 107**: "Las controversias de que habla el artículo 103 de esta Constitución, con excepción de aquellas en materia electoral, se sujetarán a los procedimientos que determine la ley reglamentaria, de acuerdo con las bases siguientes:

I. El juicio de amparo se seguirá siempre a instancia de parte agraviada, teniendo tal carácter quien aduce ser titular de un derecho o de un interés legítimo individual o colectivo, siempre que alegue que el acto reclamado viola los derechos reconocidos por esta Constitución y con ello se afecte su esfera jurídica, ya sea de manera directa o en virtud de su especial situación frente al orden jurídico".

[14] Conforme expõe Celso Agrícola Barbi (*Do mandado de segurança*. 10. ed. Rio de Janeiro: Forense, 2002. p. 17).

A Bolívia, *v.g.*, admite que se ajuíze o *amparo* inclusive em matéria penal, assentando a jurisprudência que o instrumento processual deve ser utilizado com a finalidade de assegurar o exercício de direitos substanciais, vedada qualquer restrição à garantia em nome do formalismo. Além disso, a sentença pode determinar a condenação do autor da lesão a ressarcir os danos causados pelo ato ilegal ou abusivo da autoridade impetrada[15].

Na República Dominicana, por seu turno, o *writ* não é legalmente previsto, o que não impede a sua propositura à luz do interesse social, razão pela qual a própria jurisprudência fundamenta a aplicação do instituto no quotidiano jurídico. É consensual a permissão para a concessão do *amparo* até mesmo para proteger direitos não previstos explicitamente nas normas de direito positivo[16].

Na Costa Rica, todo e qualquer direito pode ser amparado, provenha ele de lei, norma constitucional, pacto ou de qualquer outra norma. A efetividade da prestação jurisdicional costarriquenha e o processo bastante célere são marcos do seu sistema processual constitucional. A título de ilustração, a execução da sentença deve ocorrer no prazo de 48 horas, a contar do julgamento da ação de segurança[17].

O direito norte-americano, por seu turno, contém uma série de instrumentos judiciais extraordinários, como, os *extraordinary writs*[18], julgados, em regra, pela *Supreme*

---

[15] "A orientação do Tribunal Constitucional é no sentido de que o procedimento deve servir única e exclusivamente para buscar um processo justo, jamais podendo ser visto como óbice para a fruição do direito" (CRUZ, Alexandre. *Ações constitucionais*: mandado de segurança, *habeas data*, mandado de injunção, *habeas corpus* e outros instrumentos de garantia. Campinas: Millennium, 2007. p. 159).

[16] CRUZ, Alexandre. *Ações constitucionais*. Ob. cit., p. 159.

[17] Alexandre Cruz mais uma vez salienta que, em caso de inconstitucionalidade normativa, "o Tribunal Constitucional pode suspender a ação de amparo por quinze dias para que o interessado formule pedido de declaração de inconstitucionalidade que, se aceito, vincule a todos (efeito *erga omnes*)" (*Ações constitucionais*. Ob. cit., p. 160).

[18] São especialmente os *writs* denominados *injuction, mandamus, prohibition, quo warranto* e *certiorari*. "A ***injuction*** é um *writ* oriundo da *equity*, que tem por fim proibir ato cujo resultado causaria dano irreparável a direito do autor. Classifica-se em *ex parte restraining orders, temporary* ou *interlocutory* e *permanent*. A primeira espécie, quando concedida sem audiência da parte contrária. A segunda, se concedida após audiência, mas vigorando até o final da causa. A terceira, após a sentença. Pode ter forma positiva – *mandatory* – ou negativa – *prohibitory*. Usa-se pelo particular contra a Administração e vice-versa, assim, também, como entre particulares. Inicialmente era utilizada apenas em forma negativa, isto é, proibitória, mas, posteriormente, com a dupla negativa, chegou-se à forma positiva. O *writ* denominado ***prohibition*** raramente é usado para controle de ato de órgão da Administração Pública. Seu aproveitamento normal é para impedir que Cortes inferiores julguem sem jurisdição. É expedido aos tribunais inferiores e ao demandante, para que não prossigam no feito. Como se vê, tem predominantemente características de instrumento de controle de órgãos judiciais e não dos administrativos. O ***quo warranto***, apesar de adequado para controle da Administração, não se destina, todavia, a resguardar direito privado. É geralmente pedido em favor e em nome do povo, para protegê-lo contra usurpação ilegal de cargos ou privilégios. A iniciativa, portanto, cabe comumente ao procurador ou membro do Ministério Público, e o resultado não é adjudicar a alguém o direito à nomeação, mas apenas definir a legalidade ou não do título do ocupante do cargo. Finalmente, o ***certiorari*** é muito usado na justiça estadual para rever atos da

Court, consubstanciam herança dos múltiplos *writs* do Direito inglês, visando à defesa do particular contra a Administração Pública.

O *writ of mandamus*[19], mais especificamente, é o remédio utilizado para compelir autoridade pública ou órgão do Poder a praticar (ou deixar de praticar) certo ato de seu ofício ou para corrigir um abuso de poder[20]. Exige-se que o ato impugnado pelo *mandamus* seja imperativo, e não facultativo, e, além disso, que a obrigação a ser garantida pelo *writ* tenha natureza pública.

Originalmente, o *mandamus* era concebido como o *extraordinary remedy* cabível para corrigir erros judiciários. Regulado pelas *Sections 13 and 14 of the Judiciary Act of 1789*, o *writ* era o meio pelo qual o tribunal poderia compelir outro colegiado inferior a decidir uma causa pendente, mas não consistia em instrumento adequado a servir de recurso. Cabe ressaltar que nos Estados Unidos prevalecia, até então, o entendimento de que as decisões judiciais só se tornavam recorríveis no momento do pronunciamento da decisão final da causa.

Em 1911, o Congresso norte-americano recodificou a competência das *federal courts* na emissão do *mandamus*. Contudo, essa recodificação apenas confirmou a prática vigente. Em 1948, foi consolidado o *Judicial Code*. Nessa codificação, o *All Writs Act* ganhou a sua forma atual. O Congresso substituiu as disposições que regiam em separado o *mandamus* na *Supreme Court* e nos tribunais inferiores pelo 28 *USC*, § 1.651, permitindo a esses a emissão dos *writs* necessários e adequados, dentro de sua respectiva competência. Assim, menos de dez anos após a nova regulamentação, as *federal courts* iniciaram a utilização do *mandamus* para permitir a recorribilidade de diversas decisões interlocutórias, que, como anteriormente afirmamos, eram irrecorríveis até a decisão final da causa.

Administração de natureza *quase judicial*, principalmente das *Public Utility Commissions, Civil Service Commissions* etc. Sua finalidade não é proibir, mas sim anular decisões das autoridades inferiores. Sua admissão na Justiça Federal foi consideravelmente restringida, depois que a Suprema Corte, em 1913, decidiu não poder ele ser usado para obter revisão de uma ordem administrativa. Segundo Oscar Rabasa, seu resultado é o tribunal superior ordenar ao inferior que lhe submeta, em revisão, algum processo pendente ou já decidido, para examinar se houve ou não violação de direito" (BARBI, Celso Agrícola. *Do mandado de segurança*. 10. ed. Rio de Janeiro: Forense, 2002. p. 20-21).

[19] Notoriamente inspirado no *mandamus* do Direito inglês. Esse, apesar de existir certa controvérsia acerca de sua origem, parece ter surgido como uma prerrogativa do rei inglês e consistia em instrumento pelo qual o monarca ou o tribunal, representando o primeiro, expedia uma ordem à outra autoridade inferior, determinando providências acerca de determinado assunto. No entanto, no século XVI, tornou-se remédio judicial disponível a algumas pessoas, emitido por meio de petição à "Court of King's Bench". À época, era comum o seu uso por oficiais públicos que almejavam a sua reintegração ao cargo do qual haviam sido ilicitamente removidos. Já no início do século XVIII o *writ* teve o seu uso ampliado para conter os tribunais inferiores quando estes excedessem os seus poderes, bem como para compeli-los a praticar ato de sua competência quando negligentes. Mais recentemente, teve o seu nome alterado para *"order of mandamus"* pela "Modification of Supreme Court Act 1981".

[20] "A (writ of) mandamus is an order from a court to an inferior government official ordering the government official to properly fulfill their official duties or correct an abuse of discretion." Disponível em: <http://www.law.cornell.edu/wex/mandamus>. Acesso em: out. 2012.

Hodiernamente, entretanto, as regras e requisitos para o uso do *mandamus* norte-americano variam de acordo com o órgão jurisdicional competente[21]. A *Supreme Court*, por exemplo, vislumbra três condições para o seu exercício: (i) a inexistência de outro recurso cabível para a decisão que se quer impugnar; (ii) na petição, o demandante deve demonstrar que seu direito ao *writ* é *clear and indisputable*; e (iii) o convencimento do juiz, a seu próprio critério, de que o *mandamus* é remédio adequado a tutelar o direito violado.

Por sua vez, as *federal courts* subdividem-se, basicamente, em *district courts* – órgãos de primeira instância – e em *Courts of Appeals* – órgãos de apelação. Nessas o *writ* é frequentemente utilizado quando uma das partes de um processo quer recorrer de decisão das justiças distritais contra a qual não cabem mais recursos interlocutórios. A parte irresignada, em vez de apelar diretamente, "processa" o juiz para compeli-lo a corrigir a decisão anterior. No que tange às autoridades das *district courts*, a possibilidade de impetração do *mandamus* foi expressamente revogada pela *Rule 81(b) of the Federal Rules of Civil Procedure*, havendo atualmente outros distintos meios legalmente previstos para proteção dos direitos outrora tutelados pelo *mandamus*.

Nos *state court systems*, o *mandamus* evoluiu, tornando-se procedimento geral para recursos de algumas espécies de decisões interlocutórias. No Estado da Califórnia, *v.g.*, o referido *writ* é agora denominado *mandate* e pode ser expedido por qualquer instância estadual, a qualquer oficial do governo, restando comum o seu uso contra autoridades que malversam fundos públicos por má administração, ordenando-se, assim, o estancamento da conduta que desprotege o interesse público.

O *writ of mandamus* pode ser classificado em: (i) *alternative mandamus*, expedido no início da causa, a fim de que a autoridade pratique o ato ou justifique a sua omissão perante a Corte; (ii) *peremptory mandamus*, para que autoridade pratique o ato incondicionalmente, ocorre após audiência perante a Corte; e (iii) *continuing mandamus*, quando se ordena uma autoridade inferior a cumprir seu ofício com maior grau de diligência, por um período indeterminado de tempo, a fim de se prevenir ou combater a injustiça.

Embora o mandado de segurança tenha sido influenciado por todos os institutos acima narrados, as características próprias de nosso remédio constitucional distanciam-no dos parâmetros estrangeiros[22].

---

[21] GUGLIUZZA, Paul R. The New Federal Circuit Mandamus. Disponível em: <http://www.iulaw.indy.indiana.edu/ilr/pdf/vol45p343.pdf>. Acesso em: out. 2012.

[22] As diferenças se acentuam ainda mais em se tratando de países que se submetem a verdadeiro sistema de jurisdição dual, fracionando essa atividade entre uma Justiça Administrativa, apta a conhecer as questões da Administração Pública, e outra Justiça, de competência residual, tratando de todas as causas jurisdicionais que não se submetem àquela, como, ocorre na França e na Itália. No Brasil, assim como nos Estados Unidos, México etc., vigora a unidade de jurisdição (*una lex una jurisdictio*), incumbindo, praticamente de forma exclusiva, ao Poder Judiciário proferir decisões com o caráter de definitividade. O fundamento desse sistema, no Brasil, se encontra no Princípio da Inafastabilidade do Controle Judiciário, com sede constitucional, inciso XXXV, do art. 5.º. Já a justificativa filosófica para o sistema de dualidade jurisdicional se encontra no entendimento de que, caso a Administração Pública se encontre sujeita ao controle judicial, incorrer-se-ia em manifesta violação ao Princípio da Separação de Poderes.

1.3. EVOLUÇÃO NO DIREITO BRASILEIRO

No Brasil, o mandado de segurança surgiu por meio do desenvolvimento da "doutrina brasileira do *habeas corpus*" e da "teoria da posse dos direitos pessoais"[23], ambas defendidas por Ruy Barbosa. O *habeas corpus*, previsto na Constituição de 1891, rompendo com as legislações anteriores, não se restringia tão somente aos casos de constrangimento corporal, de maneira a abarcar, também, qualquer direito individual que estivesse sendo violado ou na iminência de sê-lo por ilegalidade ou abuso de poder[24]. Conforme o § 22 do art. 72 da Constituição de 1891:

Na França, precursora do sistema dual de jurisdição, a Justiça Administrativa se divide em tribunais administrativos de primeira instância e no Conselho de Estado, "Conseil d'Etat", instância superior dessa Justiça. A competência da Justiça Administrativa se restringe às causas em que a Administração Pública seja parte e que tenha objeto relacionado às atividades de serviço público, atinentes ao Poder Executivo. Dito isso, cabe a ela atribuições de natureza administrativa, consultiva e contenciosa.

A competência contenciosa da Justiça Administrativa francesa é formalmente classificada em: (i) contencioso de anulação, "le contentieux de l'annulation", cuja principal atribuição é o julgamento do recurso por excesso de poder, "recours por excès de pouvoir", cabível da violação de interesse do recorrente por ato ilegal da Administração, visando à anulação desse ato, sem qualquer poder de reforma ou de condenação pecuniária. Entende-se que tal recurso tutela o interesse da coletividade na integridade do direito objetivo contra ilegalidades e, por esse motivo, a decisão proferida tem efeitos *erga omnes*; (ii) o contencioso de plena jurisdição, "le contentieux de la pleine juridiction" que, através do "recours de pleine juridiction", se permite pleitear a anulação de certo ato administrativo, sua reforma ou até uma condenação pecuniária imposta à Administração. Essa modalidade de contencioso tem por pressuposto a violação, por parte da Administração, de um direito subjetivo. Consequentemente, seu escopo é de natureza reparatória e os efeitos da decisão são *inter partes*; (iii) o contencioso de interpretação, "Le contentieux de l'interprétation et de l'appréciation de la légalité", que se restringe ao pronunciamento da Justiça sobre questão prejudicial de interpretação de ato administrativo ou sua validade; e (iv) o contencioso de repressão, "Le contentieux de la répression", no qual se insere a competência penal da Justiça Administrativa (para maiores esclarecimentos sobre a Justiça Administrativa da França e de outros países de jurisdição dual, remetemos ao artigo de: SOARES, José de Ribamar Barreiros. A justiça administrativa no direito comparado. *Revista de Informação Legislativa*, Brasília, ano 38, n.º 152, out.-dez. 2001. Disponível em: <http://www2.senado.gov.br/bdsf/item/id/721>. Acesso em: out. 2012).

[23] Em 1896, Rui Barbosa defendeu a reintegração de professores ilegalmente suspensos de seus cargos na Escola Politécnica do Rio de Janeiro, argumentando que a ação possessória era cabível, em razão de haver, no caso, o direito de posse ligado à coisa, qual seja, o professor não pode exercer sua profissão senão numa escola. Com essa tese de posse de direitos pessoais, o eminente jurista visava acessar ao procedimento especial das ações possessórias para exercer o controle judicial dos atos administrativos. Isso permitira maior eficácia na tutela judicial, visto a maior celeridade desse procedimento e a existência nele de meios próprios conducentes à execução específica. Contudo, tal tese nunca foi pacificamente aceita na doutrina e nos tribunais, por desvirtuar o tradicional conceito do instituto, tampouco foi aderida pelo sistema do Código Civil de 1916. Ressalve-se que, em matéria tributária, a Lei n.º 3.185, de 1904, permitiu a defesa dos contribuintes contra a cobrança indevida de tributos, através do interdito proibitório e da manutenção da posse.

[24] Os seguintes julgados do STF ilustram a amplitude do uso do *habeas corpus*, sob a égide da Carta Fundamental de 1891: "As prerrogativas e garantias concedidas aos pilotos diplomados pelos estabelecimentos oficiais ou a eles equiparados, antes da Lei de 1907, constituem direitos adquiridos de que não podem

A Constituição assegura a brasileiros e a estrangeiros residentes no País a inviolabilidade dos direitos concernentes à liberdade, à segurança individual e à propriedade, nos termos seguintes:

Dar-se-á o *habeas corpus*, sempre que o indivíduo sofrer ou se achar em iminente perigo de sofrer violência ou coação por ilegalidade ou abuso de poder.

O *habeas corpus* da primeira Carta Fundamental Republicana podia ser requerido a qualquer juiz, sendo certo que o Supremo Tribunal Federal, por seu turno, tinha competência para conhecê-lo tanto por via recursal quanto de forma originária, nos termos dos arts. 9.º, IV, e 47 do Decreto n.º 848, de 1890.

A doutrina da época rechaçava, entretanto, essa ampliação do uso do *habeas corpus*, restringindo-o à defesa da liberdade de locomoção, consoante a sua origem histórica, e dos direitos a ela relacionados[25], o que restou por reduzir a interpretação sobre o seu alcance.

---

os mesmos pilotos ser despojados por Lei, regulamento ou aviso posterior. CF, art. 11, n.º 3" (*RSTF*, v. 40, p. 47, *Habeas Corpus* n.º 7952, 19.11.1921); "O *habeas corpus* não garante exclusivamente contra prisão ou ameaça de prisão, porquanto, nos termos em que o consagra o Estado federal pode e deve ser admitido em todos os casos de violência ou coação por ilegalidade e abuso de poder, amparando, como remédio pronto e eficaz, a liberdade para o exercício de direitos pessoais, desde que estes sejam líquidos e incontestáveis. A distinção entre brasileiros naturalizados e portugueses natos, ou entre brasileiros e estrangeiros, estabelecida pela Lei paulista para o ensino particular, é contrária à Constituição. CF, art. 72, §§ 2.º e 24 (...)" (*RSTF*, v. 42, p. 38, *Habeas Corpus* n.º 8.527, 31.05.1922. Este acórdão também se encontra publicado no *Diário da Justiça*, 27.12.1930, p. 7630); "A garantia do exercício das profissões, consignada no art. 72, parágrafo 24, CF, não exclui a exigência de habilitações técnicas, que fazem parte, e são elementos constitutivos dessas mesmas profissões. A garantia constitucional é ampla, abrange o exercício da generalidade das profissões, mas todas elas só podem e devem ser exercidas, respeitadas as condições de sua exigência legal, segundo a jurisprudência uniforme do STF" (*RSTF*, v. 2, p. 9, Recurso de *Habeas Corpus* n.º 3.544, 23.05.1914.); "Dos termos amplos do parágrafo 22 do artigo 72, CF, depreende-se facilmente que o *habeas corpus* garante a liberdade individual qualquer que seja a forma por que se possa manifestar dentro da lei. Restringir aquele recurso à proteção unicamente da personalidade física, isto é, para que ninguém possa ser preso injustamente ou impedido de livremente locomover-se, é retrogradar à primitiva concepção da liberdade individual, é desprezar o texto da lei das leis da República, deixando ao desamparo da justiça, pela falta de outros meios judiciais de conservá-las, entre outras a liberdade de pensamento e a de consciência, que o pacto federal assiná-la, no entanto, com a maior firmeza" (*RSTF*, v. 2, p. 92, *Habeas Corpus* n.º 3554); "A nenhuma autoridade é lícito ofender a liberdade de imprensa, traçando normas aos diretores e redatores dos jornais acerca dos assuntos de que devem tratar, e do modo por que se devem pronunciar sobre esses assuntos. É proibida entre nós a censura prévia, respondendo cada um pelos abusos que cometer nos casos e pela forma que a lei determinar" (*RSTF*, v. 3, p. 18, *Habeas Corpus* n.º 3609); entre inúmeras outras decisões.

[25] Pedro Lessa, então Ministro do Supremo Tribunal Federal, reconhecendo o fundamento do instituto do *habeas corpus* como a proteção do direito de locomoção, tendo em vista a sua origem histórica no Direito inglês, concebia a liberdade de locomoção como base para o exercício de outros direitos: "Neste ponto releva espancar uma confusão em que têm incidido, até na imprensa diária, alguns espíritos que não atentam bem na função do *habeas corpus*. É esse, dizem, um remédio judicial adequado à exclusiva proteção da liberdade individual, entendida embora esta expressão – liberdade individual – no sentido amplo, que abrange, além da liberdade de locomoção, a de imprensa, de associação, de representação, a inviolabilidade do domicílio.

Consectário dessa rejeição da aplicação multifacetária do instituto foi o surgimento, em 1914, da obra *A organização nacional*, de Alberto Torres. Nela se propôs a criação de um "mandado de garantia", de caráter repressivo, resguardando direitos individuais ou coletivos, públicos ou privados de lesões por ato seja do Poder Público seja praticado por particular, desde que não houvesse outro remédio especial[26].

O memorável Castro Nunes, em tradicional obra sobre o tema[27], ressaltara também, durante a realização do Congresso Jurídico de 1922, presidido pelo então Ministro Muniz Barreto, a necessidade de criação, no Brasil, de instituto similar ao *juicio de amparo* mexicano com um rito mais sumário para tutela dos direitos não protegidos pelo *habeas corpus*[28].

Nesse seguimento, a reforma constitucional de 1926 limitou as hipóteses de cabimento do *habeas corpus* aos casos de ameaça ou violação à liberdade de locomoção, sobejando verdadeira lacuna na proteção dos demais direitos individuais no Brasil, o que intensificou o clamor pela positivação de um instrumento eficaz para resguardar direitos. Nessa esteira, ainda em 1926, foi apresentado projeto de autoria de Gudesteu Pires propondo a criação do "mandado de proteção" e do "mandado de restauração", ambos para servirem aos direitos pessoais, líquidos e certos, com fundamento constitucional ou em lei federal, contra atos lesivos perpetrados por autoridades administrativas da União. No mesmo período, foram enviadas ao Congresso

---

Manifesto erro! É exclusiva missão do *habeas corpus* garantir a liberdade individual na acepção restrita, a liberdade física, a liberdade de locomoção. O único direito em favor do qual se pode invocar o *habeas corpus* é a liberdade de locomoção, e de acordo com este conceito tenho sempre julgado. Evidente engano fora supor que pelo *habeas corpus* se pode sempre defender a liberdade de imprensa. Quando a imprensa é violentada porque ao redator de um jornal, por exemplo, não se permite ir ao escritório da folha, e lá escrever e corrigir os seus artigos, ou porque ao entregador, ou ao vendedor, se tolhe o direito de percorrer a cidade entregando, ou vendendo o jornal, não há dúvida que o caso é de *habeas corpus*. Mas este caso é de *habeas corpus* exatamente pelo fato de ter sido violada a liberdade de locomoção. Quando a imprensa é violentada porque, por exemplo, se dá a apreensão do material tipográfico, ou dos números do jornal, ou dos exemplares de um livro, por certo ninguém se lembraria de requerer uma ordem de *habeas corpus* como meio de fazer cessar a violação do direito". Assim, Lessa era contrário à extensão exagerada do *habeas corpus* contra todo e qualquer ato lesivo do Poder Público (HORBACH, Carlos Bastide. *Memória jurisprudencial*: Ministro Pedro Lessa. Brasília: Supremo Tribunal Federal, 2007. p. 79. Série Memória jurisprudencial).

[26] WALD, Arnoldo. *Do mandado de segurança na prática judiciária*. 4. ed. Rio de Janeiro: Forense, 2003. p. 93-94.

[27] NUNES, José de Castro. *Do mandado de segurança*. 8. ed. atual. por José de Aguiar Dias Rio de Janeiro: Forense, 1980.

[28] Consoante rememorado por José da Silva Pacheco, "no Congresso Jurídico de 1922, Edmundo Muniz Barreto relatou, como presidente da seção de direito judiciário, a seguinte tese: 'O incremento da vida judiciária e a necessidade de solução rápida de certas situações de anormalidade, apreciáveis de plano pelos tribunais e incabíveis no remédio do habeas corpus, exigem a criação de um instituto processual capaz de reintegrar imediatamente o direito violado? Quais as condições para a sua admissibilidade? Qual o complexo de atos que deve constituir sua forma?'" (apud PACHECO, José da Silva. Mandado de segurança e outras ações constitucionais típicas. São Paulo: Revista dos Tribunais, 2012. p. 119).

outras seis propostas legislativas com o mesmo objetivo[29]. Contudo, em virtude do perturbado contexto político e social da época, que culminou na Revolução de 1930, Getúlio Vargas fechou os órgãos do Poder Legislativo, suprimindo todos os seus trabalhos.

O mandado de segurança surgiu positivado no Direito brasileiro apenas na Constituição da República Federal de 1934, como relembra Celso Agrícola Barbi[30], destacando que a sugestão para a criação de um processo sumaríssimo, preconizador da tutela de direito incontestável, ameaçado ou violado por ato manifestamente ilegal do Poder Executivo, foi apresentada por João Mangabeira à comissão elaboradora do Anteprojeto Constitucional.

Dessa forma, na Constituição de 1934, mais exatamente no § 33 do seu art. 113, o constituinte instituiu, pela primeira vez na história do Direito brasileiro, o mandado de segurança, em título inerente às garantias de direitos, com a seguinte redação:

> Dar-se-á mandado de segurança para a defesa do direito, certo e incontestável, ameaçado ou violado por ato manifestamente inconstitucional ou ilegal de qualquer autoridade. O processo será o mesmo do *habeas corpus*, devendo ser ouvida a pessoa do direito público interessada. O mandado não prejudica as ações petitórias competentes.

A primeira versão do *writ* admitia a utilização da ação somente em face de atos praticados por autoridade, de modo que os atos oriundos de particulares no exercício de função pública permaneciam impassíveis de impugnação via mandado de segurança.

O instituto foi criado, assim, visando à proteção de direito certo e incontestável, ameaçado ou violado por ato manifestamente ilegal de autoridade, com caráter provisório, até que o Poder Judiciário solucionasse a questão definitivamente.

A aplicação do remédio heroico, nos primeiros tempos, conduziu doutrina e jurisprudência a divergirem quanto à correta aplicação do *writ* no que se refere à extensão de seu campo de incidência, bem como aos direitos que visava a proteger, porquanto, para muitos, o mandado de segurança era uma espécie de *habeas corpus* civil[31].

---

[29] Os anais parlamentares registram que, além do substitutivo do Deputado Afrânio de Melo Franco, de 9 de julho de 1927, ao projeto de Gudesteu Pires, e do substitutivo de 23 de setembro de 1927, outros seis projetos de lei: de autoria de Francisco Morato, de Matos Peixoto, de Odilon Braga, de Bernardes Sobrinho, de Clodomir Cardoso e de Sérgio Loreto.

[30] Em seu livro, *Do mandado de segurança*, Forense.

[31] Diversos fatores corroboravam esse entendimento, como: (i) a Constituição de 1934 expressamente determinava o mesmo procedimento para ambas as ações; (ii) os direitos tutelados pelo mandado de segurança já haviam sido amparados pelo *habeas corpus*, como outrora explicitado; (iii) enquanto a Carta de 1934 exigia que os direitos protegidos pelo mandado de segurança fossem certos e incontestáveis, sob a égide da Constituição de 1891, doutrina e jurisprudência reclamavam esses mesmos requisitos para a concessão de *habeas corpus*, conforme sugerem os seguintes trechos, respectivamente, da obra Do Poder Judiciário, p. 285-286, e do *Habeas Corpus* n.º 3.476, julgado em 31.12.1913, pelo STF, ambos do Ministro Pedro Lessa: "(...) sempre que o indivíduo sofrer qualquer coação à sua liberdade individual (pois o preceito constitucional não qualifica, nem restringe, nem distingue a coação, que é destinado a impedir) assume diversa modalidade a indagação a que é obrigado o juiz: o que a este cumpre é verificar se o direito que o paciente quer exercer, e do qual a liberdade física é uma condição necessária; um meio indispensável para se atingir o fim; um cami-

A regulamentação do instituto do mandado de segurança surgiu após a promulgação da Constituição de 1934, por meio da Lei n.º 191, de 16 de janeiro de 1936. Nesta, as características típicas do *mandamus*, quais sejam, a da sumariedade, da mandamentalidade e da produção da tutela específica, foram mantidas, dispondo-o incabível nos casos de liberdade de locomoção, de questão puramente política e de ato disciplinar, bem como condicionando-o às hipóteses em que o ato impugnado fosse passível de recurso administrativo, independentemente de caução, fiança ou depósito. Por outro lado, ampliou-se o cabimento do *writ* às ilegalidades perpetradas pelas autoridades de entidades autárquicas e pelas pessoas físicas ou jurídicas, quando estas, por meio de delegação ou de contrato, desempenhassem serviços públicos, no que a esses dissesse respeito.

> Art. 1.º Dar-se-á mandado de segurança, para defesa de direito certo e incontestavel, ameaçado, ou violado, por acto manifestamente inconstitucional, ou illegal, de qualquer autoridade.
>
> Paragrapho unico. Consideram-se actos de autoridades os das entidades autarchicas e de pessoas naturaes ou juridicas, no desempenho de serviços publicos, em virtude de delegação ou de contracto exclusivo, ainda quando transgridam o mesmo contracto.

A Constituição de 1937, de cunho eminentemente autoritário, excluiu o mandado de segurança de seu texto. Todavia, o referido instituto continuou a vigorar como remédio infraconstitucional, regido, precipuamente, pelo Decreto-lei n.º 6, de 16 de novembro de 1937, que impossibilitou sua utilização contra atos praticados em face do Presidente da República, de Ministros de Estado, Governadores e Interventores (art. 16). Por sua vez, o Decreto-lei n.º 96, de 22 de novembro de 1937, excluiu a possibilidade de concessão de mandado de segurança contra a figura do Prefeito do Distrito Federal (art. 21).

No âmbito infraconstitucional, a edição do Código de Processo Civil de 1939 manteve a previsão do *remedium juris*, restringindo, contudo, ainda mais o seu campo de atuação, a exemplo do art. 319 c/c o art. 320 do aludido *codex*, que excluíam da apreciação judicial, por meio do *mandamus*, os atos do Presidente da República, dos Ministros de Estado, dos Governadores e dos Interventores, bem como os atos que de-

---

nho cuja impraticabilidade inibe que se chegue ao termo almejado; o que cumpre verificar é se esse direito é **incontestável, líquido**, se o seu titular não está de qualquer modo privado de exercê-lo, embora temporariamente", e "Só se deve conceder o *habeas corpus* impetrado para exercer o paciente um determinado direito, quando esse direito, escopo ou fim é **líquido e certo**. Havendo sobre ele contenda ou contestação, deve o poder competente resolver primeiro a questão. O *habeas corpus* tem por função proteger a liberdade individual, e não solver litígios suscitados acerca de outros direitos" (citado em HORBACH, Carlos Bastide. *Memória jurisprudencial*: Ministro Pedro Lessa. Brasília: Supremo Tribunal Federal, 2007. p. 79. Série Memória jurisprudencial) (grifos nossos).

Sobre a certeza e a incontestabilidade dos direitos, ensina Arnoldo Wald que: "Numa primeira fase da evolução do mandado caracterizou-se o direito certo e incontestável pela translucidez e pela evidência da pretensão jurídica. Posteriormente, admitiu-se o mandado como meio de resolver questões mais complexas desde que o fato alegado como base do direito subjetivo fosse certo e provado inequivocamente pelos documentos juntos à inicial". (*Do mandado de segurança na prática judiciária*. 4. ed. Rio de Janeiro: Forense, 2003. p. 120).

safiassem recurso administrativo com efeito suspensivo, independentemente de caução, atos disciplinares, bem como quando a causa versasse sobre impostos ou taxas, com exceção dos casos em que a lei estabelecesse providências que restringissem a atividade profissional do contribuinte, a fim de assegurar a cobrança daqueles.

Nada obstante, a supressão ocorrida em 1937 não impediu que o instrumento garantista retornasse reforçado na Constituição da República de 1946, sob a previsão expressa em seu art. 141, § 24, no rol dos direitos individuais, com a importante inovação de suprimir a exigência da ilegalidade manifesta, o que representou grande avanço para o instituto. Nesse contexto de redemocratização, o mandado de segurança voltou a fazer parte da Constituição, de onde não mais se ausentou, uma vez que presente em todas as Constituições que a sucederam.

> Art. 141, § 24. Para proteger direito líquido e certo não amparado por *habeas corpus*, conceder-se-á mandado de segurança, seja qual for a autoridade responsável pela ilegalidade ou abuso de poder.

Deveras, houve a alteração dos termos "direito certo e incontestável, ameaçado ou violado por ato manifestamente inconstitucional ou ilegal de qualquer autoridade", previstos na Constituição de 1934, para a expressão "direito líquido e certo contra a ilegalidade ou abuso de poder" da Constituição Federal de 1946, conferindo ao instituto um caráter mais explícito em confronto com a natureza do interesse juridicamente protegido.

A Carta de 1946 conferiu o remédio tão somente para os casos em que a ilegalidade ou o abuso de poder não passíveis de impugnação pela via do *habeas corpus*. Assegurou-se, assim, no § 24 do art. 141 da então Carta Maior o *writ* para proteger direito líquido e certo, não amparado por *habeas corpus*, independentemente da autoridade responsável pela ilegalidade ou abuso de poder.

Essa evolução legislativa conduziu ao surgimento, em 31 de dezembro de 1951[32], da Lei n.º 1.533, que regulamentou o mandado de segurança e revogou expressamente, em seu art. 20, os dispositivos do Código de Processo Civil de 1939 que regulavam a matéria[33]. O aludido diploma definiu quem seriam as autoridades passíveis de se sujeitar ao mandado de segurança, em seu art. 1.º. Conforme o seu texto original:

> Art. 1.º Conceder-se-á mandado de segurança para proteger direito líquido e certo, não amparado por *habeas corpus*, sempre que, ilegalmente ou com abuso do poder, alguém sofrer violação ou houver justo receio de sofrê-la por parte de autoridade, seja de que categoria for e sejam quais forem as funções que exerça.

---

[32] Antes disso, em 18 de junho de 1951, a Lei n.º 1.386 determinara o cabimento de mandado de segurança contra os atos do diretor da Carteira de Câmbio do Banco do Brasil ou de qualquer outra autoridade que violasse ou embaraçasse o uso de direitos assegurados por lei.

[33] O CPC de 1939 regulamentava o exercício do mandado de segurança, por meio de seus arts. 319 a 331, contidos no Título V: "Dos processos especiais".

§ 1.º Consideram-se autoridade para os efeitos desta lei os administradores ou representantes das entidades autárquicas e das pessoas naturais ou jurídicas com funções delegadas do poder público, sòmente no que entende com essas funções.

A referida norma sofreu inúmeras modificações por leis posteriores, muitas delas tendentes a restringir as hipóteses de cabimento de medidas liminares, das quais podemos destacar: (i) *Lei n.º 2.770/1956* (que proibiu a concessão de liminares para a entrega de mercadorias importadas, bem como subordinou a execução da sentença não transitada em julgado à prestação de caução, salvo nos casos de importação de mercadorias); (ii) *Lei n.º 4.166/1962* (que dilatou o prazo para as autoridades coatoras ou qualquer outra repartição pública exibirem documentos ou cópia autêntica que comprovem o direito alegado); (iii) *Lei n.º 4.348/1964* (que trouxe importantes inovações ao fixar o prazo para informações pela autoridade coatora e para duração da medida liminar, vedando a sua concessão em casos de reclassificação ou equiparação de servidores públicos, ou à concessão de aumentos ou extensão de vantagens, bem como proibindo a execução de sentenças não transitadas em julgado, dando efeito suspensivo ao recurso interposto de decisão que importe outorga ou adição de vencimentos ou em reclassificação funcional); (iv) *Lei n.º 4.357/1964* (que impossibilitou a concessão de medida liminar contra a Fazenda Nacional nos casos de modificação do imposto sobre a renda, emissão de letras do Tesouro e instituição de correção monetária nos débitos fiscais para com a União); (v) *Lei n.º 4.862/1965* (que revogou parcialmente a lei anterior, bem como estabeleceu prazo para vigência das liminares concedidas em face da Fazenda Nacional); (vi) *Lei n.º 5.021/1966* (que dispôs sobre pagamentos de vencimentos e vantagens pecuniárias asseguradas a servidor público civil, em sentenças de mandados de segurança).

Com a Constituição de 1967, a disciplina referente ao *mandamus*[34] não sofreu modificação na substância do enunciado da Carta anterior. O art. 150, § 21, reproduziu o conceito do mandado de segurança do regime constitucional precedente, acrescentando, contudo, o direito "individual". Assim dispunha o texto constitucional de outrora, *verbis*:

> Conceder-se-á Mandado de Segurança, para proteger direito individual líquido e certo, não amparado por *habeas corpus*, seja qual for a autoridade responsável pela ilegalidade ou abuso de poder.

O surgimento do regime militar visou delimitar o alcance do instituto processual, inserindo a expressão "individual" ao conceito do *writ*, muito embora a melhor doutrina ressalte que essa modificação não trouxe qualquer restrição ao seu campo de ação[35]. Em 1969, a Emenda Constitucional n.º 1 suprimiu a expressão em comento, restaurando a redação da Carta de 1946.

---

[34] O período que antecedeu a Constituição de 1967 foi marcado pelo golpe militar de 1964, época em que os militares assumiram o governo no Brasil, em que o princípio básico da democracia foi violado. A ditadura implantada suprimiu direitos constitucionais, perseguiu opositores e reprimiu todos os que eram contra o regime.

[35] Celso Agrícola Barbi e Seabra Fagundes (A nova Constituição e o mandado de segurança. *Revista Forense*, v. 219, p. 5), este citado pelo primeiro em sua obra *Do mandado de segurança*, p. 34.

A Constituição de 1967 vigorou por pouco tempo, uma vez que a expedição do Ato Institucional n.º 5 rompeu com a ordem constitucional ora vigente, seguindo-se a este inúmeros atos complementares[36], igualmente constritivos de direitos e liberdades individuais e coletivos.

A Lei n.º 6.014 de 1973 e a Lei n.º 6.071 de 1974 trouxeram algumas alterações à Lei n.º 1.533 de 1951 (basicamente, a previsão do recurso de apelação à sentença que concedesse ou negasse o mandado de segurança e a possibilidade de execução provisória da ordem concedida, caso o Presidente do tribunal ao qual cabia o recurso não suspendesse essa execução), a fim de adaptar o procedimento do mandado de segurança às exigências do então Código de Processo Civil de 1973, o qual, por sua vez, deixou de incluir o *writ* entre os procedimentos especiais. Além dessas, diversas outras normas jurídicas foram editadas, modificando matérias relacionadas ao mandado de segurança nos anos subsequentes[37].

O advento da Constituição da República de 1988 cristalizou o Estado Democrático de Direito[38]. A Carta Magna atualmente em vigor mantém, expressamente, a garantia do *mandamus*, prevendo-o em seu art. 5.º, inc. LXIX, no bojo do elenco das garantias e direitos fundamentais.

> Art. 5.º Todos são iguais perante a lei, sem distinção de qualquer natureza, garantindo-se aos brasileiros e aos estrangeiros residentes no País a inviolabilidade do direito à vida, à liberdade, à igualdade, à segurança e à propriedade, nos termos seguintes: (...)
>
> LXIX – conceder-se-á Mandado de Segurança para proteger direito líquido e certo, não amparado por *habeas corpus ou habeas data*, quando o responsável pela ilegalidade ou abuso de poder for autoridade pública ou agente de pessoa jurídica no exercício de atribuições do Poder Público.

---

[36] O Ato Institucional n.º 6, de 1969, *v.g.*, alterou o art. 114, III, *a*, da Constituição de 1967, extinguindo o recurso ordinário para o STF, quanto ao Mandado de Segurança denegado pelos tribunais locais ou federais.

[37] Destaquem-se o Regimento Interno do STF, que, em 1970, restringiu o uso do Recurso Extraordinário no Mandado de Segurança somente para os casos em que o mérito não houvesse sido julgado (art. 308, III) e, em 1980, criou novas restrições (art. 325, III); a Emenda Constitucional n.º 7 de 1977, que procedeu a alterações na competência no processamento e julgamento do *writ* pelos tribunais; e a Lei Complementar n.º 35, de 1979, que atribuiu competência originária aos tribunais para julgar os Mandados contra seus atos e de seus respectivos Presidentes e Câmaras, Turmas e Seções.

[38] **Art. 1.º** A República Federativa do Brasil, formada pela união indissolúvel dos Estados e Municípios e do Distrito Federal, constitui-se em Estado Democrático de Direito e tem como fundamentos:
I – a soberania;
II – a cidadania;
III – a dignidade da pessoa humana;
IV – os valores sociais do trabalho e da livre-iniciativa;
V – o pluralismo político.
Parágrafo único. Todo o poder emana do povo, que o exerce por meio de representantes eleitos ou diretamente, nos termos desta Constituição.

Consectariamente, essa garantia passou a consubstanciar-se cláusula pétrea, vedando-se a sua supressão por deliberação ou emenda constitucional, conforme previsão do art. 60, § 4.º[39], da Carta constitucional.

A Constituição de 1988 inovou, ainda, ao inaugurar o denominado mandado de segurança coletivo, prevendo-o, expressamente, no seu art. 5.º, inc. LXX, *in verbis*: "O Mandado de Segurança coletivo pode ser impetrado por: a) partido político com representação no Congresso Nacional; b) organização sindical, entidade de classe ou associação legalmente constituída e em funcionamento há pelo menos um ano, em defesa dos interesses de seus membros ou associados". Outra mudança de relevo foi a criação de recurso ordinário para o Supremo Tribunal Federal, nas hipóteses de decisão denegatória em única instância pelos demais Tribunais Superiores (art. 102, II, *a*, CF de 1988) e para o Superior Tribunal de Justiça, quando a decisão denegatória de única instância provier dos Tribunais Regionais Federais ou dos Tribunais de Estado, do Distrito Federal ou, ainda, de Territórios (art. 105, II, *b*).

O novel Estado Democrático de Direito, assegurador das medidas eficazes contra a atuação arbitrária, ilegal ou ilegítima do Estado, insere, com papel de destaque, a figura do mandado de segurança ao lado de outros instrumentos constitucionais como a ação popular, o *habeas corpus*, o *habeas data* e a ação civil pública[40].

Mister reconhecer a importância da doutrina brasileira do *habeas corpus*, que teve como um de seus consectários o prevalecimento entre nós do entendimento de que o *mandamus* se vocacionara a obter uma proteção *in natura* do direito violado ou ameaçado de lesão, cuja execução *específica* torna inviável a conversão da decisão em perdas e danos.

---

[39] Assim dispõe o **art. 60** da CF, em seu § 4.º: Não será objeto de deliberação a proposta de emenda tendente a abolir:
I – a forma federativa de Estado;
II – o voto direto, secreto, universal e periódico;
III – a separação dos Poderes;
IV – os direitos e garantias individuais.
Pela primeira vez na história do Constitucionalismo brasileiro se constatou a inserção dos direitos fundamentais dentro do rol das cláusulas pétreas como limite material explícito ao poder de reforma, porquanto era tradição das Constituições anteriores considerar apenas a forma republicana de governo e o federalismo do Estado (conforme o art. 90, § 4.º, da Constituição de 1891, que também continha a representação dos Estados no Senado; o art. 178, § 5.º, da Carta de 1934; o art. 217, § 6.º, Constituição de 1946; o art. 50, § 1.º da Constituição de 1967 e os arts. 47, § 1.º e 48 da EC 1/1969).

[40] No mesmo sentido, confira-se a seguinte passagem da obra de Eduardo Arruda Alvim sobre o mandado de segurança, verbis: "O mandado de segurança está intimamente ligado à ideia de Estado de Direito. No Estado de Direito, a atividade do Poder Público deve pautar-se estritamente pelas balizas da legalidade. Se é possível conceber-se o Estado de Direito sem a garantia do mandado de segurança, a recíproca não é verdadeira. Isto é, apenas em um legítimo Estado de Direito é possível conceber-se a garantia como a do mandado de segurança" (ALVIM, Eduardo Arruda. Mandado de segurança. 2. ed. Rio de Janeiro: GZ Editora, 2010. p. 27).

O *princípio da separação de poderes* que tem sido invocado como fundamento para a não admissão da intervenção judicial em órgãos administrativos, a fim de executar diretamente o *facere* ou o *non facere* decorrente de imposição judicial, não se coaduna com a moderna compreensão de tutela jurisdicional como instrumento de garantia plena da eficácia dos direitos do cidadão, por isso esse entendimento não pode constituir óbice à efetividade da resposta judicial[41].

Em suma, o mandado de segurança, visando a garantir direitos individuais e coletivos ameaçados ou violados por ato de pessoa que exerça função pública, na prática judiciária vem se revelando um notável instrumento eficaz no combate a ilegalidades ou abusos de poder no exercício de medidas autoexecutórias realizadas pelo Estado, consubstanciando uma modalidade especial de ação.

A disciplina do remédio constitucional vem se aprimorando ao longo da última década. Deveras, dentre leis esparsas editadas sobre o tema posteriormente à Carta Magna em vigor, merecem destaque (i) a *Lei n.º 8.076/1990*, que dispôs sobre a suspensão da medida liminar em determinadas hipóteses e sobre a vinculação da sentença concessiva da segurança ao duplo grau de jurisdição; e (ii) a *Lei n.º 8.437/1992*, que estabeleceu regras acerca da concessão de medidas cautelares contra atos do Poder Público, dispondo, dentre inúmeros aspectos, sobre a restrição à concessão de liminar no mandado de segurança coletivo e na ação civil pública, somente após a audiência do representante judicial da pessoa jurídica de direito público, que deverá se pronunciar no prazo de setenta e duas horas.

Outrossim, a análise da evolução jurisprudencial, que exsurgiu desde a criação e aplicação do *writ* na prática jurídica, gerou a edição de inúmeras súmulas de jurisprudência pelos Tribunais Superiores (Supremo Tribunal Federal, Superior Tribunal de Justiça e Tribunal Superior do Trabalho), o que se afigura de suma importância para o presente estudo do instituto[42].

Em que pese a autoexecutoriedade da garantia constitucional, vale observar que a evolução legislativa do tema demonstrou que a práxis em sede de mandado de segurança sempre suscitou incontáveis controvérsias, que demandam análise pormenorizada de toda a legislação, doutrina e jurisprudência consolidadas a respeito.

Justamente por essa razão, na tentativa de contribuir para a sistematização desses pontos de extrema complexidade do instituto, tramitou no Congresso Nacional o Projeto de Lei n.º 5.067/2001, que consolidou e "disciplinou o Mandado de Segurança individual

---

[41] Os países que adotam o contencioso-administrativo ou a jurisdição administrativa não cogitam dessa eventual intervenção ou ofensa à tripartição de poderes. Nos Estados Unidos, *v.g.*, essas medidas são aplicadas desde que não invadam o primado do Executivo na gestão orçamentária e não ofendam sua autonomia nas funções políticas que lhe são próprias.
No Direito francês, o ordenamento confere ao juiz administrativo o poder de dispor de todas as medidas úteis em vista a dar cumprimento à decisão de mérito. O comissário *ad acta* é figura que tem traduzido efetividade ao processo. Trata-se de um auxiliar do juiz apto a atuar na efetivação da decisão judicial resistida.

[42] A análise dos textos sumulados será realizada em capítulo pertinente.

e coletivo", de iniciativa de Comissão[43] presidida pelo Professor Caio Tácito, e da qual foram relator e revisor, respectivamente, o Professor Arnoldo Wald e o Ministro Carlos Alberto Menezes Direito.

A partir do referido projeto, foi editada[44], em 7 de agosto de 2009, e publicada, em 10 de agosto do mesmo ano, a Lei n.º 12.016, que revogou, expressamente, em seu art. 29: (i) *Lei n.º 1.533/1951* (alterou disposições do Código de Processo Civil de 1973, relativas ao mandado de segurança); (ii) *Lei n.º 4.166/1962* (modificou a redação do parágrafo único do art. 6.º e do inc. I do art. 7.º, tudo da Lei n.º 1.533/1951, que alterou disposições do Código de Processo Civil de 1973 relativas ao mandado de segurança); (iii) *Lei n.º 4.348/1964* (estabeleceu normas processuais relativas ao mandado de segurança); (iv) *Lei n.º 5.021/1966* (dispôs sobre o pagamento de vencimentos e vantagens pecuniárias asseguradas, em sentença concessiva de mandado de segurança, a servidor público civil); (v) *art. 3.º da Lei n.º 6.014/1973* (adaptou ao Código de Processo Civil de 1973 as leis que menciona); (vi) *art. 1.º da Lei n.º 6.071/1974* (adaptou ao Código de Processo Civil de 1973 as leis que menciona); (vii) *art. 12 da Lei n.º 6.978/1982* (estabeleceu normas para a realização de eleições em 1982, e dá outras providências) e (viii) *art. 2.º da Lei n.º 9.259/1996* (acrescentou parágrafo único ao art. 10, dispôs sobre a aplicação dos arts. 49, 56, incs. III e IV, e 57, inc. III, da Lei n.º 9.096/1995, e deu nova redação ao § 1.º do art. 1.º da Lei n.º 1.533/1951).

A Lei n.º 12.016/2009 trouxe em seu bojo uma sistematização que, certamente, facilitou a prática processual, tanto mais que restaram consolidados em um único texto normativo aspectos mais relevantes, tanto das legislações esparsas aplicáveis, como da jurisprudência predominante dos tribunais brasileiros sobre o mandado de segurança.

Nada obstante, alguns de seus dispositivos têm suscitado questionamentos, os quais serão adiante analisados.

---

[43] Comissão da qual ainda faziam parte Ada Pellegrini Grinover, Álvaro Vilaça de Azevedo, Antonio Janyr Dall'Agnol Junior, Gilmar Ferreira Mendes, Luís Roberto Barroso, Manoel André da Rocha, Roberto Rosas e Ruy Rosado de Aguiar Junior.

[44] Ressalte-se que o parágrafo único do art. 5.º ("o mandado de segurança poderá ser impetrado, independentemente de recurso hierárquico contra omissões de autoridade, no prazo de cento e vinte dias, após a sua notificação judicial ou extrajudicial") e o § 4.º do art. 6.º ("suscitada a ilegitimidade pela autoridade coatora, o impetrante poderá emendar a inicial no prazo de dez dias, observado o prazo decadencial") foram objeto de veto presidencial. A razão do primeiro veto se deu porque "a exigência de notificação prévia como condição para propositura do mandado de segurança pode gerar questionamentos quanto ao início da contagem do prazo de 120 dias em vista da ausência de período razoável para a prática do ato pela autoridade e, em especial, pela possibilidade de a autoridade notificada não ser competente para suprir a omissão". O segundo veto ocorreu em razão do entendimento de que "a redação conferida ao dispositivo durante o trâmite legislativo permite a interpretação de que devem ser efetuadas no correr do prazo decadencial de 120 dias eventuais emendas à petição inicial com vista a corrigir a indicação da autoridade impetrada. Tal entendimento prejudica a utilização do remédio constitucional, em especial, ao se considerar que a autoridade responsável pelo ato ou omissão impugnados nem sempre é evidente ao cidadão comum".

Em linhas gerais, forçoso convir que a jurisprudência funcionou expressivamente como norte da reforma, tornando conhecidos os novéis temas retratados. As considerações são corroboradas pela Exposição de Motivos do diploma, cuja transcrição revela-se de extrema importância para facilitar-nos a interpretação histórica, importante para auferirmos a *ratio legis* de alguns dispositivos.

A referida Exposição de Motivos revela os desígnios do legislador, *verbis*:

> Em 16 de abril de 2001. Excelentíssimo Senhor Presidente da República,
>
> Submetemos à consideração de Vossa Excelência o anexo Projeto de Lei que "Disciplina o Mandado de Segurança individual e coletivo, e dá outras providências", calcado em proposta da Comissão de juristas constituída pela Portaria n.º 634, de 23 de outubro de 1996, presidida pelo Professor Caio Tácito e da qual foram relator e revisor, respectivamente, o Professor Arnoldo Wald e o Ministro Carlos Alberto Direito.
>
> 2. Decorridos mais de sessenta e cinco anos da introdução do instituto do Mandado de Segurança no direito processual pela Carta Política de 1934 e quase meio século após a edição da Lei n.º 1.533, de 31 de dezembro de 1951, que o regulamentou de modo sistemático, evidenciou-se a necessidade de atualizar a legislação sobre a matéria, considerando as modificações constitucionais acerca do tema e as alterações legais que sofreu. Não bastasse isso, o Mandado de Segurança gerou ampla jurisprudência sobre seus mais variados aspectos, que está sedimentada em súmulas dos tribunais.
>
> 3. Nesse contexto, o projeto se integra no movimento de reforma legal que busca a maior coerência do sistema legislativo, para facilitar o conhecimento do direito vigente aos profissionais da área e ao cidadão, mediante a atualização, por consolidação em diploma único, de todas as normas que regem a mesma matéria.
>
> 4. Também inspiraram a Comissão importantes conquistas jurisprudenciais, como, por exemplo, sobre impetração contra decisões disciplinares e por parte de terceiro contra decisões judiciais, bem como a adequada defesa pública, de modo a oferecer ao Poder Judiciário os elementos necessários a um julgamento imparcial, com a preservação dos interesses do Tesouro Nacional.
>
> 5. Em princípio, foram mantidas a redação e a sistemática das regras vigentes, a fim de evitar divergências de interpretação em matérias sobre as quais a jurisprudência já se consolidou.
>
> 6. Ao conceituar o Mandado de Segurança e definir o seu campo de atuação, o projeto mantém, em linhas gerais, o direito anterior, indicando como destinatário qualquer pessoa física ou jurídica, em garantia de direito líquido e certo. Equipara ao conceito de autoridade os representantes ou órgãos de partidos políticos e os administradores de entidades da administração descentralizada e delegada, excluídos, contudo, do âmbito do instituto, os atos comerciais de empresas públicas, sociedades de economia mista e concessionários de serviços públicos.
>
> 7. No caso de urgência da impetração e da comunicação da decisão, a proposta admite o uso de fax e de outros meios eletrônicos de autenticidade comprovada, adotando o disposto na Lei n.º 9.800, de 26 de maio de 1999, que "permite às partes a utilização de sistema de transmissão de dados para a prática de atos processuais" (arts. 4.º e 13).
>
> 8. Na esteira da jurisprudência dos tribunais, o Mandado de Segurança é cabível contra sanções disciplinares ou, independentemente de recurso hierárquico, contra omissões da autoridade, após sua notificação judicial ou extrajudicial. Igualmente calcado na

doutrina e na jurisprudência, o projeto considera autoridade coatora a que praticou o ato e aquela de quem emanou a ordem. Se suscitada pelo indicado coator a ilegitimidade passiva, admite-se a emenda da inicial no prazo de dez dias (art. 6.º).

9. Para que a pessoa jurídica de direito público interessada possa apresentar a defesa de seu ato, o projeto determina que esta receba cópia da petição inicial, extraída dos autos pelo cartório, sem documentos, sendo-lhe facultado o ingresso no feito (art. 7.º). Tal medida já é utilizada em alguns Estados e se justifica em virtude das determinações da Constituição vigente, que separaram as funções do Ministério Público e da Advocacia-Geral da União.

10. São mantidas, no projeto, as restrições impostas em leis especiais, que, em determinados casos, vedam tanto a concessão da medida liminar como a execução da decisão antes de seu trânsito em julgado. Também está prevista a possibilidade de o juiz exigir garantia do impetrante para que possa ser concedida liminar (art. 7.º, III, § 2.º).

11. Os efeitos da medida liminar, salvo se revogada ou cassada, são mantidos até a prolação da sentença, dando-se prioridade aos feitos nos quais tenha sido concedida (art. 7.º, III, §§ 3.º e 4.º).

12. As vedações relacionadas com a concessão de liminares estendem-se à tutela antecipada a que se referem os arts. 273 e 461 do Código de Processo Civil (art. 7.º, § 5.º).

13. Na hipótese de paralisação do andamento do processo, por culpa do impetrante, ou omissão de atos ou diligências a seu cargo, o projeto prevê que seja decretada a perempção ou caducidade da medida liminar (art. 8.º).

14. A fim de assegurar a adequada defesa da Administração, a proposta determina que a autoridade coatora remeta ao Ministério ou ao órgão ao qual está subordinada e à Advocacia-Geral da União ou entidade local correspondente o mandado notificatório com as informações cabíveis (art. 9.º).

15. Os casos de indeferimento da petição inicial e do recurso cabível são esclarecidos, de modo adequado, assim como o momento até o qual será admitido o litisconsórcio ativo, a fim de respeitar o princípio do juiz natural (art. 10).

16. Decorrido o prazo para que o coator preste as informações e a entidade, querendo, apresente a sua defesa, os autos serão encaminhados ao Ministério Público, se a matéria for de interesse público ou social, com o prazo improrrogável de dez dias, para opinar. Em seguida, o processo será concluso, com ou sem parecer, para que o magistrado profira sentença, no prazo de trinta dias (art. 12). Assim, em tese, o julgamento em primeiro grau de jurisdição deverá ocorrer em dois meses a partir do ingresso do impetrante em juízo.

17. O projeto assegura à autoridade coatora o direito de recorrer, matéria ainda controversa na jurisprudência (art. 14, § 2.º).

18. Com base em precedentes do Supremo Tribunal Federal e do Superior Tribunal de Justiça, a proposta prevê a possibilidade de a pessoa jurídica de direito público solicitar a suspensão de medida liminar ou sentença, ao presidente de um dos tribunais superiores, quando denegado pelo Presidente do órgão julgador da segunda instância ou em agravo contra decisão deste (art. 15).

19. Abrigando matéria que, em grande parte, apenas consta dos Regimentos Internos, o projeto regula o processo do Mandado de Segurança nos casos de competência originária dos tribunais (art. 16).

20. Não sendo publicado o acórdão no prazo de trinta dias contados da data do julgamento, é facultada sua substituição pelas notas taquigráficas, independentemente de revisão.

21. Regulam-se os recursos contra as decisões do Mandado de Segurança proferidas em única instância (art. 18).

22. O projeto trata, ainda, do Mandado de Segurança coletivo que, embora criado pela Constituição de 1988, ainda não mereceu disciplina pela legislação ordinária (arts. 21 e 22).

23. Constam, ainda, outras disposições a respeito do prazo para a impetração do Mandado de Segurança, da inviabilidade da interposição dos embargos infringentes e do descabimento da condenação ao pagamento dos honorários de sucumbência, sem prejuízo da aplicação de sanções no caso de litigância de má-fé (arts. 23 e 25).

24. O projeto equipara o não cumprimento pelas autoridades administrativas das decisões proferidas em Mandado de Segurança ao crime de desobediência previsto no art. 330 do Código Penal, sem prejuízo da aplicação das sanções administrativas cabíveis (art. 26).

25. Com essas medidas, além de complementar a legislação ordinária em matérias nas quais é omissa, o projeto cuida de garantir maior eficiência ao instituto, conferindo poder coercitivo específico às decisões nele proferidas e organizando mais adequadamente os serviços judiciários de modo a permitir o julgamento rápido das ações mandamentais.

26. Estas, em síntese, Senhor Presidente, as normas que ora submetemos ao elevado descortino de Vossa Excelência, destinadas a atualizar e aprimorar o sistema judiciário vigente, em relação a instituto que tem garantido adequadamente os direitos individuais e se tornou um dos instrumentos mais importantes do Estado de Direito e do sistema democrático.

Respeitosamente,
GILMAR FERREIRA MENDES
Advogado-Geral da União

JOSÉ GREGORI
Ministro de Estado da Justiça

1.4. CONSIDERAÇÕES SOBRE A INEXISTÊNCIA DE *VACATIO LEGIS*

A *imediata* vigência da Lei n.º 12.016/2009, conforme estabelece seu art. 28, motivou críticas[45], haja vista que a inexistência de *vacatio legis* para uma lei processual impede

---

[45] Sobre o tópico, merece transcrição a observação feita por Cássio Scarpinella Bueno, *verbis*: "A entrada imediata de uma lei processual em vigor, tal qual determina o art. 28 da Lei n.º 12.016/2009, é de todo desaconselhável. A uma, porque sem nenhuma *vacatio legis* não há condições mínimas e objetivas de os destinatários da lei, secundados pela doutrina, por debates, simpósios e cursos, acostumarem-se à nova disciplina. (...) A duas, porque não há dúvida, em sede de doutrina e de jurisprudência, quanto à aplicação imediata da nova lei aos processos em curso, respeitados, apenas, os chamados 'direitos processuais adquiridos' e os 'atos processuais jurídicos perfeitos' em homenagem ao art. 5.º, XXXVI, da Constituição Federal. Assim, a aplicação imediata de uma nova lei sem prévia maturação intelectual é medida que, infelizmente, nada contribui para a efetividade do processo e a celeridade de sua tramitação" (BUENO, Cássio Scarpinella. *A Nova Lei do Mandado de Segurança*. Comentários sistemáticos à Lei n.º 12.016, de 7-8-2009. 2. ed. São Paulo: Saraiva, 2010. p. 201).

que se consolidem condições mínimas e objetivas para que seus destinatários absorvam a nova disciplina legal[46].

O Direito brasileiro prestigia o *princípio do isolamento dos atos processuais*, segundo o qual cada ato processual deve ser regido pela lei vigente no momento em que praticado[47]. Desse princípio é possível concluir que: (i) todos os atos processuais praticados antes da entrada em vigor da nova lei devem ser respeitados, e seus efeitos não podem ser desfeitos; (ii) todos os atos processuais ainda não praticados sob a égide da lei antiga serão praticados com total observância da lei nova; (iii) a entrada em vigor da lei nova, quando em curso a relação processual, deve respeitar os efeitos já consumados, sendo sua aplicação de rigor para disciplinar os novos efeitos que ainda se esperam. A lei nova, por assim dizer, captura e passa a reger tudo aquilo que não contradiz, que não anula, que não elimina a lógica, os efeitos e os próprios atos anteriores.

Essas premissas contribuem para a superação das dificuldades decorrentes do conflito temporal de leis no âmbito processual.

---

[46] Sobre a necessidade de o ordenamento jurídico assegurar previsibilidade e estabilidade aos seus destinatários, inclusive no âmbito da legislação processual, merecem consulta os trabalhos de Valter Shuenquener de Araujo (ARAUJO, Valter Shuenquener. *O princípio da proteção da confiança*. Uma nova forma de tutela do cidadão diante do Estado. Niterói: Impetus, 2009) e de Antônio do Passo Cabral (*Coisa julgada e preclusões dinâmicas*. Entre continuidade, mudança e transição de posições processuais estáveis. Salvador: JusPodivm, 2013).

[47] Corroborava essa visão o art. 1.211 do CPC, de 1973, *in verbis*: "Este Código regerá o processo civil em todo o território brasileiro. Ao entrar em vigor, suas disposições aplicar-se-ão desde logo aos processos pendentes". O CPC de 2015 dispõe, *verbis*: "Art. 14. A norma processual não retroagirá e será aplicável imediatamente aos processos em curso, respeitados os atos processuais praticados e as situações jurídicas consolidadas sob a vigência da norma revogada".

2
CONCEITO

Para melhor compreender o conceito do Mandado de Segurança, é necessário reexaminar com cuidado a sua evolução legislativa. Consoante explicitado no capítulo anterior, a Constituição de 1934 pela vez primeira previu o Mandado de Segurança no § 33 do seu art. 113, sob os seguintes termos:

> Dar-se-á Mandado de Segurança para a defesa do direito, certo e incontestável, ameaçado ou violado por ato manifestamente inconstitucional ou ilegal de qualquer autoridade. O processo será o mesmo do *habeas corpus*, devendo ser sempre ouvida a pessoa do direito público interessada. O mandado não prejudica as ações petitórias competentes.

A Lei n.º 191, de 16 de janeiro de 1936, que regulamentou o exercício do Mandado, praticamente repetiu a definição da Carta de 1934, em seu art. 1.º:

> Dar-se-á mandado de segurança, para defesa de direito certo e incontestavel, ameaçado, ou violado, por acto manifestamente inconstitucional, ou illegal, de qualquer autoridade.

Já sob a vigência do regime do Estado Novo, o Mandado de Segurança perdeu o assento constitucional, não figurando na Carta Constitucional outorgada por Getúlio Vargas em 1937. A disciplina do instituto ficou reservada à legislação ordinária, notadamente ao Código de Processo Civil, editado em 1939, cujo art. 319 dispunha:

> Dar-se-á mandado de segurança para defesa e direito certo e incontestável, ameaçado ou violado por ato manifestamente inconstitucional, ou ilegal, de qualquer autoridade, salvo do Presidente da República, dos Ministros de Estado, Governadores e Interventores.

A Carta de 1946, no art. 141, § 24, refletindo o novo contexto democrático brasileiro, revelou uma evolução conceitual do instituto, a saber:

> Para proteger direito líquido e certo não amparado por *habeas corpus*, conceder-se-á mandado de segurança, seja qual for a autoridade responsável pela ilegalidade ou abuso de poder.

A Lei n.º 1.533, de 31 de dezembro de 1951, previa, em seu art. 1.º, que:

> Conceder-se-á Mandado de Segurança para proteger direito líquido e certo, não amparado por *habeas corpus*, sempre que, ilegalmente ou com abuso de poder, alguém

sofrer violação, ou houver justo receio de sofrê-la por parte de autoridade, seja de que categoria for e sejam quais forem as funções que exerça.

A atual Constituição, ao dispor sobre o instituto no inc. LXIX do seu art. 5.º, estabeleceu, *in verbis*:

> Conceder-se-á Mandado de Segurança para proteger direito líquido e certo, não amparado por *habeas corpus* ou *habeas data*, quando o responsável pela ilegalidade ou abuso de poder for autoridade pública ou agente de pessoa jurídica no exercício de atribuições do Poder Público.

A Lei n.º 12.016/2009, que regulamenta o Mandado de Segurança Individual e o Coletivo, de forma semelhante ao texto constitucional em vigor, dispõe, também em seu art. 1.º, que:

> Conceder-se-á Mandado de Segurança para proteger direito líquido e certo, não amparado por *habeas corpus* ou *habeas data*, sempre que, ilegalmente ou com abuso de poder, *qualquer pessoa física ou jurídica* sofrer violação ou houver justo receio de sofrê-la por parte de autoridade, seja de que categoria for e sejam quais forem as funções que exerça.

O Mandado de Segurança é, pois, tradicionalmente categorizado como o instrumento processual constitucional ou o remédio de natureza constitucional assegurado a qualquer pessoa física ou jurídica, brasileiro ou estrangeiro, na defesa de direito líquido e certo, individual ou coletivo, não amparado por *habeas corpus* ou *habeas data*, sempre que este for lesado (tutela repressiva) ou ameaçado de lesão (tutela preventiva) por ato ilegal, ou que implique abuso de poder, praticado pela Administração Pública, através de seus agentes, na representação direta ou indireta da entidade pública. Insta salientar que o § 1.º do art. 1.º da Lei 12.016/2009 equipara aos agentes públicos os representantes ou órgãos de partido político, os administradores de entidades autárquicas, bem como os dirigentes de pessoas jurídicas ou, ainda, as pessoas naturais no exercício de atribuições do Poder Público. A lógica da Lei é, portanto, clara e inequívoca: o Mandado de Segurança é cabível contra *ato de autoridade*, independentemente de quem o pratique (Poder Público ou particular) e a que título o faça (em nome próprio ou mediante delegação). Estendem-se, portanto, os efeitos da Lei do Mandado de Segurança aos particulares que exerçam atribuições do Poder Público, desde que no desempenho de suas funções[1].

Nesse aspecto, ato de autoridade é toda conduta comissiva ou omissiva do Poder Público ou de seus delegados, no desempenho de suas funções, ou a pretexto de exercê-las, e autoridade entende-se a pessoa física investida de poder de decisão dentro da esfera de competência que lhe é atribuída pela norma legal.

---

[1] Não sem razão, Lúcia Valle Figueiredo entende que os agentes das concessionárias de serviço público, decorrentes das privatizações, sujeitam-se ao mandado de segurança, exatamente porque prestam serviço público (FIGUEIREDO, Lúcia Valle. *Mandado de segurança*. 5. ed. São Paulo: Malheiros, 2004. p. 20).

Como se pode observar pela redação conferida pela Lei, manteve-se, pois, o cabimento residual do *writ* em relação às demais ações constitucionais, quais sejam o *habeas corpus* e o *habeas data*.

A Lei n.º 12.016/2009 suscitou uma específica discussão quanto ao sujeito de direito que ostenta legitimidade para impetrar Mandado de Segurança, tendo em vista que, enquanto o seu art. 1.º estabelece que o Mandado de Segurança deve ser impetrado por "pessoa física ou jurídica", o art. 1.º da Lei n.º 1.533/1951, ao contrário, referia-se a "alguém", termo este mais abrangente.

Com efeito, hodiernamente, reconhece-se que não somente as pessoas físicas e jurídicas ostentam legitimidade ativa para a impetração do Mandado de Segurança, mas, também, qualquer ente despersonalizado que fizer uso desse remédio constitucional,[2] desde que possua prerrogativa ou direito individual ou coletivo digno de tutela judicial[3]. Nesse caso, a lei reconhecerá aos referidos entes capacidade processual, imprescindível à postulação em juízo, a fim de restarem guarnecidas suas prerrogativas e direitos.

---

[2] Confira-se a seguinte decisão do Superior Tribunal de Justiça: "Mandado de Segurança impetrado pelo Procurador-Geral de Justiça em defesa de prerrogativa institucional do Ministério Público do Estado. Personalidade judiciária do órgão despersonalizado. Capacidade de ser parte. (...) A orientação desta Corte considera legítima a impetração de Mandado de Segurança pelo Procurador-Geral de Justiça, quando na defesa de prerrogativas institucionais do Ministério Público que dirige" (STJ, AgRg no AREsp 321.705/RS, Rel. Min. Napoleão Nunes Maia Filho, Primeira Turma, j. 20.02.2018).

[3] Essa discussão, contudo, será abordada adiante, mais especificamente no ponto 4.1, que trata da legitimidade das partes.

3
NATUREZA JURÍDICA

A natureza jurídica do Mandado de Segurança também depende da análise da própria história do instituto.

Os primeiros registros acerca da controvertida natureza jurídica do *writ* remontam aos idos de 1940[1]. À época, o Supremo Tribunal Federal teve oportunidade de se manifestar sobre o tema, entendendo que, em razão de sua essência "acautelatória", o mandado de segurança deveria ser considerado como "remédio com finalidade preventiva"[2].

Na realidade, o Mandado de Segurança constitui um rito especial destinado à tutela célere e adequada de determinados direitos qualificados na Constituição, quais sejam, direitos líquidos e certos, não amparados por *habeas corpus* ou *habeas data*, quando o responsável pela ilegalidade ou abuso de poder for autoridade pública ou agente de pessoa jurídica no exercício de atribuições do Poder Público (art. 5.º, LXIX). O signo distintivo do Mandado de Segurança, portanto, diz respeito aos atos processuais especificamente destinados à proteção de direito ameaçado ou violado por ato coator de natureza pública.

Todavia, é comum encontrar na doutrina e na jurisprudência a afirmação de que a natureza jurídica do Mandado de Segurança seria de *ação*[3], tendo em vista que este constitui direito a um tipo específico de prestação jurisdicional. Considerando a *ação* em sua acepção de provimento jurisdicional (ou seja, utilizando o termo em referência

---

[1] Em 28.10.1940, no acórdão do Agravo n.º 206 do TJMG, de relatoria do Des. Guido Cardoso de Menezes, afirmara-se que a natureza jurídica do Mandado de Segurança era de causa (BARBI, Celso Agrícola. *Do mandado de segurança*. 10. ed. Rio de Janeiro: Forense, 2002. p. 39). Tal expressão designa a *questão pendente em juízo*. Contudo, não é suficiente para definir o instituto.

[2] STF, Mandado de Segurança n.º 60, Min. Carvalho Mourão, no *Arquivo Judiciário*, v. 39, p. 346. A ideia de remédio se contrapondo à ação remonta ao direito medieval, no qual as ações tinham o seu início por *libellus* e se fundavam em um direito, enquanto os remédios começavam pela *imploratio offici judicis*, e encontravam o seu fundamento na equidade (GRECO, Leonardo. Natureza jurídica do mandado de segurança. *Separata da Revista Arquivos do Ministério da Justiça*, n.º 129, p. 67, jan.-mar. 1974).

[3] Nesse sentido: Celso Agrícola Barbi, *Do mandado de segurança*, Rio de Janeiro, 2002; Luis Eulálio Bueno Vidigal, *Mandado de segurança*, São Paulo, 1953; Leonardo Greco, *Natureza jurídica do mandado de segurança*, Rio de Janeiro, 1974; Hely Lopes Meirelles, Arnoldo Wald e Gilmar Ferreira Mendes, *Mandado de segurança e ações constitucionais*, São Paulo, 2009; José da Silva Pacheco, *Mandado de segurança e outras ações constitucionais típicas*, São Paulo, 2012; entre outros autores.

à providência prática postulada em juízo), restam debates quanto à sua espécie à luz da repartição quinária[4] das ações.

O clássico entendimento no sentido de que o Mandado de Segurança possui natureza de ação executória hodiernamente se encontra praticamente superado pela moderna concepção do instituto como ação de cognição ou de conhecimento. É que a expedição de mandado se afigura como efeito secundário da sentença, não sendo suficiente para caracterizá-la como ação executiva, pois predomina nesse rito a atividade de conhecimento quanto aos fatos e fundamentos jurídicos alegados. Por outro lado, a liminar concessível no Mandado de Segurança tampouco o caracteriza como processo cautelar, na medida em que a tutela provisória é admissível incidentalmente no bojo do processo de conhecimento. A classificação quinária indicaria que o Mandado de Segurança possui natureza preponderantemente *mandamental*, porquanto em todos os casos a sentença que acolhe a pretensão[5] contém em seu bojo a ordem de cumprimento do que dispõe, encerrando o seu descumprimento o delito da desobediência (art. 26 da Lei n.º 12.016/2009), sem prejuízo dos meios de coerção que a acompanham para efetivação do *decisum*. Nada obstante, é de se ressaltar que essas não são características exclusivas do Mandado de Segurança, na medida em que qualquer condenação contém ordem de cumprimento de uma obrigação, sendo certo que o executado responde por crime de desobediência se deixar de observar injustificadamente a ordem judicial que determina a efetivação da tutela específica quanto à obrigação de fazer ou de não fazer (art. 536, § 3.º, do CPC/2015).

Outrossim, o Mandado de Segurança configura sempre ação constitucional de natureza *cível* e de rito abreviado, independentemente do Juízo competente e da natureza do ato

---

[4] Ao lado da tradicional tripartição, que classificava as ações de conhecimento em meramente declaratórias, constitutivas e condenatórias, a doutrina também se refere à ação mandamental, aquela que visa a uma ordem judicial (mandado) dirigida a outro órgão estatal ou a particulares (essa última nos termos do art. 536, § 1.º, do CPC/2015, antigo art. 461, § 5.º, do CPC de 1973) para que façam ou deixem de fazer alguma coisa, e em ação executiva *lato sensu*, indicando a ação direcionada a sentença de natureza condenatória e que, por isso, vale como título executivo para proceder à execução sem a necessidade de instaurar-se novo processo, com esse fim (*v.g.*, art. 523 do CPC/2015 e os antigos arts. 475-I, 461 e 461-A, todos do CPC de 1973). Considerando que, hodiernamente, a regra é que as atividades de conhecimento e de execução sejam exercidas dentro do mesmo processo, restou defasada a classificação quinária. De qualquer forma, por meio do Mandado de Segurança, o impetrante buscaria uma ordem judicial de execução específica, dirigida ao agente que violasse (tutela repressiva) ou ameaçasse (tutela preventiva) o seu direito, podendo o juiz lançar mão, para conduzir o réu ao cumprimento de sua decisão, de todos os meios de execução indireta, sanções de natureza civil ou penal necessários e adequados ao caso concreto. Sendo mais adequada a teoria da tripartição da ação, as ações mandamentais e as executivas *lato sensu* seriam meras espécies das ações condenatórias, em virtude de ambas finalizarem com a imputação do juiz ao cumprimento de uma prestação. Assim sendo, a diferença entre elas diria respeito tão somente à forma de satisfação dessa prestação – na mandamental lograr-se-ia a execução específica, enquanto na executiva *lato sensu* o objetivo seria a execução da decisão dentro do processo de conhecimento.

[5] Ressalte-se que a sentença que denega o mandado é meramente declaratória, embora persista a natureza jurídica mandamental da ação, conforme a procedência do pedido.

impugnado, seja ele penal, trabalhista, militar, eleitoral ou outro. Essa constatação implica a aplicação subsidiária do Código de Processo Civil nas lacunas da legislação específica.

Assim, o Mandado de Segurança distingue-se das demais ações cíveis apenas pela especificidade de seu objeto e pela sumariedade de seu procedimento[6], que é próprio, extremamente célere, de forma a não permitir dilação probatória. Destarte, a melhor doutrina destaca que o objeto do *writ* é a concessão de sentença mandamental, em rito sumário, para se obter o direito por ele tutelável e, por isso, não se confunde com o direito público subjetivo à ação judicial correspondente a que também faz jus o impetrante, fundamentada na inafastabilidade do controle jurisdicional, previsto no inciso XXXV do art. 5.º da CF de 1988[7].

Justamente pelo seu caráter sumário, a jurisprudência não admite no Mandado de Segurança o reexame do suporte fático utilizado na aplicação de penalidade administrativa por infração disciplinar, muito embora seja possível o exame da proporcionalidade e da razoabilidade da penalidade imposta ao servidor, porquanto se encontra relacionada com a própria legalidade do ato administrativo.[8]

O Mandado de Segurança tem *status* constitucional, por isso, com o movimento de constitucionalização dos direitos, sobretudo no pós-guerra mundial, evidenciou-se a necessidade de se conferir maior efetividade a certas pretensões, ditas fundamentais à própria dignidade do homem, constatando-se a tendência, na maioria dos países, de se

---

[6] A tutela sumária, na acepção ora referida, é aquela que se caracteriza pela "simplificação e redução das suas fases, dos requisitos, da forma e dos prazos dos atos processuais, instituídos com a finalidade de facilitar o acesso à Justiça e obter rápida tutela jurisdicional".

Os ordenamentos jurídicos ao redor do mundo se municiaram desses institutos e procedimentos de tutela sumária, sobretudo nos casos em que sem a célere e eficiente ação jurisdicional o direito restará deteriorado, desde que com isso não sejam suprimidas as demais garantias processuais fundamentais.

No Mandado de Segurança, tem-se que, apesar da sumariedade de seu rito, a cognição do juiz é plena (não sofre limitações em seu objeto) e exauriente *secundum eventum probationis* (a profundidade da cognição está condicionada à existência de elementos probatórios suficientes). É, assim, um rito sumário que não se baseia em cognição sumária, mas, sim, exauriente e, portanto, apto a produzir coisa julgada.

[7] PACHECO, José da Silva. *Mandado de segurança e outras ações constitucionais típicas*. 6. ed. São Paulo: RT, 2012. p. 159.

[8] Na forma da jurisprudência consolidada do Superior Tribunal de Justiça, em mandado de segurança "não cabe o exame da alegação de que o conjunto probatório seria insuficiente para o reconhecimento da infração disciplinar, vez que seu exame exige a revisão do conjunto fático-probatório apurado no PAD, com a incursão no mérito administrativo, questões estas estranhas ao cabimento do *writ* e à competência do Judiciário", porém, na via do *mandamus*, "admite-se o exame da proporcionalidade e da razoabilidade da penalidade imposta ao servidor, porquanto se encontra relacionada com a própria legalidade do ato administrativo" (STJ, AgInt no MS 20.515/DF, Rel. Min. Benedito Gonçalves, Primeira Seção, *DJe* 1.º.08.2017)." (STJ, MS 19.995/DF, Rel. Min. Napoleão Nunes Maia Filho, Rel. p/ Acórdão Min. Assusete Magalhães, Primeira Seção, j. 14.11.2018).

atribuir normatividade às suas Constituições, notadamente aos direitos fundamentais[9]. Nessa esteira, uma série de garantias[10] processuais foram constitucionalizadas, dentre as quais o Mandado de Segurança, atualmente previsto no inciso LXIX do art. 5.º.

Consoante cediço, "os direitos fundamentais constituem, para além de sua função limitativa do poder (que, ademais, não é comum a todos os direitos), critérios de legitimação do poder estatal e, em decorrência, da própria ordem constitucional, na medida em que o poder se justifica por e pela realização dos direitos do homem e que a ideia de justiça é hoje indissociável de tais direitos"[11].

Decorrência desse entendimento implica conceber o Mandado de Segurança, porquanto garantia de uma série de direitos fundamentais, como ação cujo objetivo é o de tutelar mais do que o indivíduo diante de ameaça ou violação de seus direitos subjetivos, mas de assegurar toda a ordem constitucional, que restaria comprometida caso o Estado-juiz se mantivesse inerte diante das ilegalidades comissivas ou omissivas oriundas do Poder Público.

---

[9] Sobre as diversas transformações por que passou (e vem passando) o direito público em geral (e o direito constitucional em particular), cf. CARBONELL, Miguel (Ed.). *Neoconstitucionalismo(s)*. Madrid: Trotta, 2003. BARROSO, Luís Roberto. Neoconstitucionalismo e constitucionalização do direito: o triunfo tardio do direito constitucional do Brasil. *Revista de Direito Administrativo – RDA*, n.º 240, p. 1-42; SARMENTO, Daniel. O neoconstitucionalismo no Brasil: riscos e possibilidades. In: SARMENTO, Daniel (Org.). *Filosofia e teoria constitucional contemporânea*. Rio de Janeiro: Lumen Juris, 2009. p. 113-146; CARBONELL, Miguel; GARCÍA JARAMILLO, Leonardo (Org.). *El canon neoconstitucional*. Madrid: Trotta, 2010.

[10] Sobre o tema, a tradicional lição de Rui Barbosa para o qual os direitos seriam disposições declaratórias e as garantias seriam disposições assecuratórias, que limitam o poder, para proteger os direitos (BARBOSA, Rui. *Oração aos moços*. São Paulo: Rideel, 2005). Taruffo, nesse aspecto, salienta que nenhum direito existe de verdade se não estiver acompanhado da respectiva tutela jurisdicional (TARUFFO, Michele. Leyendo a Ferrajoli: consideraciones sobre la jurisdicción. *Páginas sobre justicia civil*. Madrid: Marcial Pons, 2009. p. 22).

[11] SARLET, Ingo Wolfgang. *Eficácia dos direitos fundamentais*. 8. ed. Porto Alegre: Livraria do Advogado, 2007. p. 71.

4
CONDIÇÕES DA AÇÃO

As *condições da ação* representam requisitos que o autor deve preencher para obter uma solução jurisdicional de mérito. Como se observa, as *condições da ação* não estão vinculadas à procedência do pedido, por isso a questão sobre se a parte tem ou não o direito afirmado compõe o mérito da causa, e não propriamente um requisito de sua admissibilidade.

Por essa razão, afirma-se que as *condições da ação*, consistentes na *legitimidade das partes* e no *interesse de agir*, são analisadas *in abstrato* (*vera sint exposita*). Assim, a questão que se põe ao magistrado é a seguinte: considerando-se verdadeiro o afirmado na inicial, o processo está sendo travado entre as pessoas certas[1]? Há necessidade e utilidade de intervenção judicial[2]? Essas respostas indicam se o autor preenche as condições da ação, independentemente de se saber se tem fundamento ou não a pretensão deduzida em juízo.

Em verdade, "ter direito é condição de procedência" e não é isso que se deve averiguar sob o ângulo formal das *condições da ação*; por isso, o *direito de agir equivale ao direito de pedir e não a um direito à pretensão deduzida*. Trata-se de um *direito instrumental ao meio e não ao fim*, que é a justiça.

O controle das *condições da ação* pode ser encetado pelo juiz *ex officio*, desde a análise da petição inicial, em qualquer tempo e grau de jurisdição (art. 485, § 3.º, do CPC/2015). Não obstante, compete ao réu, na primeira oportunidade de que dispõe para falar nos autos, suscitar a *preliminar de carência de ação* (art. 337, inciso XI, do CPC/2015)[3].

---

[1] A *legitimatio ad causam*, na feliz síntese de Alfredo Buzaid, é "a pertinência subjetiva da ação" (BUZAID, Alfredo. *Do agravo de petição no sistema do Código de Processo Civil*. 2. ed. p. 89).

[2] René Morel sintetizava o interesse processual ao afirmar que "a jurisdição não é função que possa ser movimentada sem que exista motivo" (MOREL, René. *Traité elémentaire de procedure civile*. 1952. p. 40), "... acaso a lesão ou ameaça de lesão não se verificou ainda (...) falece interesse de agir". Assim, LIEBMAN. *Corso di diritto processuale civile*. 1952. p. 49.

[3] **Art. 337.** Incumbe ao réu, antes de discutir o mérito, alegar:
I – inexistência ou nulidade da citação;
II – incompetência absoluta e relativa;
III – incorreção do valor da causa;
IV – inépcia da petição inicial;
V – perempção;
VI – litispendência;

Alguns afirmam que o controle das *condições da ação* encontra o seu momento culminante no "saneamento" do processo, razão pela qual, ultrapassada essa fase, a causa apresentar-se-ia pronta para uma resposta de mérito. Aliás, a própria lei determina que, no momento do saneamento e da organização do processo, deve o magistrado resolver as questões processuais pendentes, se houver (art. 357, I, do CPC/2015).

Entretanto, não se podem olvidar situações anômalas de *error in procedendo* que se verificam quando o juiz, não obstante declare saneado o processo, ainda persiste a ausência de uma das *condições da ação*. É verdade que os equívocos judiciais são passíveis de impugnação por meio dos recursos, sob pena de preclusão. Contudo, essa preclusão tem como escopo conduzir o processo a uma solução final e opera-se em relação àquelas matérias disponíveis, de sorte que o processo não pode ter uma solução de mérito "a qualquer preço". Afinal, pressupõe-se que as condições da ação constituem defeitos gravíssimos, que justificam a extinção do processo sem exame do mérito para que não se dê seguimento a um processo inviável. Por isso, não obstante saneado o feito, é possível constatar-se, excepcionalmente, que essa declaração formal não corresponde ao panorama processual existente. Sustenta-se, assim, a inexistência de preclusão nessa hipótese, tanto mais que as *condições da ação* representam matéria conhecível de ofício pelo juiz e, portanto, inalcançável pela preclusão *pro judicato*[4].

VII – coisa julgada;

VIII – conexão;

IX – incapacidade da parte, defeito de representação ou falta de autorização;

X – convenção de arbitragem;

XI – ausência de legitimidade ou de interesse processual;

XII – falta de caução ou de outra prestação que a lei exige como preliminar;

XIII – indevida concessão do benefício de gratuidade de justiça.

§ 1.º Verifica-se a litispendência ou a coisa julgada quando se reproduz ação anteriormente ajuizada.

§ 2.º Uma ação é idêntica a outra quando possui as mesmas partes, a mesma causa de pedir e o mesmo pedido.

§ 3.º Há litispendência quando se repete ação que está em curso.

§ 4.º Há coisa julgada quando se repete ação que já foi decidida por decisão transitada em julgado.

§ 5.º Excetuadas a convenção de arbitragem e a incompetência relativa, o juiz conhecerá de ofício das matérias enumeradas neste artigo.

§ 6.º A ausência de alegação da existência de convenção de arbitragem, na forma prevista neste Capítulo, implica aceitação da jurisdição estatal e renúncia ao juízo arbitral.

[4]   Como se apreende, abaixo, a matéria não é pacífica:
Súmula n.º 424 do STF: "Transita em julgado o despacho saneador de que não houve recurso, excluídas as questões deixadas, explícita ou implicitamente, para a sentença". Confira-se: *RTJ* 126/1.124; STF, RE n.º 79.436-GO; STJ, REsp n.º 37.814-1-BA, disponível em <www.stj.jus.br>. "O Enunciado n.º 424 da Súmula do STF não se aplica aos requisitos de admissibilidade da tutela jurisdicional" (STJ, REsp n.º 8.668-0-PR, disponível em: <www.stj.jus.br>).

Aliás, é exatamente a natureza pública em que se confina a matéria relativa às *condições da ação* que permite ao juiz conhecê-las de ofício, razão pela qual a iniciativa oficial não faz com que o julgador perca a sua imparcialidade (art. 485, § 3.º, do CPC/2015).

A matéria está longe de ter alcançado paz na doutrina e na jurisprudência entre os seguidores da eficácia preclusiva plena do saneamento e daqueles que fazem escapar a esse fato processual impeditivo o reexame de questões já decididas, consoante as extensas notas que se seguem a seguir[5].

4.1. LEGITIMIDADE DAS PARTES

A legitimidade das partes é, pois, condição aferida pelo juiz *in abstracto* visando verificar se a ação está sendo travada entre as pessoas pertinentes, *i.e.*, aquelas que figuram na relação jurídica de direito material debatida em juízo. A legitimação é, portanto, questão de dupla face, exigindo-se a legitimação quanto aos polos ativo e passivo da relação processual, apurando-se os reais destinatários da sentença de mérito.

Essa coincidência somente perde importância *na legitimação extraordinária*, porque nesse caso o que marca o fenômeno é exatamente *a não coincidência entre os sujeitos da lide e os sujeitos do processo*. A relação processual forma-se com pessoas outras que não os titulares da relação material como, ocorre com o acionista majoritário que em nome próprio pode demandar em favor da sociedade.

Fenômeno moderno decorrente da nova sociedade de massa e do aparecimento dos novos *direitos sociais* pertencentes a toda a coletividade ou a determinada categoria de membros da sociedade é o da *legitimação para os interesses difusos, coletivos e individuais homogêneos*; matéria esta, de extrema relevância, que será mais adiante estudada no que couber ao *mandamus* coletivo.

Destarte, no que tange especificamente ao mandando de segurança, o *caput* do art. 1.º da Lei n.º 12.016/2009, que dispõe sobre os legitimados – ativa e passivamente – para figurar na relação processual, não traz nenhuma mudança substancial, estabelecendo que o impetrante pode ser qualquer pessoa física ou jurídica e a autoridade coatora pode ser de qualquer categoria e exercente de quaisquer funções, inclusive os representantes ou órgãos de partidos políticos e os administradores de entidades autárquicas, bem como

---

[5] "A preclusão no curso de processo depende, em última análise, da disponibilidade da parte em relação à matéria decidida. Se indisponível a questão, a ausência de recurso não impede o reexame pelo juiz. Se disponível, a falta de impugnação importa concordância tácita à decisão. Firma-se o efeito preclusivo não só para as partes, mas também para o juiz, no sentido de que vedada se torna a retratação" (Galeno Lacerda, citado em *RTJ* 100/7).

"A sentença de mérito proferida em primeiro grau não impede que o Tribunal conheça dessas matérias (as do art. 267, IV, V e VI) ainda que ventiladas, apenas, em fase de recurso, ou mesmo de ofício" (*RSTJ* 89/193).

"Nas instâncias ordinárias não há preclusão para o órgão julgador em matéria de condições da ação enquanto não proferida por ele a decisão de mérito, podendo até mesmo apreciá-la sem provocação (CPC, arts. 267, § 3.º, 301, § 4.º, e 463)" (*RSTJ* 81/308). No mesmo sentido, *RSTJ* 81/268.

os dirigentes de pessoas jurídicas ou as pessoas naturais no exercício de atribuições do poder público, somente no que disser respeito a essas atribuições.

4.1.1. Legitimidade ativa no Mandado de Segurança

A regra geral em tema de legitimidade é a do art. 18 do CPC/2015 analisada a *contrario sensu*; vale dizer: é lícito pleitear-se em juízo, em nome próprio, direito próprio (legitimação ordinária).

Da análise literal dos dispositivos aplicáveis ao Mandado de Segurança (art. 5.º, LXIX, da CF/1988 e art. 1.º da Lei n.º 12.016/2009), extrai-se que, em linhas gerais, é atribuída legitimidade ativa a alguém que sofra ou esteja na iminência de sofrer violação de direito seu em decorrência de ato abusivo ou ilegal de autoridade. Note-se, ainda, que o constituinte brasileiro não restringiu o uso do Mandado de Segurança à pessoa humana (como fez com o *habeas corpus*).

A redação do art. 1.º da Lei n.º 12.016/2009, no entanto, ao invés de se referir à concessão de mandando de segurança a "alguém", prefere a expressão "pessoa física ou jurídica", que tenha sofrido ou esteja na iminência de sofrer lesão a seu direito líquido e certo.

A alteração da expressão legislativa inaugura polêmica a respeito do sujeito legitimado para impetrar o *mandamus*. Anteriormente, considerava-se que o Mandado de Segurança poderia ser utilizado não apenas por pessoas físicas e jurídicas, como também por órgãos públicos despersonalizados, mas dotados de capacidade processual (como as Chefias do Executivo, as Presidências das Mesas dos Legislativos, os Fundos Financeiros, as Comissões autônomas e demais órgãos da Administração centralizada ou descentralizada que tenham direitos próprios a defender). O advento do novo texto fez exsurgir a indagação, sobre se houve restrição quanto à pessoa que pode figurar como sujeito ativo do Mandado de Segurança.

Respeitadas eventuais opiniões em contrário, entendemos que não houve limitação, posto a redação estar em consonância com o disposto no art. 5.º, inc. LXIX, da Constituição de 1988, no sentido de que todo e qualquer sujeito de direito, pode figurar no polo ativo da ação constitucional *sub examine*.

A exegese de que o art. 1.º da Lei n.º 12.016/2009, de fato, intentou restringir a legitimidade ativa somente às pessoas físicas e jurídicas não revela o melhor resultado hermenêutico, uma vez que qualquer limitação ao exercício dos direitos fundamentais deve ser excepcional. Essas categorias de direitos reclamam do intérprete ampla flexibilidade ideológico-vernacular, apta a lhes conferir maior efetividade, consoante "o princípio da proibição do retrocesso", segundo o qual uma vez alcançado determinado grau de concretização de uma norma constitucional definidora de direito fundamental, fica o legislador proibido de suprimir ou reduzir essa concretização sem a criação de mecanismo outro que seja equivalente ou substituto[6].

---

[6] Sobre o princípio constitucional da vedação do retrocesso, cf. DERBLI, Felipe. *O princípio da proibição de retrocesso social na Constituição de 1988*. Rio de Janeiro: Renovar, 2007; MENDONÇA,

Desta sorte melhor se nos apresenta a posição doutrinária que advoga a manutenção do entendimento segundo o qual ostentam legitimidade ativa, para o Mandado de Segurança, não só a pessoa física[7] ou jurídica[8], nacional ou estrangeira, residente no país ou não[9], como também os órgãos públicos despersonalizados, mas com capacidade processual[10] (como as chefias dos Executivos e as presidências das Mesas dos Legislativos), os agentes públicos que detenham prerrogativas funcionais específicas do cargo ou do mandato[11] (Governadores, Magistrados, Parlamentares, Membros do Ministério Público) e as universalidades reconhecidas em lei, tal qual, massas falidas, espólios e condomínios.

O que efetivamente importa para caracterizar a legitimação ativa é, pois, a titularidade do direito subjetivo próprio atingido, seja o impetrante pessoa física, pessoa jurídica, órgão público ou universalidade legal.[12] Por essa razão, o Superior Tribunal de

---

José Vicente dos Santos. Vedação do retrocesso: o que é e como perder o medo. In: BINENBOJM, Gustavo (coord.). *Direitos fundamentais. Revista de Direito da Associação dos Procuradores do Novo Estado do Rio de Janeiro*, Rio de Janeiro: Lumen Juris, vol. XII, 2003, p. 205-236.

[7] **Súmula n.º 628 do STF**: "Integrante de lista de candidatos a determinada vaga da composição de tribunal é parte legítima para impugnar a validade da nomeação de concorrente".

[8] **Súmula n.º 511 do STF**: "Compete à Justiça Federal, em ambas as instâncias, processar e julgar as causas entre autarquias federais e entidades públicas locais, inclusive mandados de segurança, ressalvada a ação fiscal, nos termos da Constituição Federal de 1967, art. 119, § 3.º".

[9] STF, RE n.º 215.267, disponível em <www.stf.jus.br>. Ementa: "Ao estrangeiro, residente no exterior, também é assegurado o direito de impetrar Mandado de Segurança, como decorre da interpretação sistemática dos arts. 153, *caput*, da Emenda Constitucional de 1969 e do 5.º, LXIX, da Constituição atual. Recurso extraordinário não conhecido".

[10] STJ, RMS n.º 10.339-PR, disponível em <www.stj.jus.br>. Ementa: "O Município tem personalidade jurídica e a Câmara de Vereadores 'personalidade judiciária' (capacidade processual) para a defesa dos seus interesses e prerrogativas institucionais. Porém, afetados os direitos do Município e inerte o Executivo (Prefeito), no caso concreto, influindo fortemente os chamados direitos-função (impondo deveres), existente causa concreta e atual, afetados os direitos do Município, manifesta-se o direito subjetivo público, seja ordinariamente ou supletiva extraordinária, legitimando-se ativamente *ad causam* a Câmara Municipal para impetrar segurança".

[11] STF, MS n.º 21.239, disponível em <www.stf.jus.br>. Ementa: "O parlamentar tem legitimidade ativa para impetrar Mandado de Segurança com a finalidade de coibir atos praticados no processo de aprovação de leis e emendas constitucionais que não se compatibilizam com o processo legislativo constitucional. Legitimidade ativa do parlamentar, apenas. Precedentes do STF: MS n.º 20.257-DF, Min. Moreira Alves (*leading case*)". No mesmo sentido, cf. os seguintes precedentes do STF: MS n.º 21.642, Rel. Min. Celso de Mello, RDA 191/200; MS n.º 21.303, Min. Octavio Galloti; MS n.º 24.356, Rel. Min. Carlos Velloso, Tribunal Pleno, j. 13.02.2003, DJ 12.09.2003; e MS n.º 24.642, Rel. Min. Carlos Velloso, Tribunal Pleno, j. 18.02.2004, DJ 18.06.2004.

[12] Alexandre Cruz, ao discorrer sobre o tema, suscita relevante debate acerca da capacidade processual do nascituro para impetrar o *mandamus*. Veja: "O nascituro tem direito à vida. É o primeiro e mais fundamental dos direitos. Dele decorrerão todos os outros. Frustrar o direito à vida do nascituro, portanto, é frustrar-lhe toda a possibilidade de adquirir direitos. Assim, enquanto todos os direitos só existem para o nascituro, para lembrar Aristóteles, em potência, o direito à vida já existe em ato. Dizer que o nascituro tem expectativa de direito à vida é uma grande falácia. Ele já vive e tem direito legítimo, líquido e certo. É por isso que defendemos a tese de que, para a proteção do direito à vida, pode o nascituro ajuizar Mandado de Segurança (evidentemente através de curador especial ou

Justiça fixou a orientação no sentido de que, "ante o caráter mandamental e a natureza personalíssima da ação, não é possível a sucessão de partes no mandado de segurança, ficando ressalvada aos herdeiros a possibilidade de acesso às vias ordinárias"[13]. Pelas mesmas razões, "a empresa concessionária de serviço telefônico não detém legitimidade para, em nome próprio postular direito de seu usuário, ainda que para a proteção de seu sigilo telefônico"[14].

Excepcionalmente, consagra-se uma hipótese de substituição processual em sede de Mandado de Segurança, em que o titular de direito recorrente possui legitimidade extraordinária diante da inércia do titular do direito principal, qual seja aquela prevista no art. 3.º da Lei n.º 12.016/2009, segundo a qual "o titular de direito líquido e certo decorrente de direito, em condições idênticas, de terceiro poderá impetrar Mandado de Segurança a favor do direito originário, se o seu titular não o fizer no prazo de 30 (trinta) dias, quando notificado judicialmente".

O diploma anterior (art. 3.º da Lei n.º 1.533/1951) previa esta substituição processual, todavia, sem a estipulação de um prazo de "provocação" do *tertius*.

A lei atual legitima a atuação acaso o terceiro notificado não demandar em 30 (trinta) dias da notificação, novidade erigida pela Lei n.º 12.016/2009, por isso que a lei revogada mencionava, apenas, "prazo razoável" de inércia daquele sujeito.

Outrossim, a Lei n.º 12.016/2009, no § 3.º do seu art. 1.º, reitera a previsão, antes contida no art. 1.º, § 2.º, da Lei n.º 1.533/1951, de *legitimidade concorrente* na hipótese de comunhão de direitos. Assim, *quando o direito ameaçado ou violado couber a várias pessoas, qualquer delas poderá requerer o Mandado de Segurança*; com o que, consagra-se a legitimidade de qualquer dos cotitulares de um direito para propor isoladamente o *writ*, não obstante a **unitariedade** da decisão.

Alguns sustentam que, nesse caso, haveria, em verdade, hipótese de *substituição processual*, sendo o colegitimado impetrante substituto processual dos demais, com a extensão dos efeitos da coisa julgada aos legitimados substituídos. O § 3.º do art. 1.º da Lei n.º 12.016/2009 em essência limita-se a afirmar que cada um dos cotitulares poderá, isoladamente, impetrar Mandado de Segurança para defender direito comum; não obstante, em nenhuma passagem prevê que a sua atuação vinculará os demais, o que nos leva a concluir que não se trata de substituição processual *tout court*, mas antes

---

mesmo do Ministério Público, que tem legitimidade para a sua defesa processual). Assim sendo, na hipótese, por exemplo, de concessão de autorização para aborto, poderia o Ministério Público utilizar o Mandado de Segurança com o fito de buscar a proteção do direito à vida do nascituro. Com relação aos demais direitos (em potência), ele teria que se valer de outros meios processuais, porque não se vislumbra a possibilidade de sua existência líquida e certa" (*Ações constitucionais*. Ob. cit., p. 176).

[13] STJ, EDcl no AgRg no RE nos EDcl no MS 16597/DF, Rel. Min. Humberto Martins, Corte Especial, j. 07.12.2016, *DJe* 16.12.2016; AgRg na RCDESP no RE nos EDcl no AgRg no RMS 24732/DF, Rel. Min. Herman Benjamin, Segunda Turma, j. 15.09.2016, *DJe* 10.10.2016; MS 11662/DF, Rel. Min. Nefi Cordeiro, Terceira Seção, j. 09.09.2015, *DJe* 1.º.10.2015; EDcl no MS 11581/DF, Rel. Min. Og Fernandes, Terceira Seção, j. 26.06.2013, *DJe* 01.08.2013.

[14] STJ, AgRg no RMS 23.359/AL, Rel. Min. Napoleão Nunes Maia Filho, Primeira Turma, j. 10.03.2016.

legitimidade concorrente dos cotitulares. O que ocorre, portanto, é que a concessão da ordem retira o interesse processual na impetração pelos demais, sendo certo que a recíproca não é verdadeira, na hipótese de denegação. Haverá, assim, uma coisa julgada *secundum eventum litis*, considerando ser hipótese de litisconsórcio unitário ativo facultativo por expressa previsão legal.

4.1.2. Legitimidade ativa das pessoas jurídicas de direito público

A *vexata quaestio* do tema, não enfrentada pela lei, refere-se à possibilidade de a impetração de Mandado de Segurança ser veiculada por pessoas de direito público. Embora o Mandado de Segurança tenha sido originalmente criado para a proteção do particular contra ato da Administração Pública, não há como negar que em algumas hipóteses a sua impetração pelos órgãos públicos impõe-se como a única forma de se evitar ilegalidades e abusos de poder praticados em conflitos envolvendo poderes da União, Estados e Municípios entre si[15].

Ademais, direitos e garantias fundamentais não admitem interpretação restritiva, vale dizer: se a Constituição da República não fez restrições ao uso do Mandado de Segurança por pessoa jurídica de direito público, não cabe ao intérprete fazê-lo. Nesta linha de raciocínio, o remédio constitucional pode ser utilizado por um ente público contra ato de outro ente público, vedada a utilização do *writ* contra ato de particular despido de caráter publicizado. Por isso é que se admite, por exemplo, a impetração de Mandado de Segurança pelo Ministério Público.[16]

A regra da legitimação ativa no Mandado de Segurança pressupõe que o impetrante, pessoa natural ou jurídica, seja efetivamente o titular do direito subjetivo violado e não que tenha "mero interesse". Em outras palavras, o impetrante, para ter legitimidade ativa, há de se atribuir direito individual ou coletivo, líquido e certo, para o qual pede proteção via Mandado de Segurança.

4.1.3. Legitimidade passiva no Mandado de Segurança

O Mandado de Segurança pode ser impetrado contra atos praticados por qualquer agente do Estado, em qualquer nível (federal, estadual, municipal ou distrital) e por quem atue em seu nome, isto é, entidades estatais que não componham a Administração Direta, como autarquias (incluídas as agências reguladoras), fundações estatais, empresas

---

[15] A Emenda Constitucional n.º 1, de 1969, trazia dispositivo que tornava possível a impetração, pela União, de Mandado de Segurança contra os governos estaduais (art. 119, I, *i*).

[16] "A legitimidade do Ministério Público para interpor mandado de segurança na qualidade de órgão público despersonalizado, deve ser restrito à defesa de sua atuação funcional e de suas atribuições institucionais" (STF, MS 30717 AgR, Rel. Min. Ricardo Lewandowski, Segunda Turma, j. 27.09.2011). Súmula n.º 701 do STF: "No mandado de segurança impetrado pelo Ministério Público contra decisão proferida em processo penal, é obrigatória a citação do réu como litisconsorte passivo".

públicas e sociedades de economia mista, prestadoras de serviço público ou exploradoras de atividades econômicas (art. 1.º, *caput* e § 1.º, da Lei n.º 12.016/2009).

A questão das funções delegadas é solvida pelo entendimento pacífico de que o desempenho de funções delegadas coloca o agente delegado como autoridade coatora dês que nessa qualidade pratique o ato impugnado, consoante o enunciado na Súmula n.º 510 do STF[17]. Assim, se uma autoridade municipal aceitar delegações do Estado-membro ou da União, responderá por essas atribuições como autoridade estadual ou federal, perante os juízos privativos dessas entidades. Outrossim, a impetração poderá ser dirigida tanto à autoridade delegatária quanto à delegante[18].

Em contrapartida, a mera execução administrativa de ordem emanada por outra autoridade não atrai a legitimidade passiva para o agente executor[19]. Nessa linha, o Superior Tribunal de Justiça tem entendido que, "no caso de nomeação de servidores públicos, não havendo delegação do ato, o Mandado de Segurança deve ser dirigido contra o Governador de Estado".[20]

Os **particulares** também poderão figurar no polo passivo do Mandado de Segurança, desde que o ato impugnado tenha sido praticado no exercício de função pública. Por essa razão é que prevalece o entendimento na jurisprudência relativo à admissibilidade, no polo passivo do Mandado de Segurança, *v.g.*, do diretor de escola particular ou de particulares prestadores de serviço público[21], porquanto, o que prevalece para efeitos de legitimidade

---

[17] **Súmula n.º 510 do STF**: "Praticado o ato por autoridade, no exercício de competência delegada, contra ela cabe o Mandado de Segurança ou a medida judicial".

[18] "'A Lei do Mandado de Segurança estabeleceu passível de ser parte legítima não apenas a autoridade delegatária imediata que dá execução ao ato, mas também a que detenha poderes e meios para executar o futuro mandamento, porventura, ordenado pelo Poder Judiciário (autoridade delegante)' (AgRg no REsp 1208680/MT, Rel. Min. Napoleão Nunes Maia Filho, Primeira Turma, j. 10.03.2016, DJe 28.03.2016)" (STJ, AgInt no RMS 51.875/MG, Rel. Min. Mauro Campbell Marques, Segunda Turma, j. 06.06.2017).

[19] "A jurisprudência desta Corte já reconheceu que "ato normativo de Tribunal de Justiça que se destina a cumprir determinação advinda de decisão do CNJ representa simples execução administrativa, o que acarreta a ilegitimidade do Presidente do Tribunal para figurar no polo passivo de mandado de segurança" (STJ, RMS 29.719/GO, Rel. Min. Castro Meira, Segunda Turma, *DJe* de 26.02.2010). No mesmo sentido: STJ, AgRg no RMS 43.265/SC, Rel. Min. Mauro Campbell Marques, Segunda Turma, *DJe* de 15.10.2013; AgRg na MC 18.666/MS, Rel. Min. Castro Meira, Segunda Turma, *DJe* de 17.02.2012; AgRg no RMS 29.013/MS, Rel. Min. Bendito Gonçalves, Primeira Turma, *DJe* de 02.06.2010." (AgRg no RMS 48.879/PR, Rel. Min. Assusete Magalhães, Segunda Turma, j. 24.05.2016). "Consoante dispõe o art. 14, § 2.º, da Lei n.º 9.784/1999, "o ato de delegação especificará as matérias e poderes transferidos", bem como "os limites da atuação do delegado", além dos quais não poderá licitamente agir, pelo que não tem legitimidade para figurar no polo passivo da impetração o agente público que não tenha poderes para praticar o ato cuja omissão se combate pela via mandamental" (STJ, AgInt no RMS 53.557/GO, Rel. Min. Francisco Falcão, Segunda Turma, j. 21.03.2018).

[20] STJ, RMS 56.712/MG, Rel. Min. Herman Benjamin, Segunda Turma, j. 19.04.2018.

[21] **Hely Lopes Meirelles** salienta que atos praticados por pessoas ou instituições particulares cuja atividade seja tão somente *autorizada* pelo Poder Público, a exemplo das organizações hospi-

passiva é que o *ato tenha feição pública*. Nesse caso, a competência para apreciar o *mandamus* se define pela autoridade que delegou a atividade ao particular. Sendo atividade delegada pelo poder público federal, a competência será da Justiça Federal.[22]

As sociedades de economia mista e as empresas públicas, independentemente de sua condição como pessoa jurídica de direito privado, podem figurar no polo passivo do Mandado de Segurança,[23] porquanto são equiparadas à autoridade pública toda vez que, agindo em nome do Estado, no exercício de função pública, na forma dos arts. 37, *caput*, II e XXI, da Constituição Federal, praticarem ato ilegal ou abusivo, e desde que o ato não encerre mera atividade de gestão comercial.

Não há paz na doutrina sobre quem efetivamente deve figurar no polo passivo da demanda: se a "autoridade coatora", ou a pessoa jurídica, ou o órgão público a que esta pertence.

A diversidade de entendimento sobre quem de fato é o legitimado passivo no *mandamus* pode ser sintetizada em quatro correntes, a saber: a primeira sustenta que a legitimidade passiva é da pessoa jurídica a que pertence a autoridade coatora, uma vez que o agente ocupante do cargo público é o responsável pelo ato que submete a pessoa jurídica à condição de ré; a segunda corrente argumenta que o próprio agente coator seria o legitimado passivo; a terceira corrente, por sua vez, entende que há um litisconsórcio passivo entre o agente coator e a pessoa jurídica a ele vinculada; e a quarta e última corrente sustenta que o agente coator é mero informador no processo.

---

talares, os estabelecimentos bancários e as instituições de ensino não são considerados atos de autoridade, salvo quando desempenham atividade *delegada*, conforme entendimento jurisprudencial, assentado na Súmula n.º 510 do STF: "Praticado o ato por autoridade, no exercício de competência delegada, contra ela cabe o Mandado de Segurança ou medida judicial" (*Mandado de segurança*. Ob. cit., p. 34). Por seu turno, Eduardo Sodré explicita que, enquanto na delegação o particular desempenha função do Poder Público, na autorização a atividade é própria de particulares, sendo, no entanto, fiscalizada pelo Poder Público, em razão de sua natureza ou importância social. O doutrinador lembra, ainda, que quando o *writ* é impetrado "em face de ato praticado sob delegação do Poder Público, a competência será fixada levando-se em consideração o sujeito em nome do qual atua o particular. Neste sentido é a Súmula n.º 60 do extinto Tribunal Federal de Recursos: 'Compete à Justiça Federal decidir da admissibilidade de Mandado de Segurança impetrado contra atos de dirigentes de pessoas jurídicas privadas, ao argumento de estarem agindo por delegação do Poder Público Federal" (DIDIER JR., Fredie (Org.). *Ações constitucionais*. Salvador: JusPodivm, 2008. p. 115).

[22] "Esta Seção, ao julgar o CC 35.972/SP (Rel. p/acórdão Min. Teori Albino Zavascki, *DJ* de 7.6.2004, p. 152), firmou o entendimento de que, havendo mandado de segurança contra ato de entidade privada com função delegada do Poder Público Federal, mostra-se logicamente inconcebível hipótese de competência estadual. É que, de duas uma: ou há, nesse caso, ato de autoridade (caso em que se tratará necessariamente de autoridade federal delegada, sujeita à competência federal), ou há ato de particular, e não ato de autoridade (caso em que o mandado de segurança será incabível)" (CC 122.713/SP, Rel. Min. Mauro Campbell Marques, Primeira Seção, j. 08.08.2012).

[23] "É cabível mandado de segurança para impugnar ato de comissão de licitação de sociedade de economia mista" (STJ, REsp 789.749/RS, Rel. Min. Luiz Fux, Primeira Turma, j. 17.05.2007).

A primeira corrente tem como fundamento o art. 2.º da Lei n.º 12.016/2009, porquanto referido dispositivo assenta expressamente que as consequências decorrentes da ilegalidade ou do abuso de poder serão suportadas pela pessoa jurídica, e não pela pessoa física que exerce a função pública em seu nome. Nesse sentido, o Supremo Tribunal Federal decidiu encampando a referida tese no julgamento do RE n.º 233.319[24].

A segunda corrente, consoante destacado, sustenta que a parte legítima para figurar no polo passivo da ação é a pessoa física (própria autoridade coatora) que praticou o ato, e não a pessoa jurídica de direito público a que ela pertença. Isso porque a notificação para prestar as informações, bem como as ordens de execução da segurança ou da própria liminar são sempre endereçadas à própria autoridade coatora, em que pese os efeitos patrimoniais serem suportados pela pessoa jurídica de direito público a ela vinculada. Essa tese, portanto, desconsidera que a autoridade seja apenas agente da pessoa jurídica responsável pelo desempenho da função pública, desprezando a teoria do órgão consagrada em nosso ordenamento jurídico.

Os defensores da terceira corrente, por seu turno, entendem que há litisconsórcio passivo entre a autoridade coatora e a pessoa jurídica a ela vinculada, sendo, portanto, ambos réus no *mandamus*, à luz de alguns dispositivos da Lei, em especial os seus arts. 6.º, *caput*[25], 7.º, incs. I e II[26], e 13, *caput*[27], que, de fato, sugerem ser esta a tese adotada no atual regime. O Superior Tribunal de Justiça possui decisões reconhecendo que a autoridade coatora é parte no processo[28]. Contudo, as críticas a esse posicionamento aparentemente vigente com a lei perpassam pelo inconveniente inaugurado pela interpretação literal da norma em análise, segundo a qual o Mandado de Segurança reclamaria, sem exceção, litisconsórcio passivo necessário, o que culminaria em inúmeros transtornos processuais ao impetrante, evidentemente incompatíveis com a sumariedade e celeridade, pressupostos imprescindíveis deste instrumento garantístico constitucional. Nessa linha, o Superior

---

[24] A Min. Ellen Gracie confirmou a jurisprudência da Suprema Corte no sentido de determinar que "a pessoa jurídica de direito público a que pertence a autoridade ou o órgão tido como coator é o sujeito passivo do Mandado de Segurança (...)".

[25] **Lei n.º 12.016/2009: Art. 6.º** A petição inicial, que deverá preencher os requisitos estabelecidos pela lei processual, será apresentada em 2 (duas) vias com os documentos que instruírem a primeira reproduzidos na segunda e indicará, além da autoridade coatora, a pessoa jurídica que esta integra, à qual se acha vinculada ou da qual exerce atribuições.

[26] **Lei n.º 12.016/2009: Art. 7.º** Ao despachar a inicial, o juiz ordenará:

I – que se notifique o coator do conteúdo da petição inicial, enviando-lhe a segunda via apresentada com as cópias dos documentos, a fim de que, no prazo de 10 (dez) dias, preste as informações;

II – que se dê ciência do feito ao órgão de representação judicial da pessoa jurídica interessada, enviando-lhe cópia da inicial sem documentos, para que, querendo, ingresse no feito.

[27] **Lei n.º 12.016/2009: Art. 13.** Concedido o mandado, o juiz transmitirá em ofício, por intermédio do oficial do juízo, ou pelo correio, mediante correspondência com aviso de recebimento, o inteiro teor da sentença à autoridade coatora e à pessoa jurídica interessada.

[28] "Não obstante ser a autoridade coatora parte no processo, o interesse para recorrer é da pessoa jurídica de direito público interessada, que suportará o ônus da sentença" (STJ, AgInt no AgRg no RMS 28.902/PB, Rel. Min. Antonio Saldanha Palheiro, Sexta Turma, j. 04.10.2016).

Tribunal de Justiça também possui precedentes no sentido de que não existiria litisconsórcio entre a autoridade coatora e o ente público legitimado, porquanto este último é a própria parte, da qual a primeira é mero órgão[29].

A quarta e última corrente aproxima-se da primeira ao concluir que a parte ré é a pessoa jurídica, e não o agente coator, sendo este mero prestador de informações no curso do processo, razão pela qual se justifica a necessidade de citar a pessoa jurídica (e não apenas notificar a autoridade coatora), bem como fornecer a ela a oportunidade própria para contestar (e não somente exigir a prestação de informações pela autoridade coatora).

Do exposto, parece-nos que a lei veio dissipar vetusta controvérsia consoante a jurisprudência predominante. Assim, é sabido que a autoridade coatora, de regra, não detém capacidade processual nem personalidade judiciária. É apenas a responsável pelo ato que faz reclamar a impetração do *writ*. A pessoa jurídica a que pertence, por seu turno, ostenta *legitimatio ad causam e ad processum*, ou seja, tem legitimação e capacidade de ser parte e de estar em juízo.

Sob essa ótica é que decidiu o Supremo Tribunal Federal pela existência de litispendência quando dois Mandados de Segurança, muito embora apontem autoridades coatoras distintas, são impetrados quanto à mesma matéria fática relativa à mesma pessoa jurídica[30].

A redação da Lei n.º 12.016/2009 parece sugerir que a parte ré é a pessoa jurídica a que pertence a autoridade coatora, especialmente porque é obrigatória a cientificação do órgão de representação judicial da pessoa jurídica (art. 7.º, III), muito embora os dispositivos já citados permitam à referida autoridade praticar outros atos além da prestação de informações, reforçando a defesa da entidade pública ou de quem lhe faça as vezes.

Evidentemente que, de acordo com os atos praticados pela autoridade coatora, a segurança poderá ser concedida ou denegada. Assim, *v.g.*, o art. 14, § 2.º, prevê o direito de recorrer também extensivo à autoridade coatora.

Na mesma linha de raciocínio, o art. 9.º, segundo o qual:

> As autoridades administrativas, no prazo de 48 (quarenta e oito) horas da notificação da medida liminar, remeterão ao Ministério ou órgão a que se acham subordinadas e ao Advogado-Geral da União ou a quem tiver a representação judicial da União, do Estado, do Município ou da entidade apontada como coatora cópia autenticada do mandado notificatório, assim como indicações e elementos outros necessários às providências a

---

[29] "Parte ré, no mandado de segurança, é a pessoa jurídica que sofre os efeitos da sentença" (STJ, REsp 871.796/RJ, Rel. Min. Francisco Falcão, Primeira Turma, j. 19.10.2006). "O Processo de Mandado de Segurança tem como partes, de um lado, o Impetrante e de outro, o Estado. Nele, a denominada 'autoridade coatora' atua como órgão anômalo de comunicação processual" (STJ, REsp 385.214/PR, Rel. Min. Humberto Gomes De Barros, Primeira Turma, j. 13.08.2002).

[30] "A indicação de diferentes autoridades impetradas não afasta a litispendência, uma vez que ambas pertencem a mesma pessoa jurídica de direito público" (STF, RMS 35580 AgR, Rel. Min. Roberto Barroso, Primeira Turma, j. 14.12.2018). "A existência de diferentes impetrados não afasta a identidade de partes se as autoridades são vinculadas a uma mesma pessoa jurídica de direito público" (STF, MS 26662 AgR, Rel. Min. Ayres Britto, Tribunal Pleno, j. 10.11.2010).

serem tomadas para a eventual suspensão da medida e defesa do ato apontado como ilegal ou abusivo de poder.

O dispositivo retrotranscrito substituiu o art. 3.º da Lei n.º 4.348/1964 na parte em que este último previa que o órgão judicial deveria comunicar a liminar ao órgão de representação judicial da pessoa jurídica, estando agora incorporado ao texto da Lei do *mandamus*.

No que tange à questão sobre qual autoridade deve ser apontada como coatora, é assente o entendimento de que deve ser o agente responsável pela prática ou desfazimento do ato reputado ilegal, ou aquele que tenha emitido a ordem para tanto[31]. Nessa linha, dispõe o art. 6.º, § 3.º, da Lei n.º 12.016/2009, em dispositivo sem paralelo na legislação anterior, que, *verbis*: "Considera-se autoridade coatora aquela que tenha praticado o ato impugnado ou da qual emane a ordem para a sua prática". Segundo o Superior Tribunal de Justiça, "Autoridade coatora é aquela competente para corrigir a suposta ilegalidade, impugnada por meio do mandado de segurança, ou seja, a autoridade que dispõe de meios para executar a ordem emanada no caso de concessão da segurança"[32].

Outrossim, uma visão de conjunto da *praxis* permite-nos concluir que é autoridade coatora: (i) quem ordena o ato, ainda que incompetente para a sua prática[33], ou omite a prática do ato impugnado e não o superior que recomenda ou baixa normas para a sua execução[34]; (ii) quem adota o comportamento coator por deliberação própria; (iii) o Presidente da República, uma vez por ele consumado o processo administrativo[35]; (iv) quem pratica o ato considerado lesivo ao direito do contribuinte no âmbito tributário, e não aquele que expediu resolução de caráter genérico e abstrato; (v) aquele que tem a responsabilidade funcional de defender o ato impugnado[36]; (vi) aquele que comparece aos autos para, além de atribuir a legitimidade passiva *ad causam* a inferior hierárquico seu, defender o ato objeto da impetração, fato que torna aplicável a teoria da encampação[37]; (vii) nos órgãos colegiados, o presidente que subscreve o ato e responde pela sua

---

[31] "A legitimidade passiva, em ação mandamental, advém da competência da autoridade apontada como impetrada para a prática (ou desfazimento) do ato indicado como ilegal, na inteligência do art. 6.º, § 3.º, da Lei n.º 12.016/2009. (...) Hipótese em que o Secretário de Estado de Gestão e Planejamento não detém poder de revisão e correção do ato impugnado" (STF, AgInt no RMS 53.808/GO, Rel. Min. Gurgel De Faria, Primeira Turma, j. 21.02.2019).

[32] STJ, AgRg no Ag 772.165/DF, Rel. Min. Arnaldo Esteves Lima, Quinta Turma, *DJU* de 18.12.2006.

[33] *RSTJ* 96/376.

[34] Nos casos em que o ato impugnado tiver sido praticado com base em ato normativo, de caráter abstrato e geral, a autoridade coatora é quem executa o comando que emerge do ato normativo e não quem o editou (*RTJ* 121/959).

[35] STF, *RF* 384/245: MS n.º 24.443.

[36] Por exemplo: nos mandados de segurança preventivos, que visam a inibir lançamentos de ofício a propósito de tributos lançados por homologação, essa autoridade é o chefe do órgão em que está lotado o agente fazendário que pratica os atos de fiscalização.

[37] STJ, REsp 646.948, disponível em <www.stj.jus.br>.

execução[38]; (viii) tratando-se de *atos complexos* (aqueles cujo aperfeiçoamento só ocorre com a conjugação de vontades de duas ou mais autoridades), todos os órgãos participantes[39]; (ix) nos *atos compostos*, aquele que pratica o ato principal; e (x) nos procedimentos administrativos, a autoridade que preside a sua realização.

4.1.3.1. Indicação equivocada da autoridade coatora e a teoria da encampação

A indicação equivocada da autoridade coatora ainda gera controvérsia quanto às suas consequências, porquanto se discute se o processo deve ser extinto por carência de ação, ou se é possível a correção do vício da ilegitimidade viabilizando o seu prosseguimento em face da verdadeira autoridade coatora. A jurisprudência[40] tem flexibilizado a possibilidade de correção em homenagem aos princípios da efetividade e da economia processual, tendo em vista a notória complexidade dos órgãos públicos, que muitas vezes dificulta a correta visualização jurídica do agente que, de fato, é o coator. Adotando-se o entendimento de que a definição de autoridade coatora não se relaciona à legitimidade passiva no Mandado de Segurança, o que implica grande relevância prática, eventual erro na indicação desta não acarretará, como regra, a extinção do processo. A indicação da pessoa jurídica a que pertence a autoridade coatora torna indiferente o equívoco na indicação desta última, na maioria dos casos. Doutrinariamente assenta-se[41], ainda, a

---

[38] Em entendimento contrário, Eduardo Sodré defende que o *writ* deve ser dirigido contra o próprio colégio, representado pelo seu presidente, até porque, em muitos casos, o gestor do órgão somente possui direito a voto de desempate ou, ainda, quando eventualmente venha a votar, pode ter sido simplesmente vencido. E finaliza o seu raciocínio: "Em síntese apertada, não há como ser confundido o órgão colegiado com a autoridade que o preside" (SODRÉ, Eduardo. Mandado de segurança. *Ações constitucionais*. Ob. cit., p. 117).

[39] O Supremo Tribunal Federal, na Súmula n.º 627, consignou o entendimento de que "No mandando de segurança contra a nomeação de magistrado de competência do Presidente da República, este é considerado autoridade coatora, ainda que o fundamento da impetração seja nulidade ocorrida em fase anterior do procedimento". É competência exclusiva do Presidente da República a nomeação de desembargadores e de ministros dos tribunais superiores (arts. 84, XIV, XVI; 94, parágrafo único; 104, parágrafo único; 107; 111-A; 115; 119, II; 120, III; 123, parágrafo único), processo que se dá por meio do envio da lista de indicados pelo presidente do Tribunal ao Ministério da Justiça, que providencia o currículo e outras informações necessárias dos indicados e encaminha a lista à Casa Civil da Presidência da República, que, por sua vez, a submete ao Presidente.
Nesse ponto, é responsabilidade do Presidente anunciar qualquer ilegalidade ou inconstitucionalidade verificada no processo de elaboração da lista, razão pela qual, caso a nomeação seja executada sem observância de tais irregularidades das regras aplicáveis, cabe ao presidente o *status* de autoridade coatora no *mandamus*, não importando qual a origem ou órgão responsável por estas (STF, MS 21632-8/DF, disponível em <www.stf.jus.br>; STF, MS 21168-7/DF, disponível em <www.stf.jus.br>).

[40] *RTFR* 154/269 e *Bol. do TFR* 123/16. A indicação errônea da autoridade coatora, somente corrigida após o decurso do prazo para impetração da segurança, acarreta a decadência do direito de impetração do *writ*.

[41] NERY JUNIOR, Nelson; NERY, Rosa. *Código de Processo Civil comentado e legislação extravagante*. 11. ed. São Paulo: RT, 2010. p. 1708.

impossibilidade de extinção do processo sem a resolução do mérito ou o indeferimento da inicial, em razão da ilegitimidade passiva da autoridade coatora, porquanto compete à autoridade notificada declinar a verdadeira autoridade coatora e a pessoa jurídica a que pertence, posto o seu dever de agir conforme os princípios da legalidade, moralidade, transparência, eficiência e boa-fé, entre outros decorrentes do art. 37, CF. O STF e o STJ vêm consolidando a jurisprudência no sentido de que a errônea indicação da autoridade coatora implica a extinção do processo por ilegitimidade passiva *ad causam*, quando altera a competência *ratione personae*, não cabendo ao juiz ou tribunal determinar, de ofício, a substituição da parte impetrada (MS n.º 9.450-DF, rel. Luiz Fux, publicado no *DJ*, 06.09.2004). Entretanto, não havendo essa influência sobre a competência, a efetividade dessa garantia constitucional conspira em favor do aproveitamento do *writ* com a correção do vício através de mecanismo semelhante à emenda da petição inicial[42].

Caso a autoridade apontada como coatora alegue não ser a responsável pelo ato, deverá indicar a autoridade correta sempre que tiver conhecimento, caso em que deverá ser concedido ao impetrante o prazo de 15 (quinze) dias para a emenda da inicial, nos termos dos artigos 338 e 339 do CPC/2015. Nesse sentido se inclinam os enunciados n.º 488 e 511 do Fórum Permanente de Processualistas Civis, que dispõe, respectivamente, *verbis*: "No mandado de segurança, havendo equivocada indicação da autoridade coatora, o impetrante deve ser intimado para emendar a petição inicial e, caso haja alteração de competência, o juiz remeterá os autos ao juízo competente"; "A técnica processual prevista nos arts. 338 e 339 pode ser usada, no que couber, para possibilitar a correção da autoridade coatora, bem como da pessoa jurídica, no processo de mandado de segurança". Consigne-se, contudo, que o Superior Tribunal de Justiça "compreende não ser possível autorizar a emenda da inicial para correção da autoridade indicada como coatora nas hipóteses em que tal modificação implica em alteração de competência jurisdicional".[43] Em todas as outras hipóteses, a referida Corte reconhece a necessidade de conferir-se prazo para a emenda da inicial com vistas à correção da autoridade apontada como coatora.[44]

---

[42] "(...) Destarte, considerando a finalidade precípua do Mandado de Segurança que é a proteção de direito líquido e certo, que se mostre configurado de plano, bem como da garantia individual perante o Estado, sua finalidade assume vital importância, o que significa dizer que as questões de forma não devem, em princípio, inviabilizar a questão de fundo gravitante sobre ato abusivo da autoridade. Consequentemente, o Juiz ao deparar-se, em sede de Mandado de Segurança, com a errônea indicação da autoridade coatora, deve determinar a emenda da inicial ou, na hipótese de erro escusável, corrigi-lo de ofício, e não extinguir o processo sem julgamento do mérito. 4. A errônea indicação da autoridade coatora não implica ilegitimidade *ad causam* passiva se aquela pertence à mesma pessoa jurídica de direito público; porquanto, nesse caso não se altera a polarização processual, o que preserva a condição da ação. 5. Deveras, a estrutura complexa dos órgãos administrativos, como sói ocorrer com os fazendários, pode gerar dificuldade, por parte do administrado, na identificação da autoridade coatora, revelando, *a priori*, aparência de propositura correta (...)" (STJ, Recurso Ordinário em Mandado de Segurança n.º 17.889-RS, disponível em <www.stj.jus.br>).

[43] STJ, AgInt no RMS 53.867/MG, Rel. Min. Gurgel De Faria, Primeira Turma, j. 21.03.2019; AgInt no RMS 54.535/RJ, Rel. Min. Sérgio Kukina, Primeira Turma, j. 20.09.2018.

[44] "A jurisprudência dominante no Superior Tribunal de Justiça, mais recente, admite a emenda da inicial ou, na hipótese de erro escusável, a sua correção de ofício: RMS n.º 55.062/MG, Rel. Min.

Destaque-se, contudo, que se a autoridade apontada como coatora prestar as informações, não questionando a sua ilegitimidade e defender o ato impugnado, legítimo será o prosseguimento do *mandamus* por força da teoria da encampação[45], fundamentada pelo princípio da economia processual, ressalvada a *vexata quaestio* relativa à alteração da competência *ratione personae*.[46] A aplicação da teoria da encampação se submete aos requisitos fixados na Súmula n.º 628 do STJ, *verbis*: "A teoria da encampação é aplicada no mandado de segurança quando presentes, cumulativamente, os seguintes requisitos: a) existência de vínculo hierárquico entre a autoridade que prestou informações e a que ordenou a prática do ato impugnado; b) manifestação a respeito do mérito nas informações prestadas; e c) ausência de modificação de competência estabelecida na Constituição Federal".

Ressalve-se que, em qualquer caso, a autoridade que não detém competência para sustar o ato impugnado pelo mandado de segurança não pode figurar em seu polo passivo[47]. Deveras, uma vez excluída a *vexata quaestio* da identificação da autoridade coatora do âmbito da legitimidade passiva, continua a ter importância quanto à definição do foro competente, bem como quanto à possível anulação de atos processuais praticados por juízo incompetente.

A Lei n.º 12.016/2009, a nosso ver, de maneira acertada e condizente com a jurisprudência já consagrada, previu no seu art. 7.º, inc. II, a obrigatoriedade da ciência do feito ao órgão de representação judicial da pessoa jurídica, ordenada pelo despacho do juiz, sendo certo que se diferenciam os institutos da legitimação e da representação.

Herman Benjamin, Segunda Turma, j. 03.042018, *DJe* 24.05.2018; MS n.º 17.388/DF, Rel. Min. Napoleão Nunes Maia Filho, Primeira Seção, j. 11.05.2016, *DJe* 17.05.2016; REsp n.º 1.678.462/SP, Rel. Min. Herman Benjamin, Segunda Turma do STJ, j. 24.10.2017, *DJe* 19.12.2017.). (...) devendo o processo retornar à origem, para que seja dada oportunidade ao impetrante da emenda à inicial, a fim de indicar, com precisão, a autoridade coatora ou, caso assim entenda, buscar as vias ordinárias" (STJ, AgInt no RMS 57.987/RS, Rel. Min. Francisco Falcão, Segunda Turma, j. 06.12.2018). "A jurisprudência do STJ consolidou-se no sentido de que a oportunidade de emenda à petição inicial de mandado de segurança para correção da autoridade coatora somente pode ser admitida quando o órgão jurisdicional em que a demanda tenha sido proposta for competente para o conhecimento do *mandamus*" (STJ, AgInt no REsp 1716391/PA, Rel. Min. Mauro Campbell Marques, Segunda Turma, j. 24.04.2018).

[45] "(...) Aplica-se a teoria da encampação quando a autoridade apontada como coatora, ao prestar suas informações, não se limita a alegar sua ilegitimidade, mas defende o mérito do ato impugnado, requerendo a denegação da segurança, assumindo a *legitimatio ad causam* passiva (...)" (STJ, Recurso Ordinário em Mandado de Segurança n.º 17.889/RS, disponível em <www.stj.jus.br>).

[46] "O Secretário de Estado de Fazenda não ostenta legitimidade para figurar no polo passivo do mandado de segurança questionando a exigibilidade de tributos, no caso, o ICMS. (...) Não é possível valer-se da teoria da encampação na espécie, uma vez que haveria alteração de competência jurisdicional, pois compete originariamente ao Tribunal de Justiça Estadual o julgamento de mandado de segurança contra Secretário de Estado (art. 161, e, 5.º, da Constituição do Estado do Rio de Janeiro), prerrogativa de foro não extensível ao servidor responsável pelo lançamento tributário" (STJ, AgInt no RMS 58.354/RJ, Rel. Min. Sérgio Kukina, Primeira Turma, j. 26.02.2019).

[47] STJ, REsp 47478-7/SP, disponível em <www.stj.jus.br>.

4.1.4. Ministério Público

O Ministério Público atua no Mandado de Segurança como *custos legis* e, como tal, opina com total independência na defesa da legalidade, sem compromisso com a posição assumida pelas partes ou pela Administração Pública. Por isso mesmo, a manifestação do *parquet* como fiscal da lei não vincula as partes nem o julgador[48].

O art. 12 da Lei n.º 12.016/2009 preservou a necessidade da intervenção do Ministério Público no âmbito do Mandado de Segurança, na qualidade de fiscal da lei, o que pacifica questão antes controvertida, qual seja, a recepção pela Constituição Federal da República de 1988 do antigo art. 10 da Lei n.º 1.533/1951 diante da vedação expressa pelo inc. IX do art. 129 da referida Carta interditando a atuação do Ministério Público em prol da defesa das pessoas jurídicas de direito público. O revogado art. 10, contudo, a nosso ver, nunca visou a que o Ministério Público participasse no *mandamus* na condição de advogado da União. A posição processual do Ministério Público sempre se justificou, mesmo à época de vigência da Lei n.º 1.533/1951, como fiscal da lei. De toda sorte, a lei assenta a opção do legislador, em total consonância com os dispositivos constitucionais, segundo a qual é imperativa a atuação do Ministério Público no Mandado de Segurança, na qualidade de fiscal da lei, não havendo margem de arbítrio nem do juiz nem do representante do *Parquet* para decidir se intervém ou não na ação mandamental. Isso porque, com a exigência do *caput* do art. 10 da Lei n.º 1.533/51, o legislador presumiu de forma absoluta a existência de um interesse público na ação constitucional em comento.

Algumas vozes em sede doutrinária e prática sustentaram que, se as partes são capazes e estão bem representadas, não haveria a necessidade de intervenção do Ministério Público no processo. Entretanto, referido entendimento contraria a Lei n.º 12.016/2009 e a própria Constituição Federal, no seu art. 129, IX. Não obstante a obrigatória intimação do Ministério Público, divergia a doutrina acerca da necessidade de *efetiva* intervenção deste para que o *mandamus* pudesse ser decidido. A questão transparece quando a instituição oficiada a se manifestar deixa transcorrer *in albis* o prazo de 10 dias para resposta, quedando-se inerte. O Superior Tribunal de Justiça e outros Tribunais[49] vinham decidindo reiteradamente ser imprescindível que o Ministério Público oficiasse no feito, emitindo seu parecer, sob pena de nulidade. Contudo, a Lei n.º 12.016, em seu art. 12, *caput* e parágrafo único, alterou o referido entendimento, de modo que deixa de ser obrigatória a manifestação do Ministério Público, mercê da compulsoriedade da convocação para intervir, podendo o processo prosseguir com ou sem o parecer do *Parquet*[50].

---

[48] "Não há falar em nulidade do julgamento em razão da alteração do parecer do Ministério Público Estadual ao longo do julgamento, uma vez que a atuação do *Parquet* como *custos legis* não possui cunho vinculativo" (STJ, RMS 36.898/MT, Rel. Min. Humberto Martins, Segunda Turma, j. 25.08.2015).

[49] Ver STJ, *RSTJ* 96/17.

[50] Na forma do dispositivo; *verbis*: "Com ou sem o parecer do Ministério Público, os autos serão conclusos ao juiz, para a decisão, a qual deverá ser necessariamente proferida em 30 (trinta) dias".

Conclusivamente, o Ministério Público tem o dever de oficiar nos autos, sem qualquer compromisso com eventual defesa do ato impugnado. O dever funcional do Ministério Público é o de manifestar-se sobre a impetração, podendo opinar pelo seu conhecimento (ou não), pela sua procedência (ou não), segundo sua convicção pessoal, sem estar adstrito aos interesses da Administração Pública na manutenção de seu ato. O Ministério Público não pode negar ou confessar os fatos, mas, para emitir parecer como *custos legis*, tem ampla liberdade de atuação. Aliás, também é independente para interpor os recursos cabíveis.

A ausência de participação do *Parquet*, por força de omissão de sua intimação, somente macula o processo de nulidade se houver demonstração de prejuízo. Todavia, a intervenção do Ministério Público no Tribunal *ad quem* supre a falta daquela na primeira instância, nos feitos em que a lei obriga a sua participação, consoante a jurisprudência dos tribunais superiores.[51]

4.1.5. Litisconsórcio

Litisconsórcio é o fenômeno jurídico consistente na pluralidade de partes na relação processual. O litisconsórcio, em consequência, admite a classificação de *ativo* quando há vários autores; *passivo*, quando há vários réus; e *misto* quando a pluralidade se verifica em ambos os polos da relação processual[52]. Os protagonistas do fenômeno denominam-se *litisconsortes*.

O litisconsórcio é informado, primeiramente, pelo princípio da economia processual, que visa a conferir às partes do processo um máximo de resultado com um mínimo de esforço, por isso que, enfeixando várias relações no seu bojo, a sentença proferida num processo em que há a formação de litisconsórcio dispõe em *unum et idem judex* acerca de várias pretensões[53].

Por outro lado, o fenômeno encerra, também, uma cumulação de ações pela só variação do elemento subjetivo. Entretanto, além do cúmulo subjetivo, o litisconsórcio pode gerar, também, uma cumulação objetiva, como ocorre com a autorização de formação do litisconsórcio por *afinidade de questões*, hipótese em que cada um dos litisconsortes deduz sua própria pretensão.

---

[51] "O Superior Tribunal de Justiça consolidou que a ausência de intimação do Ministério Público como fiscal da lei só gera nulidade diante da presença de prejuízo. (...) Havendo manifestação do *parquet* na instância ordinária e ausência de demonstração de prejuízo ante a falta de intimação do *custos legis* (fiscal da lei) na instância superior, aplica-se o princípio *pas de nullité sans grief* (não há nulidade sem prejuízo)" (STJ, AgRg na PET no REsp 1066996/DF, Rel. Min. Nefi Cordeiro, Sexta Turma, j. 28.04.2015).

[52] Nesse sentido, GOLDSCHMIDT, James. *Derecho procesal civil*. p. 437.

[53] Carnelutti afirmava com a sua precisão costumeira que: "O processo com litisconsórcio é, portanto, não só um processo com pluralidade de lides, como ainda processo com pluralidade de partes" (CARNELUTTI, Francesco. *Istituzioni del nuovo processo civile italiano*. 1951. v. I, p. 257).

O Mandado de Segurança, conforme previsto no art. 19 da antiga Lei n.º 1.533/1951 e, atualmente, no art. 24 da Lei n.º 12.016/2009, acolhe o instituto do litisconsórcio em suas diversas modalidades.

Outrora, por força da Súmula n.º 631 do STF, a jurisprudência impunha o litisconsórcio passivo necessário entre a pessoa jurídica de direito público de que a autoridade coatora é agente e o sujeito de direito atingido na sua esfera jurídica pelo ato coator.[54] Caso o impetrante não requeresse na petição inicial a citação do litisconsorte beneficiário do ato coator, haveria de fazê-lo no prazo determinado pelo juiz, sob pena de extinção do processo sem análise do mérito. Atualmente, exige-se o litisconsórcio passivo apenas quando a concessão da ordem puder afetar direito adquirido de terceiro. Exemplo clássico de litisconsórcio passivo necessário é o que se verifica no caso de pedido de anulação de concurso público no qual o impetrante de Mandado de Segurança impugna o certame com potencial para atingir direito já formado de outro concorrente, como aquele que já tomou posse. Nesse caso, o candidato já empossado deve figurar como litisconsorte passivo necessário e, nessa qualidade, ser chamado ao processo[55]. Com efeito, qualquer decisão proferida sem a citação de litisconsorte necessário unitário tem caráter *inutilier data*, em consonância com a Súmula 631 do Supremo Tribunal Federal. Em contrapartida, não há litisconsórcio necessário quando os demais candidatos do certame impugnado possuem apenas expectativa de direito[56].

A Lei n.º 12.016, consoante já afirmado anteriormente, determina que se dê ciência em todos os casos ao órgão de representação judicial da pessoa jurídica envolvida que, para este fim específico, passa a ter poderes para receber citação, independentemente da regulamentação administrativa da matéria.

O litisconsórcio ativo, contudo, é sempre facultativo, conforme expresso no § 3.º do art. 1.º da Lei n.º 12.016/2009. No regime anterior, o instituto ensejava controvérsias quanto ao momento de ingresso do litisconsorte na ação. Isso porque a doutrina majoritária e parte da jurisprudência assentavam que a intervenção litisconsorcial ulterior não poderia

---

[54] A Súmula n.º 631 do STF dispõe, *verbis*: "Extingue-se o processo de mandado de segurança se o impetrante não promove, no prazo assinado, a citação do litisconsorte passivo necessário."

[55] "Como regra, a jurisprudência deste Tribunal Superior orienta-se, em controvérsia, *v.g.*, sobre a validade de cláusula editalícia de concurso público ou sobre a nulidade de ato de classificação ou de eliminação de candidato, pela desnecessidade de formação de litisconsórcio necessário entre os candidatos, porque ausente a comunhão de interesses, na medida em que eventual direito à nomeação constituiria simples expectativa de direito. (...) No caso concreto, contudo, as peculiaridades da controvérsia demonstram que a providência almejada pelo impetrante resultará no atingimento de direito de terceiro, o que impõe o afastamento pontual desse entendimento pretoriano" (RMS 55.622/SP, Rel. Min. Mauro Campbell Marques, Segunda Turma, j. 21.11.2017).

[56] "É dispensável a citação dos demais concursados como litisconsortes necessários, pois os candidatos, mesmo aprovados, não titularizariam direito líquido e certo à nomeação, mas tão somente expectativa de direito" (AgInt no AREsp 1028930/PE, Rel. Min. Og fernandes, segunda turma, j. 28.11.2017). Assim também: AgInt no REsp 1690488/MG, Rel. Min. Gurgel De Faria, Primeira Turma, j. 15.05.2018; AgInt no RMS 43.692/GO, Rel. Min. Benedito Gonçalves, Primeira Turma, j. 15.03.2018.

ser admitida após estabilizada a relação processual, com a prestação das informações pela autoridade coatora, sob pena de ofensa ao princípio do juiz natural e da livre distribuição. Com efeito, o litisconsorte tardio poderia aguardar para intervir no processo somente após ciência de que houve um pronunciamento favorável do juízo a respeito de direito análogo ao seu. Todavia, o problema ocorre apenas quanto ao litisconsórcio simples, porquanto o litisconsorte ativo unitário ulterior, que intervém sob o título de assistente litisconsorcial, é cotitular da relação jurídica discutida em juízo.

A Lei n.º 12.016/2009, em seu art. 10, § 2.º[57], inovou quanto a esse tema, pacificando-o ao assentar que o ingresso de litisconsorte ativo não será admitido após o despacho da petição inicial. Cumpre, porém, destacar que a intervenção do *litisconsorte unitário* não altera o objeto processual, bem como não gera nenhum incidente procedimental e, portanto, não haveria problema em concluir que a regra do referido dispositivo somente deve ser aplicada ao *litisconsórcio simples*. Afinal, entendimento contrário tornaria impossível a figura da intervenção do assistente litisconsorcial. Nada obstante, a jurisprudência dos Tribunais Superiores se firmou no sentido de que sequer a assistência litisconsorcial é admissível no rito do Mandado de Segurança, consoante adiante analisado.

Por expressa disposição legal, contudo, é viável a intervenção do litisconsorte ativo simples até o "despacho da petição inicial". Esta alternativa erigida pelo legislador se justifica na medida em que inviabiliza que o litisconsorte tardio opte, dentre os diversos juízos competentes para apreciar seu pedido, por aquele que já demonstrou posição a favor da tese jurídica do impetrante originário. Essa solução da Lei se coaduna com o princípio do juízo natural e da livre distribuição, mercê de impedir o comportamento oportunista do interveniente extemporâneo.

A *ratio essendi* da norma conduziu alguns a concluírem que[58] "o melhor teria sido que a lei tivesse colocado como limite temporal ao ingresso do litisconsorte ativo o deferimento da medida liminar, e não apenas e tão somente o 'despacho da petição inicial', isto é, o proferimento de decisão relativa ao seu juízo positivo de admissibilidade"; posição que se justifica na medida em que o CPC prevê a possibilidade de a petição inicial ser aditada, mesmo depois daquele instante procedimental, de forma que o impetrante possa ampliar subjetivamente seu pedido, viabilizando que outros litisconsortes possam aderir ao seu pedido de tutela jurisdicional.

4.1.6. Intervenção de terceiros

Classicamente, o processo civil apresenta configuração tríplice formada por autor, juiz e réu (*actus trium personarum: judicis, actoris et rei*).

---

[57] **Art. 10.** A inicial será desde logo indeferida, por decisão motivada, quando não for o caso de Mandado de Segurança ou lhe faltar algum dos requisitos legais ou quando decorrido o prazo legal para a impetração (...).
§ 2.º O ingresso de litisconsorte ativo não será admitido após o despacho da petição inicial.
[58] SCARPINELLA BUENO, Cássio. *A nova Lei do Mandado de Segurança*. p. 67-68.

Autor (demandante) e réu (demandado) figuram, tradicionalmente, como os principais sujeitos parciais da lide. Aquele, ajuizando uma pretensão e, consequentemente, provocando o exercício da função jurisdicional e, este, sendo o sujeito em desfavor do qual se pleiteia a tutela pretendida.

Esse panorama clássico de visualização dos personagens processuais revela-se insuficiente diante das possibilidades de participação de diferentes sujeitos no processo, como soem ser determinadas hipóteses de intervenção de terceiros e até mesmo a participação dos *amici curiae*.

Sob a égide do Código de Processo Civil de 1973, o sistema processual brasileiro adotava a regra de que a sentença só faria coisa julgada entre as partes do processo, não beneficiando nem prejudicando terceiros[59]. Portanto, em tese, ninguém poderia ver alterada a sua situação jurídica, por força de uma decisão judicial de cujo processo de produção sequer participou. O Código de 2015 modificou a redação do dispositivo, aduzindo que a "sentença faz coisa julgada às partes entre as quais é dada, não *prejudicando* terceiros" (art. 506). Consoante se percebe, não há proibição de que os efeitos da sentença acobertada pela coisa julgada beneficiem terceiro que não participou do processo.

Repise-se, as relações jurídicas não subsistem isoladas e estanques entre os seus protagonistas. Inúmeras vezes há uma interdependência de relações, de sorte que a decisão proferida quanto a uma delas, irremediavelmente, atinge a outra, em alguma parte, ou no seu todo[60].

É justamente antevendo que a decisão do processo nem sempre se limita a incidir sobre as partes originárias, e que outras pessoas podem ser atingidas, porque mantêm uma relação jurídica conexa com a que está sendo deduzida em juízo ou dependente dela, que o legislador permite a esses sujeitos o ingresso das partes no processo, através do instituto da *intervenção de terceiros*, que os envolve na esfera da eficácia da sentença.

Ditado pela necessidade de complementar-se a regra dos limites subjetivos da coisa julgada e pelo princípio da economia processual, o instituto da *intervenção de terceiros* autoriza as pessoas "interessadas", no sentido lato do vocábulo, a *participarem ou serem chamadas a participar* do processo das partes originárias.

Os *terceiros* mantêm essa qualidade, até que intervenham, quando, então, *assumem a condição jurídica de parte, secundária ou principal*, conforme o caso[61]. A expressão utilizada "terceiros que *participem ou sejam chamados a participar*" tem uma razão de ser específica. É que esses terceiros podem ingressar no processo *sponte sua*, ou serem convocados através do ato formal da citação. Nessa última hipótese, em contraposição ao

---

[59] Esse princípio existente desde as Ordenações do Reino é eficazmente combatido por Liebman, ao assentar que a máxima *res judicata aliis non nocet* não exaure o tema acerca dos limites subjetivos da coisa julgada (LIEBMAN. *Eficácia e autoridade da sentença e outros estudos sobre a coisa julgada*. Rio de Janeiro: Forense, 1981).

[60] São os chamados efeitos "reflexos", atribuídos a Ihering, segundo Liebman, na obra antes citada (p. 83-84).

[61] Esse o critério cronológico admitido por Ramiro Podetti (*Tratado de la tercería*) que mereceu as críticas lançadas por Vicente Greco Filho (*Intervenção de terceiros no processo civil*. São Paulo: Saraiva, 1973. cap. 3).

ingresso "voluntário", fala-se em intervenção *forçada* ou *coacta* do terceiro[62], porquanto a *intromissão formal* faz-se, até mesmo, contra a sua vontade.

A "intervenção voluntária" ocorre, por exemplo, com a *assistência,* o *amicus curiae* e os *recursos do terceiro prejudicado*63. A "intervenção forçada", ou seja, que não depende de requerimento do terceiro interveniente, ocorre nos casos de *denunciação da lide* e *chamamento ao processo*. Cumpre ressaltar que o Código de 2015 não mais contempla a oposição como modalidade de intervenção de terceiros, enquadrando essa figura como processo incidente, no capítulo relativo aos procedimentos especiais (arts. 682 a 686). Também não há mais a previsão da nomeação à autoria como espécie de intervenção de terceiros, devendo a ilegitimidade passiva ser corrigida mediante provocação na contestação (art. 339 do CPC/2015)[64].

De todo modo, define-se como *terceiros aqueles que, sendo pessoas estranhas à relação de direito material deduzida em juízo e à relação processual já constituída, mas que àquela se ligam intimamente, intervêm no processo sobre o mesmo objeto, a fim de defender interesses próprios*[65].

A Lei n.º 12.016/2009, quanto ao tema, silencia a respeito da admissibilidade das distintas modalidades de intervenção de terceiro. O seu art. 24 apenas determina que as normas do Código de Processo Civil relativas ao litisconsórcio se aplicam ao Mandado de Segurança. Deveras, é inquestionável a aplicação subsidiária do Código de Processo Civil à Lei do Mandado de Segurança, uma vez que a sua incidência subsidiária decorre da própria regra processual que nos ritos especiais admite a integração das regras do procedimento comum na parte em que não há antinomia. Por essa razão, parece haver um silêncio eloquente do dispositivo, vedando-se, *a contrario sensu,* a intervenção de terceiros no Mandado de Segurança. Essa tem sido a orientação do Supremo Tribunal Federal[66] e

---

[62] A expressão "intromissão" melhor explicita o fenômeno da intervenção coacta, até porque o efetivo ingresso é sempre voluntário. O terceiro é livre para intervir ou não; a provocação é por vezes necessária. Nesse sentido, THEODORO JÚNIOR, Humberto. *Processo de conhecimento*. Rio de Janeiro: Forense, 1984 p. 182.

[63] **CPC/2015, Art. 996.** O recurso pode ser interposto pela parte vencida, pelo terceiro prejudicado e pelo Ministério Público, como parte ou como fiscal da ordem jurídica.
Parágrafo único. Cumpre ao terceiro demonstrar a possibilidade de a decisão sobre a relação jurídica submetida à apreciação judicial atingir direito de que se afirme titular ou que possa discutir em juízo como substituto processual.

[64] **CPC/2015, Art. 339.** Quando alegar sua ilegitimidade, incumbe ao réu indicar o sujeito passivo da relação jurídica discutida sempre que tiver conhecimento, sob pena de arcar com as despesas processuais e de indenizar o autor pelos prejuízos decorrentes da falta de indicação.
§ 1.º O autor, ao aceitar a indicação, procederá, no prazo de 15 (quinze) dias, à alteração da petição inicial para a substituição do réu, observando-se, ainda, o parágrafo único do art. 338.
§ 2.º No prazo de 15 (quinze) dias, o autor pode optar por alterar a petição inicial para incluir, como litisconsorte passivo, o sujeito indicado pelo réu.

[65] AMARAL SANTOS, Moacyr. *Primeiras linhas de direito processual civil*. v. 2.

[66] "O rito procedimental do mandado de segurança é incompatível com a intervenção de terceiros, *ex vi* do art. 24 da Lei n.º 12.016/09, ainda que na modalidade de assistência litisconsorcial, na forma

do Superior Tribunal de Justiça[67], em interpretação que visa preservar a sumariedade e celeridade do rito do *mandamus*.

4.1.7. *Amicus curiae*

Figura regulamentada em caráter geral pelo art. 138 do CPC/2015, o *amicus curiae* é o terceiro que intervém no processo sem interesse jurídico, mas com a capacidade de pluralizar o debate e legitimar a decisão judicial perante a sociedade por força de sua aptidão técnica em relação ao *thema judicare*[68]. Pela importância técnica e social dessa figura, consideramos possível a intervenção do *amicus curiae* no rito do Mandado de Segurança[69]. As formas tradicionais de intervenção, cujo cabimento é aferido com base no interesse jurídico do terceiro em face do resultado da ação, diferem quanto à admissibilidade do ingresso. Com relação ao *amicus curiae*, é definida a partir da aptidão que este sujeito auxiliar do juízo tem para contribuir para a solução da causa. Portanto, ele é admitido no processo, para fornecer subsídios técnicos ao desate da lide sem, contudo, adquirir qualidade de parte, razão pela qual não compromete a celeridade do rito processual do *mandamus,* tampouco altera a competência do juízo.

A criação e o desenvolvimento do referido instituto ocorreram em razão de a prestação jurisdicional ter se revelado insuficiente e insatisfatória diante da complexidade das relações sociais, porquanto o juiz, ante as novas tecnologias da informação, modelos empresariais híbridos, demandas de massa e economia internacionalizada passou a necessitar de novas informações e elementos para o melhor julgamento da causa. O tema foi tratado com maestria na obra coletiva por nós coordenada, intitulada *O novo processo civil brasileiro*: direito em expectativa, produzida no âmbito do Programa de pós-graduação *stricto sensu* em Direito da Universidade do Estado do Rio de Janeiro. O capítulo que cuida das "Novas tendências de participação processual – o *amicus curiae* no anteprojeto do novo CPC", explicita a melhor doutrina sobre a matéria, do qual extraímos as seguintes conclusões[70]:

---

da jurisprudência remansosa do Supremo Tribunal Federal" (MS 32074, Rel. Min. Luiz Fux, Primeira Turma, j. 02.09.2014). Em sentido contrário, o enunciado n.º 487 do Fórum Permanente de Processualistas Civis: "No mandado de segurança, havendo substituição processual, o substituído poderá ser assistente litisconsorcial do impetrante que o substituiu".

[67] "O assistente se limita a ajudar a parte principal, sendo inadmissível a impetração de mandado de segurança pelo assistente simples, já que o mandado de segurança constitui ação personalíssima de natureza mandamental e elevada carga subjetiva. Bem por isso a jurisprudência desta Corte e do STF têm reiteradamente decidido não ser cabível a assistência em sede de mandado de segurança" (AgRg no MS 21.472/DF, Rel. Min. Humberto Martins, Corte Especial, j. 05.10.2016).

[68] TUPINAMBÁ, Carolina. Novas tendências de participação processual – o *amicus curiae* no anteprojeto do novo CPC. In: FUX, Luiz. *O novo processo civil brasileiro*: direito em expectativa. Rio de Janeiro: Forense, 2011. p. 126; BUENO, Cássio Scarpinella. Amicus curiae *no processo civil brasileiro*. Um terceiro enigmático. São Paulo: Saraiva, 2006. p. 5.

[69] Enunciado n.º 249 do Fórum Permanente de Processualistas Civis: "A intervenção do *amicus curiae* é cabível no mandado de segurança".

[70] Idem.

- A função jurisdicional, em si mesma considerada, é insuficiente para a prestação de tutela suficiente e satisfatória;
- Isso porque, cada vez mais, ante a complexidade dos fatos e do direito da vida moderna, o juiz necessita de informações não jurídicas espraiadas na sociedade;
- Neste contexto, membros e grupos sociais estão à espreita de oportunidade de serem ouvidos e poderem influenciar decisões. São vozes, até então, sem direito de audiência no processo;
- Soma-se a essa realidade o fato de que o Judiciário se vê diuturnamente como realizador de políticas públicas e concretizador de opções constitucionais, dadas as novas demandas a que se vê chamado a solucionar;
- O sistema jurídico tem recepcionado valores, princípios, cláusulas gerais, conceitos jurídicos indeterminados e abertos, o que valoriza o papel do intérprete e torna a atividade jurisdicional concretizadora e não mais subsuntiva;
- O processo valorativo é plenamente adaptável à realidade social e às vicissitudes concretas, razão pela qual os julgamentos absorvem paulatinamente a expectativa de realização da complexa hermenêutica jurídica;
- A constitucionalização do Direito Processual coloca em evidência valores e princípios constitucionais aplicáveis ao Processo;
- A isonomia e a segurança jurídica são prestigiadas pela uniformização de resultados nas causas semelhantes e pela valorização dos precedentes, mecanismos alavancados pela ação de agentes que possam dialogar com o Judiciário;
- O princípio do contraditório, como meio capaz de influenciar eficazmente a produção da decisão, tem seu conteúdo adicionado por verdadeiro comando de cooperação entre partes e magistrado para a produção legítima de uma solução apaziguadora;
- Destas premissas exsurge a figura do *amicus curiae*, um terceiro sem interesse jurídico, mas com capacidade agregadora sob o tema *in judice*;
- Este novel terceiro tem latente o potencial de oferecer ao magistrado elementos e informações reputados indispensáveis para o melhor – sob ponto de vista qualitativo – julgamento da causa, bem como de pluralizar os debates jurisdicionais, especialmente as discussões de cunho constitucionais ou de viés coletivo, de forma a atribuir legitimidade aos atos emanados dessas instâncias de Poder;
- O amigo da Corte é, portanto, a atuação concreta e imediata da sociedade no âmbito do processo, no mister da atividade hermenêutica, traduzindo valores e angústias flutuantes no seio social; fazendo-se ouvir as vozes da sociedade, muitas vezes suprimidas;
- O *amicus curiae*, portador de interesse público ou institucional, foi alocado de maneira consciente e comprometida no Novo CPC, a despeito da existência de previsões esparsas na legislação já existente, como demonstrativo crucial das atenções da Comissão para com o aperfeiçoamento da tutela jurisdicional e a efetivação das bases democráticas de um Estado de Direito.

Em suma, fato é que, como é cediço, muito já se discutiu se o núcleo do processo gravitava em torno da lide – doutrina de Carnelutti – ou se estava na atuação da vontade concreta da lei – teoria de Chiovenda. Hodiernamente, ante a avassaladora concepção pós-positivista que informa a compreensão filosófica do Direito, o valor axiológico e contemporâneo de jurisdição revela-se no dever de concretizar normas constitucionais, máxime a dignidade da pessoa humana. Nessa perspectiva, o *amicus curiae* tem o mérito de auxiliar a promoção dos fins a que visa o processo a partir do diálogo.

Assim, a sua função pode ser sintetizada como *opinio doctorum* na área de sua especialização, *v.g.*, opera-se com o Conselho Administrativo de Defesa Econômica – CADE, quando intervém para verificar a prática concorrencial *sub judice*, nas causas em que não é parte.

Soma-se a isso a necessidade de democratizar o processo, sobretudo nos casos em que os direitos em conflito transcendem os interesses particulares das partes.

Com efeito, mediante o referido instituto é que se possibilita a participação social, por meio de entidades de destacada representatividade quanto aos interesses da coletividade, na construção da norma que irá regular as relações jurídicas atinentes ao objeto da lide *in concreto*.

Qualifica-se, portanto, o *amicus curiae* como fator de pluralização dos debates e de legitimação democrática e social das decisões jurisdicionais[71].

O Supremo Tribunal Federal, no que tange à intervenção do *amicus curiae* em processos de Mandado de Segurança, tradicionalmente sustentava a sua impossibilidade em razão do a) caráter eminentemente sumário conferido ao procedimento do mandado de segurança, tornando incompatível com o seu rito a intervenção de terceiros; e b) da inexistência de fundamento legal para a intervenção, não sendo possível aplicar a legislação específica destinada ao controle abstrato. Nesse sentido, o MS 26.150, Rel. Min. Eros Grau, *DJ* 06.03.2007; o MS-AgR-ED-ED 25.879, Rel. Min. Sepúlveda Pertence, *DJ* 03.05.2007; e o MS-AgR 26.552, Rel. Min. Celso de Mello, *DJ* 23.05.2007.

Contudo, em decisão monocrática, na Petição 188.535/2007 do RMS 25.841, inverteu-se a orientação dominante, admitindo-se o ingresso da Associação dos Juízes Classistas Aposentados de Primeira Instância (AJUCAPRINS) como *amicus curiae* em Mandado de Segurança, conforme o teor da decisão em comento:

> (...) não há qualquer incompatibilidade do rito do mandado de segurança com a participação do *amicus curiae*, nem há qualquer impedimento legal para a sua admissão pelo fato de o mandado de segurança não se tratar de um feito do controle abstrato, pois, conforme já ressaltado, o Tribunal admitiu a possibilidade de *amicus curiae* em recurso extraordinário. O que a jurisprudência do Supremo Tribunal Federal sedimentou foi a impossibilidade de assistência simples, ao argumento de que, nos termos do art. 19 da Lei n.º 1.533/51, na redação dada pela Lei n.º 6.071/74, restringiu-se a intervenção de terceiros, nos mandados de segurança, ao litisconsórcio. Nesse sentido, a AO-MC 534, Rel. Min. Marco Aurélio, *DJ* 17.02.1999; a AO-MC

---

[71] STF, ADI n.º 2.130/SC e ADI-MC n.º 2.321/DF, disponível em <www.stf.jus.br>.

571, Rel. Min. Cezar Peluso, *DJ* 20.05.1999; o MS 23.671, Rel. Min. Marco Aurélio, *DJ* 13.09.2000; o MS 23856, Rel. Min. Cezar Peluso, *DJ* 24.08.2001; o RE 321.958, Rel. Min. Joaquim Barbosa, *DJ* 05.04.2005; e o RE 431.380, Rel. Min. Ayres Britto, *DJ* 01.07.2005.

Assim, no caso em análise, a questão debatida – equivalência salarial e reajustes nos proventos de juízes classistas – apresenta relevância tal que ultrapassa os limites e meros interesses das partes diretamente envolvidas no mandado de segurança, de forma que se revela salutar que o debate perante o Supremo Tribunal Federal possa ser informado pelo maior número de argumentos possíveis.

Entendo, portanto, que a admissão de *amicus curiae* confere ao processo um colorido diferenciado, emprestando-lhe caráter pluralista e aberto, que, a meu ver, não pode ficar restrito ao controle concentrado. Pelo contrário, penso que, justamente por se tratar a questão discutida nos autos de matéria de inegável importância, a jurisdição exercida por este Tribunal deve se afastar de uma perspectiva estritamente subjetiva.

Por fim, deve-se superar a interpretação que tem sido dada por esta Corte ao art. 19 da Lei n.º 1.533/51, com a redação que lhe imprimiu a Lei n.º 6.701/74 [*rectius*: Lei n.º 6.071/74] ("Art. 19 Aplicam-se ao processo do mandado de segurança os artigos do Código de Processo civil que regulam o litisconsórcio"), pois este dispositivo não constitui vedação à possibilidade de admitir-se a participação de *amicus curiae* em mandados de segurança, principalmente naqueles casos em que a discussão – pela relevância e abrangência – extrapola os interesses das partes envolvidas[72].

Tal decisão, irreparável dos pontos de vista técnico e social, ratifica importantíssimo papel do terceiro na atuação concreta e imediata da sociedade no âmbito do processo de elaboração de sentenças mais justas, tendo em vista que traz ao juiz informações e valores dos diferentes atores que a compõem.

4.1.8. Terceiro prejudicado e substituição processual

O terceiro prejudicado por decisão proferida em Mandado de Segurança em que não foi citado, pode: (i) recorrer da decisão no mesmo prazo dado às partes, oferecendo toda sorte de recursos, por aplicação supletiva do art. 996 do CPC/2015; (ii) ou ajuizar Mandado de Segurança próprio, podendo eleger livremente entre demandar ou recorrer[73].

Singular hipótese de substituição processual é a contida no art. 3.º da Lei n.º 12.016/2009, comentado anteriormente, no qual se prevê a possibilidade de impetração do Mandado de Segurança por titular de direito líquido e certo decorrente de direito de

---

[72] STF, decisão monocrática à Petição 188.535/2007 do RMS 25.841, Rel. Min. Gilmar Mendes, Rel. p/ acórdão Min. Marco Aurélio, Tribunal Pleno, j. 20.03.2013, *DJe*-094, divulg. 17.05.2013, public. 20.05.2013, disponível em <www.stf.jus.br>.

[73] **Súmula n.º 202 do STJ** – "A impetração de segurança por terceiro, contra ato judicial, não se condiciona a interposição de recurso."

terceiro, em condições idênticas, a favor do direito originário, se o seu titular não o fizer em prazo razoável, apesar de para esse fim ser notificado judicialmente[74].

Repercutia na doutrina a controvertida questão do prazo conferido ao titular do direito originário para agir, tendo em vista que, na antiga Lei, o seu art. 3.º aduzia a "prazo razoável", sendo pacífico, até então, que o mesmo não poderia superar o prazo de 120 dias referido pelo art. 18 da mesma Lei. Entretanto, com a atual norma reguladora do *mandamus*, restou estabelecido, também em seu art. 3.º, o prazo de 30 dias da notificação, quando então terá início para o *tertius* o lapso decadencial de 120 dias, conforme prevê o parágrafo único do referido dispositivo[75]. Cuida-se, em suma, de legitimação extraordinária subsidiária expressamente prevista em lei.

4.2. INTERESSE DE AGIR

O interesse, como conceito genérico, representa a relação entre um bem da vida e a satisfação que este encerra em favor de um sujeito[76]. Esse interesse assume relevo quando "juridicamente protegido". O sujeito de direitos, ao manifestar o seu interesse, pode ver-se obstado por outrem que não reconhece aquela proteção jurídica. Em face da impossibilidade de submissão do interesse substancial alheio ao próprio por via do exercício arbitrário das próprias razões, faz-se mister a intervenção judicial para que se reconheça, com a força da autoridade, qual dos dois interesses deve sucumbir e qual deles deve sobrepor-se.

À negação de submissão de um interesse ao outro corresponde um tipo de interesse que é o de obter a prestação da tutela jurisdicional, com o fim de fazer prevalecer a aspiração própria sobre a de outrem, definindo o Judiciário qual delas é a que encontra proteção jurídica.

Essa situação que reclama a intervenção judicial sob pena de um dos sujeitos sofrer um prejuízo em razão da impossibilidade de autodefesa é que caracteriza o *interesse de*

---

[74] Comentando a previsão análoga contida no antigo art. 3.º da Lei n.º 1.533/51, Cássio Scarpinella Bueno obtemperou: "Trata-se, bem da verdade, de uma hipótese interessante em que aquele que, eventualmente, poderia ter sido admitido em demanda já pendente na qualidade de *assistente simples* (CPC [de 1973], art. 50 [atual art. 121 do CPC/2015]) pode assumir a *iniciativa* da propositura da ação, embora, a exemplo do que se dá nos casos de assistência, para tutelar direito de outrem e, somente de maneira reflexa, o seu."

[75] **Art. 3.º** O titular de direito líquido e certo decorrente de direito, em condições idênticas, de terceiro poderá impetrar mandado de segurança a favor do direito originário, se o seu titular não o fizer, no prazo de 30 (trinta) dias, quando notificado judicialmente.
Parágrafo único. O exercício do direito previsto no *caput* deste artigo submete-se ao prazo fixado no art. 23 desta Lei, contado da notificação.

[76] "O interesse é a posição favorável à satisfação de uma necessidade, de que titular é a pessoa física ou jurídica e cujo objeto é um bem" (MARQUES, Frederico. *Instituições*, 1971. v. II. p. 40).

agir[77]. Por essa razão, já se afirmou em bela sede doutrinária que a função jurisdicional não pode ser provocada sem que haja razão suficiente.

É, pois, em todos os casos, necessário que a parte tenha "necessidade"[78] da via judicial e que esta resulte numa "providência mais útil" do que aquela que obteria por mãos próprias se fosse autorizada a autotutela. Por essa razão é que se afirma que o *interesse de agir* deve ser composto do *binômio necessidade-utilidade* da via jurisdicional.

Encarta-se no aspecto da *utilidade*, a escolha correta do procedimento adequado à pretensão deduzida. Assim, se a parte pede em juízo uma providência de cunho petitório e utiliza o processo possessório, da narrativa de sua petição já se observa a inadequação do remédio escolhido para a proteção que pretende; por ser inútil aos fins pretendidos, falecendo, por consequência, ao autor, o *interesse de agir*.

Desse modo, o interesse de agir é a necessidade de recorrer-se à jurisdição para alcançar o bem jurídico com base em uma pretensão jurídica suficientemente fundamentada em fatos verossímeis, cuja prova pré-constituída disponível seja desde logo apresentada.

A primeira restrição ao cabimento do Mandado de Segurança, sob o ângulo do interesse de agir, é de natureza constitucional e refere-se à expressa previsão do constituinte contida no art. 5.º, LXIX, da CF/1988, que veda o remédio heroico se o direito for amparado por *habeas corpus* (liberdade de locomoção) ou *habeas data* (conhecimento e retificação de documentos e informações pessoais).

Em que pese tratar-se de expressa vedação legal – de nível constitucional – a questão vincula-se à falta de interesse de agir do impetrante, pela inadequação e consequente *inutilidade* ou, para alguns, *inadequação* da via eleita, porquanto a própria Carta Magna previu instrumentos processuais próprios para a defesa dos referidos direitos (art. 5.º, incisos LXVIII e LXXII)[79]. Consequentemente, independentemente da autoridade coatora ou da natureza do ato impugnado, sempre que o autor puder valer-se do *habeas corpus* ou do *habeas data* para a defesa do direito violado, não será cabível, em substituição, o manejo do *writ*. Entretanto, à luz da efetividade do processo e da regra da interpretação do pedido, nada obsta empreste o magistrado "fungibilidade aos remédios heroicos constitucionais".

A Lei n.º 12.016/2009, mais especificamente em seu art. 5.º, contempla três hipóteses de descabimento de Mandado de Segurança, cuja configuração se vincula à ausência de interesse de agir.

O primeiro caso, previsto no inc. I do referido dispositivo, tal como consagrava a legislação anterior, é de inadmissibilidade do *writ* quando há recurso administrativo com efeito suspensivo, independentemente de caução, interponível contra o ato coator.

---

[77] "O interesse processual tem como objetivo direto e imediato a atividade do órgão jurisdicional" (MANDRIOLI, Crisanto. *L'azione esecutiva*. 1965. p. 103).

[78] Art. 17 do CPC: Para postular em juízo é necessário ter interesse e legitimidade.

[79] "É incabível a utilização do mandado de segurança como sucedâneo de *habeas corpus*, consoante ressai dos incisos LXVIII e LXIX do art. 5.º da Constituição da República" (STJ, AgRg no MS 22.771/GO, Rel. Min. Reynaldo Soares Da Fonseca, Terceira Seção, j. 24.08.2016).

Assim, se o sujeito dispõe da via do recurso administrativo com efeito suspensivo, não subordinado a caução, não há utilidade na impetração do Mandado de Segurança.

Contudo, a existência de recurso com efeito suspensivo não impede a concessão da segurança em relação a ato omissivo; isto porque, se a autoridade omite a prática do ato devido, e que configura lesão a direito líquido e certo, de nada adiantará o recurso com efeito suspensivo, tendo em vista que este apenas assegurará a manutenção da situação lesiva por omissão.

Vale destacar que na redação aprovada no Congresso havia previsão no sentido de que caberia uma notificação judicial ou extrajudicial da autoridade, em caso de omissão ilegal ou abusiva. O dispositivo, entretanto, foi vetado, o que de forma alguma significa o descabimento do Mandado de Segurança contra omissão infringente da ordem jurídica, mas, ao revés, ratificou a desnecessidade da citada comunicação prévia.

Os incisos II e III do artigo supracitado preveem a impossibilidade de impetração do Mandado de Segurança contra decisão judicial da qual caiba recurso com efeito suspensivo, ou decisão transitada em julgado.

A hipótese do inciso II se justifica em razão da ausência do interesse de agir caso seja possível a suspensão da decisão via recurso, no mesmo sentido do previsto no inciso I. A segunda hipótese se refere ao respeito à coisa julgada como corolário da segurança jurídica. Em regra, não há direito líquido e certo contra situação coberta pelo manto da coisa julgada. Nesse sentido, o STF editou a Súmula n.º 268, a qual prevê que "não cabe mandado de segurança contra decisão judicial com trânsito em julgado". A via adequada para a contestação de *autorictas rei iudicatae* (coisa julgada material) é a ação rescisória. No caso de coisa julgada formal, não cabe a impetração do *writ*, pois este se tornaria um sucedâneo do recurso próprio cabível. Em razão disso, é que também não se admite o mandado de segurança quando o ordenamento prevê ações próprias para a tutela do direito ameaçado ou violado, como, a ação de cobrança[80] e a ação popular[81].

Em síntese: o Mandado de Segurança não pode ser travestido de simples instrumento para contornar a preclusão; deve ser respeitado seu caráter de remédio constitucional urgente e extraordinário, com função primordial de tutelar direito líquido e certo.

A Súmula n.º 267 do Supremo Tribunal Federal enuncia que "Não cabe mandado de segurança contra ato judicial passível de recurso ou correição". A súmula tem como justificativa o entendimento de que a ação do mandado de segurança não é o meio processual apto a rever o ato judicial quando a Lei estabelece recursos próprios para atacar a decisão. A jurisprudência, contudo, vem admitindo o manejo excepcional[82] do mandamus quando

---

[80] **Súmula n.º 269 STF**: O mandado de segurança não é substitutivo de ação de cobrança.
[81] **Súmula 101 STF**: O mandado de segurança não substitui a ação popular.
[82] "Processual civil. Mandado de segurança. Decisão judicial. Terceiro interessado. Interposição de recurso. Writ. Descabimento. 1. A impetração de mandado de segurança contra decisão judicial somente é admitida nos casos de manifesta ilegalidade ou abuso de poder. Precedentes. 2. De acordo com a Súmula 202 desta Corte, 'a impetração de segurança por terceiro, contra ato judicial, não se condiciona à interposição de recurso'. 3. A incidência desse verbete contempla 'tão somente aquele que não teve condições de tomar ciência da decisão que lhe prejudicou, ficando impossi-

houver risco de dano irreparável (periculum in mora) decorrente do ato ou em casos teratológicos (flagrantemente abusivos ou ilegais)[83]. O tema do Mandado de Segurança contra atos judiciais será melhor analisado em capítulo próprio adiante.

Vale, também, ressaltar que o interesse de agir deve dizer respeito a direito próprio concreta e imediatamente lesado ou ameaçado por ato coator. Por isso, não se admite Mandado de Segurança para obter proteção genérica em face de eventuais atos coatores futuros[84].

4.2.1. Atos administrativos

O Mandado de Segurança é cabível tanto contra atos comissivos como contra atos omissivos, em relação aos quais a Administração Pública tinha o dever legal de praticá-los, como na recalcitrância em fornecer certidão, despachar requerimentos etc.

Notadamente no que se refere aos atos administrativos, tanto a antiga quanto a atual Lei do Mandado de Segurança, em seu art. 5.º, inc. I, impuseram uma restrição ao *mandamus*, vedando-lhe a concessão toda a vez que do ato impugnado couber recurso administrativo com efeito suspensivo, independente de caução, consoante suprarreferido.

A melhor interpretação ao dispositivo – sempre conforme à Constituição Federal, que deu ampla consagração ao instituto – é a de que se trata de uma limitação apenas de ordem temporária à concessão da segurança, tendo em vista a ausência de interesse jurídico do impetrante (necessidade), uma vez que enquanto estiver pendente o efeito suspensivo deferido pelo recurso administrativo, nenhuma lesão ou ameaça de lesão poderá vir a sofrer o impetrante quanto ao direito tutelado.

Discute-se, contudo, se o titular do direito impugnável pelo remédio constitucional deve necessariamente impugnar o ato pela via administrativa antes da impetração do Mandado de Segurança – por exemplo, se seria ou não facultado ao interessado deixar transcorrer *in albis* o seu prazo para recorrer e impetrar diretamente o *mandamus*, por força da inafastabilidade de jurisdição. Não há dúvidas de que, se o impetrante optar pela via administrativa, utilizando-se de recurso dotado de efeito suspensivo apto a sobrestar os efeitos do ato impugnado, deverá então aguardar a decisão final proferida naquela esfera

---

bilitado de se utilizar do recurso cabível" (RMS 42.593/RJ, Rel. Ministro João Otávio de Noronha, Terceira Turma, julgado em 08/10/2013, *DJe* 11/10/2013), pois a condição de terceiro pressupõe o desconhecimento e ausência de manifestação no processo (RMS 34.055/SP, Rel. Ministro Mauro Campbell Marques, Segunda Turma, julgado em 24/05/2011, *DJe* 31/05/2011). 4. Hipótese em que o impetrante teve ciência da decisão proferida em sede de medida cautelar que lhe foi desfavorável, inclusive interpondo agravo regimental, conforme consignado no acórdão recorrido, inviabilizando a impetração do writ. 5. Recurso ordinário desprovido" (RMS 51.532/CE, Rel. Min. Napoleão Nunes Maia Filho, Relator p/ acórdão Min. Gurgel de Faria, 1.ª Turma, j. 04.08.2020, *DJe* 19.08.2020).

[83] RMS 1.312/AL, Rel. Min. Demócrito Reinaldo, 1.ª Turma, j. 20.05.1992, DJ 22.06.1992, p. 9723; AgRg no MS 20.718/DF, Rel. Min. Maria Thereza de Assis Moura, Corte Especial, j. 05.02.2014, *DJe* 13.02.2014; RMS 37.265/PA, Rel. Min. Humberto Martins, 2.ª Turma, j. 03.12.2013, *DJe* 10.12.2013.

[84] "Descabe a impetração de mandado de segurança que busque, mediante declaração de caráter normativo, coibir, de forma genérica, permanente e futura, ato que venha lesar direito do Impetrante" (STJ, AgInt no RMS 49.145/MG, Rel. Min. Regina Helena Costa, Primeira Turma, j. 27.11.2018).

de Poder. Além disso, STF e STJ já firmaram orientação no sentido de que o segurado do INSS não pode ajuizar demanda pleiteando benefício previdenciário sem prévio requerimento administrativo, salvante os casos em que o entendimento da Administração for notória e reiteradamente contrário à pretensão, bem como nos casos de pretensão de revisão, restabelecimento ou manutenção de benefício anteriormente concedido com base em fatos já analisados pela Administração[85].

Em suma, o que não se admite é a concomitância das vias, muito embora, em regra, inexista a denominada exigência de "exaustão" da via administrativa. Imperioso anotar que com o advento da Lei n.º 9.784/1999, no seu art. 61, a regra para os recursos administrativos passou a ser a da concessão de efeito apenas devolutivo, viabilizando, na maioria das hipóteses, sob o ângulo prático, o cabimento do *writ*.

Outrossim, quando o recurso, ainda que dotado de efeito suspensivo, impõe caução para a sua interposição, hipótese comum na via administrativa, abre-se, de imediato, a via mandamental.

A impetração do Mandado de Segurança é cabível no caso de omissão da autoridade na prática do ato contra o qual caiba recurso administrativo com efeito suspensivo. Admite-se, consoante a ratio da Súmula n.º 429 do STF, verbis: "A existência de recurso administrativo com efeito suspensivo não impede o uso do Mandado de Segurança contra omissão da autoridade".

É que nessa hipótese o efeito suspensivo do recurso não altera a atividade administrativa sonegada, a qual, se legítima, estabelece a concessão do writ, impondo o atuar do Poder Público.

4.2.2. Atos judiciais

A possibilidade de impetrar Mandado de Segurança contra atos judiciais deu ensejo a severas controvérsias nos tribunais do País. Destaque-se o *leading case* quanto ao tema, que fixou entendimento jurisprudencial pela Suprema Corte, no julgamento do RE n.º 76.909, em 05.12.1973, no qual se concluiu acerca do cabimento do Mandado de Segurança contra ato judicial quando este só for impugnável por recurso sem efeito suspensivo e desde que demonstrada a teratologia da decisão causadora de dano irreparável[86].

---

[85] STF, RE 631240, Rel. Min. Roberto Barroso, Tribunal Pleno, j. 03.09.2014. No mesmo sentido: STJ, REsp 1369834/SP, Rel. Min. Benedito Gonçalves, Primeira Seção, j. 24.09.2014.

[86] "Recurso em mandado de segurança. Impetração contra decisão judicial. Processual civil. Nulidade de intimação. Direito líquido e certo. Cabimento do mandamus. Necessidade de análise do vício. Recurso ordinário provido. Ordem concedida. 1. A impetração de mandado de segurança contra pronunciamento judicial tem pertinência apenas em hipóteses excepcionalíssimas, quando configurada a manifesta ilegalidade ou a teratologia, bem como esteja devidamente comprovado o direito líquido e certo ofendido ou que está sob ameaça. Situação que se verifica na espécie. 2. A intimação é direito líquido e certo da parte de ser devidamente cientificada dos atos e termos do processo, de modo que sua ausência ou a sua efetivação sem a observância das prescrições legais acarreta a nulidade do ato. Ademais, o vício na intimação poderá ser arguido na primeira oportunidade em que for possível, caso em que o prazo para os atos subsequentes serão contados da intimação da decisão que a reconheça.

Deveras, no passado, vários Tribunais exigiam para fins de concessão da segurança que o impetrante tivesse recorrido do ato ou da sentença atacada pelo mandado, restando o pedido de concessão, em numerosos casos, tão somente *para conferir efeito suspensivo* ao recurso interposto.[87] Nessas hipóteses, como o Mandado de Segurança era concedido apenas para garantir aquele efeito e evitar execução do ato ou sentença impugnado até o julgamento do recurso interposto, o remédio transmudava-se em ação de natureza acautelatória. A forma pela qual os tribunais concediam efeito suspensivo a recurso que não o possuía por lei era a medida cautelar inominada, criada pela jurisprudência em função do poder cautelar geral do juiz. Todavia, hodiernamente, o uso do *mandamus*, com a finalidade de conferir suspensividade a recurso, tornou-se muito mais restrito, na medida em que se conferiu aos relatores o poder de conceder suspensividade aos meios de impugnação.

O art. 5.º, inciso II, da Lei n.º 12.016/2009[88] exclui o cabimento do Mandado de Segurança contra os atos judiciais, quando puderem ser impugnados através de recurso previsto nas leis processuais. A exegese do dispositivo deve ser empreendida em consonância com a amplitude conferida ao Mandado de Segurança pela Constituição Federal, entendendo-se a restrição incidente tão somente nas hipóteses em que o recurso ou a via correcional puderem garantir efetiva proteção ao direito que se pretende tutelar, sem a mais tênue possibilidade de ocorrência de dano irreparável, por isso que o recurso ou a impugnação admissíveis devem ser dotados de efeito suspensivo apto a sustar ou evitar as consequências do ato lesivo.

Em outros termos: o Mandado de Segurança não deve ser desfigurado de sua missão constitucional, substituindo recursos previstos no sistema processual. Por isso, poderá ser manejado contra decisão judicial somente se o sistema não oferecer mecanismo recursal eficaz para afastar os efeitos da decisão ou, de acordo com alguns precedentes do STF, se a decisão for causadora de dano irreparável ao impetrante da medida.

É nesse sentido o disposto na Súmula n.º 267 do Supremo Tribunal Federal[89] e a orientação da jurisprudência, abrandando o rigor da legislação e do entendimento consolidado, de forma a admitir o Mandado de Segurança contra atos judiciais quando não

---

3. A perfectibilização do contraditório e da ampla defesa, no bojo do processo judicial, dá-se a partir da cientificação das partes a respeito de todo e qualquer ato processual, perpassando pela concessão de oportunidade de manifestação e termina com a possibilidade de influir na vindoura decisão do magistrado. 4. No caso, o Magistrado deveria ter apreciado a existência, ou não, do vício suscitado pela parte, ainda que certificado o trânsito em julgado do pronunciamento judicial, configurando-se a flagrante ilegalidade da decisão que se limita a afirmar que não há nada a prover. 5. Recurso em mandado de segurança provido para conceder a ordem" (RMS 64.494/DF, Rel. Min. Marco Aurélio Bellizze, 3.ª Turma, j. 28.09.2021, DJe 30.09.2021).

[87] Entretanto, confira-se a Súmula 604 do STJ, que dispõe: "O mandado de segurança não se presta para atribuir efeito suspensivo a recurso criminal interposto pelo Ministério Público."

[88] **Art. 5.º** Não se concederá mandado de segurança quando se tratar:
(...)
II – de decisão judicial da qual caiba recurso com efeito suspensivo.

[89] Súmula n.º 267 do Supremo Tribunal Federal: "Não cabe mandado de segurança contra ato judicial passível de recurso ou correição."

impugnáveis por recurso dotado de efeito suspensivo[90] ou quando houver risco de dano irreparável (*periculum in mora*) decorrente do ato. Em suma, via de regra, o *writ* não pode ser sucedâneo de recursos judiciais[91], como dispõem a Súmula n.º 267 do STF e o art. 5.º, II, da Lei n.º 12.016/2009, muito embora em casos teratológicos o *mandamus* tenha sido admitido[92]. Assim, por exemplo, decidiu o STJ que, *verbis*: "Mandado de segurança contra ato judicial é medida excepcional, admissível somente nas hipóteses em que se verifica de plano decisão teratológica, ilegal ou abusiva, contra a qual não caiba recurso com efeito suspensivo e não amparado por *habeas corpus* ou *habeas data*"[93].

Nessa linha, admite-se o Mandado de Segurança em face de decisão de Turma Recursal de Juizados Especiais quando o impetrante questionar competência daquele juízo[94]. Em contrapartida, as decisões interlocutórias no âmbito dos Juizados Especiais não são passíveis de impugnação por Mandado de Segurança[95]. Da mesma forma, não se admite Mandado de Segurança para impugnar medidas cautelares de natureza penal[96].

---

[90] No STJ, a jurisprudência firmou-se no sentido de que "as decisões proferidas pelas Turmas e Seções do STJ não podem ser atacadas via Mandado de Segurança, porque, ao apreciarem os casos que lhes são submetidos, no exercício da função jurisdicional, estas atuam em nome do Tribunal, e não como instância inferior dentro do próprio" (MS n.º 5750/PR, Corte Especial, Rel. Min. Nilson Naves, *DJ* 14.06.1999; MS n.º 4134/CE, Corte Especial, Rel. Min. Assis Toledo, *DJ* 10.03.1997).

[91] "A jurisprudência da Suprema Corte é firme no sentido de ser inadmissível a impetração de mandado de segurança contra ato revestido de conteúdo jurisdicional" (STF, MS 31.831 AgR, Rel. Min. Dias Toffoli, P, j. 17-10-2013), "o mandado de segurança não é um sucedâneo recursal capaz de substituir a interposição do recurso legalmente cabível" (STJ, MS 24.062/SP, Rel. Min. Mauro Campbell Marques, Corte Especial, j. 14.03.2019).

[92] "A impetração de mandado de segurança contra decisão judicial é restrita aos casos de flagrante ilegalidade, abuso de poder ou manifesta teratologia" (STJ, AgInt no RMS 58.713/BA, Rel. Min. Antonio Carlos Ferreira, Quarta Turma, j. 10.12.2018).

[93] STJ, AgRg no MS 24.715/DF, Rel. Min. Nancy Andrighi, Corte Especial, j. 14.03.2019.

[94] "Nos termos da firme jurisprudência desta Corte, os tribunais estaduais não possuem competência para rever decisões de turmas recursais de juizados especiais, mesmo em se tratando de mandado de segurança, consoante estabelecido na Súmula n.º 376/STJ. (...) A Corte Especial do Superior Tribunal de Justiça, ao julgar o RMS 17.524/BA (Rel. Min. Nancy Andrighi, *DJe* 11.9.2006), firmou entendimento segundo a mencionada súmula não é aplicável aos casos em que o *mandamus* tiver sido impetrado com o intuito de discutir o controle de competência dos juizados especiais, mesmo que já esteja em fase de execução como no caso paradigma." (STJ, AgInt no RMS 47.325/GO, Rel. Min. Regina Helena Costa, Primeira Turma, j. 05.06.2018).

[95] "Não cabe mandado de segurança das decisões interlocutórias exaradas em processos submetidos ao rito da Lei n.º 9.099/95" (STF, RE 576847, Rel. Min. Eros Grau, Tribunal Pleno, j. 20.05.2009).

[96] "O mandado de segurança não é meio processual idôneo para desconstituir decisão que indeferiu pedido de quebra de sigilo bancário e fiscal. Nesse sentido: "As Turmas que compõem a 3.ª Seção desta Corte vêm reputando descabida a utilização do mandado de segurança como forma de impugnar decisões judiciais proferidas em medidas cautelares de natureza penal (sequestro de bens, intervenção judicial em pessoa jurídica, quebra de sigilo bancário etc.), ante a proibição de manejo do mandado de segurança como substituto recursal – óbices do art. 5.º, II, da Lei n.º 12.016/2009 e do enunciado n.º 267 do STF: 'Não cabe mandado de segurança contra ato judicial passível de recurso ou correição' (RMS 44.807/GO, Rel. Min. Reynaldo Soares Da Fonseca, Quinta Turma,

Parte da doutrina, sob outro ângulo[97], assenta que não se deve condicionar a concessão do Mandado de Segurança à tempestiva interposição do recurso cabível, em face da eficácia da ação constitucional. Há, todavia, julgados em sentido contrário. Aliás, também contrária a essa tese é a doutrina ponderável no sentido de que:

> Inadmissível é o Mandado de Segurança como substitutivo do recurso próprio, pois por ele não se reforma a decisão impugnada, mas apenas se obtém a sustação de seus efeitos lesivos ao direito líquido e certo do impetrante, até a revisão do julgado no recurso cabível. Por isso mesmo, a impetração pode – e deve – ser concomitante com o recurso próprio (apelação, agravo, correição parcial) visando unicamente a obstar a lesão efetiva ou potencial do ato judicial impugnado[98].

Isso porque, caso não interposto o recurso no prazo legal, operar-se-ia a preclusão em relação àquela decisão judicial.

Essa discussão ganhou renovado fôlego com o advento do Código de Processo Civil de 2015, que contempla um sistema de recorribilidade diferida das decisões interlocutórias. A regra é que as questões resolvidas ao longo do processo de conhecimento não fiquem sujeitas à preclusão e sejam impugnáveis em conjunto com a decisão final, em preliminar de apelação ou nas contrarrazões (art. 1.009, § 1.º). Excepcionalmente, as decisões interlocutórias são passíveis de agravo de instrumento, sob pena de preclusão, nas hipóteses previstas no art. 1.015 do CPC/2015. Interpretando esses dispositivos, a Corte Especial do Superior Tribunal de Justiça entendeu que o "rol do art. 1.015 do CPC é de taxatividade mitigada, por isso admite a interposição de agravo de instrumento quando verificada a urgência decorrente da inutilidade do julgamento da questão no recurso de apelação"[99]. Sob essa perspectiva, não haveria espaço para a impetração de Mandado de Segurança contra decisão interlocutória proferida na fase de conhecimento. Afinal, nos termos do art. 5.º, II, da Lei n.º 12.016/2009, não cabe Mandado de Segurança de decisão judicial da qual caiba recurso com efeito suspensivo[100]. Se quaisquer decisões interlocutórias teratológicas, capazes de causar grave dano, podem ser impugnadas por agravo de instrumento, como admite o STJ, não há motivos para admitir o Mandado de Segurança como sucedâneo do recurso cabível.

De qualquer forma, ainda que se entenda cabível a impetração de *writ* contra ato judicial, é necessário fazê-lo antes do seu trânsito em julgado. A Súmula n.º 268 do Supremo Tribunal Federal dispõe, *verbis*: "Não cabe mandado de segurança contra decisão judicial

---

j. 16.08.2016, *DJe* 26.08.2016)" (STJ, HC 470.006/ES, Rel. Min. Ribeiro Dantas, Quinta Turma, j. 19.02.2019).

[97] BARBI, Celso Agrícola. *Mandado de segurança*. 10. ed. Rio de Janeiro: Forense.
[98] MEIRELLES, Hely Lopes; WALD, Arnoldo; MENDES, Gilmar Ferreira. *Mandado de segurança e ações constitucionais*. 35. ed. São Paulo: Malheiros, 2013.
[99] STJ, REsp 1704520/MT, Rel. Min. Nancy Andrighi, Corte Especial, j. 05.12.2018.
[100] "O recorrente se utiliza do presente *writ* como sucedâneo recursal do agravo de instrumento, o que é vedado nos termos do art. 5.º, II, da Lei n.º 12.016/2009" (STJ, AgInt no RMS 55.990/PR, Rel. Min. Francisco Falcão, Segunda Turma, j. 05.02.2019).

com trânsito em julgado". Idêntica regra consta do art. 5.º, III, da Lei n.º 12.016/2009. Cuida-se de providência necessária para o resguardo da segurança jurídica. Sendo o caso, deverá o interessado ajuizar a competente ação rescisória ou anulatória.

Assevere-se, por fim, que a jurisprudência[101] vem admitindo a concessão da segurança nos casos de impetração por terceiro prejudicado que não foi parte na demanda, aliás, consoante entendimento assente na Súmula n.º 202 do Superior Tribunal de Justiça, a saber: "A impetração de Mandado de Segurança por terceiro, contra ato judicial, não se condiciona à interposição de recurso".

Cumpre salientar que os atos *interna corporis* do Poder Legislativo, que serão mais bem abordados no próximo item, não se sujeitam ao questionamento judicial mediante a ação de Mandado de Segurança, exceto pela existência de alguma violação a normas constitucionais, ou a disposições regimentais[102].

4.2.3. Atos legislativos e lei em tese

O *writ* contra atos estritos do Poder Legislativo encontra restrição imposta pela Súmula n.º 266[103] do Supremo Tribunal Federal, sobre ser juridicamente impossível a concessão da segurança contra lei em tese, pela óbvia razão de que o simples texto legal, como norma abstrata de conduta, não lesa diretamente qualquer direito individual. Não por outra razão, o STJ entende ser incabível o mandado de segurança contra exação prevista em lei, sem, contudo, a demonstração do particular de qualquer ameaça a direito seu de não a adimplir.

A aplicação da Súmula n.º 266 do STF possui dois requisitos: *i)* primeiro, que seja ato normativo geral e abstrato[104]; *ii)* segundo, que a impugnação a esse ato normativo seja

---

[101] "Processual civil. Mandado de segurança. Decisão judicial. Terceiro interessado. Interposição de recurso. *Writ*. Descabimento. 1. A impetração de mandado de segurança contra decisão judicial somente é admitida nos casos de manifesta ilegalidade ou abuso de poder. Precedentes. 2. De acordo com a Súmula 202 desta Corte, 'a impetração de segurança por terceiro, contra ato judicial, não se condiciona à interposição de recurso'. 3. A incidência desse verbete contempla 'tão somente aquele que não teve condições de tomar ciência da decisão que lhe prejudicou, ficando impossibilitado de se utilizar do recurso cabível' (RMS 42.593/RJ, Rel. Ministro João Otávio de Noronha, Terceira Turma, julgado em 08/10/2013, DJe 11/10/2013), pois a condição de terceiro pressupõe o desconhecimento e ausência de manifestação no processo (RMS 34.055/SP, Rel. Ministro Mauro Campbell Marques, Segunda Turma, julgado em 24/05/2011, DJe 31/05/2011). 4. Hipótese em que o impetrante teve ciência da decisão proferida em sede de medida cautelar que lhe foi desfavorável, inclusive interpondo agravo regimental, conforme consignado no acórdão recorrido, inviabilizando a impetração do writ. 5. Recurso ordinário desprovido" (RMS 51.532/CE, Rel. Min. Napoleão Nunes Maia Filho, Rel. p/ acórdão Min. Gurgel de Faria, 1.ª Turma, j. 04.08.2020, DJe 19.08.2020).

[102] STF, MS n.º 25.588-AgR-DF, Rel. Min. Menezes Direito, Tribunal Pleno, j. 02.04.2009, DJe-084, disponível em <www.stf.jus.br>.

[103] **Súmula n.º 266 do STF**: "Não cabe Mandado de Segurança contra lei em tese".

[104] "Ato normativo geral e abstrato que não pode ser apreciado pela via do mandado de segurança. Súmula 266 do Supremo Tribunal Federal" (STF, MS 26600, Rel. Min. Cármen Lúcia, Tribunal Pleno, j. 19.11.2007).

a questão principal do Mandado de Segurança[105], porquanto é plenamente admissível que no rito do *mandamus* ocorra a declaração incidental de inconstitucionalidade da norma[106].

A regra torna imperioso distinguir entre as leis de efeitos concretos, ou autoexecutáveis, das demais leis de conteúdo genérico. As primeiras, como é de curial sabença, refletem ato de natureza administrativa revestido da forma de lei, motivando o entendimento majoritário de que são passíveis de impugnação pela via mandamental, posto revelarem real potencial lesivo.[107]

O critério distintivo da Súmula n.º 266 do STF reside justamente no potencial lesivo do ato normativo – lei ou decreto – que se pretende atacar. Assim, se o ato for apto a produzir efeitos diretos e imediatos em relação ao impetrante, como atos de natureza proibitiva, caberá a impetração do *mandamus*. Então, ainda que se trate de lei em tese, caso haja fundado receio de norma administrativa futura decorrente dessa lei e lesiva à esfera jurídica do impetrante, será cabível o Mandado de Segurança[108].

A questão revela repercussão em sede de Mandado de Segurança preventivo no campo tributário – reforçado pelo art. 5.º, XXXV, da CF/1988, que garante o controle da via jurisdicional inclusive nos casos de ameaça de lesão – notadamente em relação ao ato de constituição do crédito tributário (lançamento), uma vez que, sendo ato vinculado para a autoridade tributária, nos termos do parágrafo único do art. 142 do Código Tributário Nacional,[109] o impetrante tem o justo receio jurídico da potencial lesão ao seu direito,

---

[105] "No pertinente a impetração de ação mandamental contra lei em tese, a jurisprudência desta Corte Superior embora reconheça a possibilidade de mandado de segurança invocar a inconstitucionalidade da norma como fundamento para o pedido, não admite que a declaração de inconstitucionalidade, constitua, ela própria, pedido autônomo, tal como aqui formulado na inicial" (STJ, REsp 1119872/RJ, (recurso repetitivo) Rel. Min. Benedito Gonçalves, Primeira Seção, j. 13.10.2010).

[106] STF, MS 23262, Rel. Min. DIAS TOFFOLI, Tribunal Pleno, j. 23.04.2014. Ver também: "O art. 97 da Constituição aplica-se no exame incidental de inconstitucionalidade provocado em mandado de segurança" (STF, AI 601723 AgR, Rel. Min. Joaquim Barbosa, Segunda Turma, j. 26.06.2012).

[107] Corroborando o acima exposto, observe-se o seguinte julgado do Supremo Tribunal Federal: "Se o ato normativo consubstancia ato administrativo, assim de efeitos concretos, cabe contra ele o Mandado de Segurança. Todavia, se o ato – lei, medida provisória, regulamento – tem efeito normativo, genérico, por isso mesmo sem operatividade imediata, necessitando, para a sua individualização, da expedição de ato administrativo, então contra ele não cabe Mandado de Segurança, já que admiti-lo implicaria admitir a segurança contra lei em tese: Súmula n.º 266 do STF. II – Segurança não conhecida" (STF, RMS n.º 24.266, disponível em <www.stf.jus.br>).

[108] "O caso concreto, não deve ser aplicada a Súmula 266/STF, pois é possível a impetração preventiva contra uma regra administrativa futura, derivada da direta aplicação de lei, mesmo que o debate exija a apreciação da sua regularidade à luz de normas constitucionais como o princípio da isonomia. Precedente: MS 23.262/DF, Relator Min. Dias Toffoli, Tribunal Pleno, Acórdão eletrônico publicado no *DJe*-213 em 30.10.2014" (STJ, MS 22394/DF, Rel. Min. Humberto Martins, Primeira Seção, j. 09.11.2016).

[109] **Art. 142.** Compete privativamente à autoridade administrativa constituir o crédito tributário pelo lançamento, assim entendido o procedimento administrativo tendente a verificar a ocorrência do fato gerador da obrigação correspondente, determinar a matéria tributável, calcular o montante do tributo devido, identificar o sujeito passivo e, sendo caso, propor a aplicação da penalidade cabível.

razão pela qual, majoritariamente, admite-se a impetração da segurança,[110] desde que presentes os demais pressupostos da ação.

Por outro lado, o Superior Tribunal de Justiça já considerou incabível Mandado de Segurança no qual se questionava previsão legal de limitação etária em concurso público, entendendo tratar-se de lei em tese[111]. Também já se considerou que atos administrativos normativos, como Portarias de Ministérios e Instruções Normativas de Secretarias[112], podem ser leis em tese para fins da Súmula n.º 266 do STF[113].

Diverso é o tratamento dos *atos administrativos* praticados pelo Poder Legislativo, os quais são, em tese, passíveis de impugnação via mandamental. No mesmo diapasão, cabe *writ* em face das deliberações legislativas, consideradas estas as decisões do Plenário ou da Mesa, ofensivas ao direito individual dos membros da Corporação, das Comissões, ou da própria Mesa, no uso de suas atribuições e prerrogativas institucionais, por ofensa ao denominado "devido processo legislativo"[114], desde que não se refiram a atos

---

Parágrafo único. A atividade administrativa de lançamento é vinculada e obrigatória, sob pena de responsabilidade funcional.

[110] Coadunando com esse entendimento, o Recurso Especial n.º 80.578-SP do Superior Tribunal de Justiça: "Processual civil – Mandado de segurança preventivo – Processo extinto – Receio de imposição fiscal diante de situação de fato ensejadora de exigência administrativa acoimada de ilegal – Lei Estadual n.º 6.374/1989 – Decreto n.º 30.356/1989 – Súmula n.º 266 do STF. 1. Desde logo incidindo os efeitos da Lei, esmaece a inflexão da chamada 'lei em tese' (Súmula n.º 266 do STF), porque nasce a possibilidade de sua imediata aplicação pela autoridade administrativa, que não pode, no exercício das suas atividades, ignorá-la ou descumpri-la, sob pena de responsabilidade funcional. 2. Em matéria tributária, o justo receio do contribuinte reside na atividade de lançamento, imposição de penalidade e cobrança, vinculados e obrigatórios a consequente legislação de regência, diante de um fato tributável. Daí a viabilidade do Mandado de Segurança preventivo, na alcatifa de direito subjetivo de ação pelo surgimento de situação ensejadora do ato considerado ilegal. 3. Recurso improvido" (STJ, REsp. n.º 80.578-SP, disponível em <www.stj.jus.br>).

[111] STJ, RMS 60.011/AP, Rel. Min. Mauro Campbell Marques, Segunda Turma, j. 19.03.2019.

[112] "É preciso destacar que a impetração do presente *mandamus* tem como foco a Instrução Normativa n.º 2/2012 da Secretaria de Estado de Gestão e Planejamento do Estado de Goiás. A via mandamental, por excelência, pressupõe a realização de ato que viole direito líquido e certo do impetrante. Porém, conforme se verifica na hipótese dos autos, a impetração se volta contra norma genérica e abstrata (instrução normativa). Incide, portanto, o óbice da Súmula n.º 266/STF: não cabe mandado de segurança contra lei em tese" (STJ, AgInt no RMS 52.679/GO, Rel. Min. Francisco Falcão, Segunda Turma, j. 04.12.2018).

[113] "A insurgência contra a Portaria n.º 1.287/2017 configura demanda contra lei em tese, constituindo óbice ao ajuizamento de mandado de segurança nos termos do Enunciado n.º 266 da Súmula do STF" (STJ, AgInt no MS 24.377/DF, Rel. Min. Francisco Falcão, Primeira Seção, j. 13.03.2019). "Conforme enunciado da Súmula 266 do STF, 'não cabe mandado de segurança contra lei em tese'. 2. No caso presente, o impetrante insurge-se contra a Portaria MJC n.º 718/2017, norma de feição abstrata, que proibiu indiscriminadamente as visitas íntimas a todos os custodiados no Sistema Penitenciário Federal, evidenciando a inadequação da via eleita" (STJ, AgInt no MS 23.739/DF, Rel. Min. Gurgel de Faria, Primeira Seção, j. 13.03.2019).

[114] "Não se admite, no sistema brasileiro, o controle jurisdicional de constitucionalidade material de projetos de lei (controle preventivo de normas em curso de formação). O que a jurisprudência do STF tem admitido, como exceção, é "a legitimidade do parlamentar – e somente do parlamentar – para impetrar mandado de segurança com a finalidade de coibir atos praticados no processo

interna corporis destes órgãos colegiados.[115] Estes últimos caracterizam-se por serem atos que se relacionam diretamente com a autonomia interna da corporação legislativa,[116] não ensejando a impugnação via Mandado de Segurança,[117] por isso que, do contrário, implicaria a violação da cláusula constitucional que garante a independência entre os Poderes. Outrossim, deliberações legislativas são as decisões do Plenário ou da Mesa ofensivas de direito individual ou coletivo de terceiros, dos membros da Corporação, das Comissões, ou da própria mesa, no uso de suas atribuições e prerrogativas inconstitucionais. As Câmaras Legislativas não estão dispensadas da observância da Constituição, da lei em geral, e do Regimento Interno em especial, ensejando qualquer transgressão a utilização do *writ*.

O STF não tem admitido Mandado de Segurança contra atos do Presidente das Casas Legislativas, com base no regimento interno destas na condução do processo de elaboração das leis[118]. A nosso ver, essa orientação não se coaduna com a ordem

---

de aprovação de lei ou emenda constitucional incompatíveis com disposições constitucionais que disciplinam o processo legislativo" (MS 24.667, Pleno, Min. Carlos Velloso, *DJ* de 23.04.04). Nessas excepcionais situações, em que o vício de inconstitucionalidade está diretamente relacionado a aspectos formais e procedimentais da atuação legislativa, a impetração de segurança é admissível, segundo a jurisprudência do STF, porque visa a corrigir vício já efetivamente concretizado no próprio curso do processo de formação da norma, antes mesmo e independentemente de sua final aprovação ou não" (STF, MS 32033, Rel. Min. Gilmar Mendes, Rel. p/ Acórdão Min. Teori Zavascki, Tribunal Pleno, j. 20.06.2013).

[115] Nas palavras de Hely Lopes Meirelles, "atos *interna corporis* do Legislativo são aquelas deliberações do Plenário, das Comissões ou da Mesa que entendem direta e exclusivamente com as atribuições e prerrogativas da Corporação" (*Mandado de segurança*. Ob. cit., p. 35).

[116] "Não se revela admissível mandado de segurança, sob pena de ofensa ao postulado nuclear da separação de poderes (CF, art. 2.º), quando impetrado com o objetivo de questionar divergências 'interna corporis' e de suscitar discussões de natureza regimental: apreciação vedada ao Poder Judiciário, por tratar-se de temas que devem ser resolvidos na esfera de atuação do próprio Congresso Nacional (ou das Casas que o integram). – A submissão das questões de índole regimental ao poder de supervisão jurisdicional dos Tribunais implicaria, em última análise, caso admitida, a inaceitável nulificação do próprio Poder Legislativo, especialmente em matérias em que não se verifica evidência de que o comportamento impugnado tenha efetivamente vulnerado o texto da Constituição da República" (STF, MS 33705 AgR, Rel. Min. Celso de Mello, Tribunal Pleno, j. 03.03.2016).

[117] STJ, RMS n.º 18.959-SE, disponível em <www.stj.jus.br>: "1. Mostra-se válido o requerimento de membro de Assembleia Legislativa para que a Mesa diretora da Casa provoque a instauração de processo de cassação de mandato de deputado estadual, sendo esse o procedimento previsto pela Constituição Estadual. 2. Além de ato político, a cassação de mandato parlamentar é *interna corporis*, cuja apreciação é reservada exclusivamente ao Plenário da Câmara, não podendo o Judiciário substituir a deliberação da Casa por um pronunciamento judicial sobre assunto que seja da exclusiva competência discricionária do Poder Legislativo. 3. Recurso não provido".

[118] STF, MS 24.138, Rel. Min. Gilmar Mendes, Tribunal Pleno, j. 28.11.2002, *DJ* 14.03.2003; MS 22.864 MC-QO, Rel. Min. Sydney Sanches, Tribunal Pleno, j. 04.06.1997, *DJ* 16.11.2001; MS 22.503, Rel. Min. Marco Aurélio, Rel. p/ acórdão Min. Maurício Corrêa, Tribunal Pleno, j. 08.05.1996, *DJ* 06.06.1997; MS 21.754 AgR, Rel. Min. Marco Aurélio, Rel. p/ acórdão Min. Francisco Rezek, Tribunal Pleno, j. 07.10.1993, *DJ* 21.02.1997; MS 21.374, Rel. Min. Moreira Alves, Tribunal Pleno, j. 13.08.1992, *DJ* 02.10.1992.

constitucional em vigor, pois há normas regimentais que consagram postulados diretamente extraíveis da Carta Magna e não podem ser imunes à apreciação judicial. A esse respeito, transcrevo trecho de decisão de nossa lavra, *verbis*:

> Considerada a análise conglobante entre as normas constitucionais e as contidas no Regimento Interno das Casas Legislativas, é de se ressaltar a impropriedade da visão que qualifica as discussões sobre transgressões a normas regimentais como questões *interna corporis*, imunes ao controle judicial. Subjacente a tal orientação encontra-se um resquício da concepção ortodoxa do princípio da separação de poderes, que, de certa forma, ainda visualiza a existência de domínios infensos à intervenção judicial, reservados que seriam à instituição parlamentar, responsável pela solução final de toda e qualquer matéria emergente no seu interior. Tal concepção, todavia, não é a mais adequada. Em um Estado Democrático de Direito, como o é a República Federativa do Brasil (CF, art. 1.º, *caput*), é paradoxal conceber a existência de campos que estejam blindados contra a revisão jurisdicional, adstritos tão somente à alçada exclusiva do respectivo Poder. Insulamento de tal monta é capaz de comprometer a própria higidez do processo legislativo e, no limite, o adequado funcionamento das instituições democráticas. Daí por que se impõe revisitar esta atávica jurisprudência do Tribunal. Há pelo menos quatro razões substantivas para não se transigir com este entendimento ortodoxo e, consequentemente, encampar um elastério no controle jurisdicional nas questões jurídicas porventura existentes nas vísceras de cada Poder. Em primeiro lugar, as disposições regimentais consubstanciam, em tese, autênticas normas jurídicas e, como tais, são dotadas de imperatividade e de caráter vinculante. Sua violação, ademais, habilita a pronta e imediata resposta do ordenamento jurídico. Nesse cenário, é inconcebível a existência de normas cujo cumprimento não se possa exigir coercitivamente. Não há aqui outra alternativa: (i) ou bem as normas regimentais são verdadeiramente normas e, portanto, viabilizam sua judicialização, (ii) ou, a rigor, não se tratam de normas jurídicas, mas simples recomendações, de adesão facultativa pelos seus destinatários. Este último não parece ser o caso. Em segundo lugar, conforme assentado supra, o papel das normas constitucionais é puramente estabelecer balizas genéricas para a atuação do legislador, sem descer às minúcias dos diferentes assuntos nela versados. E isso é verdadeiro também para o processo legislativo constitucional. Seus detalhes ficam a cargo do próprio corpo legislativo quando da elaboração dos Regimentos Internos. A fixação de tal regramento denota autolimitação voluntária por parte dos próprios legisladores, enquanto produção normativa endógena, que traduz um pré-compromisso com a disciplina interna de suas atividades. Disso decorre que, se, por um lado, há um prévio espaço de conformação na elaboração da disciplina interna das Casas Legislativas, por outro lado, não menos certa é a assertiva segundo a qual, uma vez fixadas as disposições regimentais, tem-se o dever de estrita e rigorosa vinculação dos representantes do povo a tais normas que disciplinam o cotidiano da atividade legiferante. Quer dizer, o seu (des)cumprimento escapa à discricionariedade do legislador. Em terceiro lugar, como corolário do pré-compromisso firmado, as normas atinentes ao processo legislativo se apresentam como regras impessoais que conferem previsibilidade e segurança às minorias parlamentares, as quais podem, assim, conhecer e participar do processo interno de deliberação. Justamente porque fixadas *ex ante*, as prescrições regimentais impedem que as maiorias eventuais atropelem, a cada

instante, os grupos minoritários. As normas de funcionamento interno das casas legislativas assumem aí colorido novo, ao consubstanciarem elemento indispensável para a institucionalização e racionalização do poder, promovendo o tão necessário equilíbrio entre maioria e minoria. Similar advertência foi feita pelo i. Ministro Marco Aurélio, que em lapidar lição assentou que o desrespeito às regras regimentais "não se faz ao abrigo de imutabilidade jurisdicional, sob pena de reinar no seio das Casas Legislativas a babel, passando a maioria a ditar, para cada caso concreto, o que deve ser observado. As normas instrumentais, tenham ou não idoneidade constitucional, conferem a certeza quanto aos meios a serem utilizados e exsurgem como garantia maior à participação parlamentar" (STF, MS n.º 22.503/DF, rel. Min. Marco Aurélio, DJ de 06.06.1997). Em quarto lugar, há um argumento de cidadania para admitir a sindicabilidade judicial nas hipóteses de estrito descumprimento das disposições regimentais. Trata-se de zelar pelo cumprimento das regras do jogo democrático, de modo a assegurar o pluralismo necessário e exigido constitucionalmente no processo de elaboração das leis[119].

Importante ressaltar que a discricionariedade ou soberania dos corpos legislativos só se apresenta na escolha do conteúdo da lei, nas opções da votação e nas questões *interna corporis* de sua organização representativa. Nesses atos, resoluções ou decretos legislativos, somente caberá a segurança quando ofensivos de direito individual do impetrante.

4.2.4. Mandado de Segurança e o devido processo legislativo

O Supremo Tribunal Federal, ainda sob a égide da Constituição de 1967/1969, no MS n.º 20.257.120, entendeu admissível a impetração de Mandado de Segurança contra ato da Mesa da Câmara ou do Senado Federal, asseverando-se que, quando "A vedação constitucional se dirige ao próprio processamento da lei ou da emenda (...), a inconstitucionalidade já existe antes de o projeto ou de a proposta se transformarem em lei ou em emenda constitucional, porque o próprio processamento já desrespeita, frontalmente, a Constituição".

Conforme ressaltado no capítulo anterior, a jurisprudência hodierna da Suprema Corte resta pacificada no sentido de que "o parlamentar tem legitimidade ativa para impetrar Mandado de Segurança com a finalidade de coibir atos praticados no processo de aprovação de leis e emendas constitucionais que não se compatibilizam com o processo legislativo constitucional".[120]

---

[119] STF, MS 34530 MC, Rel. Min. Luiz Fux, decisão monocrática, j. 14.12.2016.

[120] STF, Tribunal Pleno, MS n.º 24.642-DF, disponível em <www.stf.jus.br>: "Ementa: Constitucional. Processo legislativo: controle judicial. Mandado de segurança. I – *O parlamentar tem legitimidade ativa para impetrar Mandado de Segurança com a finalidade de coibir atos praticados no processo de aprovação de leis e emendas constitucionais que não se compatibilizam com o processo legislativo constitucional. Legitimidade ativa do parlamentar, apenas.* II – Precedentes do STF: MS n.º 20.257-DF, Min. Moreira Alves (*leading case*), *RTJ* 99/1031; MS n.º 21.642-DF, Min. Celso de Mello, *RDA* 191/200; MS n.º 21.303-AgR-DF, Min. Octavio Gallotti, *RTJ* 139/783; MS n.º 24.356-DF, Min. Carlos Velloso, *DJ* 12.09.2003" (grifos nossos).

O *writ in casu* visa garantir ao parlamentar participar de regular processo legislativo, percebendo-se, sob esse ângulo, o seu direito líquido e certo. Por isso que a validade do processo legislativo torna cabível o Mandado de Segurança para resguardar a regularidade jurídico-constitucional do processo político de deliberação e aprovação de leis.

4.2.5. Lei inconstitucional

O sistema constitucional brasileiro não admite ação de particular tendo por objetivo nulificar a norma jurídica. Isso não significa que na *praxis* o ataque indireto, ou seja, a pretensão de não aplicação da lei ao caso concreto submetido a juízo sob o pálio da inconstitucionalidade, não ocorra. Como visto, em qualquer demanda pode haver controle difuso.

Destarte, uma vez publicada a lei, a sua potencial concretização pode gerar ameaça de lesão, por isso que todo aquele que detiver um direito ameaçado pela concreção da Lei poderá ingressar em juízo, através de Mandado de Segurança preventivo, no afã de impedir que se consume a lesão de seu direito. A sentença de acolhimento da demanda deverá, nas suas conclusões, atacar os reflexos da lei no caso concreto, e não a lei em si, na medida em que a inconstitucionalidade não é alvo do libelo, mas premissa do pleito. Consequência dessas afirmações é que, nesses casos, a autoridade a ser apontada como coatora não poderá ser a que elaborou a lei, mas, antes, a que a executará,[121] carreando severa ameaça para o impetrante.[122]

---

[121] "1. Não cabe Mandado de Segurança contra a Resolução n.º 9/2008 do Ministério da Educação, que se dirige genérica e indistintamente a todos os candidatos ao processo seletivo do Fundo de Financiamento ao Estudante do Ensino Superior – FIES. 2. *Como já estabelecido pelo STJ, a legitimidade para figurar no polo passivo do* mandamus *é da autoridade que detém atribuição para adoção das providências que executem o ato combatido pela segurança, e não do responsável pela edição da norma geral e abstrata. Aplicação, por analogia, da Súmula n.º 266 do STF*. 3. Mandado de Segurança extinto, sem apreciação do pedido de mérito, facultando-se às impetrantes a discussão da matéria nas vias ordinárias" (grifos nossos) (STJ, MS n.º 13.999-DF, disponível em <www.stj.jus.br>).

[122] "(...) conforme preceitua a Súmula n.º 266 do STF: "Não cabe Mandado de Segurança contra lei em tese". 2. É certo que há entendimento firmado nesta Corte de Justiça, afastando a incidência da mencionada súmula, por entender *ser devida a impetração de Mandado de Segurança quando a lei questionada possuir efeitos concretos em relação ao impetrante*. Destarte, há a possibilidade de se alegar inconstitucionalidade de norma em sede de Mandado de Segurança para fundamentar o pedido; o que não é aceitável, entretanto, é que tal alegação configure pedido autônomo. 3. A hipótese dos autos não se enquadra nessa exceção, mormente porque o Decreto n.º 43.923/2004 do Estado de Minas Gerais não atingiu diretamente a esfera de direitos da empresa impetrante, na medida em que, por não realizar operações internas, mas interestaduais, a referida norma não lhe impôs a obrigação de recolhimento antecipado de ICMS, o que impossibilita a produção direta de efeitos concretos contra ela. Infere-se, portanto, que *o pedido veiculado pela empresa, na via do Mandado de Segurança, refere-se ao afastamento da exigência de antecipação tributária relativamente a outros contribuintes e não a si própria, o que enseja concluir que o pleito de declaração da inconstitucionalidade e ilegalidade dos arts. 424 a 428 do Decreto Estadual 43.923/2004 não produzirá efeitos concretos em relação à impetrante. Assim, não há como afastar a incidência da Súmula 266/ STF* (STJ, RMS n.º 23.466-MG, disponível em <www.stj.jus.br>). Grifos nossos.

4.3. DIREITO LÍQUIDO E CERTO E ILEGALIDADE OU ABUSO DE PODER

A Constituição de 1946 suprimiu a referência à "manifesta ilegalidade do ato" como também alterou a expressão "direito certo e incontestável", substituindo a expressão por *"direito líquido e certo".*

A substituição do adjetivo *"incontestável"* pelo termo *"líquido"* evidencia a presente influência da linguagem jurisprudencial da teoria brasileira do *habeas corpus* no campo teórico do instituto do Mandado de Segurança. Destarte, a atual expressão tem a vantagem de não encerrar a vagueza da conceituação, como ocorria com a expressão substituída. O sentido de "liquidez" no Mandado de Segurança nada tem que ver com a significação precisa que lhe emprestou o Código Civil, em matéria de obrigações tanto mais que o *writ* não pode ser sucedâneo de ação de cobrança. "Líquido", no texto, significa a necessidade de definição e delimitação do direito alegado a partir de prova pré-constituída[123].

O direito líquido e certo no Mandado de Segurança diz respeito à *desnecessidade de dilação probatória para elucidação dos fatos em que se fundamenta o pedido*. Trata-se de pressuposto processual objetivo (adequação do procedimento), que não subtrai do autor o direito à jurisdição sobre o litígio, mas apenas invalida a sua tutela através da via do Mandado de Segurança.

Podemos sintetizar o requisito de cabimento do *writ* com as palavras de Hely Lopes Meirelles: "Direito líquido e certo é aquele que se apresenta manifesto na sua existência, delimitado na sua extensão e apto a ser exercitado no momento da impetração. Por outras palavras, o direito invocado, para ser amparado por mandado de segurança, há de vir expresso em norma legal e trazer em si todos os requisitos e condições de sua explicação ao impetrante: se seu exercício depender de situações e fatos ainda indeterminados, não rende ensejo, embora possa ser defendido por outros meios judiciais"[124].

Sob o mesmo enfoque, colhe-se:

> Direito líquido e certo é o que resulta de fato certo, ou seja, é aquele capaz de ser comprovado, de plano, por documentação inequívoca. Note-se que o direito é sempre líquido e certo. A caracterização de imprecisão e incerteza recai sobre os fatos, que necessitam de comprovação. Importante notar que está englobado na conceituação de direito líquido e certo o fato que para tornar-se incontroverso necessite somente de adequada interpretação do direito, não havendo possibilidade de o juiz denegá-lo, sob o pretexto de tratar-se de questão de grande complexidade jurídica.[125]

---

[123] "Em virtude do seu perfil de remédio constitucional de eficácia prontíssima contra ilegalidades e abusos, o Mandado de Segurança não comporta instrução ou dilação probatória, por isso a demonstração objetiva e segura do ato vulnerador ou ameaçador de direito subjetivo há de vir prévia e documentalmente apensada ao pedido inicial, sem o que a postulação não poderá ser atendida na via expressa do *writ of mandamus*" (STJ, MS 20.529/DF, Rel. Min. Napoleão Nunes Maia Filho, Primeira Seção, j. 13.12.2017).

[124] MEIRELLES, Hely Lopes. *Mandado de Segurança*. 16. ed. p. 28. Ver também: STJ, RMS 12.797/RJ, Rel. Min. Jorge Scartezzini, Quinta Turma, *DJ* 08.04.2002.

[125] MORAES, Alexandre de. *Direito constitucional*. Ob. cit., p. 142.

O direito líquido e certo é, pois, requisito lindeiro ao âmbito probatório, posto referir-se à comprovação dos fatos e não ao direito objetivo em si, deslocando-se para o campo eminentemente processual.

É, então, titular do direito líquido e certo aquele que demonstrar, desde o ajuizamento da ação, a evidência do seu direito, mediante prova pré-constituída, em regra, consubstanciada em prova documental ou prova documentada, como uma justificação ou uma produção antecipada de provas[126].

---

[126] Cumpre trazer à baila recente acórdão do STJ envolvendo a discussão quanto à existência de direito líquido e certo no âmbito das cotas em concursos públicos:
"Administrativo e processual civil. Recurso ordinário em mandado de segurança. Concurso público. Cotas. Candidato autodeclarado pardo. Posterior recusa dessa condição pela Comissão Especial. Caso concreto. Inadequação da via mandamental para se questionar a pretendida condição de afrodescendente do impetrante. Alegação de impedimento entre membros da Comissão Especial. Vínculo conjugal entre dois deles. Prova pré-constituída extraída de redes sociais. Força probatória insuficiente. Extinção do feito sem resolução de mérito. 1. A ampla devolutividade do recurso ordinário em mandado de segurança, assemelhado à apelação, autoriza a que o tribunal revisor efetue amplo escrutínio da causa a ele devolvida, como bem se extrai da combinada exegese dos arts. 1.028 e 1.013 do Código de Processo Civil.2. Caso concreto em que o impetrante disputou uma das vagas para provimento de cargos de Analista Judiciário do quadro efetivo do Tribunal de Justiça de Mato Grosso do Sul, concorrendo às cotas reservadas às pessoas pretas/pardas. Ocorreu que, embora autodeclarado pardo, essa condição não foi confirmada pela banca examinadora, mesmo após apreciação do recurso administrativo, instruído com fotografias e laudos emitidos por médicos dermatologistas. Daí a irresignação que o motivou a impetrar o presente mandamus, no qual busca a concessão da ordem para que seja reconhecido como candidato de cor parda. 3. Como ensinado por Celso Agrícola Barbi, 'o conceito de direito líquido e certo é tipicamente processual, pois atende ao modo de ser de um direito subjetivo no processo: a circunstância de um determinado direito subjetivo realmente existir não lhe dá a caracterização de liquidez e certeza; esta só lhe é atribuída se os fatos em que se fundar puderem ser provados de forma incontestável, certa, no processo. E isto normalmente só se dá quando a prova for documental, pois esta é adequada a uma demonstração imediata e segura dos fatos' (Do mandado de segurança. 11. ed. Rio de Janeiro: Forense, 2008, p. 56-57). 4. Nessa toada, ainda que o impetrante afirme ser titular de uma posição jurídica alegadamente violada por autoridade pública, a opção pela via corretiva mandamental somente se mostrará procedimentalmente adequada se os fatos que alicerçarem tal direito puderem ser comprovados de plano e de forma incontestável, mediante a apresentação de prova documental trazida já com a petição inicial. 5. O parecer emitido pela Comissão examinadora, quanto ao fenótipo do candidato, ostenta, em princípio, natureza de declaração oficial, por isso dotada de fé pública, razão pela qual não pode ser infirmada senão mediante qualificada e robusta contraprova. Na espécie, os elementos probatórios trazidos com a exordial não se revelam aptos a desautorizar, de plano, a desfavorável conclusão a que chegaram os três componentes da Comissão, no que averbaram a condição não parda do candidato autor. Outrossim, a dilação probatória é providência sabidamente incompatível com a angusta via do mandado de segurança, o que inibe a pretensão autoral de desconstituir, dentro do próprio writ, a conclusão a que chegaram os avaliadores. 6. Se alguma margem de subjetividade deve mesmo ser tolerada, ante a falta de critérios objetivos seguros, exsurge, então, mais uma forte razão a sinalizar em desfavor do emprego do especialíssimo rito mandamental para se discutir e definir, no caso concreto, o direito do recorrente em se ver enquadrado como pardo, para o fim de concorrer em vagas nesse segmento reservadas. 7. As provas apresentadas pelo impetrante, acerca do aventado relacionamento entre dois dos integrantes da comissão, foram extraídas,

O sincretismo do rito especial do *mandamus*, mercê de inadmitir dilação probatória, concebe no seu organismo a concessão de prazo para o oferecimento das informações do impetrado e a subsequente manifestação do Ministério Público, *ex vi* dos arts. 7.º, I e II, e 12 da Lei n.º 12.016/2009.

A liquidez e a certeza, consoante a concepção ora lavrada, não erigem óbice à investigação jurídica da *quaestio iuris* envolta no *mandamus*, exigindo-se tão somente que os fatos sejam comprovados de plano. Isso significa dizer que a complexidade da interpretação das normas atinentes ao direito invocado não apresenta óbice ao cabimento da ação, tratando-se inclusive de entendimento sumulado – Súmula n.º 625[127] – pelo Supremo Tribunal Federal.

A expressão "abuso de poder", na doutrina do direito público, encerra duas hipóteses: a) excesso de poder (vício de competência); ou b) desvio de poder (vício de finalidade) na realização do ato capaz de ameaçar ou lesar direito subjetivo do impetrante.

Tema instigante reside especialmente em relação aos atos discricionários, assentando-se que a simples discricionariedade do ato administrativo não impede o seu controle pelo Poder Judiciário, notadamente quanto à averiguação da sua conformidade com a legalidade constitucional ou infraconstitucional à luz do princípio da inafastabilidade do controle jurisdicional previsto no art. 5.º, XXXV, da CF/1988. Assim, *v.g.*, a discricionariedade irrazoável afronta o princípio da legalidade.

A atual Lei estabelecia, em seu art. 7.º, § 2.º[128], a impossibilidade de concessão de liminar nos casos de reclassificação ou equiparação de servidores públicos, assim como nos casos de concessão de aumento ou a extensão de vantagens ou pagamentos de qualquer natureza. Por este dispositivo, ficava vedada a concessão de liminares que tenham por

---

segundo informado pelo próprio candidato, de 'redes sociais', razão pela qual, só por si e de per si, não induzem à necessária certeza e incontestabilidade acerca da situação jurídica que delas se deseja extrair (a saber, o estado de conjugalidade entre os apontados componentes da comissão especial), carecendo o fato assim anunciado de maior e mais aprofundada investigação – inviável em sítio mandamental –, em ordem a se poder afastar a presunção relativa de legalidade de que se revestem os atos administrativos que, no ponto, vão desde a portaria de designação dos membros da comissão especial até ao seu posterior e unânime pronunciamento pela recusa da autodeclarada condição de pardo do autor recorrente. 8. Também no mandado de segurança, a prova pré-constituída ofertada com a inicial tem por destinatário final o juízo, a quem toca o encargo último de valorar a força de seu conteúdo probante. Por isso que, mesmo quando não impugnada, pela autoridade coatora, a falta de aptidão da prova pré-constituída para conferir veracidade ao fato afirmado pela parte impetrante, ainda assim poderá o juiz, em seu ofício valorativo, recusar-lhe força probante, como no caso presente. 9. Recurso ordinário conhecido para, de ofício, extinguir a ação mandamental, sem resolução do mérito, por inadequação da via eleita" (RMS 58.785/MS, Rel. Min. Sérgio Kukina, 1.ª Turma, j. 23.08.2022, *DJe* 31.08.2022).

[127] "Controvérsia sobre matéria de direito não impede concessão de Mandado de Segurança."
[128] "Art. 7.º Ao despachar a inicial, o juiz ordenará: [...] § 2.º Não será concedida medida liminar que tenha por objeto a compensação de créditos tributários, a entrega de mercadorias e bens provenientes do exterior, a reclassificação ou equiparação de servidores públicos e a concessão de aumento ou a extensão de vantagens ou pagamento de qualquer natureza."

objeto a compensação de créditos tributários e a entrega de mercadorias e bens vindos do exterior, ainda que o direito seja, em princípio, líquido e certo, presunção que a lei conjurou.

No entanto, o Supremo Tribunal Federal, ao julgar a ADI 4.296, em 09.06.2021, declarou a inconstitucionalidade do arts. 7.º, § 2.º, e 22, § 2.º (reconhecendo-se, ainda, a constitucionalidade dos arts. 1.º, § 2.º; 7.º, III; 23 e 25 da mesma lei). Na oportunidade, restou assentado que:

> A cautelaridade do mandado de segurança é ínsita à proteção constitucional ao direito líquido e certo e encontra assento na própria Constituição Federal. Em vista disso, não será possível a edição de lei ou ato normativo que vede a concessão de medida liminar na via mandamental, sob pena de violação à garantia de pleno acesso à jurisdição e à própria defesa do direito líquido e certo protegida pela Constituição. Proibições legais que representam óbices absolutos ao poder geral de cautela[129].

Por fim, saliente-se o teor da Súmula n.º 474 do STF no sentido de não haver direito líquido e certo, amparado pelo mandado de segurança, quando este se basear em lei cujos efeitos tenham sido anulados por outra declarada constitucional pela Corte Constitucional, na medida em que a norma suspensa não tem o condão de continuar a gerar prejuízos[130].

4.3.1. Ato disciplinar

Consoante o seu art. 5.º, inc. III, a antiga Lei n.º 1.533/1951 excluía expressamente do âmbito do Mandado de Segurança a apreciação dos atos de natureza disciplinar, somente admitindo o seu cabimento nas hipóteses de incompetência ou inobservância de formalidade essencial. A restrição legal devia-se à natureza *interna corporis* do ato, tornando-se restrito o controle do Poder Judiciário em prol da independência entre os poderes.

À época em que vigente a lei anterior, sustentava-se a inconstitucionalidade do referido dispositivo, respaldando-se na amplitude constitucional conferida ao Mandado de Segurança, cuja concessão era imperativa para proteger o direito líquido e certo contra qualquer autoridade ofensora.

A Lei n.º 12.016/2009, acertadamente – a nosso ver – não prevê qualquer restrição à impetração do *mandamus* contra ato disciplinar, porquanto o poder sancionatório obedece aos parâmetros da legalidade e da razoabilidade restando, portanto, revogado o inc. III do art. 5.º da antiga Lei n.º 1.533/1951. O ato disciplinar, hodiernamente, deve ser sujeito a

---

[129] STF, ADI 4.296, Rel. Marco Aurélio, Rel. p/ acórdão Alexandre de Moraes, Tribunal Pleno, j. 09.06.2021.

[130] Súmula n.º 474 do STF: "Não há direito líquido e certo, amparado pelo mandado de segurança, quando se escuda em lei cujos efeitos foram anulados por outra, declarada constitucional pelo Supremo Tribunal Federal."

controle, do mesmo modo e nos mesmos moldes de qualquer ato praticado no exercício de competência própria do Poder respectivo[131-132-133].

4.3.2. Ato de dirigente de estabelecimento particular

Questão assaz instigante é a que gravita em torno do cabimento do Mandado de Segurança contra atos praticados por dirigentes de estabelecimentos particulares, sejam eles bancos ou escolas fiscalizados pelo Estado, ou entidades paraestatais que realizam atividades delegadas pelo Poder Público.

Nessas hipóteses, o cabimento do *writ* depende da natureza do ato impugnado; vale dizer: se restou praticado fora da prerrogativa da função pública, em iguais condições com os demais particulares, não enseja o cabimento do *mandamus*.[134] Entretanto, se o ato estiver diretamente relacionado com a delegação da autoridade pública, impõe-se a sua admissão[135], ressalvada sempre a impossibilidade de impugnação pelo *writ* dos atos de gestão comercial.

4.3.3. O Mandado de Segurança e os atos de gestão na Lei n.º 12.016/2009

O Mandado de Segurança, como cediço, é cabível contra atos ilegais ou abusivos praticados por agentes que integram a Administração Pública direta bem como outros entes, públicos ou privados, que igualmente exercem funções públicas.

---

[131] Eduardo Sodré aponta os ecos mais recentes na doutrina e jurisprudência no que concerne à possibilidade da reforma do mérito da decisão administrativo-disciplinar pelo Poder Judiciário, em razão de tal ato ser abusivo e objetivamente teratológico (conforme STJ, AgRg no Ag n.º 212.427-AM, disponível em <www.stj.jus.br>). Diante disso, escreve o doutrinador: "(...) se por um lado, é certo que não pode o Poder Judiciário, em linha de princípio, substituir o administrador em juízos de conveniência e oportunidade, por outro lado, não se pode esquecer que discricionariedade não se confunde com arbitrariedade, bem assim que a nossa Constituição garante o amplo e irrestrito acesso à Justiça" (Mandado de segurança. *Ações constitucionais*. Ob. cit., p. 131).

[132] No mesmo sentido: STF, RE n.º 100.750-PE, disponível em <www.stf.jus.br>.

[133] STJ, REsp n.º 847/RO, Rel. Min. Humberto Gomes de Barros, Primeira Turma, j. 17.06.1992, *DJ* 24.08.1992, disponível em <www.stj.jus.br>.

[134] STF, RE n.º 77.219, Rel. Min. Aldir Passarinho, Segunda Turma, j. 09.08.1983, *DJ* 18.11.1983, disponível em <www.stf.jus.br>.

[135] "1. A competência da justiça federal para processar e julgar mandado de segurança impetrado contra ato de dirigente de instituição particular de ensino consistente no indeferimento de renovação de matrícula de aluno inadimplente é absoluta. 2. É que, tratando-se de *writ*, há, necessariamente, um ato de autoridade, *in casu*, derivado de delegação federal (Precedente: CC 40.512/SC, Rel. Luiz Fux) 3. A apreciação do *writ* impetrado em razão da negativa de renovação de matrícula do impetrante por encontrar-se inadimplente, o que denota ato decorrente do exercício de função federal delegada por parte da instituição de ensino superior, é de competência da Justiça Federal 4. Precedentes: REsp 725.955/SP, Rel. Min. Eliana Calmon, 2.ª Turma, j. 08.05.2007, *DJ* 18.05.2007 p. 317; CC 72.981/MG, Rel. Min. Humberto Martins, 1.ª Seção, j. em 28.03.2007, *DJ* 16.04.2007 p. 156; CC 40512/SC, Rel. Min. Luiz Fux, 1.ª Seção, j. 10.03.2004, *DJ* 05.04.2004 p. 190 REsp 431290/SP, Rel. Min. José Delgado, 1.ª Turma, j. 06.08.2002, *DJ* 23.09.2002 p. 278. 5. Recurso especial desprovido" (REsp 883497/GO, Rel. Min. Luiz Fux, Primeira Turma, j. 04.11.2008, *DJe* 01.12.2008).

Portanto, conforme já assentado no capítulo referente à legitimidade passiva no Mandado de Segurança, atos cometidos por pessoas de direito privado também podem ser objeto de Mandado de Segurança, desde que tenham sido praticados no exercício de função pública. A Súmula n.º 333 do STJ sob esse enfoque sintetiza: "Cabe Mandado de Segurança contra ato praticado em licitação promovida por sociedade de economia mista ou empresa pública".

A Lei n.º 12.016/2009, contudo, inovou quanto à matéria gravitante em torno dos atos de gestão comercial, vedando expressamente o cabimento do Mandado de Segurança nesses casos. É que nos termos do art. 1.º, § 2.º, da Lei: "Não cabe Mandado de Segurança contra os atos de gestão comercial praticados pelos administradores de empresas públicas, de sociedade de economia mista e de concessionárias de serviço público".

O STF já reconheceu a constitucionalidade do supracitado artigo, apontando que "o mandado de segurança é cabível apenas contra atos praticados no desempenho de atribuições do Poder Público, consoante expressamente estabelece o art. 5.º, inciso LXIX, da Constituição Federal", e que "atos de gestão puramente comercial desempenhados por entes públicos na exploração de atividade econômica se destinam à satisfação de seus interesses privados, submetendo-os a regime jurídico próprio das empresas privadas"[136].

Importa, aqui, compreender a definição da expressão "ato de gestão". A doutrina do tema assenta:

> (...) atos de império seriam os praticados pela Administração com todas as prerrogativas e privilégios de autoridade e impostos unilateral e coercitivamente ao particular independentemente de autorização judicial, sendo regidos por um direito especial exorbitante do direito comum, porque os particulares não podem praticar atos semelhantes, a não ser por delegação do Poder Público. Já os atos de gestão são aqueles praticados pela Administração em situação de igualdade com os particulares, para a conservação e desenvolvimento do patrimônio público e para a gestão de seus serviços; como não diferem a posição da Administração e a do particular, aplica-se a ambos o direito comum" (DI PIETRO, Maria Sylvia Zanella. *Direito administrativo*. 22. ed. São Paulo: Atlas, 2009. p. 219-220).

Depreende-se da *ratio* do texto legal que os atos de gestão praticados pela Administração são desprovidos de poder de império imanente ao ato de autoridade no exercício do *ius imperi* em relação aos administrados em geral. Por esta razão, a moderna classificação compreende os atos administrativos regidos pelo direito público e, por outro lado, atos de direito privado da Administração, os regidos pelo direito privado.

Os atos de gestão não se confundem com os denominados atos de expediente; aqueles praticados rotineiramente, sem qualquer apreciação quanto ao mérito administrativo do pleito formulado perante a Administração. Entretanto, se as condutas praticadas no procedimento pela Administração se configurarem como ilegais ou abusivas e aptas a lesar ou ameaçar direito líquido e certo do administrado, estas não serão consideradas

---

[136] ADI 4.296, Rel. Marco Aurélio, Rel. p/ acórdão Alexandre de Moraes, Tribunal Pleno, j. 09.06.2021.

simples atos de gestão, mas atos administrativos, passíveis de impugnação por meio do *writ*. É o que se verifica, por exemplo, diante da recusa injustificada em se admitir uma prova necessária ao deslinde do pedido formulado na esfera administrativa.

A regra legal inspirou-se nos precedentes jurisprudenciais, os quais qualificavam os atos dos administradores de empresas públicas, de sociedade de economia mista e de concessionárias de serviço público como puramente atos de gestão. Referido entendimento parte da premissa equivocada de que a diferença entre atos de império ou de gestão prende-se à natureza da entidade a que está vinculada a autoridade coatora.

Destarte, o Superior Tribunal de Justiça tem assentado em diversos precedentes, consolidados na sua Súmula n.º 333, entendimento sobre a prática de atos diversos dos de gestão por essas autoridades, como ilustrado, *v.g.*, no seguinte precedente:

> 1. É cabível Mandado de Segurança para impugnar ato de comissão de licitação de sociedade de economia mista.
>
> 2. Ao conceito de "autoridade", para fins da impetração, a Corte tem conferido um sentido amplo, abrangendo também os atos praticados pelos dirigentes de sociedade de economia mista, quando sujeitos às normas de Direito Público, o que ocorre com a licitação regida pela Lei n.º 8.666/1993. Precedentes: REsp n.º 533.613-RS, 2.ª Turma, rel. Min. Franciulli Netto, *DJ* 03.11.2003; REsp n.º 299.834-RJ, 1.ª Turma, rel. Min. Humberto Gomes de Barros, *DJ* 25.02.2002; REsp n.º 202.157-PR, 1.ª Turma, rel. Min. Humberto Gomes de Barros, *DJ* 21.02.2000.
>
> 3. "Cumpre, ademais, que a violação do direito aplicável a estes fatos tenha procedido de autoridade pública. Este conceito é amplo. Entende-se por autoridade pública tanto o funcionário público, quanto o servidor público ou o agente público em geral. Vale dizer: quem quer que haja praticado um ato funcionalmente administrativo. Daí que um dirigente de autarquia, de sociedade de economia mista, de empresa pública, de fundação pública, obrigados a atender, quando menos aos princípios da licitação, são autoridades públicas, sujeitos passivos de Mandado de Segurança em relação aos atos de licitação (seja quando esta receber tal nome, seja rotulada concorrência, convocação geral ou designações quejandas, não importando o nome que se dê ao certame destinado à obtenção de bens, obras ou serviços)" (*Licitações*, p. 90) (Celso Antônio Bandeira de Mello, citado pelo e. Min. Demócrito Reinaldo, no julgamento do REsp n.º 100.168-DF, *DJ* 15.05.1998).
>
> 4. Deveras, a Companhia Estadual de Energia Elétrica – CEEE é sociedade de economia mista, motivo pelo qual conspiraria contra a *ratio essendi* do art. 37 da Constituição Federal e da Lei n.º 8.666/1993 considerar que um contrato firmado mediante prévio procedimento licitatório e que é indubitavelmente espécie de ato administrativo consubstanciar-se-ia mero ato de gestão"[137].

A Lei n.º 12.016/2009 adotou a terminologia "ato de gestão comercial" justamente para afastar o cabimento do *writ* contra manifestações que não tivessem índole inerente

---

[137] STJ, Resp n.º 789.749/RS, Rel. Min. Luiz Fux, Primeira Turma, j. 17.05.2007, *DJ* 04.06.2007, p. 310, disponível em <www.stj.jus.br>.

ao Direito Público. Contudo, a lei não define ou esclarece em que consistiriam propriamente tais atos de "gestão comercial". A nosso ver, pode-se cogitar que se tratam dos atos praticados pelas empresas públicas, sociedades de economia mista e concessionárias de serviço público no exercício das suas atividades-meio, salvo o exercício das denominadas funções delegadas do Poder Público. Por exemplo, é ato de gestão comercial a fixação de multa, pela Caixa Econômica Federal, em contrato administrativo[138].

Em outras palavras, para o dispositivo legal ser interpretado adequadamente, é necessário afastar o cabimento da impetração exclusivamente nas hipóteses em que o ente pode atuar tal como um particular, em atividade negocial, submetendo-se exclusivamente ao direito privado. Por outro lado, se o ato de gestão gerar repercussões jurídicas em relação a atos de império, será de rigor o conhecimento do Mandado de Segurança. Assim decidiu o Superior Tribunal de Justiça em caso no qual ato de reenquadramento funcional praticado por Diretor da Empresa Brasileira de Correios e Telégrafos afetou o benefício de aposentadoria do antigo funcionário[139].

Por fim, frise-se que ato de gestão também não se confunde com ato vinculado e, uma vez praticado pelo agente no exercício de função pública, poderá ser atacado por Mandado de Segurança caso se configure ilegal. É que a atuação vinculada da Administração pode revelar ilegalidades, caso, *v.g.*, denegar-se o direito do particular previsto em lei apesar de estarem presentes os requisitos para o seu cumprimento pela Administração, como o direito ao contraditório em procedimento administrativo.

---

[138] "A Caixa Econômica Federal mesmo com natureza jurídica de empresa pública que, integrante da Administração Indireta do Estado, ao fixar multa em contrato administrativo pratica ato de gestão não passível de impugnação via mandado de segurança, mercê de não se caracterizar ato de autoridade" (STJ, REsp 1078342/PR, Rel. Min. Luiz Fux, Primeira Turma, j. 09.02.2010).

[139] "Trata-se de impetração voltada ao valor dos proventos da impetrante, decorrente de reenquadramento realizado pelo Diretor Regional da ECT em Minas Gerais, a despeito da complementação de aposentadoria, cujo pagamento é feito pela UNIÃO. Sendo essa a perspectiva, o Tribunal de origem rejeitou a tese de que o ato coator seria apenas ato de gestão da ECT, configurando-se, como ato de império, impugnável em mandado de segurança, pois o ato de reenquadramento repercute, efetivamente, no benefício de aposentadoria, e, mediatamente, na correspondente complementação de aposentadoria, podendo, dessa forma, ser ele impugnado na via do mandado de segurança, o que, de fato, coaduna-se com o entendimento do Superior Tribunal de Justiça" (STJ, AgInt no REsp 1011912/MG, Rel. Min. Assusete Magalhães, Segunda Turma, j. 27.04.2017).

5
COMPETÊNCIA

5.1. GENERALIDADES

A *competência*, como é cediço, é a medida da jurisdição entre os diversos órgãos encarregados da prestação jurisdicional, segundo os critérios estabelecidos na lei. Isto porque, nas sociedades modernas, não é concebível um "juízo único" em razão da quantidade da população, da extensão territorial e da natureza múltipla dos litígios.

A competência é, portanto, um imperativo da divisão de trabalho[1]. Assim, *v.g.*, a jurisdição é o poder de julgar *in genere*, ao passo que a competência é a aptidão para julgar *in concreto*[2]. *Mutatis mutandis*, poder-se-ia estabelecer um paralelismo entre a legitimidade e a capacidade das partes e a jurisdição e a competência. A capacidade processual é uma aptidão genérica, de sorte que quem é capaz para um processo o é para todos, ao passo que a legitimação deve ser aferida levando-se em consideração uma causa determinada. O mesmo pode-se dizer em relação à competência.

O juiz, que tem o poder de julgar, o mantém para os processos em geral, como decorrência de sua investidura no cargo de magistrado. Entretanto, a competência somente é atribuída para determinada causa à luz dos critérios estabelecidos na lei. Sob esse aspecto, a lei, no sentido mais amplo do termo, é o "estatuto" da competência. O instituto vem regulado, primariamente, na Constituição Federal e, depois, na legislação processual infraconstitucional, na lei local de organização judiciária e no Regimento Interno dos tribunais. Não obstante, algumas leis processuais especiais também dispõem sobre a competência, como a Lei das Desapropriações, a Lei de Falências, a Lei dos Acidentes de Trabalho *etc*.

---

[1] MARQUES, Frederico. *Instituições*. v. I. p. 270.
Davi Lascano já assentara esse princípio, afirmando que a competência representava o golpe de morte na ideia da jurisdição universal (*Jurisdicción y competencia*. 1941. p. 43).

[2] La competenza è la giurisdizione che da astratta si fa concreta; vale a dire la giurisdizione avvisata in rapporto a ciascuna causa. In: MANASSERO, Aristides. *Introduzione allo studio sistematico della competenza funzionale in materia penale*. 1939. p. 43.
Liebman afirmou que: "Quando o poder jurisdicional de abstrato se torna concreto, em face de algum litígio, determinada fica a competência" (*Corso*. Ob. cit., p. 68).

5.2. A COMPETÊNCIA NO MANDADO DE SEGURANÇA

O Mandado de Segurança, como ação civil, tem a sua competência definida pela categoria da autoridade coatora apontada, bem como de sua sede funcional, qualquer que seja a natureza do ato impugnado[3].

O instituto da competência, notadamente quanto ao *writ*, encontra-se basicamente regulado na própria Constituição da República e nas Constituições Estaduais, devendo ser observadas ainda as Leis de Organização Judiciária Federal, dos Estados e do Distrito Federal e os Regimentos Internos dos Tribunais, nessa ordem, respectivamente.

5.3. COMPETÊNCIA ORIGINÁRIA

O regime de competência originária quanto à cognição e julgamento do *mandamus* impõe a regra segundo a qual, sempre que o ato originar-se de mais de uma autoridade coatora de diferentes hierarquias, a definição da competência é fixada considerando-se a autoridade de maior graduação[4].

A competência *in casu* é *ratione autoritatis,* e *a fortiori* depende da qualificação da autoridade; ou *ratione muneris*, isto é, em razão do cargo ou da função da autoridade contra a qual se requer o mandado. Por isso, é desimportante, para fins de determinação da competência, a causa de pedir do Mandado de Segurança, a natureza do ato coator ou mesmo a pessoa do impetrante[5].

---

[3] Conflito negativo de competência entre a Justiça Estadual e a Justiça Federal. Exploração mineral. Pedido de alvará judicial substitutivo de concessão de lavra. Não incidência da Súmula n.º 238 deste STJ. Competência da Justiça Federal. Art. 109, I, da Carta Magna.
1. A ação dirigida em face do Departamento Nacional de Produção Mineral – DNPM com o escopo de obter a expedição de alvará substitutivo de concessão de lavra é da competência da Justiça Federal, porquanto a entidade ré é autarquia federal criada pela Lei 8.876/94.
2. A competência cível da Justiça Federal é definida *ratione personae*, consoante o art. 109, I, da Carta Magna de 1988. Dessarte, a presença de autarquia federal na demanda em curso indica a competência da Justiça Federal para o julgamento do feito (Precedentes: CC 45.475-SP, desta relatoria, 1.ª Seção, *DJ* 15.05.2005; CC 55.394-SP, rel. Min. Eliana Calmon, 1.ª Seção, *DJ* 02.05.2006; CC 40.534-RJ, rel. Min. Teori Albino Zavascki, 1.ª Seção, *DJ* 17.05.2004).
3. Deveras, a Súmula n.º 238 deste STJ dispõe que "A avaliação da indenização devida ao proprietário do solo, em razão de alvará de pesquisa mineral, é processada no Juízo Estadual da situação do imóvel", e, *in casu*, esse não é o objeto mediato da ação, senão alvará substitutivo de concessão de lavra.
4. Conflito conhecido para julgar competente o Juízo Federal da 1.ª Vara da Subseção Judiciária de Piracicaba-SP (STJ, CC 48874-SP, Conflito de Competência 2005/0058621-3, disponível em <www.stj.jus.br>).

[4] STJ, MS 4.167/DF, Rel. Min. Anselmo Santiago, 3.ª Seção, j. 25.06.1997, *DJ* 01.09.1997, disponível em <www.stj.jus.br>.

[5] "Esta Corte firmou entendimento segundo o qual o critério para se estabelecer a competência para o julgamento do mandado de segurança é definido em razão da função ou da categoria funcional da autoridade indicada como coatora (*ratione auctoritatis*). Nessa senda, mostra-se despicienda a matéria versada na impetração, a natureza do ato impugnado ou a pessoa do impetrante" (STJ, CC 150.945/SP, Rel. Min. Og Fernandes, Primeira Seção, j. 13.09.2017).

Dispõe a Constituição competir originariamente ao Supremo Tribunal Federal processar e julgar o Mandado de Segurança contra atos do Presidente da República, das Mesas da Câmara dos Deputados e do Senado Federal, do Tribunal de Contas da União, do Procurador-Geral da República e do próprio Supremo Tribunal Federal (art. 102, I, *d*, da CRFB), bem assim o recurso ordinário em Mandado de Segurança decidido em única instância pelos Tribunais Superiores, se denegatória a decisão (art. 102, II, *a*, da CRFB). A competência da Suprema Corte é de direito estrito, por isso, merece registro o fato de que, se o pedido se dirigir contra a deliberação administrativa do tribunal de origem, da qual haja participado a maioria ou a totalidade de seus membros, isso não acarreta por si só a competência originária da Corte Suprema para conhecer do Mandado de Segurança com base no art. 102, I, *n*, da Constituição, conforme entendimento consolidado pela Súmula n.º 623 do STF[6]. O art. 102, I, *n*, da Carta Magna atribui ao STF competência originária para a ação em que todos os membros da magistratura sejam direta ou indiretamente interessados, e aquela em que mais da metade dos membros do tribunal de origem estejam impedidos ou sejam direta ou indiretamente interessados. Além disso, consoante a Súmula n.º 624 do STF, "Não compete ao Supremo Tribunal Federal conhecer originariamente de mandado de segurança contra atos de outros tribunais".

A Carta Magna também estabelece que compete originariamente ao Superior Tribunal de Justiça processar e julgar os Mandados de Segurança contra ato de Ministro de Estado[7], dos Comandantes da Marinha, do Exército e da Aeronáutica ou do próprio Tribunal (art. 105, I, *b*, da CRFB c/c o art. 11, IV, do Regimento Interno do STJ), bem como o recurso ordinário em Mandado de Segurança decidido em única instância pelos Tribunais Regionais Federais ou pelos tribunais dos Estados, do Distrito Federal e Territórios, quando denegatória a decisão (art. 105, II, *b*, da CRFB). Vale dizer que não se inclui na competência do STJ o Mandado de Segurança contra ato de diretor de Agência Reguladora, pois não ostenta *status* de Ministro de Estado[8]. Outro ponto relevante é que, de acordo com a Súmula n.º 41 do STJ, "O Superior Tribunal de Justiça não tem competência para processar e julgar, originariamente, mandado de segurança

---

[6] **Súmula n.º 623 do STF:** "Não gera por si só a competência originária do Supremo Tribunal Federal para conhecer do Mandado de Segurança com base no art. 102, I, *n*, da Constituição, dirigir-se o pedido contra deliberação administrativa do Tribunal de origem, da qual haja participado a maioria ou a totalidade de seus membros" (STF, AO n.º 967-AgR-PE, disponível em <www.stf.jus.br>; LOMAN [LC n.º 35/79]).

[7] Consoante notícia publicada em 24 de agosto de 2023 no Portal do STJ: "A Primeira Seção estabeleceu que o Superior Tribunal de Justiça (STJ) não tem mais a competência para julgar mandado de segurança contra atos do presidente do Banco Central (BC). Com esse entendimento, o colegiado não analisou o mérito de um mandado de segurança impetrado por uma sociedade empresária contra ato dessa autoridade e determinou a remessa dos autos à seção judiciária da Justiça Federal no Distrito Federal. 'Com a vigência do artigo 9º da Lei Complementar 179/2021, o cargo de presidente do Banco Central do Brasil deixou de receber tratamento equivalente ao de ministro de Estado, razão pela qual este Tribunal Superior é incompetente para apreciar mandamus voltado a questionar suas decisões', disse a relatora do caso, ministra Regina Helena Costa." Disponível em: https://www.stj.jus.br/sites/portalp/Paginas/Comunicacao/Noticias/2023/24082023-STJ-nao-tem-mais-competencia-para-julgar-mandado-de--seguranca-contra-atos-do-presidente-do-BC.aspx. Acesso em: 31 ago. 2023.

[8] STJ, AgInt no MS 23.529/DF, Rel. Min. Gurgel de Faria, Primeira Seção, j. 12.12.2018.

contra ato de outros tribunais ou dos respectivos órgãos". Por isso é que não compete ao STJ, por exemplo, julgar Mandado de Segurança contra acórdão de Tribunal Regional do Trabalho[9] ou de Tribunal Regional Federal[10]. Nesse aspecto, ressalte-se também a restrição da Súmula n.º 177 do STJ, quanto ao reconhecimento de sua incompetência para os casos de ato praticado por órgão colegiado presidido por Ministro de Estado[11].

Os Tribunais Regionais Federais têm competência originária para processar e julgar os Mandados de Segurança contra ato do próprio Tribunal ou de juiz federal (art. 108, I, c, da CRFB)[12], ressalvados os *writs* no âmbito de competência dos Juizados Especiais Federais, em face do disposto no art. 3.º, § 1.º, I, da Lei n.º 10.259/2001[13]. Já aos juízos federais de primeira instância, compete processar e julgar os Mandados de Segurança contra ato de autoridade federal, excetuados os casos de competência dos tribunais federais (art. 109, VIII, da CRFB).

Questão interessante diz respeito à definição da competência territorial no Mandado de Segurança a ser impetrado perante a Justiça Federal de primeiro grau. O Superior Tribunal de Justiça entende ser aplicável o art. 109, § 2.º, da Constituição, de modo que o *mandamus* poderá ser impetrado na seção judiciária em que for domiciliado o impetrante, naquela onde

---

[9] "É incabível o mandado de segurança impetrado perante esta Corte Superior contra acórdão de Tribunal Regional do Trabalho, uma vez que não encontra previsão no elenco taxativo do art. 105, I, 'b', da CF/88" (STJ, AgInt no MS 24.697/DF, Rel. Min. Raul Araújo, Segunda Seção, j. 04.12.2018).

[10] "É patente o descabimento do mandado de segurança impetrado contra ato coator oriundo do Tribunal Regional Federal da 1.ª Região, ante a inequívoca incompetência desta Corte Superior" (STJ, AgInt no MS 24.313/DF, Rel. Min. Luis Felipe Salomão, Corte Especial, j. 27.11.2018).

[11] Súmula n.º 177 do STJ: "O Superior Tribunal de Justiça é incompetente para processar e julgar, originariamente, mandado de segurança contra ato de órgão colegiado presidido por ministro de Estado".

[12] **Art. 108.** Compete aos Tribunais Regionais Federais:
I – processar e julgar, originariamente:
c) os mandados de segurança e os *habeas data* contra ato do próprio Tribunal ou de juiz federal.

[13] **Art. 3.º** Compete ao Juizado Especial Federal Cível processar, conciliar e julgar causas de competência da Justiça Federal até o valor de sessenta salários mínimos, bem como executar as suas sentenças.
§ 1.º Não se incluem na competência do Juizado Especial Cível as causas:
I – referidas no art. 109, incisos II, III e XI, da Constituição Federal, as ações de mandado de segurança, de desapropriação, de divisão e demarcação, populares, execuções fiscais e por improbidade administrativa e as demandas sobre direitos ou interesses difusos, coletivos ou individuais homogêneos;
Equivalente dispositivo se encontra na Lei dos Juizados Especiais da Fazenda Pública, em seu art. 2.º, § 1.º:
Art. 2.º É de competência dos Juizados Especiais da Fazenda Pública processar, conciliar e julgar causas cíveis de interesse dos Estados, do Distrito Federal, dos Territórios e dos Municípios, até o valor de 60 (sessenta) salários mínimos.
§ 1.º Não se incluem na competência do Juizado Especial da Fazenda Pública:
I – as ações de mandado de segurança, de desapropriação, de divisão e demarcação, populares, por improbidade administrativa, execuções fiscais e as demandas sobre direitos ou interesses difusos e coletivos.

houver ocorrido o ato ou fato que deu origem ao *writ* ou onde esteja situada a coisa objeto do ato coator, ou, ainda, no Distrito Federal[14]. Nos termos da Súmula n.º 150 do STJ, caberá à Justiça Federal decidir sobre a existência de interesse jurídico que justifique a presença, no processo, da União, suas autarquias ou empresas públicas. Havendo conflito entre as competências da Justiça Federal e da Justiça Estadual no caso concreto, deve prevalecer a federal, pois tem índole constitucional[15].

O art. 2.º da Lei n.º 12.016/2009 dispõe que a autoridade coatora será considerada federal se os efeitos patrimoniais da concessão do *mandamus* repercutirem na esfera da União Federal ou de suas autarquias. Esse dispositivo reforça a tese de que a competência é federal nos casos em que os efeitos da decisão forem financeiramente suportados pela "União ou autoridade por ela controlada". A alteração sutil somente substituiu as autarquias federais por uma expressão mais ampla, que é o controle da União sobre a pessoa jurídica, mercê de o legislador deixar claro o critério competencial por força da repercussão financeira.

Mesmo que a autoridade coatora não seja federal, é possível que se configure a competência da Justiça Federal com base no art. 109, I, da Constituição, que contempla as causas em que a União, entidade autárquica ou empresa pública federal forem interessadas na condição de autoras, rés, assistentes ou oponentes, exceto as de falência, as de acidentes de trabalho e as sujeitas à Justiça Eleitoral e à Justiça do Trabalho. Por exemplo, se entidade federal for a impetrante do Mandado de Segurança contra ato coator de autoridade estadual ou distrital, a competência também será da Justiça Federal para julgar o *mandamus*[16].

A Justiça do Trabalho, por sua vez, tem competência para processar e julgar os Mandados de Segurança quando o ato questionado envolver matéria sujeita à sua jurisdição (art. 114, IV, da CRFB). De acordo com a Súmula n.º 376 do Superior Tribunal de

---

[14] "'Tratando-se de mandado de segurança impetrado contra autoridade pública federal, o que abrange a União e respectivas autarquias, o Superior Tribunal de Justiça realinhou a sua jurisprudência para adequar-se ao entendimento do Supremo Tribunal Federal sobre a matéria, admitindo que seja aplicada a regra contida no art. 109, § 2.º, da CF, a fim de permitir o ajuizamento da demanda no domicílio do autor, tendo em vista o objetivo de facilitar o acesso à Justiça' (AgInt no CC 154.470/DF, Rel. Min. Og Fernandes, Primeira Seção, *DJe* 18.04.2018)" (STJ, AgInt no CC 158.943/SP, Rel. Min. Sérgio Kukina, Primeira Seção, j. 12.12.2018).

[15] "A competência para conhecer e processar Mandado de Segurança encontra-se expressamente delimitada na Constituição da República e é aferida a partir da categoria funcional da autoridade apontada como coatora; assim, no conflito entre Justiça Estadual e Federal, ela é absoluta quando se tratar de *writ* impetrado contra Autoridade Federal, ou no exercício de delegação federal" (STJ, AgInt no CC 147.361/DF, Rel. Min. Regina Helena Costa, Primeira Seção, j. 11.10.2017).

[16] "Cuidando-se de mandado de segurança impetrado pelo Conselho Federal de Biblioteconomia, autarquia pública federal, contra ato do Secretário da Cultura do Distrito Federal, a competência para o processamento e julgamento da causa, nos termos do art. 109, I, da Constituição Federal, toca à justiça federal de primeira instância, como corretamente apontado na resposta recursal ofertada pelo Distrito Federal" (STJ, AgInt no RMS 57.004/DF, Rel. Min. Sérgio Kukina, Primeira Turma, j. 27.11.2018).

Justiça: "Compete à turma recursal processar e julgar o mandado de segurança contra ato de juizado especial"[17].

Considerando que o regime de determinação da competência no Mandado de Segurança é distinto daquele aplicável aos *Habeas Corpus*, a jurisprudência do Superior Tribunal de Justiça não admite a fungibilidade entre esses dois remédios constitucionais[18]. A impetração de Mandado de Segurança perante Juízo incompetente não gera a extinção do feito, mas apenas a remessa dos autos ao Juízo competente, *ex vi* do art. 64, § 3.º, do CPC/2015, salvante nas hipóteses em que reconhecida a ilegitimidade passiva *ad causam* por indicação errônea da autoridade coatora[19]. Vale ressaltar que a decisão interlocutória que versa sobre competência desafia o recurso de Agravo de Instrumento, conquanto não haja previsão expressa no art. 1.015 do CPC/2015, em razão de construção jurisprudencial do Superior Tribunal de Justiça[20].

A Lei Orgânica da Magistratura Nacional reafirmou a competência originária de todos os Tribunais para julgar os *writs* de seus atos, de seus Presidentes, de suas Câmaras, Turmas ou Seções nos termos firmados nas Súmulas ns. 330, 433, 511 e 624 do STF e 41 do STJ e Orientação Jurisprudencial n.º 4 do Pleno do C. TST[21].

---

[17] "'As Turmas Recursais são órgãos recursais ordinários de última instância relativamente às decisões dos Juizados Especiais, de forma que os juízes dos Juizados Especiais estão a elas vinculados no que concerne ao reexame de seus julgados. Competente a Turma Recursal para processar e julgar recursos contra decisões de primeiro grau, também o é para processar e julgar o mandado de segurança substitutivo de recurso'. ([STF] RE 586789/PR, Rel. Min. Ricardo Lewandowski, Tribunal Pleno, j. 16.11.2011)" (STJ, AgInt no RMS 54.513/SP, Rel. Min. Mauro Campbell Marques, Segunda Turma, j. 06.12.2018).

[18] "É inviável reconhecer a fungibilidade entre mandado de segurança e *habeas corpus*, porquanto essa medida subverteria a ordem constitucional de atribuição de competências originárias" (STJ, AgRg no MS 24.715/DF, Rel. Min. Nancy Andrighi, Corte Especial, j. 14.03.2019).

[19] "Não se tratando de indicação equivocada da autoridade coatora, mas de mero erro no endereçamento do *mandamus*, admite-se a remessa dos autos ao tribunal competente para seu processamento e julgamento, nos termos do art. 64, § 3.º, do CPC/2015" (AgInt no MS 24.343/MS, Rel. Min. Gurgel De Faria, Primeira Seção, j. 12.12.2018).

[20] "O Superior Tribunal de Justiça adotou o entendimento no sentido de que a decisão interlocutória sobre competência pode desafiar a interposição de agravo de instrumento, corroborando o entendimento de boa parte da doutrina. Nesse sentido: REsp n.º 1.679.909/RS, Rel. Min. Luis Felipe Salomão, Quarta Turma, j. 14.11.2017, *DJe* 1/2/2018" (STJ, AgInt no RMS 55.990/PR, Rel. Min. Francisco Falcão, Segunda Turma, j. 05.02.2019).

[21] **Súmula n.º 41 do STJ:** "O Superior Tribunal de Justiça não tem competência para processar e julgar, originariamente, Mandado de Segurança contra ato de outros tribunais ou dos respectivos órgãos".
Súmula n.º 330 do STF: "O Supremo Tribunal Federal não é competente para conhecer de Mandado de Segurança contra atos dos Tribunais de Justiça dos Estados".
Súmula n.º 433 do STF: "É competente o Tribunal Regional do Trabalho para julgar Mandado de Segurança contra ato de seu presidente em execução de sentença trabalhista".
Súmula n.º 511 do STF: "Compete à Justiça Federal, em ambas as instâncias, processar e julgar as causas entre autarquias federais e entidades públicas locais, inclusive mandados de segurança, ressalvada a ação fiscal, nos termos da Constituição Federal de 1967, art. 119, § 3.º".
Súmula n.º 624 do STF: "Não compete ao Supremo Tribunal Federal conhecer originariamente de Mandado de Segurança contra atos de outros Tribunais".

A **competência tributária**, por seu turno, sob o enfoque fiscal é que irá determinar a Justiça ou o Juízo a ser distribuído o *mandamus,* consoante doutrina do tema[22]:

> Organizado juridicamente o Estado, com a elaboração de sua Constituição, o Poder Tributário, como o poder público em geral, fica delimitado e, em se tratando de federações, dividido entre os diversos níveis de governo. No Brasil, o poder tributário é partilhado entre a União, os Estados e o Distrito Federal e os Municípios. Ao poder tributário juridicamente delimitado e, sendo o caso dividido, dá-se o nome de competência tributária.

O Superior Tribunal de Justiça entende que, nas causas em que se discute a exigibilidade de tributos, a legitimidade passiva não é do Secretário de Fazenda do Estado. Caso este seja erroneamente apontado como autoridade coatora, não será possível a aplicação da teoria da encampação, porquanto há modificação da competência[23]. Em outro julgado, a Corte definiu que, em "mandado de segurança impetrado com o fim de afastar a incidência do Fator Acidentário Previdenciário sobre a contribuição social sobre a folha de salários, a autoridade coatora é o Delegado da Receita Federal em exercício na localidade em que sediado o estabelecimento matriz"[24].

5.4. A COMPETÊNCIA E A DELEGAÇÃO DE FUNÇÃO FEDERAL

É cediço na jurisprudência que é da competência da Justiça Federal julgar requerimento de Mandado de Segurança quando o ato coator for realizado por autoridade federal ou por autoridade que, mesmo não pertencente aos quadros da União, exerça função federal, delegada ou concedida pelo poder público federal, desde que o ato seja diretamente decorrente dessa atividade[25].

Orientação Jurisprudencial n.º 4 do Tribunal Pleno do TST: "Ao Tribunal Superior do Trabalho não compete apreciar, originariamente, Mandado de Segurança impetrado em face de decisão do TRT".

[22] MACHADO, Hugo de Brito. *Curso de direito tributário*. São Paulo: Malheiros, 1997.

[23] "O Superior Tribunal de Justiça tem-se pronunciado no sentido de que o Secretário de Fazenda do Estado não é parte legítima para figurar como autoridade coatora em mandados de segurança em que se discute a exigibilidade de tributos, não havendo falar, de outro lado, na possibilidade de encampação nem em eventual poder hierárquico sobre seus subordinados, uma vez que sua presença indevida no *mandamus* altera a competência para o julgamento da ação mandamental" (STJ, AgInt no RMS 53.867/MG, Rel. Min. Gurgel de Faria, Primeira Turma, j. 21.03.2019). No mesmo sentido: STJ, AgInt no RMS 58.354/RJ, Rel. Min. Sérgio Kukina, Primeira Turma, j. 26.02.2019.

[24] STJ, AgInt no REsp 1695550/RS, Rel. Min. Gurgel de Faria, Primeira Turma, j. 26.06.2018.

[25] É pacífica a jurisprudência do Superior Tribunal de Justiça no sentido de que compete à Justiça Federal comum processar e julgar mandado de segurança quando a autoridade apontada como coatora for autoridade federal, considerando-se como tal também os dirigentes de pessoa jurídica de direito privado investidos de delegação concedida pela União. Confira-se: AgRg no CC 126151/RJ, Rel. Min. Ari Pargendler, Rel. para Acórdão Min. Herman Benjamin, Primeira Seção, j. 09.09.2015, *DJe* 10.02.2016; AgRg no REsp 1344382/SE, Rel. Min. Mauro Campbell Marques, Segunda Turma, j. 27.11.2012, *DJe* 05.12.2012; AgRg no CC 118872/PA, Rel. Min. Humberto Martins, Primeira Seção, j. 23.11.2011, *DJe* 29.11.2011; AgRg no AREsp 34447/RJ, Rel. Min. Benedito Gonçalves, Primeira Turma, j. 20.09.2011, *DJe* 26.09.2011.

Destarte o ato delegado deve consubstanciar ato de império. Por isso, *v.g.*, os atos combatidos pelo *writ* devem ser atos próprios de Estado exercidos por instituição, por delegação. Consequentemente, se a lide versar atos relativos à gestão, como, por exemplo, medidas relativas à cobrança de mensalidades, a competência para o julgamento do *mandamus* é da Justiça Estadual[26].

Assim, a União possui interesse nos Mandados de Segurança que envolvem instituições de ensino superior, a atrair a competência da Justiça Federal, *ex vi* do art. 2.º da Lei n.º 12.016/2009 e do art. 109, VIII, da Constituição, independentemente da natureza da causa de pedir[27]. Isso porque, nos termos da Lei n.º 9.394/1996 (Lei de Diretrizes e Bases da Educação), o sistema federal de ensino compreende não apenas as instituições de ensino mantidas pela União, mas também as instituições de educação superior mantidas pela iniciativa privada (art. 16, II).

É comum verificar-se *writ* impetrado contra concessionária de serviço público, sendo certo que nessas hipóteses devem ser diferenciados os atos de simples gestão comercial-administrativa e aqueles com natureza de império, oriundos de delegação, em atenção ao disposto no art. 1.º, § 2.º, da Lei n.º 12.016/2009. Assim, *v.g.*, o "ato da concessionária que determina a suspensão do fornecimento de energia elétrica não se configura em mera gestão comercial, mas ato delegado, haja vista vincular-se à continuidade da prestação de serviço público federal, sendo cabível, portanto, o mandado de segurança para sua impugnação"[28].

Por fim, em requerimento contrário a ato de Presidente de Junta Comercial, o Superior Tribunal de Justiça considerou que, apesar do *status* local destes órgãos, como previsto na Lei n.º 8.934, de 18 de novembro de 1994, o registro do comércio, atividade própria das Juntas Comerciais, é atividade delegada pela União, determinando, portanto, a competência da Justiça Federal[29].

5.5. A *PERPETUATIO JURISDICTIONIS*

De acordo com o art. 43 do CPC/2015, a competência é determinada no momento do registro ou da distribuição da petição inicial, sendo irrelevantes as modificações do estado de fato ou de direito ocorridas posteriormente, salvo quando suprimirem órgão judiciário ou alterarem a competência absoluta. Essa é a denominada regra da *perpetua-*

---

[26] STJ, CC 35.721/RO, Rel. Min. Teori Albino Zavascki, 1.ª Seção, j. 11.06.2003, *DJ* 04.08.2003, disponível em: <www.stj.jus.br>.

[27] "Nas causas que envolvam instituições de ensino superior, a União possui interesse (o que enseja a competência da Justiça Federal) quando se trata de: (I) registro de diploma perante o órgão público competente (inclusive credenciamento junto ao MEC); ou (II) mandado de segurança. Por outro lado, não há falar em interesse da União nas lides (salvo mandados de segurança) que digam respeito a questões privadas concernentes ao contrato de prestação de serviço firmado entre essas instituições e seus alunos (essas causas, portanto, devem ser processadas e julgadas pela Justiça Estadual)" (STJ, AgRg no CC 138.024/MG, Rel. Min. Sérgio Kukina, Primeira Seção, j. 09.05.2018).

[28] STJ, AgRg no REsp 1408109/PE, Rel. Min. Og Fernandes, Segunda Turma, j. 22.09.2015.

[29] STJ, CC 31357-MG, disponível em <www.stj.jus.br>.

tio jurisdictionis, que tem por objetivo resguardar a razoável duração do processo e o princípio do Juiz Natural.

A *perpetuatio jurisdictionis* é regra aplicável ao *mandamus*, tanto que, consoante entendimento do STJ, não há modificação de competência quando tratar-se de situação em que, após a instauração do processo judicial, a autoridade superior avoca o ato coator, o que possibilitaria deslocamentos sucessivos com eventuais alterações discricionárias pela Administração da pessoa do impetrado, restando frustrado o caráter corretivo e urgente do *mandamus*.

5.6. COMPETÊNCIA ESTADUAL E DOS JUIZADOS ESPECIAIS

As Justiças Estaduais devem observar as regras de cada Constituição Estadual, bem como suas respectivas leis locais de organização judiciária, restando, hodiernamente, questão instigante relativa à competência para julgar o *writ pelos juizados especiais*. A jurisprudência é firme no sentido de que os tribunais de justiça estaduais, em regra, não possuem competência para rever decisões de turma recursal de juizados especiais, ainda que em mandado de segurança, conforme se depreende do teor da Súmula n.º 376 do STJ, segundo a qual: "Compete a turma recursal processar e julgar o mandado de segurança contra ato de juizado especial"[30]. Por outro lado, a jurisprudência do STJ excepciona a situação em que o impetrante discute a própria competência do Juizado Especial, caso em que o Tribunal de Justiça poderá conhecer o Mandado de Segurança[31]. É que quando o Mandado de Segurança tiver sido impetrado com o objetivo de discutir o controle de competência dos Juizados Especiais, deve-se verificar alegada teratologia no ato judicial de declinação da competência, conforme estabelecido pela Corte Especial do STJ[32].

Destarte, via de regra, compete à própria turma recursal dos juizados especiais apreciar mandado de segurança impetrado contra ato de seus membros[33]. No que diz respeito aos Mandados de Segurança contra decisões dos Juizados Especiais de 1.º grau, a com-

---

[30] STJ, AgRg no RMS 45.234/SC, Rel. Min. Humberto Martins, 2.ª Turma, j. 15.05.2014, *DJe* 22.05.2014, disponível em: <www.stj.jus.br>.

[31] "Nos termos da firme jurisprudência desta Corte, os tribunais estaduais não possuem competência para rever decisões de turmas recursais de juizados especiais, mesmo em se tratando de mandado de segurança, consoante estabelecido na Súmula n.º 376/STJ. (...) A Corte Especial do Superior Tribunal de Justiça, ao julgar o RMS 17.524/BA (Rel. Min. NANCY ANDRIGHI, *DJe* 11.9.2006), firmou entendimento segundo a mencionada súmula não é aplicável aos casos em que o *mandamus* tiver sido impetrado com o intuito de discutir o controle de competência dos juizados especiais, mesmo que já esteja em fase de execução como no caso paradigma" (STJ, AgInt no RMS 47.325/GO, Rel. Min. Regina Helena Costa, Primeira Turma, j. 05.06.2018). "Em se tratando de critério definidor da própria competência do Juizado Especial, como o é o valor da causa, afigura-se possível ao Tribunal de Justiça, no bojo de mandado de segurança, ao exercer controle de competência dos Juizados Especiais, deliberar sobre esta questão" (STJ, REsp 1537731/MA, Rel. Min. Marco Aurélio Bellizze, Terceira Turma, j. 22.08.2017).

[32] STJ, RMS 17.524/BA Rel. Min. Nancy Andrighi, *DJ* 11.9.2006, disponível em: <www.stj.jus.br>.

[33] STJ, AgRg no MS 20.251/DF, Rel. Min. João Otávio de Noronha, Corte Especial, j. 01.08.2013, *DJe* 12.08.2013, disponível em: <www.stj.jus.br>.

petência para conhecer a impetração é igualmente da Turma Recursal, consoante fixado pelo Supremo Tribunal Federal em sede de Repercussão Geral[34]. O Supremo Tribunal Federal também já consignou que o julgamento do mandado de segurança contra ato de turma recursal cabe à própria turma, não havendo campo para atuação quer de tribunal, quer do Superior Tribunal de Justiça[35], quer do próprio Supremo Tribunal Federal[36]. De toda sorte, é importante ressaltar a orientação firmada em sede de Repercussão Geral pelo Supremo Tribunal Federal no sentido de que não cabe Mandado de Segurança contra decisões interlocutórias proferidas no âmbito dos Juizados Especiais[37].

Por fim, a competência das Varas privativas das Fazendas Públicas para o julgamento dos mandados de segurança depende da proveniência do ato por autoridade federal, estadual ou municipal ou de seus delegados, por outorga legal (concessão ou permissão administrativa) porquanto às Varas Cíveis comuns ficam restritas as matérias de Direito Privado, inclusive em relação aos atos de gestão praticados pelas entidades paraestatais.

5.7. COMPETÊNCIA RECURSAL E RECURSO ORDINÁRIO

O art. 102, II, *a*, da CF atribui competência ao Supremo Tribunal Federal para julgar, em Recurso Ordinário, o Mandado de Segurança decidido em única instância pelos Tribunais Superiores, se denegatória a decisão. Diversamente, sendo concessiva a decisão, caber-lhe-á, por força do inciso III, *a*, *b* e *c*, do mesmo artigo, a apreciação, na mesma hipótese, em sede de Recurso Extraordinário – acaso revolvida questão constitucional[38]. Já decidiu a Corte que não cabe Recurso Ordinário para o Supremo Tribunal Federal

---

[34] "Competente a Turma Recursal para processar e julgar recursos contra decisões de primeiro grau, também o é para processar e julgar o mandado de segurança substitutivo de recurso" (STF, RE 586789, Rel. Min. Ricardo Lewandowski, Tribunal Pleno, j. 16.11.2011).

[35] "O julgamento do mandado de segurança contra ato de turma recursal cabe à própria turma, não havendo campo para atuação quer de tribunal de justiça, quer do Superior Tribunal de Justiça. Precedente: Questão de Ordem no Mandado de Segurança n.º 24.691/MG, Plenário, 4 de dezembro de 2003, redator do acórdão Min. Sepúlveda Pertence" (STF, AI 666523 AgR, Rel. Min. Ricardo Lewandowski, Rel. p/ Acórdão: Min. Marco Aurélio, Primeira Turma, j. 26.10.2010).

[36] "Não é competente o Supremo Tribunal Federal para o processamento de mandados de segurança contra atos de Turmas Recursais de Juizados Especiais" (STF, MS 25614 AgR, Rel. Min. Dias Toffoli, Tribunal Pleno, j. 02.03.2011).

[37] "Não cabe mandado de segurança das decisões interlocutórias exaradas em processos submetidos ao rito da Lei n.º 9.099/95" (RE 576847, Rel. Min. Eros grau, Tribunal Pleno, j. 20.05.2009). "O Plenário desta Corte, no julgamento do RE n.º 576.847/BA, Relator o Min. Eros Grau, *DJe* de 06.08.2009, firmou entendimento no sentido de não ser cabível mandado de segurança contra decisões interlocutórias exaradas em processos da competência dos juizados especiais" (STF, RE 650293 AgR, Rel. Min. Dias Toffoli, Primeira Turma, j. 17.04.2012). "O Pleno, no julgamento do Recurso Extraordinário n.º 576.847-3/BA, concluiu pelo não cabimento do mandado de segurança contra decisão interlocutória proferida pelo juizado especial" (STF, AI 681037 AgR, Rel. Min. Marco Aurélio, Primeira Turma, j. 20.09.2011).

[38] **Art. 102.** Compete ao Supremo Tribunal Federal, precipuamente, a guarda da Constituição, cabendo-lhe: (...)
II – julgar, em Recurso Ordinário:

contra decisão denegatória de Mandado de Segurança proferida por Turma Recursal de Juizados Especiais[39].

Por seu turno, o Superior Tribunal de Justiça é competente para julgar, em Recurso Ordinário, quando denegatória a decisão, os Mandados de Segurança decididos em única instância pelos Tribunais Regionais Federais, Tribunais dos Estados, do Distrito Federal e Territórios, por força do art. 105, II, *b*, da Constituição. Entretanto, se a decisão for concessiva da segurança, pela disposição do inc. III do mesmo artigo, caber-lhe-á o julgamento do Recurso Especial, sempre que presente a suposta violação à matéria de direito federal[40].

Aos Tribunais Regionais Federais a Carta Magna (art. 108, II) atribui competência para julgar, em grau de recurso, as causas decididas pelos juízes federais e estaduais no exercício da competência federal da área de sua jurisdição, abrangendo, portanto, o Mandado de Segurança de competência desses juízes.

Por fim, quanto aos Tribunais de Justiça dos Estados e do Distrito Federal e Territórios competem-lhes o julgamento, em grau de apelação interposta em face de sentença, concessiva ou não do remédio, bem como o reexame, em função do duplo grau de jurisdição, da sentença concessiva, quando for estadual ou municipal a autoridade coatora, ou autarquia integrantes dessas unidades, pela previsão contida no art. 14 da Lei n.º 12.016/2009.

---

a) o *habeas corpus*, o Mandado de Segurança, o *habeas data* e o mandado de injunção decididos em única instância pelos Tribunais Superiores, se denegatória a decisão; (...)

III – julgar, mediante Recurso Extraordinário, as causas decididas em única ou última instância, quando a decisão recorrida:

a) contrariar dispositivo desta Constituição;

b) declarar a inconstitucionalidade de tratado ou lei federal;

c) julgar válida lei ou ato de governo local contestado em face desta Constituição.

d) julgar válida lei local contestada em face de lei federal.

[39] "A jurisprudência desta Suprema Corte é firme no sentido de que não lhe compete julgar, em sede ordinária, recurso interposto contra decisões denegatórias de mandado de segurança ou *habeas corpus* proferidas por turma recursal vinculada ao sistema de juizados especiais" (STF, Pet 5082 AgR, Rel. Min. Dias Toffoli, Segunda Turma, j. 07.10.2016).

[40] **Art. 105.** Compete ao Superior Tribunal de Justiça: (...)

II – julgar, em Recurso Ordinário: (...)

b) os mandados de segurança decididos em única instância pelos Tribunais Regionais Federais ou pelos tribunais dos Estados, do Distrito Federal e Territórios, quando denegatória a decisão; (...)

III – julgar, em recurso especial, as causas decididas, em única ou última instância, pelos Tribunais Regionais Federais ou pelos tribunais dos Estados, do Distrito Federal e Territórios, quando a decisão recorrida:

a) contrariar tratado ou lei federal, ou negar-lhes vigência;

b) julgar válido ato de governo local contestado em face de lei federal;

c) der a lei federal interpretação divergente da que lhe haja atribuído outro tribunal.

6
PROCEDIMENTO

6.1. GENERALIDADES

A distinção entre o processo e o procedimento é responsável pela evolução científica alcançada pelo direito processual. Com efeito, a concepção procedimentalista do processo, de viés francês, não vislumbrava a natureza do processo como relação jurídica, o que aconteceria, mormente sob o gênio de Oskar Von Büllow, em seu célebre *Die Lehre von den Prozesseinreden und die Prozessvoraussetzungen* (a teoria das exceções processuais e os pressupostos processuais), de 1868, ao sistematizar, ancorado na pandectística alemã[1], a partir da teoria da relação jurídica desenvolvida no direito privado, a existência da relação jurídica processual de direito público, formada pelas partes e o Estado, além de demonstrar seus pressupostos e princípios fundantes[2]. Foi nesse ambiente que os teóricos apartaram os institutos, assentando que o *processo* representaria a soma de atos realizados para a composição do litígio, enquanto o *procedimento* consubstanciaria a ordem de sucessão desses mesmos atos[3].

Ao conceber o processo como imanente e instrumental à jurisdição[4], a dogmática processualista procedeu a categorização segundo os fins da tutela requerida, apontando

---

[1] A pandectística desenvolvida no século XIX influenciou sobremodo o pensamento jurídico alemão, que visava a emprestar maior cientificidade ao direito, sem buscar seu fundamento no direito natural ou em compreensões metafísicas, em sentido diametralmente oposto ao jusnaturalismo racionalista de matriz francesa. Assim, o pensamento jurídico tedesco, à época, compreendia o direito como um sistema de conceitos gerais e abstratos, distanciando-se, na maior extensão possível, dos problemas reais. Foi nesse contexto que exsurgiu a "genealogia dos conceitos", tributada a Georg Friedrich Puchta, segundo a qual se aplicam aos conceitos submetidos a conceito superior (mais geral e mais abstrato) todas as premissas a este inerentes. Sobre os pandectas, ver LARENZ, Karl. *Metodologia da Ciência do Direito*. 3. ed. Lisboa: Fundação Calouste Gulbenkian, 1997, p. 21-28.

[2] BÜLLOW. *La teoría de las excepciones y los presupuestos procesales*.

[3] Carnelutti, Sistema, cit., v. 3, n.º 614. No mesmo sentido, sob a ótica do litígio, Alcalá-Zamora, para quem a finalidade jurisdicional do processo era compositiva do litígio, ao passo que o procedimento era a coordenação dos atos que se sucediam em busca daquela causa *finalis*. A genialidade de Calamandrei permitiu-o sintetizar o procedimento como o "aspecto exterior" do fenômeno processual (Instituciones, cit., p. 242, nota 1), por isso o processo, em contrapartida, revela-se como "movimento em sua forma intrínseca".

[4] Daí ter afirmado Jesus Gonzalez Pérez que o processo está para a jurisdição como o serviço público para a administração (*Derecho procesal administrativo*, 1955, v. 1, p. 71).

a existência de três tipos clássicos de processos: (i) de cognição ou conhecimento, (ii) execução e, por fim, (iii) cautelar. Destarte, a ideia de *processo* está atrelada à de atividade exercida perante os tribunais no afã de obter a tutela jurisdicional de reconhecimento, realização ou asseguração.

O *procedimento*, por seu turno, revela a não instantaneidade da jurisdição, apregoada por Calamandrei. Indica, assim, a *forma* pela qual os atos processuais se sucedem na busca da solução judicial de definição, realização ou asseguração, máxime porque cada processo encerra procedimentos próprios: a definição dos direitos possui itinerários diversos, que variam conforme a pretensão de direito material e, por vezes, consoante o valor econômico do objeto mediato do pedido que se pretende tutelar.

No âmbito do processo de conhecimento, o legislador subdivide os procedimentos em dois grandes gêneros: comum e especiais. Já sob o manto dos especiais podem ser encontrados diversos procedimentos, dentre os quais, o mandado de segurança. A especialidade do procedimento denota um desvio em relação ao procedimento comum em uma de suas fases. Doravante traremos os principais aspectos procedimentais da ação mandamental.

6.2. FASE POSTULATÓRIA

O processo, na sua formação, passa por etapas graduais que correspondem à constituição paulatina da relação processual.[5] Não se pode aduzir a um processo sem que se instaure a via jurisdicional. Tudo quanto antes possa existir não recebe o *nomen juris* de processo.

Mantendo fidelidade com o princípio da inércia – *ne procedat iudex ex officio* –, tem-se que o processo começa por iniciativa da parte. O Código de Processo Civil consagra expressamente o aludido princípio, em seu art. 2.º, dispondo que: "O processo começa por iniciativa da parte e se desenvolve por impulso oficial, salvo as exceções previstas em lei". É o princípio da demanda que informa a gênese do processo no sistema processual brasileiro e do qual decorrem outros princípios, tais como o "dispositivo", que marca a prevalência dos estímulos das partes sobre a iniciativa oficial, característica esta dos sistemas processuais inquisitivos.[6]

---

[5] Liebman, que tantos estudos realizou quanto aos institutos processuais brasileiros, afirmava nas notas lançadas às *Instituições* de Chiovenda, v. II, p. 411-412, que no direito brasileiro a propositura demandava "atividade complexa" consistente no ajuizamento, despacho liminar e citação oficial. A lição do fundador da escola processual brasileira se encaixava à égide do Código de Processo Civil de 1939, posto que, pelo atual, considera-se proposta a ação pela só distribuição onde houver mais de um juízo e pelo despacho onde houver um só órgão jurisdicional com competência múltipla. Entretanto, se o juiz indefere a petição inicial antes de convocar o réu, a relação processual formou-se em parte e é extinta no nascedouro. A citação compõe a segunda fase da "formação do processo" concebido como relação trilateral.

[6] A atuação *ex officio* do Judiciário, *de lege ferenda*, é recomendável em diversas hipóteses, notadamente naquelas relativas aos direitos em estado de periclitação, em que o Estado-juiz não pode contemplar, passivamente, a destruição do direito alheio sem qualquer tipo de interferência, *ex*

Daí por que o juiz, em nosso sistema processual, aguarda a provocação da parte desde o primeiro ato processual, pautando o seu atuar pelos limites da pretensão deduzida, excluída, evidentemente, a possibilidade de atuação imediata e oficial naquelas matérias em que, assim procedendo, não perde a sua imparcialidade, *v.g.*, quando o juiz conhece *ex officio* a ausência de um pressuposto processual, como a sua "incompetência absoluta" para o feito.

---

officio, ante a vedação à autotutela e à incidência do cânone constitucional da inafastabilidade da jurisdição. Precisamente por isso que sustentei, em nossa tese para a Titularidade da cadeira de Processo Civil da Universidade do Estado do Rio de Janeiro, na qual obtivemos êxito, um processo com iniciativa oficial conforme a passagem a seguir transcrita: "A Demanda. Atuação *ex officio*. É imanente ao direito processual brasileiro o princípio da inércia processual consubstanciado na máxima *ne procedat index ex officio*, por isso a tutela jurisdicional tem de ser requerida na forma legal, para que surja para o Estado-juiz o dever de prestá-la. A atuação *ex officio* do Judiciário está, assim, intimamente ligada à necessária isenção do julgador em confronto com os interesses em conflito. Supôs o legislador, como vimos, que a iniciativa retiraria a essencial imparcialidade, característica da função substitutiva, entrevista por Chiovenda e que caracteriza a jurisdição. Entretanto, é de se concluir que esse princípio da inércia afasta-se das exigências atuais quanto à intromissão imediata do Estado na pacificação dos conflitos que abalam a ordem social. A questão torna-se mais relevante no âmbito da tutela de segurança, onde a pronta atuação é o segredo de sua eficácia, tal como preconizava José Alberto dos Reis para o processo cautelar. A possibilidade de lesão grave e irreparável ao direito da outra parte antes ou no curso do processo suscita essa oficiosidade da atuação judicial. Aliás, a regra da iniciativa afasta o atual *Welfare State* de seus desígnios maiores. Em regra, as funções estatais, porque subvencionadas pelo povo, devem ser exercidas *ex officio*, tal como ocorre com a legislação e a administração. A iniciativa respeita o *dominus litis* na sua pretensão privada, mas de modo algum faz frente ao desejo coletivo da paz social. A atuação estatal-jurisdicional e sua forma de expressão sempre revelaram-se na negativa de atuação pronta. Entretanto, não se pode olvidar o reclamo da lógica jurídica de que a questão de forma não pode infirmar a questão de fundo, tanto mais que é essa que desafia o exercício da jurisdição. Não há a menor dúvida sobre a possibilidade de ingerência *sponte propria* do Judiciário com relação às medidas de segurança *ex officio* no curso do processo. Os arts. 266, 615 e 798 do Código de Processo Civil [de 1973] demonstram essa possibilidade nas três formas de tutela. A dificuldade doutrinária ainda reside na iniciativa originária. É evidente que o juiz não pode valer-se do conhecimento próprio para julgar, porque isso veda-lhe o próprio Código. Entretanto há provocações informais que não se subsumem na moldura de demandas propriamente ditas. São expedientes que chegam ao conhecimento do juízo e que podem reclamar uma tutela de segurança. Imagine-se, por exemplo, que, num determinado ofício remetido por uma autoridade, o juiz verifique a possibilidade de lesão ao direito de determinado interessado que não se inclua na órbita de julgamento da causa donde originou-se o referido ofício. Diante da situação de *periculum* não se poderia negar ao juiz a possibilidade imediata de adoção de medida de segurança, instrumentalizando-a em procedimento à parte. É, em resumo, uma publicização da jurisdição, através da qual se concedem ao magistrado poderes instrumentais e necessários ao exercício de seus deveres. É de todo conveniente assentar que mesmo os que se punham contra a concessão cautelar *ex officio*, admitiam-na 'à luz da autorização legal' ou 'conforme a natureza da ação'. Observa-se com agudeza que a exata *quaestio* travada quanto à iniciativa oficial pertinente à tutela originária ou inicial, sob a ótica do princípio dispositivo, haja vista que, no curso do processo, a instauração da relação processual por si só suplanta o óbice do *ne procedat iudex ex officio*. Desta sorte, não carrearia perplexidade o deferimento de tutela de segurança incidental, porque já submetido à apreciação da justiça o conflito intersubjetivo".

Obedecida essa sistemática, o processo forma-se, em um primeiro momento, pela provocação originária do autor ao Estado-juiz para que preste a tutela jurisdicional em relação ao pedido formulado em face do demandado[7]. A "demanda" é o modo pelo qual a parte formula esse pedido de tutela jurisdicional. A lei denomina esse momento como o da "propositura da ação". A ação, no plano ideológico, está proposta quando a parte se dirige ao Judiciário formulando o pedido de sua intervenção.

6.3. REQUISITOS DA PETIÇÃO INICIAL

A revogada Lei n.º 1.533 de 1951, no seu art. 6.º, fazia remissão aos arts. 158 e 159 do Código de Processo Civil de 1939, estabelecendo os requisitos que a petição inicial deveria preencher. Hodiernamente, ocupam o lugar dos dispositivos supracitados, os arts. 319 e 321, do Código de Processo Civil atual[8], que disciplinam o tema[9].

---

[7] É conhecida a controvérsia lavrada na doutrina clássica sobre o exato momento da constituição da relação processual. Para alguns, este se engendraria com a citação válida, ao passo que para outros a "instância" se iniciava pela proposição da ação. Nesse sentido, consulte-se REIS, José Alberto dos. *Comentários ao Código de Processo Civil*. 1946. v. 3, p. 30-31; ALSINA, Hugo. *Tratado teórico e prático de derecho procesal civil y comercial*. 1941. v. I, p. 250. A realidade é que a propositura da ação por si só gera efeitos para o autor e para o órgão jurisdicional. Entretanto, em relação ao réu esses efeitos somente se produzem após a citação válida, por isso que a posição hodierna do Código de Processo Civil explicita com clareza essa formação gradual da relação processual, concebendo-a num primeiro momento pela iniciativa do autor e completando a angularidade reclamada pelo contraditório com a citação do réu. O ajuizamento marca a propositura e a citação a estabilização da relação processual.

[8] **Art. 319**. A petição inicial indicará:
I – o juízo a que é dirigida;
II – os nomes, os prenomes, o estado civil, a existência de união estável, a profissão, o número de inscrição no Cadastro de Pessoas Físicas ou no Cadastro Nacional da Pessoa Jurídica, o endereço eletrônico, o domicílio e a residência do autor e do réu;
III – o fato e os fundamentos jurídicos do pedido;
IV – o pedido com as suas especificações;
V – o valor da causa;
VI – as provas com que o autor pretende demonstrar a verdade dos fatos alegados;
VII – a opção do autor pela realização ou não de audiência de conciliação ou de mediação.
§ 1.º Caso não disponha das informações previstas no inciso II, poderá o autor, na petição inicial, requerer ao juiz diligências necessárias a sua obtenção.
§ 2.º A petição inicial não será indeferida se, a despeito da falta de informações a que se refere o inciso II, for possível a citação do réu.
§ 3.º A petição inicial não será indeferida pelo não atendimento ao disposto no inciso II deste artigo se a obtenção de tais informações tornar impossível ou excessivamente oneroso o acesso à justiça.
Art. 321. O juiz, ao verificar que a petição inicial não preenche os requisitos dos arts. 319 e 320 ou que apresenta defeitos e irregularidades capazes de dificultar o julgamento de mérito, determinará que o autor, no prazo de 15 (quinze) dias, a emende ou a complete, indicando com precisão o que deve ser corrigido ou completado.
Parágrafo único. Se o autor não cumprir a diligência, o juiz indeferirá a petição inicial.

[9] A esses requisitos cumula-se a exigência de o advogado declarar, na peça exordial, o endereço em que deverá receber as intimações no curso do processo, prevista no art. 106, I, CPC.

Ademais, de acordo com o art. 6.º da Lei n.º 12.016/2009, a inicial da ação mandamental, se não ajuizada por via eletrônica, deve ser entregue em duas vias, das quais a segunda, acompanhada de cópia dos documentos, destina-se à remessa à autoridade coatora.

O referido diploma legal admite, em seu art. 4.º, a impetração do mandado de segurança por telegrama, radiograma, fax ou outro meio eletrônico de autenticidade comprovada, em caso de urgência e desde que observados os requisitos legais. Nessa situação, o § 2.º do art. 4.º preceitua que o texto original deverá ser apresentado nos 5 (cinco) dias úteis seguintes[10]. Em se tratando de litisconsórcio passivo, à evidência, devem ser apresentadas tantas cópias quantos sejam os litisconsortes, para que cada um receba uma via com o ofício de citação.

O art. 6.º da Lei n.º 12.016, de 2009, reproduzindo a *ratio* da lei anterior, exige a contrafé acompanhada de documentos. Também especifica que já na peça vestibular deve ser feita a indicação da pessoa jurídica integrada pela autoridade coatora. No caso em que o documento necessário à prova do alegado se ache em repartição ou estabelecimento público ou em poder de autoridade que se recuse a fornecê-lo por certidão ou de terceiro, o juiz ordenará, preliminarmente, por ofício, a exibição desse documento em original ou em cópia autêntica e marcará, para o cumprimento da ordem, o prazo de 10 dias (art. 6.º, § 1.º). Se a autoridade que tiver procedido dessa maneira for a própria coatora, a ordem far-se-á no próprio instrumento da notificação (art. 6.º, § 2.º).

À semelhança das demais ações cíveis, a postulação em Juízo, no mandado de segurança, é engendrada por advogado regularmente inscrito nos quadros da Ordem dos Advogados do Brasil, que detém a capacidade postulatória[11]. É que, a despeito de a ação mandamental encerrar uma garantia fundamental, não se exonera o impetrante de comparecer em Juízo por meio de advogado, por expressa determinação legal.

Destarte, a eminência da garantia constitucional justifica a demonstração *prima facie* da capacidade postulatória e, bem como propicia *a fortiori* a possibilidade de que o instrumento de mandato seja anexado *a posteriori* a fim de se evitar a decadência, mormente nas hipóteses de urgência e nas quais se revela a incompatibilidade do tempo de juntada do instrumento.

Na petição inicial, o impetrante deve nominar, além da autoridade apontada como coatora, a pessoa jurídica cujos quadros ela pertence, ou seja, a pessoa jurídica que irá

---

[10] Lei n.º 12.016/2009, Art. 4.º Em caso de urgência, é permitido, observados os requisitos legais, impetrar mandado de segurança por telegrama, radiograma, fax ou outro meio eletrônico de autenticidade comprovada.
§ 1.º Poderá o juiz, em caso de urgência, notificar a autoridade por telegrama, radiograma ou outro meio que assegure a autenticidade do documento e a imediata ciência pela autoridade.
§ 2.º O texto original da petição deverá ser apresentado nos 5 (cinco) dias úteis seguintes.
[11] STF 192/151.

suportar as consequências patrimoniais ou constitutivas do deferimento de mandando de segurança, a teor do art. 6.º da Lei n.º 12.016/2009[12].

Conforme já ressaltado, é deveras comum a indicação equivocada da autoridade que deva integrar o polo passivo da ação de segurança, notadamente nos atos administrativos complexos[13] ou compostos, bem como naqueles em que há dúvidas sobre quem efetivamente detém poderes capazes de neutralizar o ato tido como ilegal ou abusivo. O juiz, verificando o erro nessa indicação, e em sendo possível constatar a autoridade que deva integrar a lide, deve conceder à parte impetrante prazo de 15 dias, nos termos do art. 321 do Código de Processo Civil, a fim de que seja corrigida a designação do responsável pelo ato atacado, em homenagem aos princípios da efetividade e economia processuais, além do fato de o mandado de segurança refletir, como visto, exercício de garantia constitucional. Deve-se ressaltar, contudo, que a jurisprudência do Superior Tribunal de Justiça não admite a emenda da inicial para a correção da autoridade indicada como coatora quando importar em modificação da competência[14].

O § 4.º do art. 6.º, que foi vetado, previa ao impetrante prazo decadencial de 10 dias para emendar a inicial, nas hipóteses em que a autoridade coatora sustentasse sua ilegitimidade. Na mensagem de veto presidencial, consta que tal "entendimento prejudica a utilização do remédio constitucional", uma vez que não tutelaria o impetrante de uma eventual demora da resposta por parte da autoridade coatora.

De toda sorte, transcorrido *in albis* o vício da destinação do *mandamus*, a ratificação ou encampação pela autoridade superior, faz exsurgir a "legitimidade superveniente", desde que não haja vício de competência funcional do órgão judicial, hipótese admitida como válida pela jurisprudência[15]. Recorde-se, a propósito, os requisitos estabelecidos na Súmula n.º 628 do STJ, *verbis*: "A teoria da encampação é aplicada no mandado de segurança quando presentes, cumulativamente, os seguintes requisitos: a) existência de

---

[12] Lei n.º 12.016/2009. Art. 6.º A petição inicial, que deverá preencher os requisitos estabelecidos pela lei processual, será apresentada em 2 (duas) vias com os documentos que instruírem a primeira reproduzidos na segunda e indicará, além da autoridade coatora, a pessoa jurídica que esta integra, à qual se acha vinculada ou da qual exerce atribuições.

[13] Em geral, nos órgãos colegiados, considera-se coator o presidente. Nos atos complexos, o coator é a última autoridade.

[14] "A jurisprudência deste STJ compreende não ser possível autorizar a emenda da inicial para correção da autoridade indicada como coatora nas hipóteses em que tal modificação implica em alteração de competência jurisdicional. Isso porque compete originariamente ao Tribunal de Justiça Estadual o julgamento de mandado de segurança contra Secretário de Estado, prerrogativa de foro não extensível ao servidor responsável pelo lançamento tributário' (AgInt no RMS 54.535/RJ, Rel. Min. Sérgio Kukina, Primeira Turma, *DJe* 26.09.2018)" (STJ, AgInt no RMS 53.867/MG, Rel. Min. Gurgel de Faria, Primeira Turma, j. 21.03.2019).

[15] STJ, RMS n.º 12.343-RJ, disponível em <www.stj.jus.br>: "Processual – Mandado de segurança – Autoridade – Alegação de ilegitimidade – Defesa do ato impugnado – Autoridade que, apontando a competência em seu inferior hierárquico, comparece ao Processo de Mandado de Segurança preventivo, alegando sua ilegitimidade, mas defendendo o ato impugnado. Tal autoridade, por haver encampado o ato malsinado, legitimou-se passivamente. Não há como afastá-la da impetração".

vínculo hierárquico entre a autoridade que prestou informações e a que ordenou a prática do ato impugnado; b) manifestação a respeito do mérito nas informações prestadas; e c) ausência de modificação de competência estabelecida na Constituição Federal". Remete-se o leitor ao capítulo referente à teoria da encampação.

A aplicação subsidiária do CPC à Lei do mandado de segurança torna inequívoca a possibilidade de o juiz determinar ao impetrante a emenda da inicial, na forma do art. 321, do CPC.[16]

A legislação de regência, em seu art. 10, *caput*, prevê hipótese em que a inicial do *mandamus* será "desde logo indeferida, por decisão motivada, quando não for o caso de mandado de segurança ou lhe faltar algum dos requisitos legais ou quando decorrido o prazo legal para a impetração". Em tais situações, dispõe o § 1.º do aludido art. 10, que "do indeferimento da inicial pelo juiz de primeiro grau caberá apelação e, quando a competência para o julgamento do Mandado de Segurança couber originariamente a um dos tribunais, do ato do relator caberá agravo para o órgão competente do tribunal que integre".

A interpretação do § 1.º do art. 10 da lei não prevê expressamente a possibilidade de que o mérito do mandado de segurança possa ser liminar e isoladamente decidido pelo relator ou pelo juiz. Nada obstante, por aplicação subsidiária do CPC/2015, é possível a improcedência liminar do *mandamus*, com resolução de mérito, nos casos de reconhecimento de decadência, prescrição ou de aplicação da regra prevista no art. 332 do CPC[17].

Com efeito, é plenamente consentânea com o procedimento especial do mandado de segurança a aplicação da hipótese cognominada de "improcedência liminar do pedido", insculpida no art. 332 do CPC de 2015[18]. O novel diploma processual alterou o antigo regime do art. 285-A do CPC de 1973, incluído pela Lei n.º 11.277/2006, passando a exigir

---

[16] CPC, Art. 321. O juiz, ao verificar que a petição inicial não preenche os requisitos dos arts. 319 e 320, ou que apresenta defeitos e irregularidades capazes de dificultar o julgamento de mérito, determinará que o autor, no prazo de 15 (quinze) dias, a emende ou a complete, indicando com precisão o que deve ser corrigido ou completado.
Parágrafo único. Se o autor não cumprir a diligência, o juiz indeferirá a petição inicial.

[17] Tal entendimento é chancelado pela remansosa jurisprudência do Superior Tribunal de Justiça, confira-se: "Administrativo. Processual civil. Agravo regimental no recurso ordinário em mandado de segurança. Indeferimento da inicial. Apreciação de mérito. Impossibilidade. Agravo regimental não provido.
1. É firme o entendimento do Superior Tribunal de Justiça no sentido que, ressalvadas as hipóteses de reconhecimento de decadência, prescrição ou de aplicação da regra prevista no art. 285-A do CPC [de 1973, atual art. 332 do CPC/2015], é defeso ao relator indeferir liminarmente a inicial de mandado de segurança por razões de mérito.
2. Agravo regimental não provido" (AgRg no RMS 38.609/RO, Rel. Min. Arnaldo Esteves Lima, 1.ª Turma, j. 06.08.2013, *DJe* 14.08.2013).

[18] **CPC. Art. 332.** Nas causas que dispensem a fase instrutória, o juiz, independentemente da citação do réu, julgará liminarmente improcedente o pedido que contrariar:
I – enunciado de súmula do Supremo Tribunal Federal ou do Superior Tribunal de Justiça;
II – acórdão proferido pelo Supremo Tribunal Federal ou pelo Superior Tribunal de Justiça em julgamento de recursos repetitivos;

súmula ou acórdão em julgamento de recursos repetitivos do STF ou STJ, entendimento firmado incidente de resolução de demandas repetitivas ou de assunção de competência ou súmula de TJ sobre direito local para autorizar a improcedência liminar, sem a citação do réu. No sistema revogado, do art. 285-A do CPC/1973, bastava que no juízo já houvesse sido proferida sentença de total improcedência em outros casos idênticos.

A despeito de algumas decisões divergentes de Tribunais[19], penso que, por buscar fundamento de validade nos princípios da celeridade e razoável duração do processo (CRFB/88, art. 5.º, LXXVIII) e da economia processual, o instituto da improcedência liminar compatibiliza-se com o rito sumário do *mandamus*. Deveras, se a causa dispensar a fase instrutória, e havendo orientação jurisprudencial consolidada na forma prevista nos incisos do art. 332 do CPC/2015, inexistem razões para interditar a denegação liminar da segurança, proferindo sentença de mérito apta, portanto, a ensejar a formação da coisa julgada material[20]. Tal pronunciamento desafia a interposição do recurso de apelação, em

---

III – entendimento firmado em incidente de resolução de demandas repetitivas ou de assunção de competência;
IV – enunciado de súmula de tribunal de justiça sobre direito local.
§ 1.º O juiz também poderá julgar liminarmente improcedente o pedido se verificar, desde logo, a ocorrência de decadência ou de prescrição.

[19] No sentido da compatibilização do art. 285-A do CPC 1973, atual art. 332 do CPC/2015, com o rito sumário do mandado de segurança, confira julgado proferido pela Primeira Turma do TRF da 1.ª Região: "Apelação em mandado de segurança. Processual civil e previdenciário. Art. 285-A do CPC. Possibilidade. Adequação da via eleita. Decadência não verificada. Aposentadoria por tempo de serviço/contribuição. Desaposentação. Atividade remunerada exercida após a concessão do benefício. Renúncia. Obtenção de aposentadoria mais vantajosa. Possibilidade. Direito patrimonial disponível. Termo inicial. Correção. Juros. Honorários. Sentença reformada. **1. A aplicação do art. 285-A do CPC é mecanismo de celeridade e economia processual, não havendo que se falar em violação ao devido processo legal ou cerceamento de defesa quando preenchidos os requisitos autorizativos para o julgamento antecipado da lide, quais sejam, a matéria for exclusivamente de direito e no juízo houver decisões anteriores, em casos idênticos, julgando improcedente o pedido.** 2. (...). 12. Apelação parcialmente provida para, reformando a sentença, conceder parcialmente a segurança" (TRF 1.ª Região, 1.ª Turma, Desembargadora Federal Ângela Catão, e-DJF1 18.06.2014).
Em sentido oposto, confira aresto proferido pela 2.ª Turma do mesmo TRF da 1.ª Região: "Processual civil. Mandado de segurança. Código de Processo Civil, Art. 285-A. Inaplicabilidade. Intervenção do representante do Ministério Público. Falta de intimação para manifestação sobre o mérito da causa. Nulidade. Lei n.º 12.016/2009, art. 12. **1. Embora o art. 285-A do Código de Processo Civil faculte a dispensa da citação quando a matéria discutida nos autos for apenas de direito e no juízo houver decisões anteriores em casos idênticos julgando improcedente o pedido, sendo a regra estatuída norma de caráter geral, é incompatível com a legislação específica que disciplina o Mandado de Segurança.** 2. Exigindo o art. 12 da Lei n.º 12.016/2009 que o representante do Ministério Público seja ouvido sobre o mérito da lide, é necessário, para não haver nulidade do processo, sua intimação para a prática do ato. 3. Precedentes do Superior Tribunal de Justiça e da Corte. 4. Apelação provida. Sentença anulada" (TRF 1.ª Região, 2.ª Turma, AMS 200734000290548, Desembargador Federal Cândido Moraes, e-DJF1 10.07.2014).

[20] Perfilhando similar posicionamento, em sede doutrinária, ver SODRÉ, Eduardo. *Mandado de Segurança Individual*. In: DIDIER JR., Fredie. *Ações Constitucionais*. 5. ed. Salvador: JusPodivm, 2011, p. 136-137.

que se autoriza o juízo de retratação (*i.e.*, efeito devolutivo misto, nos termos do art. 332, § 4.º, do CPC/2015). Nas hipóteses de manutenção da sentença, pela não ocorrência de retratação do juiz, deverá ocorrer a citação da pessoa jurídica a cujos quadros pertence a autoridade coatora para apresentar, caso queira, suas contrarrazões[21].

O indeferimento da petição inicial é sentença, levando à extinção do processo sem resolução de mérito nos termos do art. 485, I, do CPC/2015. Como sentença, desafia recurso de apelação, após o qual o juiz pode retratar-se e dar prosseguimento à ação com a notificação da autoridade coatora (art. 331 do CPC/2015). Caso mantenha o indeferimento, no primeiro grau de jurisdição, o magistrado deverá encaminhar os autos ao órgão *ad quem* com o recurso correspondente. Nos casos de competência originária de tribunal, o indeferimento da petição inicial por decisão monocrática do Relator também tem natureza de sentença, passível de agravo interno apreciável pelo colegiado.

Tanto nos casos de improcedência liminar quanto naqueles de indeferimento da inicial, o juiz poderá retratar-se no prazo de 5 dias, conforme entendimento adotado pelo Enunciado n.º 291 do Fórum Permanente de Processualistas Civis: "Aplicam-se ao procedimento do mandado de segurança os arts. 331 e parágrafos e 332, § 3.º, do CPC".

O § 2.º do art. 10, da Lei n.º 12.016/2009, proscreve a admissão de litisconsorte ativo após o despacho da petição inicial. Assim é que, uma vez impetrado o *writ*, a admissão do ingresso de litisconsorte ativo ultrajaria o princípio do juízo natural, *ex vi* do art. 5.º, XXXVII e LIII, da Constituição da República, porquanto outorgaria à parte a faculdade de escolher, a seu talante, a autoridade competente para processar e julgar sua demanda. Remete-se o leitor ao capítulo relativo ao litisconsórcio no Mandado de Segurança.

6.4. DESISTÊNCIA DO MANDADO DE SEGURANÇA

A desistência da ação significa abdicar, momentaneamente, da jurisdição acerca daquele litígio, exonerando o Judiciário de pronunciar-se sobre o mérito da causa. Assim, a desistência equivaleria *mutatis mutandis* à revogação da propositura da ação.

Trata-se de instituto de cariz eminentemente processual, *não atingindo o direito material* objeto da ação. Noutros termos, a parte que desiste da ação engendra faculdade processual, mantendo, bem por isso, incólume o direito material, tanto que descompromete o Judiciário de se manifestar sobre a pretensão de direito material.

O instituto da *desistência* não se confunde com o da *renúncia* ao direito sobre o qual se funda a ação, prevista textualmente como causa de resolução do processo "com análise do mérito".

---

[21] **CPC. Art. 332.** Nas causas que dispensem a fase instrutória, o juiz, independentemente da citação do réu, julgará liminarmente improcedente o pedido que contrariar:
(...)
§ 4.º Se houver retratação, o juiz determinará o prosseguimento do processo, com a citação do réu, e, se não houver retratação, determinará a citação do réu para apresentar contrarrazões, no prazo de 15 (quinze) dias.

Na renúncia, a abdicação significa despojamento do direito material, razão pela qual o juiz, em caso de dúvida sobre o alcance da manifestação da parte, deve instá-la a declarar o seu desígnio de forma clara e precisa, *i.e.*, se pretende (ou não) desistir ou renunciar.

A jurisprudência do mandado de segurança tem admitido tal possibilidade de desistência asseverando tratar-se de direito potestativo do Impetrante. O Supremo Tribunal Federal, em sede de Repercussão Geral, reconheceu que é possível, inclusive, ao impetrante desistir de mandado de segurança após proferida sentença de mérito, favorável ou desfavorável aos seus interesses. Na oportunidade, fiquei vencido, pois entendi que semelhante entendimento estimula o comportamento oportunista do impetrante. Afinal, o sujeito poderia afastar eventual sentença de mérito contra si por um ato unilateral, de modo que pode, a seu talante, provocar o Judiciário a conhecer diversas vezes de uma mesma matéria inviável. Por isso, na minha visão, somente seria aceitável, após a sentença, a desistência do recurso, mas não do Mandado de Segurança, como já havia decidido a 2.ª Turma do STF[22]. Na oportunidade, teci as seguintes considerações:

> O presente Recurso Extraordinário possui tema restrito e bem definido, qual seja, a possibilidade ou não de desistência do mandado de segurança pelo impetrante após a prolação de sentença de mérito. Melhor esclarecendo, não se trata de desistência do recurso interposto. Questiona-se sobre a viabilidade de desistência de todo o processo, obliterando as decisões de mérito nele já prolatadas.
>
> Desde logo, manifesto-me contrário à tese jurídica esposada pelo recorrente. Uma vez proferida decisão definitiva no Mandado de Segurança, é inviável o reconhecimento de desistência da ação pleiteada pelo impetrante, porquanto o *decisum* de mérito tem potencialidade para o alcance do *status* de coisa julgada.
>
> Não se desconhece que algumas decisões desta Corte reconheceram a possibilidade de o recorrente, unilateralmente, proceder a verdadeira rescisória da decisão de mérito, no exercício de um pretenso direito potestativo de desistência a qualquer tempo. Entretanto, o tema merece maior reflexão.
>
> Em primeiro lugar, ressalto que a *quaestio iuris* jamais foi debatida com a profundidade devida pelo Supremo Tribunal Federal. Alguns arestos deste Pretório Excelso, que albergaram a tese sustentada pelo ora recorrente, apontam como precedente antiga decisão proferida no julgamento do Mandado de Segurança n.º 20.476 (Rel. Min. Néri da Silveira, j. 18.12.1984), aplicando-o sem maiores questionamentos. Ocorre que o precedente invocado não versou sobre a desistência requerida após a prolação de decisão de mérito. Eis a ementa do aresto:
>
> Mandado de segurança. Colégio eleitoral (arts. 74 e 75, da Constituição Federal). Liberdade de voto. Pedido de desistência, após as informações. Tratando-se de mandado de segurança preventivo, defere-se, desde logo, o pedido de desistência, sem necessidade

---

[22] "Não pode o impetrante, sem assentimento da parte contrária, desistir de processo de Mandado de Segurança, quando já tenha sobrevindo sentença de mérito a ele desfavorável" (STF, AI n.º 221.462 AgR-AgR, Rel. Min. Cezar Peluso, Segunda Turma, j. 07.08.2007, *DJe* 24.08.2007).

de prévia manifestação de concordância da autoridade impetrada. Extinção do processo, sem julgamento do mérito (CPC, art. 267, VIII). (MS 20476, Rel. Min. Néri da Silveira, Tribunal Pleno, j. 18.12.1984, *DJ* 03.05.1985, pp 06330, ement vol-01376-01, pp-00068)

Analisando o inteiro teor do voto do relator, Min. Néri da Silveira, percebe-se que, naquele caso, o pedido de desistência do Mandado de Segurança ocorreu antes da prolação de qualquer tipo de decisão, seja liminar, seja definitiva.

Apreciando outras decisões antigas da Corte, percebe-se que jamais houve efetivo debate acerca dessa pretensa possibilidade, completamente extravagante, de fazer desaparecer uma sentença do mundo jurídico por ato de vontade do autor da demanda.

No RE n.º 86.958 (Rel. Min. Décio Miranda, 2.ª Turma, j. 25.08.1978), longe de afirmar um suposto direito potestativo do impetrante à desistência após a sentença, como pode sugerir a ementa, reconheceu a Corte, nos termos do voto do relator, a perda do objeto do pedido, que implicaria o prejuízo da impetração, em virtude do cumprimento espontâneo, pela Administração, do quanto pleiteado no mandado de segurança.

No RMS n.º 2.649 (Rel. Min. Afranio Costa, 2.ª Turma, j. 17.06.1955), o inteiro teor do acórdão demonstra claramente que a Corte reconheceu a desistência do recurso, não, como aqui se pretende, do mandado de segurança, com efeitos revocatórios da sentença proferida. O mesmo ocorreu no RMS n.º 1.680 (Rel. Min. Nelson Hungria, 1.ª Turma, j. 01.10.1953).

Essencial, para a adequada solução da controvérsia, diferenciar os institutos da desistência e da renúncia. Deveras, a sentença que homologa a desistência (art. 158, p. u., do CPC), porquanto decisão meramente terminativa do processo, relega em aberto a legitimidade do ato da administração, cuja higidez vem inspirada por interesse público. Diversamente, a renúncia ao direito é o ato unilateral com que o autor dispõe do direito subjetivo material que afirmara ter, importando a extinção da própria relação de direito material que dava causa à execução forçada, consubstanciando instituto bem mais amplo que a desistência da ação. Esta última opera tão somente a extinção do processo sem resolução do mérito, permanecendo íntegro o direito material, que poderá ser objeto de nova demanda *a posteriori*. Afigura-se, assim, evidentemente teratológico cogitar da extinção sem resolução do mérito em um processo no qual já houve julgamento desse mérito, sendo isso precisamente o que ocorre com a desistência do mandado de segurança após a sentença.

É preciso que este Plenário debata o tema com profundidade, evitando que injustiças sejam realizadas em virtude de má-fé perpetrada contra o Estado. Com efeito, aquele que figura no polo passivo da impetração, uma vez proferida decisão de mérito que lhe favoreça, possui o direito constitucional à imutabilidade de tal decisão acaso o impetrante demonstre não ter interesse em impugná-la. Não vejo como poderia uma construção jurisprudencial, sem qualquer base legal ou mesmo doutrinária, invocando-se, singelamente, a natureza constitucional do mandado de segurança, afetar o direito igualmente constitucional à coisa julgada (art. 5.º, XXXVI, CRFB). Nem se estranhe o fato de serem reconhecidos direitos fundamentais ao Estado, tanto mais quando os exemplos clássicos consistem precisamente nas garantias processuais, como o acesso à justiça (art. 5.º, XXXV) e o contraditório (art. 5.º, LV). É a posição, *v. g.*, em sede doutrinária, do Min. Gilmar Mendes (*Curso de Direito Constitucional*. 6.ª ed. São Paulo: Saraiva, 2011. p. 453).

Não se pode descurar do fato de que o processo jurisdicional é um instrumento público de solução de controvérsias, sendo impossível que o impetrante, ao seu alvedrio, decida sobre a subsistência da sentença de mérito, ainda que esta tenha concedido a ordem. O Judiciário não age por desfastio, nem se lhe pode impor a repetida análise de um mesmo caso. Aliás, a vedação à reiteração de julgados é o fundamento basilar do instituto da coisa julgada, conforme aponta autorizada doutrina (NIEVA FENOLL, Jordi. La cosa juzgada: El fin de un mito. In: *Jurisdicción y proceso estudios de ciencia jurisdiccional*. Madrid: Marcial Pons, 2009).

A proibição de que a parte desista do mandado de segurança, eliminando a sentença de mérito proferida, possui razões de ordem pública, considerando a racionalidade da administração da justiça. Por isso, pouco importa que apenas tenham sido proferidas no processo decisões favoráveis ao impetrante. Uma vez prolatada a sentença de mérito, a parte apenas pode dispor dos recursos destinados a impugná-la, mas não lhe assiste a faculdade de afastar a decisão por ato próprio.

Por essas razões, estou de acordo com o voto proferido pelo Min. Marco Aurélio no RE 167263 ED-EDv, julgado pelo Tribunal Pleno em 09/09/2004, *verbis*: "Enfim, após a sentença definitiva, não se pode cogitar da extinção do processo sem julgamento do mérito, isso tendo em vista postura que a parte, depois da prolação, venha a adotar. Cabe sim a renúncia, pelo vencedor, à execução, considerado negócio jurídico que formalize".

Nada obstante, a orientação que prevaleceu no referido julgamento foi a de que o impetrante pode desistir do Mandado de Segurança, mesmo após a sentença de mérito, independente da concordância da autoridade coatora ou da pessoa jurídica interessada. Eis a ementa:

> Ementa recurso extraordinário. Repercussão geral admitida. Processo civil. Mandado de segurança. Pedido de desistência deduzido após a prolação de sentença. Admissibilidade. "É lícito ao impetrante desistir da ação de mandado de segurança, independentemente de aquiescência da autoridade apontada como coatora ou da entidade estatal interessada ou, ainda, quando for o caso, dos litisconsortes passivos necessários" (MS 26.890-AgR/DF, Pleno, Ministro Celso de Mello, *DJe* de 23.10.2009), "a qualquer momento antes do término do julgamento" (MS 24.584-AgR/DF, Pleno, Ministro Ricardo Lewandowski, *DJe* de 20.6.2008), "mesmo após eventual sentença concessiva do 'writ' constitucional, (...) não se aplicando, em tal hipótese, a norma inscrita no art. 267, § 4.º, do CPC" (RE 255.837-AgR/PR, 2.ª Turma, Ministro Celso de Mello, *DJe* de 27.11.2009). Jurisprudência desta Suprema Corte reiterada em repercussão geral (Tema 530 – Desistência em mandado de segurança, sem aquiescência da parte contrária, após prolação de sentença de mérito, ainda que favorável ao impetrante). Recurso extraordinário provido. (RE 669367, Rel. Min. Luiz Fux, Rel. p/ Acórdão: Min. Rosa Weber, Tribunal Pleno, j. 02.05.2013, acórdão eletrônico repercussão geral – mérito *DJe*-213 divulg 29-10-2014 public 30-10-2014)

Idêntico entendimento tem sido adotado pelo Superior Tribunal de Justiça[23].

---

[23] STJ, AgInt no REsp 1475948/SC, Rel. Min. Regina Helena Costa, Primeira Turma, j. 02.08.2016, *DJe* 17.08.2016; AgRg no REsp 1212141/RJ, Rel. Min. Napoleão Nunes Maia Filho, Primeira Turma, j. 16.02.2016, *DJe* 26.02.2016; AgRg nos EDcl nos EDcl na DESIS no RE nos EDcl no AgRg

6.5. PRAZO PARA O AJUIZAMENTO DA AÇÃO MANDAMENTAL – DECADÊNCIA

O art. 3.º da Lei n.º 191, de 16.01.1936, e o art. 331 do Código de Processo Civil de 1939, já previam o prazo de 120 (cento e vinte) dias para a propositura da ação de mandado de segurança. O referido prazo que, na esteira da doutrina majoritária, ostenta natureza decadencial, estava também consagrado no art. 18 da Lei n.º 1.533/51, que instituíra, como termo *a quo*, a data em que o interessado tivera ciência do ato.

A Lei n.º 12.016/2009, em seu art. 23, reproduziu tal regramento, mantendo o prazo decadencial de 120 (cento e vinte) dias para a impetração do mandado de segurança individual ou coletivo, contados a partir da ciência inequívoca do ato impugnado pelo interessado[24], que pode restar caracterizado quando o ato tem a aptidão para produzir efeitos jurídicos lesivos ao impetrante[25], circunstância que obsta eventual alegação de desconhecimento do ato coator[26]. A lei, ao dispor que o direito de requerer mandado de segurança extinguir-se-á cento e vinte dias após a ciência oficial do ato impugnado, pressupõe ato efetivo e exequível.

---

no REsp 999447/DF, Rel. Min. Laurita Vaz, Corte Especial, j. 03.06.2015, *DJe* 15.06.2015; AgRg na DESIS no REsp 1452786/PR, Rel. Min. Humberto Martins, Segunda Turma, j. 24.03.2015, *DJe* 30.03.2015; AgRg no REsp 1127391/DF, Rel. Min. Assusete Magalhães, Sexta Turma, j. 11.02.2014, *DJe* 11.03.2014; AgRg no REsp 927529/DF, Rel. Min. Rogerio Schietti Cruz, Sexta Turma, j. 06.02.2014, *DJe* 28.02.2014.

[24] A jurisprudência do Superior Tribunal de Justiça é pacífica no sentido de que o prazo decadencial para a impetração de mandado de segurança tem início com a ciência inequívoca do ato lesivo pelo interessado. Confira-se: AgInt no RMS 46839/AM, Rel. Min. Luis Felipe Salomão, Quarta Turma, j. 18.05.2017, *DJe* 24.05.2017; AgRg no AgRg no REsp 1178070/MT, Rel. Min. Rogerio Schietti Cruz, Sexta Turma, j. 04.05.2017, *DJe* 15.05.2017; AgInt no RMS 50056/MS, Rel. Min. Herman Benjamin, Segunda Turma, j. 15.12.2016, *DJe* 01.02.2017; RMS 51438/PR, Rel. Min. Humberto Martins, Segunda Turma, j. 18.08.2016, *DJe* 25.08.2016; AgRg no RMS 49148/RO, Rel. Min. Olindo Menezes (desembargador convocado do TRF 1.ª Região), Primeira Turma, j. 04.02.2016, *DJe* 15.02.2016; AgRg nos EDcl no AgRg no REsp 1187419/MS, Rel. Min. Napoleão Nunes Maia Filho, Primeira Turma, j. 03.09.2015, *DJe* 22.09.2015.

[25] "O termo inicial para contagem do prazo decadencial do Mandado de Segurança ocorre quando o ato a ser impugnado se torna capaz de produzir lesão ao direito do impetrante, ou quando este vem a ter ciência inequívoca do ato tido por ilegal" (STJ, REsp 1757445/PA, Rel. Min. Herman Benjamin, Segunda Turma, j. 11.09.2018).

[26] Na lição de Hely Lopes Meirelles, "a fluência do prazo só se inicia na data em que o ato a ser impugnado se torna operante ou exequível", de maneira que "não é, pois, o conhecimento oficioso do ato que deve marcar o início do prazo para a impetração, mas sim o momento em que se tornou apto a produzir seus efeitos lesivos ao impetrante" (MEIRELLES, Hely Lopes. *Mandado de segurança, Ação Popular, Ação Civil Pública, Mandado de Injunção e Habeas data*. 28. ed. Atualizada por Arnoldo Wald e Gilmar Ferreira Mendes. São Paulo: Malheiros Editores, 2005, p. 55-56).

6.5.1. CONSTITUCIONALIDADE DE PRAZO LEGAL PARA EXERCÍCIO DE MANDADO DE SEGURANÇA

A fixação pelo legislador ordinário de prazo decadencial de 120 (cento vinte) dias para impetração do *writ* constitucional ensejou discussão acerca de sua (in)constitucionalidade, precisamente porque imporia, sem lastro expresso no texto magno, prazo para o exercício desta garantia constitucional.

De um lado, parte da doutrina sustentou que seria defeso à legislação infraconstitucional inovar na matéria, de modo a criar requisitos adicionais para a fruição das garantias fundamentais (como é o caso dos remédios constitucionais) além dos que estão expressos na Carta Magna. Deveria, assim, a lei limitar-se a fixar contornos procedimentais para seu exercício.

Debruçando-se sobre a questão, o Supremo Tribunal Federal chancelou entendimento diverso, assentando ser constitucional o prazo decadencial para ajuizamento do mandado de segurança. Tal orientação restou cristalizada no Enunciado da Súmula n.º 632, editada ainda à época da vigência da Lei n.º 1.533/1951: "É constitucional lei que fixa o prazo de decadência para a impetração de mandado de segurança".

A objeção suscitada no sentido de que o prazo de decadência representaria potencial ofensa ao princípio da inafastabilidade do Poder Judiciário foi conjurada pelo STF, ao considerar constitucional a fixação da limitação temporal para a propositura da ação constitucional em vários julgados.

A *ratio* da decisão da Corte Maior funda-se no fato de que não se trata de prazo decadencial de limitação ilegítima ditada pelo legislador ordinário a uma clausula pétrea constitucional, mas de "limitação temporal quanto ao modo sumário de invalidação dos atos da Administração Pública pelo Judiciário". O acesso à justiça resta resguardado, pois nada obsta que o interessado utilize a via ordinária quando já esgotado o prazo para a impetração do Mandado de Segurança.

Sepultando qualquer dúvida, no julgamento da ADI 4.296, ocorrido em 09.06.2021, o Supremo Tribunal Federal expressamente reconheceu a constitucionalidade do art. 23[27] da Lei 12.016/2009, reiterando "Jurisprudência pacífica da CORTE no sentido da constitucionalidade de lei que fixa prazo decadencial para a impetração de mandado de segurança (Súmula 632/STF)" e que estabelece o não cabimento de condenação em honorários de sucumbência (Súmula 512/STF): "4. A cautelaridade do mandado de segurança é ínsita à proteção constitucional ao direito líquido e certo e encontra assento na própria Constituição Federal. Em vista disso, não será possível a edição de lei ou ato normativo que vede a concessão de medida liminar na via mandamental, sob pena de violação à garantia de pleno acesso à jurisdição e à própria defesa do direito líquido e certo protegida pela Constituição. Proibições legais que representam óbices absolutos ao poder geral de cautela. 5. Ação julgada parcialmente procedente, apenas para declarar a

---

[27] **Art. 23.** O direito de requerer mandado de segurança extinguir-se-á decorridos 120 (cento e vinte) dias, contados da ciência, pelo interessado, do ato impugnado.

inconstitucionalidade dos arts. 7.º, § 2.º, e 22, § 2.º, da Lei 12.016/2009, reconhecendo-se a constitucionalidade dos arts. 1.º, § 2.º; 7.º, III; 23 e 25 dessa mesma lei"[28].

6.5.2. A CONTAGEM DE PRAZO NO MANDADO DE SEGURANÇA

A contagem de prazo para impetração do Mandado de Segurança segue tradicional regra esculpida no art. 224 do CPC/2015, haja vista a natureza processual da Lei n.º 12.016/2009: computam-se os prazos, excluindo o dia do começo e incluindo o do vencimento[29].

A Lei n.º 12.016/2009, no art. 23, fixa como *dies a quo* do prazo decadencial a data de ciência do ato coator. Disso decorrem importantes constatações.

Em primeiro lugar, fica isento de qualquer prazo o *mandamus* de caráter preventivo, ou inibitório, já que a violação de direito sequer ocorreu, estando apenas na iminência de realizar-se[30]. Diversamente, e como afirmado anteriormente, caso ocorra a lesão, a partir da ciência inequívoca desta pelo jurisdicionado ter-se-á o início do prazo decadencial.

Em segundo lugar, o prazo de 120 dias para a impetração do *mandamus*, por ter natureza decadencial, não se interrompe nem se suspende[31]. Vale dizer que, nos termos da Súmula n.º 430 do Supremo Tribunal Federal, pedido de reconsideração na via administrativa não interrompe o prazo para o mandado de segurança. Da mesma forma, eventual recurso interposto na esfera administrativa não obsta o curso do prazo decadencial, desde que não possua efeito suspensivo[32].

---

[28] ADI 4.296, Rel. Marco Aurélio, Rel. p/ acórdão Alexandre de Moraes, Tribunal Pleno, j. 09.06.2021.

[29] "Segundo reiterada jurisprudência desta Corte, o prazo decadencial para a impetração de mandado de segurança contra ato judicial tem início na data da publicação da decisão impugnada no Diário de Justiça e sua contagem é regida pelo § 2.º do art. 184 do CPC [de 1973, atual art. 224 do CPC/2015], excluindo o dia do começo e incluindo o do vencimento" (STJ, AgInt no REsp 1321632/SP, Rel. Min. Sérgio Kukina, Primeira Turma, j. 21.08.2018).

[30] "O pleito no sentido de que o fisco municipal se abstenha de lançar o tributo, utilizando-se, para tanto, de alíquotas progressivas, possui caráter preventivo, pelo que não há que se falar em prazo decadencial. Em idêntica direção: REsp 1.056.706/DF, Rel. Min. Castro Meira, Segunda Turma, *DJe* 23.04.2010; AgRg no Ag 1.160.776/RJ, Rel. Min. Herman Benjamin, Segunda Turma, *DJe* 13.11.2009" (STJ, REsp 1474606/PE, Rel. Min. Og Fernandes, Segunda Turma, j. 19.09.2017).

[31] "O prazo decadencial para impetração do *mandamus* não se interrompe ou suspende" (STJ, MS 15.118/DF, Rel. Min. Og Fernandes, Primeira Seção, j. 14.11.2018).

[32] "O pedido de reconsideração ou recurso administrativo destituído de efeito suspensivo não tem o condão de suspender ou interromper o curso do prazo decadencial" (STJ, RMS 58.786/SP, Rel. Min. Herman Benjamin, Segunda Turma, j. 27.11.2018). "Ocorreu a consumação do prazo decadencial para a impetração do *writ*, não se cogitando da interrupção do prazo em virtude da interposição do recurso administrativo." (STJ, RMS 58.712/SP, Rel. Min. HERMAN BENJAMIN, SEGUNDA TURMA, j. 13.12.2018). "Ademais, é cediço que os recursos administrativos não possuem o condão de impedir o início do prazo decadencial para manejo do mandado de segurança, tampouco suspende ou interrompe." (STJ, AgInt no RMS 58.263/SP, Rel. Min. FRANCISCO FALCÃO, SEGUNDA TURMA, j. 04.12.2018). "'A interposição de embargos de declaração contra decisão administrativa impugnada pela via do mandado de

Em terceiro lugar, com a publicação do ato na imprensa oficial, considera-se operada a sua ciência, porque ulterior intimação pessoal da parte não lhe reabre o prazo para impetração. Então, como regra, o prazo começará a correr com a publicação do ato administrativo apontado como coator na imprensa oficial, se esse tipo de divulgação houver ocorrido[33]. Nos casos de atos administrativos que regem relações jurídicas de trato sucessivo, como descontos tributários, a contagem do prazo decadencial se renova a partir de cada ato lesivo[34]. A mesma lógica é aplicável a atos omissivos continuados que envolvam obrigações de trato sucessivo[35]. Em contrapartida, o ato que suprime direitos é considerado ato único de efeitos permanentes, que não tem o condão de determinar a renovação periódica do prazo decadencial[36].

---

segurança não tem o condão de interromper o fluxo do prazo decadencial de 120 dias para impetração do mandamus, notadamente quando se trata de prazo que não se suspende, nem se interrompe e do recurso integrativo – desprovido dos vícios previstos na lei processual civil – exsurge nítida feição modificativa' (RMS 39.107/SE, Rel. Min. Gurgel de Faria, Primeira Turma, *DJe* 30/6/2016)." (STJ, RMS 49.802/AC, Rel. Min. SÉRGIO KUKINA, PRIMEIRA TURMA, j. 16.10.2018).

[33] "A jurisprudência desta Corte Superior é firme no sentido de que o termo inicial do prazo de decadência para impetração de mandado de segurança é a data da publicação do respectivo ato no Diário Oficial e não a intimação pessoal do servidor." (STJ, RMS 59.151/MS, Rel. Min. FRANCISCO FALCÃO, SEGUNDA TURMA, j. 21.03.2019). "Consoante entendimento consolidado nesta Corte, o termo inicial do prazo decadencial para impetração de mandado de segurança contra aplicação de penalidade disciplinar é a data da publicação do respectivo ato no Diário Oficial, e não a posterior intimação pessoal do servidor." (STJ, AgInt no MS 24.647/DF, Rel. Min. REGINA HELENA COSTA, PRIMEIRA SEÇÃO, j. 27.02.2019).

[34] "Os descontos tributários realizados nas remunerações dos contribuintes configuram relações jurídicas de trato sucessivo, que se renovam mês a mês, pois não há um ato único e de efeitos permanentes. Logo, não importa o tempo do ato administrativo que determinou o abatimento, a contagem do prazo decadencial para rever o ato se dá a partir de cada desconto efetuado" (STJ, RMS 57.404/CE, Rel. Min. Benedito Gonçalves, Primeira Turma, j. 19.03.2019).

[35] "Consoante o entendimento desta Corte, tratando-se de ato omissivo continuado (inobservância do princípio constitucional da paridade), envolvendo obrigações de trato sucessivo, o prazo para impetração de mandado de segurança se renova mês a mês" (STJ, AgInt no AREsp 154.862/CE, Rel. Min. Gurgel de Faria, Primeira Turma, j. 19.02.2019). "Cuidando-se de *mandamus* impetrado contra ato omissivo da Administração, referente ao não pagamento de vantagem pecuniária a Servidor Público, o prazo decadencial se renova mês a mês, por se tratar de prestação de trato sucessivo" (STJ, AgInt no AREsp 514.092/PI, Rel. Min. Napoleão Nunes Maia Filho, Primeira Turma, j. 18.02.2019).

[36] "É firme a orientação de que o ato que suprime direito, como o que torna sem efeito a concessão de aposentadoria, é único e de efeitos permanentes, devendo iniciar a contagem do prazo de decadência para impetrar o *writ* da data de ciência do referido ato" (STJ, AgInt no AREsp 478.083/PI, Rel. Min. Napoleão Nunes Maia Filho, Primeira Turma, j. 12.02.2019). "O ato administrativo que suprime vantagem é único e de efeitos concretos, iniciando-se o prazo decadencial para a impetração do mandado de segurança a partir da ciência do ato impugnado, a teor do disposto no art. 23 da Lei 12.016/2009" (STJ, AgInt no REsp 1722739/CE, Rel. Min. Benedito Gonçalves, Primeira Turma, j. 11.12.2018). "A transferência do militar para a reserva remunerada configura ato único, de efeitos concretos e permanentes, a partir do qual começa a fluir o prazo decadencial previsto na Lei do Mandado de Segurança." (STJ, AgInt no REsp 1702297/AM, Rel. Min. Mauro Campbell

Outrossim, pode haver prescrição da ação com a paralisação do processo por mais de cinco anos, prazo máximo e geral para todas as postulações pessoais do particular contra a Administração, *ex vi* do art. 1.º do Decreto n.º 20.910/1932.

Em exegese favorável ao impetrante, o STF já decidiu que não ocorre a caducidade se o *mandamus* foi protocolado tempestivamente, ainda que ajuizado no juízo incompetente. Essa orientação está de acordo com a *ratio* do art. 64, § 4.º, do CPC/2015, segundo o qual, salvo decisão judicial em sentido contrário, conservar-se-ão os efeitos de decisão proferida pelo juízo incompetente até que outra seja proferida, se for o caso, pelo juízo competente.

Ressalta-se que o mandado de segurança repressivo em matéria tributária tem contagem de prazo decadencial iniciado com a notificação do lançamento fiscal. Em outras palavras, no caso em que se questiona determinada exação tributária, o marco temporal será a data em que o contribuinte é cientificado do lançamento, pois é este que constitui o crédito tributário, e não a data da inscrição em dívida ativa[37]. Se o pagamento do tributo já se realizou, não cabe mais o uso da via mandamental, consoante o verbete da Súmula n.º 269 do STF ("O mandado de segurança não é substitutivo de ação de cobrança"), uma vez que a ação própria transmudar-se-ia em repetição de indébito tributário ou pretensão de compensação de créditos e débitos fiscais.

No entanto, caso o sujeito passivo da obrigação tenha oferecido defesa administrativa diante da imposição do tributo, entendem a doutrina e a jurisprudência não se iniciar a contagem do prazo, já que a impugnação teria, por si só, efeito suspensivo[38].

Em suma, o Superior Tribunal de Justiça, em caso relativo à matéria tributária, entendendo que nesta "há um permanente estado de ameaça gerada pela potencialidade objetiva da prática de ato administrativo fiscal dirigido ao contribuinte, surgindo o fato que enseja a incidência da lei ou de outra norma, questionadas quanto à sua validade jurídica", decidira que "o lançamento ou inscrição do crédito tributário como dívida ativa, de regra, é que concretizam a ofensa ao direito líquido e certo. Destarte, não se pode estipular o início do prazo decadencial para a impetração preventiva do mandado de segurança"[39].

Marques, Segunda Turma, j. 24.04.2018). "Esta Corte tem o entendimento de que, nos mandados de segurança que visem a revisão de aposentadoria, nos quais se questiona o ato concessivo do benefício, o termo inicial do prazo decadencial para a impetração é a data daquele (ato), por ser ato único de efeitos permanentes" (STJ, AgInt no REsp 1284455/MT, Rel. Min. Gurgel de Faria, Primeira Turma, j. 22.03.2018).

[37] "A Primeira Seção do STJ, quando do julgamento dos EAg 1.085.151/RJ, posicionou-se no sentido de que o prazo decadencial do art. 18 da Lei 1.533/1951, nos casos em que a impetração do mandado de segurança se volta contra o ato de inscrição de dívida ativa para discutir a própria constituição (lançamento) do crédito tributário, deve ter como *dies a quo* a ciência do contribuinte acerca da constituição definitiva do crédito tributário em seu desfavor, e não a data da respectiva inscrição em dívida ativa" (STJ, AgInt no AREsp 792.724/SP, Rel. Min. Benedito Gonçalves, Primeira Turma, j. 27.02.2018).

[38] STJ, REsp 623.367/RJ, Rel. Min. João Otávio de Noronha, 2.ª Turma, j. 15.06.2004, *DJ* 09.08.2004, p. 245.

[39] STJ, REsp 90966-BA, disponível em <www.stj.jus.br>.

Uma vez iniciado o prazo do *mandamus*, este obedece aos ditames do diploma processual de 2015, notadamente, aos arts. 218 e seguintes, destacando-se o § 1.º do art. 224, que prevê a prorrogação do prazo até o primeiro dia útil se o seu vencimento recair em feriado ou em dia em que determinado o fechamento do fórum ou encerrado o expediente forense antes da hora normal[40]. Nada obstante o prazo decadencial, sob ângulo específico, ser improrrogável, é pacífico o reconhecimento da tempestividade da inicial do mandado de segurança ajuizada no primeiro dia útil subsequente ao término do prazo, se neste o fórum esteve fechado – preceito esse também aplicado ao prazo de outras ações de natureza decadencial, como a ação renovatória, rescisória etc.

Questão intrigante diz respeito à aplicabilidade do art. 219 do CPC/2015 ao prazo de 120 dias para a impetração do Mandado de Segurança. O referido dispositivo assinala que, na contagem dos prazos processuais em dias, computar-se-ão somente os dias úteis. A *vexata quaestio* diz respeito à caracterização do prazo previsto no art. 23 da Lei n.º 12.016/2009 como prazo processual (contado em dias úteis) ou material (contado em dias corridos). Não há dúvidas de que a expiração do referido prazo não traz nenhuma consequência de índole material, pois não prejudica o exercício do direito e a busca de sua tutela pela via ordinária. Trata-se tão somente de prazo para a utilização de um rito procedimental mais célere, de modo que a sua natureza é inegavelmente processual. Por essa razão, é inafastável a aplicação da regra do art. 219 do CPC/2015, contando-se o prazo de 120 dias úteis.

Finalmente, o art. 3.º da Lei prevê em seu *caput* a possibilidade de "titular de direito e líquido e certo decorrente de direito, em condições idênticas, de terceiro", impetrar mandado de segurança a favor do direito originário, se o seu titular não o fizer no prazo de 30 (trinta) dias. O parágrafo único do mesmo dispositivo estabelece que esse procedimento também estaria submetido ao prazo decadencial de 120 (cento e vinte dias), contados do término do lapso para a comunicação processual[41].

6.5.3. *PRAZO PARA O MANDADO DE SEGURANÇA CONTRA ATO OMISSIVO*

A atual previsão do art. 23 da Lei n.º 12.016/2009 em nada difere do disposto no art. 18 da antiga Lei n.º 1.533/1951. O texto final do Projeto de Lei aprovado pelo Congresso Nacional (PL n.º 125/2006 no Senado e n.º 5.067/2001 na Câmara dos Deputados), continha

---

[40] "A jurisprudência do STJ orienta-se no sentido de que o termo inicial para a impetração do Mandado de Segurança é a data da ciência do ato, mas a contagem só tem início no primeiro dia útil seguinte e, caso o termo final recaia em feriado forense ou dia não útil (sábado ou domingo), prorroga-se automaticamente o término do prazo para o primeiro dia útil que se seguir. Precedentes do STJ e do STF" (STJ, AgRg no AREsp 687.431/PA, Rel. Min. Herman Benjamin, Segunda Turma, j. 18.06.2015).

[41] **Art. 3.º** O titular de direito líquido e certo decorrente de direito, em condições idênticas, de terceiro poderá impetrar mandado de segurança a favor do direito originário, se o seu titular não o fizer, no prazo de 30 (trinta) dias, quando notificado judicialmente.
Parágrafo único. O exercício do direito previsto no *caput* deste artigo submete-se ao prazo fixado no art. 23 desta Lei, contado da notificação.

regra específica para a contagem do prazo para a impetração de mandado de segurança contra omissão da autoridade. Com efeito, o parágrafo único do art. 5.º do referido projeto assim dispunha: "O mandado de segurança poderá ser impetrado, independentemente de recurso hierárquico, contra omissões da autoridade, no prazo de 120 (cento e vinte) dias, após sua notificação judicial ou extrajudicial".

O indigitado dispositivo foi vetado pelo Exmo. Sr. Presidente da República, com a seguinte justificativa:

> A exigência de notificação prévia como condição para a propositura do Mandado de Segurança pode gerar questionamentos quanto ao início da contagem do prazo de 120 dias em vista da ausência de período razoável para a prática do ato pela autoridade e, em especial, pela possibilidade de a autoridade notificada não ser competente para suprir a omissão.

O veto mostrou-se acertado, na medida em que a exigência de prévia notificação da autoridade e o início do curso do prazo para a impetração a partir da referida notificação iria gerar diversos debates acerca do termo *a quo*. De efeito, não restaria imune de dúvidas, por exemplo, se qualquer comunicação realizada pelo particular, indicando a necessidade de prática de determinado ato pela autoridade, já se configuraria como a notificação a que se referia o vetado parágrafo único do art. 5.º. Além disso, o texto legal também não estipulava solução expressa para as hipóteses de omissão de trato sucessivo por parte da autoridade: não era possível saber se deveriam (ou não) ser apresentadas sucessivas notificações.

A ausência de regramento na Lei acerca destes tópicos propiciará a continuidade dos debates na doutrina e na jurisprudência.

A omissão pura e simples de autoridade que não pratica o ato que lhe compete, consoante jurisprudência dominante, não deflagra o início de contagem de prazo de decadência. Daí que, enquanto perdurar a inação da autoridade, a impetração do mandado de segurança por abuso de poder será sempre possível. Nesse sentido é a jurisprudência segundo a qual:

> Não há a decadência do direito à impetração quando se trata de comportamento omissivo da autoridade impetrada, que se renova e perpetua no tempo (STJ, MS 21.208/DF, Rel. Min. Napoleão Nunes Maia Filho, Primeira Seção, j. 25.04.2018).

Deveras, parte da doutrina defende que deve ser considerado um prazo razoável para a prática do ato. A definição do que, exatamente, irá configurar um prazo razoável depende da análise casuística. Nesse sentido, Sergio Ferraz observa: "estabelecer o que é o razoável é operação intelectual necessariamente casuística, a ser aferida com os instrumentos axiológicos constitucionais da razoabilidade, da proporcionalidade e da pessoalidade"[42]. Comumente, a jurisprudência aplica o prazo de até 30 dias previsto no art. 49 da Lei n.º

---

[42] FERRAZ, Sergio. *Mandado de segurança*. São Paulo: Malheiros, 2006, p. 138.

9.784/1999 para a Administração proferir decisão no processo administrativo: depois de findo esse prazo, inicia-se o decurso temporal para impetração. Entretanto, essa análise implícita não se coaduna com a garantia constitucional.

Diversa é a hipótese de *omissão* na prática de atos com prazo previsto em lei. Havendo previsão legal para a prática do ato, na qual se estabeleça determinado lapso temporal para a manifestação da Administração, a ilegalidade da conduta omissiva da Administração estará configurada a partir do decurso do termo *ad quem*.

Assim restou exposto no precedente do STF:

> Esgotado o prazo legal para a prática do ato omissivo pela autoridade impetrada (Regimento Interno do Senado Federal, art. 118, *b*) começa a correr o prazo de cento e vinte dias, para impetrar Mandado de Segurança, o qual se esgotou antes da impetração. Decadência verificada. Mandado de segurança não conhecido (STF, MS n.º 23.126-DF).

É por isso que, de acordo com a jurisprudência do Superior Tribunal de Justiça, nos Mandados de Segurança envolvendo a omissão quanto à nomeação de candidato em concurso público, o referido prazo decadencial somente começa a contar na data em que a validade do certame expira[43]. Afinal, dentro do prazo de validade, o candidato pode ser nomeado a qualquer momento, não havendo prejuízo imediato à sua esfera jurídica. Em contrapartida, se o fundamento do *mandamus* for a eliminação do candidato do certame, o prazo decadencial será contado da data da ciência do candidato quanto ao ato que o eliminou[44]. Também já se reconheceu que, nos casos em que o candidato impugna

---

[43] "Quanto ao prazo para interposição do mandamus, o entendimento jurisprudencial consolidado desta Corte é o de que a contagem do prazo decadencial para impetrar Mandado de Segurança, contra a ausência de nomeação de candidato aprovado em concurso público, inicia-se na data de expiração da validade do certame. Precedentes: AgRg no REsp. 1.295.431/SE, Rel. Min. Napoleão Nunes Maia Filho, *DJe* 4.2.2016; AgRg no RMS 49.330/AC, Rel. Min. Benedito Gonçalves, *DJe* 2.2.2016; AgRg no RMS 48.870/GO, Rel. Min. Mauro Campbell Marques, *DJe* 04.11.2015" (STJ, AgInt no RMS 54.965/GO, Rel. Min. Francisco Falcão, Segunda Turma, j. 10.04.2018). "1. Em se tratando de Mandado de Segurança voltado contra a ausência de nomeação de candidato aprovado em concurso público, a questão referente à contagem do prazo decadencial deve ser abordada sob duas óticas: I) quando o candidato pretende sua nomeação em decorrência de vaga que surge ainda dentro do prazo de validade do certame; e II) quando o candidato postula a sua nomeação após o término do prazo de validade do concurso. 2. No primeiro caso, enquanto vigente o prazo de validade do certame, este Superior Tribunal de Justiça possui entendimento de que não se opera a decadência, já que o ato de não nomear candidato aprovado é um ato omissivo, que abrange uma relação de trato sucessivo, renovando-se continuamente. Na segunda hipótese – quando já expirado o prazo de validade do concurso –, não se pode falar em ato omissivo. Os efeitos da decadência passam a operar a partir do término do prazo de validade do concurso, por se tratar de um ato concreto. Precedentes: AgRg no RMS 46.941/SP, Rel. Min. Sérgio Kukina, *DJe* 27.6.2016; AgRg no MS 22.297/DF, Rel. Min. Assusete Magalhães, *DJe* 25.04.2016" (STJ, AgInt no RMS 50.428/MG, Rel. Min. Napoleão Nunes Maia Filho, Primeira Turma, j. 21.11.2017).

[44] "O prazo decadencial para se impetrar Mandado de Segurança contra omissão da Administração em nomear candidato aprovado em concurso público é a data de expiração da validade do certame. (...) Outrossim, esta Corte orienta-se no sentido de que o prazo decadencial para a impetração de

reclassificação e preterição na ordem de classificação, o prazo é contado a partir desse específico ato que supostamente violou o direito do impetrante[45].

Consoante já abordado em tópico anterior, em se tratando de relações jurídicas administrativas de caráter continuado, *i.e.*, quando, verificada mês a mês a omissão, o prazo para a impetração também será renovado mensalmente, como na hipótese ilustrativa de omissão na inclusão na folha de pagamento de vantagens devidas a servidor. Confira-se a jurisprudência do STJ sobre o tema, *verbis*:

> Em se tratando de ato omissivo continuado, o prazo para impetração de mandado de segurança se renova mês a mês, afastando a decadência para o ajuizamento da ação (cf. AgInt no REsp 1548233/CE, Rel. Min. Sérgio Kukina, Primeira Turma, *DJe* 25.05.2018; REsp 1729064/PB, Rel. Min. Herman Benjamin, Segunda Turma, *DJe* 02.08.2018) (STJ, AgInt no RMS 58.699/BA, Rel. Min. Mauro Campbell Marques, Segunda Turma, j. 19.02.2019).

> A jurisprudência do Supremo Tribunal Federal e desta Corte Superior é no sentido de que a ausência de pagamento da reparação econômica pretérita configura ato omissivo continuado da autoridade coatora em cumprir integralmente a referida portaria, situação que afasta a configuração de decadência da pretensão mandamental (STJ, MS 20.982/DF, Rel. Min. Napoleão Nunes Maia Filho, Rel. p/ Acórdão Min. Regina Helena Costa, Primeira Seção, j. 24.10.2018).

> Ademais, em se tratando de ato omissivo continuado, envolvendo obrigações de trato sucessivo, o prazo para impetração de mandado de segurança se renova mês a mês, de forma que não há que se falar em decadência para o ajuizamento da ação (STJ, AgInt no REsp 1548233/CE, Rel. Min. Sérgio Kukina, Primeira Turma, j. 17.05.2018).

A legislação, em determinadas hipóteses, atribui ao silêncio da Administração os efeitos de manifestação de vontade, por meio do cognominado *silêncio qualificado*.

Como a atuação da Administração Pública pauta-se pela legalidade, a atribuição de determinado sentido à omissão da autoridade em praticar o ato depende de expressa previsão legal. Vale dizer, somente nas hipóteses taxativamente previstas em lei será possível atribuir significado à conduta omissiva da Administração.

É o que ocorre, *v.g.*, quando a própria lei dispõe que ultrapassado o prazo sem decisão, o interessado poderá considerar rejeitado o requerimento na esfera administrativa, abrindo-lhe a via do mandado de segurança, motivo por que a impetração não se voltará contra a omissão da autoridade em si, mas contra o que dela resultará.

---

mandado de segurança, cuja pretensão seja de reverter a eliminação do certame, conta-se a partir da ciência de tal ato, sendo, portanto, irrelevante posterior provimento judicial favorável a outro candidato" (STJ, AgInt no RMS 57.068/BA, Rel. Min. Regina Helena Costa, Primeira Turma, j. 09.10.2018).

[45] "O recorrente limita-se a defender a nulidade do certame e ataca ato administrativo que reclassificou os beneficiários de ordem judicial transitada em julgado, com suposta preterição do impetrante. Diante disso, o prazo decadencial deve ter como termo inicial esse ato específico da Administração, supostamente lesivo ao direito do autor" (STJ, RMS 58.270/BA, Rel. Min. Herman Benjamin, Segunda Turma, j. 20.09.2018).

Por fim, recorde-se que a autoridade coatora, no caso de omissão ilegal, será o agente que seria responsável pela prática do ato devido ou poderia ordenar a sua realização[46].

6.6. AS PROVAS ADMITIDAS E O MANDADO DE SEGURANÇA

As partes, no processo, sustentam fatos aos quais atribuem efeitos jurídicos, que consubstanciam as suas razões no sentido de o juiz acolher ou rejeitar o pedido. Os fatos aduzidos pelo autor denominam-se constitutivos do seu direito e os formulados pelo demandado extintivos, modificativos ou impeditivos.

Obviamente, a "atividade probatória" tem como "objeto" a "prova", vocábulo utilizado em processo para significar a "atividade em si", "o resultado dessa atividade" ou, ainda, o "objeto dessa atividade". Por tal razão é que se alude à "prova oral", ao "ônus da prova" e ao "ato de provar em si".

Partindo-se da premissa de que as partes, no processo, aduzem a fatos aos quais atribuem relevância jurídica, pode-se afirmar, sem a pretensão de esgotar o conteúdo do conceito, que a prova é o meio pelo qual as partes demonstram, em juízo, a existência dos fatos necessários à definição do direito em conflito. Provar significa formar a convicção do juiz sobre a existência ou inexistência dos fatos relevantes para a causa[47].

Os elementos de convicção consubstanciam as "espécies de provas", e os objetos da prova são os "fatos", porquanto "o direito, em princípio, não se prova, se conhece"[48].

As disposições regentes do arcabouço probatório, independentemente da positivação legal (Código Civil ou Código de Processo Civil), encerram normas de direito processual, na medida em que interessaram unicamente ao processo. Na realidade, o objetivo da prova é formar o convencimento do magistrado. As normas de direito material sobre a prova do ato referem-se à sua estrutura, e não à sua forma de demonstração de existência. São as denominadas formas *ad solemnitatem* constitutivas do próprio ato jurídico[49].

Se é escorreito afirmar que provar é convencer, não menos correto que o convencimento nem sempre condiz com a verdade, senão com o provável. A busca da certeza tornaria infindável o processo mercê de concluí-lo com a ilusão de que o que se obteve foi, efetivamente, a verdade dos fatos. Para o processo, o que importa é a verdade que migra para os autos, ou seja, a verdade do Judiciário, aquela que importa para a decisão e que

---

[46] "Em se tratando de ato omissivo, o art. 6.º, § 3.º, da Lei n.º 12.016/2009 autoriza a conclusão de que é autoridade coatora aquela que deveria praticar o ato ou da qual deveria provir a ordem para a sua prática" (STJ, MS 23.231/DF, Rel. Min. Assusete Magalhães, Primeira Seção, j. 26.09.2018).

[47] Sob esse ângulo afirmou Florian, *Elementos de derecho procesal penal*, 1934, p. 308-309, que "a prova é aquilo de que o juiz deve adquirir o necessário conhecimento para decidir sobre a questão submetida ao seu julgamento".

[48] Nesse sentido Liebman, *Corso di diritto processuale civile*, 1952, p. 148; Wilhem Kisch, *Elementos de derecho procesal civil*, 1940, p. 196.

[49] Conforme, Liebman, ob. cit., p. 150.

timbra de imutabilidade a definição que advém da cognição[50]. Na realidade, o processo é um instrumento de reconstrução de fatos que pode ser mais ou menos preciso na sua missão, porém o maior detalhismo na coleta de elementos para essa atividade consome mais tempo e recursos valiosos para as partes e o Judiciário. Nem sempre o benefício social obtido com o maior detalhismo do processo justifica os seus custos. A situação é similar à de um exame médico para a detecção de uma doença: exames menos confiáveis podem ainda assim ser base para tratamentos, seja pelo seu baixo custo, pela baixa gravidade da doença, pelas inexpressivas consequências de eventual erro médico e pelos custos (de tempo, recursos e saúde) inerentes a exames alternativos mais precisos.

O autor, em regra, na ação de conhecimento, especifica as provas através das quais pretende comprovar seu direito ao provimento procedente. Todavia, esta especificação na exordial resta absolutamente inaplicável ao rito do mandado de segurança, que reclama prova documentada pré-constituída[51].

Outrossim, no caso de quadro de complexidade fática, que demande uma elucidação mais profunda, torna-se impróprio o manejo do *writ*, recomendando-se, bem por isso, o ajuizamento de ação de conhecimento. O Superior Tribunal de Justiça possui jurisprudência pacífica no sentido de que a impetração do mandado de segurança pressupõe a violação a direito líquido e certo, entendido como tal aquele que é comprovado de plano, não se admitindo dilação probatória[52].

O documento necessário para a comprovação da liquidez e certeza do direito vulnerado pode, inclusive, estar na posse de terceiro, hipótese em que o impetrante deverá requerer que este proceda à sua exibição, independentemente de o juiz poder fazê-lo de ofício. Remetido ao juízo o documento, este deve ser anexado tanto aos autos da impetração quanto à segunda via da petição inicial.

O documento necessário, quando em posse da própria autoridade coatora, deve ser requisitado no corpo da notificação. É precisamente o que dispõe o art. 6.º da Lei n.º 12.016/2009:

> Art. 6.º A petição inicial, que deverá preencher os requisitos estabelecidos pela Lei Processual, será apresentada em 2 (duas) vias com os documentos que instruírem a primeira reproduzidos na segunda e indicará, além da autoridade coatora, a pessoa jurídica que esta integra, à qual se acha vinculada ou da qual exerce atribuições.

---

[50] No terreno probatório na feliz expressão de Bentham, em seu tratado de direito probatório, ao afirmar que a prova era "o estabelecimento de um fato supostamente verdadeiro" (*Tratado de las pruebas judiciales*, v. I, p. 19). Calcado na mesma premissa, Recaséns Siches entendia como alheios ao direito os conceitos de verdade e falsidade, para dar lugar ao que denominava de "lógica do razoável" (*Nueva filosofia de la interpretación*, México, 1980, p. 277).

[51] Por essa razão, a inteligência da **Súmula n.º 270 do STF**: "Não cabe mandado de segurança para impugnar enquadramento da Lei n.º 3.780 de 12.7.1960, que envolva exame de prova ou de situação funcional complexa".

[52] AgInt no MS 22.585/DF, Rel. Min. Gurgel de Faria, Primeira Seção, j. 27.03.2019.

§ 1.º No caso em que o documento necessário à prova do alegado se ache em repartição ou estabelecimento público ou em poder de autoridade que se recuse a fornecê-lo por certidão ou de terceiro, o juiz ordenará, preliminarmente, por ofício, a exibição desse documento em original ou em cópia autêntica e marcará, para o cumprimento da ordem, o prazo de 10 (dez) dias. O escrivão extrairá cópias do documento para juntá-las à segunda via da petição.

§ 2.º Se a autoridade que tiver procedido dessa maneira for a própria coatora, a ordem far-se-á no próprio instrumento da notificação.

A decisão que determina a exibição tem natureza mandamental (*i.e.* de ordem), de maneira que seu descumprimento atrai a incidência do disposto no art. 26 da Lei, que considera crime de desobediência, nos termos do art. 330 do Decreto-lei n.º 2.848, de 7 de dezembro de 1940, o não cumprimento das decisões proferidas em mandado de segurança, sem prejuízo das sanções administrativas e da aplicação da Lei n.º 1.079, de 10 de abril de 1950, quando cabíveis.

Outrossim, esgotado o prazo, é lícito ao juiz determinar a busca e apreensão da prova pré-constituída (arts. 400, parágrafo único, e 403, parágrafo único, do CPC/2015), aplicando-se o regime da exibição de documento ou coisa, por isso que, se a parte adversa sonegar a prova, é lícito ao juiz presumir verdadeiros os fatos afirmados.

6.7. O MANDADO DE SEGURANÇA E O PROCESSO ELETRÔNICO

A agilidade dos meios eletrônicos coaduna-se com a efetividade e a prontidão da tutela jurisdicional inerentes ao *writ*.

O art. 4.º da Lei n.º 12.016/2009 autoriza a impetração do mandado de segurança por telegrama ou radiograma, adicionando ao elenco a possibilidade de ajuizamento por *fax ou outro meio eletrônico de autenticidade comprovada*, mediante apresentação do original em cinco dias úteis, conforme estabelecido em seu § 2.º. É também aplicável o art. 285 do CPC/2015, que permite a distribuição da inicial pela via eletrônica. A exigência de apresentação do original não é aplicável quando o protocolo da inicial ocorrer por meio eletrônico, porquanto o art. 11 da Lei n.º 11.419/2006, ainda em vigor, estabelece que os documentos produzidos eletronicamente e juntados aos processos eletrônicos com garantia da origem e de seu signatário serão considerados originais para todos os efeitos legais.

Além de modernizar o rito do mandado de segurança, o retrocitado dispositivo autorizou o juiz, "em caso de urgência", a cientificar imediatamente a autoridade coatora por telegrama, radiograma ou outro meio que assegure a autenticidade do documento e a imediata ciência pela autoridade, de acordo com o § 1.º do mesmo art. 4.º. Por sua vez, a "ciência do feito ao órgão de representação judicial da pessoa jurídica interessada" (art. 7.º, II, da Lei n.º 12.016/2009) deverá ser feita preferencialmente por meio eletrônico em relação à União, aos Estados, ao Distrito Federal, aos Municípios e às entidades da administração indireta, nos termos do art. 246, §§ 1.º e 2.º, do CPC/2015. As intimações do Ministério Público, da Defensoria Pública e da Advocacia Pública igualmente serão feitas, de forma preferencial, por meio eletrônico (arts. 270, parágrafo único, e 183, § 1.º, do CPC/2015).

6.8. CITAÇÃO DAS PARTES

Citação é o ato de comunicação processual pelo qual, prioritariamente, chama-se a juízo o réu ou o interessado, a fim de integrar a relação processual, conforme conceitua o art. 238 do CPC/2015[53]. Note-se que o Código de 1973, ao contrário, qualificava a citação como ato pelo qual o réu ou interessado seria chamado a juízo "a fim de se defender". O Código de 2015 deixa claro, no entanto, que a citação não se dirige apenas à defesa. Isto porque a citação é considerada ato de integração da pessoa na relação processual, propiciador da defesa da legitimidade de suas pretensões em qualquer polo que ocupe no processo, ativo ou passivo.

Consubstanciando ato que permite ao sujeito participar do processo em que se vai dispor acerca de direito seu, a citação completa a relação processual, independentemente da vontade do réu, e cumpre os postulados do contraditório e do devido processo legal. Conclui-se que, para a validade do processo, é indispensável a citação[54] inicial do réu.[55]

---

[53] **CPC. Art. 238.** Citação é o ato pelo qual são convocados o réu, o executado ou o interessado para integrar a relação processual.
Parágrafo único. A citação será efetivada em até 45 (quarenta e cinco) dias a partir da propositura da ação. (Incluído pela Lei n.º 14.195, de 2021)

[54] "Recurso especial. Ação monitória. Revelia. Cumprimento de sentença. Exceção de pré-executividade. Citação postal. Mandado citatório recebido por terceiro. Impossibilidade. Réu pessoa física. Necessidade de recebimento e assinatura pelo próprio citando, sob pena de nulidade do ato, nos termos do que dispõem os arts. 248, § 1.º, e 280 do CPC/2015. Teoria da aparência que não se aplica ao caso. Nulidade da citação reconhecida. Recurso provido. 1. A citação de pessoa física pelo correio se dá com a entrega da carta citatória diretamente ao citando, cuja assinatura deverá constar no respectivo aviso de recebimento, sob pena de nulidade do ato, nos termos do que dispõem os arts. 248, § 1.º, e 280 do CPC/2015. 2. Na hipótese, a carta citatória não foi entregue ao citando, ora recorrente, mas sim à pessoa estranha ao feito, em clara violação aos referidos dispositivos legais. 3. Vale ressaltar que o fato de a citação postal ter sido enviada ao estabelecimento comercial onde o recorrente exerce suas atividades como sócio administrador não é suficiente para afastar norma processual expressa, sobretudo porque não há como se ter certeza de que o réu tenha efetivamente tomado ciência da ação monitória contra si ajuizada, não se podendo olvidar que o feito correu à sua revelia. 4. A possibilidade da carta de citação ser recebida por terceira pessoa somente ocorre quando o citando for pessoa jurídica, nos termos do disposto no § 2.º do art. 248 do CPC/2015, ou nos casos em que, nos condomínios edilícios ou loteamentos com controle de acesso, a entrega do mandado for feita a funcionário da portaria responsável pelo recebimento da correspondência, conforme estabelece o § 4.º do referido dispositivo legal, hipóteses, contudo, que não se subsumem ao presente caso. 5. Recurso especial provido" (REsp 1.840.466/SP, Rel. Min. Marco Aurélio Bellizze, 3.ª Turma, j. 16.06.2020, *DJe* 22.06.2020).

[55] **CPC. Art. 239.** Para a validade do processo é indispensável a citação do réu ou do executado, ressalvadas as hipóteses de indeferimento da petição inicial ou de improcedência liminar do pedido.
§ 1.º O comparecimento espontâneo do réu ou do executado supre a falta ou a nulidade da citação, fluindo a partir desta data o prazo para apresentação de contestação ou de embargos à execução.
§ 2.º Rejeitada a alegação de nulidade, tratando-se de processo de:
I – conhecimento, o réu será considerado revel;
II – execução, o feito terá seguimento.

A Lei n.º 1.533/51, em prol da celeridade, suprimiu a referência outrora existente acerca da necessidade de citação do representante legal ou judicial da pessoa jurídica de direito público, determinando o seu art. 7.º, inciso I, que tão somente se comunicasse, mediante notificação, por ofício, o coator do conteúdo da petição, entregando-lhe a segunda via da inicial, com cópia dos documentos, viabilizando a prestação das informações no prazo de quinze dias[56].

O art. 7.º, inciso I, da Lei n.º 12.016/2009 mantém tal procedimento de notificação, porém, agora, com prazo para manifestação de 10 (dez) dias, conforme também esteve previsto na Lei n.º 4.384/961, atualmente revogada.

No seu inciso II, o dispositivo inova ao determinar também a "ciência do órgão de representação judicial da pessoa jurídica interessada", mediante cópia da inicial sem documentos. Embora a autoridade coatora seja considerada parte na causa, os efeitos patrimoniais da decisão final serão suportados pela Fazenda Pública atingida pelo ato do coator, esteja ela representada ou não no processo. Noutros termos: a execução específica do mandado cabe à autoridade coatora, e os efeitos patrimoniais da condenação recaem sobre a entidade a cujos quadros pertence o agente coator. Justamente por isso, notifica-se a autoridade coatora e cientifica-se a Fazenda. Sob esse ângulo dispõe a lei no art. 7.º, *verbis*:

> Art. 7.º Ao despachar a inicial, o juiz ordenará:
>
> I – que se notifique o coator do conteúdo da petição inicial, enviando-lhe a segunda via apresentada com as cópias dos documentos, a fim de que, no prazo de 10 (dez) dias, preste as informações;
>
> II – que se dê ciência do feito ao órgão de representação judicial da pessoa jurídica interessada, enviando-lhe cópia da inicial sem documentos, para que, querendo, ingresse no feito;

De efeito, a *ratio essendi* da norma baseia-se na experiência da prática judiciária, na medida em que, se de um lado, a representação judicial da pessoa jurídica discute a legalidade do pedido sob o ângulo jurídico formal e material, por outro lado, a autoridade presta as informações que ela detém quanto à situação fática do caso concreto.

Não há, contudo, uma razão ontológica para a terminologia "notificação" do coator e "cientificação" ao órgão de representação judicial da pessoa jurídica, pois se tratam de atos processuais de comunicação com a mesma finalidade e efeitos de uma citação, inclusive quanto à interrupção da prescrição[57].

---

[56] **Art. 7.º** Ao despachar a inicial, o juiz ordenará:
I – que se notifique o coator do conteúdo da petição, entregando-se-lhe a segunda via apresentada pelo requerente com as cópias dos documentos a fim de que, no prazo de quinze dias, preste as informações que achar necessárias (redação dada pela Lei n.º 4.166, de 04.12.1962).

[57] "A citação válida efetivada em mandado de segurança, ainda que extinto, sem resolução do mérito, em razão da decadência da impetração, interrompe a prescrição da pretensão autoral correlata, a qual se reinicia com o trânsito em julgado" (STJ, AgInt no AREsp 1359712/MG, Rel. Min. Gurgel de Faria, Primeira Turma, j. 21.02.2019).

A pessoa jurídica interessada, por seu turno, pode intervir no processo, praticando atos processuais, inclusive interpondo recursos.

Destaque-se que ambas as comunicações processuais são obrigatórias, sob pena de nulidade, salvo o comparecimento espontâneo, regra subsidiária do processo civil e informada pelo princípio da instrumentalidade das formas e do prejuízo (*pas de nullité sans grief*).

A eventual citação de litisconsortes necessários segue as regras do Código de Processo Civil (arts. 113 a 118 e 240 do CPC/2015).[58] Por exemplo, a Súmula n.º 701 do STF dispõe que "no mandado de segurança impetrado pelo Ministério Público contra decisão proferida em processo penal, é obrigatória a citação do réu como litisconsorte passivo".

6.9. A TUTELA PROVISÓRIA E O MANDADO DE SEGURANÇA

Historicamente, no regime da Lei n.º 191/1936, reclamava-se como fundamento do pedido "dano grave e irreparável" (art. 8.º, § 9.º), o que restou abrandado, pelo Código de 1939, que acrescentou a conjunção alternativa "ou" (art. 324, § 2.º).

A evolução do instituto conduziu ao entendimento de que a possibilidade de ser comprometido o resultado da ação é suficiente à concessão da segurança. Assim, pode o juiz, ao despachar a inicial, determinar que se suspenda o ato que deu motivo ao pedido, sempre que houver fundamento relevante e do ato impugnado puder resultar a ineficácia da medida, caso seja finalmente deferida, sendo facultado exigir do impetrante caução, fiança ou depósito, com o objetivo de assegurar o ressarcimento à pessoa jurídica (art. 7.º, III, da Lei n.º 12.016/2009)[59].

---

[58] "Com amparo no ditame do art. 24 da Lei 12.016/2009, é possível a inclusão de litisconsortes passivos necessários em casos excepcionais ao Mandado de Segurança, apesar do cunho processual diverso do rito mandamental. Precedentes: RMS 44.566/MG, Rel. Min. Humberto Martins, Segunda Turma, *DJe* 16.12.2015; RMS 44.122/TO, Rel. Min. Mauro Campbell Marques, Segunda Turma, *DJe* 19.8.2015. (...) No caso concreto, é imperativa a necessidade de citação dos candidatos aprovados no certame em melhor classificação que a da impetrante, na condição de litisconsortes passivos necessários, uma vez que a alteração do resultado pode repercutir na esfera jurídica individual" (STJ, RMS 50.635/DF, Rel. Min. Herman Benjamin, Segunda Turma, j. 13.12.2016).

[59] Art. 7.º Ao despachar a inicial, o juiz ordenará:
I – que se notifique o coator do conteúdo da petição inicial, enviando-lhe a segunda via apresentada com as cópias dos documentos, a fim de que, no prazo de 10 (dez) dias, preste as informações;
II – que se dê ciência do feito ao órgão de representação judicial da pessoa jurídica interessada, enviando-lhe cópia da inicial sem documentos, para que, querendo, ingresse no feito;
III – que se suspenda o ato que deu motivo ao pedido, quando houver fundamento relevante e do ato impugnado puder resultar a ineficácia da medida, caso seja finalmente deferida, sendo facultado exigir do impetrante caução, fiança ou depósito, com o objetivo de assegurar o ressarcimento à pessoa jurídica.
§ 1.º Da decisão do juiz de primeiro grau que conceder ou denegar a liminar caberá agravo de instrumento, observado o disposto na Lei n.º 5.869, de 11 de janeiro de 1973 – Código de Processo Civil.

Esse poder-dever de o juiz conceder liminarmente a segurança decorre do seu poder geral de cautela[60].

Com o advento do CPC/2015, restou superada a divergência doutrinária a respeito da possibilidade ou não de concessão de ofício de tutela de urgência em qualquer procedimento civil. Afinal, o art. 300 do Código em vigor não mais exige o requerimento da parte, seja para a medida cautelar, seja para a tutela antecipada, que tem cunho satisfativo. No caso específico do mandado de segurança, já existia previsão expressa autorizando a suspensão do ato coator de ofício pelo Juiz, exigindo-se a estrita observância dos pressupostos legais da medida[61]. Destarte, é franqueado ao magistrado agir para reprimir condutas potencialmente lesivas ao direito líquido e certo do impetrante, mas também, para evitar que se concretize tal ultraje, razão por que subsistem espécies preventiva e repressiva.

O juiz deve apreciar o pleito de medida de urgência quando do recebimento da inicial do mandado de segurança, devendo deferi-lo, presentes os pressupostos legais (*i.e.*, relevância dos motivos em que se assenta o pedido na inicial e a possibilidade da ocorrência de lesão irreparável ao direito do impetrante), ou desacolhê-lo, se ausentes.

De toda sorte, o provimento liminar, uma vez preenchidos os seus requisitos, não encerra poder discricionário do juiz, senão direito subjetivo da parte. É dizer: o juiz é obrigado a concedê-lo sempre que houver elementos que evidenciem a probabilidade do direito e o perigo de dano ou o risco ao resultado útil do processo.

Os requisitos que devem ser cumpridos para a concessão da antecipação da segurança são: (i) *a probabilidade do direito invocado*. A liminar, seja satisfativa ou meramente cautelar, exige o *fumus boni iuris* ou a fumaça do bom direito, entendido como evidência do direito líquido e certo, porquanto se trata de demanda processual especial, que reclama prova pré-constituída. (ii) *periculum in mora*, concernente ao perigo de dano ou o risco

---

§ 2.º Não será concedida medida liminar que tenha por objeto a compensação de créditos tributários, a entrega de mercadorias e bens provenientes do exterior, a reclassificação ou equiparação de servidores públicos e a concessão de aumento ou a extensão de vantagens ou pagamento de qualquer natureza.

§ 3.º Os efeitos da medida liminar, salvo se revogada ou cassada, persistirão até a prolação da sentença.

§ 4.º Deferida a medida liminar, o processo terá prioridade para julgamento.

§ 5.º As vedações relacionadas com a concessão de liminares previstas neste artigo se estendem à tutela antecipada a que se referem os arts. 273 e 461 da Lei n.º 5.869, de 11 janeiro de 1973 – Código de Processo Civil.

[60] Como bem salienta Marinoni, nesses casos, o magistrado tem o dever de conceder a tutela quando verificar que estão presentes os requisitos legais que a autorizam (MARINONI, Luiz Guilherme; ARENHART, Sérgio Cruz. *Curso de processo*: processo cautelar. 2. ed. São Paulo: RT, 2010. v. 4, p. 106).

[61] Há autores que apontam como pressupostos autorizadores da medida *ex officio*, além dos requisitos comuns para a antecipação de segurança: (i) o desconhecimento do impetrante sobre a situação de urgência que ameaça o seu direito e (ii) a ciência imediata da parte afetada pela medida tão logo seja essa concedida (MARINONI, Luiz Guilherme; ARENHART, Sérgio Cruz. *Processo cautelar*. 2. ed. São Paulo: RT, 2010. v. 4. p. 107).

ao resultado útil do processo pela simples demora na tutela jurisdicional. Desse modo, a concessão do pedido liminar se impõe como instrumento destinado a evitar a inutilidade da futura sentença procedente ou à própria preservação do direito da parte[62].

A *irreversibilidade dos efeitos da concessão*, nos termos do art. 300, § 3.º, do CPC/2015, normalmente impede a concessão de liminar com caráter satisfativo, que esgote o objeto da ação pela impossibilidade de posterior reversão do cenário fático. Assim, muito embora não haja regra expressa na Lei n.º 12.016/2009, o caráter provisório impede que a medida de urgência esgote totalmente o objeto da ação de mandado de segurança, tornando desnecessário o prosseguimento do processo pela simples impossibilidade de qualquer efeito produtivo de uma sentença denegatória final. Demais disso, o art. 1.º da Lei n.º 9.494/1997, o art. 1.º, § 3.º, da Lei n.º 8.437/1992 e o art. 1.059 do CPC/2015 impedem a concessão de medida liminar contra atos do Poder Público que esgote, no todo ou em qualquer parte, o objeto da ação. O óbice quanto à irreversibilidade dos efeitos da liminar deve ser afastado, contudo, nos casos em que a não concessão da tutela provisória causar danos igualmente irreversíveis para o impetrante.

A *probabilidade do direito*, conceito que emigra para o campo processual, é requisito para a concessão da segurança, consubstanciado na prova documentada que deve necessariamente acompanhar a inicial, com vistas a garantir a certeza e liquidez do direito violado por ato de autoridade.

Além disso, note-se que, sempre que presentes os requisitos legais, o juiz deverá ordenar não apenas a pura e simples suspensão do ato coator, mas também qualquer providência urgente e adequada ao procedimento do mandado de segurança, que se revele imprescindível à efetividade da tutela final pretendida pelo impetrante. Isso porque, nem sempre a providência necessária será a suspensão do ato impugnado, mas também medidas conservativas, antecipatórias, inibitórias ou impositivas da prática de atos específicos pela autoridade impetrada. É que o juiz no dever geral de cautela deve prover "sob medida".

Por muito tempo, sustentou-se que a medida liminar deveria cingir-se apenas a suspender a eficácia do ato impugnado em relação ao impetrante, *não* podendo criar situação nova que excedesse esse efeito. Hodiernamente, é cediço que a liminar é decisão de urgência, de decorre de um juízo de probabilidade a respeito do direito do impetrante, suficiente para proteger interinamente a situação jurídica ou o interesse postulado pelo impetrante, de modo tão amplo quanto seja necessário para assegurar a plena eficácia da sentença final ou o direito controvertido, ainda que para esse fim tenha de impor ao Estado algo mais do que simplesmente a suspensão do ato impugnado. O poder acautelatório, no mandado de segurança, realiza-se, por vezes, via antecipação dos efeitos práticos da segurança. Deveras, com o advento da antecipação da tutela, os requisitos para a concessão

---

[62] Em matéria tributária, por exemplo, o perigo da demora está sempre presente na possibilidade de constrangimento do impetrante com autuação, lançamento e ação fiscal. Por outro lado, se o contribuinte não usa o Mandado de Segurança contra a cobrança ilegal de um tributo, apenas terá à sua disposição uma futura ação de repetição de indébito, de extrema morosidade de restituição, por precatório, dos valores indevidamente pagos. No mesmo sentido, no âmbito administrativo, a eliminação de licitação ilegal ou a redução de vencimentos do servidor público.

da segurança são os mesmos do art. 300 do CPC/2015, em face da natureza satisfativa do provimento liminar.

O § 2.º do art. 7.º da Lei n.º 12.016/2009 excluía a possibilidade de concessão da medida de urgência para determinados fins. De acordo com o aludido dispositivo:

> Não será concedida medida liminar que tenha por objeto a compensação de créditos tributários, a entrega de mercadorias e bens provenientes do exterior, a reclassificação ou equiparação de servidores públicos e a concessão de aumento, ou a extensão de vantagens ou pagamento de qualquer natureza.

No entanto, o Supremo Tribunal Federal, ao julgar a ADI 4.296, em 09.06.2021, declarou a inconstitucionalidade do arts. 7.º, § 2.º, e 22, § 2.º (reconhecendo-se, ainda, a constitucionalidade dos arts. 1.º, § 2.º; 7.º, III; 23 e 25 da mesma lei). Na oportunidade, restou assentado que:

> A cautelaridade do mandado de segurança é ínsita à proteção constitucional ao direito líquido e certo e encontra assento na própria Constituição Federal. Em vista disso, não será possível a edição de lei ou ato normativo que vede a concessão de medida liminar na via mandamental, sob pena de violação à garantia de pleno acesso à jurisdição e à própria defesa do direito líquido e certo protegida pela Constituição. Proibições legais que representam óbices absolutos ao poder geral de cautela[63].

O art. 2.º da Lei n.º 8.437/1992 já vedava, no Mandado de Segurança coletivo, a concessão de liminar sem a prévia audiência do representante judicial da pessoa jurídica de direito público, que deverá se pronunciar no prazo de 72 horas. Norma idêntica foi reproduzida no art. 22, § 2.º, da Lei n.º 12.016/2009, contudo, teve a sua inconstitucionalidade reconhecida pelo Supremo Tribunal Federal, no já supracitado julgamento da ADI 4.296, em 09.06.2021[64].

Quanto ao Mandado de Segurança individual, não há dúvidas quanto à possibilidade de concessão de liminar inaudita altera parte, pois o art. 7.º, III, da Lei n.º 12.016/2009 dispõe que o Juiz deverá fazê-lo ao despachar a inicial.

O art. 8.º da Lei n.º 12.016/2009 determina a decretação da perempção ou a caducidade do direito à manutenção da liminar, a requerimento do Ministério Público ou da autoridade coatora ou, ainda, de ofício pelo juiz, nas hipóteses em que o impetrante criar obstáculo ao normal andamento do processo ou deixar de promover, por mais de três dias úteis, os atos e as diligências que lhe cumprirem.

Questão relevante diz respeito à possibilidade de tutela de evidência no rito do Mandado de Segurança. O art. 311 do CPC/2015 permite a concessão de providência satisfati-

---

[63] STF, ADI 4.296, Rel. Marco Aurélio, Rel. p/ acórdão Alexandre de Moraes, Tribunal Pleno, j. 09.06.2021.

[64] STF, ADI 4.296, Rel. Marco Aurélio, Rel. p/ acórdão Alexandre de Moraes, Tribunal Pleno, j. 09.06.2021.

va, independentemente da demonstração de perigo de dano ou de risco ao resultado útil do processo, quando: I – ficar caracterizado o abuso do direito de defesa ou o manifesto propósito protelatório da parte; II – as alegações de fato puderem ser comprovadas apenas documentalmente e houver tese firmada em julgamento de casos repetitivos ou em súmula vinculante; III – se tratar de pedido reipersecutório fundado em prova documental adequada do contrato de depósito, caso em que será decretada a ordem de entrega do objeto custodiado, sob cominação de multa; ou IV – a petição inicial for instruída com prova documental suficiente dos fatos constitutivos do direito do autor, a que o réu não oponha prova capaz de gerar dúvida razoável.

Sabe-se que o art. 1.046, § 2.º, do CPC/2015 determina a aplicação supletiva do Código aos procedimentos regulados em outras leis. Por essa razão, impõe-se concluir pela plena possibilidade da tutela de evidência também no rito do Mandado de Segurança, visto que não há qualquer incompatibilidade nesse emprego.

6.10. CAUÇÃO

A concessão da medida liminar, não raro, é condicionada à prestação de caução, nos casos em que eventualmente possa ocorrer prejuízo para o destinatário do provimento de urgência. A caução consiste em garantia de contracautela, de modo que o demandado possa ser reparado caso não prevaleça a tutela provisória. Advirta-se, entretanto, que a prestação da garantia não deve inviabilizar o acesso à justiça, permitindo-se, casuisticamente, ao juiz que a dispense nos casos em que a sua exigibilidade obsta a proteção do direito líquido e certo, consoante admitido pelo art. 300, § 1.º, do CPC/2015.

Já apontou o STF que, "No exercício do poder geral de cautela, tem o juiz a faculdade de exigir contracautela para o deferimento de medida liminar, quando verificada a real necessidade da garantia em juízo, de acordo com as circunstâncias do caso concreto" e que a "razoabilidade da medida que não obsta o juízo de cognição sumária do magistrado"[65].

A caução reclama avaliação pelo juízo de eventuais e possíveis prejuízos com a reversão do julgado, daí por que, não ocorrentes tais riscos, é plenamente viável a concessão da liminar sem a aludida garantia.

A natureza do *writ* como garantia pétrea constitucional interdita a ampliação demasiada do sistema de contracautela, na medida em que este dificulta, por demasiado, o amparo ao direito discutido. Ademais, não se pode olvidar que já existe sistema próprio para conjurar graves repercussões político-sociais consubstanciado no pedido de suspensão de segurança. Em face dessas considerações revelou-se sábia a ressalva do legislador no sentido de que é *facultado* exigir do impetrante caução, fiança ou depósito, com o objetivo de assegurar o ressarcimento à pessoa jurídica[66].

---

[65] STF, ADI 4.296, Rel. Marco Aurélio, Rel. p/ acórdão Alexandre de Moraes, Tribunal Pleno, j. 09.06.2021.

[66] "A caução, fiança ou depósito de que cuida o inciso III do artigo 7.º da Lei n.º 12.016/2009 é uma faculdade do juiz, relativa às hipóteses em que haja dano irreparável ou de difícil reparação ao erário" (STJ, AgRg no MS 15.271/DF, Rel. Min. Hamilton Carvalhido, Primeira Seção, j. 29.09.2010).

Exemplo de contracautela ocorre em sede tributária, na qual, comumente os juízes deferem liminares mediante depósito integral do valor do tributo contestado, que per se apenas suspende o crédito tributário.

Releva destacar, neste ponto, que a exigência da contracautela não pode a um só tempo impedir o acesso à justiça e exonerar o juiz de avaliar o *periculum in mora inverso* (*i.e.*, proceder ao cotejo da gravidade do dano que a sua concessão possa causar ao interesse da Administração, e resguardá-la desse perigo). Consequentemente, a contracautela não pode ser imposta ao impetrante que não tenha condições econômico-financeiras de oferecer garantia patrimonial ou pessoal, representando restrição ao acesso à proteção jurisdicional e, por outro lado, deve perpassar pela ponderação da gravidade e iminência do dano ao Estado.

De toda sorte, a caução é prestada *simpliciter et de plano* no próprio bojo do *mandamus* e sua insuficiência diante do caso concreto pode conduzir ao indeferimento do provimento liminar.

6.11. PERDA DA EFICÁCIA DA LIMINAR

O § 3.º do art. 7.º da Lei n.º 12.016/2009 prevê que: "Os efeitos da medida liminar, salvo se revogada ou cassada, persistirão até a prolação da sentença". A aludida regra não inova, de vez que consagrada na legislação anterior. Assim, revogada ou cassada no curso do processo, a medida de urgência simplesmente deixa de existir, cessando os seus efeitos, restabelecendo-se o *status quo ante*. Em sentido oposto, não havendo cassação ou revogação no curso do processo, a medida de urgência subsistirá até a prolação da sentença, quando será por esta substituída.

O STF pacificou o entendimento no sentido de que, denegado o mandado de segurança na sentença ou em grau de recurso, fica sem efeito a liminar concedida, retroagindo os efeitos da decisão contrária, consoante Súmula n.º 405 da Suprema Corte[67]. Assim, compete ao Magistrado definir no caso concreto a respeito da persistência dos efeitos da liminar[68], mas a regra é que a cassação possua efeitos *ex tunc*[69].

A mesma tese é acolhida pelo Superior Tribunal de Justiça que, adotando a teoria da cognição em contraposição à da hierarquia, considera prejudicado o Recurso Especial interposto do agravo de instrumento dirigido contra a liminar, com o advento da sentença do *mandamus*, restando indiferente o grau do tribunal onde se encontre o recurso.

---

[67] **Súmula 405 do STF:** "Denegado o mandado de segurança pela sentença, ou no julgamento do agravo dela interposto, fica sem efeito a liminar concedida, retroagindo os efeitos da decisão contrária."

[68] "Eventual subsistência dos efeitos de decisão liminar em relação à decisão de mérito da ação principal deve ser analisada de acordo com o caso concreto. (...) Não há falar, indistintamente, que a liminar sempre subsiste até o trânsito em julgado da sentença, pois ao juiz cabe conceder ou negar, manter ou revogar a liminar, segundo as peculiaridades do caso ajuizado" (STF, RMS 23147, Rel. Min. Gilmar Mendes, Segunda Turma, j. 25.02.2003).

[69] "É firme o entendimento deste Superior Tribunal de Justiça no sentido de que a cassação da liminar tem efeitos *ex tunc*, fazendo desconstituir a situação conferida provisoriamente" (STJ, AgInt no RMS 55.537/PR, Rel. Min. Francisco Falcão, Segunda Turma, j. 16.10.2018).

A tese da retroação da decisão denegatória final encontra dissidências em sede tributária, notadamente com relação aos consectários da mora em caso de não pagamento do tributo. Os contribuintes objetivam a suspensão da exigibilidade do crédito tributário, tese que afasta os efeitos da mora. Expressivas opiniões doutrinárias consideram que o inc. IV do art. 151 do CTN[70] preconiza que a suspensão legal da possibilidade de cobrança do tributo não pode ser confundida com eventual inadimplemento. Desse modo, se revogada ou cassada a liminar, alega essa parcela da doutrina não ser razoável incumbir ao impetrante de boa-fé o ônus pelo período de inexigibilidade, fazendo com que arque com todos os efeitos punitivos da mora. De qualquer forma, a *correção monetária* é sempre devida, entendendo a jurisprudência que não se trata de *plus*, mas apenas de recomposição do valor da moeda corroído pelo fenômeno inflacionário. Por sua vez, a Lei Tributária não afasta os *juros de mora* no pagamento extemporâneo, mesmo quando há revogação de moratória, parcelamento, isenção ou anistia. A Lei n.º 9.430/1996, em seu art. 63, § 2.º, estipulou que a incidência de *multa moratória* (e não dos juros moratórios) fica interrompida pela decisão judicial que declara suspensa a exigibilidade do crédito tributário, até 30 (trinta) dias após sua cassação ou revogação.

A jurisprudência do Superior Tribunal de Justiça tem entendido que incidem juros de mora sobre o débito tributário no período entre a concessão da medida liminar e a denegação da ordem. Confira-se:

> 1. Divergência jurisprudencial configurada entre acórdãos da Primeira e Segunda Turmas no tocante à possibilidade de incidência de juros de mora sobre o tributo devido no período compreendido entre a decisão que concede liminar em mandado de segurança e a denegação da ordem. 2. "Denegado o mandado de segurança pela sentença, ou no julgamento do agravo dela interposto, fica sem efeito a liminar concedida, retroagindo os efeitos da decisão contrária" (Súmula 405/STF). 3. "A multa moratória pune o descumprimento da norma tributária que determina o pagamento do tributo no vencimento. Constitui, pois, penalidade cominada para desestimular o atraso nos recolhimentos. Já os juros moratórios, diferentemente, compensam a falta da disponibilidade dos recursos pelo sujeito ativo pelo período correspondente ao atraso" (Leandro Paulsen, Direito tributário: Constituição e Código Tributário à luz da doutrina e da jurisprudência. 12. ed. Porto Alegre: Livraria do Advogado Editora ESMAFE, 2012, p. 1.105). 4. O art. 63, *caput* e § 2.º, da Lei n.º 9.430/96 afasta tão somente a incidência de multa de ofício no lançamento tributário destinado a prevenir a decadência na hipótese em que o crédito tributário estiver com sua exigibilidade suspensa por força de medida liminar concedida em mandado de segurança ou em outra ação ou de tutela antecipada. 5. No período compreendido entre a concessão de medida liminar e a denegação da ordem incide correção monetária e juros de mora ou a Taxa SELIC, se for o caso. Afastada a imposição de multa de ofício. 6. Embargos de divergência acolhidos (EREsp 839.962/MG, Rel. Min. Arnaldo Esteves Lima, Primeira Seção, j. 27.02.2013).

---

[70] **Art. 151.** Suspendem a exigibilidade do crédito tributário:
(...) IV – a concessão de medida liminar em Mandado de Segurança.

1. A controvérsia sub examine cinge-se à exigibilidade de multa moratória incidente sobre débitos de CPMF objeto de liminar em Mandado de Segurança posteriormente extinto sem julgamento do mérito por desistência da impetrante. 2. A recorrente aderiu ao REFIS e incluiu os débitos de CPMF, tendo desistido da ação e quitado o parcelamento em 6 vezes. 3. O Tribunal *a quo* entendeu devida a multa moratória por força do §. do art. 63 da Lei 9.430/1996, pois não houve pagamento do débito no prazo de 30 dias após a extinção da ação judicial favorecida com a medida liminar. 4. A recorrente se insurge contra o acórdão prolatado sob a alegação de contrariedade aos arts. 535, II, do CPC/1973, 151, IV e VI, do CTN e 63, § 2.º, da Lei 9.430/1996. Argumenta que não houve mora, já que, com a adesão ao parcelamento, teve início a suspensão da exigibilidade prevista no art. 151, VI, do CTN. (...) 12. Revogada a liminar concedida no Mandado de Segurança e não quitado o débito no prazo conferido pelo § 2.º do art. 63 da Lei 9.430/1996, a multa de mora é devida ainda que a adesão ao REFIS tenha-se dado dentro do interregno legal. A quitação integral do débito, *in specie*, somente ocorreu após o lapso de 30 dias da queda da liminar, o que afasta o argumento de violação aos arts. 151, IV e VI, do CTN e 63, § 2.º, da Lei 9.430/1996 (STJ, REsp 1689816/SP, Rel. Min. Herman Benjamin, Segunda Turma, j. 03.10.2017).

A antiga Lei n.º 4.348/1964, em seu art. 1.º, alínea *b*, limitava a eficácia da liminar ao prazo de noventa dias,[71] contados da data da respectiva concessão, admitida, no entanto, a prorrogação desse prazo por mais trinta dias, quando provavelmente o acúmulo de processos pendentes de julgamento justificar tal medida. A legislação atual é explícita no sentido de que os efeitos da medida liminar, salvo se revogada ou cassada, persistirão até a prolação da sentença (art. 7.º, § 3.º, da Lei n.º 12.016/2009).

Mister, ainda, destacar, que a liminar perde sua eficácia por revogação judicial, quando o juiz se convence, após as informações da autoridade coatora ou de documentos apresentados, que o provimento liminar não deveria ter sido deferido.[72] Essa regra deve ser aplicada também para evitar o abuso do processo por parte do impetrante, impedindo que este, valendo-se de provimento provisório adotado em sede de cognição sumária-liminar que o coloca em situação de vantagem, omita-se daí em diante com o propósito único de postergar a solução do feito e, assim, prolongar indevidamente no tempo a sua posição favorável *initio litis*.

Outrossim, forçoso não olvidar que se aplicam ao mandado de segurança, subsidiariamente, as regras do CPC que tratam da litigância de má-fé. Daí por que os integrantes do polo processual passivo também estão proibidos, sob pena de multa e de responsa-

---

[71] **Art. 1.º** Nos processos de Mandado de Segurança serão observadas as seguintes normas: (...) *b)* a medida liminar somente terá eficácia pelo prazo de (90) noventa dias a contar da data da respectiva concessão, prorrogável por (30) trinta dias quando provavelmente o acúmulo de processos pendentes de julgamento justificar a prorrogação.

[72] **Súmula n.º 405 do STF**: "Denegado o Mandado de Segurança pela sentença, ou no julgamento do agravo, dela interposto, fica sem efeito a liminar concedida, retroagindo os efeitos da decisão contrária".

bilização pelos danos que provocarem, de tumultuar o andamento normal do processo nos casos em que o pedido de medida de urgência do impetrante houver sido indeferido.

Ressalvada a suspensão e a caducidade, a liminar concedida pelo juiz conforme aduzido acima, desaparece com a sentença favorável ou desfavorável, porquanto consumida pela cognição exauriente da decisão final.

6.12. A RECORRIBILIDADE DO PROVIMENTO SOBRE A LIMINAR

A decisão que concede ou indefere a liminar tem natureza interlocutória, por isso atacável por agravo de instrumento. Tratando-se de decisão de relator, nos processos de competência originária de Tribunais, a decisão é recorrível mediante agravo regimental.

O § 1.º do art. 7.º da Lei n.º 12.016/2009 prevê que: "Da decisão do juiz de primeiro grau que conceder ou denegar a liminar caberá agravo de instrumento, observado o disposto na Lei n.º 5.869, de 11 de janeiro de 1973 – Código de Processo Civil". O dispositivo assenta, assim, entendimento absolutamente predominante em nossa jurisprudência e na doutrina, qual seja, o cabimento de agravo de instrumento em Mandado de Segurança[73].

---

[73] "Processual civil – Mandado de segurança – Decisão que concede ou rejeita liminar – Natureza interlocutória – Agravo de instrumento – Cabimento – Aplicação subsidiária da sistemática recursal prevista no Código de Processo Civil – Precedentes – Embargos rejeitados. I – A concessão – ou não – da liminar em Mandado de Segurança não pode ser compreendida como simples liberalidade da justiça. É direito do impetrante. Estando presentes o *fumus boni iuris* e o *periculum in mora* a sua concessão é forçosa, sem que isso resulte na emissão de qualquer juízo discricionário do magistrado. No mesmo sentido, não restando configurados os pressupostos da liminar, o seu indeferimento é inevitável, não havendo qualquer outra opção para o magistrado. II – A sistemática recursal prevista no Código de Processo Civil é aplicável subsidiariamente a todo o ordenamento jurídico, inclusive aos processos regidos por leis especiais, sempre que não houver disposição especial em contrário. III – A decisão liminar em Mandado de Segurança é de natureza interlocutória. O seu indeferimento acarreta evidente gravame ao impetrante, da mesma forma que a sua concessão gera gravame para a pessoa jurídica a que está vinculada a autoridade indicada como coatora. Assim, há a possibilidade de interposição de agravo de instrumento, ainda que não exista previsão expressa na Lei do Mandado de Segurança. IV – A Lei n.º 9.139/1995 instituiu o regime de interposição direta do agravo de instrumento ao Tribunal, sendo o seu processamento em autos apartados, não ocasionando qualquer tumulto ou atraso no andamento do Mandado de Segurança. A eventual concessão de efeito suspensivo ao agravo somente acarretará a alteração de decisão interlocutória, o que também não gera qualquer alteração no rito especialmente previsto. V – Anteriormente à edição da Lei n.º 9.139/1995 admitia-se a impetração de Mandado de Segurança contra decisão denegatória de liminar em outro *writ*, sendo certo que uma das finalidades da alteração do agravo de instrumento foi exatamente evitar o uso do Mandado de Segurança como sucedâneo recursal. VI – A presente hipótese é diversa da prevista na recente Súmula n.º 622 do STF – 'Não cabe agravo regimental contra decisão do relator que concede ou indefere liminar em Mandado de Segurança'. A Súmula refere-se a recurso previsto nos Regimentos Internos dos Tribunais – não no Código de Processo Civil – de natureza totalmente diversa da natureza do agravo de instrumento. Ademais, contrariamente ao agravo de instrumento, o regimental é interposto nos próprios autos do *mandamus*, ocasionando, este sim, uma alteração no procedimento especial célere do remédio constitucionalmente previsto. VII – Embargos conhecidos, mas rejeitados" (EREsp n.º 471.513-MG, CE, disponível em <www.stf.jus.br>).

Também é cabível o agravo interno contra a decisão do relator que versa sobre liminar em Mandado de Segurança[74], restando superada a súmula contrária do e. STF (Súmula n.º 622)[75].

Deveras, antigamente, sustentava-se a irrecorribilidade da decisão que nega a antecipação total ou parcial da segurança, em quaisquer hipóteses, fundando-se em duas premissas: a) ausência de previsão expressa na Lei específica, b) incompatibilidade do sistema recursal do agravo com remédio mandamental, que exige celeridade em sua tramitação. O Supremo Tribunal Federal, mantinha anteriormente a percepção de que a análise da concessão ou não da chamada "liminar" em mandado de segurança situava-se na órbita da discricionariedade do julgador, e ao abrigo dos recursos[76]. A Lei n.º 12.016/2009 pacificou a controvérsia expressamente assentando a possibilidade de interposição de agravo de instrumento contra decisão denegatória da medida de urgência.

A decisão de prorrogação da eficácia da liminar, posto também interlocutória, desafia o mesmo recurso de Agravo de instrumento.

Em suma: a decisão concessiva de liminar se submete a duas possibilidades de reforma: uma consistente na suspensão da liminar, e outra, via agravo de instrumento contra o mesmo provimento.

6.13. SUSPENSÃO DA LIMINAR OU DA SEGURANÇA

O regime anterior ao da lei atual já contemplava, nos termos do art. 4.º da Lei n.º 4.348/1964, a denominada "suspensão de segurança", caso o fundamento da impugnação fosse a necessidade de evitar grave lesão à ordem, à saúde, à segurança e à economia públicas, por meio de pedido de *suspensão de execução*, dirigido ao presidente do tribunal a que cabia julgar o futuro recurso contra o julgamento do mandado. O ato jurisdicional que determinava essa suspensão era passível de agravo sem efeito suspensivo, no prazo de dez dias, contados da publicação do ato. Importante ressaltar que, se fosse suspensa a liminar, também a futura sentença concessiva deveria ficar com sua execução obstada, até decisão final do pedido de suspensão, conforme estabelecido no art. 297 do Regimento Interno do STF, que, à época, era competente para legislar sobre matéria processual. O presidente podia negar o pedido de suspensão da execução nessa hipótese, e a Súmula n.º 506 do STF consolidou a jurisprudência daquela Corte no sentido de que: "O agravo a que se refere o art. 4.º da Lei n.º 4.348, de 26.06.1964, cabe, somente, do despacho do

---

[74] Assim, por exemplo: STJ, AgInt no MS 24.684/DF, Rel. Min. Francisco Falcão, Primeira Seção, j. 13.03.2019.

[75] "Ante a nova Lei do Mandado de Segurança, explicitou-se o cabimento de recurso contra decisão monocrática que implique o deferimento ou o indeferimento da liminar, havendo o Plenário declarado, na apreciação do Agravo Regimental na Medida Cautelar no Mandado de Segurança 28.177/DF, a insubsistência do Verbete 622. (...)" [MS 25.563 AgR, rel. min. Marco Aurélio, P, j. 9-12-2010, *DJE* 27 de 10-2-2011.]

[76] Sobre o tema, **Súmula n.º 622 do STF**: "Não cabe agravo regimental contra decisão do relator que concede ou indefere liminar em Mandado de Segurança".

presidente do Supremo Tribunal Federal que defere a suspensão da liminar em Mandado de Segurança; não do que a denegar"[77].

A vetusta Lei n.º 191/1936 previa a possibilidade de suspensão do mandado de segurança concedido, com o fim de evitar grave lesão à ordem, à saúde ou à segurança públicas, posteriormente reiterada pelo Código de Processo Civil de 1939. O *indigitadi* instituto, que passou a ser conhecido como suspensão de segurança, foi definitivamente albergado na Lei n.º 4.348/1964, prevendo a competência do presidente do tribunal, apto ao conhecimento do respectivo recurso, para suspender a execução da decisão proferida contra o Poder Público para evitar grave lesão à ordem, à saúde, à segurança e à economia públicas.

Posteriormente, a Lei n.º 8.437/1992 inseriu mais duas hipóteses de contracautela em favor do Poder Público, acrescendo a possibilidade de suspensão da liminar ou da segurança final quando presentes "manifesto interesse público ou flagrante ilegitimidade, e para evitar grave lesão à ordem, à saúde, à segurança e à economia públicas", como consequência da decisão liminar (art. 4.º, *caput*). Mais tarde, o art. 1.º da Lei n.º 9.494/1997 estendeu a utilização da suspensão da eficácia das decisões contra o Poder Público a todas as modalidades de tutela de urgência, inclusive a antecipação da tutela a que hoje se refere o art. 300 do CPC/2015.

Convivem harmonicamente no sistema a suspensão da segurança, cabível quando presentes motivos políticos[78], e o agravo de instrumento, este tendo como objeto os *errores in procedendo* e *in judicando* (ou agravo interno, cabível em face da liminar mandamental do relator do *writ* sujeito à competência originária). Na suspensão de segurança, a cognição sobre o mérito da causa é superficial, delibatória, meramente instrumental para a verificação de ocorrência de lesão grave à ordem, segurança ou economia públicas[79]. Ou seja, enquanto a suspensão de segurança encerra um juízo político, os agravos de instrumento e interno exigem um exame jurídico da causa. Por isso, dispõe o art. 15, § 3.º, da Lei n.º 12.016/2009 que, *verbis*: "A interposição de agravo de instrumento contra liminar concedida nas ações movidas contra o poder público e seus agentes não prejudica nem condiciona o julgamento do pedido de suspensão a que se refere este artigo".

Ilustrativamente ressalte-se como apontamento de direito comparado o direito federal norte-americano, segundo o qual o tribunal pode suspender o ato impugnado de ofício ou a requerimento da parte, ou adotar todas as medidas necessárias para preservar o interesse do reclamante. Em caso de perigo de dano irreparável, a parte deve apresentar

---

[77] No mesmo sentido, a **Súmula n.º 217 do STJ**: "Não cabe agravo de decisão que indefere o pedido de suspensão da execução da liminar, ou da sentença, em Mandado de Segurança".

[78] "O chamado efeito multiplicador, que provoca lesão à economia pública, é fundamento suficiente para o deferimento do pedido de suspensão" (STF, SS 4326 Extn-AgR, Rel. Min. CEZAR PELUSO (Presidente), Tribunal Pleno, j. 20.10.2011).

[79] "A natureza excepcional da contracautela permite tão somente juízo mínimo de delibação sobre a matéria de fundo e análise do risco de grave lesão à ordem, à saúde, à segurança e à economia públicas" (STF, SS 3717 AgR, Rel. Min. Ricardo Lewandowski (Presidente), Tribunal Pleno, j. 29.10.2014).

uma *interlocutory injunction*, que será julgada no prazo de cinco dias. O Tribunal expede ordem de execução, sob pena de *contempt of court* e responsabilização civil por danos direta ao funcionário ou responsável que descumprir a ordem.

Nada obstante esse mecanismo da suspensão de liminar ou de segurança ter sido criado em um contexto no qual se fazia mister buscar formas de contornar situações extraordinárias de irrecorribilidade, mesmo sob a égide da Constituição da República de 1988, a jurisprudência continuou concluindo pela constitucionalidade dessa possibilidade de suspensão, apesar da existência de recursos para impugnar a segurança concedida. Deveras, com a aprovação da Lei n.º 12.016/2009, instituiu-se a recorribilidade das decisões interlocutórias pelo mecanismo do agravo (atualmente regulado pelo art. 1.015 do Código de Processo Civil) ao qual poderá ser atribuído efeito suspensivo, mas esse recurso não impede a concomitância da suspensão de segurança.

A suspensão de segurança deve ser motivada, de acordo com o disposto no art. 93, IX, da Constituição Federal, sob pena de nulidade. Segundo entendimento do excelso Superior Tribunal de Justiça[80], cabe, inclusive, a impetração de Mandado de Segurança contra essa decisão não fundamentada.

6.13.1. Legitimidade para requerer a suspensão de liminar

O art. 15 da Lei n.º 12.016/2009 legitima a pessoa jurídica de direito público interessada ou o Ministério Público ao pedido de suspensão. Questão importante diz respeito à legitimidade da pessoa jurídica de direito privado. Não há dúvidas de que detêm legitimidade para requerer a suspensão de segurança aquelas pessoas de direito privado que são sujeitas ao *writ* por exercerem funções delegadas quando demandadas nessa qualidade[81-82].

Nada obstante, entendo que deve ser conferido maior elastério à interpretação do dispositivo.

Dada a relevância social do rito de Suspensão de Liminar, a jurisprudência do STF há muito reconhece a possibilidade do seu ajuizamento por pessoa jurídica de direito privado, desde que na defesa do interesse público. Assim, admite-se "a legitimidade processual ativa das pessoas jurídicas de direito privado quando, no exercício de função delegada do Poder Público, como as concessionárias de serviço público, se encontrem investidas na defesa do interesse público, por sofrer as consequências da decisão concessiva da cautelar ou segurança, com reflexos diretos na ordem, na segurança, na saúde ou na economia pública" (SL 111, Rel. Min. Presidente, Decisão Proferida pelo(a) Ministro(a) Ellen Gracie, j. 13.07.2006). Em idêntico sentido: SL 34, Rel Min. Presidente, Presidente Min. Maurício Corrêa, j. 15.03.2004. Confira-se, a esse respeito, o seguinte precedente do Plenário desta Corte:

---

[80] STJ, 1.ª T., REsp 132349-SP, disponível em <www.stj.jus.br>.
[81] Nesse sentido, MEIRELLES, Hely Lopes. Ob. cit., nota 2, em relação às concessões.
[82] STJ, AgRg na SS 632-STR, disponível em <www.stj.jus.br.>.

O Supremo Tribunal Federal já decidiu que as pessoas jurídicas de direito privado têm legitimidade ativa para ingressar com pedido de suspensão "quando, no exercício de função delegada do Poder público, como as concessionárias de serviço público, se encontrem investidas na defesa do interesse público, por sofrer as consequências da decisão concessiva da cautelar ou segurança, com reflexos diretos na ordem, na segurança, na saúde ou na economia pública" (grifei – SL 111/DF, Rel. Min. Ellen Gracie). (STA 513 AgR-AgR, Rel. Min. Ricardo Lewandowski (Presidente), Tribunal Pleno, j. 25.11.2015)

Sendo assim, entendo que com maior razão ainda é de ser admitida a legitimidade de partido político para pleitear suspensão de liminar quando a causa versar sobre matéria eleitoral. É que, em tais hipóteses, o partido político se encontra investido "na defesa do interesse público, por sofrer as consequências da decisão concessiva da cautelar ou segurança, com reflexos diretos na ordem, na segurança, na saúde ou na economia pública", nas palavras do ilustre Relator do precedente transcrito, Ministro Ricardo Lewandowski. Afinal, eventual ilegalidade pode impactar diretamente na normalidade do pleito, desequilibrando a disputa e maculando a moralidade que deve nortear a realização das eleições, de modo que há inegável impacto na esfera jurídica do partido político, enquanto defensor de interesses sociais. Sobre a função dos partidos políticos na democracia brasileira, já decidiu esta Corte que, *verbis*:

> A essencialidade dos partidos políticos, no Estado de Direito, tanto mais se acentua quando se tem em consideração que representam eles um instrumento decisivo na concretização do princípio democrático e exprimem, na perspectiva do contexto histórico que conduziu a sua formação e institucionalização, um dos meios fundamentais no processo de legitimação do poder estatal, na exata medida em que o Povo - fonte de que emana a soberania nacional – tem, nessas agremiações, o veículo necessário ao desempenho das funções de regência política do Estado.
>
> (ADI 1096 MC, Rel. Min. Celso de Mello, Tribunal Pleno, j. 16.03.1995)

Acrescente-se, ainda, o fato de que os partidos políticos possuem ampla legitimidade no que diz respeito a matérias de Direito Eleitoral, como ocorre em relação à representação por propaganda irregular (art. 96 da Lei n.º 9.504/1997). Por conseguinte, é de rigor a exegese ampliativa do art. 4.º da Lei n.º 8.437/1992 para reconhecer legitimidade aos partidos políticos para o ajuizamento de suspensão de liminar sempre que a decisão atacada puder causar grave lesão à ordem pública eleitoral.

6.13.2. Do cabimento de suspensão de liminar no âmbito do Supremo Tribunal Federal

A divisão de competências no âmbito do Supremo Tribunal Federal, como sói ocorrer com relação ao sistema judicial como um todo, obedece aos objetivos precípuos de preservação do princípio do juiz natural (art. 5.º, LIII, da CRFB) e de funcionalidade institucional do órgão.

No que diz respeito ao princípio do juiz natural, o sistema jurídico deve assegurar a impossibilidade de que jurisdicionados selecionem julgadores e de que julgadores selecionem causas, sob pena de comprometer a efetividade da Constituição e das leis, em razão do enviesamento da prestação jurisdicional. Decisões manifestamente incompatíveis com o sistema vigente, como nos casos de evidente não cabimento do meio processual examinado, fragilizam o princípio do juiz natural, à míngua de mecanismo que garanta a célere e eficaz correção do ato.

Além disso, há um aspecto relativo à aptidão do Tribunal para bem desempenhar seus misteres constitucionais, considerando o seu desenho institucional e a repartição de atribuições entre seus órgãos internos. Conquanto haja a divisão de tarefas entre os Relatores, as Turmas, o Plenário e a Presidência, não há dúvidas de que as questões de maior relevo, em relação às quais inexiste jurisprudência ou pronunciamento prévio da Corte, devem ser resolvidas pelo colegiado. Sempre que houver risco de prejuízo à análise da causa pelo órgão plural, a exemplo de quando o *decisum* monocrático exaurirá seus efeitos em caráter irreversível antes de apreciado pela Turma ou Pleno, deve a Presidência intervir para zelar pela competência do colegiado. Do contrário, duas alternativas restariam: ou o Relator usurpará o poder de decidir pela Corte em hipóteses não admitidas pelo ordenamento, ou poderá ocorrer um indesejado conflito entre decisões monocráticas, caso a parte prejudicada busque a tutela de sua pretensão apresentando pedido a outro Ministro.

A revisão de decisão de um Magistrado por outro não é fato inédito no Supremo Tribunal Federal. Já se admitiu, por exemplo, a impetração de *habeas corpus* contra ato praticado por Ministro do Supremo Tribunal Federal (Rel. Min. DIAS TOFFOLI, Tribunal Pleno, julgado em 27/08/2015). Em outro caso, foi concedida cautelar em mandado de segurança em face de decisão de Ministro da Casa apontado como coator (MC-MS 28524, Rel. Min. GILMAR MENDES, julgado em 22/12/2009). Houve também hipótese na qual se conheceu "de mandado de segurança impetrado contra ato jurisdicional da Presidência que, revogando despacho concessivo anterior, recusou a suspensão de segurança pleiteada", tendo em vista "evidências de risco de lesão aos cofres da Seguridade Social" (MS 24159 QO, Rel. Min. ELLEN GRACIE, Tribunal Pleno, julgado em 26/06/2002). No mandado de segurança n.º 25.024, o então Presidente desta Corte deferiu cautelar para suspender decisão monocrática proferida por outro Ministro em Ação Direta de Inconstitucionalidade, "diante da impossibilidade de proceder sua distribuição em tempo hábil" (MS 25024 MC, Rel. Min. MINISTRO(A) PRESIDENTE, Decisão Proferida pelo(a) Ministro(a) NELSON JOBIM, julgado em 17/08/2004). Em outro caso, um Ministro da Corte deferiu cautelar em mandado de segurança para "suspender os efeitos da decisão liminar proferida" por outro Ministro em mandado de segurança distinto (MS 25853 MC, Rel. Min. CEZAR PELUSO, julgado em 24/02/2006).

Esses precedentes indicam a necessidade de um dispositivo institucional para evitar situação conflitiva no âmago do Tribunal, bem como para assegurar o conhecimento da causa pelo órgão colegiado em processos de sua competência, sob pena de grave violação aos princípios do acesso à justiça e do juiz natural (art. 5.º, XXXV e LIII, da CRFB). Considerando ser atribuição do Presidente para "velar pelas prerrogativas do Tribunal" (art. 13, I, do RISTF), cumpre reconhecer-lhe também a função de resguardar a prerrogativa do colegiado, sobretudo em situações de urgência e grande repercussão. Para tanto, a provocação deverá ocorrer por meio da figura da suspensão de liminar (art. 4.º da Lei n.º 8.437/92) ou de requerimento cautelar, conforme o caso.

Inegavelmente, a atuação da Presidência para evitar dano manifesto causado pela usurpação da competência do colegiado possui caráter excepcionalíssimo e deve atender a pressupostos objetivos, tendo lugar quando houver risco de exaurimento dos efeitos da decisão antes que o Plenário ou Turma tenham a possibilidade de apreciá-la e: *(i)* o meio processual for evidentemente incabível; *(ii)* faltar ao Relator competência para examinar a causa; ou *(iii)* o provimento não amparar-se na linha de precedentes da Corte.

6.13.3. Do cabimento de suspensão de segurança contra decisões definitivas

O *nomen juris* "Suspensão de Liminar" é empregado de maneira genérica para abarcar situações nas quais é sustado o efeito de decisão judicial "para evitar grave lesão à ordem, à saúde, à segurança e à economia públicas", não apenas quando o provimento é baseado em cognição sumária, mas também em hipóteses nas quais houve cognição exauriente quanto à questão. Assim é que o art. 15 da Lei n.º 12.016/2009 permite a formulação de pedido de suspensão em face da sentença em mandado de segurança, bem como o art. 4.º, § 1.º, da Lei n.º 8.437/92 admite a sustação da "sentença proferida em processo de ação cautelar inominada, no processo de ação popular e na ação civil pública, enquanto não transitada em julgado".

A instrumentalidade processual determina que a forma jurídica não deve sobrepor-se à substância do ato, nem constituir óbice ao alcance do desiderato pretendido pelo legislador. A norma em comento tem por objetivo possibilitar a suspensão de ato judicial que provoque prejuízo relevante à ordem pública antes de esgotadas as vias ordinárias para a sua reforma ou invalidação.

6.13.4. Procedimento da suspensão de liminar ou segurança

A lei não prevê um prazo limite para o requerimento de suspensão de segurança, mas o art. 4.º, §§ 1.º e 9.º, da Lei n.º 8.437/92 deixam claro que o referido requerimento deve ser formulado até o trânsito em julgado da decisão cuja suspensão se pretende.[83]

O presidente do tribunal, após o pedido de suspensão, deve ouvir o impetrante e a autoridade judicial. Caso conclua pela lesão à ordem, à saúde, à segurança e à economia públicas, bem como detectada a urgência na concessão da medida, pode conceder a suspensão em caráter *inaudita altera parte*, ou seja, sem o conhecimento da outra parte. A

---

[83] "O incidente suspensivo, via excepcional de defesa do interesse público, depende da existência de ação principal em curso proposta contra o Poder Público requerente, como dispõem os §§ 1.º e 9.º do art. 4.º da Lei n.º 8.437/1992." (STJ, AgInt na SLS 2.385/MA, Rel. Min. JOÃO OTÁVIO DE NORONHA, CORTE ESPECIAL, j. 13.11.2018). "É admissível pedido de suspensão de segurança de decisão proferida na fase de execução apenas em relação a matéria não transitada em julgado na fase de conhecimento." (STF, SS 5069 AgR, Rel. Min. RICARDO LEWANDOWSKI (Presidente), Tribunal Pleno, j. 03.03.2016).

liminar também é cientificada à pessoa jurídica a que pertence a autoridade coatora, por isso que não mais se justifica a controvérsia sobre se esta última também pode requerer a suspensão[84].

As razões da suspensão, em regra, são políticas, como o abalo à economia pública. Entretanto, nada obsta possa justificá-la o *error in procedendo*, como, por exemplo, a concessão de provimento de urgência nos casos proibidos por lei. Sob o ângulo político, é possível abalar a ordem pública a liberação de atividades nocivas à coletividade, como também atenta contra a saúde pública a liberação, em favor de determinado laboratório, de medicamentos não autorizados pela Agência Nacional de Saúde etc. Esses fundamentos são de natureza não jurídica, por isso que a ponderação há de ser engendrada pelo presidente do tribunal que, mercê de justificá-la, pode vê-la desafiada por agravo regimental. É preciso, porém, que o risco ao interesse público seja real, não meramente hipotético ou potencial.[85]

Destarte, nessa sua cognição é-lhe defeso apreciar o próprio *meritum causae* do *mandamus*, mas apenas da sua adequação aos requisitos previstos no art. 15 da Lei n.º 12.016/2009, sob pena de a decisão assumir caráter *ultra petita*. A propósito, dispõe o § 2.º do mesmo dispositivo, *verbis*: "§ 2.º É cabível também o pedido de suspensão a que se refere o § 1.º deste artigo, quando negado provimento a agravo de instrumento interposto contra a liminar a que se refere este artigo". É preciso ressaltar que este art. 15, § 2.º, há de ser compreendido tanto para os casos de competência dos juízes de primeiro grau quanto para os tribunais com competência originária. Deveras, o dispositivo significa que, se o Poder Público agrava da decisão além de ter oferecido pedido de suspensão e seu agravo é desprovido, nova oportunidade de suspensão surge. Advirta-se que somente nesse caso o novel pedido de suspensão depende do exaurimento da instância local, porquanto, em regra, o simples indeferimento do pedido suspensivo autoriza, de imediato, o duplo pleito de suspensão.

Do acordo com o art. 15, *caput*, da Lei n.º 12.016/2009, indeferido o pedido de suspensão ou deferido, o recurso cabível da decisão do presidente do tribunal competente é o agravo interno. O prazo para o agravo, que não tem efeito suspensivo, é de 5 (cinco) dias, não dispondo a Fazenda Pública de prazo em dobro para a interposição deste recurso.[86]

---

[84] **Art. 9.º** As autoridades administrativas, no prazo de 48 (quarenta e oito) horas da notificação da medida liminar, remeterão ao Ministério ou órgão a que se acham subordinadas e ao Advogado-Geral da União ou a quem tiver a representação judicial da União, do Estado, do Município ou da entidade apontada como coatora cópia autenticada do mandado notificatório, assim como indicações e elementos outros necessários às providências a serem tomadas para a eventual suspensão da medida e defesa do ato apontado como ilegal ou abusivo de poder.

[85] "O risco hipotético ou potencial de grave lesão aos interesses públicos não é suficiente para deferimento do pedido de suspensão." (STF, SS 4242 AgR, Rel. Min. CEZAR PELUSO (Presidente), Tribunal Pleno, j. 18.05.2011). "Pedido de suspensão de segurança exige demonstração do dano alegado ou de seu risco, não bastando conjecturas ou suposições." (STF, STA 466 AgR, Rel. Min. CEZAR PELUSO (Presidente), Tribunal Pleno, j. 09.12.2010).

[86] "Pedido de suspensão de segurança pela Fazenda Pública. Contagem em dobro. Inadmissibilidade. Recurso não conhecido. Precedentes. Não se conhece de agravo regimental interposto a desoras

Uma vez provido o agravo regimental da decisão que deferiu o pedido de suspensão, impõe-se o restabelecimento da liminar. Por este motivo que a lei autoriza novo pedido de suspensão ao presidente do tribunal competente para conhecer de eventual Recurso Especial ou Extraordinário (art. 15, § 1.º).

Quanto à competência, se a liminar é concedida pelo juiz de primeiro grau, o presidente do tribunal competente para o recurso é a autoridade a quem deve ser dirigido o pedido de suspensão. Porém, tratando-se de liminar deferida pelos tribunais locais, a competência para a suspensão, conforme a matéria do recurso do *mandamus*, se constitucional ou infraconstitucional, é do Presidente do Supremo Tribunal Federal ou do Superior Tribunal de Justiça, conforme entendimento da Corte Maior, com base na Lei n.º 8.038/1990. Consequentemente, cabe ao Supremo Tribunal Federal apreciar pedido de suspensão de decisão originária do Superior Tribunal de Justiça.

Interessante hipótese que vinha sendo debatida pela jurisprudência e que restou acolhida pela lei por influência da Medida Provisória n.º 2.180/2001, que alterou a Lei n.º 8.437/1992, é a possibilidade de pedido duplo de suspensão acaso negado o pleito originário na instância de origem ou restabelecida a liminar no provimento do agravo regimental interposto contra o primeiro pedido suspensivo. A matéria hodiernamente não apresenta mais dificuldades, pois, como visto, há o texto expresso do § 1.º do art. 15, que assim dispõe: "Indeferido o pedido de suspensão ou provido o agravo a que se refere o *caput* deste artigo, caberá novo pedido de suspensão ao presidente do tribunal competente para conhecer de eventual Recurso Especial ou Extraordinário".

Além dos instrumentos ora enunciados cabíveis em face do pedido de suspensão, excepcionalmente admitiu o Supremo Tribunal Federal Mandado de Segurança contra a denegação do pleito suspensivo pelo Presidente da Corte Suprema.

O Supremo Tribunal Federal possui entendimento no sentido de que, caso a Corte já tenha reconhecido a ausência de repercussão geral da matéria versada no Mandado de Segurança, não se admite o pedido de suspensão de segurança.[87] Também já se decidiu que o Presidente do Supremo Tribunal Federal é incompetente para julgar incidente de suspensão que versa sobre questão infraconstitucional.[88]

Destaque-se, outrossim, que o § 9.º do art. 4.º da Lei n.º 8.437/1992 não foi revogado pela Lei n.º 12.016/2009, razão pela qual o pedido de suspensão da liminar deferida vige

---

em incidente de suspensão de segurança, que não admite contagem em dobro do prazo recursal." (STF, SS 3740 AgR-segundo, Relator(a): Min. CEZAR PELUSO (Presidente), Tribunal Pleno, j. 29.03.2012). "O prazo recursal, em incidente de suspensão de segurança, não se rege pela Lei n.º 12.016/09, mas pela Lei n.º 8.437/92, quando a decisão impugnada foi proferida em ação civil pública." (STF, STA 456 AgR, Relator(a): Min. CEZAR PELUSO (Presidente), Tribunal Pleno, j. 24.02.2011).

[87] "Não se conhece de pedido de suspensão de segurança, quando da decisão impugnada não se admita, à falta de repercussão geral da questão, recurso extraordinário." (STF, SS 4351 AgR-segundo, Rel. Min. CEZAR PELUSO (Presidente), Tribunal Pleno, j. 08.09.2011).

[88] STF, SS 4133 AgR, Rel. Min. CEZAR PELUSO (Presidente), Tribunal Pleno, j. 18.05.2011.

até o trânsito em julgado da decisão de mérito do *mandamus*[89]. Nesse mesmo sentido, a Súmula n.º 626 do STF, *verbis*: "A suspensão da liminar em Mandado de Segurança, salvo determinação em contrário da decisão que a deferir, vigorará até o trânsito em julgado da decisão definitiva de concessão da segurança ou, havendo recurso, até a sua manutenção pelo Supremo Tribunal Federal, desde que o objeto da liminar deferida coincida, total ou parcialmente, com o da impetração".

Anota a doutrina do tema que, uma vez suspensa a segurança, esta não pode ser concedida em ação outra com *nomen juris* diverso, porquanto a tanto representaria ofender a eficácia preclusiva do julgado prevista no art. 508 do CPC/2015.[90-91]

Consoante afirmado anteriormente, o pedido de suspensão veicula matérias políticas diversas daquelas inerentes aos recursos, a saber: *errores in procedendo* ou *in judicando*. Essa a razão pela qual o § 3.º do art. 15 assenta que: "A interposição de agravo de instrumento contra liminar concedida nas ações movidas contra o poder público e seus agentes não prejudica nem condiciona o julgamento do pedido de suspensão a que se refere este artigo". Assim é que o agravo, ainda que provido, pode vir a ter modificado o seu conteúdo, daí a utilidade de vida própria do pedido de suspensão.

O julgamento do pedido de suspensão não é instantâneo, razão pela qual a lei autoriza no § 4.º do art. 15 que o presidente do tribunal confira ao pedido efeito suspensivo liminar se constatar, em juízo prévio, a plausibilidade do direito invocado e a urgência na concessão da medida.

Destarte, diante do fenômeno das ações repetitivas, veiculadoras da mesma pretensão de diferentes sujeitos de direito, como sói ocorrer com ações individuais que versam sobre interesses transindividuais, o § 5.º do art. 15 permite que as liminares, cujo objeto seja idêntico, possam ser suspensas em uma única decisão, podendo o presidente do tribunal estender os efeitos da suspensão a liminares supervenientes, mediante simples aditamento do pedido original.

6.14. RESPOSTA DO RÉU

O processo civil brasileiro submete-se ao regime do *contraditório* por força de norma constitucional expressa. Em consequência, nenhuma definição judicial pode ser obtida por

---

[89] **Art. 4.º** Compete ao presidente do tribunal, ao qual couber o conhecimento do respectivo recurso, suspender, em despacho fundamentado, a execução da liminar nas ações movidas contra o Poder Público ou seus agentes, a requerimento do Ministério Público ou da pessoa jurídica de direito público interessada, em caso de manifesto interesse público ou de flagrante ilegitimidade, e para evitar grave lesão à ordem, à saúde, à segurança e à economia públicas.
§ 9.º A suspensão deferida pelo Presidente do Tribunal vigorará até o trânsito em julgado da decisão de mérito na ação principal (incluído pela Medida Provisória n.º 2.180-35, de 2001).

[90] **CPC. Art. 508.** Transitada em julgado a decisão de mérito, considerar-se-ão deduzidas e repelidas todas as alegações e as defesas que a parte poderia opor tanto ao acolhimento quanto à rejeição do pedido.

[91] MEIRELLES, Hely Lopes. Ob. cit., p. 93.

meio da versão unilateral dos fatos levada a juízo, veiculados pela ação do autor. É mister, portanto, conferir-se ao demandado a oportunidade de carrear para os autos a sua versão, posto o processo encerrar a verdade de ambas as partes e, a sentença, "a verdade do juiz".

Essa obrigatoriedade de ouvir-se o réu é implementada com a simples concessão de oportunidade para que se manifeste após a propositura da ação; por isso, ainda que ele não deduza a pretensão de rejeição do pedido do autor, mantendo-se omisso após a sua convocação, estará satisfeito, nesse sentido, o cânone constitucional do contraditório.

A defesa da pessoa jurídica de direito público no Mandado de Segurança é formulada nas informações prestadas pela autoridade coatora. De acordo com a Lei anterior n.º 1.533/1951, o coator deveria prestar as informações no prazo de quinze dias, revelando-se a natureza de verdadeira contestação[92]. A Lei n.º 12.016/2009 reduziu esse prazo para dez dias. A razão dessa redução decorre não só da celeridade do rito mandamental, como também da pressuposição da defesa agora também passível de oferecimento pela pessoa jurídica de direito público, cientificada por despacho proferido no mesmo momento em que são solicitadas as informações. Certo é que, ante a fixação legal de prazo próprio para a Fazenda Pública, não é aplicável a prerrogativa do prazo em dobro (art. 183, § 2.º, do CPC/2015).

Ao coator incumbe apresentar a questão examinada sob todos os ângulos que se lhe afigurem adequados, quer quanto aos fatos quer quanto ao direito, sob pena de responsabilização perante a entidade pública, a cujo quadro pertença, pelo mau desempenho de sua função. Contudo, a não apresentação de defesa no prazo legal não autoriza a confissão ficta posto versar a demanda direitos públicos indisponíveis.

Ademais, as informações, assim como os atos administrativos em geral, ostentam presunção de legitimidade, por isso que o Juízo há de confrontá-las com o direito líquido e certo.

A prática judiciária revela casos em que a prova pré-constituída, por si só, é composta pelo ato praticado pela autoridade, o qual, confrontado *prima facie* com a incontestabilidade da pretensão autoral, resta suficiente.

Entretanto, há casos em que somente após as informações o Juízo obtém o panorama global fático e jurídico da demanda. Nessas hipóteses é lícito ao Juízo postergar o deferimento da liminar após as informações, salvo evidente *periculum in mora* inafastável.

As informações, hodiernamente, são coadjuvadas pela defesa da pessoa jurídica de direito público, que deve ser formulada no prazo destas, após regular ciência.

6.15. ESTABILIZAÇÃO DA DEMANDA

Segundo a jurisprudência, é inaplicável o art. 329 do CPC/2015 ao Mandado de Segurança, de modo que não se revela possível a alteração do pedido ou da causa de

---

[92] **Art. 7.º** Ao despachar a inicial, o juiz ordenará:
I – que se notifique o coator do conteúdo da petição entregando-se-lhe a segunda via apresentada pelo requerente com as cópias dos documentos a fim de que, no prazo de quinze dias, preste as informações que achar necessárias (redação dada pela Lei n.º 4.166, de 04.12.1962).

pedir após a impetração, ainda no período anterior à notificação e à ciência.[93] Assim, o Superior Tribunal de Justiça já decidiu que, se o Mandado de Segurança for impetrado contra uma decisão administrativa precária e, no curso do processo judicial, sobrevir ato administrativo definitivo sobre a mesma questão, haverá perda superveniente do interesse de agir quanto ao *mandamus* pendente, devendo ocorrer nova impetração, se for o caso[94]. Esse entendimento, contudo, é prejudicial à economia processual e à efetividade do processo, pois provoca o ajuizamento de outro Mandado de Segurança, quando poderiam ser aproveitados todos os atos processuais já praticados no processo existente. Nada obstante a crítica, o Superior Tribunal de Justiça não admite sequer a juntada de documentos novos no curso do Mandado de Segurança[95].

6.16. NOTIFICAÇÃO DA AUTORIDADE COATORA E CIÊNCIA DA PESSOA JURÍDICA DE DIREITO PÚBLICO

A notificação-citação do coator pode ser feita fora da sede do juízo, pela remessa direta de ofício ou telegrama, independentemente de carta-precatória ou carta de ordem. É a forma comumente utilizada nessa espécie de ação mandamental e tem contribuído para a rapidez do curso da causa e diminuição das despesas judiciais. O mesmo deve ocorrer

---

[93] "Após a impetração do mandado de segurança, é vedada a alteração do pedido e da causa de pedir. Hipótese em que o presente *writ* não pode ser utilizado para atacar ato diverso. Nesse sentido: AgRg no MS 17.018/DF, Rel. Min. Mauro Campbell Marques, Primeira Seção, *DJe* 30.08.2011; AgRg no MS 15.895/DF, Rel. Min. Herman Benjamin, Primeira Seção, *DJe* 6.09.2011" (STJ, AgInt no MS 23.205/DF, Rel. Min. Francisco Falcão, Primeira Seção, j. 13.09.2017). "Não se pode apreciar, nos presentes autos, a alegada decadência do direito de a Administração anular a anistia, porquanto, após a impetração do Mandado de Segurança, é vedada a alteração do pedido e da causa de pedir (AgRg no MS 17.481/DF, Rel. Min. Arnaldo Esteves Lima, Primeira Seção, *DJe* 30.08.2012; AgRg no MS 17.593/DF, Rel. Min. Teori Albino Zavascki, Primeira Seção, *DJe* 18.06.2012)" (STJ, EDcl no MS 18.653/DF, Rel. Min. Herman Benjamin, Primeira Seção, j. 22.05.2013).

[94] "Antes de que fosse apreciado o mérito do mandado de segurança, o processo disciplinar houve por ser concluído e foi aplicada a penalidade administrativa; logo, questões subjacentes, referidas às alegações de nulidade do processo disciplinar, acabaram por ficar prejudicadas e devem ser objeto de novo *mandamus*, uma vez que não é possível alterar o rol de pedidos da inicial. (...) A jurisprudência do STJ e do STF consigna que a substituição de uma decisão administrativa precária – como o afastamento preventivo – por uma outra, de cunho definitivo, induz à perda do objeto da primeira impetração, como é o caso dos autos. Precedentes do STJ: AgRg no RMS 33.037/SC, Rel. Min. Benedito Gonçalves, Primeira Turma, *DJe* 15.04.2011; e AgRg no RMS 28.794/MT, Rel. Min. Felix Fischer, Quinta Turma, *DJe* 15.06.2009. Precedente do STF: AgR no MS 31.885/MT, Relator Min. Ricardo Lewandowski, Segunda Turma, Processo Eletrônico publicado no *DJe*-155 em 13.08.2014" (STJ, AgRg no RMS 43.768/PI, Rel. Min. Humberto Martins, Segunda Turma, j. 15.10.2015).

[95] "Não cabe protestar pela juntada de documentos novos na estreita via do mandado de segurança pois, ainda que os documentos estivessem em poder da Administração Pública, caberia ao impetrante requerer na petição inicial a sua apresentação, nos termos do art. 6.º, § 1.º da Lei n.º 12.016/2009. Recurso ordinário improvido" (RMS 33.824/MS, Rel. Min. Humberto Martins, Segunda Turma, j. 24.05.2011, *DJe* 01.06.2011)" (STJ, EDcl no MS 15.828/DF, Rel. Min. Mauro Campbell Marques, Primeira Seção, j. 14.12.2016).

com a ciência do representante judicial da pessoa jurídica, quando não for possível a sua citação preferencial por meio eletrônico. É o que se depreende do art. 7.º da Lei, *verbis*:

> Art. 7.º Ao despachar a inicial, o juiz ordenará:
>
> I – que se notifique o coator do conteúdo da petição inicial, enviando-lhe a segunda via apresentada com as cópias dos documentos, a fim de que, no prazo de 10 (dez) dias, preste as informações;
>
> II – que se dê ciência do feito ao órgão de representação judicial da pessoa jurídica interessada, enviando-lhe cópia da inicial sem documentos, para que, querendo, ingresse no feito;

A entrega pessoal dessas comunicações processuais agiliza procedimentalmente o *writ*, dispensando a denominada carga dos autos para oferecimento de resposta e informação. O procedimento especial e concentrado do *writ* impõe concluir que caso as informações da autoridade ou a defesa do litisconsorte passivo estejam acompanhadas de documentos, o magistrado não precisa intimar a parte autora para se manifestar a seu respeito. A celeridade do rito mandamental, não obstante admita a juntada de documentos, não deflagra a faculdade de a parte contrária se manifestar, sob pena de ordinarização do rito que se propõe sumário por força do direito tutelado e pela autoria de sua lesão.

As matérias preliminares podem ser atacadas diretamente nas informações da autoridade coatora, mercê de o questionamento dessas matérias encontrar espaço na peça a ser apresentada no exercício da representação judicial da pessoa jurídica de direito público.

A ação mandamental baseia-se fundamentalmente na prova documental exibida pelo impetrante, reveladora do seu direito líquido e certo, superando as informações parciais da autoridade impetrada, razão pela qual, se o documento contrariar a realidade, inexistirá direito líquido e certo e a ordem deve ser denegada.

Deveras, com a nova sistemática da ciência da pessoa jurídica de direito público, esta pode coadjuvar com expressiva eficiência a autoridade coatora, principalmente nas matérias de direito e quiçá reforçando os temas fáticos mencionados nas informações (art. 7.º, II, da Lei n.º 12.016/2009).

O Mandado de Segurança é garantia constitucional que tramita sob rito especialíssimo, em razão do seu caráter de urgência. Por isso, seu processo tem preferência sobre qualquer outro processo ou ato processual, excetuando-se o *habeas corpus*, nos termos do art. 20 da Lei n.º 12.016/2009.

Nos casos de *writ* de competência originária ou recursal dos tribunais, deve o Mandado de Segurança ser julgado na primeira sessão após a conclusão dos autos ao relator, circunstância que não pode, segundo o § 2.º do art. 20, exceder o prazo máximo de cinco dias[96].

---

[96] **Art. 20.** Os processos de mandado de segurança e os respectivos recursos terão prioridade sobre todos os atos judiciais, salvo *habeas corpus*.

Ademais, em situações de extrema urgência, o relator detém autoridade para tomar providências a fim de evitar o perecimento do direito líquido e certo do impetrante, bem como garantir a eficácia da sentença definitiva.

---

§ 1.º Na instância superior, deverão ser levados a julgamento na primeira sessão que se seguir à data em que forem conclusos ao relator.
§ 2.º O prazo para a conclusão dos autos não poderá exceder de 5 (cinco) dias.

7
SENTENÇA E ACÓRDÃO NO MANDADO DE SEGURANÇA

A sentença, enquanto ato judicial, encarta a atividade de "concreção" por força da qual o juiz torna incidente o preceito abstrato da norma ao caso concreto; por isso que os antigos, como Chiovenda, se referiam à vontade abstrata da lei (norma jurídica) e à vontade concreta da lei (sentença). Essa operação levou inúmeros doutrinadores a considerarem a sentença resultado de um silogismo consistente na "premissa maior", consubstanciada na norma jurídica aplicável; na "premissa menor", na situação concreta levada como litígio, e a parte dispositiva da sentença como "conclusão" desse silogismo. Assim, se há uma norma legal que afirma que todo aquele que causar ilícito a outrem fica obrigado a indenizar e, se alguém assim procede, a aplicação da norma à situação concreta impõe ao agente causador do prejuízo o dever de indenizar o lesado, como conclusão lógica do silogismo.

Observa-se, desse modo, que a forma silogística da sentença só encontra ressonância com a realidade no final do processo[1]. Aduz-se, assim, à sentença como *norma jurídica concreta* em contraposição ao preceito normativo abstrato[2]. Essa operação intelectiva, preponderante nessa forma de tutela jurisdicional, é que empresta o qualificativo de "cognição" à fase do processo que se propõe a gerar uma sentença, como um ato de inteligência do juiz[3].

A sentença de mérito do Mandado de Segurança pode ser de concessão ou de denegação da ordem, consoante art. 487, I, do Código de Processo Civil e arts. 14, *caput*, e 16,

---

[1] Assim leciona o insuperável Calamandrei, La Genesis Lógica de la Sentencia Civil. *Estudios sobre el proceso civil*. Trad. Espanhola. 1945. p. 371 e ss.
[2] Por essa razão Vicenzo Cavallo afirmou que a sentença era o ato mediante o qual se individualizava o direito (*La sentenza penale*. 1936. p. 145). Frederico Marques, com precisão invulgar, assentou que o juiz não atua sobre o direito em tese como o faz o doutrinador senão com o fato individuado, e a norma abstrata da lei se transforma em concreta pela aplicação a esse fato individualizado e definido; a sentença, portanto, traz em si o elemento da "realização existencial" (*Instituições de direito processual civil*. 1972. v. III. p. 402).
[3] No sentido do texto, Chiovenda. In: *Instituições de direito processual civil*, v. I, p. 253 e 254, e Liebman, *Manuale di diritto processuale civile italiano*. 1955. v. I. p. 49.

parágrafo único, da Lei n.º 12.016/2009[4]. Cumpre ressaltar que a própria lei também utiliza a terminologia *denegação* para se referir às situações nas quais há extinção do processo sem resolução de mérito, *ex vi* do art. 6.º, §§ 5.º e 6.º, da Lei n.º 12.016/2009. Portanto, a nomenclatura legal considera *denegatória* qualquer sentença que não conceda a ordem postulada pelo impetrante, seja com ou sem resolução de mérito.

No que tange à sentença meramente terminativa, vale dizer, sem solução do mérito, é importante frisar o cabimento do recurso de apelação aos tribunais locais e dos recursos constitucionais endereçados ao Supremo Tribunal Federal ou Superior Tribunal de Justiça. Interessa apontar que a extinção do processo sem resolução do mérito, nos termos do art. 485 do CPC, enseja a possibilidade de renovação da ação dentro do prazo decadencial de 120 dias, de acordo com o disposto no art. 6.º, § 6.º, da Lei n.º 12.016/2009.

A terminologia *in casu* é de suma importância, por isso, caso se trate das hipóteses de carência de ação (ausência das condições do direito de agir), ou, como a própria lei esclarece, "não for caso de Mandado de Segurança", a extinção do *mandamus* dar-se-á sem análise do mérito e, por isso, poderá ser renovado.

A peculiaridade do *mandamus*, em razão de sua essência garantista, é que o direito líquido e certo posto como sinônimo de prova pré-constituída pode não estar comprovado de plano, mas é possível fazê-lo pelo impetrante noutra oportunidade. Nessa hipótese, é lícito ao autor renovar o *writ* se ainda dispuser de prazo para esse fim, respeitada a decadência legal. Tratando-se de decisão terminativa e em face da exigência de prova pré-constituída, é possível a aplicação da teoria da causa madura tanto na apelação quanto no recurso ordinário constitucional, viabilizando desde logo o julgamento da lide, consoante previsto no art. 1.013, § 3.º, do CPC/2015.

Entretanto, denega-se o Mandado de Segurança se a parte não dispuser de direito líquido e certo por exigir-se dilação probatória, interditando a via do *writ* sem apreciação do *meritum causae*, o que não obsta ao impetrante buscar pelas vias ordinárias a tutela de sua pretensão de direito material (art. 19).

Em relação à sentença do Mandado de Segurança e à sua eficácia, a disciplina legal estabelecida pela Lei n.º 12.016/2009 conserva, em grande parte, o regime anterior da Lei n.º 1.533/1951[5].

---

[4] **CPC. Art. 487.** Haverá resolução de mérito quando o juiz:
I – acolher ou rejeitar o pedido formulado na ação ou na reconvenção;
II – decidir, de ofício ou a requerimento, sobre a ocorrência de decadência ou prescrição;
III – homologar:
a) o reconhecimento da procedência do pedido formulado na ação ou na reconvenção;
b) a transação;
c) a renúncia à pretensão formulada na ação ou na reconvenção.
Parágrafo único. Ressalvada a hipótese do § 1.º do art. 332, a prescrição e a decadência não serão reconhecidas sem que antes seja dada às partes oportunidade de manifestar-se.

[5] "Efeito de sentença ou acórdão concessivo de segurança. A decisão concessiva de segurança tem efeito *ex tunc* por ser de índole declaratória. O efeito, entretanto, não impede que se consolidem

Deveras, como cediço, no campo das normas de natureza processual, as novas leis, segundo critério de direito intertemporal, aplicam-se imediatamente aos casos ainda pendentes. Assim, as sentenças proferidas a partir da data de publicação da Lei n.º 12.016 submetem-se à sua disciplina processual.

A Lei n.º 12.016/2009 alterou o prazo para a prolação da sentença, ampliando-o de cinco para trinta dias, conforme a previsão do art. 12, parágrafo único.

Uma vez concedido o Mandado de Segurança, o teor da sentença deve ser notificado à autoridade coatora e à pessoa jurídica a que é vinculada, de acordo com o art. 13 da referida lei. Em casos urgentes, de acordo com os arts. 4.º e 13, parágrafo único, a comunicação da concessão da ordem deve ser feita por *fac-símile* ou outra forma de transmissão imediata, como o meio eletrônico.

Uma inovação procedimental introduzida pelo art. 17 da lei merece destaque, ao estabelecer que, se o acórdão em Mandado de Segurança ou nos respectivos recursos não for publicado em até trinta dias contados da data do julgamento, será substituído pelas respectivas notas taquigráficas. A aplicação desse dispositivo, por certo, envolve discussão acerca da necessidade de todos os tribunais manterem obrigatoriamente registros taquigráficos, o que não parece razoável na era da informatização. Além disso, cabe definir se a referida substituição é automática – como parece ser o caso – ou pressupõe provocação da parte interessada[6].

---

[6] situações fáticas que se tornam definidas e inevitáveis, como ocorre com as nomeações para o serviço público, se não houver o resguardo por liminar" (STJ, 2.ª Turma, RMS n.º 11.062-MS-EDcl).
Há dois julgados interessantes do STJ, um tratando da obrigatoriedade da nota taquigráfica prevalecer sobre o acórdão em caso de divergência entre ambas (REsp 991.721/PR) e o outro apontando o direito subjetivo de requerimento da nota taquigráfica e seu caráter substitutivo ao acórdão para fins de contagem de prazo (MS 14.666/DF).
Informativo de Jurisprudência 500 – STJ: CONTRADIÇÃO ENTRE NOTAS TAQUIGRÁFICAS E ACÓRDÃO. SANÇÃO POR USO DE *SOFTWARE* NÃO LICENCIADO. Havendo divergência entre o acórdão e as notas taquigráficas, estas deverão prevalecer de acordo com o art. 103, § 1.º, do RISTJ. No caso, após o julgamento do recurso especial, foram opostos embargos de declaração com fundamento na divergência entre a discussão registrada nas notas taquigráficas e o acórdão publicado. Esses embargos foram rejeitados. Com base nos mesmos fundamentos – divergência entre o registro taquigráfico e o acórdão do recurso especial –, a embargante renovou os embargos de declaração. Ao divergir do relator, o Min. Luis Felipe Salomão registrou que não ficaram dúvidas nas notas taquigráficas quanto ao ponto impugnado pelo embargante, qual seja, a punição da empresa embargada pela utilização de *software* não licenciado, além do pagamento pelo dano material sofrido. Dessa forma, considerando que o acórdão publicado não guardou a devida correspondência com o que foi discutido e votado na sessão de julgamento, aplicou-se a regra prevista no art. 103, § 1.º, do RISTJ, segundo a qual as notas taquigráficas prevalecerão nos casos de divergência em relação ao acórdão. Com essas e outras considerações, a Turma, por maioria, deu provimento aos embargos de declaração, com efeitos infringentes, dando provimento ao recurso especial, condenando a recorrida não apenas à indenização por danos materiais em conformidade com o preço de mercado de cada programa objeto da contrafação, mas também à indenização por perdas e danos equivalente a dez vezes o valor de mercado de cada programa utilizado ilicitamente. (EDcl nos EDcl no REsp 991.721-PR, Rel. Min. Raul Araújo, Rel. para acórdão Min. Luis Felipe Salomão, j. 19.6.2012)

De qualquer modo, o que a regra prevê é que o resultado será publicado consoante o que se depreender das notas taquigráficas, refutando-se a ideia de publicação destas. A regra, como evidente, destina-se a impedir que acórdãos permaneçam indefinidamente sem serem lavrados e/ou publicados.

7.1. NATUREZA DA SENTENÇA

É certo afirmar que a natureza da sentença que julga o Mandado de Segurança, mercê de sua feição cognitiva, pode assumir o caráter declaratório, condenatório ou constitutivo coadjuvado pela autoexecutoriedade e mandamentalidade[7].

A sentença em face do Poder Público, quando o seu conteúdo implica o pagamento de parcelas pecuniárias vencidas após a impetração, tem nítido o caráter condenatório, **sujeito ao cumprimento de sentença na forma dos arts. 534 e seguintes do CPC/2015, consoante reconhecido pelo Supremo Tribunal Federal em sede de repercussão geral8**. Cumpre recordar que não é possível conceder em Mandado de Segurança ordem dirigida ao pagamento de verbas vencidas anteriormente à impetração, pois, como dispõe a Súmula n.º 269 do STF, o "mandado de segurança não é substitutivo de ação de cobrança".

No tocante a este ponto, mister atentar para a decisão que determina o restabelecimento do *status quo ante*, pois, ainda que se refira a benefício pecuniário, deve ser cumprida imediatamente, sem necessidade de fase executiva própria (ex.: expedição de ofício para inclusão de parcela remuneratória em folha de pagamento de servidor). De outro lado, quando a imposição de prestação pecuniária se der a partir do trânsito em

---

Informativo de Jurisprudência 453 – STJ: QO. MS. NOTAS TAQUIGRÁFICAS. Depois do julgamento do MS, mas antes da publicação de seu respectivo acórdão, o impetrante, lastreado no art. 103, § 1.º, do RISTJ, formulou pedido de que lhe fossem fornecidas as notas taquigráficas do julgamento. Anote-se que não houve a interposição de qualquer recurso quando da publicação daquele aresto ao fundamento de que se esperam as notas. Diante disso, a Corte Especial decidiu, por maioria, fornecer as notas, pois há que resguardar o princípio da publicidade, quanto mais se sopesado o princípio da transparência que rege o Judiciário. Anotou-se que, segundo a Lei do Mandado de Segurança, as notas taquigráficas podem substituir o acórdão se ele não é publicado em trinta dias (art. 17 da Lei n.º 12.016/2009) (QO na Pet no MS 14.666-DF, Rel. Min. Presidente Ari Pargendler, j. 28.10.2010).

[7] TALAMINI, Eduardo. A efetivação da liminar e da sentença no mandado de segurança. *Revista da Faculdade de Direito da UFPR*, v. 36, p. 233-245, 2001.

[8] "O pagamento dos valores devidos pela Fazenda Pública entre a data da impetração do mandado de segurança e a efetiva implementação da ordem concessiva deve observar o disposto no artigo 100 da Constituição Federal" (STF, RE 889173 RG-ED, Rel. Min. Luiz Fux, Tribunal Pleno, j. 05.10.2018). "O STF, em regime de repercussão geral (RE 889.173, Rel. Min. Luiz Fux), firmou a tese de que o pagamento dos valores devidos pela Fazenda Pública entre a data da impetração do Mandado de Segurança e a efetiva implementação da ordem concessiva deve observar o regime de precatórios previsto no artigo 100 da Constituição Federal" (STJ, REsp 1733806/RJ, Rel. Min. Herman Benjamin, Segunda Turma, j. 13.12.2018). "Em não havendo disponibilidade orçamentária, o julgado deve ser submetido a regular processo de execução contra a Fazenda Pública, com a expedição de precatório" (STJ, EDcl nos EDcl nos AgInt nos EDcl no MS 23.523/DF, Rel. Min. Francisco Falcão, Primeira Seção, j. 13.03.2019).

julgado e referente às obrigações vencidas a partir do ajuizamento, deve-se utilizar o cumprimento de sentença contra a Fazenda Pública, o qual culmina com a expedição de precatório. Essa é a exegese do art. 14, § 4.º, da lei, ao dispor, *verbis*: "O pagamento de vencimentos e vantagens pecuniárias assegurados em sentença concessiva de Mandado de Segurança a servidor público da administração direta ou autárquica federal, estadual e municipal somente será efetuado relativamente às prestações que se vencerem a contar da data do ajuizamento da inicial".

Quanto ao mais, o texto legal não altera as disposições anteriores, ao contrário, reafirma a possibilidade de edição de uma ordem liminar, que poderá ser confirmada e substituída pela sentença (art. 7.º, § 3.º); reitera a possibilidade de cumprimento provisório da sentença, desde que não seja hipótese em que proibida a concessão de liminar (art. 14, § 3.º); reforça o dever de cumprimento das decisões em Mandado de Segurança pela expressa tipificação do descumprimento como crime de desobediência (art. 26); e prevê, à semelhança da Lei anterior, uma ordem para pagamento ou um título executivo de natureza condenatória, que se subsume à execução *sine intervallo*.

A decisão do Mandado de Segurança, seja ele repressivo ou preventivo, não pode ter caráter normativo futuro[9], como, ocorre quando a parte pretende que se declarem no *writ* direitos ainda não consumados. Portanto, o Mandado de Segurança preventivo pressupõe risco concreto de ilegalidade[10].

Cumpre anotar a existência de peculiaridade em relação à concessão da ordem em causas que versem sobre indébito tributário. É que o impetrante vencedor poderá optar entre receber o crédito por compensação tributária ou por meio de precatório[11].

7.2. LIMITES DOS EFEITOS DA SENTENÇA

O elemento fundamental para determinação dos efeitos da sentença sobre o ato administrativo é o pedido do impetrante, o qual lhe fixa os limites objetivos e subjetivos. Desta sorte, ainda que o ato atacado produza efeitos em relação a terceiros, se o mandado for requerido apenas por um dos interessados, a decisão limita-se àquele impetrante, restando íntegro o ato em relação aos que não foram partes na demanda (*res judicata aliis non nocet*).

---

[9] REsp n.º 341.559, *site* STJ: <www.stj.jus.br>.

[10] "É cabível o Mandado de Segurança de caráter preventivo sendo o meio adequado para garantir que a autoridade coatora haja de acordo com os lindes fixados pelo legislador, não acometendo efeitos lesivos em decorrência de atos abusivos e ilegais" (STJ, REsp 1767433/MG, Rel. Min. Herman Benjamin, Segunda Turma, j. 06.11.2018).

[11] "A sentença do Mandado de Segurança que reconhece o direito à compensação tributária (Súmula 213/STJ: 'O mandado de segurança constitui ação adequada para a declaração do direito à compensação tributária'), é título executivo judicial, de modo que o contribuinte pode optar entre a compensação e a restituição do indébito (Súmula n.º 461/STJ: 'O contribuinte pode optar por receber, por meio de precatório ou por compensação, o indébito tributário certificado por sentença declaratória transitada em julgado')" (STJ, AgInt no REsp 1778268/RS, Rel. Min. Mauro Campbell Marques, Segunda Turma, j. 26.03.2019).

A hipótese anterior diverge daquela em que o direito é comum a vários potenciais litisconsortes, os quais, com a concessão da segurança, não terão mais interesse de agir. No mesmo diapasão, se a decisão mandamental é constitutiva e nulifica ato que abrange a esfera jurídica de várias pessoas sob o ângulo preceptivo, como a anulação de um concurso, mercê de o *writ* ter sido impetrado por um só dos candidatos, o certame torna-se inválido *erga omnes*.

Outrossim, a Lei n.º 12.016/2009 repisou regra existente no art. 1.º da Lei n.º 5.021/1951[12], prevendo no seu art. 14, § 4.º, que "o pagamento de vencimentos e vantagens pecuniárias assegurados em sentença concessiva de Mandado de Segurança (...) somente será efetuado relativamente às prestações que se vencerem a contar da data do ajuizamento". Sendo esta orientação consagrada no Enunciado de Súmula n.º 271 do STF, segundo o qual: "Concessão de Mandado de Segurança não produz efeitos patrimoniais em relação a período pretérito, os quais devem ser reclamados administrativamente, ou pela via judicial própria". O art. 1.º da Lei n.º 5.021/1966 dispunha, como afirmado, que o pagamento dessas parcelas somente seria efetuado relativamente às prestações que se vencessem a partir do ajuizamento da ação.

A possibilidade de o Mandado de Segurança envolver efeitos patrimoniais resta assentada nas hipóteses atinentes à vedação de liminares. No regime anterior, tais vedações eram previstas nas Leis n.º 4.348/1964 e n.º 5.021/1966. Atualmente, constam do § 2.º do art. 7.º da Lei n.º 12.016, que dispõe:

> § 2.º Não será concedida medida liminar que tenha por objeto a compensação de créditos tributários, a entrega de mercadorias e bens provenientes do exterior, a reclassificação ou equiparação de servidores públicos e a concessão de aumento ou a extensão de vantagens ou pagamento de qualquer natureza.

Muito embora sejam vedadas liminares para pagamentos de qualquer natureza, não há dúvidas sobre a possibilidade de condenação da Fazenda Pública, em Mandado de Segurança, ao pagamento de verbas pecuniárias, desde que não estivessem vencidas à data do ajuizamento da impetração. Sobre o tema, ressalta a doutrina, *verbis*:

---

[12] **Art. 1.º** O pagamento de vencimentos e vantagens pecuniárias asseguradas, em sentença concessiva de Mandado de Segurança, a servidor público federal, da administração direta ou autárquica, e a servidor público estadual e municipal, somente será efetuado relativamente às prestações que se vencerem a contar da data do ajuizamento da inicial.

§ 1.º Vetado.

§ 2.º Na falta de crédito, a autoridade coatora ou a repartição responsável pelo cumprimento da decisão, encaminhará, de imediato, a quem de direito, o pedido de suprimento de recursos, de acordo com as normas em vigor.

§ 3.º A sentença que implicar em pagamento de atrasados será objeto, nessa parte, de liquidação por cálculos (arts. 906 a 908 do Código de Processo Civil), procedendo-se, em seguida, de acordo com o art. 204 da Constituição Federal.

§ 4.º Não se concederá medida liminar para efeito de pagamento de vencimentos e vantagens pecuniárias.

(...) há hipóteses em que o Mandado de Segurança pode conduzir à determinação de que o Poder Público promova o pagamento em favor do impetrante. Assim se passa, especificamente, nos casos de Mandado de Segurança preventivo ou quando, de algum modo, o provimento jurisdicional se aplicar a condutas futuras da autoridade pública. Como exemplo, suponha-se que uma autoridade remeta correspondência a um particular por ela contratado prevendo que o contrato será rescindido e que o pagamento previsto para ocorrer em data futura não será realizado. Se ficar evidenciado que a pretendida rescisão está eivada de defeito e que não existe fundamento para a negativa de pagamento, o Mandado de Segurança poderá contemplar sentença mandamental determinando que a rescisão não seja procedida e que o pagamento ocorra.[13]

7.3. RESPONSABILIDADE PELO DESCUMPRIMENTO DE SENTENÇA CONCESSIVA DO MANDADO DE SEGURANÇA

O sistema jurídico acerca do regime do Mandado de Segurança, da mesma forma que ocorre nos institutos dos quais se originou (*amparo* mexicano, *writs* anglo-americanos), assegura que o cumprimento da ordem judicial, liminar ou sentencial, compete primariamente à autoridade impetrada, que deverá ser notificada por ofício da concessão da liminar para cumpri-la de imediato, ou no prazo que o juiz tiver fixado.

Este dever legal não desaparece pela adoção, por parte do órgão jurisdicional, de medidas coativas ou sub-rogatórias tendentes a promover a execução, o que, como regra, tem como premissa a omissão da autoridade. Nos *writs* e no *amparo* há meios eficientes de sancionar o eventual descumprimento da ordem judicial pela autoridade impetrada. No direito anglo-saxônico, o Tribunal pode, mediante a *contempt of court*, determinar a prisão da autoridade para instá-la a cumprir à sentença.

Na Constituição mexicana o não cumprimento da decisão judicial pela autoridade acarreta-lhe a destituição ou afastamento do cargo que exerça, além das penas cominadas no Código Penal.

No Brasil, tanto a Lei n.º 221/1894 (art. 13, §§ 11 e 12) quanto a Lei n.º 191/1936 (art. 10, parágrafo único, reproduzido no art. 327 do CPC de 1939) obrigavam a autoridade administrativa a cumprir o julgado, sob pena de responsabilidade civil e criminal (a Lei n.º 191/1936 e o art. 327 do Código de 1939 se referiam expressamente ao crime de *desobediência*).

A Lei n.º 1.079/1950, que define os crimes de responsabilidade do Presidente da República, ministros, Procurador-Geral da República, governadores e secretários de Estado, além de limitar-se apenas a algumas poucas autoridades, subordina o processo criminal à iniciativa parlamentar e consequentes injunções políticas.

A intervenção federal no Estado, ou a intervenção estadual no município, é medida extrema, usada com cautela e parcimônia, que não acode com celeridade à necessidade de pronto cumprimento da liminar desrespeitada.

---

[13] JUSTEN, Marçal. Ob. cit., p. 1.011.

O Supremo Tribunal Federal em memorável voto de Nelson Hungria, na famosa Representação n.º 211 do Distrito Federal, decidiu que não se tratava de desobediência (crime de particular contra a Administração), nem de prevaricação, que exige interesse ou sentimento pessoal.

A Lei n.º 1.533/1951 silenciava sobre as penalidades impostas pelo eventual descumprimento. A esta época, por falta de previsão legal específica, aplicavam-se subsidiariamente as leis administrativas e penais. Assim, o desrespeito à liminar poderia implicar para o impetrado a tríplice responsabilidade: penal, civil e disciplinar. Quanto à criminal, a caracterização do crime de prevaricação restava na dependência de prova de que o ato fora efetivamente praticado por interesse pessoal. A responsabilidade civil do funcionário, independentemente da responsabilidade do Estado, encontrava fundamento no art. 37, § 6.º, da Carta Magna. A responsabilidade disciplinar dependente da iniciativa dos superiores hierárquicos do impetrado. Em qualquer caso, as referidas sanções não eram aplicáveis no plano prático pelo juiz, tendo, assim, efeito meramente intimidativo de rara eficácia.

A Lei n.º 12.016/2009 inovou ao enfrentar o tema no seu art. 26, optando por criminalizar, de maneira expressa, o comportamento consistente no não cumprimento das decisões proferidas em sede de Mandado de Segurança. De acordo com o referido dispositivo, descumprir as decisões proferidas em Mandado de Segurança caracteriza crime de desobediência, nos termos do art. 330 do Código Penal, sem prejuízo das sanções administrativas cabíveis.

Tal opção do legislador deu fim à dúvida na doutrina e na jurisprudência sobre a tipificação do crime quando a autoridade coatora descumpria determinações judiciais dispostas em Mandado de Segurança, já que os posicionamentos alternavam entre a configuração de crime de prevaricação, nos termos do art. 319 do CP, ou o de desobediência, nos termos do art. 330 do CP. O fato é que, com o advento da Lei n.º 12.016/2009, a controvérsia recebeu uma pá de cal, vez que o legislador expressamente optou por criminalizar a conduta daquele que descumpre as decisões proferidas em Mandado de Segurança, através da tipificação da desobediência.

Deveras, é de somenos se o descumprimento se refere a uma decisão final ou a uma decisão liminar, bastando, para tanto, que o magistrado tenha determinado o cumprimento da ordem, e tenha havido omissão no seu cumprimento.[14]

Importa ainda destacar que, consoante a hierarquia da autoridade, o crime pode transfigurar-se em delito de responsabilidade, sem prejuízo da improbidade administrativa e da responsabilização civil e administrativa, quando cabíveis, em decorrência da independência dessas instâncias. É o que faz crer o disposto no art. 26, *verbis*:

> Art. 26. Constitui crime de desobediência, nos termos do art. 330 do Decreto-Lei n.º 2.848, de 7 de dezembro de 1940, o não cumprimento das decisões proferidas em Mandado de Segurança, sem prejuízo das sanções administrativas e da aplicação da Lei n.º 1.079, de 10 de abril de 1950, quando cabíveis.

---

[14] **Art. 330.** Desobedecer a ordem legal de funcionário público:
Pena – detenção, de quinze dias a seis meses, e multa.

Advirta-se que, conforme as circunstâncias fáticas, o crime de desobediência admite prisão em flagrante.[15]

Ressalte-se, por fim, que, em caso de descumprimento da ordem, o Magistrado pode fixar *astreintes* direcionadas à pessoa da autoridade recalcitrante, como forma de coerção para a observância do julgado[16].

7.4. NOTAS SOBRE A MANDAMENTALIDADE DAS DECISÕES JUDICIAIS[17]

O regime original do CPC/1973 preconizava que a sentença do juiz constituía comando capaz de ser realizado em outro processo, o qual continha etapas hábeis a

---

[15] STJ, HC n.º 84.664-SP disponível em: <www.stj.jus.br>.

[16] "As *astreintes* podem ser direcionadas pessoalmente às autoridades ou aos agentes responsáveis pelo cumprimento das determinações judiciais, em particular quando eles foram parte na ação. Precedentes: AgRg no AREsp 472.750/RJ, Rel. Min. Mauro Campbell Marques, Segunda Turma, *DJe* 09.06.2014; e REsp 1.111.562/RN, Rel. Min. Castro Meira, Segunda Turma, *DJe* 18.09.2009" (STJ, AgRg no REsp 1388716/RN, Rel. Min. Humberto Martins, Segunda Turma, j. 23.10.2014).

[17] O novo CPC contempla a mandamentalidade das decisões judiciais, a cujo respeito remetemos ao *Curso*, de Luiz Fux, acerca da origem do tema.
Art. 77. Além de outros previstos neste Código, são deveres das partes, de seus procuradores e de todos aqueles que de qualquer forma participem do processo:
I – expor os fatos em juízo conforme a verdade;
II – não formular pretensão ou de apresentar defesa quando cientes de que são destituídas de fundamento;
III – não produzir provas e não praticar atos inúteis ou desnecessários à declaração ou à defesa do direito;
IV – cumprir com exatidão as decisões jurisdicionais, de natureza provisória ou final, e não criar embaraços à sua efetivação;
V – declinar, no primeiro momento que lhes couber falar nos autos, o endereço residencial ou profissional onde receberão intimações, atualizando essa informação sempre que ocorrer qualquer modificação temporária ou definitiva;
VI – não praticar inovação ilegal no estado de fato de bem ou direito litigioso;
VII – informar e manter atualizados seus dados cadastrais perante os órgãos do Poder Judiciário e, no caso do § 6.º do art. 246 deste Código, da Administração Tributária, para recebimento de citações e intimações.
§ 1.º Nas hipóteses dos incisos IV e VI, o juiz advertirá qualquer das pessoas mencionadas no *caput* de que sua conduta poderá ser punida como ato atentatório à dignidade da justiça.
§ 2.º A violação ao disposto nos incisos IV e VI constitui ato atentatório à dignidade da justiça, devendo o juiz, sem prejuízo das sanções criminais, civis e processuais cabíveis, aplicar ao responsável multa de até vinte por cento do valor da causa, de acordo com a gravidade da conduta.
§ 3.º Não sendo paga no prazo a ser fixado pelo juiz, a multa prevista no § 2.º será inscrita como dívida ativa da União ou do Estado após o trânsito em julgado da decisão que a fixou, e sua execução observará o procedimento da execução fiscal, revertendo-se aos fundos previstos no art. 97.
§ 4.º A multa estabelecida no § 2.º poderá ser fixada independentemente da incidência das previstas nos arts. 523, § 1.º, e 536, § 1.º.
§ 5.º Quando o valor da causa for irrisório ou inestimável, a multa prevista no § 2.º poderá ser fixada em até 10 (dez) vezes o valor do salário mínimo.

permitir a infirmação do julgado por novo processo cognitivo introduzido na execução do pronunciamento judicial. A reforma do cumprimento da sentença tornou-a autoexecutável,[18] vale dizer, o seu comando é realizado pelo próprio juízo que declarou o direito. Como ressaltamos, o juízo da cognição é, assim, também o juízo da execução imediata, sem necessidade de inaugurar novo processo.

É inegável que esse já foi um grande passo.[19]

Entretanto, a seriedade da função jurisdicional não se compadece com atentados à dignidade da justiça, os quais ocorrem toda vez que a decisão é descumprida voluntariamente por meio de embaraços criados pela parte vencida.

Ressoa evidente que a parte que não cumpre a decisão judicial, podendo fazê-lo opondo-se a ela, suscitando argumentos já afastados, assume a conduta de oposição infundada ao comando judicial, postergando a satisfação do vencedor e mantendo abalada a paz social, valor de maior expressão para a função jurisdicional.

O atual CPC abandona a velha postura burocrático-judicial do juiz quando passa a lhe atribuir os poderes do *imperium judicii* da vetusta figura do pretor romano, habilitando-o a expedir ordens, medidas mandamentais capazes de assegurar a efetivação[20] da

---

§ 6.º Aos advogados públicos ou privados e aos membros da Defensoria Pública e do Ministério Público não se aplica o disposto nos §§ 2.º a 5.º, devendo eventual responsabilidade disciplinar ser apurada pelo respectivo órgão de classe ou corregedoria, ao qual o juiz oficiará.

§ 7.º Reconhecida violação ao disposto no inciso VI, o juiz determinará o restabelecimento do estado anterior, podendo, ainda, proibir a parte de falar nos autos até a purgação do atentado, sem prejuízo da aplicação do § 2.º.

§ 8.º O representante judicial da parte não pode ser compelido a cumprir decisão em seu lugar.

[18] Acerca das ações autoexecutáveis, regra hodierna do processo civil brasileiro, após a alteração da execução de sentença para o cumprimento das decisões judiciais, consulte-se, por todos: SILVA, Ovídio Baptista da. *Curso de processo civil*. Porto Alegre: Fabris, 1990. v. II.

[19] Consultem-se sobre as mencionadas reformas: CAPPELLETTI, Mauro. Problemas de reforma do processo civil nas sociedades contemporâneas. *Revista de Processo*, ano 17, São Paulo: RT, n.º 65, jan.-mar. 1992; TROCKER, Nicolò; VARANO, Vincenzo. *The reforms of civil procedure in comparative perspective*. Torino: Giappichelli, 2005; GRECO, Leonardo. O acesso ao direito e à justiça. *Estudos de direito processual*. Faculdade de Direito de Campos, 2005.

[20] Nesse sentido, procuramos nos aprofundar no sentido da verdadeira realização da norma jurídica por meio do processo e partimos da premissa de que a efetividade da norma jurídica é a sintonia adequada entre as suas previsões abstratas e genéricas e o fato social que ela se propõe a normatizar. Destarte, há efetividade quando o juízo hipotético do *dever ser* equivale ao *ser* da realidade fática ou, em outros termos, quando o conteúdo abstrato da norma jurídica se concretiza no mundo social.

A questão torna-se ainda mais relevante diante da verdadeira *crise de eficácia do sistema jurídico* vivenciada pelos sistemas contemporâneos. Assim, é ultrapassado o microuniverso da norma, enquanto mera crise pontual de certas normas no sistema jurídico. Na verdade, quando se discute a crise de eficácia do ordenamento jurídico, se está a refletir sobre os modos pelos quais o sistema em seu conjunto mostra-se incapaz de responder às necessidades sociais. O que se tem verificado nas últimas décadas é um problema estrutural, capaz de abalar os próprios fundamentos do direito vigente. O grande desafio ao direito contemporâneo é justamente buscar reaproximar as dimensões do normativo e do social ou, como diria Hans Kelsen, entre as instâncias do *ser* e do *dever-ser*.

justiça prestada no caso concreto, criminalizando o seu descumprimento na percuciente visão de Aldo Frignani e John Merryman[21].

Especificamente quanto ao mandado de segurança, a incidência do art. 330 do Código Penal, em caso de desobediência injustificada à decisão judicial que concede a segurança, ocorre em razão, sobretudo, de restarem desafiadas a autoridade e a dignidade da função jurisdicional. Destarte, a sanção penal não configura meio processual civil de coerção ao cumprimento de ordem judicial.

Embora autorizada doutrina, conforme ressaltado, critique tal prática, entendendo que o descumprimento de decisão judicial somente ensejaria a configuração de um delito na hipótese de sua conduta se adequar a algum tipo penal, como a prisão do devedor de alimentos, pois sua conduta seria punível na legislação penal por meio do crime de abandono material (CP, art. 244)[22], majoritariamente defende-se a tipificação do descumprimento de decisão judicial como crime de desobediência. Nesse sentido, sustenta-se que "a configuração do crime de desobediência ou de prevaricação é consequência inerente ao caráter mandamental da tutela, cuja eficácia predominante consistiria na ordem existente no dispositivo da sentença. Tal se dá, por exemplo, no mandado de segurança, na demanda de manutenção de posse e no interdito proibitório"[23]. Saliente-se que o crime de desobediência somente existirá quando descumprir-se ordem ou mandamento de sentença que reconheça a exigibilidade de obrigação de fazer, não fazer ou entregar coisa (art. 536, § 3.º, do CPC/2015).

Nesse contexto, sem reparos a conclusão de que, *verbis*: "O direito à execução das sentenças integra o direito ao acesso à justiça. De nada adianta ao autor a decisão judicial favorável, ou o título executivo, sem que o ordenamento jurídico proporcione meios adequados à realização do seu direito"[24].

7.5. COISA JULGADA

7.5.1. Generalidades

A decisão sobre um litígio, quando não comporta mais recursos visando à reapreciação da controvérsia, diz-se que *transitou em julgado*. Quando a referida decisão resolve o mérito da causa, forma-se, com o trânsito em julgado, coisa julgada material, fenômeno que caracteriza a função jurisdicional estatal e a difere das demais[25].

---

[21] Aldo Frignani, L'injunction nella common Law e l'inibitoria Del diritto italiano, 1974.
[22] GRECO, Leonardo. *O processo de execução*. Rio de Janeiro: Renovar, 2001. v. II, p. 501.
[23] BEDAQUE, José Roberto dos Santos. *Tutela cautelar e tutela antecipada*: tutelas sumárias e de urgência (tentativa de sistematização). 5. ed. São Paulo: Malheiros, p. 110.
[24] CANTOARIO, Diego Martinez Fervenza. Meios de coerção na tutela específica das obrigações de fazer e não fazer. In: FUX, Luiz (Coord.). *O novo processo civil brasileiro*: direito em expectativa. Rio de Janeiro: Forense, 2011. p. 359.
[25] A coisa julgada "es el atributo específico de la jurisdicción", segundo Couture (*Fundamentos del derecho procesal civil.* 1951. p. 304).

O momento no qual uma decisão torna-se imodificável é o do seu *trânsito em julgado*, que se opera quando o conteúdo daquilo que foi decidido fica ao abrigo de qualquer impugnação através de recurso ou ação autônoma, daí a sua consequente imutabilidade[26]. Desta sorte, diz-se que uma decisão transita em julgado e produz coisa julgada quando não pode mais ser modificada pelos meios recursais de impugnação. A impossibilidade de recorrer é ditada por uma técnica que leva em consideração vários fatores para impor a interdição recursal. Essa técnica denomina-se de *preclusão*, que ontologicamente significa "precluir, fechar, impedir"[27].

A possibilidade de recorrer pode precluir em função da perda do tempo próprio para impugnar a decisão, a denominada "preclusão temporal", como ocorre quando a sentença, apelável em 15 (quinze) dias, sofre impugnação no 17.º dia após a sua intimação às partes.

Essa técnica preclusiva é utilizada durante todo o processo, uma vez que interessa ao legislador não só garantir o resultado judicial, mas também viabilizá-lo. Pudesse o processo retroceder a todo instante, dificilmente se chegaria à decisão final. Assim é que, uma vez superado o prazo de alegação de determinada matéria, a lei veta a sua reapreciação, como se extrai do art. 507[28] do CPC[29].

No final do processo, a preclusão opera-se com o objetivo de manter a "inteireza" do resultado; por isso, a coisa julgada tem uma eficácia preclusiva capaz de impedir que, após o julgado, "rejulgue-se" a mesma lide, atividade que se impede mediante a alegação da *exceptio rei iudicatae* ou seu conhecimento *ex officio*.

O *fundamento substancial da coisa julgada* é eminentemente político, visando o instituto à *preservação da estabilidade e segurança sociais*[30]. A imutabilidade da decisão é fator de equilíbrio social, na medida em que os contendores obtêm a última e decisiva palavra do Judiciário acerca do conflito intersubjetivo e a imperatividade da decisão completa o ciclo necessário de atributos que permitem ao juiz conjurar a controvérsia pela necessária obediência ao que foi decidido[31].

---

[26] Com o trânsito em julgado "a sentença não corre mais o perigo de ser impugnada, e, portanto, modificada ou anulada". Nesse sentido Liebman, *Corso di diritto processuale civile*, 1953, p. 238. A coisa julgada é uma qualidade dos efeitos da decisão, que se tornam imutáveis, e não um efeito em si do julgado, como a declaração, a condenação etc. Esta a teoria de **Liebman** adotada textualmente à luz do art. 502 do CPC.

[27] As relações da preclusão com a coisa julgada vêm tratadas magnanimamente por GUIMARÃES, Machado. Preclusão, coisa julgada e efeito preclusivo. *Estudos de direito processual civil*. 1969. p. 16, nota 29.

[28] **CPC. Art. 507.** É vedado à parte discutir no curso do processo as questões já decididas a cujo respeito se operou a preclusão.

[29] REsp. n.º 2.340-SP – EDcl e *RSTJ* 64/156.

[30] Nesse sentido, CASTRO, Prieto. *Derecho procesal civil*. 1946. v. I, p. 381. Chiovenda assentava a explicação da coisa julgada na "exigência social da segurança no gozo dos bens da vida" (*Instituições de direito processual civil*. 1942. v. I, p. 512-513).

[31] Várias são as teorias tendentes a explicar o fenômeno da coisa julgada. Os clássicos citam a teoria de **Savigny**, segundo a qual a coisa julgada era "ficção de verdade". Para Pothier, "presunção *iure et de iure* de verdade". Uma resenha magnífica encontra-se em ROCCO, Ugo. *L'Autorità della Cosa Giudicata e i suoi limitti soggettivi*, 1917.

O fundamento político da coisa julgada não está comprometido nem com a verdade nem com a justiça da decisão. Uma decisão judicial, malgrado solidificada, com alto grau de imperfeição, pode perfeitamente resultar na última e imutável definição do Judiciário, porquanto o que se pretende através dela é a estabilidade social. Incumbe, assim, ao interessado impugnar a decisão antes de seu trânsito em julgado ou após, através de ação rescisória, uma vez que, passado esse prazo qualquer que seja a imperfeição, ela se tornará imodificável.

Em face desse fundamento, a ação própria para desconstituição de uma decisão trânsita, que é a ação rescisória, não contempla qualquer *causa petendi* na qual se possa enxergar vícios de injustiça no que foi decidido. Os fatos embasadores da rescisória voltam-se contra graves ilegalidades, como a decisão proferida por juiz corrupto, ou por juízo absolutamente incompetente etc. Em face dessa sua importância juspolítica, impende ressaltar o *momento em que a decisão transita em julgado*.

Dispõe o Código que a coisa julgada material é a autoridade que torna imutável e indiscutível a decisão de mérito não mais sujeita a recurso (art. 502 do CPC)[32]. Uma decisão somente se torna inatacável "se a parte no prazo de interposição do recurso o deixou transcorrer sem impugnação" ou "se o recurso, caso interposto, foi considerado inadmissível"[33]. Nessas hipóteses e momentos, diz-se que a decisão transitou em julgado. Em resumo, a decisão não mais sujeita a recurso *faz coisa julgada*.

7.5.2. Coisa julgada no Mandado de Segurança

O pedido do impetrante pode ser improcedente por ausência de (i) direito líquido e certo, ou (ii) falta de requisitos processuais.

A decisão do *mandamus*, consoante a *opinio doctorum*, não faz coisa julgada material quando proclamada a ausência de liquidez e certeza do direito, sem dispor sobre a sua efetiva existência, pois demandaria dilação probatória.

Em contrapartida, assenta-se que a improcedência derivada do convencimento judicial acerca da inexistência do próprio direito pleiteado, faz coisa julgada material, tornando-se imutável e indiscutível nos limites da lide e das questões decididas (art. 503 do CPC)[34].

---

[32] "A coisa julgada é formal quando não mais se pode discutir no processo o que se decidiu. A coisa julgada material é a que impede discutir-se, noutro processo, o que se decidiu (Pontes de Miranda)" (*RTJ* 123/569).

[33] Nesse mesmo sentido, KISCH. *Elementos de derecho procesal civil*. 1940. p. 257-258.

[34] **CPC. Art. 503.** A decisão que julgar total ou parcialmente o mérito tem força de lei nos limites da questão principal expressamente decidida.
§ 1.º O disposto no *caput* aplica-se à resolução de questão prejudicial, decidida expressa e incidentemente no processo, se:
I – dessa resolução depender o julgamento do mérito;
II – a seu respeito tiver havido contraditório prévio e efetivo, não se aplicando no caso de revelia;

É dizer: o autor que não tem direito líquido e certo veiculável por intermédio do Mandado de Segurança não significa que ele não tem o direito material alegado.

A distinção leva em conta que a conclusão sobre a incerteza e suposta falta de liquidez do direito resulta em pronunciamento irretratável com base em cognição não plenária haja vista a existência de apenas prova pré-constituída, nem sempre suficiente à cognição exauriente acerca da existência do fundo do direito.

Entretanto, negada a existência do próprio direito (não do direito líquido e certo), permitir possa o autor reiterar o pedido, ainda que através de outra via procedimental, representa reabrir a contenda sobre um ponto em que o Poder Judiciário já se pronunciou, com manifesta violação da coisa julgada.

Assim, a questão crucial da sistemática estipulada é proteger o impetrante do *mandamus* do potencial risco de se ver privado de melhor demonstrar e provar a sua pretensão, pelo simples fato de ter se valido da via sumaríssima.

Não é razoável, evidentemente, que a conclusão sobre a incerteza e suposta falta de liquidez de um direito resulte em um pronunciamento irretratável oriundo de cognição reservada calcada em prova pré-constituída e informações documentais, vedada que é a dilação probatória em sede de *writ*. Essa deve ser a compreensão quando o mandado é denegado por questões prévias ou por incerteza quanto aos fatos, hipótese em que não só o pedido poderá ser renovado por outra via processual, nos termos do art. 19 da Lei n.º 12.016/2009, como também novo *mandamus* poderá ser proposto se ainda inesgotado o prazo decadencial. Assim, *v.g.*, se denegado o Mandado de Segurança por ausência de prova pré-constituída e, *a fortiori*, por ausência de direito líquido e certo, nada obsta que, ainda remanescendo prazo não superior a 120 dias, possa o impetrante complementar os elementos de convicção e carrear para esse novo *writ* a prova faltante na primeira impetração.

Entretanto, denegado o Mandado de Segurança por ausência de direito líquido e certo, não poderá o autor-impetrante, sem novas provas, oferecer outra demanda mandamental.

Essa parece-nos ser a correta exegese dos dispositivos da Lei n.º 12.016/2009, notadamente dos arts. 6.º, § 6.º, e 19, que assim dispõem:

> Art. 6.º, § 6.º: O pedido de Mandado de Segurança poderá ser renovado dentro do prazo decadencial, se a decisão denegatória não lhe houver apreciado o mérito.
>
> Art. 19. A sentença ou o acórdão que denegar Mandado de Segurança, sem decidir o mérito, não impedirá que o requerente, por ação própria, pleiteie os seus direitos e os respectivos efeitos patrimoniais.

III – o juízo tiver competência em razão da matéria e da pessoa para resolvê-la como questão principal.

§ 2.º A hipótese do § 1.º não se aplica se no processo houver restrições probatórias ou limitações à cognição que impeçam o aprofundamento da análise da questão prejudicial.

8
EXECUÇÃO

8.1. GENERALIDADES

O processo, como instrumento de realização de justiça, é servil a esta, não só quando se está diante de uma pretensão justa e resistida, passível de ser resolvida em nível de *definição de direitos*, mas também na hipótese de resistência à satisfação de um direito já definido a merecer pronta realização prática.

No primeiro caso, a *definição judicial* é exteriorizada através da *tutela jurisdicional de cognição*, que consiste basicamente no conhecimento dos fatos e na aplicação soberana da norma jurídica adequada ao caso concreto.

No segundo caso, o *direito já se encontra definido e à espera de sua realização* pelo obrigado. Nessa hipótese, a forma de tutela não é mais de simples cognição senão de "realização prática do direito" através dos órgãos judiciais. Assim, da mesma forma que o Estado-juiz define a situação litigiosa com ou sem a colaboração das partes, também realiza o direito, independentemente da cooperação do obrigado[1]. Esta é a essência da *fase de execução, tutela satisfativa*, por excelência, porquanto *executar é satisfazer o direito inadimplido*. Na fase de execução, o Estado-juiz não se limita a pronunciar que A deve a B, senão a fazer com que o devedor pague ao credor, voluntariamente ou através dos meios executivos utilizados nesta espécie de processo e que visam a conferir à parte o mesmo resultado que ela obteria se houvesse o cumprimento espontâneo da obrigação. As diferentes formas de prestação de justiça confirmam a regra de há muito enunciada de que "pretensão discutida e pretensão insatisfeita" são "fenômenos do gênero conflito jurídico", havendo, para cada um deles, uma forma distinta de solução.

Sob a ótica jusfilosófica, a execução *restaura efetivamente* a ordem jurídica afrontada pela lesão, realizando a sanção correspondente à violação. A fase do processo em que

---

[1] Conforme magistralmente ressaltado por Carnelutti, no processo de conhecimento o juiz passa dos fatos ao direito e no processo de execução completa o ciclo, passando do direito aos fatos, tornando realidade o comando contido na sentença. Mais precisamente esclarece o autor: a sentença transforma o "ser da lei" "naquilo que deve ser" e no processo de execução "faz com que seja aquilo que deve ser" (*Direito e processo*).

incide essa sanção denomina-se "execução"[2]. Através dela o Estado cumpre a promessa do legislador de que, diante da lesão, o Judiciário atuará prontamente de sorte a repará-la a tal ponto que a parte lesada não sofra as consequências do inadimplemento.

Como afirmava um jurista clássico do início do século que entrevia na sentença a concretização da "vontade da lei, na cognição o Estado declara a vontade concreta da lei ao passo que na execução torna essa mesma vontade efetiva através de atos"[3].

8.2. EXECUÇÃO NO MANDADO DE SEGURANÇA

Execução é satisfação do comando contido na decisão, razão pela qual a natureza e o escopo do Mandado de Segurança pressupõem um procedimento ágil e de realização imediata com a força de sua mandamentalidade consubstanciada na ordem resultante do *decisum*. Assim é que, quanto às obrigações de fazer, não fazer e entregar coisa, a sentença e a liminar cumprem-se por simples ofício dirigido à autoridade coatora[4]. O ofício tem caráter executório, cabendo à Administração dar cumprimento à decisão cujo teor transmitido pode determinar a execução específica ou *in natura*, podendo o juiz valer-se de vários meios coativos, dentre os quais: fixar prazos, ainda que não constantes de lei, expedir ordem de reintegração, ordem que supra a eventual declaração de vontade omitida, ordem de entrega de documentos, entre outros etc.

A execução da sentença concessiva de segurança é, pois, específica e imediata, vedando-se a sua substituição por reparação pecuniária. A execução perfaz-se por cumprimento da providência determinada pelo juiz *in natura*, conforme art. 13 da Lei n.º 12.016/2009[5]. Os eventuais danos patrimoniais decorrentes do ato impugnado no Mandado de Segurança devem ser objeto de ação autônoma.

As parcelas remuneratórias pecuniárias vencidas após a impetração, reconhecidas na sentença concessiva de segurança, são executadas nos próprios autos da segurança, por mera apresentação de demonstrativo discriminado e atualizado do crédito, consoante as regras dos arts. 534 e seguintes do CPC/2015. Conforme explicado em capítulo anterior, essas verbas devem seguir a sistemática dos precatórios, na esteira

---

[2] Esta é a essência do processo de execução na visão de Liebman em seu notável *Processo de execução*. São Paulo: Saraiva.
[3] CHIOVENDA. Ob. cit.
[4] No dizer de Cássio Scarpinella Bueno, "Estando cientes a autoridade coatora e a entidade a que pertence da concessão da ordem, deve ela ser cumprida de imediato. Até porque eventual recurso de apelação que dela venha a ser interposto, embora sujeito a reexame necessário, não tem efeito suspensivo (art. 14, § 1.º, da Lei n.º 12.016/2009; v. n.º 32, infra), salvo nos casos em que a concessão da liminar é, por força de lei, vedada (art. 14, § 3.º, da Lei n.º 12.016/2009)" (BUENO, Cássio Scarpinella. *A Nova Lei do Mandado de Segurança*. Comentários sistemáticos à Lei n.º 12.016, de 7.8.2009. 2. ed. São Paulo: Saraiva, 2010, p. 106-107).
[5] **Art. 13.** Concedido o mandado, o juiz transmitirá em ofício, por intermédio do oficial do juízo, ou pelo correio, mediante correspondência com aviso de recebimento, o inteiro teor da sentença à autoridade coatora e à pessoa jurídica interessada.
Parágrafo único. Em caso de urgência, poderá o juiz observar o disposto no art. 4.º desta Lei.

do quanto decidido pelo Supremo Tribunal Federal em repercussão geral[6], sem prejuízo da expedição de ofício para imediato cumprimento de obrigação de fazer, como a inclusão de determinada rubrica em folha de pagamento. Em regra, é imperioso que já tenha ocorrido o trânsito em julgado do título judicial, não se admitindo o cumprimento provisório de sentença para inclusão em folha ou pagamento, *ex vi* dos arts. 14, § 3.º, e 7.º, § 2.º, da Lei n.º 12.016/2009[7], regra essa inaplicável relativamente à concessão de benefício previdenciário[8].

O mandado, expressão da decisão definitiva, determina obrigação dirigida à autoridade coatora, sob pena de cometimento do crime de desobediência, cujo estado de flagrância protrai-se até o adimplemento da ordem. É também possível a cominação de multa coercitiva dirigida à pessoa da autoridade coatora para o caso de descumprimento[9]. Deve-se perquirir, para esse propósito, qual o agente que possui competência para implementar a ordem administrativamente[10].

É o que se extrai da lei que assim dispõe em seus dispositivos abaixo mencionados:

> Art. 13. Concedido o mandado, o juiz transmitirá em ofício, por intermédio do oficial do juízo, ou pelo correio, mediante correspondência com aviso de recebimento, o inteiro teor da sentença à autoridade coatora e à pessoa jurídica interessada.

---

[6] STF, RE 889173 RG-ED, Rel. Min. Luiz Fux, Tribunal Pleno, j. 05.10.2018.

[7] "A decisão proferida em desfavor da Fazenda Pública que objetive a liberação de recursos ou a inclusão, em folha de pagamento, de aumento, de equiparação ou de extensão de vantagem a servidores da União, dos Estados, dos Municípios e do Distrito Federal, aí incluídas a suas autarquias ou fundações, somente poderá executada após o definitivo trânsito em julgado" (STJ, AgRg no REsp 1327598/DF, Rel. Min. Benedito Gonçalves, Primeira Turma, j. 15.10.2015).

[8] "Inicialmente, é firme o entendimento do STJ de que, nos termos da Súmula 729 do STF, a regra inserta no art. 7.º, § 2.º, da Lei n.º 12.016/2009 não se aplica às causas que discutem verbas de natureza previdenciária, como as que envolvem proventos de aposentadoria de servidor público" (STJ, REsp 1722515/SP, Rel. Min. Herman Benjamin, Segunda Turma, j. 20.03.2018). Assim também: STJ, REsp 1701969/SP, Rel. Min. Herman Benjamin, Segunda Turma, j. 28.11.2017.

[9] Cite-se novamente julgado sobre o assunto: "As *astreintes* podem ser direcionadas pessoalmente às autoridades ou aos agentes responsáveis pelo cumprimento das determinações judiciais, em particular quando eles foram parte na ação. Precedentes: AgRg no AREsp 472.750/RJ, Rel. Min. Mauro Campbell Marques, Segunda Turma, *DJe* 09.06.2014; e REsp 1.111.562/RN, Rel. Min. Castro Meira, Segunda Turma, *DJe* 18.09.2009" (STJ, AgRg no REsp 1388716/RN, Rel. Min. Humberto Martins, Segunda Turma, j. 23.10.2014).

[10] "A jurisprudência do Superior Tribunal de Justiça é de que, nos Mandados de Segurança impetrados para obter o pagamento de verbas ou diferenças salariais aos servidores públicos, a legitimidade passiva é do Secretário de Recursos Humanos do Ministério do Planejamento, Orçamento e Gestão, no âmbito da aplicação e cumprimento da legislação de pessoal de modo uniforme, ou do Coordenador-Geral de Recursos Humanos da respectiva pasta (Ministério) ou Autarquia, quando se tratar de legislação concernente apenas ao quadro de servidores específico. O Ministro do Planejamento, Orçamento e Gestão é parte ilegítima, pois ele possui competência administrativa genérica e superior de supervisão e gestão do sistema de pessoal civil" (STJ, AgInt no MS 24.271/DF, Rel. Min. Herman Benjamin, Primeira Seção, j. 28.11.2018).

Parágrafo único. Em caso de urgência, poderá o juiz observar o disposto no art. 4.º desta Lei.

Art. 14, § 4.º O pagamento de vencimentos e vantagens pecuniárias assegurados em sentença concessiva de Mandado de Segurança a servidor público da administração direta ou autárquica federal, estadual e municipal somente será efetuado relativamente às prestações que se vencerem a contar da data do ajuizamento da inicial.

Art. 26. Constitui crime de desobediência, nos termos do art. 330 do Decreto-lei n.º 2.848, de 7 de dezembro de 1940, o não cumprimento das decisões proferidas em Mandado de Segurança, sem prejuízo das sanções administrativas e da aplicação da Lei n.º 1.079, de 10 de abril de 1950, quando cabíveis.

A execução por mandado é servil à generalidade dos casos, mas nem sempre será viável. A autoridade pública nem sempre está em condições, inclusive materiais, para atender às exigências do mandado, *v.g.*, se o cumprimento depende de terceiros. É o que ocorre, por exemplo, quando a ordem é dirigida à autoridade incompetente. Essas exceções devem ser analisadas com rigor pelo magistrado para não transformar o *writ* em um "nada jurídico", como ocorre muitas vezes na prática judiciária.

É da essência do Mandado de Segurança que o impetrante deva obter o resultado pretendido *simpliciter et de plano*, relegando-se para os ritos formais os capítulos da decisão, quando houver exigência constitucional, como a que impõe que, para o pagamento de soma, a decisão tenha transitado em julgado e o implemento se aperfeiçoe por meio de requisitório (art. 100 da CF).

O Estado, quando não satisfaz o direito do impetrante beneficiado pela liminar como deveria, permite ao juiz utilizar-se de meios de coerção e sub-rogação seguindo o modelo operativo do cumprimento de sentença.

É sabido que qualquer atividade prática, como a execução, possui limites intransponíveis ou limites que o próprio direito só consegue transpor de modo imperfeito. Assim, por exemplo, na execução para entrega de coisa, a sua destruição ou perda torna impossível a entrega do bem (art. 809 do CPC). A conversão dessa prestação em perdas e danos é um sucedâneo. Nas obrigações de não fazer, quando violadas, a tutela civil reparatória não tem o condão de repristinar o tempo, fazendo desaparecer a violação já consumada. Esses limites naturais escapam ao domínio do julgador e devem ser postulados em vias próprias, como a única solução para não frustrar a parte, esgotados os meios de sub-rogação e de coerção, emprestando-se elástica exegese ao art. 19 da Lei, *verbis*: "A sentença ou o acórdão que denegar Mandado de Segurança, sem decidir o mérito, não impedirá que o requerente, por ação própria, pleiteie os seus direitos e os respectivos efeitos patrimoniais".

Sob o ângulo do implemento da ordem, não constitui óbice à execução da liminar a falta de atribuição da autoridade apontada como coatora para praticar o ato ordenado pelo juiz, porque aquela atua no Mandado de Segurança como órgão da pessoa jurídica de direito público que constitui o verdadeiro sujeito passivo do mandado. Neste caso, o impetrado deverá retransmitir ao funcionário competente para a efetivação da providência a ordem judicial, para que lhe dê cumprimento. Essa hipótese não se confunde com o verdadeiro limite político que ocorre se faltar à própria pessoa jurídica de direito público competência administrativa para praticar o ato que deva ser praticado por outra.

A Lei n.º 12.016/2009 consagra a possibilidade de execução provisória da sentença, exceto nos casos em que é vedada a concessão da liminar (art. 14, § 3.º c/c art. 7.º, § 2.º). Fora dessas situações excepcionais, a sentença que concede a segurança deve ser cumprida desde sua prolação, independentemente do duplo grau obrigatório (art. 14, § 1.º) ou da pendência de apelação.

O mesmo dispositivo que prevê a execução provisória, com os respectivos limites materiais, estabelece a possibilidade de pagamento das parcelas de remuneração de servidores públicos vencidas **após a** impetração (art. 14, § 4.º, da Lei atual). As parcelas pretéritas, repise-se, deverão ser pleiteadas pela via judicial ou administrativa adequadas, posto incabível tal pretensão no *mandamus*, que não substitui a ação de cobrança, consoante teor da Súmula n.º 269 do STF, *verbis*: "*O mandado de segurança não é substitutivo de ação de cobrança*". A inteligência do dispositivo também está harmônica com a tradicional lição de que os efeitos patrimoniais da sentença mandamental possuem eficácia *ex nunc*, ou seja, não retroativa, nos termos da Súmula n.º 271 do Supremo Tribunal Federal[11].

Por último, destaca-se um importante aspecto da execução da sentença da concessão de segurança, que é o seu caráter provisório. Assim sendo, a decisão judicial é cumprida imediatamente através da notificação do juiz prolator, mesmo que ainda esteja sujeita a recurso, seguindo-se o regime da execução provisória inaugurado pelo cumprimento de sentença, ressalvada a incompatibilidade da exigência de caução, e a necessidade de efetivação interina do comando[12].

A decisão denegatória da segurança, por sua vez, permite que o ato administrativo atacado produza todos os seus efeitos eventualmente suspensos, liberando o impetrado para todos os fins.

8.2.1. Execução de pedido declaratório ou constitutivo

As decisões meramente declaratórias e constitutivas não se executam, pois a sentença produz por si mesma esses efeitos.

O objeto imediato do Mandado de Segurança, por seu turno, tanto pode ostentar natureza declaratória, quanto constitutiva ou condenatória. No Mandado de Segurança a eficácia da decisão nunca será meramente declaratória ou constitutiva, porquanto ela cria para o Poder Público o dever de ajustar seu comportamento ao que foi certificado no *mandamus*. A sentença envolve sempre a imposição à pessoa jurídica de direito público, de que é órgão-sujeito a autoridade coatora, de um dever de dar, fazer ou não fazer alguma coisa, além de seus efeitos secundários, como concedida a segurança para anular a revogação da anistia, o impetrante retorna àquela condição com todos os seus consectários legais.

A liminar que susta a investidura de determinada pessoa em cargo público também impõe à Administração que a exclua do exercício do cargo e suspenda o pagamento da

---

[11] **Súmula n.º 271 STF:** Concessão de mandado de segurança não produz efeitos patrimoniais em relação a período pretérito, os quais devem ser reclamados administrativamente ou pela via judicial própria.

[12] No mesmo sentido, MEIRELLES, Hely. Ob. cit., p. 102.

respectiva remuneração etc. Embora a decisão meramente declaratória ou constitutiva não reclame execução para produzir seus efeitos, pode-se exigir a execução ou a efetivação coativa dos efeitos secundários dela decorrentes, que podem ser objeto de peticionamento ao juiz que concedeu a segurança para que se realizem coativamente as consequências da decisão.

8.2.2. Execução para entrega da coisa

Há condenação ao cumprimento de obrigação de entregar coisa em Mandado de Segurança, por exemplo, quando houver apreensão ilegal de bens do impetrante pela autoridade administrativa[13].

A execução desta modalidade de prestação vem acompanhada de seus meios de sub-rogação e coerção.

Assim é que se, apesar da notificação da autoridade impetrada para efetuar a entrega de coisa determinada, esta omitir-se, poderá o impetrante, beneficiado por liminar, requerer ao juiz da causa a busca e apreensão da coisa ou a expedição do mandado de imissão na posse, sem prejuízo do emprego de meios coativos indiretos para forçar a autoridade a cumprir a ordem. É que, apesar de veiculada através do *writ*, a execução para entrega de coisa é aquela que tem por objeto a entrega ao credor da posse de um bem determinado diferente de dinheiro, que se encontre indevidamente em poder do devedor.

Nessa hipótese, aplica-se o *modus operandi* do cumprimento da sentença para a entrega de coisa previsto nos arts. 498 e 538 do CPC, que assim dispõem:

> Art. 498. Na ação que tenha por objeto a entrega de coisa, o juiz, ao conceder a tutela específica, fixará o prazo para o cumprimento da obrigação.
>
> Parágrafo único. Tratando-se de entrega de coisa determinada pelo gênero e pela quantidade, o autor individualizá-la-á na petição inicial, se lhe couber a escolha, ou, se a escolha couber ao réu, este a entregará individualizada, no prazo fixado pelo juiz.
>
> Art. 538. Não cumprida a obrigação de entregar coisa no prazo estabelecido na sentença, será expedido mandado de busca e apreensão ou de imissão na posse em favor do credor, conforme se tratar de coisa móvel ou imóvel.
>
> § 1.º A existência de benfeitorias deve ser alegada na fase de conhecimento, em contestação, de forma discriminada e com atribuição, sempre que possível e justificadamente, do respectivo valor.
>
> § 2.º O direito de retenção por benfeitorias deve ser exercido na contestação, na fase de conhecimento.
>
> § 3.º Aplicam-se ao procedimento previsto neste artigo, no que couber, as disposições sobre o cumprimento de obrigação de fazer ou de não fazer.

Aplica-se, apenas, o modo de operar-se a entrega de coisa, porquanto é assente que, desse ritual, ficaram excluídas certas ações em que a relevância do direito mate-

---

[13] STJ, AgInt no AREsp 1210854/RO, Rel. Min. Assusete Magalhães, Segunda Turma, j. 08.05.2018.

rial postulado pelo autor levou o legislador a dar força autoexecutória ou imediata à respectiva sentença, independentemente de processo de execução autônomo, como as ações possessórias, ação de despejo, as medidas cautelares, em razão da urgência, e a liminar e sentença em Mandado de Segurança, cuja execução não pode ficar sujeita às delongas do rito comum, impondo-se a imediata entrega da coisa.

Se o impetrado notificado entregar a coisa, *tollitur quaestio,* satisfez-se a ordem. Ao revés, se no prazo fixado não a cumprir, o juiz deve expedir mandado de busca e apreensão ou de imissão na posse, conforme móvel ou imóvel a coisa, requisitando, se necessário, força policial, sem prejuízo da sanção criminal cabível.

8.2.3. Execução de obrigações de fazer e não fazer

A efetivação das prestações consistentes em fazer ou não fazer decorrentes de sentença ou de liminar em Mandado de Segurança sempre foi específica ou *in natura,* seguindo as regras do direito comum. Todavia, descumprida a ordem notificada à autoridade impetrada, tem o impetrante o direito de pedir ao juiz a concretização da decisão *per officium judicis.* O cumprimento da segurança concedida, em relação às obrigações de fazer ou não fazer, independe de requerimento do impetrante, podendo ser realizado de ofício (art. 536 do CPC/2015).

O postulado em sede mandamental é o da tutela específica, de que o Mandado de Segurança é precursor, e abrange uma série de providências tendentes a assegurar o cumprimento das prestações de fazer e não fazer na forma devida, para dar ampla efetividade à garantia constitucional.

A tutela específica privilegia o cumprimento da prestação na forma devida, por meios coativos para forçar o devedor a cumpri-la *in natura,* mas, na sua impossibilidade, determina-se a realização da prestação conducente ao resultado prático equivalente. Somente por manifesta preferência do autor, por impossibilidade de satisfação da obrigação na forma específica ou da obtenção do resultado prático equivalente é que a obrigação se converterá em perdas e danos (arts. 816 e 821, parágrafo único, do CPC/2015). Nas prestações devidas pelo Estado, é bem verdade, não se pode aduzir a infungibilidade absoluta, porque o agente público, por mais qualificado que seja, é sempre órgão da pessoa jurídica de direito público, e a sua vontade ou ação, porventura omitidos, poderão sempre ser supridos pelo juízo ou por ordem do mesmo.

Os meios coativos ou sub-rogatórios podem ser determinados pelo juiz de ofício ou a requerimento do autor e consistem na multa pecuniária diária (art. 537), na busca e apreensão, na remoção de pessoas e coisas, no desfazimento de obras e no impedimento de atividade nociva (art. 536, § 1.º). Outras medidas necessárias, não previstas em lei (art. 536, § 1.º), podem ser determinadas em caráter sub-rogatório, ou seja, para cumprir a obrigação na forma específica.

O § 1.º do art. 536[14] permite que o juiz determine medidas necessárias à efetivação da tutela específica ou à obtenção de resultado prático equivalente. A realização prática

---

[14] **CPC. Art. 536.** No cumprimento de sentença que reconheça a exigibilidade de obrigação de fazer ou de não fazer, o juiz poderá, de ofício ou a requerimento, para a efetivação da tutela específica

do direito do credor à prestação constante do título justifica o uso de qualquer meio executório, ainda que não previsto expressamente em lei, para assegurar a efetiva tutela jurisdicional do direito do credor. Nessa variabilidade e atipicidade dos meios coercitivos não se pode vislumbrar violação ao princípio da legalidade, porque encontram fundamento no direito do credor, constitucionalmente assegurado, à tutela jurisdicional efetiva. Afinal, o próprio art. 139, IV, do CPC/2015 permite ao juiz determinar todas as medidas indutivas, coercitivas, mandamentais ou sub-rogatórias necessárias para assegurar o cumprimento de ordem judicial, inclusive nas ações que tenham por objeto prestação pecuniária, disposição essa perfeitamente aplicável ao Mandado de Segurança.

Entre os meios sub-rogatórios situam-se o cumprimento da sentença por terceiros, prevista nos arts. 817 a 820[15] do CPC/2015, e a nomeação de um *tertius ad hoc*, como tradicionais no direito italiano e no direito anglo-saxão.

---

[15] ou a obtenção de tutela pelo resultado prático equivalente, determinar as medidas necessárias à satisfação do exequente.

§ 1.º Para atender ao disposto no *caput*, o juiz poderá determinar, entre outras medidas, a imposição de multa, a busca e apreensão, a remoção de pessoas e coisas, o desfazimento de obras e o impedimento de atividade nociva, podendo, caso necessário, requisitar o auxílio de força policial.

CPC. Art. 816. Se o executado não satisfizer a obrigação no prazo designado, é lícito ao exequente, nos próprios autos do processo, requerer a satisfação da obrigação à custa do executado ou perdas e danos, hipótese em que se converterá em indenização.

Parágrafo único. O valor das perdas e danos será apurado em liquidação, seguindo-se a execução para cobrança de quantia certa.

Art. 817. Se a obrigação puder ser satisfeita por terceiro, é lícito ao juiz autorizar, a requerimento do exequente, que aquele a satisfaça à custa do executado.

Parágrafo único. O exequente adiantará as quantias previstas na proposta que, ouvidas as partes, o juiz houver aprovado.

Art. 818. Realizada a prestação, o juiz ouvirá as partes no prazo de 10 (dez) dias e, não havendo impugnação, considerará satisfeita a obrigação.

Parágrafo único. Caso haja impugnação, o juiz a decidirá.

Art. 819. Se o terceiro contratado não realizar a prestação no prazo ou se o fizer de modo incompleto ou defeituoso, poderá o exequente requerer ao juiz, no prazo de 15 (quinze) dias, que o autorize a concluí-la ou a repará-la à custa do contratante.

Parágrafo único. Ouvido o contratante no prazo de 15 (quinze) dias, o juiz mandará avaliar o custo das despesas necessárias e o condenará a pagá-lo.

Art. 820. Se o exequente quiser executar ou mandar executar, sob sua direção e vigilância, as obras e os trabalhos necessários à realização da prestação, terá preferência, em igualdade de condições de oferta, em relação ao terceiro.

Parágrafo único. O direito de preferência deverá ser exercido no prazo de 5 (cinco) dias, após aprovada a proposta do terceiro.

9
RECURSOS

9.1. GENERALIDADES

Recurso é o instrumento jurídico processual por meio do qual a parte ou outrem autorizado por lei pleiteia, voluntariamente, o reexame da decisão, com o fim de modificá-la, cassá-la ou integrá-la. Enquanto há recurso, há possibilidade de modificação da decisão[1].

Ontologicamente, *re cursus* suscita a ideia de um "curso para trás", como que engendrando um retrospecto da causa para ulterior reexame. O órgão encarregado de sua análise realiza um exame pretérito sobre todas as questões suscitadas e discutidas, para o fim de verificar se o juiz, ao decidir, concedeu às mesmas o tratamento jurídico adequado. Essa análise retro-operante permite ao órgão revisor da decisão, à luz do material da controvérsia, observar se agiria assim como o fez seu prolator.

Uma visão imediata do conceito permite-nos concluir que os recursos são instrumentos voluntários; por isso, a parte dispõe da *possibilidade de recorrer*, o que caracteriza esta atividade como *ônus processual*[2], porque a impugnação judicial da decisão pressupõe uma "desvantagem para o recorrente"[3] e a sua investida no sentido de afastá-la[4].

Sob outro ângulo, abstratamente considerado, isto é, sem levar em conta a situação *in concreto*, o recurso instrumentaliza o *direito de recorrer*, que guarda notáveis similitudes com

---

[1] Liebman, a esse respeito, vaticinou: "La sentenza deve a un certo punto consolidarsi, diventare ferma e fornire una decisione sicura, posta al riparo da ulteriori impugnazioni, la quale, dano certezza al diritto, ponga il fondamento a una durevole pacificazione sociale" (*Corso di diritto processuale civile*. 1952. p. 206).

[2] A natureza do ônus de recorrer decorre do fato de a decisão não poder ser modificada senão por pedido da parte. Nesse sentido, CARNELUTTI. *Istituzioni del nuovo processo civile italiano*. 1951. v. II, p. 132, e *Sistema di diritto processuale civile*. 1938. v. II, p. 556 e 430, onde afirma que o poder de impugnação "si combina con l'onere nel senso che, se la parte non ne fa uso, il controllo non può essere compiuto".

[3] Em todo o recurso está imanente a ideia de prejuízo em face da dissintonia entre o que foi pleiteado e o que foi concedido, o que no dizer de Kisch representaria "sucumbência" e para Schonke "gravame" (*Elementos de derecho procesal civil*. 1940. p. 286, e *Derecho procesal civil*. 1950. p. 301).

[4] Nicola Jaeger entrevia no recurso a "titularidade de um interesse na formação de uma nova decisão, exatamente pela negação ao recorrente dos interesses que defendeu em juízo" (*Diritto processuale civile*. 1944. p. 487 e 438).

o *direito de agir*. Assim é que, em ambos, pelo fato de encerrarem postulação, exige-se, previamente, o cumprimento de requisitos formais que, quanto à ação, são denominados de *condições da ação*, ao passo que, em relação aos recursos, denominam-se *requisitos de admissibilidade*.

Entretanto, os recursos são manejados na mesma relação processual em que proferida a decisão, ao passo que as ações dão ensejo à formação de uma nova relação processual, ainda que, à semelhança daqueles, possam fundar-se em *fatos processuais*, como a ação rescisória, os embargos de terceiro ou o Mandado de Segurança contra ato judicial.

A "voluntariedade" que marca os recursos distingue-os daquelas causas em função das quais a lei impõe uma dupla aferição jurisdicional antes de torná-las *eficazes*. Referimo-nos aos casos denominados *duplo grau obrigatório de jurisdição*. Nestes, a sentença não produz efeito, tampouco transita em julgado, senão depois de apreciada a causa pelo tribunal; por isso, o juiz deve ordenar a remessa à instância superior haja ou não impugnação voluntária (art. 496 do CPC/2015)[5]. Não se tratando de recurso, mas de *condição suspensiva de eficácia da decisão*, o regime jurídico que se empresta à remessa obrigatória não é o aplicável aos recursos; por isso não são necessários preparos, regularidade formal ou qualquer manifestação da parte em favor da qual foi instituído o duplo grau, permitindo-lhe, inclusive e sem prejuízo, oferecer *recurso voluntário* simultaneamente.

Entretanto, a remessa obrigatória assemelha-se ao recurso quanto à possibilidade de alteração da decisão em "detrimento" da parte beneficiada pelo reexame oficial. Assim é

---

[5] **CPC. Art. 496.** Está sujeita ao duplo grau de jurisdição, não produzindo efeito senão depois de confirmada pelo tribunal, a sentença:

I – proferida contra a União, os Estados, o Distrito Federal, os Municípios e suas respectivas autarquias e fundações de direito público;

II – que julgar procedentes, no todo ou em parte, os embargos à execução fiscal.

§ 1.º Nos casos previstos neste artigo, não interposta a apelação no prazo legal, o juiz ordenará a remessa dos autos ao tribunal, e, se não o fizer, o presidente do respectivo tribunal avocá-los-á.

§ 2.º Em qualquer dos casos referidos no § 1.º, o tribunal julgará a remessa necessária.

§ 3.º Não se aplica o disposto neste artigo quando a condenação ou o proveito econômico obtido na causa for de valor certo e líquido inferior a:

I – 1.000 (mil) salários-mínimos para a União e as respectivas autarquias e fundações de direito público;

II – 500 (quinhentos) salários-mínimos para os Estados, o Distrito Federal, as respectivas autarquias e fundações de direito público e os Municípios que constituam capitais dos Estados;

III – 100 (cem) salários-mínimos para todos os demais Municípios e respectivas autarquias e fundações de direito público.

§ 4.º Também não se aplica o disposto neste artigo quando a sentença estiver fundada em:

I – súmula de tribunal superior;

II – acórdão proferido pelo Supremo Tribunal Federal ou pelo Superior Tribunal de Justiça em julgamento de recursos repetitivos;

III – entendimento firmado em incidente de resolução de demandas repetitivas ou de assunção de competência;

IV – entendimento coincidente com orientação vinculante firmada no âmbito administrativo do próprio ente público, consolidada em manifestação, parecer ou súmula administrativa.

que, em duplo grau obrigatório, não se admite que o tribunal, revendo a decisão prejudique, por exemplo, a Fazenda Pública, piorando-lhe a situação contida na sentença remetida de ofício, mas que não sofreu impugnação voluntária da parte adversa. Trata-se de "vedação da *reformatio in pejus*", instituto intimamente ligado à ideia de recurso voluntário. Esse fenômeno ocorre, justamente, quando a decisão "para pior" é proferida pelo órgão revisor contra o *único recorrente*. Remansosa jurisprudência, ainda, aproxima a remessa voluntária aos recursos ao admitir o cabimento de embargos infringentes quando, em decorrência da apreciação oficial obrigatória, há divergência no colegiado.

Depreende-se do conceito de recurso que os desígnios visados são a *reforma, anulação, esclarecimento* ou *integração* do julgado, sendo que sempre "o julgamento proferido pelo tribunal substitui a decisão recorrida" (art. 1.008 do CPC)[6] e essa passa a ser a última palavra do Judiciário a desafiar, inclusive, a ação rescisória ou os recursos para os Tribunais Superiores.

Outrossim, nada obsta que a parte recorrente pretenda a eliminação da decisão do mundo jurídico, para que outra seja proferida pelo mesmo órgão prolator. Isto ocorre quando o recurso denuncia o vício de *ilegalidade da decisão* (*error in procedendo*). Nesses casos, a parte pleiteia ao tribunal a *anulação da decisão*, e o tribunal determina ao juiz prolator que profira outra imune do vício apontado. A hipótese, aqui, é diversa daquela em que se postula a alteração *substancial* do julgado, em que cabe ao tribunal substituir a decisão proferindo o seu próprio julgamento. Na função de cassação da decisão, verificada a ilegalidade, o tribunal elimina o provimento e determina o retorno dos autos, para que nova decisão seja produzida. Na impugnação substancial, o vício que se alega contaminar a decisão é o da *injustiça*; por isso, ao próprio tribunal cumpre repará-la, posto que o retorno dos autos implicaria submeter a causa, novamente, aos padrões de justiça do julgador, acoimados de incorretos pelo recorrente. Assim, *v.g.*, se a parte sustenta a má apreciação das provas ou a má aplicação do direito no julgamento que concluiu pela improcedência do pedido, a hipótese é de injustiça da decisão, *error in judicando* e a função do tribunal, em princípio, será a de "substituir" a decisão por outra mais justa.

Ao revés, se o vício denunciável é *in procedendo*, consistente na violação pelo prolator da decisão de uma "regra que dispõe sobre a atividade de julgar", como a que proíbe ao juiz impedido de praticar atos no processo (art. 144 do CPC), ou julgar antecipadamente a lide, sem que haja revelia ou *causa madura* (art. 355 do CPC)[7] cumpre ao tribunal eliminar aquela decisão ilegal, determinando que outra seja proferida.

---

[6] **CPC. Art. 1.008.** O julgamento proferido pelo tribunal substituirá a decisão impugnada no que tiver sido objeto de recurso.

[7] "Se a parte não requereu a produção de provas sobre determinados fatos relativos a direitos disponíveis, não lhe é lícito alegar cerceamento por julgamento antecipado" (STJ, REsp n.º 9.077-RS, disponível em <www.stj.jus.br>). Havendo necessidade de dilação probatória para aferição de aspectos relevantes da causa, o julgamento antecipado da lide importa em violação do princípio do contraditório, constitucionalmente assegurado às partes e um dos pilares do devido processo legal" (STJ, REsp n.º 7.004-AL, disponível em <www.stj.jus.br>).

Por fim, considera-se, também, objetivo dos recursos o *aclaramento* da decisão judicial que, exatamente por visar à pacificação e estabilidade das relações jurídico-sociais, não deve ser fonte de dúvidas ou ambiguidades, o que ocorreria se se permitisse solidificar um provimento obscuro, contraditório ou lacunoso. Nesse sentido, a lei permite à parte utilizar-se dos *embargos de declaração*, para elucidar a decisão, o seu alcance e os limites da desvantagem advinda do provimento. Trata-se de defeito imputável à inteligência da decisão e que impede à parte saber, de antemão, a extensão do seu prejuízo jurídico. Por esse motivo, a oposição do referido recurso *interrompe* o prazo para a interposição de "recurso" (art. 1.026 do CPC/2015).

O art. 538 do CPC/1973 falava em interrupção do "prazo para a interposição de *outros recursos*". Assim, superada a orientação do STJ no sentido de que "os embargos de declaração não interrompem o prazo para a oposição, por outros interessados, de embargos declaratórios contra a decisão já embargada" (EREsp 722.524/SC, Rel. Min. Teori Albino Zavascki, Corte Especial, DJe 18/12/2006); (AgInt no AREsp 419.296/MS, Rel. Min. Og Fernandes, Segunda Turma, j. 06.12.2018).

9.2. RECURSOS NO MANDADO DE SEGURANÇA

A primeira característica dos recursos em sede de *writ* diz respeito à eficácia recursal. Os recursos interpostos no Mandado de Segurança têm, em regra, efeito devolutivo, afastando-se, em regra, o efeito suspensivo no caso de concessão da ordem, *ex vi* do art. 14, § 3.º, da Lei n.º 12.016/2009[8].

Os prazos para recursos são os fixados no Código de Processo Civil, com termo *a quo* na forma da Súmula n.º 392 do STF, vale dizer, da intimação do julgado, e não da notificação à autoridade coatora para o cumprimento da ordem. É relevante ressaltar que, quando a lei estabelecer prazo próprio para a Fazenda Pública, não se aplica a prerrogativa do prazo em dobro para as suas manifestações processuais (art. 183, § 2.º, do CPC/2015). Como os prazos para embargos de declaração, agravo de instrumento, apelação, recurso ordinário, recurso especial e recurso extraordinário são fixados genericamente em 15 dias (art. 1.003, § 5.º, do CPC/2015), o Poder Público faz jus à contagem em dobro. Situação diversa é a do agravo contra a decisão do presidente do Tribunal sobre a suspensão de segurança, cujo prazo próprio para a Fazenda Pública é fixado em 5 dias, nos termos do art. 15 da Lei n.º 12.016/2009.

Também fazem jus à contagem em dobro do prazo recursal o Ministério Público (art. 180 do CPC/2015), a Defensoria Pública (art. 186 do CPC/2015) e, quando os autos não forem eletrônicos, os litisconsortes que tiverem diferentes procuradores, de escritórios de advocacia distintos (art. 229 do CPC/2015).

A legitimação para recorrer, hodiernamente, é extensiva não só à pessoa jurídica de direito público, mas também à autoridade coatora, como restou claro do disposto no § 2.º do

---

[8] A lei dispôs no § 3.º do art. 14 que: "A sentença que conceder o Mandado de Segurança pode ser executada provisoriamente, salvo nos casos em que for vedada a concessão da medida liminar".

art. 14 da Lei n.º 12.016, *verbis*: "§ 2.º Estende-se à autoridade coatora o direito de recorrer". Havia na jurisprudência a orientação de que o interesse recursal da autoridade coatora apenas existiria quando a causa de pedir do recurso dissesse respeito a direito próprio desse agente[9]. De qualquer modo, a autoridade coatora não faz jus ao prazo em dobro para recorrer[10].

No ponto, importante ressaltar que o STF já assentou que "o art. 14, § 2.º, da Lei n.º 12.016/2009, conferiu legitimidade recursal, não capacidade postulatória, à autoridade coatora"[11], existindo, portanto, a necessidade de a parte estar representada por advogado.

De resto, aplica-se também a regra do art. 996 do CPC habilitando o Ministério Público, que atua como *custos legis*, e o terceiro interessado a impugnarem a decisão mandamental através de todos os recursos previstos na lei.

Destaque-se que a Lei n.º 12.016/2009 possui nítido caráter processual e, como tal, a partir do momento que entrou em vigor, passou a incidir sobre todos os processos em curso[12].

9.2.1. O Mandado de Segurança e a ordem dos processos nos tribunais

A atual lei do *writ* trouxe novidades acerca da participação do Ministério Público na ação de segurança a saber: (i) após despachar a inicial o juiz deve ouvir o representante do Ministério Público, que opinará, dentro do prazo improrrogável de 10 (dez) dias; (ii) ainda que o órgão ministerial não entregue o parecer, os autos serão conclusos ao juiz, para a decisão, a qual deverá ser necessariamente proferida em 30 (trinta) dias (art. 12).

Nos casos de competência originária dos tribunais, caberá ao relator a instrução do processo, sendo assegurada a defesa oral na sessão do julgamento do mérito ou do pedido liminar. A referida decisão que conceder ou denegar a medida liminar desafiará agravo ao órgão competente do tribunal que integre. Nas decisões proferidas em Mandado de Segurança e nos respectivos recursos, quando não publicado, no prazo de 30 (trinta) dias, contado da data do julgamento, o acórdão será substituído pelas respectivas notas taquigráficas, independentemente de revisão (art. 17). Ademais, os processos de Mandado de Segurança e os respectivos recursos terão prioridade sobre todos os atos judiciais, salvo *habeas corpus*. Assim sendo, na instância superior, deverão ser levados a julgamento na primeira sessão que se seguir à data em que forem conclusos ao relator, sendo certo que o prazo para a conclusão não poderá exceder de 5 (cinco) dias (art. 20).

---

[9] "A jurisprudência deste Tribunal, em precedente da Corte Especial, pacificou entendimento de que a autoridade coatora apenas tem legitimidade para recorrer de sentença que concede a segurança quando tal recurso objetiva defender interesse próprio da dita autoridade" (STJ, REsp 264.632/SP, Rel. Min. Maria Thereza de Assis Moura, Sexta Turma, j. 04.09.2007).

[10] "O Prefeito Municipal, na qualidade de autoridade coatora, não possui o prazo dobrado para recurso, sobretudo porque o Alcaide Municipal não se confunde com a Fazenda Pública, esta o ente que suporta o ônus da decisão do mandado de segurança" (STJ, REsp 264.632/SP, Rel. Min. Maria Thereza de Assis Moura, Sexta Turma, j. 04.09.2007).

[11] ADI 4.403, Rel. Edson Fachin, Tribunal Pleno, j. 23.08.2019.

[12] **CPC. Art. 1.046.** Ao entrar em vigor este Código, suas disposições se aplicarão desde logo aos processos pendentes, ficando revogada a Lei n.º 5.869, de 11 de janeiro de 1973.

9.2.1.1. Apelação

A apelação, como cediço, é o recurso cabível, em regra, das sentenças definitivas ou terminativas, que extinguem os procedimentos em primeiro grau de jurisdição, qualquer que seja a natureza do processo. É, pois, o *recurso por excelência*, contemplado por todos os nossos matizes europeus e pelos sistemas latino-americanos do mesmo tronco científico que o nosso, singularizando-se pelo fato de dirigir-se ao pronunciamento último do Juízo e pela sua ampla devolutividade, que investe o tribunal no conhecimento irrestrito da causa[13].

O recurso *in foco* é servil ao afastamento dos "vícios da ilegalidade" e da "injustiça" encartados em sentenças definitivas ou terminativas. A diferença reside no fato de que, tratando-se de apelação dirigida contra sentença terminativa, o provimento do recurso não autoriza o tribunal a prosseguir no julgamento do *mérito da causa* não apreciado na instância inferior, posto que a isso equivaleria violar o princípio do duplo grau de jurisdição, submetendo o *meritum causae* a uma única apreciação. Cabe ao tribunal, nessa hipótese, determinar o retorno dos autos ao Juízo *a quo,* para que se prossiga no cumprimento da causa final da jurisdição que é a definição do litígio.

O julgamento do recurso pelo órgão *ad quem* "substituirá a decisão impugnada no que tiver sido objeto de recurso" (art. 1.008 do CPC)[14]. Os *efeitos do provimento* do recurso da apelação dirigida contra a sentença terminativa e a apelação que veicula *error in procedendo* (vício de atividade do juiz), em regra, são idênticos, vale dizer: *em ambos há a eliminação da decisão* com a baixa dos autos, para que outra decisão seja proferida, ressalvada a hodierna aplicação do artigo 1.013 do CPC[15].

---

[13] Como proficuamente leciona Seabra Fagundes: "Nenhum outro recurso tem cabimento com mais frequência, pois sempre que a relação processual se compõe e desenvolve normalmente, é por ele que se promove o reexame da decisão de primeira instância. Nenhum o supera na amplitude com que devolve o conhecimento da causa do juízo inferior ao superior" (*Dos recursos ordinários em matéria civil*. 1946. p. 247).

[14] **CPC. Art. 1.008.** O julgamento proferido pelo tribunal substituirá a decisão impugnada no que tiver sido objeto de recurso.
Não há *reformatio in pejus* se o acórdão dá pela ilegitimidade passiva, reformando sentença que havia julgado a ação improcedente (*RTJ* 92/821).

[15] **CPC. Art. 1.013.** A apelação devolverá ao tribunal o conhecimento da matéria impugnada.
§ 1.º Serão, porém, objeto de apreciação e julgamento pelo tribunal todas as questões suscitadas e discutidas no processo, ainda que não tenham sido solucionadas, desde que relativas ao capítulo impugnado.
§ 2.º Quando o pedido ou a defesa tiver mais de um fundamento e o juiz acolher apenas um deles, a apelação devolverá ao tribunal o conhecimento dos demais.
§ 3.º Se o processo estiver em condições de imediato julgamento, o tribunal deve decidir desde logo o mérito quando:
I – reformar sentença fundada no art. 485;
II – decretar a nulidade da sentença por não ser ela congruente com os limites do pedido ou da causa de pedir;
III – constatar a omissão no exame de um dos pedidos, hipótese em que poderá julgá-lo;

Não obstante essa identidade de efeitos, não há correspondência entre os vícios e a natureza das decisões, no sentido de que a ilegalidade é vício correspondente às sentenças terminativas e a injustiça inerente às definitivas. É perfeitamente possível que uma sentença meramente terminativa contemple *error in judicando* ou *error in procedendo*, o mesmo se sucedendo em relação às decisões que definem o litígio.

Destaque-se que, no itinerário lógico da apreciação judicial em segundo grau, a análise dos *errores in procedendo* precede a dos *errores in judicando*, nulificando-se o julgado caso acolhidos os primeiros, salvo se, no mérito, a decisão puder ser favorável à parte a quem aproveite a sanção da nulidade (art. 282, § 2.º, do CPC[16]).

No Mandado de Segurança, a Lei n.º 12.016/2009 estabeleceu ser cabível a interposição de recurso de apelação nas hipóteses de indeferimento da inicial pelo juiz de primeiro grau – conforme previsto pelo art. 10, § 1.º,[17] bem como nas hipóteses de sentenças que concedam ou deneguem o Mandado de Segurança – conforme o disposto no art. 14.[18] Sob esse enfoque, a Lei de 2009 não inovou em relação ao regime anterior, consagrado pela Lei n.º 1.533/1951, que também estabelecia o cabimento da apelação nas mesmas condições.

Com relação à apelação interposta em face do indeferimento da inicial pelo juiz de primeiro grau, aplica-se o quanto disposto no art. 331 do CPC, que estabelece que "indeferida a petição inicial, o autor poderá apelar, facultado ao juiz, no prazo de 5 (cinco) dias, retratar-se".

Isso porque o regime geral do CPC é plenamente aplicável ao processo do Mandado de Segurança, como dispõem diversas disposições da própria Lei n.º 12.016/2009 (arts. 6.º, § 5.º; 7.º, §§ 1.º e 5.º, e 24), mercê de conspirar em prol dos princípios da celeridade e da efetividade do processo, aplicáveis a qualquer processo judicial.

IV – decretar a nulidade de sentença por falta de fundamentação.

§ 4.º Quando reformar sentença que reconheça a decadência ou a prescrição, o tribunal, se possível, julgará o mérito, examinando as demais questões, sem determinar o retorno do processo ao juízo de primeiro grau.

§ 5.º O capítulo da sentença que confirma, concede ou revoga a tutela provisória é impugnável na apelação.

[16] **Art. 282.** Ao pronunciar a nulidade, o juiz declarará que atos são atingidos e ordenará as providências necessárias a fim de que sejam repetidos ou retificados.

§ 1.º O ato não será repetido nem sua falta será suprida quando não prejudicar a parte.

§ 2.º Quando puder decidir o mérito a favor da parte a quem aproveite a decretação da nulidade, o juiz não a pronunciará nem mandará repetir o ato ou suprir-lhe a falta.

[17] **Art. 10.** A inicial será desde logo indeferida, por decisão motivada, quando não for o caso de mandado de segurança ou lhe faltar algum dos requisitos legais ou quando decorrido o prazo legal para a impetração.

§ 1.º Do indeferimento da inicial pelo juiz de primeiro grau caberá apelação e, quando a competência para o julgamento do mandado de segurança couber originariamente a um dos tribunais, do ato do relator caberá agravo para o órgão competente do tribunal que integre.

[18] **Art. 14.** Da sentença, denegando ou concedendo o mandado, cabe apelação.

9.2.2. Duplo grau obrigatório de jurisdição

A Lei n.º 12.016/2009 dispõe no art. 14 que:

> Art. 14. Da sentença, denegando ou concedendo o mandado, cabe apelação.
>
> § 1.º Concedida a segurança, a sentença estará sujeita obrigatoriamente ao duplo grau de jurisdição.

A sentença de primeira instância, quando concessiva do mandado, fica sujeita, como condição de sua própria eficácia, a reexame necessário pelo tribunal, podendo, todavia, ser executada provisoriamente nas hipóteses em que permitida a concessão de liminar, segundo a regra do art. 520 do CPC[19]. Consequentemente, se a pessoa de direito público vencida não apelar, ou se seu recurso não for admissível, *v.g.*, porque intempestivo ou não atender a qualquer formalidade, não fica prejudicada a remessa *ex officio*.

Questão importante que surgiu com o advento do CPC/2015 diz respeito à aplicabilidade dos valores de alçada previstos no art. 496, § 3.º, do *codex* ao Mandado de Segurança. É que o referido dispositivo dispensa o reexame necessário quando a condenação ou o proveito econômico obtido na causa for de valor certo e líquido inferior a: I – 1.000 (mil) salários mínimos para a União e as respectivas autarquias e fundações de direito público; II – 500 (quinhentos) salários mínimos para os Estados, o Distrito Federal, as respectivas autarquias e fundações de direito público e os Municípios que

---

[19] **CPC. Art. 520.** O cumprimento provisório da sentença impugnada por recurso desprovido de efeito suspensivo será realizado da mesma forma que o cumprimento definitivo, sujeitando-se ao seguinte regime:

I – corre por iniciativa e responsabilidade do exequente, que se obriga, se a sentença for reformada, a reparar os danos que o executado haja sofrido;

II – fica sem efeito, sobrevindo decisão que modifique ou anule a sentença objeto da execução, restituindo-se as partes ao estado anterior e liquidando-se eventuais prejuízos nos mesmos autos;

III – se a sentença objeto de cumprimento provisório for modificada ou anulada apenas em parte, somente nesta ficará sem efeito a execução;

IV – o levantamento de depósito em dinheiro e a prática de atos que importem transferência de posse ou alienação de propriedade ou de outro direito real, ou dos quais possa resultar grave dano ao executado, dependem de caução suficiente e idônea, arbitrada de plano pelo juiz e prestada nos próprios autos.

§ 1.º No cumprimento provisório da sentença, o executado poderá apresentar impugnação, se quiser, nos termos do art. 525.

§ 2.º A multa e os honorários a que se refere o § 1.º do art. 523 são devidos no cumprimento provisório de sentença condenatória ao pagamento de quantia certa.

§ 3.º Se o executado comparecer tempestivamente e depositar o valor, com a finalidade de isentar-se da multa, o ato não será havido como incompatível com o recurso por ele interposto.

§ 4.º A restituição ao estado anterior a que se refere o inciso II não implica o desfazimento da transferência de posse ou da alienação de propriedade ou de outro direito real eventualmente já realizada, ressalvado, sempre, o direito à reparação dos prejuízos causados ao executado.

§ 5.º Ao cumprimento provisório de sentença que reconheça obrigação de fazer, de não fazer ou de dar coisa aplica-se, no que couber, o disposto neste Capítulo.

constituam capitais dos Estados; e III – 100 (cem) salários mínimos para todos os demais Municípios e respectivas autarquias e fundações de direito público.

Deve-se também perquirir sobre a aplicação supletiva, ao *mandamus*, da dispensa de reexame necessário quando a sentença estiver fundada em (art. 496, § 4.º, do CPC/2015): I – súmula de tribunal superior; II – acórdão proferido pelo Supremo Tribunal Federal ou pelo Superior Tribunal de Justiça em julgamento de recursos repetitivos; III – entendimento firmado em incidente de resolução de demandas repetitivas ou de assunção de competência; ou IV – entendimento coincidente com orientação vinculante firmada no âmbito administrativo do próprio ente público, consolidada em manifestação, parecer ou súmula administrativa.

Parece-nos indubitável que essas regras de dispensa da remessa necessária são plenamente aplicáveis ao rito do Mandado de Segurança, por força da regra de aplicação supletiva prevista no art. 1.046, § 2.º, do CPC/2015. Afinal, a *ratio* das regras introduzidas pelo Código de 2015 é a de desafogar os Tribunais em relação a causas de baixa expressão econômica ou em relação às quais já exista entendimento jurisprudencial consolidado[20].

O reexame obrigatório da sentença concessiva do Mandado de Segurança deve ser processado no tribunal com idêntico rito àquele previsto para o recurso de apelação, isto é, com relator, defesa oral, entre outros. Isto porque o referido instituto equivale à apelação voluntária que a pessoa de direito público vencida poderia opor.

9.2.3. Recurso Ordinário Constitucional

A presente figura recursal ostenta esse *nomen juris* não só porque seus pressupostos estão previstos na Carta Magna, mas também em razão de sua aptidão para tutelar garantias constitucionais seculares, como soem ser o Mandado de Segurança e o *habeas corpus*. A expressão "ordinário" contrapõe-se a "extraordinário", principalmente porque faz as vezes da apelação e tem, como esta, "ampla devolutividade", aplicando-se, como consequência, a regra do inciso I do § 3.º do art. 1.013 do CPC[21]. Como o próprio nome indica, o Recurso Ordinário em Mandado de Segurança não configura hipótese de recurso excepcional, como o Recurso Especial e o Extraordinário, nos quais a cognição é limitada a questões de direito. Por isso, admite-se no Recurso Ordinário ampla cognição, inclusive quanto a questões de ordem pública[22].

---

[20] Confira-se, a propósito, o Enunciado n.º 312 do Fórum Permanente de Processualistas Civis: "O inciso IV do § 4.º do art. 496 do CPC aplica-se ao procedimento do mandado de segurança".

[21] MEIRELLES, Hely Lopes. Ob. cit., p. 105, as divergências jurisprudenciais entre o e. STF e o STJ sobre o cabimento da teoria da causa madura.

[22] "Os recursos em mandado de segurança dirigidos ao Superior Tribunal de Justiça são apreciados em sede de jurisdição ordinária, o que enseja o conhecimento de ofício de questões de ordem pública, entre elas a alusiva às condições da ação, no caso, especificamente, a relacionada com a legitimidade passiva da autoridade apontada como coatora" (STJ, AgInt no RMS 53.867/MG, Rel. Min. Gurgel de Faria, Primeira Turma, j. 21.03.2019).

A Constituição Federal dispõe nos arts. 102, II, *a* e *b*, e 105, II, *a*, *b* e *c*, sobre as causas que comportam o Recurso Ordinário, endereçado ao Supremo Tribunal Federal e ao Superior Tribunal de Justiça.

Assim é que compete ao Supremo Tribunal Federal julgar através de Recurso Ordinário constitucional os Mandados de Segurança decididos em *única* instância pelos Tribunais Superiores, se *denegatória* a decisão. Ao Superior Tribunal de Justiça compete julgar em Recurso Ordinário os mandados de segurança decididos em *única* instância pelos Tribunais Regionais Federais ou pelos tribunais dos Estados, do Distrito Federal e Territórios, quando *denegatória* a decisão.

O *ponto em comum*, saliente, entre o Recurso Ordinário endereçado ora ao STF ora ao STJ, está no órgão do qual provém a última decisão e na denegação.

A denegação da segurança, por seu turno, ocorre quando a decisão assim explicita ou nas hipóteses em que não aprecia o mérito do *writ*[23].

O Recurso Ordinário Constitucional deve preencher os requisitos de admissibilidade estabelecidos para a apelação no tribunal de origem, sendo certo que, nas causas entre os Estados estrangeiros e outros, as decisões interlocutórias agraváveis seguem o regime comum do agravo. Originalmente, eram previstos os Recursos de Apelação e o de Agravo nas demandas entre Estados estrangeiros e Município ou pessoa estrangeira domiciliada no Brasil. Hodiernamente, a apelação foi substituída, em seu *nomen juris*, pelo Recurso Ordinário Constitucional.

Deveras, recurso não é substitutivo do Mandado de Segurança, devendo o recorrente indicar os *errores in procedendo* e *in judicando* da decisão, sob pena de inadmissão do Recurso Ordinário que repete as argumentações do *writ*.

Nesse sentido, a Lei n.º 12.016/2009 estabeleceu que "das decisões em Mandado de Segurança proferidas em única instância pelos tribunais cabe Recurso Especial e Extraordinário, nos casos legalmente previstos, e Recurso Ordinário, quando a ordem for denegada" (art. 18).

O prazo para a interposição de Recurso Ordinário é de 15 dias[24].

---

[23] Nesse mesmo sentido, NERY JUNIOR, Nelson. Ob. cit., p. 199; BARBOSA MOREIRA. *Novo processo civil brasileiro*. 18. ed. p. 157.

[24] "No presente caso, a publicação do acórdão recorrido se deu em 19.04.2018, pelo que é manifesta a intempestividade do recurso ordinário em mandado de segurança interposto em 14.05.2018, pois não foi observado o prazo de 15 (quinze) dias úteis previsto nos arts. 219, *caput*; 994, V; e 1.003, § 5.º; do CPC" (STJ, AgInt no RMS 58.860/BA, Rel. Min. Sérgio Kukina, Primeira Turma, j. 12.02.2019). "Conforme estabelecido pelo Plenário do STJ, 'aos recursos interpostos com fundamento no CPC/2015 (relativos a decisões publicadas a partir de 18 de março de 2016) serão exigidos os requisitos de admissibilidade recursal na forma do novo CPC' (Enunciado Administrativo n.º 3). É intempestivo o recurso ordinário interposto fora do prazo de 15 (quinze) dias úteis previsto nos arts. 219 e 1.003, § 5.º, do CPC/2015" (STJ, AgInt no RMS 56.826/GO, Rel. Min. Gurgel de Faria, Primeira Turma, j. 16.10.2018).

9.2.4. Recurso Especial e Recurso Extraordinário

Os Recursos Extraordinário e Especial têm um ponto em comum, a saber: tutelam, imediatamente, o direito objetivo, a ordem jurídica e, mediatamente, o direito subjetivo da parte vencida. Tais meios de impugnação, sem perderem a característica de "recursos"[25], porquanto possibilitam o reexame das decisões impugnadas em grau superior de jurisdição, têm como pressuposto básico não só a sucumbência, senão a violação, pela decisão gravosa, da ordem jurídica constitucional ou infraconstitucional. Isto significa que não basta à parte noticiar no seu recurso ter obtido uma decisão mais desfavorável do que a que almejava, mas, antes, cumpre-lhe demonstrar que o ato impugnado tornou-se-lhe gravoso pelo fato de ter infringido a ordem positivo-constitucional ou infraconstitucional.

A razão do tratamento inicial comum de ambos os recursos decorre do fato histórico-político de que, anteriormente à Constituição Federal de 1988, o Recurso Extraordinário abarcava, como causas de pedir, violações à ordem constitucional e à ordem infraconstitucional. Após o advento da novel Carta, repartiram-se entre o Supremo Tribunal Federal e o Superior Tribunal de Justiça as funções da guarda da Constituição e a das leis federais, cabendo ao primeiro a tutela do ordenamento máximo e ao segundo a defesa da legislação derivada de âmbito nacional. Institui-se o Recurso Especial, encartando em seus casos de cabimento aqueles que eram subsumidos ao Recurso Extraordinário, e que se destinavam a coibir *errores in procedendo* e *errores in judicando*, cometidos com infração à Constituição e às leis.

Hodiernamente, cabe Recurso Extraordinário quando a decisão recorrida viola a ordem constitucional, caso em que a competência para essa verificação é do Supremo Tribunal Federal como Corte Constitucional *tout court*.

Destarte, ocorrendo os erros apontados na decisão por violação da ordem infraconstitucional, o recurso cabível é o "especial", dirigido ao Superior Tribunal de Justiça.

Observa-se, assim, que o dispositivo constitucional que previa o Recurso Extraordinário, anteriormente à Constituição de 1988, foi cindido, distinguindo-se os casos de Recurso Extraordinário e os que se enquadram nas hipóteses de Recurso Especial.

A base comum desses recursos decorre, ainda, da característica de que *ambos revelam seus pressupostos primários na Constituição Federal*, bem como seus pressupostos juspolíticos também são os mesmos, uma vez que tutelam "imediatamente" a ordem jurídica. O sistema federativo brasileiro, que se inaugurou com a primeira Carta Constitucional republicana, promulgada em 1891, como é sabido, prevê a autonomia tripartite das unidades federadas. Sob o ângulo que nos interessa, essa autonomia implica a existência de várias fontes legislativas e jurisdicionais, potencializando a possibilidade de confronto entre as leis e decisões locais com os comandos superiores, quer da Constituição Federal, quer da legislação federal. Noutras palavras: a unidade

---

[25] Como bem afirmava Frederico Marques quanto ao Recurso Extraordinário "também extensivo ao Recurso Especial" ele – o Recurso Extraordinário – é um recurso (como o próprio *nomen juris* o revela), que existe, portanto, para possibilitar o reexame das decisões e sentenças. Seu pressuposto nuclear continua sendo a "sucumbência" (*Instituições*, v. IV, p. 18).

federada, através de sua legislação, ou através de sua jurisdição, pode produzir leis e decisões que confrontem a Constituição e a ordem jurídica nacional.

Impõe-se, pois, em prol da Federação, a "unidade" da ordem jurídica, porquanto causaria sério abalo à estabilidade da mesma a possibilidade de aplicação díspar do mesmo direito federal. Do mesmo modo, a supremacia da Constituição não passaria de mera divagação acadêmica, se pudessem as unidades federadas legislar ou julgar contra a Carta Maior. Entretanto, a simples existência dessas fontes locais torna possíveis essas violações, daí a necessidade de controle através de órgãos de superposição como soem ser o Supremo Tribunal Federal e o Superior Tribunal de Justiça. Os recursos em foco e o controle da constitucionalidade das leis, direto ou difuso, protagonizam remédios eficazes da integridade das ordens constitucional e infraconstitucional[26].

O modelo no qual inspirou-se o nosso legislador não é o europeu, como em geral verifica-se nos institutos processuais. Nesse particular, a nossa fonte é norte-americana e precisamente o *judiciary act de 1789*[27], que instituiu a competência da Corte Suprema para apreciar recursos de decisões "locais" que violassem a ordem central. Anteriormente, a Corte Suprema apreciava apenas decisões proferidas nas causas de interesse da União americana.

Exatamente a necessidade de controle das decisões locais violadoras de interesses centrais é que fez exsurgir no direito americano o *writ of error* como versão do nosso Recurso Extraordinário. A importação em segunda linha do direito argentino legou-nos, definitivamente, o Recurso Extraordinário, cujos casos de cabimento, em parte, foram deslocados para o Recurso Especial na reforma constitucional de 1988.

Trata-se de recursos que pertencem ao sub-ramo do "direito processual constitucional", em razão da fonte legal donde promanam. Essa eminência constitucional que alcançaram também responde pela autorização concedida a esses tribunais superiores para regular em minúcias o trâmite desses meios excepcionais de impugnação, tanto mais que

---

[26] Pontes de Miranda sintetizava com maestria as funções do Recurso Extraordinário à luz de seus pressupostos constitucionais de cabimento afirmando: "É função do recurso extraordinário manter a autoridade e a unidade de incidência e inteligência das leis federais" (*Comentários ao Código de Processo Civil*. 1949. v. V, p. 357).

Outro tratadista do tema assim se pronunciou acerca dos pressupostos juspolíticos do recurso extraordinário, citando Epitácio Pessoa: "Reconhecida a soberania da União e proclamada a obrigatoriedade das leis federais em todo o território da república, forçoso é colocar essas leis sob a proteção de um tribunal federal que lhes possa restabelecer a supremacia quando desconhecida ou atacada pela magistratura dos Estados" (NUNES, Castro. *Teoria e prática do Poder Judiciário*. 1943. p. 310).

Exata, por oportuno, a caracterização do Recurso Extraordinário lançada por Pedro Batista Martins: "O Recurso Extraordinário é destinado a manter o primado da Constituição e Leis Federais" dentro de nosso sistema federativo, "mediante limitações na esfera judiciária" ao princípio da autonomia estadual (*Recursos e processo da competência originária dos tribunais*. 1957. p. 371).

[27] No mesmo sentido, LESSA, Pedro. *Do Poder Judiciário*. 1915. p. 103, e BARBOSA MOREIRA. *Coment.*, Ob. cit. Uma densa abordagem histórica se encontra em SILVA, José Afonso da. *Do recurso extraordinário no direito brasileiro*, 1963.

cabe a cada um deles a interpretação autêntica das normas que tutelam. Aliás, os termos "extraordinário" e "especial" indicam a singularidade do cabimento dessas impugnações.

Não obstante a natureza do vício que visam a conjurar, os recursos em exame têm dupla função: a de afastar a violação perpetrada e, ato contínuo, rejulgar a causa restaurando o direito objetivo violado. Diferem-se, assim, os nossos recursos extremos dos instrumentos de "cassação" do direito europeu que ostentam, apenas, o *judicium rescindens*, ao passo que o nosso completa-se pelo rejulgamento (*judicium rescisorium*) nos limites da questão federal violada[28].

Reflexo inegável dessa função uniformizadora, a que são servis os recursos em exame, é o cabimento de "embargos de divergência" toda vez que a decisão da turma em recurso extraordinário ou em recurso especial, divergir do julgamento de qualquer outro órgão do mesmo tribunal, sendo os acórdãos, embargado e paradigma, de mérito; em recurso extraordinário ou em recurso especial, divergir do julgamento de qualquer outro órgão do mesmo tribunal, sendo um acórdão de mérito e outro que não tenha conhecido do recurso, embora tenha apreciado a controvérsia (art. 1.043, I e III, do CPC)[29]. O cabimento

---

[28] Uma resenha comparativa notável é encetada por Liebman nas notas de rodapé das *Instituições* de Chiovenda, 1945. v. III, p. 401. Modernamente, Ovídio Batista justifica o recurso extraordinário pela manutenção do "princípio da unidade do ordenamento jurídico" (*Curso*, v. I, p. 386).

[29] **CPC. Art. 1.043.** É embargável o acórdão de órgão fracionário que:
I – em recurso extraordinário ou em recurso especial, divergir do julgamento de qualquer outro órgão do mesmo tribunal, sendo os acórdãos, embargado e paradigma, de mérito;
II – (Revogado pela Lei n.º 13.256, de 2016)
III – em recurso extraordinário ou em recurso especial, divergir do julgamento de qualquer outro órgão do mesmo tribunal, sendo um acórdão de mérito e outro que não tenha conhecido do recurso, embora tenha apreciado a controvérsia;
IV – (Revogado pela Lei n.º 13.256, de 2016)
§ 1.º Poderão ser confrontadas teses jurídicas contidas em julgamentos de recursos e de ações de competência originária.
§ 2.º A divergência que autoriza a interposição de embargos de divergência pode verificar-se na aplicação do direito material ou do direito processual.
§ 3.º Cabem embargos de divergência quando o acórdão paradigma for da mesma turma que proferiu a decisão embargada, desde que sua composição tenha sofrido alteração em mais da metade de seus membros.
§ 4.º O recorrente provará a divergência com certidão, cópia ou citação de repositório oficial ou credenciado de jurisprudência, inclusive em mídia eletrônica, onde foi publicado o acórdão divergente, ou com a reprodução de julgado disponível na rede mundial de computadores, indicando a respectiva fonte, e mencionará as circunstâncias que identificam ou assemelham os casos confrontados.
§ 5.º (Revogado pela Lei n.º 13.256, de 2016)
Ver acórdão STJ, ED no REsp n.º 51.920-3-SP disponível em <www.stj.jus.br>.
É cediço que, se a Turma alterou sua orientação, não cabem embargos de divergência, porque prevalece, para verificação de sua admissibilidade, o acórdão mais recente, sendo certo que não é cabível esse recurso para confrontar acórdão da mesma turma.

deste recurso pressupõe que a divergência ocorra entre órgãos competentes; por isso, se um deles é incompetente para o julgamento, não se pode promover o confronto[30].

Ademais, somente é cabível o recurso se a divergência se opera no julgamento dos Recursos Extraordinário e Especial recebidos originariamente, ou "convertidos" em face da completa instrução dos agravos interpostos contra o indeferimento do recurso principal.

Denomina-os, a doutrina, "embargos de divergência regimental" em face de o seu procedimento encontrar-se previsto no regimento interno desses tribunais.

O Recurso Extraordinário e o Recurso Especial apresentam, ainda, como traços comuns, além do procedimento tratado unitariamente pela lei processual, questões atinentes ao "efeito devolutivo" e ao requisito de admissibilidade consistente no "interesse em recorrer".

Sob o ângulo do efeito devolutivo, é mister observar que tanto o Supremo Tribunal Federal quanto o Superior Tribunal de Justiça não são terceira instância *stricto sensu*. Relembre-se que, primariamente, o cabimento desses recursos deriva de uma sucumbência caracterizada pela violação da ordem jurídica federal. Desta sorte, "somente se devolve ao tribunal a questão federal" consistente nessa violação, e não qualquer injustiça que tenha sido perpetrada no julgado. A *causa petendi* da impugnação tem que ser necessariamente essa violação. Assim, não é possível, *v.g.*, recorrer-se extraordinariamente sob a invocação de que houve grave injustiça na decisão, senão de que essa injustiça decorreu de uma afronta à Constituição Federal.

Esse aspecto timbra o efeito devolutivo limitado de ambos os recursos de uma característica própria. Isso porque, em contrapartida à amplitude do princípio do *tantum devolutum*, os recursos em foco limitam a devolução a essa infração. Não são devolvidas todas as questões suscitadas e discutidas na causa senão e somente a questão federal. Assim, se a parte suscitou dois fundamentos de defesa e ambos foram desacolhidos e apenas quanto a um deles ocorreu a violação de lei federal, somente este pode ser levado ao conhecimento ao Superior Tribunal de Justiça através de Recurso Especial, malgrado se tenha cometido grave injustiça quanto ao fundamento remanescente, pela má apreciação da prova que se produziu. É o consectário da *especialidade* desse meio de impugnação. Do contrário, a prodigalidade do sistema recursal conspiraria contra os novos valores da "efetividade do processo".

Um segundo aspecto interessante e comum é pertinente ao *interesse em recorrer*. Consoante é cediço, o recorrente impugna a decisão no afã de afastar um prejuízo e isso é o quanto basta, em geral, para habilitá-lo a recorrer. Entretanto, como a tutela imediata nesses recursos é a defesa da ordem, não cabe a impugnação extraordinária ou especial se a decisão, não obstante apresente uma violação à ordem jurídica, "sustenta-se por outro fundamento". *Isto significa que a sucumbência por si só não é suficiente*.

Destarte, a *violação da ordem deve ser atual*, recebendo-se de somenos a "divergência pretérita". Esse entendimento, que confina com a necessidade do recurso, e, *a fortiori*,

---

[30] É o que dispõe a atual **Súmula n.º 158 do STJ** vazada nos seguintes termos: "Não se presta a justificar embargos de divergência o dissídio com acórdão de Turma ou Seção que não mais tenha competência para a matéria neles versada".

com o interesse de recorrer, deriva da função do Recurso Especial em manter a inteireza e uniformidade de interpretação do direito nacional[31]. A exegese atual supera as interpretações pretéritas cujas divergências recomendavam uma palavra final da Corte Maior.

A Lei n.º 12.016/2009, no concernente aos Recursos Especial e Extraordinário, estabeleceu que:

> Art. 18. Das decisões em Mandado de Segurança proferidas em única instância pelos tribunais cabe Recurso Especial e Extraordinário, nos casos legalmente previstos, e Recurso Ordinário, quando a ordem for denegada.

Embora esta previsão conste apenas da Lei n.º 12.016/2009, vez que a Lei anterior n.º 1.533/1951 não previa expressamente o cabimento dos Recursos Especial e Extraordinário, trata-se, contudo, de inovação apenas aparente, tendo em vista que jamais se negou o cabimento de Recursos Especial e Extraordinário em face de decisões proferidas em única ou última instância em processos de Mandado de Segurança, conforme arts. 102, inc. III, e 105, inc. III, da Constituição Federal. Assente-se, outrossim, que a decisão monocrática de relator desses recursos é impugnável, em tese, por agravo interno (art. 1.021 do CPC)[32].

Ressalta-se, contudo, que a previsão expressa do cabimento do Recurso Especial e do recurso extraordinário nas decisões em Mandado de Segurança proferidas em única instância pelos tribunais, refere-se à concessão, sendo, também, inequívoco o cabimento de referidos recursos em face de acórdãos proferidos pelos tribunais, em sede de recurso de apelação interposto contra sentença concessiva ou denegatória do *writ*. Nesses casos, haverá igualmente decisão de *última instância* passível de impugnação por meio de Re-

---

[31] **Súmula n.º 13 do STJ:** "A divergência entre julgados do mesmo Tribunal não enseja Recurso Especial".
Súmula n.º 83 do STJ: "Não se conhece do Recurso Especial pela divergência, quando a orientação do Tribunal se firmou no mesmo sentido da decisão recorrida" (v. jurisprudência sobre esta Súmula em *RSTJ* 49/267-298).

[32] **CPC. Art. 1.021.** Contra decisão proferida pelo relator caberá agravo interno para o respectivo órgão colegiado, observadas, quanto ao processamento, as regras do regimento interno do tribunal.
§ 1.º Na petição de agravo interno, o recorrente impugnará especificadamente os fundamentos da decisão agravada.
§ 2.º O agravo será dirigido ao relator, que intimará o agravado para manifestar-se sobre o recurso no prazo de 15 (quinze) dias, ao final do qual, não havendo retratação, o relator levá-lo-á a julgamento pelo órgão colegiado, com inclusão em pauta.
§ 3.º É vedado ao relator limitar-se à reprodução dos fundamentos da decisão agravada para julgar improcedente o agravo interno.
§ 4.º Quando o agravo interno for declarado manifestamente inadmissível ou improcedente em votação unânime, o órgão colegiado, em decisão fundamentada, condenará o agravante a pagar ao agravado multa fixada entre um e cinco por cento do valor atualizado da causa.
§ 5.º A interposição de qualquer outro recurso está condicionada ao depósito prévio do valor da multa prevista no § 4.º, à exceção da Fazenda Pública e do beneficiário de gratuidade da justiça, que farão o pagamento ao final.

curso Especial e extraordinário, desde que configurados os requisitos constitucionais e legais correspondentes, inclusive a novel repercussão geral para o apelo extremo.

9.2.5. Embargos de divergência

Uma das precípuas funções do Superior Tribunal de Justiça é a uniformização da jurisprudência dos tribunais nacionais.

Ora, se assim o é, não teria sentido inadmitir os embargos de divergência, quando a dissidência se opera, exatamente, *interna corporis* na própria Corte de uniformização jurisprudencial.

O mesmo ocorre entre as turmas do e. STF, cabendo ao plenário dissipar a divergência.

Consequentemente, impõe-se a aplicação do art. 1.043 do CPC também ao recurso ordinário constitucional decidido pelo STF ou pelo STJ no âmbito de suas competências.

9.2.6. Agravo

Dispõe o Código de Processo Civil de 2015 que, como regra, as questões resolvidas na fase de conhecimento, se a decisão a seu respeito não comportar agravo de instrumento, não são cobertas pela preclusão e devem ser suscitadas em preliminar de apelação, eventualmente interposta contra a decisão final, ou nas contrarrazões (art. 1.009, § 1.º). O regime geral do Código, aplicável ao rito do Mandado de Segurança[33], é o da recorribilidade diferida das decisões interlocutórias, contra as quais não caberá agravo.

No entanto, o art. 1.015 do CPC/2015 contempla um rol de hipóteses nas quais caberá agravo de instrumento contra a decisão interlocutória. Consequentemente, nesses casos excepcionais, a não interposição do agravo ensejará a preclusão da matéria, que não poderá ser questionada em sede de apelação. A Corte Especial do Superior Tribunal de Justiça, em interpretação alargada do dispositivo, entendeu que o "rol do art. 1.015 do CPC é de taxatividade mitigada, por isso admite a interposição de agravo de instrumento quando verificada a urgência decorrente da inutilidade do julgamento da questão no recurso de apelação"[34]. Essa sistemática também é aplicável ao Mandado de Segurança.

A decisão interlocutória é ato do juiz no curso do procedimento que malgrado decisório não impõe o término do processo. A característica da decisão interlocutória é a de versar sobre questão que pode afetar interesse jurídico das partes ou de terceiros, mas cuja análise *não implica a extinção do procedimento*. A decisão interlocutória pode ser praticada em qualquer processo (conhecimento, execução ou cautelar) e procedimento (comum ou especial).

A Lei n.º 12.016/2009 inovou em relação à disciplina anterior ao prever expressamente o cabimento de agravo em face de decisões interlocutórias que concedem ou denegam liminar no âmbito do Mandado de Segurança (arts. 7.º, § 1.º, e 16, parágrafo único). Esta,

---

[33] A propósito, confira-se o Enunciado n.º 351 do Fórum Permanente de Processualistas Civis: "O regime da recorribilidade das interlocutórias do CPC aplica-se ao procedimento do mandado de segurança".
[34] STJ, REsp 1704520/MT, Rel. Min. Nancy Andrighi, Corte Especial, j. 05.12.2018.

a nosso ver, é a inovação de maior alcance prático existente na atual lei. A ausência de previsão expressa pela Lei n.º 1.533/1951 do recurso de agravo de instrumento em face da decisão que concedia ou que denegava a liminar no Mandado de Segurança, levava parte da doutrina e da jurisprudência a reputar incabível o agravo nessas hipóteses. Doutrina autorizada[35] assentava que "subsistiam com vigor as restrições à recorribilidade plena das interlocutórias proferidas em Mandado de Segurança, que governavam o remédio ao tempo do Código de 1939". Em contrapartida o STJ há muito havia consolidado o entendimento de que é cabível o manejo de agravo de instrumento contra decisão que nega ou concede liminar em Mandado de Segurança.[36] Entretanto, mesmo diante do entendimento dos Tribunais Superiores, diversos tribunais reputavam descabido o agravo de instrumento em face da decisão a respeito do pedido de liminar no Mandado de Segurança. Nesse sentido, a previsão expressa pela Lei n.º 12.016/2009 acerca do cabimento de agravo de instrumento em face da decisão que defere ou indefere a liminar no Mandado de Segurança colocou uma pá de cal na controvérsia.

O Superior Tribunal de Justiça decidiu que cabe agravo de instrumento contra decisões interlocutórias que versem sobre competência[37]. Por outro lado, a Corte já entendeu que não cabe agravo contra a decisão que indefere o pedido de exclusão do litisconsorte[38]. Essas orientações, por óbvio, são aplicáveis ao Mandado de Segurança.

---

[35] ASSIS, Araken de. Recorribilidade das interlocutórias no mandado de segurança. *Doutrina e prática do processo civil contemporâneo*. São Paulo: RT, 2001. p. 290.

[36] STJ, REsp 693.055/PR, Rel. Min. Castro Meira, 2.ª Turma, j. 19.02.2009, *DJe* 27.03.2009.

[37] "Apesar de não previsto expressamente no rol do art. 1.015 do CPC/2015, a decisão interlocutória relacionada à definição de competência continua desafiando recurso de agravo de instrumento, por uma interpretação analógica ou extensiva da norma contida no inciso III do art. 1.015 do CPC/2015, já que ambas possuem a mesma *ratio* –, qual seja, afastar o juízo incompetente para a causa, permitindo que o juízo natural e adequado julgue a demanda." (STJ, REsp 1679909/RS, Rel. Min. Luis Felipe Salomão, Quarta Turma, julgado em 14.11.2017). "A decisão que define a competência relativa ou absoluta é semelhante à decisão interlocutória que versa sobre rejeição da alegação de convenção de arbitragem, prevista no art. 1.015, III, do CPC/2015 (porquanto visa afastar o juízo incompetente para a causa) e, como tal, merece tratamento isonômico a autorizar o cabimento do agravo de instrumento" (AgInt nos EDcl no REsp 1731330/CE, Rel. Min. Lázaro Guimarães (desembargador convocado do TRF 5.ª Região), Quarta Turma, j. 21.08.2018). "O Superior Tribunal de Justiça adotou o entendimento no sentido de que a decisão interlocutória sobre competência pode desafiar a interposição de agravo de instrumento, corroborando o entendimento de boa parte da doutrina" (STJ, AgInt no RMS 55.990/PR, Rel. Min. Francisco Falcão, Segunda Turma, j. 05.02.2019).

[38] "Considerando que, nos termos do art. 115, I e II, do CPC/15, a sentença de mérito proferida sem a presença de um litisconsorte necessário é, respectivamente, nula ou ineficaz, acarretando a sua invalidação e a necessidade de refazimento de atos processuais com a presença do litisconsorte excluído, admite-se a recorribilidade desde logo, por agravo de instrumento, da decisão interlocutória que excluir o litisconsorte, na forma do art. 1.015, VII, do CPC/15, permitindo-se o reexame imediato da questão pelo Tribunal. (...) A decisão interlocutória que rejeita excluir o litisconsorte, mantendo no processo a parte alegadamente ilegítima, todavia, não é capaz de tornar nula ou ineficaz a sentença de mérito, podendo a questão ser reexaminada, sem grande prejuízo, por ocasião do julgamento do recurso de apelação" (REsp 1724453/SP, Rel. Min. Nancy Andrighi, Terceira Turma, j. 19.03.2019).

A Lei n.º 12.016/2009 definiu também que, nas hipóteses em que a competência para o julgamento do Mandado de Segurança couber originariamente ao tribunal, da mesma forma caberá agravo interno para o órgão competente do respectivo tribunal em face de: (i) decisão de relator que indefere a petição inicial, conforme prevê seu art. 10, § 1.º; (ii) decisão do relator que concede ou denega a medida liminar, conforme expõe seu art. 16, parágrafo único. Pacificou-se, assim, mais uma controvérsia que ainda persistia no âmbito de diversos tribunais, inclusive no Supremo Tribunal Federal, que consolidou seu entendimento na Súmula n.º 622, *verbis*: "não cabe agravo regimental contra decisão do relator que concede ou indefere liminar em Mandado de Segurança".[39] A previsão dos arts. 10, § 1.º, e 16, parágrafo único, da Lei n.º 12.016/2009 altera orientação no âmbito dos tribunais que ainda mantinham a interpretação restritiva.

9.2.7. A técnica de complementação de julgamento colegiado

O art. 942 do CPC/2015 dispõe que, quando o resultado da apelação for não unânime, o julgamento terá prosseguimento em sessão a ser designada com a presença de outros julgadores, que serão convocados nos termos previamente definidos no regimento interno, em número suficiente para garantir a possibilidade de inversão do resultado inicial, assegurado às partes e a eventuais terceiros o direito de sustentar oralmente suas razões perante os novos julgadores. Essa técnica de complementação do julgamento colegiado não unânime é inaplicável ao incidente de assunção de competência e ao de resolução de demandas repetitivas; à remessa necessária; e ao julgamento não unânime proferido, nos tribunais, pelo plenário ou pela corte especial (art. 942, § 4.º). A sistemática de julgamento ampliado do art. 942, que independe de requerimento das partes, deve ser observada tanto nos casos em que há reforma da sentença, quanto nos casos em que a sentença é mantida, desde que a decisão não seja unânime[40]. Além disso, os novos julgadores convocados não ficam restritos aos capítulos ou pontos sobre os quais houve inicialmente divergência, cabendo-lhes a apreciação da integralidade do recurso, ao passo que é lícito aos julgadores que já tenham votado a modificação de seu posicionamento[41].

Essa sistemática substituiu os antigos embargos infringentes, hoje revogados. A Súmula n.º 169 do STJ já dispunha que "São inadmissíveis embargos infringentes no processo de mandado de segurança". Positivando o entendimento jurisprudencial, a Lei n.º 12.016/2009, em seu art. 25, afirma ser incabível, no processo de mandado de segurança, a interposição de embargos infringentes.

---

[39] O STJ, contudo, não compartilhava desse entendimento, reputando cabível a interposição de agravo nessas hipóteses, conforme demonstra o precedente: "Prevalece nesta Corte o entendimento segundo o qual cabe agravo regimental da decisão que indefere liminar em Mandado de Segurança" (STJ, AgRg no MS 1.622/DF, Rel. Min. Barros Monteiro, Corte Especial, j. 09.04.1992, *DJ* 15.06.1992, disponível em: <www.stj.jus.br>.
[40] STJ, REsp 1733820, Rel. Min. Luis Felipe Salomão, Quarta Turma, j. 02.10.2018.
[41] STJ, REsp 1771815, Rel. Min. Ricardo Villas Bôas Cueva, Terceira Turma, j. 13.11.2018.

Cumpre, então, indagar se a técnica de julgamento ampliado do art. 942 do CPC/2015 é aplicável ao julgamento não unânime de apelação em Mandado de Segurança. Na I Jornada de Direito Processual Civil do Conselho da Justiça Federal, editou-se o Enunciado n.º 62, que assim dispõe: "Aplica-se a técnica prevista no art. 942 do CPC no julgamento de recurso de apelação interposto em mandado de segurança". Nada obstante, essa orientação parece contrariar a vontade do legislador expressa no art. 25 da Lei n.º 12.016/2009. Pelos mesmos motivos de celeridade e economia processual que a lei especial proscrevia os embargos infringentes em Mandado de Segurança, também não deverá ocorrer a complementação do julgado não unânime da apelação em Mandado de Segurança, afastando-se, assim, o art. 942 do CPC/2015 quanto a esse rito especial.

10
HONORÁRIOS ADVOCATÍCIOS – DESCABIMENTO

10.1. GENERALIDADES

É regra geral do Código de Processo Civil imputar à parte vencida o pagamento das custas e dos honorários advocatícios.

Diversamente das custas, os honorários advocatícios que integram os encargos econômicos do processo são pagos, ao final, pelo vencido ao vencedor (arts. 82, § 2.º, e 85 do CPC). Destarte, muito embora em alguns casos outrem não discuta direito próprio, cabe àquele que motivou a intervenção indevida pagar as despesas e os honorários do extrometido.

O fato da derrota implica o restabelecimento integral do interesse do vencedor tutelado pela ordem jurídica. Trata-se do fenômeno da "sucumbência", devendo o juiz avaliar o grau da sucumbência: *se total, recíproca* ou *mínima* (arts. 82, § 2.º, 85 e 86, *caput* e parágrafo único, do CPC), para fins de fixação da verba honorária.

Os *honorários* devem ser fixados de acordo com a *natureza da ação*. Assim, nas ações constitutivas e declaratórias, os honorários devem ser fixados consoante a apreciação equitativa do juiz, observados *o grau de zelo profissional, o lugar da prestação do serviço, a natureza da causa, sua importância, o tempo despendido com a mesma e o trabalho quantitativo e qualitativo do advogado*. O mesmo critério deve ser seguido quando, a despeito de condenatória, a causa for de pequeno valor (art. 85, § 8.º, do CPC).

Destarte, nas sentenças condenatórias em geral, os honorários devem ser fixados entre o piso mínimo de dez por cento e o máximo de vinte por cento sobre o valor da condenação, variando esse percentual conforme o zelo profissional, a importância do trabalho e o lugar da prestação do serviço (art. 85, § 2.º, do CPC).[1]

10.2. OS HONORÁRIOS E AS AÇÕES DE SEGURANÇA

A jurisprudência do Supremo Tribunal Federal firmou-se no sentido de não se aplicar a regra de sucumbência à ação mandamental, não só com o intuito de não inibir o uso desse remédio constitucional, mas especialmente com o argumento de que, sendo ela

---

[1] No processo cautelar, os honorários de advogado são devidos em havendo sucumbência (*RSTJ* 36/420).

regida por lei especial, ficaria imune àquela norma que está no Código. O entendimento foi consolidado em 03.12.1969, na Súmula n.º 512 do STF, com o seguinte teor: "Não cabe condenação em honorários de advogado na ação de Mandado de Segurança".

No Superior Tribunal de Justiça, o tema foi debatido, e, após um primeiro momento de decisões contrárias ao entendimento do STF[2], firmou-se a jurisprudência infraconstitucional com a edição da Súmula n.º 105, que assim enuncia: "Na ação de Mandado de Segurança não se admite condenação em honorários advocatícios".

A Lei n.º 12.016/2009 expressamente excluiu a condenação em honorários advocatícios no Mandado de Segurança, consoante o art. 25, acolhendo, o legislador, a diretriz emanada dos Tribunais Superiores. A vedação à condenação de honorários advocatícios não inibe a possibilidade de incidência das penas eventualmente devidas pela litigância de má-fé. Ressalte-se que essa possibilidade está em total consonância com a legislação processual, tendo em vista que no art. 81 do CPC o *improbus litigator* deve ser condenado de ofício pelo juiz.

Refutando qualquer questionamento, no julgamento da ADI 4.296, ocorrido em 09.06.2021, o Supremo Tribunal Federal expressamente reconheceu a constitucionalidade do art. 25[3] da Lei n.º 12.016/2009, reiterando "Jurisprudência pacífica da CORTE no sentido da constitucionalidade de lei que fixa prazo decadencial para a impetração de mandado de segurança (Súmula 632/STF) e que estabelece o não cabimento de condenação em honorários de sucumbência (Súmula 512/STF)"[4].

---

[2] STF, REsp n.º 17.124-0-RS; REsp n.º 15.468-0-RS, disponível em <www.stj.jus.br>.
[3] **Art. 25.** Não cabem, no processo de mandado de segurança, a interposição de embargos infringentes e a condenação ao pagamento dos honorários advocatícios, sem prejuízo da aplicação de sanções no caso de litigância de má-fé.
[4] ADI 4.296, Rel. Marco Aurélio, Rel. p/ acórdão Alexandre de Moraes, Tribunal Pleno, j. 09.06.2021.

11
MANDADO DE SEGURANÇA COLETIVO

11.1. GENERALIDADES

O mandado de segurança, originalmente consagrado na Constituição Federal de 1934, foi concebido para a defesa de direito subjetivo *individual, líquido* e *certo*, legitimando a requerê-lo apenas o titular do mesmo, salvo a hipótese de inércia de terceiro de cujo direito dependa o do impetrante (art. 3.º da antiga Lei n.º 1.533/1951, conforme consagrado no art. 3.º da Lei n.º 12.016/2009)[1].

A Constituição Federal de 1988, no seu art. 5.º, LXX[2], introduziu em nosso ordenamento jurídico a figura do *Mandado de Segurança Coletivo*[3], refletindo

---

[1] **Art. 3.º** O titular de direito líquido e certo decorrente de direito, em condições idênticas, de terceiro, poderá impetrar Mandado de Segurança a favor do direito originário, se o seu titular não o fizer, no prazo de 30 (trinta) dias, quando notificado judicialmente.

[2] **LXX** – o Mandado de Segurança coletivo pode ser impetrado por: *a)* partido político com representação no Congresso Nacional; *b)* organização sindical, entidade de classe ou associação legalmente constituída e em funcionamento há pelo menos um ano, em defesa dos interesses de seus membros ou associados.

[3] Acerca do tema consulte-se: ALMEIDA, Gregório Assagra de. *Direito processual coletivo brasileiro*: um novo ramo do direito processual (princípios, regras interpretativas e a problemática de sua interpretação e aplicação). São Paulo: Saraiva, 2003; ARAÚJO FILHO, Luiz Paulo da Silva. *Ações coletivas*: a tutela jurisdicional dos direitos individuais homogêneos. Rio de Janeiro: Forense, 2000; BARBI, Celso Agrícola. *Do mandado de segurança*. 10. ed. Rio de Janeiro: Forense, 2000; BARBOSA MOREIRA, José Carlos. Mandado de segurança – uma apresentação. *Temas de direito processual*: sexta série. São Paulo: Saraiva, 1997; BARBOSA MOREIRA, José Carlos. Recorribilidade das decisões interlocutórias no processo do mandado de segurança. *Revista de Processo*, n.º 72, p. 7-15, out.-dez. 1993; BUZAID, Alfredo. *Considerações sobre o mandado de segurança coletivo*. São Paulo: Saraiva, 1992; CAPPELLETTI, Mauro; GARTH, Bryant. *Acesso à justiça*. Tradução de Ellen Gracie Northfleet. Porto Alegre: Fabris, 1988; CARNEIRO, Athos Gusmão. *Intervenção de terceiros*. 14. ed. São Paulo: Saraiva, 2003; CARNEIRO, Paulo Cezar Pinheiro. *O Ministério Público no processo civil e penal*: promotor natural, atribuição e conceito com base na Constituição de 1988. 5. ed. Rio de Janeiro: Forense, 1999; CASTRO MENDES, Aluisio Gonçalves de. *Ações coletivas no direito comparado e nacional*. São Paulo: RT, 2002; CRETELLA JÚNIOR, José. *Comentários à Lei do Mandado de Segurança*. 11. ed. Rio de Janeiro: Forense, 2000; CRUZ E TUCCI, José Rogério. *Class action e mandado de segurança coletivo*: diversificações conceptuais. São Paulo: Saraiva, 1990; DINAMARCO, Cândido Rangel. *A instrumentalidade do processo*. 11. ed. São Paulo: Malheiros, 2003; DINAMARCO, Cândido Rangel. *Instituições de direito processual civil*. 4. ed. São Paulo: Malheiros, 2002. v. II. DIREITO, Carlos

a influência dos movimentos de acesso à Justiça[4] e coletivização da tutela jurisdicional.

A Constituição, todavia, não se preocupou em definir o mandado de segurança coletivo, mas apenas indicou os legitimados à sua proposição, deixando para o intérprete o esforço exegético de conceituá-lo e aplicá-lo de forma imediata, na esteira do texto constitucional que prescreve no § 1.º do art. 5.º, *in verbis*: "As normas definidoras dos direitos e garantias fundamentais têm aplicação imediata".

A previsão constitucional não veio acompanhada no ordenamento jurídico brasileiro de uma lei infraconstitucional destinada a disciplinar o mandado de segurança coletivo. A alternativa encontrada à época para suprir essa lacuna legislativa foi aplicar, no que coubesse, os dispositivos da Lei n.º 1.533/1951 (que disciplinava apenas o mandado de segurança individual) para o regramento necessário à utilização do mandado de segurança coletivo.

O caráter individualista que permeava a Lei n.º 1.533/1951 revelava-se deficiente à regulação de todas as peculiaridades inerentes a uma ação coletiva, tais como a legitimação ativa, os objetos tuteláveis e os efeitos da coisa julgada. Precisamente por isso, a doutrina e a jurisprudência sugeriam a aplicação subsidiária da disciplina regente das ações civis públicas e ações coletivas em geral (em especial, a Lei da Ação Civil Pública e as regras do Código de Defesa do Consumidor acerca do processo coletivo) ao mandado de segurança.

A Lei n.º 12.016/2009, além de expressamente revogar a Lei n.º 1.533/1951, disciplinou também o mandado de segurança coletivo, mais especificamente em seus arts. 21 e 22, que consagram, em sede legal, o entendimento majoritário da doutrina e jurisprudência quanto ao referido remédio constitucional.

O objeto do mandado de segurança coletivo é sempre a correção de ato ou omissão de autoridade, desde que ilegal e ofensivo de direito *coletivo*, *líquido* e *certo* da entidade impetrante ou de parcela desta. O ato deve, portanto, estar eivado de ilegalidade ou de abuso de poder, a teor da redação do art. 5.º, LXIX, da Constituição da República[5].

Alberto Menezes. *Manual do mandado de segurança*. 4. ed. Rio de Janeiro: Renovar, 2003; GRECO, Leonardo. *A teoria da ação no processo civil*. São Paulo: Dialética, 2003; MANCUSO, Rodolfo de Camargo. *Interesses difusos*: conceito e legitimação para agir. 6. ed. São Paulo: RT, 2004; MAZZILLI, Hugo Nigro. *A defesa dos interesses difusos em juízo*: meio ambiente, consumidor, patrimônio cultural, patrimônio público e outros interesses. 17. ed. São Paulo: Saraiva, 2004; MEIRELLES, Hely Lopes. *Mandado de segurança*. 26. ed. São Paulo: Malheiros, 2004; NERY JUNIOR, Nelson. Mandado de segurança coletivo: instituto que não alterou a natureza do mandado de segurança já constante das Constituições anteriores: partidos políticos: *legitimidade ad causam*. Revista de Processo, n.º 57, p. 150-158, jan.-mar. 1990; SILVA, José Afonso da. *Curso de direito constitucional positivo*. 18. ed. São Paulo: Malheiros, 2000; SILVA, Ovídio Baptista da. Mandado de segurança: meio idôneo para a defesa de interesses difusos? Revista de Processo, n.º 60, p. 131-145, out.-dez. 1990; SÜSSEKIND, Arnaldo et al. *Instituições de direito do trabalho*. 19. ed. São Paulo: LTr, 2000. v. II; TEPEDINO, Gustavo et al. *Código Civil interpretado conforme a Constituição da República*. Rio de Janeiro: Renovar, 2004. v. I.

[4] Sobre o tema, *vide*: CAPPELLETTI, Mauro; GARTH, Bryant. *Acesso à justiça*. Tradução de Ellen Gracie Northfleet. Porto Alegre: Fabris, 1988.

[5] **Art. 5.º** (...) LXIX – conceder-se-á Mandado de Segurança para proteger direito líquido e certo, não amparado por *habeas corpus* ou *habeas data*, quando o responsável pela ilegalidade ou abuso de poder for autoridade pública ou agente de pessoa jurídica no exercício de atribuições do Poder Público.

Ostentando *status* de ação civil constitucional de rito sumário especial, o mandado de segurança, seja ele individual ou coletivo, distingue-se das demais ações apenas pela especificidade de seu objeto e pela sumariedade de seu procedimento. Com efeito, aplica-se ao mandado de segurança coletivo toda a sistemática concernente ao *writ* individual (*e.g.*, disciplina normativa e diretrizes jurisprudenciais, em especial as súmulas), procedendo-se, como ressalva, às adaptações necessárias, em homenagem ao princípio da adequação, e desde que se harmonize com o regime jurídico das demandas coletivas[6].

Entre suas espécies, é possível assentar-se que a diferença seminal é que o direito líquido e certo a se defender no *mandamus* coletivo tem conotação metaindividual, o que justifica, por consequência, a legitimação diferenciada, que rompe o conceptualismo do art. 18 do Código de Processo Civil[7].

Assim, o objeto mediato da ação mandamental coletiva é o direito transindividual coletivo em sentido estrito ou individual homogêneo que reclama a tutela jurisdicional. Na lição da doutrina da coletivização das demandas,[8] interesse coletivo é a "síntese de interesses individuais", uma realidade nova, "um ideal coletivo" diferente do interesse pessoal do grupo ou da soma dos interesses individuais, que se situam em segundo plano, em prol do interesse da coletividade.

Nesse sentido, reza o art. 21, parágrafo único, da Lei n.º 12.016/2009 que os direitos protegidos pelo mandado de segurança coletivo podem ser: *(i)* coletivos em sentido estrito, assim entendidos os transindividuais, de natureza indivisível, de que seja titular grupo ou categoria de pessoas ligadas entre si ou com a parte contrária por uma relação jurídica básica; e *(ii)* individuais homogêneos, assim entendidos, para efeito dessa Lei, os decorrentes de origem comum e da atividade ou situação específica da totalidade ou de parte dos associados ou membros do impetrante.

Os direitos e interesses individuais homogêneos também compõem o microssistema de tutela de direitos coletivos, razão por que, a despeito de serem ontologicamente individuais, são passíveis de tutela através do mandado de segurança, conforme mais adiante analisaremos. Outra discussão a ser enfrentada posteriormente diz respeito ao cabimento de Mandado de Segurança coletivo para a tutela de interesses difusos, definidos pelo art. 81, parágrafo único, I, do Código de Defesa do Consumidor como aqueles

---

[6] ZANETI JR., Hermes. Mandado de Segurança Coletivo. In: JR. DIDIER, Fredie. *Ações Constitucionais*. 5. ed. Salvador: JusPodivm, 2011, p. 155. Na jurisprudência do STF: "Os princípios básicos que regem o mandado de segurança individual informam e condicionam, no plano jurídico-processual, a utilização do *writ* mandamental coletivo. Atos em tese acham-se preexcluídos do âmbito de atuação e incidência do mandado de segurança, aplicando-se, em consequência, às ações mandamentais de caráter coletivo, a Súmula 266/STF" (MS 21.615, Rel. p/ o ac. Min. Celso de Mello, j. 10.2.1994, Plenário, *DJ* 13.3.1998).

[7] **CPC. Art. 18.** Ninguém poderá pleitear direito alheio em nome próprio, salvo quando autorizado pelo ordenamento jurídico.
Parágrafo único. Havendo substituição processual, o substituído poderá intervir como assistente litisconsorcial.

[8] MANCUSO, Rodolfo de Camargo. *Interesses difusos*: conceito e legitimação para agir. 6. ed. São Paulo: RT, 2004. p. 54-57.

transindividuais, de natureza indivisível, de que sejam titulares pessoas indeterminadas e ligadas por circunstâncias de fato. Por ora, registre-se que a Lei n.º 12.016/2009 silenciou em relação aos direitos difusos.

Vale repisar algumas premissas quanto ao cabimento do Mandado de Segurança, igualmente aplicáveis à ação coletiva. O ato ou a omissão, tal como no *mandamus* individual, podem derivar de autoridade de qualquer dos três Poderes. Portanto, atos de autoridade decorrentes de delegação não se afastam da esfera de proteção do *writ* constitucional[9], *v.g.*, do diretor de uma escola particular que se nega, injustificada e ilegitimamente, a matricular alunos provenientes do ensino público[10]. Leis e decretos de efeitos concretos, por terem resultados específicos e imediatos, também podem ser passíveis de mandado de segurança coletivo, equiparando-se aos atos administrativos materiais. As decisões judiciais só se sujeitam, eventualmente, a mandado de segurança se não puderem ser sustadas por recurso processual ou intervenção correcional capazes de impedir a lesão[11]. Os atos administrativos praticados por autoridade judiciária ou órgão colegiado dos tribunais, assim como os atos das autoridades executivas são impugnáveis pela via do *writ*.

Em geral, portanto, o mandado de segurança coletivo visa a invalidar atos de autoridade ou a corrigir omissões administrativas capazes de lesar direito *coletivo*, *líquido* e *certo*. Por isso, é indispensável que o reconhecimento do direito não dependa de dilação probatória.[12] Entretanto, a eminência da garantia constitucional permite ao juiz conferir-lhe fungibilidade e transformá-lo no regime comum, mercê da presença de litisconsortes, no mandado originariamente concebido como coletivo.

O direito líquido e certo deve ser titularizado por uma coletividade, um grupo, categoria ou classe, representados por partido político, por organização sindical, por entidade de classe ou por associação legalmente constituída e em funcionamento há pelo menos um ano, conforme preceituam o art. 5.º, LXX, *a* e *b*, da Constituição de 1988[13] e o art. 21 da Lei n.º 12.016/2009[14].

---

[9] **Súmula n.º 510 do STF**: "Praticado o ato por autoridade, no exercício de competência delegada, contra ela cabe o Mandado de Segurança ou a medida judicial".

[10] Neste sentido REsp n.º 431.290.

[11] **Lei n.º 1.533/1951: Art. 5.º** Não se dará Mandado de Segurança quando se tratar: II – de despacho ou decisão judicial, quando haja recurso previsto nas leis processuais ou possa ser modificado por via de correção. **Lei n.º 12.016/2009: Art. 5.º** Não se concederá mandado de segurança quando se tratar: (...) II – de decisão judicial da qual caiba recurso com efeito suspensivo. Cf. **Súmula n.º 267 do STF**: "Não cabe Mandado de Segurança contra ato judicial passível de recurso ou correição".

[12] STF, MS 31245 AgR, Rel. Min. Teori Zavascki, Tribunal Pleno, j. 19.08.2015. "O mandado de segurança coletivo reclama a presença de prova pré-constituída globalizada, e não é servil para a análise de situações individualizadas dos substituídos" (STJ, MS 13.747/DF, Rel. Min. Castro Meira, Rel. p/ acórdão Min. Luiz Fux, Primeira Seção, j. 09.09.2009).

[13] **LXX** – o Mandado de Segurança coletivo pode ser impetrado por: *a)* partido político com representação no Congresso Nacional; *b)* organização sindical, entidade de classe ou associação legalmente constituída e em funcionamento há pelo menos um ano, em defesa dos interesses de seus membros ou associados.

[14] **Art. 21.** O Mandado de Segurança coletivo pode ser impetrado por partido político com representação no Congresso Nacional, na defesa de seus interesses legítimos relativos a seus integrantes ou

A doutrina adverte para exegese a respeito do art. 5.º, LXX, da Constituição Federal, que não criou outra figura ao lado do mandado de segurança tradicional, mas apenas hipótese de legitimação para a causa. Isso justifica que os requisitos de direito material do mandado de segurança coletivo sejam aqueles mesmos previstos no art. 5.º, LXIX, da CRFB/1988, quais sejam: proteção contra ameaça ou lesão a direito líquido e certo, não amparado por *habeas corpus* ou *habeas data*, por ato ilegal ou abusivo de autoridade.

11.2. CONDIÇÕES DA AÇÃO

A doutrina clássica apontava[15] as condições de admissibilidade do mandado de segurança coletivo, à semelhança das demais ações, consistentes: a) no direito líquido e certo do impetrante; b) na legitimidade *ad causam*; c) no interesse processual.

A primeira condição de admissibilidade do mandado de segurança[16], consistente no direito líquido e certo, não difere do mandado de segurança individual e se revela quando o direito "se apresenta manifesto na sua existência, delimitado na sua extensão e apto a ser exercitado no momento da impetração"[17].

Outrossim, é insuficiente que o direito seja líquido e certo, uma vez que, para esta espécie de mandado de segurança, o direito há de ser ainda coletivo, no sentido genérico do conceito, subdividindo-se em direitos difusos, coletivos em sentido estrito e individuais homogêneos. Cada um dos institutos é definido, *de lege data*, no Código de Defesa do Consumidor, coadjuvado pela Lei da Ação Civil Pública (Lei n.º 8.078/1990, art. 81, parágrafo único, I, II e III[18] e Lei n.º 7.347/1985, art. 21[19], respectivamente), que, por tratarem de diretrizes genéricas da tutela dos direitos coletivos, devem ser, por analogia, aplicados.

à finalidade partidária, ou por organização sindical, entidade de classe ou associação legalmente constituída e em funcionamento há, pelo menos, 1 (um) ano, em defesa de direitos líquidos e certos da totalidade, ou de parte, dos seus membros ou associados, na forma dos seus estatutos e desde que pertinentes às suas finalidades, dispensada, para tanto, autorização especial.

[15] BUZAID, Alfredo. *Considerações sobre o mandado de segurança coletivo*. São Paulo: Saraiva, 1992. p. 44.

[16] Neste sentido, BUZAID, Alfredo. Ob. cit., p. 44; BARBI, Celso Agrícola. Ob. cit., p. 48. Em sentido contrário, DINAMARCO, Cândido Rangel. *Instituições de direito processual civil*. 4. ed. São Paulo: Malheiros, 2004. v. II. p. 319.

[17] MEIRELLES, Hely Lopes. Ob. cit., p. 36.

[18] **Art. 81.** A defesa dos interesses e direitos dos consumidores e das vítimas poderá ser exercida em juízo individualmente, ou a título coletivo. Parágrafo único. A defesa coletiva será exercida quando se tratar de: I – interesses ou direitos difusos, assim entendidos, para efeitos deste código, os transindividuais, de natureza indivisível, de que sejam titulares pessoas indeterminadas e ligadas por circunstâncias de fato; II – interesses ou direitos coletivos, assim entendidos, para efeitos deste código, os transindividuais, de natureza indivisível de que seja titular grupo, categoria ou classe de pessoas ligadas entre si ou com a parte contrária por uma relação jurídica base; III – interesses ou direitos individuais homogêneos, assim entendidos os decorrentes de origem comum.

[19] **Art. 21.** Aplicam-se à defesa dos direitos e interesses difusos, coletivos e individuais, no que for cabível, os dispositivos do Título III da lei que instituiu o Código de Defesa do Consumidor.

A Lei n.º 12.016/2009 seguiu essa diretriz, ao contemplar em seu art. 21, parágrafo único, incisos I e II, as definições de *direitos coletivos* e de *direitos individuais homogêneos*, as quais foram importadas, com pequenas adaptações, dos incisos II e III do parágrafo único do art. 81 do Código de Defesa do Consumidor.

O legislador ordinário deixou de fazer referência aos direitos difusos, vez que se limitou a expressamente prever o cabimento do mandado de segurança coletivo para a tutela de direitos coletivos *stricto sensu* e individuais homogêneos, silenciando a respeito dos direitos difusos. O Supremo Tribunal Federal já havia se manifestado no sentido de reputar incabível o ajuizamento de *mandamus* coletivo por partido político para defender direitos individuais homogêneos relativos à majoração de tributo.[20] No que diz respeito aos direitos difusos, a Súmula n.º 101 do STF já dispunha desde a época da Constituição de 1946 que o "mandado de segurança não substitui a ação popular". O art. 21 da Lei n.º 12.016/2009, ao omitir-se em relação aos direitos difusos, reabriu a discussão acerca do cabimento de mandado de segurança coletivo para proteger referida espécie de direito transindividual.

Parece-nos, contudo, que os direitos difusos não podem ficar à margem da defesa por meio de mandado de segurança coletivo, porquanto o texto constitucional não lhes faz restrição[21]. Assim, *v.g.*, os partidos políticos, também gozam desse reforço institucional no art. 1.º da Lei n.º 9.096/1995 (Lei Orgânica dos Partidos Políticos), que lhes impõe velar para "assegurar, no interesse do regime democrático, a autenticidade do sistema representativo e a defender os direitos fundamentais definidos na Constituição Federal", função que tem como objeto mediato os direitos difusos.

Desta forma, a nosso ver, ao lado dos direitos coletivos *stricto sensu* e individuais homogêneos colocam-se os direitos difusos, também passíveis de defesa por via de Mandado de Segurança coletivo.

A doutrina[22], contudo, faz uma ressalva:

> As dificuldades teóricas e práticas que esta categorização de "direitos" oferece a todos que militam no foro são inescondíveis e acabam por resultar, quase sempre, em indesejáveis decisões de ilegitimidade dos entes que, de acordo com o "modelo constitucional" apresentam-se, suficientemente, como adequados representantes de categorias, classes ou grupos de pessoas em juízo. É dizer de forma bem direta: as intermináveis discussões sobre o que são interesses ou direitos "difusos", "coletivos" e "individuais homogêneos" para definir quem pode dar início a um "processo coletivo" têm ocasionado uma ver-

---

[20] "O partido político não está, pois, autorizado a valer-se do mandado de segurança coletivo para, substituindo todos os cidadãos na defesa de interesses individuais, impugnar majoração de tributo" (STF, RE 196184, Rel. Min. Ellen Gracie, Primeira Turma, j. 27.10.2004).
[21] Em sentido contrário, SILVA, Ovídio Baptista da. Mandado de segurança: meio idôneo para a defesa de interesses difusos? *Revista de Processo*, n.º 60, p. 131-145, out.-dez. 1990; DINAMARCO, Pedro da Silva. A sentença e seus desdobramentos no mandado de segurança individual e coletivo. In: BUENO, Cassio Scarpinella et al. (Coord.). *Aspectos polêmicos e atuais do mandado de segurança*: 51 anos depois. São Paulo: RT, 2002. p. 693.
[22] SCARPINELLA. Ob. cit., p. 128-129.

dadeira e constante inversão de valores na escolha feita, desde a Constituição Federal, sobre quem são os legitimados ativos para aquele mesmo fim. E pior: a maioria delas acaba com o não reconhecimento da legitimidade ativa e, consequentemente, com frustração no exame do pedido de tutela jurisdicional feito ao Estado-juiz.

Alerte-se, contudo, que há precedentes inadmitindo Mandado de Segurança coletivo para a tutela de direitos difusos.[23]

Outra questão polêmica que a Lei n.º 12.016/2009 não solucionou integralmente diz respeito à caracterização do direito coletivo pertencente a um "grupo", passível de defesa pelo mandado de segurança. A redação do inciso LXX do art. 5.º da Constituição Federal, na parte final da alínea *b*, garante a legitimidade da organização sindical, entidade de classe ou associação para impetrar mandado de segurança coletivo na "defesa dos interesses de seus membros ou associados".

Uma visão perfunctória e isolada desta norma sugeriria apenas a defesa de direitos coletivos em sentido estrito, ou seja, dos direitos da totalidade do grupo, classe ou categoria, os quais seriam determinados a partir de uma relação jurídica entre seus membros. A Lei, no *caput* do seu art. 21, inovou, em certa medida, ao instituir que o mandado de segurança coletivo pode ser impetrado por (*i*) partido político com representação no Congresso Nacional, *na defesa de seus interesses legítimos relativos a seus integrantes ou à finalidade partidária*, (*ii*) organização sindical, (*iii*) entidade de classe ou (*iv*) associação legalmente constituída e em funcionamento há, pelo menos, um ano, sendo que os direitos líquidos e certos *não precisam corresponder à totalidade* de seus membros ou associados, na forma dos seus estatutos e desde que pertinentes às suas finalidades, *dispensada, para tanto, autorização especial*.

Sob esse ângulo, consoante lição abalizada do tema[24], o instrumento processual-constitucional do mandado de segurança coletivo, bem como o do *habeas data* e *habeas corpus* não seriam simples ações, porquanto, se assim o fossem, não haveria necessidade de a Constituição prevê-los em separado. Trata-se, verdadeiramente, de instrumentos constitucional-processuais de "eficácia potencializada".

Não é por outro motivo que se assenta[25] como cânone específico do direito processual coletivo a existência do princípio da máxima amplitude da tutela jurisdicional coletiva co-

---

[23] "1. Evidenciado o caráter difuso da impetração, fulcrada, essencialmente, na defesa dos interesses dos usuários das rodovias federais – universo de pessoas passíveis de ser atingidas pelos supostos efeitos nefastos do ato coator –, impõe-se o reconhecimento da incapacidade postulatória do sindicato autor. 2. É vedada a utilização do mandado de segurança como substitutivo da ação popular (Súmula n.º 101/STF). 3. Mandado de segurança extinto sem resolução do mérito" (STJ, MS 11.399/DF, Rel. Min. João Otávio de Noronha, Primeira Seção, j. 13.12.2006, *DJ* 12.02.2007, p. 216).

[24] GRINOVER, Ada Pellegrini. Mandado de segurança coletivo: legitimação, objeto e coisa julgada. *Revista de Processo*, n.º 58, p. 76, abr.-jun. 1990.

[25] ALMEIDA, Gregório Assagra de. *Direito processual coletivo brasileiro*: um novo ramo do direito processual (princípios, regras interpretativas e a problemática de sua interpretação e aplicação). São Paulo: Saraiva, 2003. p. 578.

mum, decorrente do art. 83 do CDC[26] e do art. 21 da Lei da Ação Civil Pública[27]. O aludido princípio indica que "para a proteção jurisdicional dos direitos coletivos, são admissíveis todos os tipos de ação, procedimentos, medidas, provimentos, inclusive antecipatórios, desde que adequados para propiciar a correta e efetiva tutela do direito coletivo pleiteado".

Similar raciocínio impõe-se em relação ao *mandamus* coletivo servil à defesa de direito da categoria, ou seja, da totalidade de seus filiados, que tenham direito ou uma prerrogativa a defender em juízo. Aliás, o e. STF já pacificou seu entendimento, por meio da edição do Enunciado n.º 630, no sentido de que "a entidade de classe tem legitimação para o mandado de segurança ainda quando a pretensão veiculada interesse apenas a uma parte da respectiva categoria".

O entendimento do STF, ao permitir a defesa de direitos de parte de uma categoria através do mandado de segurança coletivo, consagrado agora no *caput* do art. 21 da Lei ora analisada, revela que não apenas os direitos coletivos em sentido estrito são passíveis de defesa pelo *writ* coletivo, mas também os direitos individuais homogêneos, haja vista que, ao se admitir essa defesa subjetiva parcial, a ligação entre os membros da categoria não mais se dará em função de uma relação jurídica base, mas pela origem comum.

Outrossim, por vezes, interesses institucionais de parte da categoria podem ser atingidos, como uma determinação do Poder Público que atinja apenas os advogados com menos de 5 (cinco) anos de exercício profissional.

11.2.1. *Legitimatio ad causam*

Sob a ótica da segunda das condições da ação do *mandamus* coletivo, interessa-nos saber quem ostenta legitimidade para exercer o direito de ação pela via coletiva do *writ* constitucional e quem irá figurar no polo passivo da relação processual.

11.2.2. Legitimidade ativa no *mandamus* coletivo

Primeiramente, ressalta-se que no mandado de segurança individual a legitimação ativa, em regra, é restrita ao titular do direito líquido e certo, *uti singuli*, ao passo que no *writ* coletivo, porquanto se tratar de legitimação extraordinária, salvo duas únicas exceções[28], os legitimados estão enumerados, em rol não taxativo, na Carta de 1988, em seu art. 5.º, LXX: "a) partido político com representação no Congresso Nacional; b) organização sindical, entidade de classe ou associação legalmente constituída e em funcionamento há pelo menos um ano, em defesa dos interesses de seus membros ou associados". Nada obstante, é preciso considerar que os direitos tuteláveis por meio do Mandado de Segurança

---

[26] Art. 83. Para a defesa dos direitos e interesses protegidos por este código são admissíveis todas as espécies de ações capazes de propiciar sua adequada e efetiva tutela.

[27] Art. 21. Aplicam-se à defesa dos direitos e interesses difusos, coletivos e individuais, no que for cabível, os dispositivos do Título III da lei que instituiu o Código de Defesa do Consumidor.

[28] Com efeito, há de se reconhecer a legitimidade do Ministério Público e da Defensoria Pública para impetrar Mandado de Segurança Coletivo, consoante suas finalidades institucionais.

coletivo são idênticos àqueles que constituem objeto de Ação Civil Pública, destacando-se tão somente por conta da sua *liquidez* e *certeza*, bem como por necessariamente se dirigirem em face de ato de autoridade pública. Por essa razão, a jurisprudência admite a legitimidade ativa do Ministério Público e da Defensoria Pública para a impetração de Mandado de Segurança coletivo, em razão do princípio da instrumentalidade das formas e da máxima efetividade do processo.[29]

No mandado de segurança coletivo, a *legitimatio* ativa excepciona a regra geral de legitimação ordinária (art. 18 do CPC[30]), encerrando o fenômeno da substituição processual ou legitimação extraordinária[31]. Em sede doutrinária há quem sustente não se tratar de hipótese de substituição processual, mas de legitimação autônoma[32-33]. O destaque em relação à concepção clássica da legitimidade decorreria da necessidade de conceder aos direitos coletivos *lato sensu* tratamento diverso em relação aos direitos individuais, inclusive nos efeitos diferenciados sobre a coisa julgada.

Assim, à semelhança dos demais processos coletivos, na legitimação extraordinária do mandado de segurança coletivo, o substituto processual figura como parte para defender, em nome próprio, direito alheio, ainda que os interesses pessoais do substituído possam se identificar com a pretensão coletiva.

Impende, neste pormenor, diferenciar a figura da legitimação extraordinária da figura da representação processual. Enquanto na primeira (*i.e.*, legitimação extraordinária), o substituto atua em nome próprio, defendendo direito alheio, por expressa autorização legal, prescindindo, portanto, de autorização dos titulares originais do direito, como expresso na

---

[29] "Hodiernamente, após a constatação da importância e dos inconvenientes da legitimação isolada do cidadão, não há mais lugar para o veto da *legitimatio ad causam* do MP para a Ação Popular, a Ação Civil Pública ou o Mandado de Segurança coletivo. (...) Em consequência, legitima-se o *Parquet* a toda e qualquer demanda que vise à defesa dos interesses difusos e coletivos, sob o ângulo material ou imaterial" (STJ, REsp 700.206/MG, Rel. Min. Luiz Fux, Primeira Turma, j. 09.03.2010).

[30] **Art. 18.** Ninguém poderá pleitear direito alheio em nome próprio, salvo quando autorizado pelo ordenamento jurídico.
Parágrafo único. Havendo substituição processual, o substituído poderá intervir como assistente litisconsorcial.

[31] Na jurisprudência do STF: "Em se tratando de mandado de segurança coletivo, esta Corte já firmou o entendimento de que, em tal caso, a entidade de classe ou a associação é parte legítima para impetrá-lo, ocorrendo, nesse caso, substituição processual. Na substituição processual, distingue-se o substituto como parte em sentido formal e os substituídos como partes em sentido material, por serem estes, embora não integrando a relação processual, titulares do direito que, em nome próprio, é defendido pelo substituto" (Rcl 1.097-AgR, Rel. Min. Moreira Alves, j. em 2.9.1999, Plenário, *DJ* de 12.11.1999).

[32] Nesse sentido: NERY JR., Nelson; NERY, Rosa Maria de Andrade. *Código de Processo Civil comentado e legislação extravagante*. 11. ed. São Paulo: RT, 2010. p. 1727.

[33] Ressalve-se que mesmo aqueles que advogam pela tese da legitimidade extraordinária autônoma reconhecem o fenômeno da substituição processual nos casos de direitos individuais homogêneos, em razão da essência de direito individual dos mesmos, ainda que coletivamente defendidos em juízo.

Súmula n.º 629 da excelsa Corte Federal[34], na segunda (*i.e., representação processual*), o representante defende direito alheio em nome de outrem, porquanto a parte é o representado.

A legitimação extraordinária do mandado de segurança coletivo, por não ser exclusiva, autoriza os legitimados extraordinários a exercerem direitos de ação simultaneamente, caracterizando-se como "legitimação concorrente", o que significa, em outras palavras, que se outrem também propuser a demanda elas devem ser reunidas para *unum et idem iudex, i.e.*, para julgamento simultâneo.

Em síntese, consoante as regras expressas supramencionadas, são legitimados ativos:

a) Partido político com representação no Congresso Nacional. O art. 1.º da Lei n.º 9.096/1995[35] define o partido político como pessoa jurídica de direito privado[36], cuja função precípua seria a de resguardar, no interesse do regime democrático, a autenticidade do sistema representativo, em defesa dos direitos fundamentais definidos na Constituição da República;

b) Organização sindical, entidade de classe ou associação, desde que legalmente constituída e em funcionamento há pelo menos um ano, que em defesa do interesse de seus membros ou associados pode impetrar a ação mandamental coletiva. A alínea *b* do inciso LXX do art. 5.º da Constituição de 1988 insere no mesmo rol os sindicatos e as entidades associativas, indicando que deve ser dado tratamento diferenciado ao inciso anterior porquanto na referida regra há uma restrição aos direitos que podem ser objeto do mandado de segurança coletivo, pretensões que devem pertencer aos membros ou associados dos legitimados indicados;

c) o Conselho Federal da Ordem dos Advogados do Brasil, na forma do art. 54, XIV, da Lei n.º 8.906/94. O Superior Tribunal de Justiça já admitiu que também as seccionais da OAB têm legitimidade para a tutela coletiva, bem como que essa legitimidade não é limitada pela denominada "pertinência temática", porquanto a Constituição incumbe à OAB a defesa, inclusive judicial, da Constituição Federal, do Estado de Direito e da justiça social, o que, inexoravelmente, inclui todos os direitos coletivos e difusos;[37]

d) O Ministério Público, a Defensoria Pública, a União, os Estados, o Distrito Federal e os Municípios, a autarquia, empresa pública, fundação ou sociedade de economia mista, por aplicação supletiva do art. 5.º da Lei n.º 7.347/1985.

11.2.3. A legitimidade dos partidos políticos

Com relação aos partidos políticos, o *caput* do art. 21 restringiu a sua legitimação aos casos em que defenda os interesses *relativos a seus integrantes ou à finalidade par-*

---

[34] STF – **Súmula n.º 629.** A impetração de mandado de segurança coletivo por entidade de classe em favor dos associados independe da autorização destes.
[35] Lei Orgânica dos Partidos Políticos.
[36] Reconhecendo a natureza jurídica dos partidos políticos como de pessoa jurídica de direito privado *vide*: SILVA, José Afonso da. *Curso de direito constitucional positivo.* 18. ed. São Paulo: Malheiros, 2000. p. 406.
[37] STJ, AgRg no REsp 1502179/PE, Rel. Min. Herman Benjamin, Segunda Turma, j. 22.11.2016.

tidária, muito embora essa limitação à atuação não conste do inciso LXX, alínea *a*, do art. 5.º da Constituição da República, que apenas exige a representação no Congresso Nacional. Parte da doutrina[38] defende que o legislador teria incorrido em grave falha técnica na elaboração desse dispositivo, confundindo legitimidade *ad causam* com interesse processual, impondo uma exegese restritiva da garantia constitucional, em vista da dissonância com a Constituição, que se limita a reconhecer a legitimidade de partidos políticos com representação no Congresso Nacional. Nada obstante, o STF já decidiu que o partido político somente poderá impetrar mandado de segurança coletivo para a defesa de interesses de seus filiados, observada a correlação da pretensão deduzida com as finalidades institucionais e os objetivos programáticos da agremiação, razão pela qual não está autorizado a valer-se do *writ* para, substituindo todos os cidadãos na defesa de interesses individuais, impugnar majoração de tributo[39]. Penso, entretanto, que a melhor exegese em confronto com a *ratio* das *class actions*, que sempre reclamaram pertinência temática, é concluir que os partidos políticos só podem impetrar o *writ* em defesa de seus filiados relativamente às questões políticas[40]. A controvérsia não resta pacífica na doutrina, como se observa de posicionamento de obra:

> A melhor interpretação para a regra examinada é a de que ela não inova na ordem jurídica nacional. (...). Como a alínea *a* do inciso LXX do art. 5.º da CR/1988 não faz qualquer restrição ao direito (ou interesse) a ser tutelado pelo mandado de segurança coletivo a ser impetrado por partido político, é equivocado, porque restritivo, o entendimento de que a lei poderia restringi-los à tutela jurisdicional dos direitos (interesses) dos membros dos partidos políticos. Isto seria tratar o partido político, aliás, como mero ente associativo,

---

[38] NERY JUNIOR, Nelson; NERY, Rosa Maria de Andrade. *Código de Processo Civil comentado e legislação extravagante*. 11. ed. São Paulo: RT, 2010. p. 1.708.

[39] STF, RE 196184, Rel. Min. Ellen Gracie, 1.ª Turma, j. 27.10.2004, *DJ* 18.02.2005. No referido julgado, a relatora Min. Ellen Gracie reconheceu a legitimidade de o partido político defender qualquer direito coletivo ou difuso, independentemente de estarem relacionados a seus filiados. A Corte, por maioria, porém, não chancelou tal entendimento. Em sede doutrinária, a interpretação restritiva da legitimidade ativa *ad causam* dos partidos políticos também é bastante controvertida. De acordo com Celso Agrícola Barbi, seria "pouco provável que partidos políticos pudessem agir em defesa de direitos subjetivos de cidadãos pela via do mandado de segurança coletivo" (BARBI, Celso Agrícola. *As novas dimensões do mandado de segurança*. Tese apresentada no Seminário os Novos Direitos Fundamentais na Constituição Brasileira, 1988). Perfilhando entendimento oposto, José Afonso da Silva: "sempre entendemos que eles [os partidos políticos] podem defender direito subjetivo individual de seus membros, desde que se admita, como se está admitindo, que o mandado de segurança coletivo também é meio hábil para a defesa de direito subjetivo individual de integrantes da parte institucional interessada" (SILVA, José Afonso da. *Curso de Direito Constitucional Positivo*. 37. ed. São Paulo: Malheiros, 2014. p. 464).
Ambos os juristas, todavia, concordam que as agremiações partidárias podem manejar o mandado de segurança coletivo a fim de tutelar interesses difusos e coletivos (SILVA, José Afonso da. Op. Cit., p. 464).

[40] Essa foi a orientação adotada pelo e. STJ. In: MS n.º 197-DF, disponível em: <www.stj.jus.br>. Na doutrina, ver VELLOSO, Carlos Mário. As novas garantias constitucionais. *Revista dos Tribunais*, v. 644, p. 11.

o que conspira contra sua missão institucional. (...) Assim, importa interpretar de forma ampla a primeira parte do art. 21, *caput*, da Lei n.º 12.016/2009: o partido político tem legitimidade para a impetração do mandado de segurança coletivo, tanto que o direito (interesse) a ser tutelado coincida com suas finalidades programáticas, amplamente consideradas, independentemente, de a impetração buscar a tutela jurisdicional de seus próprios membros. Só pode ser esta e nenhuma outra, sob pena de violação do "modelo constitucional do mandado de segurança", a compreensão da "pertinência temática" do mandando de segurança coletivo impetrado pelos partidos políticos[41].

A *legitimatio ad causam* do partido político exige mais do que pertinência temática. Conforme se depreende do texto legal, o partido político, para impetrar mandado de segurança coletivo, deve estar regularmente constituído e registrado no Tribunal Superior Eleitoral, mercê de manter representação no Congresso Nacional. A quantificação desta representação, por ser omissa a Constituição, pode ser mínima no parlamento.

11.2.4. A legitimidade das organizações sindicais, entidades de classe e associações

O art. 21, *caput*, da Lei n.º 12.016/2009, em sua segunda parte, dispõe sobre a legitimação ativa das organizações sindicais, entidades de classe e associações. O aludido preceito, que praticamente reproduz o art. 5.º, LXX, *b*, da Lei Maior, condiciona a legitimação ao preenchimento de alguns pressupostos: a) devem estar legalmente constituídas e em funcionamento há, pelo menos, um ano; e b) que a impetração do *mandamus* seja, necessariamente, para a tutela jurisdicional de direitos líquidos e certos da totalidade ou de parte de seus membros e associados, na forma dos seus estatutos e pertinentes às suas finalidades. Ante a falta de clareza dos preceitos constitucional e legal, indaga-se se os aludidos requisitos se aplicam às três espécies de entidades representativas ou, ao revés, referem-se apenas e tão somente às entidades de classe e associações[42].

Esses legitimados devem agir de acordo com um *vínculo de pertinência* entre o objeto da impetração e a atividade desenvolvida pela entidade. Essa restrição afina-se com a sua própria finalidade institucional. É essa a *ratio essendi* do art. 21 da Lei, ao exigir que a entidade atue *na forma de seus estatutos e pertinente com as suas finalidades*. Estas determinações guardam coerência com a disciplina da substituição processual (inerente ao mandado de segurança coletivo), na medida em que se destina a garantir que os substituídos sejam *adequadamente representados* em juízo pelo portador de sua pretensão.

Esse é o fundamento pelo qual alguns defendem que, com relação a essas instituições, os direitos difusos estão excluídos da proteção coletiva via mandado de segurança, uma vez que o direito a ser protegido deve pertencer ao grupo, classe ou categoria dos

---

[41] A nova Lei do Mandado de Segurança. In: SCARPINELLA BUENO, Cassio. *A nova Lei do Mandado de Segurança*. São Paulo: Saraiva.
[42] STF, MS n.º 32.077, Rel. Min. Luiz Fux: "(...) 1. A legitimidade *ad causam* de Partido Político para a impetração do mandado de segurança coletivo, *ex vi* do art. 5.º, LXX, alínea *a*, é satisfeita com representação em qualquer das Casas Legislativas, sob pena de frustrar a teleologia subjacente à norma Constitucional".

legitimados, e não a uma coletividade indeterminada. Os direitos coletivos (em sentido estrito), no entanto, são claramente defensáveis pelo manejo do *mandamus* coletivo por meio da atuação dos referidos legitimados, haja vista que os sindicatos, entidades de classe ou associações encerram a formação de grupos, classes ou categorias com interesses comuns. Os direitos individuais homogêneos, por sua vez, também podem, e devem, ser tutelados por estes legitimados.

As Federações e Confederações Sindicais (arts. 534 e 535 da CLT, respectivamente), entes de coordenação dos interesses da categoria, não deixam de ser organizações associativas, estando, portanto, legitimados para a propositura do Mandado de Segurança coletivo, máxime em face de o art. 857, parágrafo único, da CLT[43] garantir-lhes representação[44] da categoria quando não houver sindicato representativo na localidade. No que tange às Centrais Sindicais, pela sua natureza associativa e pela eficácia potenciada do *mandamus* coletivo, forçoso concluir que também gozam de legitimidade ativa para a ação. Não são exigíveis o arquivamento e o registro do estatuto do sindicato perante o (hoje extinto) Ministério do Trabalho, bastando para a configuração da legitimidade o registro no cartório próprio.[45]

A pretensão contida no mandado de segurança coletivo não precisa corresponder à totalidade dos membros ou associados arrolados no *caput* do art. 21, o que não significa dizer que seja cabível *writ* coletivo quando haja divergência interna na entidade em relação ao tema versado na ação. É que essa divergência conduziria ao não cabimento do mandado de segurança coletivo, por ausência de "representatividade adequada". Nessa linha, a jurisprudência não reconhece a legitimidade ativa da associação ou da entidade sindical para o Mandado de Segurança se houver conflito de interesses entre os filiados.[46]

---

[43] **Art. 857, parágrafo único.** Quando não houver sindicato representativo da categoria econômica ou profissional, poderá a representação ser instaurada pelas federações correspondentes e, na falta destas, pelas confederações respectivas, no âmbito de sua representação.

[44] Cumpre ressaltar que a representação tratada no art. 857 da CLT se dá para a instauração de dissídios coletivos. Todavia, demonstra de forma clara que, se as federações e confederações podem representar as categorias em hipóteses deveras mais restritas, como a dos dissídios coletivos, *a fortiori* poderão representar a categoria para a impetração do Mandado de Segurança coletivo. Ademais, não se pode olvidar que estes entes são organizações associativas.

[45] "A legitimidade de sindicato para atuar como substituto processual no mandado de segurança coletivo pressupõe tão somente a existência jurídica, ou seja, o registro no cartório próprio, sendo indiferente estarem ou não os estatutos arquivados e registrados no Ministério do Trabalho" (STF, RE 370834, Rel. Min. Marco Aurélio, Primeira Turma, j. 30.08.2011).

[46] "A jurisprudência do STJ é no sentido de que, havendo conflito de interesses entre filiados, a associação não tem legitimidade ativa para impetrar Mandado de Segurança Coletivo" (MS 19.088/DF, Rel. Min. Herman Benjamin, Primeira Seção, j. 14.12.2016). "Entidade sindical, como é da sua natureza, não possui legitimidade ativa para impetrar mandado de segurança coletivo, se da concessão da ordem possa advir prejuízo para parcela dos sindicalizados, por força de irremovível conflito de interesses" (STJ, RMS 13.131/SP, Rel. Min. Hamilton Carvalhido, Sexta Turma, j. 25.11.2003).

Efetivamente, o que a regra garante é a viabilidade da impetração coletiva para proteger apenas parte dos integrantes da classe, em razão de o ato coator dizer respeito apenas à parcela da categoria. Trata-se, em última análise, da consagração legislativa do enunciado da Súmula n.º 630 do STF, segundo a qual "A entidade de classe tem legitimação para o mandado de segurança ainda quando a pretensão veiculada interesse apenas a uma parte da respectiva categoria". Esse entendimento é igualmente aplicável às associações.[47] O STJ[48], no mesmo sentido, já decidiu admitir a impetração do MS coletivo por sindicato na defesa de parte de seus membros. Reconhecer a possibilidade de defesa de parte de membros de uma coletividade implica admitir que a unidade do grupo, da categoria ou da classe não mais se dê pela relação jurídica base[49] e sim pela origem comum[50], que é característica dos direitos individuais homogêneos[51].

Por tratar-se de substituição processual constitucionalmente assegurada, consoante entendimento do Pretório Excelso, é inaplicável ao Mandado de Segurança coletivo o art. 2.º-A, parágrafo único, da Lei n.º 9.494/1997, o qual exige que "a petição inicial deverá obrigatoriamente estar instruída com a ata da assembleia da entidade associativa que a autorizou, acompanhada da relação nominal dos seus associados e indicação dos respectivos endereços".[52] Idêntica é a orientação do Superior Tribunal de Justiça.[53] Além disso,

---

[47] "O fato de haver o envolvimento de direito apenas de certa parte do quadro social não afasta a legitimação da associação" (STF, MS 25551, Rel. Min. Marco Aurélio, Primeira Turma, j. 29.03.2016).

[48] STJ, MS n.º 5.187-DF, disponível em <www.stj.jus.br>.

[49] **Art. 81,** parágrafo único, II, do CDC.

[50] **Art. 81,** parágrafo único, III, do CDC.

[51] Assim entendeu o STF ao descaracterizar uma entidade de classe que havia se agrupado apenas pela origem comum do direito pleiteado e não pela ligação entre si ou com a parte contrária por uma relação jurídica base, nos seguintes termos: "Ação direta de inconstitucionalidade. Não se caracteriza, como 'entidade de classe', a conferir legitimidade para a propositura de ação direta de inconstitucionalidade, nos termos do art. 103, IX, da Constituição, a simples associação de empregados de determinada empresa, por não congregar uma categoria de pessoas intrinsecamente distinta das demais, mas somente agrupadas pelo interesse contingente de estarem a serviço de determinado empregador. Processo extinto, por ilegitimidade de parte, sem julgamento de mérito" (ADI 34 MC, Rel. Min. Octavio Gallotti, Tribunal Pleno, j. 05.04.1989, *DJ* 28.04.1989).

[52] "Não aplicação, ao mandado de segurança coletivo, da exigência inscrita no art. 2.º-A da Lei n.º 9.494/97, de instrução da petição inicial com a relação nominal dos associados da impetrante e da indicação dos seus respectivos endereços. Requisito que não se aplica à hipótese do inciso LXX do art. 5.º da Constituição" (STF, MS 23769, Rel. Min. Ellen gracie, Tribunal Pleno, j. 03.04.2002). "Mandado de segurança coletivo impetrado por associação. Hipótese de substituição processual, nos termos do art. 5.º, LXX, 'b', da Constituição da República. Teses firmadas ao julgamento, sob o regime da repercussão geral, dos recursos extraordinários n.º 573.232 (tema 82) e 612.043 (tema 499) que não se aplicam ao caso, por versarem sobre hipótese diversa, qual seja, a atuação de associação em ação coletiva processada sob o rito ordinário, que tem suporte no art. 5.º, XXI, da Magna Carta" (Pet 7450, Rel. Min. Rosa Weber, j. 07.02.2018). Em sentido contrário: STF, AO 2380, Rel. Min. Alexandre de Moraes, j. 17.10.2018.

[53] "O Superior Tribunal de Justiça firmou entendimento de que, em mandado de segurança coletivo, como no presente caso, a juntada da lista dos associados é dispensável. Precedentes" (STJ, REsp 1740718/RJ, Rel. Min. Og Fernandes, Segunda Turma, j. 13.12.2018).

o Supremo Tribunal Federal já decidiu que, no Mandado de Segurança coletivo, o direito controvertido não precisa guardar vínculo com os fins próprios da entidade impetrante.[54]

O *caput* do art. 21 também não exige a chamada *autorização especial* dos substituídos para que os legitimados proponham mandado de segurança coletivo. Esta autorização somente seria exigível no caso de representação processual. Sem embargo, como o mandado de segurança envolve hipótese de substituição processual, não há dúvida quanto à desnecessidade da referida autorização. Note-se que o inciso LXX, *b*, do art. 5.º da Constituição não reproduz a condicionante "quando expressamente autorizadas" constante do inciso XXI. Essa também é a orientação consagrada na Súmula n.º 629 do STF, que prevê que "A impetração de Mandado de Segurança coletivo por entidade de classe em favor dos associados independe da autorização destes". A dispensa de autorização expressa se aplica não apenas às entidades sindicais, mas também às associações em geral.[55] Consigne-se, contudo, a existência de decisão monocrática de Ministro do Supremo Tribunal Federal entendendo que, em Mandado de Segurança coletivo impetrado por sindicato, somente aqueles que sejam filiados ao impetrante no momento do ajuizamento podem executar o título.[56] Discorda-se dessa posição, visto que ignora a característica de substituição processual inerente ao *mandamus* coletivo por expressa previsão da Carta Magna.

---

[54] "O objeto do mandado de segurança coletivo será um direito dos associados, independentemente de guardar vínculo com os fins próprios da entidade impetrante do *writ*, exigindo-se, entretanto, que o direito esteja compreendido na titularidade dos associados e que exista ele em razão das atividades exercidas pelos associados, mas não se exigindo que o direito seja peculiar, próprio, da classe" (RE 193382, Rel. Min. Carlos Velloso, Tribunal Pleno, j. 28.06.1996).

[55] "No julgamento do RE n.º 573.232/SC, realizado sob a sistemática da repercussão geral, o STF reconheceu que, **de acordo com o art. 5.º, LXX, 'b', da CF, para impetrar mandado segurança coletivo em defesa dos interesses de seus membros ou associados, as associações prescindem de autorização expressa**, que somente é necessária para ajuizamento de ação ordinária, nos termos do art. 5.º, XXI, da CF, restando decidido que, naquela hipótese, as associações atuam como substituto processual, e nesta última, como representante dos associados" (STJ, AgInt no AREsp 1254080/RJ, Rel. Min. Gurgel de Faria, Primeira Turma, julgado em 11.12.2018). "É firme no STJ a orientação de que os Sindicatos, na qualidade de substitutos processuais, detêm legitimidade para atuar judicialmente na defesa dos interesses coletivos de toda a categoria que representam, independente de autorização expressa ou relação nominal" (REsp 1721212/SP, Rel. Min. Herman Benjamin, Segunda Turma, j. 06.03.2018).

[56] "Como reconhecido pela própria exequente, a fase de execução, ainda que instaurada individualmente, tem como lastro título executivo judicial coletivo constituído em julgamento de mandado de segurança coletivo manuseado por sindicato de determinada categoria, a quem se reconheceu representatividade adequada. Mais precisamente, reconheceu-se aos servidores do Poder Judiciário do Estado de Sergipe o direito à correção da conversão do índice de URV dos vencimentos dos servidores, tomando por base a valor da URV no dia 22/6/1994, com a consequente condenação da Fazenda Pública ao pagamento dos valores devidos desde aquela data. Entretanto, instaurada a fase de execução pelo Sindicato autor, em benefício de todos os titulares do direito reconhecido pela concessão da ordem, o Superior Tribunal de Justiça, ao julgar recurso especial, acabou por acolher os embargos à execução opostos pela Fazenda Pública Estadual (REsp 1.252.679/SE, Rel. Min. Arnaldo Esteves Lima), determinando que 'a execução da decisão mandamental fosse limitada aos servidores que estavam sindicalizados ao tempo da impetração do mandado de segurança'. (...) Assim, **embora se possa admitir seja a exequente também titular do interesse individual**

Por outro lado, o inciso LXX, *b*, do art. 5.º da Constituição exige expressamente, quanto ao Mandado de Segurança coletivo, a pré-constituição: a associação deve estar legalmente constituída e em funcionamento há pelo menos um ano.[57] Por isso, não pode a lei dispensar esse requisito, sendo inaplicável ao *mandamus* coletivo o art. 5.º, § 4.º, da Lei n.º 7.347/1985: "O requisito da pré-constituição poderá ser dispensado pelo juiz, quando haja manifesto interesse social evidenciado pela dimensão ou característica do dano, ou pela relevância do bem jurídico a ser protegido".

Registre-se, finalmente, que a jurisprudência não admite a impetração de Mandado de Segurança coletivo por associação em substituição a pessoas jurídicas de direito público, como sói ocorrer com associação de Municípios.[58]

11.2.5. A legitimidade do Ministério Público

A legitimação ativa do Ministério Público para o Mandado de Segurança coletivo, ainda que ausente do rol constitucional dos legitimados, é consectário das competências a ele atribuídas pela Carta Magna, em seu art. 127, *caput*, entre as quais se destaca a tutela dos direitos individuais e sociais indisponíveis.[59] A tutela jurisdicional *in casu* abarca as vias ordinárias e a via mandamental.

---

homogêneo que foi objeto do processo coletivo, os efeitos da sentença nele proferida não a alcançam, justamente por não ser filiado ao sindicato autor no momento da impetração do mandado de segurança coletivo. Em resumo, não lhe aproveita o título executivo judicial formado na tutela coletiva outorgada, o que obsta, por evidente, sua habilitação no processo coletivo, ainda que rotulada de execução individual. Em face deste cenário, resta-lhe a defesa individual do seu direito pela via processual adequada, o que pressupõe nova fase de conhecimento. Por conclusão, carece a autora de legitimidade para invocar em seu favor o título executivo formado no processo coletivo, inexistindo, tampouco, outro título executivo judicial a aparelhar, desde logo, processo de execução" (STF, AO 2380, Rel. Min. Alexandre de Moraes, j. 17.10.2018).

[57] "A jurisprudência da Suprema Corte é pacífica no sentido de que o requisito taxativo de que a associação deva estar legalmente constituída e em funcionamento há pelo menos um ano da impetração é condição para o desenvolvimento válido e regular do mandado de segurança coletivo, sem o qual a impetrante é carecedora do direito de ação, acarretando a extinção do processo. Inteligência do art. 5.º, inciso LXX, alínea *b*, da Constituição Federal" (STF, MS 33801 AgR, Rel. Min. Dias Toffoli, Segunda Turma, j. 01.09.2017).

[58] "O Superior Tribunal de Justiça possui entendimento consolidado de que 'a legitimação conferida a entidades associativas em geral para tutelar, em juízo, em nome próprio, direitos de seus associados (CF, art. 5.º, XXI), inclusive por mandado de segurança coletivo (CF, art. 5.º, LXX, *b*, e Lei 12.016/09, art. 21), não se aplica quando os substituídos processuais são pessoas jurídicas de direito público. A tutela em juízo dos direitos e interesses das pessoas de direito público tem regime próprio, revestido de garantias e privilégios de direito material e de direito processual, insuscetível de renúncia ou de delegação a pessoa de direito privado, sob forma de substituição processual' (RMS 34.270/MG, Rel. Min. Teori Albino Zavascki, Primeira Turma, *DJe* 28.10.2011). No mesmo sentido: REsp 1.446.813/CE, Rel. Min. Mauro Campbell Marques, Segunda Turma, *DJe* 26.11.2014" (STJ, AgRg no RMS 47.806/PI, Rel. Min. Herman Benjamin, Segunda Turma, j. 26.05.2015).

[59] Sobre o tema, ver: SILVA, Irapuã Santana do Nascimento da Silva. MP tem legitimidade para propor ação sobre direitos individuais homogêneos. Disponível em: <https://www.conjur.com.br/2014-ago-27/irapua-santana-mp-defender-direitos-individuais-homogeneos>.

A doutrina do tema corrobora referido entendimento sob o argumento de que:

> O silêncio do art 21, *caput*, da Lei n.º 12.016/2009 não afasta a legitimidade ativa do Ministério Público para a impetração do mandando de segurança coletivo. Ela, embora não seja prevista expressamente pelo inciso LXX do art. 5.º da Constituição Federal, decorre imediatamente das finalidades institucionais daquele órgão tais quais definidas pelo art. 6.º, VI, da Lei Complementar n.º 75/1993, para o Ministério Público da União e no art. 32, I, da Lei n.º 8.625/1993, para o Ministério Público dos Estados[60].

Deveras, a diversidade de *causa petendi* da ação civil pública e do mandado de segurança coletivo denotam que o Ministério Público dispõe de ambas as vias judiciais para a tutela de interesses coletivos *lato sensu*, haja vista que o *writ* coletivo reclama direito líquido e certo contra abuso de autoridade, ao passo que a ação civil pública exsurge com outros pressupostos.

11.2.6. A legitimidade da Defensoria Pública

O art. 134 da Constituição[61] pacificou uma antiga celeuma acerca do tema.

De lege ferenda, sob esse ângulo, tramita no Congresso a proposta de emenda à Constituição (PEC n.º 74/2007), já aprovado pela Comissão de Constituição, Justiça e Cidadania (CCJ), na qual se consagram o Ministério Público e a Defensoria Pública como legitimados constitucionais ao mandado de segurança coletivo.

Portanto, o legislador em boa hora entendeu que essa instituição, representa instrumento eficaz para a defesa de seus direitos, afeto aos postulados democráticos que o moderno processo constitucional apregoa.

11.2.7. Legitimidade passiva no *mandamus* coletivo

A legitimidade passiva no Mandado de Segurança coletivo em nada se difere do que expusemos no tocante ao Mandado de Segurança individual. Cumpre anotar que, "no mandado de segurança, a autoridade coatora é um fragmento da pessoa jurídica de direito público interessada, e, se dentro dela há legitimidade passiva de mais de uma autoridade coatora, logo há identidade de parte para efeito de caracterizar litispendência e coisa julgada".[62]

11.3. INTERESSE DE AGIR

O interesse processual no Mandado de Segurança coletivo pouco difere dessa condição da ação no *mandamus* individual.

---

[60] SCARPINELLA BUENO, Cassio. *A nova Lei do Mandado de Segurança*.
[61] **Art. 134.** A Defensoria Pública é instituição permanente, essencial à função jurisdicional do Estado, incumbindo-lhe, como expressão e instrumento do regime democrático, fundamentalmente, a orientação jurídica, a promoção dos direitos humanos e a defesa, em todos os graus, judicial e extrajudicial, dos direitos individuais e coletivos, de forma integral e gratuita, aos necessitados, na forma do **inciso LXXIV do art. 5.º desta Constituição Federal.**
[62] STJ, AgInt no REsp 1477263/RS, Rel. Min. Gurgel de Faria, Primeira Turma, j. 17.11.2016.

É mister que o direito considerado coletivo tenha sido lesado por ato abusivo de autoridade, como o impedimento de toda uma categoria de participar de um concurso específico, ou ameaçado de lesão, se a tutela for preventiva.

A propositura de mandado de segurança coletivo em hipótese de litisconsórcio multitudinário simples é típico caso de falta de interesse de agir. A eminência da garantia constitucional sugere que, muito embora a solução rigorosa fosse a extinção do processo sem resolução do mérito por "carência de ação", com base no inciso VI do art. 485 do CPC,[63] à luz do princípio da instrumentalidade do processo, o juiz deve converter o *writ* coletivo para o regime individual.

11.4. COMPETÊNCIA

A competência para julgamento do Mandado de Segurança coletivo funda-se nos mesmos critérios do *writ* individual. Vale dizer: preponderam os critérios *ratione personae* e *ratione loci*, consoante explicitado no capítulo específico, observado o art. 2-A da Lei n.º 9.494/1997.

11.5. ASPECTOS PROCEDIMENTAIS

O procedimento do *writ* coletivo antes do advento da Lei n.º 12.016/2009 submetia-se, por inexistência de regra específica além da previsão constitucional, à Lei n.º 1.533/1951, que regulava o Mandado de Segurança individual, e àquelas especiais da Lei n.º 4.348/1964, sem prejuízo da aplicação subsidiária do Código de Processo Civil no que não lhes afrontasse.

O Projeto de Lei n.º 5.067/2001, que culminou com a edição da Lei n.º 12.016/2009, regulamentou, de forma unificada, os procedimentos do Mandado de Segurança individual e coletivo.

A abordagem deste capítulo se destinará a propiciar uma visão de conjunto do procedimento do Mandado de Segurança, dando destaque específico aos aspectos peculiares do *mandamus* coletivo.

O art. 17 da antiga Lei n.º 1.533, de 1951 garantia ao mandado de segurança prioridade de tramitação sobre todos os feitos judiciais, exceto o *habeas corpus*. O art. 7.º, § 4.º, da Lei 12.016/2009, de início, pareceu restringir a regra anterior, na medida em que estabeleceu que o mandado de segurança "*terá prioridade para julgamento* somente nos casos de deferimento de liminar". Entretanto, no art. 20 do diploma, é garantida a prioridade no trâmite processual do Mandado de Segurança também nos casos em que não houve provimento de urgência. Deveras, forçoso concluir, ainda, que o mandado de segurança coletivo, posto definir direitos que, por sua natureza e abrangência, são mais transcendentes, deve ter preferência sobre o mandado de segurança individual.

---

[63] **Art. 485.** O juiz não resolverá o mérito quando: (...)
 VI – verificar ausência de legitimidade ou de interesse processual;

A petição inicial, assim como no *writ* individual, deve ser elaborada observando-se os requisitos dos arts. 319 e 320 do Código de Processo Civil.

O polo ativo destina-se ao legitimado extraordinário, sendo certo que não há necessidade de se apresentar o rol com discriminação dos titulares do direito lesado ou ameaçado de lesão, sendo inaplicável a Lei n.º 9.494/1997, conforme já abordado.

O litisconsórcio em matéria coletiva é, em princípio, admitido tanto inicial como ulteriormente, desde que a pretensão desses órgãos intervenientes coincida com a dos impetrantes originários. A doutrina dos direitos coletivos[64] preconiza que, por tratar-se de legitimação concorrente e disjuntiva, os colegitimados têm a faculdade de ingressar em juízo simultaneamente em litisconsórcio ativo inicial. Todavia, o ingresso do colegitimado em momento posterior ao ajuizamento do *mandamus* encerra litisconsórcio ulterior, sendo certo que há precedentes não admitindo a assistência litisconsorcial em Mandado de Segurança. Admitindo-se a assistência litisconsorcial e havendo desistência do impetrante, pode o assistente assumir a posição de autor, porquanto detém, concorrentemente, legitimação para a ação transindividual.

A execução do Mandado de Segurança coletivo reclama como única peculiaridade que se individualizem os titulares do direito líquido e certo para conferir eficácia à decisão.

11.6. DESISTÊNCIA DO PEDIDO

O processo civil, como instrumento de realização da justiça e ramo do direito público, é disciplinado por normas imperativas e *a fortiori* indisponíveis pela vontade das partes. As exceções a essa assertiva vêm encartadas em raras hipóteses, como o pacto de eleição de foro, a transação como forma de resolução do mérito da lide, a convenção sobre o ônus da prova etc.

A regra é a imperatividade das normas processuais na medida em que o processo como instrumento da jurisdição tutela a um só tempo o interesse da parte e o interesse público na pacificação da lide.

As partes, entretanto, no processo, podem praticar atos que consubstanciam negócios jurídicos processuais que influem, por seu turno, na relação pública entre as partes e o Estado-juiz.

Um dos exemplos marcantes é a desistência da ação. Esse aspecto nos interessa mais de perto.

A doutrina do processo coletivo assenta que na jurisdição transindividual o próprio Poder Judiciário tem interesse público no conhecimento do mérito.

Ademais, o processo coletivo tem a sua principiologia própria que informa a axiologia de seus institutos, suprindo inclusive lacunas da lei, como recomenda a regra de

---

[64] MAZZILLI, Hugo Nigro. *A defesa dos interesses difusos em juízo*: meio ambiente, consumidor, patrimônio cultural, patrimônio público e outros interesses. 17. ed. São Paulo: Saraiva, 2004. p. 294.

supradireito do art. 6.º da Lei de Introdução às normas do Direito brasileiro, bem como o art. 140 do Código de Processo Civil[65].

O Princípio da Efetividade Processual nas demandas coletivas assume relevo singular, porquanto nessa modalidade de tutela jurisdicional visa-se numa só relação processual pacificar o maior número de conflitos sociais possíveis, mercê da função preventiva de evitar a proliferação dos mesmos, gerando instabilidade social[66].

Outrossim, a desistência pode ensejar fraude processual, obstando a que a jurisdição cumpra o seu escopo maior. Por esse fundamento, é forçoso concluir que o interesse público que gravita em torno dos processos coletivos impõe exame extremamente cauteloso do julgador, porquanto a regra deve ser a indisponibilidade da impetração. Aplica-se ao Mandado de Segurança coletivo a regra do art. 5.º, § 3.º, da Lei n.º 7.347/1985, *verbis*:

---

[65] **Art. 139.** O juiz dirigirá o processo conforme as disposições deste Código, incumbindo-lhe:
I – assegurar às partes igualdade de tratamento;
II – velar pela duração razoável do processo;
III – prevenir ou reprimir qualquer ato contrário à dignidade da justiça e indeferir postulações meramente protelatórias;
IV – determinar todas as medidas indutivas, coercitivas, mandamentais ou sub-rogatórias necessárias para assegurar o cumprimento de ordem judicial, inclusive nas ações que tenham por objeto prestação pecuniária;
V – promover, a qualquer tempo, a autocomposição, preferencialmente com auxílio de conciliadores e mediadores judiciais;
VI – dilatar os prazos processuais e alterar a ordem de produção dos meios de prova, adequando-os às necessidades do conflito de modo a conferir maior efetividade à tutela do direito;
VII – exercer o poder de polícia, requisitando, quando necessário, força policial, além da segurança interna dos fóruns e tribunais;
VIII – determinar, a qualquer tempo, o comparecimento pessoal das partes, para inquiri-las sobre os fatos da causa, hipótese em que não incidirá a pena de confesso;
IX – determinar o suprimento de pressupostos processuais e o saneamento de outros vícios processuais;
X – quando se deparar com diversas demandas individuais repetitivas, oficiar o Ministério Público, a Defensoria Pública e, na medida do possível, outros legitimados a que se referem o art. 5o da Lei n.º 7.347, de 24 de julho de 1985, e o art. 82 da Lei n.º 8.078, de 11 de setembro de 1990, para, se for o caso, promover a propositura da ação coletiva respectiva.
Parágrafo único. A dilação de prazos prevista no inciso VI somente pode ser determinada antes de encerrado o prazo regular.
Art. 140. O juiz não se exime de decidir sob a alegação de lacuna ou obscuridade do ordenamento jurídico.
Parágrafo único. O juiz só decidirá por equidade nos casos previstos em lei.
Art. 142. Convencendo-se, pelas circunstâncias, de que autor e réu se serviram do processo para praticar ato simulado ou conseguir fim vedado por lei, o juiz proferirá decisão que impeça os objetivos das partes, aplicando, de ofício, as penalidades da litigância de má-fé.

[66] ALMEIDA, Gregório Assagra de. *Direito processual coletivo*. São Paulo: Saraiva, 2003. p. 616, 622 e 623.

"Em caso de desistência infundada ou abandono da ação por associação legitimada, o Ministério Público ou outro legitimado assumirá a titularidade ativa".

11.7. SENTENÇA E COISA JULGADA

O tratamento individualizado trazido pela regra geral do art. 506 do CPC[67], inerente às demandas individuais, é inaplicável às demandas coletivas pela pluralidade de pessoas que a decisão atinge nas suas esferas jurídicas.

Deveras, antes do advento da Lei n.º 12.016/2009, não havia lei específica destinada a disciplinar o mandado de segurança coletivo e, por esta razão, a ele se aplicavam as regras atinentes à sentença e coisa julgada contidas nos arts. 103 e 104 do CDC c/c art. 21 da Lei n.º 7.347/1985.

A plena eficácia da tutela coletiva exigia, pois, que os limites subjetivos da coisa julgada ultrapassassem a parte formal do processo. Aliás, a jurisprudência, já se utilizava, para o mandado de segurança coletivo, das regras previstas para a ação popular[68] e para a ação civil pública[69]. Hodiernamente, adota-se a regra do art. 103 do CDC[70], com seus incisos e parágrafos, recepcionando a coisa julgada *secundum eventum litis* para o *writ* coletivo.

Consoante o Código de Defesa do Consumidor, os efeitos da coisa julgada sofrem variações de acordo com a natureza do bem jurídico discutido, concedendo-se tratamento distinto aos direitos difusos, coletivos em sentido estrito e individuais homogêneos.

---

[67] **Art. 506.** A sentença faz coisa julgada às partes entre as quais é dada, não prejudicando terceiros.
[68] **Art. 18** da Lei n.º 4.717/1965.
[69] **Art. 16** da Lei n.º 7.347/1985.
[70] **Art. 103.** Nas ações coletivas de que trata este código, a sentença fará coisa julgada:
I – *erga omnes*, exceto se o pedido for julgado improcedente por insuficiência de provas, hipótese em que qualquer legitimado poderá intentar outra ação, com idêntico fundamento valendo-se de nova prova, na hipótese do inciso I do parágrafo único do art. 81;
II – *ultra partes*, mas limitadamente ao grupo, categoria ou classe, salvo improcedência por insuficiência de provas, nos termos do inciso anterior, quando se tratar da hipótese prevista no inciso II do parágrafo único do art. 81;
III – *erga omnes*, apenas no caso de procedência do pedido, para beneficiar todas as vítimas e seus sucessores, na hipótese do inciso III do parágrafo único do art. 81.
§ 1.º Os efeitos da coisa julgada previstos nos incisos I e II não prejudicarão interesses e direitos individuais dos integrantes da coletividade, do grupo, categoria ou classe.
§ 2.º Na hipótese prevista no inciso III, em caso de improcedência do pedido, os interessados que não tiverem intervindo no processo como litisconsortes poderão propor ação de indenização a título individual.
§ 3.º Os efeitos da coisa julgada de que cuida o art. 16, cumulado com o art. 13 da Lei n.º 7.347, de 24 de julho de 1985, não prejudicarão as ações de indenização por danos pessoalmente sofridos, propostas individualmente ou na forma prevista neste código, mas, se procedente o pedido, beneficiarão as vítimas e seus sucessores, que poderão proceder à liquidação e à execução, nos termos dos arts. 96 a 99.
§ 4.º Aplica-se o disposto no parágrafo anterior à sentença penal condenatória.

Assim é que, quando o litígio versar sobre direitos difusos, isto é, direitos "transindividuais, de natureza indivisível, de que sejam titulares pessoas indeterminadas e ligadas por circunstâncias de fato"[71], a coisa julgada se opera *erga omnes*, exceto se o pedido for julgado improcedente por insuficiência de provas, hipótese em que qualquer legitimado poderá renovar a ação valendo-se de prova nova. Outrossim, à semelhança do que ocorre no processo individual, a coisa julgada não acoberta a motivação da sentença, bem como questões prejudiciais, conforme regra do art. 504 do CPC[72].

Tratando-se de direitos coletivos em sentido estrito, assim conceituados pelo CDC como "os transindividuais de natureza indivisível de que seja titular grupo, categoria ou classe de pessoas ligadas entre si ou com a parte contrária por uma relação jurídica base"[73], a regra é basicamente a mesma, com o diferencial de que os efeitos da coisa julgada se produzem *ultra partes*, mas limitadamente ao grupo, categoria ou classe.

Entretanto, impõe-se uma ressalva quanto a estas hipóteses precedentes, qual seja, se a prova insuficiente for aquela destinada à verificação do direito líquido e certo, haverá sentença de improcedência, mas, o pedido é passível de renovação se sobejar, ainda o prazo de decadência. Destaque-se, ainda, quanto aos coletivos, que os efeitos da coisa julgada não prejudicam interesses e direitos individuais dos integrantes da coletividade, que poderão promover ações pessoais de natureza individual[74].

Todavia, a despeito da proteção dos interesses e direitos individuais, se a improcedência não se der por ausência de prova, a coisa julgada será *erga omnes*.

Os direitos individuais homogêneos, concebidos pelo CDC como aqueles "decorrentes de origem comum"[75], acolhem a coisa julgada *erga omnes*, somente nos casos de procedência do pedido, "para beneficiar todas as vítimas e seus sucessores". Contudo, impende ressaltar que, consoante a regra do § 2.º do art. 103 do CDC, se tiver havido a intervenção prevista no art. 94 do CDC, a coisa julgada abrangerá os litisconsortes (ou assistentes) que intervieram no processo, ainda que o resultado da demanda seja de improcedência do pedido.

O § 3.º do art. 103 do CDC também se aplica no Mandado de Segurança coletivo, ampliando o objeto do processo, para autorizar o transporte *in utilibus* da coisa julgada resultante da sentença proferida em Mandado de Segurança coletivo para as ações individuais de indenização por danos pessoalmente sofridos. Outrossim, impõe-se fazer ressalva quanto ao disposto no art. 104[76] do CDC: como a figura da litispendência não

---

[71] **Art. 81**, parágrafo único, I, da Lei n.º 8.078/1990.
[72] **Art. 504.** Não fazem coisa julgada:
I – os motivos, ainda que importantes para determinar o alcance da parte dispositiva da sentença;
II – a verdade dos fatos, estabelecida como fundamento da sentença.
[73] **Art. 81**, parágrafo único, II, da Lei n.º 8.078/1990.
[74] **Art. 103**, § 1.º, da Lei n.º 8.078/1990.
[75] **Art. 81**, parágrafo único, III, da Lei n.º 8.078/1990.
[76] **Art. 104.** As ações coletivas, previstas nos incs. I e II e do parágrafo único do art. 81, não induzem litispendência para as ações individuais, mas os efeitos da coisa julgada *erga omnes* ou *ultra partes*

ocorre entre as demandas individuais e coletivas, se o autor da demanda individual não formular requerimento de suspensão do processo no prazo de 30 dias a contar da ciência, nos autos, do ajuizamento da ação coletiva, os efeitos da coisa julgada não lhe beneficiarão, continuando a tramitar concomitantemente as duas ações, ocorrendo, desta forma, uma exceção expressa ao princípio geral da extensão subjetiva do julgado, *in utilibus*[77].

O *caput* do art. 22 da Lei n.º 12.016/2009 inova na disciplina da matéria, ao dispor que a sentença no mandado de segurança coletivo fará coisa julgada limitadamente aos membros do grupo ou categoria substituídos pelo impetrante. A regra se faz coerente com os dois incisos do parágrafo único do art. 21 da lei do *writ*. É que, pela lei, os únicos "direitos" passíveis de tutela jurisdicional pelo Mandado de Segurança coletivo são os *coletivos* e os *individuais homogêneos*, razão por que compreensível que a coisa julgada, uma vez formada, restrinja-se aos "membros do grupo ou categoria substituídos pelo impetrante".

11.7.1. A limitação territorial da coisa julgada

Dispõe o art. 2.º-A da Lei n.º 9.494/1997 que a "sentença civil prolatada em ação de caráter coletivo proposta por entidade associativa, na defesa dos interesses e direitos dos seus associados, abrangerá apenas os substituídos que tenham, na data da propositura da ação, domicílio no âmbito da competência territorial do órgão prolator". O Supremo Tribunal Federal declarou a constitucionalidade desse preceito, *verbis*:

> (...) por maioria e nos termos do voto do Relator, desproveu o recurso extraordinário, declarando a constitucionalidade do art. 2.º-A da Lei n.º 9.494/1997. (...) fixou a seguinte tese: "A eficácia subjetiva da coisa julgada formada a partir de ação coletiva, de rito ordinário, ajuizada por associação civil na defesa de interesses dos associados, somente alcança os filiados, residentes no âmbito da jurisdição do órgão julgador, que o fossem em momento anterior ou até a data da propositura da demanda, constantes da relação jurídica juntada à inicial do processo de conhecimento". (RE 612043, Rel. Min. Marco Aurélio, Tribunal Pleno, j. 10.05.2017)

Há que se ter em mente, contudo, que a limitação territorial dos efeitos da coisa julgada é inaplicável ao Mandado de Segurança coletivo. É que o Supremo Tribunal Federal definiu que a orientação fixada em repercussão geral somente se aplica no caso de ação coletiva que siga o rito ordinário da Ação Civil Pública. Confiram-se, sobre o tema, importantes decisões do Superior Tribunal de Justiça:

> (...) não se aplica o disposto no RE 612.043/PR (Tema 499), julgado pelo Supremo Tribunal Federal. (...) Está bem delimitado e evidenciado no referido acórdão do STF que a tese relativa à limitação territorial dos efeitos da decisão coletiva diz respeito

---

a que aludem os incs. II e III do artigo anterior não beneficiarão os autores das ações individuais, se não for requerida sua suspensão no prazo de trinta dias, a contar da ciência nos autos do ajuizamento da ação coletiva.

[77] Neste sentido, GRINOVER, Ada Pellegrini. *Código brasileiro...*, p. 830.

apenas às Ações Coletivas de rito ordinário, ajuizadas por associação civil, que agem em representação processual, não se estendendo tal entendimento aos sindicatos, que agem na condição de substitutos processuais, nem a outras espécies de Ações Coletivas, como, por exemplo, o Mandado de Segurança Coletivo. (...) impõe-se a interpretação sistemática do art. 2.º-A da Lei 9.494/1997, de forma a prevalecer o entendimento de que a abrangência da coisa julgada é determinada pelo pedido, pelas pessoas afetadas, e de que a imutabilidade dos efeitos que uma sentença coletiva produz deriva de seu trânsito em julgado, e não da competência do órgão jurisdicional que a proferiu. (STJ, REsp 1746416/PR, Rel. Min. Herman Benjamin, Segunda Turma, j. 16.08.2018)

O RE n.º 612.043/PR sob o regime de repercussão geral (...) diz respeito apenas aos casos de ação coletiva ajuizada sob o rito ordinário por associação quando atua como representante processual dos associados, segundo a regra prevista no art. art. 5.º, XXI, da Constituição Federal, hipótese em que se faz necessária para a propositura da ação coletiva a apresentação de procuração específica dos associados, ou concedida pela Assembleia Geral convocada para este fim, bem como lista nominal dos associados representados. (AgInt no AgInt no AREsp 1187832/SP, Rel. Min. Mauro Campbell Marques, Segunda Turma, j. 12.06.2018)

11.8. LITISPENDÊNCIA ENTRE AÇÃO COLETIVA E AÇÃO INDIVIDUAL E ENTRE MANDADOS COLETIVOS

O § 1.º do art. 337[78] do CPC exige a "reprodução da ação anteriormente ajuizada" como fator determinante à caracterização da litispendência, por isso que o § 3.º do mesmo dispositivo legal[79] dispõe: "há litispendência quando se repete ação que está em curso".

No direito processual coletivo, a causa de pedir e o pedido diferem em parte do direito individual, mercê de as partes não serem as mesmas.

Desta sorte, a eventual questão da litispendência resolve-se da seguinte forma: o Mandado de Segurança coletivo não induz litispendência para as ações individuais, mas os efeitos da coisa julgada não beneficiarão o impetrante a título individual se não requerer a *desistência* (e não somente a suspensão) de seu Mandado de Segurança no prazo de 30 (trinta) dias a contar da ciência comprovada da impetração da segurança coletiva.

Nesse caso de precedência do *writ* coletivo, o impetrante individual há de avaliar no curso do processo as potencialidades da demanda coletiva antes de desistir. Se o fizer, aproveitará (*in utilibus*) a decisão favorável do *mandamus*. Acaso desista e a decisão mandamental seja desfavorável, ele não ficará impedido de propor novo *writ* obedecido o prazo decadencial.

Parte da doutrina preconiza que, em vez da desistência do *writ* individual para beneficiar o impetrante, deveria haver suspensão do feito mandamental.

---

[78] Art. 337. (...).
§ 1.º Verifica-se a litispendência ou a coisa julgada quando se reproduz ação anteriormente ajuizada.

[79] Art. 337. (...).
§ 3.º Há litispendência quando se repete ação que está em curso.

Exigir que um impetrante individual, para se beneficiar da decisão proferida em sede coletiva, desista de seu Mandado de Segurança no prazo de 30 dias a contar da comprovada ciência da impetração do Mandado de Segurança em sua forma coletiva, além de atritar com o modelo que vem sendo consagrado (e festejado) no direito brasileiro, é medida que atrita, a olhos vistos, com o modelo constitucional do direito processual civil. É imaginar a situação em que uma associação de classe impetrou Mandado de Segurança coletivo para questionar o mesmo ato (ou omissão) que já é objeto de diversos mandados de segurança individuais. Os impetrantes, individualmente considerados, desistem de seus mandados de segurança. Oportunamente, pelas mais variadas razões, processuais e materiais, o Mandado de Segurança coletivo é julgado em sentido contrário à pretensão do legitimado ativo. Pela letra da nova Lei, todos os impetrantes individuais estarão irremediavelmente sujeitos àquela decisão, mesmo que contrária a seus interesses, porque, para (tentar) se beneficiar de seus efeitos foram obrigados a desistir de suas próprias impetrações[80].

Destarte, o referido regime da litispendência funda-se na necessidade de ampla eficácia do provimento jurisdicional coletivo, sem restringir o acesso à justiça com a possibilidade de o titular do direito formular individualmente sua pretensão, principalmente porque a influência prejudicial positiva da tutela coletiva acolhida na solução *inter partes* é inequívoca.

A intimação para que o impetrante individual exerça, no prazo de 30 dias, a opção por desistir ou não de sua demanda deve ser acompanhada de peças e informações que o permitam uma opção consciente. Outra questão que a Lei do Mandado de Segurança incorporou concerne à oitiva da Fazenda Pública antes da concessão da liminar. A regra, outrora, estava prevista no art. 2.º da Lei n.º 8.437/1992[81]. Segundo o dispositivo legal citado, a liminar em mandado de segurança coletivo contra pessoa jurídica de direito público só poderia ser concedida após a audiência do seu representante legal, que deveria pronunciar-se no prazo de setenta e duas horas.

A Lei n.º 12.016/2009, em seu art. 22, § 2.º[82], reproduziu a regra do supramencionado art. 2.º da Lei n.º 8.437/1992, que representava o único dispositivo aplicável ao *writ* coletivo.

---

[80] SCARPINELLA BUENO, Cassio. *A nova Lei do Mandado de Segurança*. São Paulo: Saraiva. p. 136.

[81] **Art. 2.º** No Mandado de Segurança coletivo e na ação civil pública, a liminar será concedida, quando cabível, após a audiência do representante judicial da pessoa jurídica de direito público, que deverá se pronunciar no prazo de setenta e duas horas.

[82] **Art. 22.** No Mandado de Segurança coletivo, a sentença fará coisa julgada limitadamente aos membros do grupo ou categoria substituídos pelo impetrante. (...)
§ 2.º No Mandado de Segurança coletivo, a liminar só poderá ser concedida após a audiência do representante judicial da pessoa jurídica de direito público, que deverá se pronunciar no prazo de 72 (setenta e duas) horas.

Anexo
LEI N.º 12.016, DE 7 DE AGOSTO DE 2009[1]

Disciplina o Mandado de Segurança individual e coletivo e dá outras providências.

O PRESIDENTE DA REPÚBLICA Faço saber que o Congresso Nacional decreta e eu sanciono a seguinte Lei:

Art. 1.º Conceder-se-á Mandado de Segurança para proteger direito líquido e certo, não amparado por *habeas corpus* ou *habeas data*, sempre que, ilegalmente ou com abuso de poder, qualquer pessoa física ou jurídica sofrer violação ou houver justo receio de sofrê-la por parte de autoridade, seja de que categoria for e sejam quais forem as funções que exerça.

§ 1.º Equiparam-se às autoridades, para os efeitos desta Lei, os representantes ou órgãos de partidos políticos e os administradores de entidades autárquicas, bem como os dirigentes de pessoas jurídicas ou as pessoas naturais no exercício de atribuições do poder público, somente no que disser respeito a essas atribuições.

§ 2.º Não cabe Mandado de Segurança contra os atos de gestão comercial praticados pelos administradores de empresas públicas, de sociedade de economia mista e de concessionárias de serviço público.

§ 3.º Quando o direito ameaçado ou violado couber a várias pessoas, qualquer delas poderá requerer o Mandado de Segurança.

Art. 2.º Considerar-se-á federal a autoridade coatora se as consequências de ordem patrimonial do ato contra o qual se requer o mandado houverem de ser suportadas pela União ou entidade por ela controlada.

Art. 3.º O titular de direito líquido e certo decorrente de direito, em condições idênticas, de terceiro poderá impetrar Mandado de Segurança a favor do direito originário, se o seu titular não o fizer, no prazo de 30 (trinta) dias, quando notificado judicialmente.

Parágrafo único. O exercício do direito previsto no *caput* deste artigo submete-se ao prazo fixado no art. 23 desta Lei, contado da notificação.

Art. 4.º Em caso de urgência, é permitido, observados os requisitos legais, impetrar Mandado de Segurança por telegrama, radiograma, fax ou outro meio eletrônico de autenticidade comprovada.

§ 1.º Poderá o juiz, em caso de urgência, notificar a autoridade por telegrama, radiograma ou outro meio que assegure a autenticidade do documento e a imediata ciência pela autoridade.

---

[1] Lei publicada no *Diário Oficial da União* em 10 de agosto de 2009.

§ 2.º O texto original da petição deverá ser apresentado nos 5 (cinco) dias úteis seguintes.

§ 3.º Para os fins deste artigo, em se tratando de documento eletrônico, serão observadas as regras da Infraestrutura de Chaves Públicas Brasileira – ICP-Brasil.

Art. 5.º Não se concederá Mandado de Segurança quando se tratar:

I – de ato do qual caiba recurso administrativo com efeito suspensivo, independentemente de caução;

II – de decisão judicial da qual caiba recurso com efeito suspensivo;

III – de decisão judicial transitada em julgado.

Parágrafo único (VETADO).

Art. 6.º A petição inicial, que deverá preencher os requisitos estabelecidos pela Lei Processual, será apresentada em 2 (duas) vias com os documentos que instruírem a primeira reproduzidos na segunda e indicará, além da autoridade coatora, a pessoa jurídica que esta integra, à qual se acha vinculada ou da qual exerce atribuições.

§ 1.º No caso em que o documento necessário à prova do alegado se ache em repartição ou estabelecimento público ou em poder de autoridade que se recuse a fornecê-lo por certidão ou de terceiro, o juiz ordenará, preliminarmente, por ofício, a exibição desse documento em original ou em cópia autêntica e marcará, para o cumprimento da ordem, o prazo de 10 (dez) dias. O escrivão extrairá cópias do documento para juntá-las à segunda via da petição.

§ 2.º Se a autoridade que tiver procedido dessa maneira for a própria coatora, a ordem far-se-á no próprio instrumento da notificação.

§ 3.º Considera-se autoridade coatora aquela que tenha praticado o ato impugnado ou da qual emane a ordem para a sua prática.

§ 4.º (VETADO).

§ 5.º Denega-se o Mandado de Segurança nos casos previstos pelo art. 267 da Lei n.5.869, de 11 de janeiro de 1973 – Código de Processo Civil.

§ 6.º O pedido de Mandado de Segurança poderá ser renovado dentro do prazo decadencial, se a decisão denegatória não lhe houver apreciado o mérito.

Art. 7.º Ao despachar a inicial, o juiz ordenará:

I – que se notifique o coator do conteúdo da petição inicial, enviando-lhe a segunda via apresentada com as cópias dos documentos, a fim de que, no prazo de 10 (dez) dias, preste as informações;

II – que se dê ciência do feito ao órgão de representação judicial da pessoa jurídica interessada, enviando-lhe cópia da inicial sem documentos, para que, querendo, ingresse no feito;

III – que se suspenda o ato que deu motivo ao pedido, quando houver fundamento relevante e do ato impugnado puder resultar a ineficácia da medida, caso seja finalmente deferida, sendo facultado exigir do impetrante caução, fiança ou depósito, com o objetivo de assegurar o ressarcimento à pessoa jurídica.

§ 1.º Da decisão do juiz de primeiro grau que conceder ou denegar a liminar caberá agravo de instrumento, observado o disposto na Lei n.5.869, de 11 de janeiro de 1973 – Código de Processo Civil.

§ 2.º Não será concedida medida liminar que tenha por objeto a compensação de créditos tributários, a entrega de mercadorias e bens provenientes do exterior, a reclassificação ou equiparação de servidores públicos e a concessão de aumento ou a extensão de vantagens ou pagamento de qualquer natureza.

§ 3.º Os efeitos da medida liminar, salvo se revogada ou cassada, persistirão até a prolação da sentença.

§ 4.º Deferida a medida liminar, o processo terá prioridade para julgamento.

§ 5.º As vedações relacionadas com a concessão de liminares previstas neste artigo se estendem à tutela antecipada a que se referem os arts. 273 e 461 da Lei n.5.869, de 11 janeiro de 1973 – Código de Processo Civil.

Art. 8.º Será decretada a perempção ou caducidade da medida liminar *ex officio* ou a requerimento do Ministério Público quando, concedida a medida, o impetrante criar obstáculo ao normal andamento do processo ou deixar de promover, por mais de 3 (três) dias úteis, os atos e as diligências que lhe cumprirem.

Art. 9.º As autoridades administrativas, no prazo de 48 (quarenta e oito) horas da notificação da medida liminar, remeterão ao Ministério ou órgão a que se acham subordinadas e ao Advogado-Geral da União ou a quem tiver a representação judicial da União, do Estado, do Município ou da entidade apontada como coatora cópia autenticada do mandado notificatório, assim como indicações e elementos outros necessários às providências a serem tomadas para a eventual suspensão da medida e defesa do ato apontado como ilegal ou abusivo de poder.

Art. 10. A inicial será desde logo indeferida, por decisão motivada, quando não for o caso de Mandado de Segurança ou lhe faltar algum dos requisitos legais ou quando decorrido o prazo legal para a impetração.

§ 1.º Do indeferimento da inicial pelo juiz de primeiro grau caberá apelação e, quando a competência para o julgamento do Mandado de Segurança couber originariamente a um dos tribunais, do ato do relator caberá agravo para o órgão competente do tribunal que integre.

§ 2.º O ingresso de litisconsorte ativo não será admitido após o despacho da petição inicial.

Art. 11. Feitas as notificações, o serventuário em cujo cartório corra o feito juntará aos autos cópia autêntica dos ofícios endereçados ao coator e ao órgão de representação judicial da pessoa jurídica interessada, bem como a prova da entrega a estes ou da sua recusa em aceitá-los ou dar recibo e, no caso do art. 4.º desta Lei, a comprovação da remessa.

Art. 12. Findo o prazo a que se refere o inc. I do *caput* do art. 7.º desta Lei, o juiz ouvirá o representante do Ministério Público, que opinará, dentro do prazo improrrogável de 10 (dez) dias.

Parágrafo único. Com ou sem o parecer do Ministério Público, os autos serão conclusos ao juiz, para a decisão, a qual deverá ser necessariamente proferida em 30 (trinta) dias.

Art. 13. Concedido o mandado, o juiz transmitirá em ofício, por intermédio do oficial do juízo, ou pelo correio, mediante correspondência com aviso de recebimento, o inteiro teor da sentença à autoridade coatora e à pessoa jurídica interessada.

Parágrafo único. Em caso de urgência, poderá o juiz observar o disposto no art. 4.º desta Lei.

Art. 14. Da sentença, denegando ou concedendo o mandado, cabe apelação.

§ 1.º Concedida a segurança, a sentença estará sujeita obrigatoriamente ao duplo grau de jurisdição.

§ 2.º Estende-se à autoridade coatora o direito de recorrer.

§ 3.º A sentença que conceder o Mandado de Segurança pode ser executada provisoriamente, salvo nos casos em que for vedada a concessão da medida liminar.

§ 4.º O pagamento de vencimentos e vantagens pecuniárias assegurados em sentença concessiva de Mandado de Segurança a servidor público da administração direta ou autárquica federal, estadual e municipal somente será efetuado relativamente às prestações que se vencerem a contar da data do ajuizamento da inicial.

Art. 15. Quando, a requerimento de pessoa jurídica de direito público interessada ou do Ministério Público e para evitar grave lesão à ordem, à saúde, à segurança e à economia públicas, o presidente do tribunal ao qual couber o conhecimento do respectivo recurso suspender, em decisão fundamentada, a execução da liminar e da sentença, dessa decisão caberá agravo, sem efeito suspensivo, no prazo de 5 (cinco) dias, que será levado a julgamento na sessão seguinte à sua interposição.

§ 1.º Indeferido o pedido de suspensão ou provido o agravo a que se refere o *caput* deste artigo, caberá novo pedido de suspensão ao presidente do tribunal competente para conhecer de eventual Recurso Especial ou Extraordinário.

§ 2.º É cabível também o pedido de suspensão a que se refere o §1.º deste artigo, quando negado provimento a agravo de instrumento interposto contra a liminar a que se refere este artigo.

§ 3.º A interposição de agravo de instrumento contra liminar concedida nas ações movidas contra o poder público e seus agentes não prejudica nem condiciona o julgamento do pedido de suspensão a que se refere este artigo.

§ 4.º O presidente do tribunal poderá conferir ao pedido efeito suspensivo liminar se constatar, em juízo prévio, a plausibilidade do direito invocado e a urgência na concessão da medida.

§ 5.º As liminares cujo objeto seja idêntico poderão ser suspensas em uma única decisão, podendo o presidente do tribunal estender os efeitos da suspensão a liminares supervenientes, mediante simples aditamento do pedido original.

Art. 16. Nos casos de competência originária dos tribunais, caberá ao relator a instrução do processo, sendo assegurada a defesa oral na sessão do julgamento do mérito ou do pedido liminar. (Redação dada pela Lei n.º 13.676, de 2018)

Parágrafo único. Da decisão do relator que conceder ou denegar a medida liminar caberá agravo ao órgão competente do tribunal que integre.

Art. 17. Nas decisões proferidas em Mandado de Segurança e nos respectivos recursos, quando não publicado, no prazo de 30 (trinta) dias, contado da data do julgamento, o acórdão será substituído pelas respectivas notas taquigráficas, independentemente de revisão.

Art. 18. Das decisões em Mandado de Segurança proferidas em única instância pelos tribunais cabe Recurso Especial e Extraordinário, nos casos legalmente previstos, e Recurso Ordinário, quando a ordem for denegada.

Art. 19. A sentença ou o acórdão que denegar Mandado de Segurança, sem decidir o mérito, não impedirá que o requerente, por ação própria, pleiteie os seus direitos e os respectivos efeitos patrimoniais.

Art. 20. Os processos de Mandado de Segurança e os respectivos recursos terão prioridade sobre todos os atos judiciais, salvo *habeas corpus*.

§ 1.º Na instância superior, deverão ser levados a julgamento na primeira sessão que se seguir à data em que forem conclusos ao relator.

§ 2.º O prazo para a conclusão dos autos não poderá exceder de 5 (cinco) dias.

Art. 21. O Mandado de Segurança coletivo pode ser impetrado por partido político com representação no Congresso Nacional, na defesa de seus interesses legítimos relativos a seus integrantes ou à finalidade partidária, ou por organização sindical, entidade de classe ou associação legalmente constituída e em funcionamento há, pelo menos, 1 (um) ano, em defesa de direitos líquidos e certos da totalidade, ou de parte, dos seus membros ou associados, na forma dos seus estatutos e desde que pertinentes às suas finalidades, dispensada, para tanto, autorização especial.

Parágrafo único. Os direitos protegidos pelo Mandado de Segurança coletivo podem ser:

I – coletivos, assim entendidos, para efeito desta Lei, os transindividuais, de natureza indivisível, de que seja titular grupo ou categoria de pessoas ligadas entre si ou com a parte contrária por uma relação jurídica básica;

II – individuais homogêneos, assim entendidos, para efeito desta Lei, os decorrentes de origem comum e da atividade ou situação específica da totalidade ou de parte dos associados ou membros do impetrante.

Art. 22. No Mandado de Segurança coletivo, a sentença fará coisa julgada limitadamente aos membros do grupo ou categoria substituídos pelo impetrante.

§ 1.º O Mandado de Segurança coletivo não induz litispendência para as ações individuais, mas os efeitos da coisa julgada não beneficiarão o impetrante a título individual se não requerer a desistência de seu Mandado de Segurança no prazo de 30 (trinta) dias a contar da ciência comprovada da impetração da segurança coletiva.

§ 2.º No Mandado de Segurança coletivo, a liminar só poderá ser concedida após a audiência do representante judicial da pessoa jurídica de direito público, que deverá se pronunciar no prazo de 72 (setenta e duas) horas.

Art. 23. O direito de requerer Mandado de Segurança extinguir-se-á decorridos 120 (cento e vinte) dias, contados da ciência, pelo interessado, do ato impugnado.

Art. 24. Aplicam-se ao Mandado de Segurança os arts. 46 a 49 da Lei n.º 5.869, de 11 de janeiro de 1973 – Código de Processo Civil.

Art. 25. Não cabem, no processo de Mandado de Segurança, a interposição de embargos infringentes e a condenação ao pagamento dos honorários advocatícios, sem prejuízo da aplicação de sanções no caso de litigância de má-fé.

Art. 26. Constitui crime de desobediência, nos termos do art. 330 do Decreto-Lei n.º 2.848, de 07 de dezembro de 1940, o não cumprimento das decisões proferidas em Mandado de Segurança, sem prejuízo das sanções administrativas e da aplicação da Lei n.º 1.079, de 10 de abril de 1950, quando cabíveis.

Art. 27. Os regimentos dos tribunais e, no que couber, as leis de organização judiciária deverão ser adaptados às disposições desta Lei no prazo de 180 (cento e oitenta) dias, contado da sua publicação.

Art. 28. Esta Lei entra em vigor na data de sua publicação.

Art. 29. Revogam-se as Leis ns. 1.533, de 31 de dezembro de 1951; 4.166, de 04 de dezembro de 1962; 4.348, de 26 de junho de 1964; 5.021, de 09 de junho de 1966; o art. 3.º da Lei n.º 6.014, de 27 de dezembro de 1973; o art. 1.º da Lei n.º 6.071, de 03 de julho de 1974; o art. 12 da Lei n.º 6.978, de 19 de janeiro de 1982 e o art. 2.º da Lei n.º 9.259, de 09 de janeiro de 1996.

Brasília, 07 de agosto de 2009; 188.º da Independência e 121.º da República.

LUIZ INÁCIO LULA DA SILVA
Tarso Genro
José Antonio Dias Toffoli

Jurisprudência do STJ
MANDADO DE SEGURANÇA

SUMÁRIO

1. Decadência 217
2. Cabimento ou descabimento do Mandado de Segurança 220
3. Direito líquido e certo 227
4. Eficácia da liminar 232
5. Intimação pessoal do representante da pessoa jurídica 234
6. Legitimidade ativa 237
7. Legitimidade passiva 241
8. Licitação e Mandado de Segurança 246
9. Liminar 250
10. Liminar e recurso cabível 253
11. Litisconsórcio 260
12. Mandado de Segurança e coisa julgada 264
13. Mandado de Segurança e crime de desobediência 270
14. Mandado de Segurança e embargos infringentes 273
15. Petição inicial 275
16. Servidor público 277
17. Suspensão de liminar 279
18. Termo inicial dos juros de mora 284
19. Competência 285
20. Desistência 286
21. Honorários 286

1. DECADÊNCIA

O termo inicial do prazo decadencial para a impetração de mandado de segurança, na hipótese de exclusão do candidato do concurso público, é o ato administrativo de efeitos concretos e não a publicação do edital, ainda que a causa de pedir envolva questionamento de critério do edital.

Acórdãos: AgRg no REsp 1.405.402/RN, Rel. Min. Napoleão Nunes Maia Filho, 1.ª Turma, j. 16.06.2015, DJE 26.06.2015; AgRg no REsp 1.478.469/SC, Rel. Min. Mauro Campbell Marques, 2.ª Turma, j. 14.04.2015, DJE 20.04.2015; AgRg no RMS 46.761/GO, Rel. Min. Og Fernandes, 2.ª Turma, j. 02.12.2014, DJE 16.12.2014; EREsp 1.124.254/PI, Rel. Min. Sidnei Beneti, Corte Especial, j. 01.07.2014, DJE 12.08.2014; AgRg no REsp 1.185.438/MS, Rel. Min. Jorge Mussi, 5.ª Turma, j. 10.06.2014, DJE 27.06.2014; AgRg no REsp 1.436.274/PI, Rel. Min. Humberto Martins, 2.ª Turma, j. 01.04.2014, DJE 07.04.2014; RMS 44.408/PA, Rel. Min. Assusete Magalhães, 2.ª Turma, j. 25.03.2014, DJE 03.04.2014; AgRg no REsp 1.151.783/MS, Rel. Min. Rogerio Schietti Cruz, j. 17.12.2013, DJE 03.02.2014; AgRg no AREsp 213.264/BA, Rel. Min. Benedito Gonçalves, 1.ª Turma, j. 05.12.2013, DJE 16.12.2013; RMS 34.496/SP, Rel. Min. Herman Benjamin, 2.ª Turma, j. 20.08.2013, DJE 12.09.2013 (STJ. Jurisprudência em teses n.º 43. Publicado em 14.10.2015).

O prazo decadencial para impetração de mandado de segurança contra ato omissivo da Administração renova-se mês a mês, por envolver obrigação de trato sucessivo.

Acórdãos: AgRg no AREsp 593.738/PB, Rel. Min. Assusete Magalhães, 2.ª Turma, j. 20.08.2015, DJE 03.09.2015; AgRg no REsp 1.328.687/PE, Rel. Min. Regina Helena Costa, 1.ª Turma, j. 04.08.2015, DJE 14.08.2015; MS 21.082/DF, Rel. Min. Og Fernandes, 1.ª Seção, j. 10.06.2015, DJE 19.06.2015; AgRg no REsp 1.158.348/AM, Rel. Min. Nefi Cordeiro, j. 28.04.2015, DJE 11.05.2015; AgRg no AREsp 389.096/AM, Rel. Min. Napoleão Nunes Maia Filho, 1.ª Turma, j. 07.04.2015, DJE 14.04.2015; AgRg no REsp 1.510.031/CE, Rel. Min. Humberto Martins, 2.ª Turma, j. 17.03.2015, DJE 24.03.2015; MS 17.494/DF, Rel. Min. Marga Tessler (Juíza federal convocada do TRF 4.ª Região), 1.ª Seção, j. 11.03.2015, DJE 17.03.2015; AgRg no AREsp 554.612/MS, Rel. Min. Herman Benjamin, 2.ª Turma, j. 07.10.2014, DJE 05.12.2014; AgRg no AREsp 532.845/PE, Rel. Min. Sérgio Kukina, 1.ª Turma, j. 11.11.2014, DJE 14.11.2014 (STJ. Jurisprudência em teses n.º 43. Publicado em 14.10.2015).

O prazo decadencial para a impetração de mandado de segurança tem início com a ciência inequívoca do ato lesivo pelo interessado.

Acórdãos: AgInt no RMS 46.839/AM, Rel. Min. Luis Felipe Salomão, 4.[Turma, j. 18.05.2017, DJE 24.05.2017; AgRg no AgRg no REsp 1.178.070/MT, Rel. Min. Rogerio Schietti Cruz, j. 04.05.2017, DJE 15.05.2017; AgInt no RMS 50.056/MS, Rel. Min. Herman Benjamin, 2.ª Turma, j. 15.12.2016, DJE 01.02.2017; RMS 51.438/PR, Rel. Min. Humberto Martins, 2.ª Turma, j. 18.08.2016, DJE 25.08.2016; AgRg no RMS 49.148/RO, Rel. Min. Olindo Menezes (Desembargador convocado do TRF 1.ª Região), 1.ª Turma, j. 04.02.2016, DJE 15.02.2016; AgRg nos EDcl no AgRg no REsp 1.187.419/MS, Rel. Min. Napoleão Nunes Maia Filho, 1.ª Turma, j. 03.09.2015, DJE 22/09/2015 (STJ. Jurisprudência em teses n.º 85. Publicado em 26/07/2017)

O termo inicial do prazo de decadência para impetração de mandado de segurança contra aplicação de penalidade disciplinar é a data da publicação do respectivo ato no Diário Oficial.

Acórdãos AgInt no RMS 51.319/SP, Rel. Min. Regina Helena Costa, 1.ª Turma, j. 25.10.2016, DJE 10.11.2016; AgInt no MS 22.479/DF, Rel. Min. Benedito Gonçalves, 1.ª Seção, j. 26.10.2016, DJE 08.11.2016; AgRg no RMS 34.653/RO, Rel. Min. Humberto Martins, 2.ª Turma, j. 26.08.2014, DJE 01.09.2014; AgRg no MS 19.346/DF, Rel. Min. Herman Benjamin, 1.ª Seção, j. 09.04.2014, DJE 17.06.2014; MS 18.218/DF, Rel. Min. Mauro Campbell Marques, 1.ª Seção, j. 12.12.2012, DJE 16.08.2013 (STJ. Jurisprudência em teses n.º 91. Publicado em 18.10.2017).

O termo inicial do prazo decadencial para a impetração de ação mandamental contra ato que fixa ou altera sistema remuneratório ou suprime vantagem pecuniária de servidor público e não se renova mensalmente inicia-se com a ciência do ato impugnado.

Acórdãos: RMS 54.174/MS, Rel. Min. Herman Benjamin, 2.ª Turma, j. 17.08.2017, *DJE* 13.09.2017; AgInt nos EDcl no RMS 45.125/SC, Rel. Min. Assusete Magalhães, 2.ª Turma, j. 06.04.2017, *DJE* 26.04.2017; AgInt no RMS 46.314/BA, Rel. Min. Benedito Gonçalves, 1.ª Turma, j. 22.09.2016, *DJE* 06.10.2016; AgInt no REsp 1.324.197/SC, Rel. Min. Napoleão Nunes Maia Filho, 1.ª Turma, j. 15.09.2016, *DJE* 29.09.2016; AgRg no RMS 25.407/PB, Rel. Min. Nefi Cordeiro, j. 15.09.2015, *DJE* 05.10.2015; AgRg no RMS 46.133/MS, Rel. Min. Mauro Campbell Marques, 2.ª Turma, j. 17.09.2015, *DJE* 28.09.2015 (STJ. Jurisprudência em teses n.º 91. Publicado em 18.10.2017).

O prazo decadencial para impetração de mandado de segurança não se suspende nem se interrompe com a interposição de pedido de reconsideração na via administrativa ou de recurso administrativo desprovido de efeito suspensivo.

Acórdãos: AgInt no RMS 50.056/MS, Rel. Min. Herman Benjamin, 2.ª Turma, j. 15.12.2016, *DJE* 01.02.2017; AgRg nos EDcl no RMS 37.365/SC, Rel. Min. Sérgio Kukina, 1.ª Turma, j. 01.12.2016, *DJE* 16.12.2016; AgInt no RMS 51.319/SP, Rel. Min. Regina Helena Costa, 1.ª Turma, j. 25.10.2016, *DJE* 10.11.2016; RMS 39.107/SE, Rel. Min. Gurgel de Faria, 1.ª Turma, j. 07.06.2016, *DJE* 30.06.2016; AgRg no RMS 46.200/MS, Rel. Min. Humberto Martins, 2.ª Turma, j. 19.11.2015, *DJE* 27.11.2015; AgRg no RMS 37.935/SC, Rel. Min. Og Fernandes, 2.ª Turma, j. 27.10.2015, *DJE* 09.11.2015 (STJ. Jurisprudência em teses n.º 91. Publicado em 18.10.2017).

PROCESSUAL CIVIL. AGRAVO INTERNO. SERVIDOR PÚBLICO. MANDADO DE SEGURANÇA. DECADÊNCIA. CIÊNCIA DO ATO IMPUGNADO. INVERSÃO DO JULGADO. INVIABILIDADE. REEXAME FÁTICO-PROBATÓRIO. SÚMULA 7/STJ. 1. Segundo entendimento desta Corte, o prazo decadencial de 120 (cento e vinte) dias para impetração do mandado de segurança começa a fluir com a ciência inequívoca do ato que se alega ter violado o direito líquido e certo da impetrante. 2. O Tribunal de origem reconheceu a ocorrência da decadência do presente mandado de segurança, por ter transcorrido mais de 120 (cento e vinte) dias entre a ciência do ato impugnado (em 31/12/2014, por ter sido a data do rompimento do vínculo contratual) e o ajuizamento da ação (14/5/2015). Logo, não há como rever tal conclusão sem adentrar no contexto fático-probatório dos autos, o que é vedado pela Súmula 7/STJ. 3. Agravo interno a que se nega provimento (AgInt no REsp 2.034.542, Rel. Min. Paulo Sérgio Domingues, 1.ª Turma, j. 24.04.2023, *DJ* 28.04.2023).

ADMINISTRATIVO. MANDADO DE SEGURANÇA. ANISTIA POLÍTICA. CONCESSÃO DA SEGURANÇA. NECESSIDADE DE RENOVAÇÃO DO ATO. JURISPRUDÊNCIA PACÍFICA DA PRIMEIRA SEÇÃO. AGRAVO INTERNO IMPROVIDO. OMISSÕES NO ACÓRDÃO. DECADÊNCIA PARA IMPETRAÇÃO. NÃO CONFIGURADA. EMBARGOS PARCIALMENTE ACOLHIDOS SEM EFEITOS MODIFICATIVOS PARA SANAR OMISSÃO. [...] III – Nesse cenário, consoante precedentes desta Corte: "O marco inicial para a contagem do prazo decadencial para impetrar mandado segurança contra a cassação da portaria de anistia é a data da publicação do ato no Diário Oficial, momento no qual o ato coator está apto a produzir seus efeitos, gerando lesão à esfera jurídica do interessado" (AgInt no MS n. 26.391/DF, relator Min. Sérgio Kukina, Primeira Seção, *DJe* 1.º/10/2021; AgInt no MS n. 25.903/DF, relator Min. Manoel Erhardt, Primeira Seção, *DJe* 9/3/2022). IV – Na hipótese, verifica-se que a portaria de anulação da anistia foi publicada no *DOU* em 5 de junho de 2020, de modo que a impetração do presente *mandamus* sobreveio em 17 de junho de 2020, isto é, dentro do prazo de 120 dias previsto no art. 23 da Lei n. 12.016/2009. Com efeito, não fica configurada a decadência para a utilização da via mandamental. Nesse sentido:

"Assim, enquanto não publicado no Diário Oficial o ato de cassação da anistia concedida ao impetrante, não se inicia a contagem do prazo decadencial para impetração do mandado de segurança objetivando a manutenção de seu benefício, mesmo porque não é razoável se impor ao anistiado ajuizar uma ação a cada ato supostamente arbitrário praticado no curso do processo administrativo. Logo, não resta caracterizada a decadência do direito de impetrar o mandado de segurança para impugnar o ato anulatório da anistia" (AgInt no MS n. 26.271/DF, relator Ministro Manoel Erhardt, *DJe* 9/3/2022). V – [...] VII – Embargos de declaração parcialmente acolhidos, apenas para sanar a omissão do acórdão embargado, nos termos da fundamentação acima, sem conferir efeito modificativo ao julgado (EDcl no AgInt no AgInt no MS 26.392, Rel. Min. Francisco Falcão, 1.ª Seção, j. 22.03.2023, *DJ* 24.03.2023).

PROCESSUAL CIVIL. SERVIDOR PÚBLICO. AGRAVO INTERNO NO MANDADO DE SEGURANÇA. CÓDIGO DE PROCESSO CIVIL DE 2015. APLICABILIDADE. DECADÊNCIA PARA A IMPETRAÇÃO DE MANDADO DE SEGURANÇA. RECURSO ADMINISTRATIVO SEM EFEITO SUSPENSIVO. SUSPENSÃO OU INTERRUPÇÃO DO PRAZO. INEXISTÊNCIA. ARGUMENTOS INSUFICIENTES PARA DESCONSTITUIR A DECISÃO ATACADA. APLICAÇÃO DE MULTA. ART. 1.021, § 4.º, DO CPC/2015. DESCABIMENTO. [...] II – Esta Corte orienta-se no sentido de que o prazo de 120 dias para impetração do mandado de segurança se inicia com a ciência do interessado do teor ato impugnado, sendo que eventual pedido de revisão administrativa não interrompe a fluência do lapso decadencial. Inteligência da Súmula n. 430/STF: "Pedido de reconsideração na via administrativa não interrompe o prazo para o mandado de segurança". III – Na espécie, não obstante o Impetrante faça referência ao indeferimento do pedido de reintegração (fls. 4e e 26e), observo que o teor da impetração combate diretamente o Processo Administrativo Disciplinar, o qual culminou na Portaria n. 3.341, de 19 de outubro de 2010 (fl. 83e), por meio da qual foi demitido do cargo de Policial Rodoviário Federal. Impetrado o presente *mandamus* em 27.07.2021, de rigor o reconhecimento da decadência para a impetração, nos termos do art. 23 da Lei n. 12.016/2009. IV – Não apresentação de argumentos suficientes para desconstituir a decisão recorrida. [...] VI – Agravo Interno improvido (AgInt no MS 27.956, Rel. Min. Regina Helena Costa, 1.ª Seção, j. 14.02.2023, *DJ* 17.02.2023).

AGRAVO INTERNO NO RECURSO ORDINÁRIO EM MANDADO DE SEGURANÇA. ATO DO ÓRGÃO ESPECIAL QUE, EM SEDE DE AGRAVO REGIMENTAL E EMBARGOS DE DECLARAÇÃO, CONFIRMA DECISÃO PROFERIDA PELO PRESIDENTE DO TRIBUNAL DE JUSTIÇA NO PROCESSAMENTO DE PRECATÓRIOS. INÍCIO DO PRAZO DECADENCIAL. PUBLICAÇÃO DO ÚLTIMO ACÓRDÃO. AÇÃO IMPETRADA APÓS MAIS DE 120 DIAS A CONTAR DO ATO COATOR. DECADÊNCIA. AGRAVO INTERNO NÃO PROVIDO. 1. A jurisprudência desta Corte evoluiu firmando o entendimento de que o prazo decadencial para impetrar Mandado de Segurança, dirigido contra ato do Órgão Especial que, em sede de Agravo Regimental e Embargos de Declaração, confirma decisão proferida pelo Presidente do Tribunal no processamento de precatórios, conta-se a partir da publicação do último acórdão (AgInt no REsp 1.363.441/SP, Rel. Min. Regina Helena Costa, *DJe* 20.8.2018; e AgInt nos Edcl no RMS 32.601/SP, Rel. Min. Napoleão Nunes Maia Filho, *DJe* 6.3.2017). 2. Na hipótese dos autos, o termo inicial do prazo de decadência deu-se com a publicação do acórdão dos Embargos de Declaração, em 8.10.2015; sendo assim, considerando que a presente ação mandamental somente foi ajuizada em 28.3.2016, quando já havia decorrido o prazo de 120 dias previsto no art. 23 da Lei 12.016/2009, não se mostra possível afastar a decadência reconhecida pelo Tribunal de origem. 3. O STJ entende que a apresentação de recurso manifestamente incabível configura erro grosseiro e, por isso, não tem o condão de postergar o início do prazo decadencial (AgInt no AREsp 887.897/RJ, Rel.

Min. Raul Araújo, *DJe* 18.12.2019; e REsp 1.586.629/RS, Rel. Min. Ricardo Villas Bôas Cueva, *DJe* 3.10.2019). 4. Aplicação analógica do Enunciado Sumular 733/STF – "Não cabe recurso extraordinário contra decisão proferida no processamento de precatório". 5. Agravo interno não provido (AgInt no RMS 60.771, Rel. Min. Manoel Erhardt (Desembargador convocado do TRF5), 1.ª Turma, j. 14.09.2021, *DJ* 16.09.2021).

ADMINISTRATIVO E PROCESSUAL CIVIL. AGRAVO INTERNO NO AGRAVO EM RECURSO ESPECIAL. MILITAR. PROMOÇÃO. DECADÊNCIA NÃO CONFIGURADA. ATO OMISSIVO CONTINUADO. AGRAVO INTERNO DA UNIÃO A QUE SE NEGA PROVIMENTO. 1. Cuida-se, na origem, de Mandado de Segurança impetrado em face de ato omissivo do Comandante do 6.º Distrito Naval Petrônio Augusto Siqueira Aguiar, em que se pleiteia promoção ao posto de Primeiro-Tenente da Reserva de 2.ª Classe, incluindo-se a conclusão do Estágio de Adaptação e Serviço (EAS). 2. A questão em análise cinge-se em verificar a ocorrência de decadência do direito, uma vez que o Mandado de Segurança só foi ajuizado em 14.10.2016, ou seja, depois de ultrapassado o prazo legal de 120 dias, que, segundo a parte recorrente, deve ser contado desde a publicação da Portaria 129/Com 6.º DN, de 23.5.2016. 3. *In casu*, observa-se que a Corte local concluiu que o prazo decadencial não teve início com a publicação da Portaria 129/Com 6.º DN, de 23.5.2016, por se tratar de ato omissivo continuado, o qual se renova mês a mês, de modo que não haveria que se falar em decadência. Ademais, importante salientar que a parte impetrante deixou de ser promovida junto aos seus pares, Segundos-Tenentes da Reserva de 2.ª Classe, tão somente pelo fato de se encontrar na condição de sub judice, ou seja, não se verifica, na hipótese, a existência de ato único, comissivo e de efeitos concretos, mas tão somente um ato omissivo continuado do Comando do 6.º Distrito Naval. 4. Com efeito, não se verifica a ofensa ao artigo 23 da Lei 12.016/2009, uma vez que o acórdão recorrido se alinha à jurisprudência desta Corte Superior, de que a existência de ato omissivo continuado, envolvendo obrigação de trato sucessivo, faz com que se renove mês a mês o prazo para a interposição do Mandado de Segurança, como na hipótese dos autos, em que o Comando do 6.º Distrito Naval se omite em promover a parte recorrida ao posto de Primeiro-Tenente, mesmo após o cumprimento dos requisitos legais. Precedentes: REsp 1.424.563/DF, Rel. Min. Humberto Martins, *DJe* 12.2.2016; AgRg no REsp 1.250.399/ES, Rel. Min. Sérgio Kukina, *DJe* 27.8.2015. 5. Agravo Interno da União a que se nega provimento (AgInt no AREsp 1.462.892/MS, Rel. Min. Napoleão Nunes Maia Filho, 1.ª Turma, j. 05.03.2020, *DJe* 11.03.2020).

2. CABIMENTO OU DESCABIMENTO DO MANDADO DE SEGURANÇA

Admite-se a impetração de mandado de segurança perante os Tribunais de Justiça para o exercício do controle de competência dos juizados especiais.

Acórdãos: RMS 46.955/GO, Rel. Min. Moura Ribeiro, 3.ª Turma, j. 23.06.2015, *DJE* 17.08.2015; EDcl no AgRg no RMS 45.550/SC, Rel. Min. Marco Aurélio Bellizze, 3.ª Turma, j. 02.10.2014, *DJE* 09.10.2014; RMS 45.115/GO, Rel. Min. João Otávio de Noronha, 3.ª Turma, j. 21.08.2014, *DJE* 01.09.2014; AgRg no RMS 42.598/DF, Rel. Min. Mauro Campbell Marques, 2.ª Turma, j. 05.12.2013, *DJE* 11.12.2013; RMS 37.959/BA, Rel. Min. Herman Benjamin, 2.ª Turma, j. 17.10.2013, *DJE* 06.12.2013; AgRg no RMS 42.818/RS, Rel. Min. Humberto Martins, 2.ª Turma, j. 03.10.2013, *DJE* 14.10.2013; REsp 1.185.841/MT, Rel. Min. Paulo de Tarso Sanseverino, 3.ª Turma, j. 25.06.2013, *DJE* 28.06.2013; AgRg no RMS 28.262/RJ, Rel. Min. Antonio Carlos Ferreira, 4.ª Turma, j. 06.06.2013, *DJE* 19.06.2013; RMS 37.775/ES, Rel. Min. Marco Buzzi, 4.ª Turma, j. 06.06.2013, *DJE* 02.09.2013; RMS 38.884/AC, Rel. Min. Nancy Andrighi, 3.ª Turma, j. 07.05.2013, *DJE* 13.05.2013 (STJ. Jurisprudência em teses n.º 43. Publicado em 14.10.2015).

A ação mandamental não constitui via adequada para o reexame das provas produzidas em Processo Administrativo Disciplinar (PAD).

Acórdãos: AgInt no RMS 49.158/PI, Rel. Min. Regina Helena Costa, 1.ª Turma, j. 04.05.2017, DJE 11.05.2017; MS 21.021/DF, Rel. Min. Herman Benjamin, 1.ª Seção, j. 14.12.2016, DJE 17.04.2017; MS 21.544/DF, Rel. Min. Mauro Campbell Marques, 1.ª Seção, j. 22.02.2017, DJE 07.03.2017; MS 9.628/DF, Rel. Min. Antonio Saldanha Palheiro, 3.ª Seção, j. 26.10.2016, DJE 08.11.2016; MS 17.538/DF, Rel. Min. Napoleão Nunes Maia Filho, 1.ª Seção, j. 10.08.2016, DJE 22.08.2016; MS 14.891/DF, Rel. Min. Rogerio Schietti Cruz, 3.ª Seção, j. 13.04.2016, DJE 19.04.2016 (STJ. Jurisprudência em teses n.º 85. Publicado em 26.07.2017).

Não cabe mandado de segurança para conferir efeito suspensivo ativo a recurso em sentido estrito interposto contra decisão que concede liberdade provisória ao acusado.

Acórdãos: AgRg no HC 377.712/SP, Rel. Min. Jorge Mussi, 5.ª Turma, j. 02.05.2017, DJE 09.05.2017; HC 368.906/SP, Rel. Min. Joel Ilan Paciornik, 5.ª Turma, j. 18.04.2017, DJE 28.04.2017; AgRg no HC 369.841/SP, Rel. Min. Reynaldo Soares da Fonseca, 5.ª Turma, j. 02.02.2017, DJE 10.02.2017; HC 369.043/SP, Rel. Min. Felix Fischer, 5.ª Turma, j. 15.12.2016, DJE 10.02.2017; RCD no HC 372.760/SP, Rel. Min. Nefi Cordeiro, j. 17.11.2016, DJE 29.11.2016; HC 359.702/SP, Rel. Min. Maria Thereza de Assis Moura, j. 20.09.2016, DJE 30.09.2016 (STJ. Jurisprudência em teses n.º 85. Publicado em 26.07.2017).

Não cabe mandado de segurança contra ato judicial passível de recurso ou correição. (Súmula n. 267/STF)

Acórdãos: AgInt no RMS 50.834/RJ, Rel. Min. Regina Helena Costa, 1.ª Turma, j. 23.05.2017, DJE 26.05.2017; AgInt no RMS 51.888/RS, Rel. Min. Luis Felipe Salomão, 4.ª Turma, j. 23.05.2017, DJE 26.05.2017; AgInt no RMS 53.637/PE, Rel. Min. Rogerio Schietti Cruz, j. 16.05.2017, DJE 24.05.2017; RMS 49.970/MS, Rel. Min. Francisco Falcão, 2.ª Turma, j. 16.05.2017, DJE 24.05.2017; RMS 53.613/SP, Rel. Min. Assussete Magalhães, 2.ª Turma, j. 18.05.2017, DJE 24.05.2017; RMS 53.418/GO, Rel. Min. Paulo de Tarso Sanseverino, 3.ª Turma, j. 25.04.2017, DJE 02.05.2017 (STJ. Jurisprudência em teses n.º 85. Publicado em 26.07.2017).

A impetração de mandado de segurança contra ato judicial é medida excepcional, admissível somente nas hipóteses em que se verifica de plano decisão teratológica, ilegal ou abusiva, contra a qual não caiba recurso.

Acórdãos: AgInt no RMS 50.834/RJ, Rel. Min. Regina Helena Costa, 1.ª Turma, j. 23.05.2017, DJE 26.05.2017; AgInt no RMS 51.888/RS, Rel. Min. Luis Felipe Salomão, 4.ª Turma, j. 23.05.2017, DJE 26.05.2017; AgInt no RMS 52.270/PR, Rel. Min. Nancy Andrighi, 3.ª Turma, j. 02.05.2017, DJE 08.05.2017; RMS 53.418/GO, Rel. Min. Paulo de Tarso Sanseverino, 3.ª Turma, j. 25.04.2017, DJE 02.05.2017; AgInt nos EDcl no RMS 29.098/MG, Rel. Min. Mauro Campbell Marques, 2.ª Turma, j. 20.04.2017, DJE 02.05.2017; MS 22.831/DF, Rel. Min. Raul Araújo, Corte Especial, j. 05.04.2017, DJE 25.04.2017 (STJ. Jurisprudência em teses n.º 85. Publicado em 26.07.2017).

O cabimento de mandado de segurança contra decisão de órgão fracionário ou de relator do Superior Tribunal de Justiça é medida excepcional autorizada apenas em situações de manifesta ilegalidade ou teratologia.

Acórdãos: MS 22.157/DF, Rel. Min. Herman Benjamin, Corte Especial, j. 07.12.2016, DJE 25.04.2017; AgRg no MS 21.096/DF, Rel. Min. Napoleão Nunes Maia Filho, Corte Especial, j. 05.04.2017, DJE 19.04.2017; AgRg no MS 22.615/DF, Rel. Min. Raul Araújo, Corte Especial, j. 15.03.2017, DJE 28.03.2017; AgRg no MS 22.256/DF, Rel. Min. Laurita Vaz, Corte Especial, j. 06.04.2016, DJE 06.05.2016; AgRg no MS 22.154/DF, Rel. Min. Maria Thereza de Assis Moura, Corte Especial, j. 18.11.2015, DJE 14.12.2015; AgRg no MS 21.745/AC, Rel. Min. João Otávio de

Noronha, Corte Especial, j. 16.09.2015, *DJE* 05.10.2015 (STJ. Jurisprudência em teses n.º 85. Publicado em 26.07.2017).

Não cabe mandado de segurança contra decisão judicial com trânsito em julgado. (Súmula n. 268/STF)

Acórdãos: AgInt no RMS 50.834/RJ, Rel. Min. Regina Helena Costa, 1.ª Turma, j. 23.05.2017, *DJE* 26.05.2017; RMS 53.613/SP, Rel. Min. Assussete Magalhães, 2.ª Turma, j. 18.05.2017, *DJE* 24.05.2017; RMS 53.418/GO, Rel. Min. Paulo de Tarso Sanseverino, 3.ª Turma, j. 25.04.2017, *DJE* 02.05.2017; RMS 53.164/SP, Rel. Min. Herman Benjamin, 2.ª Turma, j. 06.04.2017, *DJE* 27.04.2017; AgRg no RMS 49.832/PR, Rel. Min. Raul Araújo, 4.ª Turma, j. 15.12.2016, *DJE* 07.02.2017; AgInt nos EDcl no MS 22.695/MS, Rel. Min. Napoleão Nunes Maia Filho, Corte Especial, j. 19.12.2016, *DJE* 07.02.2017 (STJ. Jurisprudência em teses n.º 85. Publicado em 26.07.2017).

É incabível mandado de segurança que tem como pedido autônomo a declaração de inconstitucionalidade de norma, por se caracterizar mandado de segurança contra lei em tese. (Tese julgada sob o rito do art. 543-C do CPC/73 – Tema 430)

Acórdãos: RMS 37.787/TO, Rel. Min. Gurgel de Faria, 1.ª Turma, j. 28.03.2017, *DJE* 05.05.2017; REsp 1.651.098/PE, Rel. Min. Herman Benjamin, 2.ª Turma, j. 07.03.2017, *DJE* 20.04.2017; MS 22.394/DF, Rel. Min. Humberto Martins, 1.ª Seção, j. 09.11.2016, *DJE* 02.02.2017; AgInt no AREsp 766.628/PI, Rel. Min. Assussete Magalhães, 2.ª Turma, j. 10.11.2016, *DJE* 22.11.2016; AgInt no REsp 1.527.393/MG, Rel. Min. Og Fernandes, 2.ª Turma, j. 20.09.2016, *DJE* 23.09.2016; REsp 1.119.872/RJ, Rel. Min. Benedito Gonçalves, 1.ª Seção, j. 13.10.2010, *DJE* 20.10.2010 (STJ. Jurisprudência em teses n.º 85. Publicado em 26.07.2017).

É necessária a efetiva comprovação do recolhimento feito a maior ou indevidamente para fins de declaração do direito à compensação tributária em sede de mandado de segurança. (Tese julgada sob o rito do art. 543-C do CPC/73 – Tema 118) (Súmula n. 213/STJ)

Acórdãos: AgInt no REsp 1.589.518/MG, Rel. Min. Gurgel de Faria, 1.ª Turma, j. 20.04.2017, *DJE* 25.05.2017; AgInt no AREsp 187.408/RS, Rel. Min. Napoleão Nunes Maia Filho, 1.ª Turma, j. 09.05.2017, *DJE* 17.05.2017; AgInt nos EREsp 1.570.684/CE, Rel. Min. Mauro Campbell Marques, 1.ª Seção, j. 26.04.2017, *DJE* 03.05.2017; AgInt nos EDcl no REsp 1.459.777/CE, Rel. Min. Regina Helena Costa, 1.ª Turma, j. 21.03.2017, *DJE* 30.03.2017; AR 3.342/SP, Rel. Min. Humberto Martins, 1.ª Seção, j. 24.08.2016, *DJE* 07.10.2016; REsp 1.111.164/BA, Rel. Min. Teori Albino Zavascki, 1.ª Seção, j. 13.05.2009, *DJE* 25.05.2009 (STJ. Jurisprudência em teses n.º 85. Publicado em 26.07.2017).

É incabível o mandado de segurança para convalidar a compensação tributária realizada pelo contribuinte. (Súmula n. 460/STJ) (Tese julgada sob o rito do art. 543-C do CPC/73 – Tema 258)

Acórdãos: AgRg no REsp 1.107.800/RJ, Rel. Min. Sérgio Kukina, 1.ª Turma, j. 05.04.2016, *DJE* 12.04.2016; AgRg no REsp 1.248.718/SC, Rel. Min. Benedito Gonçalves, 1.ª Turma, j. 28.06.2011, *DJE* 01.07.2011; REsp 1.124.537/SP, Rel. Min. Luiz Fux, 1.ª Seção, j. 25.11.2009, *DJE* 18.12.2009; EDcl no REsp 1.027.591/SP, Rel. Min. Eliana Calmon, 2.ª Turma, j. 09.06.2009, *DJE* 25.06.2009; AgRg no REsp 725.451/SP, Rel. Min. Herman Benjamin, 2.ª Turma, j. 09.12.2008, *DJE* 12.02.2009 (STJ. Jurisprudência em teses n.º 85. Publicado em 26.07.2017).

O mandado de segurança não pode ser utilizado com o intuito de obter provimento genérico aplicável a todos os casos futuros de mesma espécie.

Acórdãos: REsp 1.594.374/GO, Rel. Min. Herman Benjamin, 2.ª Turma, j. 20.04.2017, *DJE* 05.05.2017; AgInt no AREsp 902.897/RS, Rel. Min. Og Fernandes, 2.ª Turma, j. 28.03.2017, *DJE* 03.04.2017; AgRg no REsp 1.107.800/RJ, Rel. Min. Sérgio Kukina, 1.ª Turma, j. 05.04.2016, *DJE* 12.04.2016; AgRg no RMS 36.971/MS, Rel. Min. Humberto Martins, 2.ª Turma, j. 21.08.2012, *DJE*

28.08.2012; REsp 1.064.434/SP, Rel. Min. Mauro Campbell Marques, 2.ª Turma, j. 14.06.2011, DJE 21.06.2011 (STJ. Jurisprudência em teses n.º 85. Publicado em 26.07.2017).

Os atos do presidente do tribunal que disponham sobre processamento e pagamento de precatório não têm caráter jurisdicional (Súmula n. 311/STJ) e, por isso, podem ser combatidos pela via mandamental.

Acórdãos: AgInt no RMS 46.917/SP, Rel. Min. Assussete Magalhães, 2.ª Turma, j. 13.12.2016, DJE 19.12.2016; AgRg no REsp 1.288.572/AM, Rel. Min. Napoleão Nunes Maia Filho, 1.ª Turma, j. 18.10.2016, DJE 26.10.2016; AgRg no RMS 49.319/SP, Rel. Min. Herman Benjamin, 2.ª Turma, j. 09.06.2016, DJE 05.09.2016; RMS 43.174/MT, Rel. Min. Mauro Campbell Marques, 2.ª Turma, j. 07.06.2016, DJE 15.08.2016; RMS 45.731/RR, Rel. Min. Humberto Martins, 2.ª Turma, j. 01.10.2015, DJE 08.10.2015; RMS 48.389/SP, Rel. Min. Og Fernandes, 2.ª Turma, j. 18.08.2015, DJE 28.08.2015 (STJ. Jurisprudência em teses n.º 91. Publicado em 18.10.2017).

É incabível mandado de segurança para conferir efeito suspensivo a agravo em execução interposto pelo Ministério Público.

Acórdãos: AgRg no HC 380.419/SP, Rel. Min. Felix Fischer, 5.ª Turma, j. 28.03.2017, DJE 25.04.2017; EDcl no HC 299.398/SP, Rel. Min. Reynaldo Soares da Fonseca, 5.ª Turma, j. 17.11.2016, DJE 28.11.2016; HC 368.491/SC, Rel. Min. Joel Ilan Paciornik, 5.ª Turma, j. 04.10.2016, DJE 14.10.2016; HC 344.698/SP, Rel. Min. Ribeiro Dantas, 5.ª Turma, j. 02.06.2016, DJE 10.06.2016; HC 268.427/SP, Rel. Min. Maria Thereza de Assis Moura, j. 14.10.2014, DJE 29.10.2014; AgRg no HC 148.623/SP, Rel. Min. Alderita Ramos de Oliveira (Desembargadora convocada do TJ/PE), j. 18.06.2013, DJE 01.07.2013 (STJ. Jurisprudência em teses n.º 91. Publicado em 18.10.2017).

O mandado de segurança não pode ser utilizado como meio para se buscar a produção de efeitos patrimoniais pretéritos, uma vez que não se presta a substituir ação de cobrança, nos termos das Súmulas n. 269 e 271 do Supremo Tribunal Federal.

Acórdãos: RMS 53.601/RN, Rel. Min. Herman Benjamin, 2.ª Turma, j. 13.06.2017, DJE 30.06.2017; AgInt no AgRg no RMS 42.719/ES, Rel. Min. Sérgio Kukina, 1.ª Turma, j. 27.10.2016, DJE 22.11.2016; AgRg no AgRg no RMS 48.873/MG, Rel. Min. Mauro Campbell Marques, 2.ª Turma, j. 16.08.2016, DJE 26.08.2016; RMS 48.246/RS, Rel. Min. Assussete Magalhães, 2.ª Turma, j. 18.10.2016, DJE 04.11.2016; AgRg no RMS 21.823/RJ, Rel. Min. Nefi Cordeiro, j. 15.09.2015, DJE 01.10.2015; AgRg no RMS 29.616/MG, Rel. Min. Reynaldo Soares da Fonseca, 5.ª Turma, j. 23.06.2015, DJE 29.06.2015 (STJ. Jurisprudência em teses n.º 91. Publicado em 18.10.2017).

Não configura ação de cobrança a impetração de mandado de segurança visando a desconstituir ato administrativo que nega conversão em pecúnia de férias não gozadas, afastando-se as restrições previstas nas Súmulas n. 269 e 271 do Supremo Tribunal Federal.

Acórdãos: AgRg no REsp 1.248.427/SP, Rel. Min. Ribeiro Dantas, 5.ª Turma, j. 15.03.2016, DJE 21.03.2016; AgRg no REsp 1.176.349/MA, Rel. Min. Rogerio Schietti Cruz, j. 02.02.2016, DJE 15.02.2016; RMS 39.867/CE, Rel. Min. Og Fernandes, 2.ª Turma, j. 23.10.2014, DJE 21.11.2014; AgRg no REsp 1.176.348/MA, Rel. Min. Alderita Ramos de Oliveira (Desembargadora convocada do TJ/PE), j. 20.08.2013, DJE 04.09.2013; REsp 1.363.383/SP, Rel. Min. Herman Benjamin, 2.ª Turma, j. 05.03.2013, DJE 13.03.2013; AgRg no REsp 1.002.281/MA, Rel. Min. Jorge Mussi, 5.ª Turma, j. 07.12.2010, DJE 01.02.2011 (STJ. Jurisprudência em teses n.º 91. Publicado em 18.10.2017).

O mandado de segurança é meio processual adequado para controle do cumprimento das portarias de concessão de anistia política, afastando-se as restrições das Súmulas n. 269 e 271 do Supremo Tribunal Federal.

Acórdãos: MS 23.468/DF, Rel. Min. Assussete Magalhães, 1.ª Seção, j. 28.06.2017, DJE 01.08.2017; MS 21.378/DF, Rel. Min. Herman Benjamin, 1.ª Seção, j. 14.12.2016, DJE 19.04.2017; MS 19.132/

DF, Rel. Min. Sérgio Kukina, 1.ª Seção, j. 22.03.2017, *DJE* 27.03.2017; EDcl no MS 12.675/DF, Rel. Min. Antonio Saldanha Palheiro, 3.ª Seção, j. 22.02.2017, *DJE* 01.03.2017; MS 22.434/DF, Rel. Min. Mauro Campbell Marques, 1.ª Seção, j. 08.06.2016, *DJE* 15.06.2016; MS 21.340/DF, Rel. Min. Napoleão Nunes Maia Filho, 1.ª Seção, j. 27.04.2016, *DJE* 10.05.2016 (STJ. Jurisprudência em teses n.º 91. Publicado em 18.10.2017).

PROCESSO PENAL. AGRAVO REGIMENTAL NO RECURSO EM MANDADO DE SEGURANÇA. BENEFÍCIO DA GRATUIDADE DA JUSTIÇA INDEFERIDO COM BASE EM ELEMENTOS CONCRETOS. NÃO CABIMENTO DO MANDADO DE SEGURANÇA COMO SUCEDÂNEO RECURSAL. DIREITO LÍQUIDO E CERTO NÃO COMPROVADO DE PLANO. AGRAVO REGIMENTAL DESPROVIDO. Nos termos do art. 5.º, inciso II, da Lei n. 12.016/2009, não cabe mandado de segurança contra decisão judicial da qual caiba recurso com efeito suspensivo. No mesmo sentido, dispõe o enunciado 267 da Súmula do Supremo Tribunal Federal que não cabe mandado de segurança contra ato judicial passível de recurso ou correição. Mesmo que se flexibilize esse entendimento, não se infere nenhuma ilegalidade ou teratologia do ato judicial atacado pelo *mandamus*, o qual indeferiu fundamentadamente o benefício da gratuidade da justiça com base em elementos indicativos de que o requerente não é hipossuficiente. Ademais, o acolhimento das alegações do recorrente e a alteração da conclusão a que chegaram as instâncias de origem exigiriam dilação probatória; o que, entretanto, é inadmissível na via do mandado de segurança, ou de seu respectivo recurso. Agravo regimental desprovido (AgRg no RMS 56.412/SP, Rel. Min. Antonio Saldanha Palheiro, 6.ª Turma, j. 17.04.2023, *DJe* 19.04.2023).

PROCESSUAL CIVIL. AGRAVO INTERNO. MANDADO DE SEGURANÇA CONTRA ATO JUDICIAL. TERATOLOGIA. ILEGALIDADE. AUSÊNCIA.
NÃO CABIMENTO. 1. Cuida-se de Agravo Interno contra decisum que indeferiu a inicial do Mandado de Segurança, extinguindo o mandamus sem julgamento do mérito, nos termos dos arts. 10 da Lei 12.016/2009 e 212 do RISTJ. 2. No caso dos autos, não estão presentes as hipóteses de teratologia ou abusividade no aresto questionado, o qual não pode ser caracterizado como absurdo e/ou impossível juridicamente. 3. Verifica-se que o acórdão recorrido fundamentadamente entendeu no sentido da ocorrência de um dos vícios do art. 1.022 do CPC/2015, acolhendo os Embargos Declaratórios com a supressão da omissão constatada, com base em dispositivos expressos do CPC/2015. A parte impetrante pretende, com o presente writ, modificar o acórdão impugnado a partir das razões expendidas no Agravo Interno, o que não se admite. 5. Agravo Interno não provido (AgInt no MS 28.671, Rel. Min. Herman Benjamin, Corte Especial, j. 27.09.2022, *DJ* 04.11.2022).

PROCESSO CIVIL. AGRAVO INTERNO NO RECURSO ORDINÁRIO EM MANDADO DE SEGURANÇA. ATO JUDICIAL PASSÍVEL DE RECURSO. POSSIBILIDADE DE EFEITO SUSPENSIVO. INEXISTÊNCIA DE TERATOLOGIA. NÃO CABIMENTO DE MANDADO DE SEGURANÇA (SÚMULA N. 267/STF). DECISÃO MANTIDA. 1. "O mandado de segurança somente deve ser impetrado contra ato judicial, quando cristalizado o caráter abusivo, a ilegalidade ou a teratologia na decisão combatida [...]" (AgInt no RMS 60.132/SP, Relator Ministro Luis Felipe Salomão, Quarta Turma, julgado em 20/8/2019, *DJe* 23/8/2019). 2. "'Não cabe mandado de segurança contra ato judicial passível de recurso ou correição', nos termos da súmula n. 267, do STF. De acordo com o art. 5.º, inciso II, da Lei 12.016/09, a qual disciplina o mandado de segurança, não caberá mandado de segurança de decisão judicial passível de recurso com efeito suspensivo. Analisando o artigo mencionado em conjunto com o art. 558, do CPC/73, que disserta sobre a possibilidade de atribuir-se efeito suspensivo ao agravo interno em casos de lesão grave ou de difícil reparação, depreende-se de forma inconteste a impossibilidade de manejar o mandado de segurança como sucedâneo de recurso [...]" (AgRg no RMS 36.631/RJ, Relatora Ministra Maria Isabel Gallotti, Quarta Turma, julgado em 13/3/2018, DJe 20/3/2018). 3. No caso, seja porque o ato judicial objeto do mandamus era passível de recurso – agravo interno – ao qual se poderia atribuir efeito suspensivo, seja por não se observar flagrante ilegalidade na decisão impugnada, é injustificável impetrar mandado de segurança. 4. Agravo interno a que se nega provimento (AgInt no RMS 66.011/SP, Rel. Min. Antonio Carlos Ferreira, 4.ª Turma, j. 16.08.2021, DJe 19.08.2021).

TESE JURÍDICA: "É incabível o mandado de segurança para convalidar a compensação tributária realizada pelo contribuinte".

PROCESSUAL CIVIL E TRIBUTÁRIO. RECURSO ESPECIAL REPRESENTATIVO DE CONTROVÉRSIA. ART. 543-C, DO CPC. FINSOCIAL. INCONSTITUCIONALIDADE RECONHECIDA PELO STF. CONVALIDAÇÃO DE COMPENSAÇÃO DE TRIBUTOS EFETUADA PELO CONTRIBUINTE UNILATERALMENTE. MANDADO DE SEGURANÇA. INADEQUAÇÃO DA VIA ELEITA. VIOLAÇÃO DO ART. 535 DO CPC NÃO CONFIGURADA. 1. O mandado de segurança é instrumento adequado à declaração do direito de compensação de tributos indevidamente pagos, em conformidade com a Súmula 213 do STJ. (Precedentes das Turmas de Direito Público: AgRg no REsp 1.044.989/RS, Rel. Ministro Herman Benjamin, Segunda Turma, julgado em 06/08/2009, DJe 25/08/2009; EDcl no REsp 1.027.591/SP, Rel. Min. Eliana Calmon, Segunda Turma, julgado em 09/06/2009, DJe 25/06/2009; RMS 13.933/MT, Rel. Ministro Humberto Martins, DJ 31.08.2007; REsp 579.488/SP, Rel. Ministro João Otávio de Noronha, DJ 23.05.2007; AgRg no REsp 903.020/SP, Rel. Ministro Francisco Falcão, DJ 26.04.2007; e RMS 20.523/RO, Rel. Ministro Luiz Fux, DJ 08.03.2007). 2. Ao revés, é defeso, ao Judiciário, na via estreita do mandamus, a convalidação da compensação tributária realizada por iniciativa exclusiva do contribuinte, porquanto necessária a dilação probatória. (Precedentes: EDcl nos EDcl no REsp 1.027.591/SP, Rel. Min. Eliana Calmon, Segunda Turma, julgado em 03/09/2009, DJe 21/09/2009; REsp 1.040.245/SP, Rel. Ministro Luiz Fux, Primeira Turma, julgado em 17/03/2009, DJe 30/03/2009; AgRg no REsp 725.451/SP, Rel. Ministro Herman Benjamin, Segunda Turma, julgado em 09/12/2008, DJe 12/02/2009; AgRg no REsp 728.686/SP, Rel. Ministro Mauro Campbell Marques, Segunda Turma, julgado em 28/10/2008, DJe 25/11/2008; REsp 900.986/SP, Rel. Ministro Castro Meira, Segunda Turma, julgado em 06/03/2007, DJ 15/03/2007; REsp 881.169/SP, Rel. Ministro Francisco Falcão, Primeira Turma, julgado em 19/10/2006, DJ 09/11/2006). 3. A intervenção judicial deve ocorrer para determinar os critérios da compensação objetivada, a respeito dos quais existe controvérsia, v.g. os tributos e contribuições compensáveis entre si, o prazo prescricional, os critérios e períodos da correção monetária, os juros etc; bem como para impedir que o Fisco exija do contribuinte o pagamento das parcelas dos tributos objeto de compensação ou que venha a autuá-lo em razão da compensação realizada de acordo com os critérios autorizados pela ordem judicial, sendo certo que o provimento da ação não implica reconhecimento da quitação das parcelas ou em extinção definitiva do crédito, ficando a iniciativa do contribuinte sujeita à homologação ou a lançamento suplementar pela administração tributária, no prazo do art. 150, § 4.º do CTN. 4. A Administração Pública tem competência para fiscalizar a existência ou não de créditos a ser compensados, o procedimento e os valores a compensar, e a conformidade do procedimento adotado com os termos da legislação pertinente, sendo inadmissível provimento jurisdicional substitutivo da homologação da autoridade administrativa, que atribua eficácia extintiva, desde logo, à compensação efetuada. 5. O art. 535 do CPC resta incólume se o Tribunal de origem, embora sucintamente, pronuncia-se de forma clara e suficiente sobre a questão posta nos autos. Ademais, o magistrado não está obrigado a rebater, um a um, os argumentos trazidos pela parte, desde que os fundamentos utilizados tenham sido suficientes para embasar a decisão. 6. Recurso especial desprovido. Acórdão submetido ao regime do art. 543-C do CPC e da Resolução STJ 08/2008 (REsp 1.124.537/SP, Tema Repetitivo 258, Min. Luiz Fux, 1.ª Seção, j. 25.11.2009, *DJe* 18.12.2009, *RSSTJ* vol. 42, p. 423).

INCIDENTE DE ASSUNÇÃO DE COMPETÊNCIA. PROCESSUAL CIVIL E TRIBUTÁRIO. EXECUÇÃO FISCAL. CAUSA DE ALÇADA. RECURSO ORDINÁRIO EM MANDADO DE SEGURANÇA. ART. 34 DA LEI 6.830/80. CONSTITUCIONALIDADE RECONHECIDA PELO STF NO ARE 637.975-RG/MG – TEMA 408/STF. EXECUÇÃO FISCAL DE VALOR IGUAL OU INFERIOR A 50 ORTN'S. SENTENÇA EXTINTIVA. RECURSOS CABÍVEIS. EMBARGOS INFRINGENTES E DE DECLARAÇÃO. EXCEÇÃO. RECURSO EXTRAORDINÁRIO (SÚMULA 640/STF). MANDADO DE SEGURANÇA. SUCEDÂNEO RECURSAL. NÃO CABIMENTO. SÚMULA 267/STF. 1. Cinge-se a questão em definir sobre ser adequado, ou não, o manejo de mandado de segurança para atacar decisão judicial proferida no contexto do art. 34 da Lei 6.830/80, tema reputado infraconstitucional pela Suprema Corte (ARE 963.889 RG, Relator Min. Teori Zavascki, *DJe* 27/05/2016). 2. Dispõe o artigo 34 da Lei 6.830/80 que, "Das sentenças de primeira instância proferidas em execuções de valor igual ou inferior a 50 (cinqüenta) Obrigações Reajustáveis do Tesouro Nacional – ORTN, só se admitirão embargos infringentes e de declaração". 3. O Supremo Tribunal Federal, ao julgar o ARE 637.975-RG/MG, na sistemática da repercussão geral, firmou a tese de que "É compatível com a Constituição o art. 34 da Lei 6.830/1980, que afirma incabível apelação em casos de execução fiscal cujo valor seja inferior a 50 ORTN" (Tema 408/STF). 4. Nessa linha de compreensão, tem-se, então, que, das decisões judiciais proferidas no âmbito do art. 34 da Lei n.º 6.830/80, são oponíveis somente embargos de declaração e embargos infringentes, entendimento excepcionado pelo eventual cabimento de recurso extraordinário, a teor do que dispõe a Súmula 640/STF ("É cabível recurso extraordinário contra decisão proferida por juiz de primeiro grau nas causas de alçada, ou por turma recursal de Juizado Especial Cível ou Criminal"). 5. É incabível o emprego do mandado de segurança como sucedâneo recursal, nos termos da Súmula 267/STF ("Não cabe mandado de segurança contra ato judicial passível de recurso ou correição"), não se podendo, ademais, tachar de teratológica decisão que cumpre comando específico existente na Lei de Execuções Fiscais (art. 34). 6. Precedentes: AgInt no RMS 55.125/SP, Rel. Min. Regina Helena Costa, Primeira Turma, *DJe* 16/11/2017; AgInt no RMS 54.845/SP, Rel. Ministro Gurgel de Faria, Primeira Turma, *DJe* 18/12/2017; AgInt no RMS 53.232/SP, Rel. Ministro Napoleão Nunes Maia Filho, Primeira Turma, *DJe* 11/05/2017; AgInt no RMS 53.267/SP, Rel. Ministro Sérgio Kukina, Primeira Turma, *DJe* 10/05/2017; AgRg no AgRg no RMS 43.562/SP, Rel. Ministro Benedito Gonçalves, Primeira Turma, *DJe* 24/10/2013; RMS 42.738/MG, Rel. Ministro Arnaldo Esteves Lima, Primeira Turma, *DJe* 21/08/2013; AgRg no RMS 38.790/SP, Rel. Ministro Ari Pargendler, Primeira Turma, *DJe* 02/04/2013; RMS 53.613/SP, Rel. Min. Assusete Magalhães, Segunda Turma, *DJe* 24/05/2017; RMS 53.096/SP, Rel. Ministro Herman Benjamin, Segunda Turma, *DJe* 20/04/2017; AgInt no RMS 53.264/SP, Rel. Ministro Mauro Campbell Marques, Segunda Turma, *DJe* 07/04/2017; AgInt no RMS 50.271/SP, Rel. Min. Diva Malerbi (Desembargadora Convocada TRF 3.ª Região), Segunda Turma, *DJe* 12/08/2016. 7. TESE FIRMADA: "Não é cabível mandado de segurança contra decisão proferida em execução fiscal no contexto do art. 34 da Lei 6. 830/80". 8. Resolução do caso concreto: recurso ordinário do município de Leme/SP, a que se nega provimento (IAC no RMS 53.720/SP, Min. Sérgio Kukina, 1.ª Sessão, j. 10.04.2019, *DJe* 20.05.2019, *RSTJ* vol. 255, p. 268).

É incabível o mandado de segurança para convalidar a compensação tributária realizada pelo contribuinte (Enunciado 460 da Súmula do STJ, Primeira Seção, j. 25.08.2010, *DJe* 08.09.2010).

O mandado de segurança constitui ação adequada para a declaração do direito à compensação tributária (Enunciado 213 da Súmula do STJ, Primeira Seção, j. 23.09.1998, *DJ* 02.10.1998, p. 250).

3. DIREITO LÍQUIDO E CERTO

A verificação da existência de direito líquido e certo, em sede de mandado de segurança, não tem sido admitida em recurso especial, pois é exigido o reexame de matéria fático-probatória, o que é vedado em razão da Súmula n. 7/STJ.

Acórdãos: REsp 1.659.680/MA, Rel. Min. Herman Benjamin, 2.ª Turma, j. 25.04.2017, *DJE* 11.05.2017; AgInt no AREsp 902.897/RS, Rel. Min. Og Fernandes, 2.ª Turma, j. 28.03.2017, *DJE* 03.04.2017; AgInt no AREsp 968.584/RS, Rel. Min. Mauro Campbell Marques, 2.ª Turma, j. 21.03.2017, *DJE* 27.03.2017; AgInt no AREsp 808.779/PI, Rel. Min. Napoleão Nunes Maia Filho, 1.ª Turma, j. 09.03.2017, *DJE* 22.03.2017; AgInt no AREsp 939.391/PI, Rel. Min. Francisco Falcão, 2.ª Turma, j. 09.03.2017, *DJE* 16.03.2017; AgInt no AREsp 833.912/SP, Rel. Min. Assussete Magalhães, 2.ª Turma, j. 23.08.2016, *DJE* 01.02.2017 (STJ. Jurisprudência em teses n.º 85. Publicado em 26.07.2017).

TRIBUTÁRIO. MANDADO DE SEGURANÇA. TRATADO INTERNACIONAL CONTRA DUPLA TRIBUTAÇÃO. IMPOSTO DE RENDA. REMESSAS AO EXTERIOR. SERVIÇOS TÉCNICOS SEM TRANSFERÊNCIA DE TECNOLOGIA. ESTABELECIMENTO PERMANENTE. CONFIGURAÇÃO. NECESSIDADE DE DILAÇÃO PROBATÓRIA. INADEQUAÇÃO DA VIA ELEITA. INEXISTÊNCIA DE DIREITO LÍQUIDO E CERTO. EXTINÇÃO DO MANDADO DE SEGURANÇA SEM JULGAMENTO DO MÉRITO. I – Na origem, trata-se de mandado de segurança cujo mérito é afastar a incidência de Imposto de Renda sobre remessas ao exterior, a título de pagamento pela prestação de serviços técnicos sem transferência de tecnologia, com fundamento no art. 7.º do Tratado celebrado entre o Brasil e a Holanda. O Juízo de primeira instância proferiu sentença concessiva da segurança. O Tribunal Regional Federal da 2.ª Região negou provimento ao recurso de apelação da Fazenda Nacional. II – Inexistência de violação do art. 535, II, do CPC/1973, uma vez que os embargos de declaração opostos não indicaram omissão no acórdão proferido pelo Tribunal de origem, mas apenas manifestaram discordância quanto ao entendimento firmado, sem o acolhimento da tese de direito defendida pela Fazenda Nacional. III – No julgamento do REsp n. 1.759.081/SP, adotou-se o posicionamento de que o art. 7.º dos Tratados Internacionais contra Dupla Tributação possui natureza residual, cabendo a análise primordial de previsões específicas de tributação que, se omissas, autorizariam a aplicação da regra remanescente, tributando-se o valor no país sede da empresa estrangeira contratada. IV – A Fazenda Nacional propôs o exercício de interpretação dos Tratados nas instâncias de origem, apontando, com fundamento nos documentos juntados aos autos, que a situação narrada pela empresa impetrante não se enquadrava no art. 7.º, mas no art. 5.º, porque a empresa contratada possuiria estabelecimento permanente no Brasil. Todavia, o Tribunal *a quo* exigiu que a Fazenda Nacional fizesse prova de suas alegações no mandado de segurança. V – Ocorrência de violação do art. 1.º da Lei n. 12.016/2009, porque o acórdão recorrido, no contexto processual de um mandado de segurança, que exige prova pré-constituída do direito líquido e certo defendido pela parte impetrante, imputou à União a responsabilidade pela comprovação de que o objeto do contrato havia sido executado tal como descrito no instrumento firmado, o que confirmaria a existência de estabelecimento permanente. VI – Constatada a insuficiência da documentação juntada aos autos para comprovar a situação narrada pelas partes, bem como a necessidade de dilação probatória com o intuito de confirmar a forma da prestação do serviço pela empresa contratada, seria mister a extinção do mandado de segurança sem julgamento do mérito, ante a inadequação da via eleita. VII – A afirmação quanto à necessidade de dilação probatória no presente caso não decorre de análise fático-probatória vedada pela Súmula n. 7 do STJ, mas da afirmação constante no acórdão de origem, em que se aponta a necessidade de comprovação, pela União, de que o serviço teria sido prestado sob as condições que sujeitariam a empresa contratada à situação de estabelecimento permanente no Brasil. VIII – Recurso especial parcialmente conhecido e, nessa parte, provido (REsp 1.725.026, Rel. Min. Francisco Falcão, 2.ª Turma, j. 14.03.2023, *DJ* 16.03.2023).

ADMINISTRATIVO E PROCESSUAL CIVIL. RECURSO EM MANDADO DE SEGURANÇA. COSTUME ADMINISTRATIVO. INEXISTÊNCIA DE NORMATIVO QUE AMPARE A PRETENSÃO AUTORAL. AUSÊNCIA DE PROVA PRÉ-CONSTITUÍDA. DIREITO LÍQUIDO E CERTO NÃO EVIDENCIADO. RECURSO DESPROVIDO. 1. A teor do art. 1.º da Lei n. 12.016/2009, a concessão da segurança vai condicionada à prévia e convincente demonstração, mediante prova documental trazida com a exordial, de violação a direito líquido e certo, por ato abusivo ou ilegal da apontada autoridade coatora. 2. Na espécie, o Sindicato recorrente ampara seu pleito em práxis administrativa não expressamente prevista no ordenamento doméstico; por isso, se direito existe, não se reveste ele de liquidez e certeza, pelo que também se revela inadequada a via eleita. 3. Nesse contexto, a denegação da ordem, com a extinção do feito sem resolução do mérito, é medida que se impõe, por não ser o caso de mandado de segurança, à luz do disposto nos artigos 1.º e 10 da Lei n. 12.016/2009. 4. Recurso em mandado de segurança não provido (RMS 60.168, Rel. Min. Sérgio Kukina, 1.ª Turma, j. 11.05.2021, *DJ* 18.05.2021).

PROCESSUAL CIVIL. AGRAVO INTERNO NO MANDADO DE SEGURANÇA. DECLARAÇÕES PROFERIDAS POR MINISTRO DE ESTADO A MEIO DE COMUNICAÇÃO JORNALÍSTICO. FALTA DE DEMONSTRAÇÃO DE AMEAÇA DE LESÃO A DIREITO LÍQUIDO E CERTO. INDEFERIMENTO DA PETIÇÃO INICIAL DO *MANDAMUS*. AGRAVO INTERNO NÃO PROVIDO. 1. Consoante dispõe o art. 1.º da Lei 12.016/2009 "conceder-se-á mandado de segurança para proteger direito líquido e certo, não amparado por habeas corpus ou habeas data, sempre que, ilegalmente ou com abuso de poder, qualquer pessoa física ou jurídica sofrer violação ou houver justo receio de sofrê-la por parte de autoridade, seja de que categoria for e sejam quais forem as funções que exerça". 2. O cabimento de mandado de segurança preventivo exige muito mais do que um mero receio subjetivo da lesão a um direito, mas sim a existência de uma ameaça real, plausível, concreta e objetiva, traduzida em atos da Administração preparatórios ou ao menos indicativos da tendência da autoridade pública a praticar o ato ou a se omitir deliberadamente quando esteja obrigada a agir. 3. Portanto, no mandado de segurança preventivo é indispensável para a concessão da ordem a demonstração inequívoca de efetiva a ameaça de lesão a direito líquido e certo defendido pela impetrante, o que decorre de atos concretos da autoridade apontada como coatora. 4. No caso concreto, a ora agravante não comprovou a existência de atos efetivos e atuais da autoridade coatora indicada na presente ação mandamental aptos a autorizar a concessão da segurança preventiva, o que impõe o indeferimento liminar do *writ*. 5. Agravo interno não provido (AgInt no MS 25.563, Rel. Min. Mauro Campbell Marques, 1.ª Seção, j. 17.03.2020, *DJ* 20.03.2020).

TRIBUTÁRIO E PROCESSUAL CIVIL. RECURSO ESPECIAL. REPRESENTATIVO DE CONTROVÉRSIA. TESE FIRMADA SOB O RITO DOS RECURSOS ESPECIAIS REPETITIVOS. ART. 1.036 E SEGUINTES DO CÓDIGO FUX. DIREITO DO CONTRIBUINTE À DEFINIÇÃO DO ALCANCE DA TESE FIRMADA NO TEMA 118/STJ (RESP 1.111.164/BA, DA RELATORIA DO EMINENTE MINISTRO TEORI ALBINO ZAVASCKI). INEXIGIBILIDADE DE COMPROVAÇÃO, NO *WRIT OF MANDAMUS*, DO EFETIVO RECOLHIMENTO DO TRIBUTO, PARA O FIM DE OBTER DECLARAÇÃO DO DIREITO À COMPENSAÇÃO TRIBUTÁRIA, OBVIAMENTE SEM QUALQUER EMPECILHO À ULTERIOR FISCALIZAÇÃO DA OPERAÇÃO COMPENSATÓRIA PELO FISCO COMPETENTE. A OPERAÇÃO DE COMPENSAÇÃO TRIBUTÁRIA REALIZADA NA CONTABILIDADE DA EMPRESA CONTRIBUINTE FICA SUJEITA

AOS PROCEDIMENTOS DE FISCALIZAÇÃO DA RECEITA FEDERAL, NO QUE SE REFERE AOS QUANTITATIVOS CONFRONTADOS E À RESPECTIVA CORREÇÃO. RECURSO ESPECIAL DA CONTRIBUINTE A QUE SE DÁ PARCIAL PROVIMENTO. 1. Esclareça-se que a questão ora submetida a julgamento encontra-se delimitada ao alcance da aplicação da tese firmada no Tema 118/STJ (REsp 1.111.164/BA, da relatoria do eminente Ministro Teori Albino Zavascki, submetido a sistemática do art. 543-C do CPC/1973), segundo o qual é necessária a efetiva comprovação do recolhimento feito a maior ou indevidamente para fins de declaração do direito à compensação tributária em sede de Mandado de Segurança. 2. A afetação deste processo a julgamento pela sistemática repetitiva foi decidia pela Primeira Seção deste STJ, em 24.4.2018, por votação majoritária; de qualquer modo, trata-se de questão vencida, de sorte que o julgamento do feito como repetitivo é assunto precluso. 3. Para se espancar qualquer dúvida sobre a viabilidade de se garantir, em sede de Mandado de Segurança, o direito à utilização de créditos por compensação, esta Corte Superior reafirma orientação unânime, inclusive consagrada na sua Súmula 213, de que o Mandado de Segurança constitui ação adequada para a declaração do direito à compensação tributária. 4. No entanto, ao sedimentar a Tese 118, por ocasião do julgamento do REsp. 1.111.164/BA, da relatoria do eminente Ministro Teori Albino Zavascki, a Primeira Seção desta Corte firmou diretriz de que, tratando-se de Mandado de Segurança que apenas visa à compensação de tributos indevidamente recolhidos, impõe-se delimitar a extensão do pedido constante da inicial, ou seja, a ordem que se pretende alcançar para se determinar quais seriam os documentos indispensáveis à propositura da ação. O próprio voto condutor do referido acórdão, submetido à sistemática do art. 543-C do CPC/1973, é expresso ao distinguir as duas situações, a saber: (...) a primeira, em que a impetração se limita a ver reconhecido o direito de compensar (que tem como pressuposto um ato da autoridade de negar a compensabilidade), mas sem fazer juízo específico sobre os elementos concretos da própria compensação; a outra situação é a da impetração, à declaração de compensabilidade, agrega (a) pedido de juízo específico sobre os elementos da própria compensação (v.g.: reconhecimento do indébito tributário que serve de base para a operação de compensação, acréscimos de juros e correção monetária sobre ele incidente, inexistência de prescrição do direito de compensar), ou (b) pedido de outra medida executiva que tem como pressuposto a efetiva realização da compensação (v.g.: expedição de certidão negativa, suspensão da exigibilidade dos créditos tributários contra os quais se opera a compensação). 5. Logo, postulando o Contribuinte apenas a concessão da ordem para se declarar o direito à compensação tributária, em virtude do reconhecimento judicial transitado em julgado da ilegalidade ou inconstitucionalidade da exigência da exação, independentemente da apuração dos respectivos valores, é suficiente, para esse efeito, a comprovação de que o impetrante ocupa a posição de credor tributário, visto que os comprovantes de recolhimento indevido serão exigidos posteriormente, na esfera administrativa, quando o procedimento de compensação for submetido à verificação pelo Fisco. Ou seja, se a pretensão é apenas a de ver reconhecido o direito de compensar, sem abranger juízo específico dos elementos da compensação ou sem apurar o efetivo *quantum* dos recolhimentos realizados indevidamente, não cabe exigir do impetrante, credor tributário, a juntada das providência somente será levada a termo no âmbito administrativo, quando será assegurada à autoridade fazendária a fiscalização e controle do procedimento compensatório. 6. Todavia, a prova dos recolhimentos indevidos será pressuposto indispensável à impetração, quando se postular juízo específico sobre as parcelas a serem compensadas, com a efetiva investigação da liquidez e certeza dos créditos, ou, ainda, na hipótese em que os efeitos da sentença supõem a efetiva homologação da compensação a ser realizada. Somente nessas hipóteses o crédito do contribuinte depende de quantificação, de modo que a inexistência de comprovação cabal dos valores indevidamente recolhidos representa a ausência de prova pré-constituída indispensável à propositura da ação mandamental. 7. Na hipótese em análise, em que se visa a garantir a compensação de valores indevidamente recolhidos a título do PIS e da COFINS, incidentes sobre a receita advinda da variação cambial das exportações, afastando-se as restrições previstas nos arts. 170-A do CTN e art. 26, § 3.º, IX da Instrução Normativa/SRF 460/2004, o Tribunal de origem extinguiu o *writ* nesse ponto, sem resolução de mérito, com arrimo na pretensa insuficiência de documentação acostada, porquanto não demonstrado o efetivo recolhimento do tributo que se pretende compensar. 8. Ao assim decidir, o Tribunal de origem deixou de observar que o objeto da lide limitou-se ao afastamento de quaisquer atos ou restrições impostas pelo Fisco ao exercício do direito de compensar, e, nesse ponto, foi devidamente comprovada a liquidez e certeza do direito, necessária à impetração do Mandado de Segurança, porquanto seria necessário tão somente demonstrar que a impetrante estava sujeita ao recolhimento do PIS e da COFINS incidentes sobre receitas decorrentes de variações cambiais em suas exportações, cuja obrigatoriedade foi afastada pelas instâncias ordinárias. 9. Extrai-se do pedido formulado na exordial que a impetração, no ponto atinente à compensação tributária, tem natureza preventiva e cunho meramente declaratório, e, portanto, a concessão da ordem postulada só depende do reconhecimento do direito de se compensar tributo submetido ao regime de lançamento por homologação, sem as restrições impostas pela legislação tributária. Ou seja, não pretendeu a impetrante a efetiva investigação da liquidez e certeza dos valores indevidamente pagos, apurando-se o valor exato do crédito submetido ao acervo de contas, mas, sim, a declaração de um direito subjetivo à compensação tributária de créditos reconhecidos com tributos vencidos e vincendos, e que estará sujeita a verificação de sua regularidade pelo Fisco, em atividade fiscalizatória ulterior. 10. Portanto, a questão debatida no Mandado de Segurança é meramente jurídica, sendo desnecessária a exigência de provas do efetivo recolhimento do tributo e do seu montante exato, cuja apreciação, repita-se, fica postergada para a esfera administrativa. Portanto, perfeitamente cabível o presente Mandado de Segurança. 12. No julgamento do Recurso Especial 1.167.039/DF, de relatoria do eminente Ministro Teori Albino Zavascki, *DJe* 2.9.10, processado sob o rito do art. 543-C do CPC/1973, assentou-se que a exigência de trânsito em julgado para fins de compensação de crédito tributário, segundo a regra do art. 170-A do CTN, aplica-se às demandas ajuizadas após a entrada em vigor da LC 104/2001, ou seja, a partir de 11.1.2001. 11. Recurso Especial da Contribuinte a que se dá parcial provimento, para reconhecer o seu direito à compensação dos valores de PIS e COFINS indevidamente recolhidos, após o trânsito em julgado, nos termos do art. 170-A do CTN e observada a prescrição quinquenal. 12. Acórdão submetido ao regime do art. 1.036 do Código Fux, fixando-se a seguinte tese, apenas explicitadora do pensamento zavaskiano consignado no julgamento REsp. 1.111.164/BA: (a) tratando-se de Mandado de Segurança impetrado com vistas a declarar o direito à compensação tributária, em virtude do reconhecimento da ilegalidade ou inconstitucionalidade da anterior exigência da exação, independentemente da apuração dos respectivos valores, é suficiente, para esse efeito, a comprovação cabal de que o impetrante ocupa a posição de credor tributário, visto que os comprovantes de recolhimento indevido serão exigidos posteriormente, na esfera administrativa, quando o procedimento de compensação for submetido à verificação pelo Fisco; e (b) tratando-se de Mandado de Segurança com vistas a obter juízo específico sobre as parcelas a serem compensadas, com efetiva alegação da liquidez e certeza dos créditos, ou, ainda, na hipótese em que os efeitos da sentença supõem a efetiva homologação da compensação a ser realizada, o crédito do Contribuinte depende de quantificação, de modo que a inexistência de comprovação suficiente dos valores indevidamente recolhidos representa a ausência de prova pré-constituída indispensável à propositura da ação mandamental (REsp 1.365.095/SP, Tema Repetitivo 118, Min. Napoleão Nunes Maia Filho, 1.ª Seção, j. 13.02.2019, *DJe* 11.03.2019).

PROCESSUAL CIVIL. RECURSO EM MANDADO DE SEGURANÇA. AVERBAÇÃO DE TEMPO ESPECIAL. APOSENTADORIA. DIREITO LÍQUIDO E CERTO NÃO COMPROVADO. AUSÊNCIA DE PROVA PRÉ-CONSTITUIDA. 1. Cuida-se, na origem, de Mandado de Segurança imperado pela recorrente com o objetivo de anular acórdão que não reconheceu a averbação da contagem do tempo especial para fins de aposentadoria. 2. É cediço no STJ que a ação de Mandado de Segurança é meio constitucional posto à disposição do cidadão para proteger de direito líquido e certo lesado ou ameaçado de lesão por ato de autoridade. Não demonstrada de plano a lesão ou ameaça, o pedido deve ser indeferido. 3. No caso em tela, a recorrente não comprovou efetivamente ter havido violação ao seu direito líquido e certo. Desse modo, não se verificam razões a ensejar revisão do julgado, que corretamente entendeu inexistir prova pré-constituída, condição de procedibilidade do Mandado de Segurança, com base no art. 6.º da Lei 12.016/2009. 4. Recurso Ordinário não provido (RMS 58.589, Rel. Min. Herman Benjamin, 2.ª Turma, j. 27.11.2018, *DJ* 04.02.2019).

PROCESSUAL CIVIL. MANDADO DE SEGURANÇA. DECISÃO JUDICIAL. TERCEIRO INTERESSADO. INTERPOSIÇÃO DE RECURSO. *WRIT*. DESCABIMENTO. 1. A impetração de mandado de segurança contra decisão judicial somente é admitida nos casos de manifesta ilegalidade ou abuso de poder. Precedentes. 2. De acordo com a Súmula 202 desta Corte, "a impetração de segurança por terceiro, contra ato judicial, não se condiciona à interposição de recurso". 3. A incidência desse verbete contempla "tão somente aquele que não teve condições de tomar ciência da decisão que lhe prejudicou, ficando impossibilitado de se utilizar do recurso cabível" (RMS 42.593/RJ, Rel. Ministro João Otávio de Noronha, Terceira Turma, julgado em 08/10/2013, *DJe* 11/10/2013), pois a condição de terceiro pressupõe o desconhecimento e ausência de manifestação no processo (RMS 34.055/SP, Rel. Ministro Mauro Campbell Marques, Segunda Turma, julgado em 24/05/2011, *DJe* 31/05/2011). 4. Hipótese em que o impetrante teve ciência da decisão proferida em sede de medida cautelar que lhe foi desfavorável, inclusive interpondo agravo regimental, conforme consignado no acórdão recorrido, inviabilizando a impetração do *writ*. 5. Recurso ordinário desprovido (RMS 51.532/CE, Rel. Min. Napoleão Nunes Maia Filho, Rel. p/ acórdão Min. Gurgel de Faria, 1.ª Turma, j. 04.08.2020, *DJe* 19.08.2020).

RECURSO EM MANDADO DE SEGURANÇA. IMPETRAÇÃO CONTRA DECISÃO JUDICIAL. PROCESSUAL CIVIL. NULIDADE DE INTIMAÇÃO. DIREITO LÍQUIDO E CERTO. CABIMENTO DO *MANDAMUS*. NECESSIDADE DE ANÁLISE DO VÍCIO. RECURSO ORDINÁRIO PROVIDO. ORDEM CONCEDIDA. 1. A impetração de mandado de segurança contra pronunciamento judicial tem pertinência apenas em hipóteses excepcionalíssimas, quando configurada a manifesta ilegalidade ou a teratologia, bem como esteja devidamente comprovado o direito líquido e certo ofendido ou que está sob ameaça. Situação que se verifica na espécie. 2. A intimação é direito líquido e certo da parte de ser devidamente cientificada dos atos e termos do processo, de modo que sua ausência ou a sua efetivação sem a observância das prescrições legais acarreta a nulidade do ato. Ademais, o vício na intimação poderá ser arguido na primeira oportunidade em que for possível, caso em que o prazo para os atos subsequentes serão contados da intimação da decisão que a reconheça. 3. A perfectibilização do contraditório e da ampla defesa, no bojo do processo judicial, dá-se a partir da cientificação das partes a respeito de todo e qualquer ato processual, perpassando pela concessão de oportunidade de manifestação e termina com a possibilidade de influir na vindoura decisão do magistrado. 4. No caso, o Magistrado deveria ter apreciado a existência, ou não, do vício suscitado pela parte, ainda que certificado o trânsito em julgado do pronunciamento judicial, configurando-se a flagrante ilegalidade da decisão que se limita a afirmar que não há nada a prover. 5. Recurso em mandado de segurança provido para conceder a ordem (RMS 64.494/DF, Rel. Min. Marco Aurélio Bellizze, 3.ª Turma, j. 28.09.2021, *DJe* 30.09.2021).

4. EFICÁCIA DA LIMINAR

PROCESSUAL CIVIL E ADMINISTRATIVO. MANDADO DE SEGURANÇA. REPARAÇÃO ECONÔMICA. ANISTIA DE MILITAR. PARCELAS PRETÉRITAS. JUÍZO DE RETRATAÇÃO. ART. 1.040, II, DO CPC. TESE 839/STF. JUÍZO DE RETRATAÇÃO EXERCIDO. ANULAÇÃO ANISTIA DE EX-MILITARES DA FORÇA AÉREA. AUTOTUTELA. 1. Trata-se de Mandado de Segurança impetrado de ato omissivo do Ministro de Estado da Defesa em providenciar o pagamento de parcela retroativa devida em decorrência do reconhecimento da condição de anistiado político do impetrante. 2. A segurança foi concedida com a ressalva de que, revogada a anistia concedida ao impetrante, cessam os efeitos da ordem, nos termos da fundamentação expendida no voto. 3. Os autos foram encaminhados pela vice-presidência, para juízo de retratação, nos termos do art. 1.040, II, do CPC/2015, em virtude do julgamento do tema 839 pelo STF, pelos fundamentos constantes de fls. 329, 344-347 e 352-353. 4. Apesar de a impetração visar apenas a viabilizar o pagamento a que o impetrante faria jus, por ter sido declarado anisitado político pela Portaria 1.857, de 14 de julho de 2004, e não existir discussão no feito acerca da consumação ou não da decadência para anulação do ato concessivo da anistia (objeto do tema 839 pelo STF), o feito foi encaminhado para o juízo de retratação, por constar o voto condutor: "Por fim, é verdade que, conforme decidido em questão de ordem no MS 15.706/DF, a superveniência de decisão administrativa anulando ou revogando o ato de concessão da anistia prejudica o pagamento do correspondente precatório. Contudo, tal providência poderá ser determinada administrativamente, desde que se respeite eventual determinação judicial que casse o ato que anulou a portaria concessiva da anistia do ora impetrante. Tal solução pondera o fato de que o STJ, em 10.4.2013, julgou o MS 18.606/DF, que versa sobre hipótese de anistia concedida a militares em situação análoga, e posicionou-se pela decadência do direito à revisão, dada a inexistência de má-fé do militar". 5. Os aludidos MS 15.706/DF citados na fundamentação debateram o tema relativo ao prazo decadencial para anulação de portaria concessiva de anistia, e adotaram entendimento contrário ao decidido pelo STF, posteriormente, no tema 839. 6. Juízo de retratação exercido para manter a concessão parcial da segurança, com a ressalva de que revogada/anulada a anistia concedida ao impetrante, cessam os efeitos da ordem, e de que é cabível a anulação da anistia, quando comprovada ausência de ato com motivação exclusivamente política, desde que assegurados o devido processo legal e a não devolução das verbas já recebidas (MS 19.505/DF, Rel. Min. Herman Benjamin, 1.ª Seção, j. 24.05.2023, *DJe* 27.06.2023).

PROCESSUAL CIVIL E ADMINISTRATIVO. SERVIDOR PÚBLICO. AGRAVO INTERNO NO MANDADO DE SEGURANÇA. CÓDIGO DE PROCESSO CIVIL DE 2015. APLICABILIDADE. PRESCRIÇÃO DA PRETENSÃO PUNITIVA NÃO VERIFICADA. PRORROGAÇÃO DOS TRABALHOS DA COMISSÃO PROCESSANTE. AUSÊNCIA DE NULIDADE. NECESSIDADE DE DEMONSTRAÇÃO DE PREJUÍZO À DEFESA. PRINCÍPIO *PAS DE NULLITÉ SANS GRIEF*. INSUFICIÊNCIA DE PROVAS PARA CONDENAÇÃO. INADEQUAÇÃO DA VIA ELEITA. ABSOLVIÇÃO NO JUÍZO CRIMINAL POR AUSÊNCIA DE PROVA. INDEPENDÊNCIA ENTRE AS ESFERAS PENAL E ADMINISTRATIVA. ARGUMENTOS INSUFICIENTES PARA DESCONSTITUIR A DECISÃO ATACADA. APLICAÇÃO DE MULTA. ART. 1.021, § 4.º, DO CPC/2015. DESCABIMENTO. I – Consoante o decidido pelo Plenário desta Corte na sessão realizada em 09.03.2016, o regime recursal será determinado pela data da publicação do provimento jurisdicional impugnado. *In casu*, aplica-se o Código de Processo Civil de

2015. II – Extinto o Mandado de Segurança n. 19.325/DF, em razão da perda de objeto, restou prejudicada a liminar anteriormente concedida, não havendo impedimento para que a Administração prosseguisse com o processo administrativo, inclusive com a aplicação da sanção disciplinar. III – Somente quando cessada a eficácia da liminar concedida se poderia aplicar qualquer penalidade ao servidor. Em 15.05.2018, transitou em julgado a decisão extinguindo o Mandado de Segurança sem julgamento do mérito, nesse cenário, com a ocorrência da cassação da aposentadoria, mediante Portaria n. 72, na data de 17 de maio de 2018, não há que se falar em prescrição. IV – Esta Corte pacificou entendimento segundo o qual o excesso de prazo para a conclusão do processo administrativo disciplinar não gera, por si só, a nulidade do feito, desde que não haja prejuízo ao acusado, em observância ao princípio do *pas de nulité sans grief*. V – Em processo administrativo disciplinar, apenas se declara a nulidade de um ato processual quando houver efetiva demonstração de prejuízo à defesa. Não havendo efetiva comprovação de prejuízos suportados pela defesa, concluir em sentido diverso demandaria dilação probatória, o que não é possível em sede de mandado de segurança, no qual se exige prova documental pré-constituída. Precedentes. VI – O aresto atacado encontra-se em harmonia com a jurisprudência desta Corte segundo a qual o processo administrativo é, em regra, autônomo em relação ao processo penal, somente experimentando seus reflexos nos casos de decisão absolutória por inexistência de fato (art. 386, I, CPP) ou negativa de autoria (art. 386, IV, CPP). VII – Não apresentação de argumentos suficientes para desconstituir a decisão recorrida. VIII – Em regra, descabe a imposição da multa, prevista no art. 1.021, § 4.º, do Código de Processo Civil de 2015, em razão do mero improvimento do Agravo Interno em votação unânime, sendo necessária a configuração da manifesta inadmissibilidade ou improcedência do recurso a autorizar sua aplicação, o que não ocorreu no caso. IX – Agravo Interno improvido (AgInt no MS 24.390/DF, Rel. Min. Regina Helena Costa, 1.ª Seção, j. 13.12.2022, *DJe* 15.12.2022).

PROCESSUAL CIVIL. MANDADO DE SEGURANÇA IMPETRADO CONTRA DECISÃO DA MINISTRA RELATORA DO RESP 1.869.959/RJ NA SEGUNDA SEÇÃO DO STJ. DEFERIMENTO DE TUTELA DE URGÊNCIA PARA CONCEDER EFEITO SUSPENSIVO A RECURSO ESPECIAL. DECISÃO IMPUGNADA POR AGRAVO INTERNO AINDA NÃO APRECIADO NAQUELES AUTOS. INEXISTÊNCIA DE TERATOLOGIA OU FLAGRANTE ILEGALIDADE. EXTINÇÃO DO *MANDAMUS* SEM JULGAMENTO DO MÉRITO. POSSIBILIDADE. PRECEDENTES DESTA CORTE SUPERIOR. AGRAVO INTERNO CONTESTANDO INDEFERIMENTO DE MEDIDA LIMINAR PELA VICE-PRESIDÊNCIA DO STJ PREJUDICADO. 1. "A orientação desta Corte é pacífica sobre o descabimento de Mandado de Segurança contra ato jurisdicional dos órgãos fracionários ou de Relator desta Corte Superior, a menos que neles se possa divisar flagrante e evidente teratologia (...)" (AgRg no MS 21.096/DF, Corte Especial, Rel. Min. Napoleão Nunes Maia Filho, julgado em 5/4/2017, *DJe* 19/4/2017). 2. A utilização do mandado de segurança para refutar decisão judicial só tem pertinência em caráter excepcionalíssimo, quando tratar-se de ato manifestamente ilegal ou teratológico, devendo a parte demonstrar, ainda, a presença dos requisitos genéricos do *fumus boni iuris* e do *periculum in mora*. 3. Na hipótese, não se verifica a ocorrência de decisão judicial teratológica, tampouco a existência de direito líquido e certo amparável pelo mandado de segurança, na medida em que foi impetrado contra decisão fundamentada, com motivação clara e consistente, embora em dissonância com a pretensão da ora impetrante. 4. Ademais, a via mandamental não é adequada para veicular típica pretensão recursal, no sentido de que a parte recorrente postula a correção de um suposto erro de julgamento, o qual, segundo alega, teria ocorrido na concessão de efeito suspensivo a recurso especial pela Ministra relatora nesta Corte. A propósito, consoante informações prestadas pela autoridade apontada como coatora à e-STJ, fl. 8.230, "contra a decisão que deferiu a tutela provisória houve interposição de agravo interno pelo INPI, ainda pendente de julgamento". 5. Mandado de segurança extinto sem julgamento do mérito, nos termos dos arts. 10 da Lei n. 12.016/2009 e 212 do RISTJ. Prejudicado o agravo interno que atacava o indeferimento de medida liminar pela Vice-Presidência (MS 27.173, Rel. Min. Og Fernandes, Corte Especial, j. 05.05.2021, *DJ* 12.05.2021).

AGRAVO REGIMENTAL CONTRA DECISÃO QUE INDEFERIU LIMINAR EM MANDADO DE SEGURANÇA. IMEDIATA NOMEAÇÃO DE CANDIDATO APROVADO ALÉM DO NÚMERO DE VAGAS OFERTADO NO EDITAL. AUSÊNCIA DE REQUISITO LEGAL AUTORIZADOR DA CONCESSÃO DA MEDIDA. PROVIMENTO NEGADO. 1. A concessão de liminar em mandado de segurança é condicionada à integral e cumulativa satisfação dos dois requisitos previstos no art. 7.º, inciso III, da Lei n. 12.016/2009, quais sejam, a existência de fundamento relevante e a possibilidade concreta de que a eficácia da medida reste comprometida, se deferida tão somente ao cabo da demanda. 2. Ausente, na hipótese, o risco de ineficácia da ordem, se deferida apenas ao final da demanda, porque o suposto direito perseguido (a nomeação e posse em cargo público efetivo mediante decisão judicial), uma vez assegurado na via mandamental, será fielmente executado pela Administração, sob pena de desobediência. 3. Agravo Regimental a que se nega provimento (AgRg no MS 19.998, Rel. Min. Sérgio Kukina, 1.ª Seção, j. 27.05.2015, *DJ* 01.06.2015).

AGRAVO REGIMENTAL. RECURSO ORDINÁRIO EM MANDADO DE SEGURANÇA. SENTENÇA DENEGATÓRIA. EFEITOS DA LIMINAR. PRAZO DE DURAÇÃO. SÚMULA 405/STF. CONCURSO PÚBLICO. CANDIDATO NÃO APROVADO NO EXAME PSICOTÉCNICO. TEORIA DO FATO CONSUMADO. INAPLICABILIDADE. 1. "Os efeitos da medida liminar, salvo se revogada ou cassada, persistirão até a prolação da sentença" (Parágrafo 3.º do artigo 7.º da Lei n.º 12.016/09). 2. Esta Corte tem entendido que a teoria do fato consumado não pode resguardar situações precárias, notadamente aquelas obtidas por força de liminar, em que o beneficiado sabe que, com o julgamento do mérito da demanda, o quadro fático pode se reverter e não foram cumpridos os requisitos legalmente estabelecidos para a investidura no cargo pretendido, como a aprovação em exame psicotécnico. 3. Agravo regimental improvido (AgRg no RMS 28.064, Rel. Min. Maria Thereza de Assis Moura, 6.ª Turma, j. 16.08.2011, *DJ* 29.08.2011).

O mandado de segurança não se presta para atribuir efeito suspensivo a recurso criminal interposto pelo Ministério Público (Enunciado 604 da Súmula do STJ, Terceira Seção, j. 28.02.2018, *DJe* 05.03.2018).

5. INTIMAÇÃO PESSOAL DO REPRESENTANTE DA PESSOA JURÍDICA

PROCESSUAL CIVIL. ADMINISTRATIVO. MANDADO DE SEGURANÇA. CONCURSO PÚBLICO. NOMEAÇÃO DA CANDIDATA. PROCEDÊNCIA DO PEDIDO. RECURSO ESPECIAL. INTEMPESTIVIDADE. INTIMAÇÃO DA PESSOA JURÍDICA DE DIREITO PÚBLICO A QUE SE VINCULA À AUTORIDADE IMPETRADA. LEGITIMIDADE PROCESSUAL. I – Na origem, trata-se de mandado de segurança impetrado contra o Prefeito de Salvador objetivando a nomeação da autora para o cargo de técnico em enfermagem, em razão da aprovação na 62.ª (sexagésima segunda) colocação em concurso público realizado nos termos do Edital n. 01/2011 – ADM/40h. No Tribunal *a quo*, concedeu-se a segurança. Esta Corte conheceu do agravo para não conhecer do recurso especial. II – A jurisprudência do Superior Tribunal de Justiça é firme no sentido de que se aplica, no âmbito do Direito Administrativo, a Teoria do Órgão ou da Imputação, segundo a qual o agente que manifesta a vontade do Estado o faz por determinação legal. III – As ações praticadas pelos agentes públicos são atribuídas à pessoa jurídica a qual vinculados, sendo esta que detém personalidade jurídica para titularizar direitos e assumir obrigações. IV – Em mandado de segurança, a autoridade coatora, embora seja parte no processo, é notificada apenas para prestar informações, sendo que, a partir do momento que as apresenta, cessa a sua intervenção. V – Tanto o é que a legitimação processual, para recorrer da decisão, é da pessoa jurídica de direito público a que pertence o agente supostamente coator, o que significa dizer que o polo passivo no mandado de segurança é da pessoa jurídica de direito público a qual se vincula a autoridade apontada como coatora. Nesse sentido: (AgInt no AgRg no RMS n. 28.902/PB, relator Ministro Antonio Saldanha Palheiro, Sexta Turma, julgado em 4/10/2016, DJe 19/10/2016 e REsp n. 842.279/MA, relator Ministro Luiz Fux, Primeira Turma, julgado em 3/4/2008, DJe 24/4/2008). VI – Da análise da jurisprudência desta Corte, não merece prosperar a tese trazida aos autos no sentido de não ter sido intempestivo o recurso interposto pela autoridade apontada como coatora, e não pela municipalidade, uma vez que ela não tem capacidade processual e nem legitimidade para recorrer. VII – Acrescente-se que, para fins de viabilizar a defesa dos interesses do ente público, faz-se necessária a intimação do representante legal da pessoa jurídica de direito público e não a da autoridade apontada como coatora. A propósito: (AgRg no AREsp n. 72.398/RO, relator Ministro Herman Benjamin, Segunda Turma, julgado em 10/4/2012, DJE 23/4/2012). VIII – Da análise dos autos, verifica-se que o Município de Salvador, parte passiva no mandado de segurança, foi intimado no momento em que seu representante judicial, a Procuradoria-Geral do Município de Salvador, tomou ciência da decisão proferida nos autos da ação mandamental, contando, a partir de então, o prazo para interposição do recurso cabível. IX – Sendo dispensável a intimação pessoal da autoridade coatora para fins de início da contagem do prazo recursal, não há falar em tempestividade do recurso especial interposto na origem, até porque o próprio representante jurídico do ente público afirmou que, *in verbis*: "(...) O ente público, de fato, tomou ciência do acórdão quando da carga em 19/10/2016 e, para si, houve preclusão. No entanto, as autoridades não foram notificadas na mesma oportunidade para tomar conhecimento. Tais autoridades apenas foram notificadas nos dias 11/05/2017 e 09/05/2017 (fls. 257/258) (...)". X – Ainda, a se admitir detenha a autoridade Municipal legitimidade recursal nos termos do art. 14, § 2.º, da Lei n. 12.016/2009, há que se verificar o *dies a quo* em relação à impetração deste e, à medida em que dita autoridade não detenha a prerrogativa do prazo em dobro para recorrer, seu reclamo resta intempestivo vez que o prazo alongado é reservado à representação da pessoa jurídica de direito público respectiva. XI – Agravo interno improvido (AgInt no AREsp 1.430.628, Rel. Min. Francisco Falcão, 2.ª Turma, j. 18.08.2022, DJ 25.11.2022).

AGRAVO REGIMENTAL NOS EMBARGOS DE DECLARAÇÃO NO RECURSO ESPECIAL. MANDADO DE SEGURANÇA. DECISÃO CONCESSIVA DE LIMINAR. INTIMAÇÃO DO REPRESENTANTE JUDICIAL DA AUTORIDADE COATORA (UNIÃO). VIGÊNCIA DA LEI N. 4.348/1964. DISPENSA. SUPERVENIÊNCIA DE SENTENÇA DE PROCEDÊNCIA. NOVO TÍTULO JUDICIAL. PREJUÍZO NÃO DEMONSTRADO. AGRAVO NÃO PROVIDO. 1. A Lei do Mandado de Segurança, ao tempo da impetração originária, não exigia a intimação pessoal do representante judicial da pessoa jurídica de direito público na sua fase inicial. Atribuía-se à autoridade coatora, no prazo de quarenta e oito horas, o encargo de diligenciar para que seu representante judicial tomasse as medidas cabíveis para suspensão da medida deferida e defesa do ato impugnado (art. 3.º da Lei 4.348/1964). Precedentes desta Corte reconhecendo a legalidade da norma. 2. Sobrevindo novo título judicial – sentença de procedência –, com novos fundamentos, não se vislumbra a demonstração do prejuízo decorrente da suposta nulidade. 3. Agravo regimental não provido (AgInt nos EDcl no REsp 1.108.022, Rel. Min. Ribeiro Dantas, 5.ª Turma, j. 09.12.2020, DJ 14.12.2020).

PROCESSUAL CIVIL E ADMINISTRATIVO. MANDADO DE SEGURANÇA. LICENÇA DE FUNCIONAMENTO DE ESTABELECIMENTO EMPRESARIAL. ANÁLISE DE LEI LOCAL. SÚMULA 280/STF. AFERIÇÃO DE DIREITO LÍQUIDO E CERTO. REEXAME DO CONJUNTO FÁTICO-PROBATÓRIO. SÚMULA 7/STJ. INTIMAÇÃO DA PESSOA JURÍDICA DE DIREITO PÚBLICO INTERESSADA. NECESSIDADE. DILAÇÃO PROBATÓRIA. IMPOSSIBILIDADE. DIVERGÊNCIA NÃO DEMONSTRADA. 1. Leis e decretos locais não podem ser apreciados em recurso especial, em razão do óbice da Súmula 280/STF, aplicável por analogia ("Por ofensa a direito local não cabe recurso extraordinário"). 2. A aferição da existência de direito líquido e certo para concessão da segurança não é viável em recurso especial, haja vista a necessidade de revolvimento de matéria fático-probatória (Súmula 7/STJ). 3. No mandado de segurança, deve-se intimar a pessoa jurídica de direito público à qual se vincula a autoridade apontada como coatora para, querendo, ingressar no feito (art. 3.º, da Lei 4.348/1964 e art. 7.º, II, da Lei 12.016/2009), sob pena de nulidade. 4. A via do mandado de segurança exige prova pré-constituída do direito alegado, não se admitindo dilação probatória. 5. Não pode ser conhecido o recurso especial pela alínea "c" do permissivo constitucional quando a petição recursal não realiza o necessário cotejo analítico, bem como não apresenta o dissídio jurisprudencial. Agravo regimental improvido (AgRg nos EDcl nos EDcl no REsp 1.436.118, Rel. Min. Humberto Martins, 2.ª Turma, j. 01.03.2016, *DJ* 08.03.2016).

PROCESSUAL CIVIL. AGRAVO REGIMENTAL EM AGRAVO EM RECURSO ESPECIAL. RECURSO ESPECIAL INTEMPESTIVO. ALEGAÇÃO DE SUSPENSÃO DOS PRAZOS, EM 2.º GRAU, INDEMONSTRADA. REPRESENTANTE DO ESTADO. INTIMAÇÃO PELA IMPRENSA OFICIAL. HIPÓTESE DOS AUTOS EM QUE NÃO SE APLICA A INTIMAÇÃO PESSOAL. PRECEDENTES DO STJ. AGRAVO REGIMENTAL IMPROVIDO. I. Hipótese em que o Recurso Especial foi inadmitido, em 2.º Grau, por intempestividade. No Agravo em Recurso Especial o Estado da Paraíba sustentou a tempestividade do Especial. Como o recurso não veio acompanhado de qualquer documento comprobatório da alegação, foi proferida a decisão ora agravada regimentalmente, que negou seguimento ao Especial. II. Conforme jurisprudência pacificada no STJ, a ocorrência de feriado local, recesso, paralisação ou interrupção do expediente forense deve ser demonstrada por documento idôneo, no ato da interposição do recurso que pretende seja conhecido por esta Corte. III. Em evidente inovação recursal, em sede de Regimental, o Estado da Paraíba sustenta que deveria ter sido intimado pessoalmente do acórdão que, em 2.º Grau, julgou os Embargos de Declaração, pelo que o seu Recurso Especial seria tempestivo. IV. Entretanto, a jurisprudência do Superior Tribunal de Justiça orienta-se no sentido de que a prerrogativa de intimação pessoal somente é conferida aos Procuradores Federais, Advogados da União, Procuradores da Fazenda Nacional e do Branco Central, Defensores Públicos e membros do Ministério Público, não se aplicando aos Procuradores Estaduais, do Distrito Federal e dos Municípios, salvo quando se trata de Execução Fiscal, o que não é o caso dos autos. Precedentes do STJ (AgRg no AREsp 395.186/PB, Rel. Ministro Humberto Martins, Segunda Turma, *DJe* de 16/12/2013). V. A Segunda Turma desta Corte, no julgamento do EDcl no REsp 984.880/TO, firmou o entendimento no sentido de que "a prerrogativa de intimação pessoal do representante da pessoa jurídica de direito público a quem está vinculada a autoridade impetrada, em se tratando de representantes das Procuradorias dos Estados, somente se faz necessária após a sentença concessiva da segurança (para fins de interposição de apelação) ou, no caso em que a segurança é denegada, após a interposição de recurso de apelação (para fins de apresentação de contrarrazões ao apelo). Todavia, após a intimação da sentença, ou da interposição da apelação pela impetrante, se for o caso, a intimação dos demais atos judiciais segue a sistemática prevista no art. 236 do CPC" (STJ, EDcl no REsp 984.880/TO, Rel. Ministro Herman Benjamin, Rel. p/ acórdão Ministro Mauro

Campbell Marques, Segunda Turma, *DJe* de 26/04/2011). VI. No caso, trata-se de Mandado de Segurança, impetrado em 1.º Grau, tendo a sentença denegado a ordem. Interposta a Apelação, pelo impetrante, consta, do acórdão do Tribunal de origem – que deu pela incompetência do Juízo do 1.º Grau para processar e julgar o *writ* –, que "não foram ofertadas as contrarrazões, apesar do apelado ter sido devidamente intimado, conforme certidão de fl. 298". Assim sendo, na forma da jurisprudência do STJ, ainda que fosse o caso de intimação pessoal do Procurador do Estado Paraíba, ela não se faria necessária, a partir da intimação para apresentar contrarrazões à Apelação, ou seja, no caso específico, desnecessária a intimação pessoal do acórdão que julgou os Embargos de Declaração, em 2.º Grau. VII. Agravo Regimental improvido (AgRg no AREsp 541.246/PB, Rel. Min. Assusete Magalhães, 2.ª Turma, j. 21.10.2014, *DJe* 03.11.2014).

6. LEGITIMIDADE ATIVA

A entidade de classe tem legitimação para o mandado de segurança ainda quando a pretensão veiculada interesse apenas a uma parte da respectiva categoria (Súmula n. 630/STF).

Acórdãos: RMS 41.395/BA, Rel. Min. Herman Benjamin, 2.ª Turma, j. 11.04.2013, *DJE* 09.05.2013; REsp 1.251.159/DF, Rel. Min. Castro Meira, 2.ª Turma, j. 07.08.2012, *DJE* 21.08.2012; RMS 36.483/RJ, Rel. Min. Vasco Della Giustina (Desembargador convocado do TJ/RS), Rel. p/ acórdão Min. Alderita Ramos de Oliveira (Desembargadora convocada do TJ/PE), j. 12.06.2012, *DJE* 29.08.2012; REsp 1.111.077/DF, Rel. Min. João Otávio de Noronha, 4.ª Turma, j. 04.08.2011, *DJE* 19.12.2011; RMS 23.868/ES, Rel. Min. Maria Thereza de Assis Moura, j. 17.08.2010, *DJE* 30.08.2010; MS 8.693/DF, Rel. Min. Hamilton Carvalhido, 1.ª Seção, j. 23.09.2009, *DJE* 01.10.2009; RMS 20.762/RJ, Rel. Min. Luiz Fux, 1.ª Turma, j. 05.08.2008, *DJE* 11.09.2008; RMS 19.935/SP, Rel. Min. José Arnaldo da Fonseca, 5.ª Turma, j. 15.09.2005, *DJ* 17.10.2005; RMS 15.264/PR, Rel. Min. Paulo Medina, j. 15.09.2005, *DJ* 03.10.2005 (STJ. Jurisprudência em teses n.º 43. Publicado em 14.10.2015).

A impetração de mandado de segurança coletivo por entidade de classe em favor dos associados independe da autorização destes (Súmula n. 629/STF).

Acórdãos: AgRg no RMS 30.826/CE, Rel. Min. Nefi Cordeiro, j. 06.08.2015, *DJE* 11.09.2015; AgRg no REsp 1.537.629/RJ, Rel. Min. Sérgio Kukina, 1.ª Turma, j. 18.08.2015, *DJE* 27.08.2015; REsp 1.531.371/SC, Rel. Min. Herman Benjamin, 2.ª Turma, j. 02.06.2015, *DJE* 05.08.2015; AgRg no REsp 1.364.690/AL, Rel. Min. Humberto Martins, 2.ª Turma, j. 21.05.2015, *DJE* 29.05.2015; AgRg nos EDcl no AREsp 656.423/RS, Rel. Min. Benedito Gonçalves, 1.ª Turma, j. 12.05.2015, *DJE* 19.05.2015; RMS 45.215/MG, Rel. Min. Og Fernandes, 2.ª Turma, j. 05.03.2015, *DJE* 11.03.2015; EmbExeMS 11.371/DF, Rel. Min. Rogerio Schietti Cruz, 3.ª Seção, j. 26.03.2014, *DJE* 02.04.2014 (STJ. Jurisprudência em teses n.º 43. Publicado em 14.10.2015).

A impetração de segurança por terceiro, contra ato judicial, não se condiciona a interposição de recurso (Súmula n. 202/STJ).

Acórdãos: RMS 44.254/SP, Rel. Min. Moura Ribeiro, 3.ª Turma, j. 01.09.2015, *DJE* 10.09.2015; AgRg no RMS 45.732/MG, Rel. Min. Maria Isabel Gallotti, 4.ª Turma, j. 24.02.2015, *DJE* 27.02.2015; RMS 15.938/MG, Rel. Min. Nefi Cordeiro, j. 04.12.2014, *DJE* 17.12.2014; REsp 1.179.342/GO, Rel. Min. Luis Felipe Salomão, 4.ª Turma, j. 27.05.2014, *DJE* 01.08.2014; RMS 44.560/DF, Rel. Min. Arnaldo Esteves Lima, 1.ª Turma, j. 01.04.2014, *DJE* 07.04.2014; AgRg no RMS 42.597/SP, Rel. Min. Ricardo Villas Bôas Cueva, 3.ª Turma, j. 20.03.2014, *DJE* 28.03.2014; AgRg no RMS 37.429/MS, Rel. Min. Laurita Vaz, 5.ª Turma, j. 06.08.2013, *DJE* 13.08.2013; RMS 31.950/SP, Rel. Min. Raul Araújo, 4.ª Turma, j. 16.05.2013, *DJE* 22.08.2013 (STJ. Jurisprudência em teses n.º 43. Publicado em 14.10.2015).

A impetração de segurança por terceiro, nos moldes da Súmula n. 202/STJ, fica afastada na hipótese em que a impetrante teve ciência da decisão que lhe prejudicou e não utilizou o recurso cabível.

Acórdãos: AgRg no RMS 48.399/SP, Rel. Min. Paulo de Tarso Sanseverino, 3.ª Turma, j. 01.09.2015, *DJE* 08.09.2015; AgRg no RMS 45.011/SC, Rel. Min. Maria Isabel Gallotti, 4.ª Turma, j. 05.08.2014, *DJE* 14.08.2014; AgRg no RMS 42.597/SP, Rel. Min. Ricardo Villas Bôas Cueva, 3.ª Turma, j. 20.03.2014, *DJE* 28.03.2014; RMS 42.593/RJ, Rel. Min. João Otávio de Noronha, 3.ª Turma, j. 08.10.2013, *DJE* 11.10.2013; AgRg no RMS 38.280/SC, Rel. Min. Luis Felipe Salomão, 4.ª Turma, j. 06.12.2012, *DJE* 13.12.2012; AgRg no RMS 28.210/RJ, Rel. Min. Jorge Mussi, 5.ª Turma, j. 03.05.2012, *DJE* 21.05.2012; RMS 34.055/SP, Rel. Min. Mauro Campbell Marques, 2.ª Turma, j. 24.05.2011, *DJE* 31.05.2011; RMS 30.688/SC, Rel. Min. Herman Benjamin, 2.ª Turma, j. 06.05.2010, *DJE* 21.06.2010; RMS 29.793/GO, Rel. Min. Felix Fischer, 5.ª Turma, j. 26.11.2009, *DJE* 14.12.2009; AgRg no RMS 23.752/RN, Rel. Min. Og Fernandes, j. 25.08.2009, *DJE* 26.10.2009 (STJ. Jurisprudência em teses n.º 43. Publicado em 14.10.2015).

Ante o caráter mandamental e a natureza personalíssima da ação, não é possível a sucessão de partes no mandado de segurança, ficando ressalvada aos herdeiros a possibilidade de acesso às vias ordinárias.

Acórdãos: EDcl no AgRg no RE nos EDcl no MS 16.597/DF, Rel. Min. Humberto Martins, Corte Especial, j. 07.12.2016, *DJE* 16.12.2016; AgRg na RCDESP no RE nos EDcl no AgRg no RMS 24.732/DF, Rel. Min. Herman Benjamin, 2.ª Turma, j. 15.09.2016, *DJE* 10.10.2016; MS 11.662/DF, Rel. Min. Nefi Cordeiro, 3.ª Seção, j. 09.09.2015, *DJE* 01.10.2015; EDcl no MS 11.581/DF, Rel. Min. Og Fernandes, 3.ª Seção, j. 26.06.2013, *DJE* 01.08.2013 (STJ. Jurisprudência em teses n.º 85. Publicado em 26.07.2017).

PROCESSUAL CIVIL. AGRAVO INTERNO EM MANDADO DE SEGURANÇA. ANISTIA. MILITAR. ILEGITIMIDADE ATIVA DA VIÚVA. AUSÊNCIA DE PROVA DOCUMENTAL. DECISÃO MANTIDA. AGRAVO NÃO PROVIDO. 1. Não comprovada, pela impetrante, a sua habilitação como inventariante, em defesa dos interesses do espólio, ou a condição de herdeira única dos direitos patrimoniais reconhecidos ao falecido anistiado político, falta-lhe a legitimidade ativa para impetrar, em nome próprio, mandado de segurança para impugnar a anulação da anistia concedida a ex-militar ainda em vida. Precedentes. 2. A decisão agravada apontou a ilegitimidade ativa da impetrante firme em que: a) as portarias apontam como anistiado o ex-militar, em nome de quem eram feitos os pagamentos e a ele foi endereçada a notificação de instauração do procedimento revisor; b) "ainda que noticie o falecimento do anistiado, ocorrido em 6 de junho de 2020, data posterior à notificação de instauração do processo revisional, a impetrante não comprovou sua condição de inventariante, ou herdeira exclusiva, do falecido esposo, pelo que lhe falta a legitimidade ativa para propor o presente mandamus, sendo certo que, a teor do registro de óbito de fl. 43, o falecido militar também deixou ao menos um filho"; e c) a certidão de casamento apresentada pela impetrante anuncia a adoção do regime de separação legal de bens. 3. Na hipótese, embora a agravante argumente agora ser "esposa de anistiado político que incorporou a seu patrimônio jurídico os direitos derivados da Portaria n.º 1.380, desde 22 de outubro de 2002, e dependia das prestações indenizatórias permanentes e continuadas de seu falecido marido para sua sobrevivência e de sua família", nenhuma das provas documentais apresentadas com a inicial corrobora suas alegações, pelo que o argumento veiculado nas razões do agravo não merece acolhimento, mantendo-se a decisão impugnada por sua própria fundamentação. 4. Agravo interno a que se nega provimento (AgInt no MS 26.940, Rel. Min. Sérgio Kukina, 1.ª Seção, j. 01.06.2021, *DJ* 07.06.2021).

PROCESSUAL CIVIL. RECURSO ESPECIAL. EXECUÇÃO. ASSOCIAÇÃO. DESNECESSIDADE DE AUTORIZAÇÃO. LEGITIMIDADE ATIVA. MANDADO DE SEGURANÇA. SUBSTITUIÇÃO PROCESSUAL. PRECEDENTES DO STJ. JUÍZO DE RETRATAÇÃO. ART. 1.040, II, DO CPC/2015. HIPÓTESE DIVERSA DA REPERCUSSÃO GERAL DECIDIDA PELO STF NO RE N.º 573.232/SC. MANUTENÇÃO DO RESULTADO DO JULGAMENTO. 1. A impetração de Mandado de Segurança coletivo por entidade associativa não exige a obrigatoriedade de apresentação da lista dos filiados nem da autorização expressa deles, uma vez que tais exigências são aplicáveis somente às ações submetidas ao rito ordinário, ante a expressa previsão contida no art. 2.º-A da Lei 9.494/1997. Assim, configurada hipótese de substituição processual, os efeitos da decisão proferida, em sede de Mandado de Segurança Coletivo, beneficiam todos os associados, sendo irrelevante a data de associação ou a lista nominal (AgInt no REsp 1.447.834/CE, Rel. Ministro Napoleão Nunes Maia Filho, Primeira Turma, *DJe* 4/2/2019). 2. Hipótese que não se enquadra no entendimento firmado pelo Supremo Tribunal Federal, no julgamento do RE n.º 573.232/SE, sob o regime de repercussão geral, segundo o qual, nas execuções individuais de sentença coletiva, devem ser obedecidos os limites subjetivos em que o título executivo judicial foi constituído, ou seja, somente os beneficiados pela sentença de procedência, efetivamente representados pela associação de classe, mediante comprovação da autorização expressa e da listagem de beneficiários, possuem legitimidade ativa para promover a execução do título judicial constituído na demanda coletiva. 3. Recurso especial não provido, com a manutenção do acórdão apontado como divergente (REsp 1.588.341, Rel. Min. Sérgio Kukina, 1.ª Turma, j. 23.06.2020, *DJ* 26.06.2020).

PROCESSUAL CIVIL E ADMINISTRATIVO. POLICIAIS MILITARES. AÇÃO DE COBRANÇA DE VALORES PRETÉRITOS AO *WRIT*. DIREITO RECONHECIDO EM MANDADO DE SEGURANÇA COLETIVO. LEGITIMIDADE ATIVA DO ASSOCIADO. DESNECESSIDADE DE AUTORIZAÇÃO EXPRESSA OU COMPROVAÇÃO DA FILIAÇÃO À ASSOCIAÇÃO. INTERRUPÇÃO DO PRAZO PRESCRICIONAL PELA IMPETRAÇÃO DO *MANDAMUS*. ARTS. 2.º-B DA LEI 9.494/1997 E 313, V, "A", DO CPC/2015. SÚMULA 284/STF. TERMO INICIAL DOS JUROS DE MORA. NOTIFICAÇÃO DA AUTORIDADE COATORA NO MANDADO DE SEGURANÇA. 1. Cuida-se, na origem, de Ação de Cobrança na qual os autores requerem o pagamento de valores pretéritos à impetração do Mandado de Segurança Coletivo 0600593-40.2008.8.26.0053 (053.08.600593-9), em que foi determinada a incidência dos quinquênios e da sexta-parte sobre as vantagens permanentes dos associados da impetrante. Agravo em recurso especial da Fazenda Pública do Estado de São Paulo e da São Paulo Previdência. 2. Nos termos da jurisprudência do STJ, a Associação, na qualidade de substituto processual, detém legitimidade para atuar judicialmente na defesa dos interesses coletivos de toda a categoria que representa, sendo prescindível a relação nominal dos filiados e suas respectivas autorizações, razão pela qual a coisa julgada advinda da Ação Coletiva, oriunda do Mandado de Segurança Coletivo acima referido, deverá alcançar todos os integrantes da categoria. Pecedentes: AgInt no AREsp 1.304.797/RJ, Rel. Ministro Mauro Campbell Marques, Segunda Turma, *DJe* de 26/9/2018; AgInt no REsp 1.892.824/SP, Rel. Ministro Francisco Falcão, Segunda Turma, *DJe* 18/12/2020; e AgInt no AREsp 1.254.080/RJ, Rel. Ministro Gurgel de Faria. Primeira Turma, *DJe* de 7/2/2019. 3. Relativamente à prescrição, o Tribunal de origem está em sintonia com o entendimento do STJ de que a impetração do Mandado de Segurança interrompe a fluência do prazo prescricional, o qual volta a fluir somente com o trânsito em julgado do *mandamus*, para fins de cobrança das parcelas referentes ao quinquênio que antecedeu sua propositura. Nessa linha: AgRg no AREsp 122.727/MG, Rel. Ministro Herman Benjamin, Segunda Turma, *DJe* de 11/9/2012. 4. No que diz respeito à alegada violação à Lei 11.960/2009, o entendimento firmado pela Primeira Seção do STJ, em Recurso Representativo da Controvérsia, é o de que "as condenações judiciais referentes a servidores e empregados públicos, sujeitam-se aos seguintes encargos: (a) até julho/2001: juros de mora: 1% ao mês (capitalização simples); correção monetária: índices previstos no Manual de Cálculos da Justiça Federal, com destaque para a incidência do IPCA-E a partir de janeiro/2001; (b) agosto/2001 a junho/2009: juros de mora: 0,5% ao mês; correção monetária: IPCA-E; (c) a partir de julho/2009: juros de mora: remuneração oficial da caderneta de poupança; correção monetária: IPCA-E" (REsp 1.495.144/RS, Rel. Ministro Mauro Campbell Marques, Primeira Seção, *DJe* de 20/3/2018). Logo, o entendimento exarado no acórdão recorrido não merece reparos. 5. Por fim, quanto à apontada contrariedade aos arts. 2.º-B da Lei 9.494/97, e 313, V, "a", do CPC/2015, aplica-se o teor da Súmula 284 do STF, tendo em vista que a parte recorrente não desenvolveu, nas razões do Recurso Especial, argumentos para demonstrar de que modo tais dispositivos foram violados. Recurso especial dos particulares. 6. Quanto ao termo inicial dos juros de mora, o acórdão recorrido encontra-se em desacordo com a jurisprudência do Superior Tribunal de Justiça, que firmou entendimento de que o termo inicial dos juros de mora da ação de cobrança, lastreada no direito reconhecido na via mandamental, deve ser fixado na data da notificação da autoridade coatora no *writ*, pois é o momento em que, nos termos do art. 219 do CPC/1973, ocorrem a interrupção do prazo prescricional e a constituição em mora do devedor. A propósito: AgInt no REsp 1.850.054/SP, Rel. Ministro Benedito Gonçalves, Primeira Turma, *DJe* 18/11/2020; REsp 1.778.798/SP, Rel. Ministro Og Fernandes, Segunda Turma, *DJe* de 21/2/2019; e REsp 1.773.922/SP, Rel. Ministro Herman Benjamin, Segunda Turma, *DJe* de 19/12/2018. Conclusão. 7. Agravo conhecido para conhecer parcialmente do Recurso Especial interposto pela Fazenda Pública do Estado de São Paulo e pela São Paulo Previdência, e, nessa extensão, negar-lhe provimento. Recurso Especial dos particulares provido, para fixar como termo inicial dos juros de mora a data da notificação da autoridade coatora no Mandado de Segurança Coletivo (REsp 1.916.469/SP, Rel. Min. Herman Benjamin, 2.ª Turma, j. 09.03.2021, *DJe* 26.04.2021).

ADMINISTRATIVO. PROCESSUAL CIVIL. CONCURSO PÚBLICO. MANDADO DE SEGURANÇA INTERPOSTO POR SINDICATO DE SERVIDORES. DEFESA DE INTERESSES DE CANDIDATOS APROVADOS EM CONCURSO PÚBLICO. AUSÊNCIA DE LEGITIMIDADE ATIVA. DECISÃO JUDICIAL ALTERANDO CLASSIFICAÇÃO DE UMA ÚNICA CANDIDATA. CIRCUNSTÂNCIA INCAPAZ DE ALTERAR A DATA DE HOMOLOGAÇÃO DO CERTAME. DIREITO LÍQUIDO E CERTO NÃO EVIDENCIADO. I – Na origem, trata-se de mandado de segurança impetrado por Mariana Coelho Silva de Camargo e pelo Sindicato dos Servidores do Ministério Público do Rio Grande do Sul – SIMPE/RS contra o edital que prorrogou o prazo de validade do concurso para provimento do cargo de Assessor – Área do Direito do Quadro de Pessoal da Procuradoria-Geral de Justiça do MPRS. II – Preliminarmente, quanto à legitimidade do SIMPE/RS, é importante observar que a jurisprudência desta Corte Superior é firme no sentido de que os sindicatos de servidores não têm legitimidade ativa para impetrar mandado de segurança em defesa de interesse de candidatos aprovados em concurso público destinado ao provimento de cargos na administração pública. Isso porque, enquanto não investidos em cargos públicos, estes não ostentam a condição de servidores. Precedentes: AgInt no RMS n. 49.529/MG, Rel. Ministro Sérgio Kukina, Primeira Turma, julgado em 15/8/2017, *DJe* 25/8/2017; AgInt no RMS n. 49.958/MG, Rel. Min. Regina Helena Costa, Primeira Turma, julgado em 20/10/2016, *DJe* 10/11/2016. III – No mérito, discute-se se decisão judicial reclassificando um candidato tem o condão de alterar a data de homologação do certame, para fins de balizar a prorrogação do prazo de validade do concurso. IV – A decisão judicial que reclassificou uma determinada candidata no certame em debate se referiu somente a questão pontual, não tendo tratado da alteração da data de homologação do certame e tampouco gerou alteração substancial da classificação final do concurso. V – Não se mostra razoável proceder à modificação da data de homologação do certame por conta da reclassificação de apenas uma candidata na lista de aprovados, em nome da razoabilidade, segurança jurídica e à própria vinculação ao edital do concurso. VII – Recurso ordinário improvido (RMS 58.382/RS, Rel. Min. Francisco Falcão, 2.ª Turma, j. 05.11.2019, DJe 18.11.2019).

PROCESSUAL CIVIL. EMBARGOS DE DECLARAÇÃO RECEBIDOS COMO AGRAVO REGIMENTAL. FGTS. MANDADO DE SEGURANÇA IMPETRADO POR TRIBUNAL ARBITRAL. ILEGITIMIDADE ATIVA. 1. Os embargos de declaração podem ser recebidos como agravo regimental em obediência aos princípios da economia processual e da fungibilidade. 2. O recurso especial não se presta a debater matéria que não foi tratada nas instâncias ordinárias, haja vista o óbice da ausência de prequestionamento. 3. "A Câmara Arbitral carece de legitimidade ativa para impetrar Mandado de Segurança contra ato que recusa a liberação de saldo de conta vinculada do FGTS, reconhecida por sentença arbitral. A legitimidade, portanto, é somente do titular da conta" (AgRg no REsp 1.059.988/SP, Rel. Ministro Herman Benjamin, Segunda Turma, DJe de 24/9/2009). Embargos de declaração recebidos como agravo regimental, a que se nega provimento (EDcl nos EDcl no REsp 1.502.618/SP, Rel. Min. Humberto Martins, 2.ª Turma, j. 08.03.2016, DJe 15.03.2016).

7. LEGITIMIDADE PASSIVA

A indicação equivocada da autoridade coatora não implica ilegitimidade passiva nos casos em que o equívoco é facilmente perceptível e aquela erroneamente apontada pertence à mesma pessoa jurídica de direito público.

Acórdãos: AgRg no AREsp 188.414/BA, Rel. Min. Napoleão Nunes Maia Filho, 1.ª Turma, j. 17.03.2015, DJE 31.03.2015; RMS 45.495/SP, Rel. Min. Raul Araújo, 4.ª Turma, j. 26.08.2014, DJE 20.10.2014; AgRg nos EDcl no REsp 1.407.820/ES, Rel. Min. Humberto Martins, 2.ª Turma, j. 18.06.2014, DJE 01.07.2014; AgRg no RMS 39.688/PB, Rel. Min. Mauro Campbell Marques, 2.ª Turma, j. 19.09.2013, DJE 27.09.2013; REsp 1.001.910/SC, Rel. Min. Laurita Vaz, 5.ª Turma, j. 26.05.2009, DJE 29.06.2009; AgRg no REsp 1.067.041/RS, Rel. Min. Francisco Falcão, 1.ª Turma, j. 16.09.2008, DJE 01.10.2008 (STJ. Jurisprudência em teses n.º 43. Publicado em 14.10.2015).

Praticado o ato por autoridade, no exercício de competência delegada, contra ele cabe o mandado de segurança ou medida judicial (Súmula n. 510/STF).

Acórdãos: AgRg no MS 15.997/DF, Rel. Min. Hamilton Carvalhido, 1.ª Seção, j. 27.04.2011, DJE 09.05.2011; AgRg no MS 15.774/DF, Rel. Min. Luiz Fux, 1.ª Seção, j. 23.02.2011, DJE 07.04.2011 (STJ. Jurisprudência em teses n.º 43. Publicado em 14.10.2015).

A teoria da encampação tem aplicabilidade nas hipóteses em que atendidos os seguintes pressupostos: subordinação hierárquica entre a autoridade efetivamente coatora e a apontada na petição inicial, discussão do mérito nas informações e ausência de modificação da competência.

Acórdãos: MS 15.114/DF, Rel. Min. Nefi Cordeiro, 3.ª Seção, j. 26.08.2015, DJE 08.09.2015; AgRg no AREsp 477.852/TO, Rel. Min. Napoleão Nunes Maia Filho, 1.ª Turma, j. 25.11.2014, DJE 03.12.2014; AgRg no REsp 1.270.307/MG, Rel. Min. Benedito Gonçalves, 1.ª Turma, j. 27.03.2014, DJE 07.04.2014; AgRg no AREsp 392.528/MA, Rel. Min. Humberto Martins, 2.ª Turma, j. 12.11.2013, DJE 20.11.2013; AgRg no AREsp 273.205/MG, Rel. Min. Herman Benjamin, 2.ª Turma, j. 04.06.2013, DJE 12.06.2013; AgRg no REsp 1.343.436/RS, Rel. Min. Mauro Campbell Marques, 2.ª Turma, j. 11.04.2013, DJE 17.04.2013; AgRg no REsp 1.178.187/RO, Rel. Min. Laurita Vaz, 5.ª Turma, j. 28.06.2011, DJE 01.08.2011; MS 12.230/DF, Rel. Min. Maria Thereza de Assis Moura, 3.ª Seção, j. 23.06.2010, DJE 02.08.2010; RMS 29.378/RJ, Rel. Min. Felix Fischer, 5.ª

Turma, j. 03.09.2009, *DJE* 28.09.2009; EDcl no MS 13.101/DF, Rel. Min. Eliana Calmon, 1.ª Seção, j. 13.05.2009, *DJE* 25.05.2009 (STJ. Jurisprudência em teses n.º 43. Publicado em 14.10.2015).

O Governador do Estado é parte ilegítima para figurar como autoridade coatora em mandado de segurança no qual se impugna a elaboração, aplicação, anulação ou correção de testes ou questões de concurso público, cabendo à banca examinadora, executora direta da ilegalidade atacada, figurar no polo passivo da demanda.

Acórdãos: AgRg no RMS 37.924/GO, Rel. Min. Mauro Campbell Marques, 2.ª Turma, j. 09.04.2013, *DJE* 16.04.2013; Decisões Monocráticas: RMS 46.415/PA, Rel. Min. Regina Helena Costa, 1.ª Turma, j. 18.12.2014, Publicado em 03.02.2015; REsp 1.378.330/ES, Rel. Min. Humberto Martins, 2.ª Turma, j. 21.03.2014, Publicado em 28.03.2014 (STJ. Jurisprudência em teses n.º 43. Publicado em 14.10.2015).

No Mandado de Segurança impetrado pelo Ministério Público contra decisão proferida em processo penal, é obrigatória a citação do réu como litisconsorte passivo (Súmula n. 701/STF).

Acórdãos: RHC 30.946/MG, Rel. Min. Jorge Mussi, 5.ª Turma, j. 10.12.2013, *DJE* 03.02.2014; HC 30.945/MG, Rel. Min. Marco Aurélio Bellizze, 5.ª Turma, j. 16.04.2013, *DJE* 23.04.2013; HC 247.353/SP, Rel. Min. Laurita Vaz, 5.ª Turma, j. 13.11.2012, *DJE* 23.11.2012; RMS 27.263/SP, Rel. Min. Gilson Dipp, 5.ª Turma, j. 22.11.2011, *DJE* 01.12.2011; HC 94.978/ES, Rel. Min. Napoleão Nunes Maia Filho, 5.ª Turma, j. 18.06.2009, *DJE* 10.08.2009 (STJ. Jurisprudência em teses n.º 43. Publicado em 14.10.2015).

Admite-se a emenda à petição inicial de mandado de segurança para a correção de equívoco na indicação da autoridade coatora, desde que a retificação do polo passivo não implique alterar a competência judiciária e que a autoridade erroneamente indicada pertença à mesma pessoa jurídica da autoridade de fato coatora.

Acórdãos: AgInt no REsp 1.505.709/SC, Rel. Min. Gurgel de Faria, 1.ª Turma, j. 23.06.2016, *DJE* 19.08.2016; AgRg no RMS 32.184/PI, Rel. Min. Humberto Martins, 2.ª Turma, j. 22.05.2012, *DJE* 29.05.2012; AgRg no RMS 35.638/MA, Rel. Min. Herman Benjamin, 2.ª Turma, j. 12.04.2012, *DJE* 24.04.2012 (STJ. Jurisprudência em teses n.º 91. Publicado em 18.10.2017).

O Ministro de Estado do Planejamento, Orçamento e Gestão possui legitimidade para figurar no polo passivo de ação mandamental impetrada com o intuito de ensejar a nomeação em cargos relativos ao quadro de pessoal do Banco Central do Brasil – BACEN.

Acórdãos: AgInt no MS 22.100/DF, Rel. Min. Og Fernandes, 1.ª Seção, j. 09.08.2017, *DJE* 16.08.2017; AgInt no MS 22.176/DF, Rel. Min. Francisco Falcão, 1.ª Seção, j. 14.06.2017, *DJE* 22.06.2017; AgInt no MS 22.165/DF, Rel. Min. Assussete Magalhães, 1.ª Seção, j. 24.05.2017, *DJE* 13.06.2017 (STJ. Jurisprudência em teses n.º 91. Publicado em 18.10.2017).

As autarquias possuem autonomia administrativa, financeira e personalidade jurídica própria, distinta da entidade política à qual estão vinculadas, razão pela qual seus dirigentes têm legitimidade passiva para figurar como autoridades coatoras em ação mandamental.

Acórdãos: REsp 1.132.423/SP, Rel. Min. Herman Benjamin, 2.ª Turma, j. 11.05.2010, *DJE* 21.06.2010; EREsp 692.840/BA, Rel. Min. Hamilton Carvalhido, Corte Especial, j. 03.12.2008, *DJE* 05.02.2009; REsp 984.032/ES, Rel. Min. Castro Meira, 2.ª Turma, j. 05.06.2008, *DJE* 16.06.2008; AgRg no Ag 800.695/DF, Rel. Min. Paulo Gallotti, j. 11.03.2008, *DJE* 22.04.2008 (STJ. Jurisprudência em teses n.º 91. Publicado em 18.10.2017).

RECURSO EM MANDADO DE SEGURANÇA. CONCESSÃO DE APOSENTADORIA. INDEFERIMENTO DA INICIAL. CERCEAMENTO DE DEFESA. NÃO DEMONSTRAÇÃO DO PREJUÍZO. ILEGITIMIDADE PASSIVA DA AUTORIDADE COATORA. TEORIA DA ENCAMPAÇÃO. INAPLICABILIDADE NO

CASO CONCRETO. I – Quanto ao alegado cerceamento de defesa, a decretação da nulidade processual exige a comprovação de prejuízo concreto à parte que suscita o vício, pois não se declara nulidade por mera presunção (*pas de nullité sans grief*), o que não ocorreu na presente hipótese. II – Sobre a teoria da encampação, a jurisprudência desta Corte Superior é firme no sentido de que ela apenas se aplica ao mandado de segurança, quando preenchidos, cumulativamente, os seguintes requisitos: (a) existência de vínculo hierárquico entre a autoridade que prestou informações e a que ordenou a prática do ato impugnado; (b) manifestação a respeito do mérito, nas informações prestadas; (c) ausência de indevida modificação ampliativa de competência jurisdicional absoluta. III – Na hipótese, observa-se que a autoridade apontada como coatora nem sequer se manifestou, nem quanto à eventual (i)legitimidade ou, ainda, quanto ao mérito da demanda, uma vez que a inicial do mandamus foi indeferida, tendo sido denegada a segurança nos termos dos arts. 6.º, § 5.º, e 10, ambos da Lei n. 12.016/2009. Assim, na ausência de qualquer dos requisitos dispostos na Súmula n. 628/STJ, mostra-se inviável a aplicação da Teoria da Encampação. Desse modo, irretocável o julgado ora recorrido. IV – Recurso ordinário desprovido (RMS 69.813/MG, Min. Francisco Falcão, 2.ª Turma, j. 13.06.2023, *DJe* 16.06.2023).

ADMINISTRATIVO. MANDADO DE SEGURANÇA. LEGITIMIDADE PASSIVA. AUTORIDADE. PODER PARA REVISAR O ATO. PROMOÇÃO. DIREITO. EXISTÊNCIA. AGRAVO MANIFESTAMENTE IMPROCEDENTE. MULTA. CABIMENTO. 1. Conforme entendimento consolidado no STJ, a legitimidade passiva em mandado de segurança é da autoridade que pratica ou ordena, de forma específica e concreta, o ato tido por coator ou detém a capacidade de corrigir-lhe a ilegalidade (AgInt no RMS 52.514/GO, relator Ministro Og Fernandes, Segunda Turma, julgado em 3/5/2022, *DJe* de 17/5/2022). 2. No caso, o impetrante demonstrou que é o Secretário de Estado quem, na prática, tem assinado os atos de promoção e progressão na carreira, desincumbindo-se, assim, do ônus de comprovar que a autoridade coatora teria poder para corrigir a ilegalidade do ato que negou ao autor o direito à promoção. 3. Quando o agravo interno for declarado "manifestamente improcedente" em votação unânime, o órgão colegiado, em decisão fundamentada, condenará o agravante a pagar ao agravado multa fixada entre um e cinco por cento do valor atualizado da causa (art. 1.021, § 4.º, do CPC). 3. Hipótese em que a parte agravante apresenta apenas fundamentos genéricos, sem examinar e infirmar minimamente a motivação desenvolvida na decisão recorrida, sendo certo que quase todos os argumentos apresentados no agravo nem sequer coincidem com o caso dos autos. 4. Agravo interno não provido, com aplicação de multa (AgInt no RMS 57.827/MG, Rel. Min. Gurgel de Faria, 1.ª Turma, j. 24.10.2022, *DJe* 24.11.2022).

PROCESSUAL CIVIL. MANDADO DE SEGURANÇA. AUTORIDADE IMPETRADA. INDICAÇÃO EQUIVOCADA. ATO EXTRADICIONAL. COMPETÊNCIA ABSOLUTA DO STF. TEORIA DA ENCAMPAÇÃO E EMENDA DA INICIAL. INAPLICABILIDADE. 1. A ausência de indicação de ato coator emanado de autoridade sujeita à competência constitucional do STJ desautoriza o processamento do mandado de segurança originário por esta Corte. 2. A regra do art. 54 do CPC/2015 (a competência relativa pode ser modificada pela conexão) e a Súmula 33 desta Corte não têm lugar nos casos de incompetência absoluta. 3. A aplicação, em sede de mandado de segurança, da regra contida no § 3.º do art. 64 do CPC/2015, de modo a autorizar o magistrado a encaminhar o processo ao Juízo competente, acaso reconheça sua incompetência absoluta, somente se dá nos casos em que houve mero erro de endereçamento do *writ* e não naqueles em que há indicação equivocada da autoridade impetrada, como verificado na espécie, porque, nessa hipótese, a providência "importaria em indevida emenda à petição inicial da impetração, já que seria necessária a correção do polo passivo" (RMS 59.935/BA, Rel. Ministra Assussete Magalhães, Segunda Turma, julgado em 06/06/2019, *DJe* 14/06/2019). 4. Somente se admite a emenda da petição inicial de mandado de segurança, para fins de correção da autoridade coatora, quando o órgão jurisdicional em que a demanda tenha sido proposta for competente para o conhecimento do *writ*, o que não se verifica no presente caso. 5. Consoante o entendimento desta Corte, pode ser aplicada a teoria da encampação para a mitigação da equivocada indicação da autoridade coatora em mandado de segurança quando existentes os seguintes requisitos: a) vínculo hierárquico entre a autoridade que prestou as informações e aquela que determinou a prática do ato; b) manifestação sobre o mérito nas informações prestadas; c) ausência de modificação na competência constitucionalmente estabelecida. 5. Afastada a aplicação da teoria da encampação, posto que a autoridade que praticou o ato apontado como coator não possui foro especial por prerrogativa de função. 6. No julgamento do MS 33.864/DF, citado na peça inicial da presente impetração, o Pretório Excelso firmou a orientação de que o mandado de segurança impetrado contra ato do Ministro de Estado da Justiça quando o exame do litígio ensejar repercussão na esfera extradicional é de sua competência. 7. No caso, o *mandamus* impugna a decretação da perda da nacionalidade do impetrante e o início do processo de extradição, pelo que evidente a incompetência do STJ para processar e julgar o *writ*. 8. Agravo interno desprovido (AgInt no MS 25.945/DF, Rel. Min. Gurgel de Faria, 1.ª Seção, j. 11.11.2020, *DJe* 24.11.2020).

TRIBUTÁRIO E PROCESSUAL. AGRAVO INTERNO NO RECURSO ESPECIAL. MANDADO DE SEGURANÇA. LEGITIMIDADE PASSIVA *AD CAUSAM*. AUTORIDADE COATORA. SECRETÁRIO DE ESTADO DA FAZENDA. ATRIBUIÇÕES. LEI LOCAL. EXAME. IMPOSSIBILIDADE. SÚMULA 280 DO STF. DIVERGÊNCIA JURISPRUDENCIAL NÃO COMPROVADA. PARADIGMA ORIUNDO DO JULGAMENTO DE RECURSO ORDINÁRIO EM MANDADO DE SEGURANÇA. AGRAVO INTERNO DO ESTADO DE GOIÁS DESPROVIDO. 1. Concluir pela ilegitimidade passiva para o Mandado de Segurança demandaria, necessariamente, a exegese da legislação estadual. Com efeito, o exame sobre a competência, ou não, do Secretário Estadual exige a análise do Direito local, no que se refere às atribuições dessa autoridade, o que é inviável em sede de Recurso Especial, a teor da Súmula 280 do STF. 2. A indicação de paradigma oriundo do julgamento de Recurso Ordinário em Mandado de Segurança não é servil para fins de comprovação da divergência a ser dirimida pelo julgamento do Recurso Especial. Isso porque os pressupostos de admissibilidade deste diferem dos exigidos naquele. 3. Agravo Interno do Estado de Goiás desprovido (AgInt no REsp 1.870.441/GO, Rel. Min. Napoleão Nunes Maia Filho, 1.ª Turma, j. 28.09.2020, *DJe* 01.10.2020).

TRIBUTÁRIO E PROCESSUAL CIVIL. RECURSO EM MANDADO DE SEGURANÇA. PRETENSÃO DE AFASTAMENTO DA APLICAÇÃO DE ALÍQUOTA ESPECIAL MAJORADA DO ICMS, EM OPERAÇÕES COM ENERGIA ELÉTRICA. IMPETRAÇÃO CONTRA LEI EM TESE. IMPOSSIBILIDADE. INCIDÊNCIA DA SÚMULA 266/STF. ILEGITIMIDADE DO SECRETÁRIO DE ESTADO DA FAZENDA PARA FIGURAR, COMO AUTORIDADE IMPETRADA, NO POLO PASSIVO DO MANDADO DE SEGURANÇA. PRECEDENTES DO STJ. RECURSO ORDINÁRIO IMPROVIDO. I. Trata-se, na origem, de Mandado de Segurança, impetrado em 18/11/2016, contra o Secretário da Fazenda do Estado da Bahia, perante o Tribunal de Justiça do Estado da Bahia, no qual se pleiteia a declaração da alegada inconstitucionalidade do art. 51, II, I, do Decreto estadual 6.284/97, no que pertine à alíquota especial majorada do ICMS, em operações com energia elétrica, por suposta ofensa aos arts. 150, II, e 155, § 2.º, III, da Constituição Federal, assim como a compensação dos valores recolhidos a maior, a título desse tributo. No acórdão recorrido o Tribunal de Justiça manteve o indeferimento liminar da petição inicial do Mandado de Segurança, por considerar incidente, na espécie, a Súmula 266/STF. II. Sendo preventivo o mandado de segurança, desnecessária a existência concreta de ato coator, porquanto o receio de ato que venha a violar o direito líquido e certo da parte impetrante é suficiente a ensejar a impetração. Entretanto, *in casu*, ciante da argumentação constante da impetração, não se verifica a existência de possíveis atos de efeitos concretos, a serem praticados pelo Secretário de Estado da Fazenda – a justificar a competência originária do Tribunal de Justiça –, tendentes a violar ou ameaçar suposto direito líquido e certo das impetrantes, a dar ensejo à impetração, ainda que na forma preventiva. Com efeito, as impetrantes não apontaram ato algum, de efeitos concretos, a ser praticado pela autoridade que se indica coatora – o Secretário de Estado da Fazenda –, a justificar a competência originária do Tribunal de Justiça. Apenas alegaram a suposta inconstitucionalidade do art. 51, II, I, do Decreto estadual 6.284/97, no que pertine à alíquota especial majorada do ICMS, em operações com energia elétrica. Assim, efetivamente incide, na espécie, a Súmula 266/STF ("Não cabe mandado de segurança contra lei em tese"), pelo que deve ser confirmado o acórdão recorrido, no particular, por sua conformidade com a orientação firmada pela Primeira Seção do STJ, por ocasião do julgamento, sob o rito do art. 543-C do CPC/73, do REsp 1.119.872/RS (Rel. Ministro Benedito Gonçalves, Primeira Seção, *DJe* de 20/10/2010). III. É certo que a Primeira Turma do STJ, no julgamento do REsp 806.467/PR (Rel. Ministro Luiz Fux, *DJU* de 20/09/2007), decidiu que a indicação errônea de autoridade coatora, no polo passivo do mandado de segurança, é deficiência sanável. Entretanto, a jurisprudência mais recente desta Corte orienta-se no sentido de que a oportunidade para emenda da petição inicial de mandado de segurança, para fins de correção da autoridade coatora, somente pode ser admitida quando o órgão jurisdicional em que a demanda tenha sido proposta for competente para o conhecimento do *writ*, o que não se verifica, no presente caso. Nesse sentido: STJ, AgInt no REsp 1.505.709/SC, Rel. Ministro Gurgel de Faria, Primeira Turma, *DJe* de 19/08/2016; REsp 1.703.947/PR, Rel. Ministro Herman Benjamin, Segunda Turma, *DJe* de 19/12/2017. IV. Na forma da jurisprudência do STJ, a aplicação, em sede de mandado de segurança, da regra contida no § 3.º do art. 64 do CPC/2015, correspondente ao § 2.º do art. 113 do CPC/73, de modo a autorizar o magistrado a encaminhar o processo ao Juízo competente, acaso reconheça sua incompetência absoluta, somente se dá nos casos em que houve mero erro de endereçamento do *writ* – porque, nas situações em que há indicação equivocada da autoridade impetrada, tal providência importaria em indevida emenda à petição inicial da impetração, já que seria necessária a correção do polo passivo –, e também nos casos em que, após excluída, do Mandado de Segurança, autoridade com prerrogativa de foro, remanesça autoridade, indicada na petição inicial, sem prerrogativa de foro. Precedentes do STJ (PET no MS 17.096/DF, Rel. Ministro Humberto Martins, Primeira Seção, *DJU* de 05/06/2012; AgRg no MS 20.134/DF, Rel. Ministro João Otávio de Noronha, Segunda Seção, *DJe* de 02/09/2014; AgRg no MS 12.412/DF, Rel. Ministro Nefi Cordeiro, Terceira Seção, *DJe* de 17/09/2015; MS 21.744/DF, Rel. Ministro Og Fernandes, Primeira Seção, *DJe* de 05/10/2015). V. A Primeira Turma do STJ, ao julgar o AgRg no RMS 36.846/RJ (Rel. Ministro Ari Pargendler, *DJe* de 07/12/2012), decidiu que, no regime do lançamento por homologação, a iminência de sofrer o lançamento fiscal, acaso não cumpra a legislação de regência, autoriza o sujeito passivo da obrigação tributária a impetrar mandado de segurança contra a exigência que considera indevida. Nesse caso, porém, autoridade coatora é aquela que tem competência para o lançamento *ex officio*, que, certamente, não é o Secretário de Estado da Fazenda. VI. Sobre a teoria da encampação – que mitiga a indicação errônea da autoridade coatora, em mandado de segurança –, a Primeira Seção do STJ, nos autos do MS 10.484/DF (Rel. Ministro José Delgado, *DJU* de 26/09/2005), firmou o entendimento de que tal teoria apenas se aplica ao mandado de segurança, quando preenchidos os seguintes requisitos, cumulativamente:

(a) existência de subordinação hierárquica entre a autoridade que efetivamente praticou o ato e aquela apontada como coatora, na petição inicial; (b) manifestação a respeito do mérito, nas informações prestadas; (c) ausência de modificação de competência, estabelecida na Constituição, para o julgamento do *writ*, requisito que, no presente caso, não foi atendido. VII. Nos termos da jurisprudência do STJ, o Secretário de Estado da Fazenda não possui legitimidade para figurar, como autoridade coatora, em mandado de segurança que visa afastar a aplicação de alíquota especial majorada do ICMS. Nesse sentido: STJ, RMS 29.490/RJ, Rel. Ministro Benedito Gonçalves, Primeira Turma, *DJe* de 19/08/2009; RMS 32.342/DF, Rel. Ministro Herman Benjamin, Segunda Turma, *DJe* de 02/02/2011; AgRg no RMS 30.771/RJ, Rel. Ministro Napoleão Nunes Maia Filho, Primeira Turma, *DJe* de 30/11/2016. VIII. Mantida a extinção do Mandado de Segurança, sem resolução do mérito, não cabe ao STJ pronunciar-se sobre o mérito da causa, porquanto tal seria incompatível com a decisão tomada. Nesse contexto, também não se justifica o sobrestamento do feito, até o julgamento do Recurso Extraordinário 714.139/SC, pelo STF, na forma estabelecida pelo art. 1.030, III, do CPC/2015. IX. Recurso Ordinário improvido (RMS 59.935/BA, Rel. Min. Assusete Magalhães, 2.ª Turma, j. 06.06.2019, *DJe* 14.06.2019).

A teoria da encampação é aplicada no mandado de segurança quando presentes, cumulativamente, os seguintes requisitos: a) existência de vínculo hierárquico entre a autoridade que prestou informações e a que ordenou a prática do ato impugnado; b) manifestação a respeito do mérito nas informações prestadas; e c) ausência de modificação de competência estabelecida na Constituição Federal (Enunciado 628 da Súmula do STJ, 1.ª Seção, j. 12.12.2018, *DJe* 17.12.2018).

8. LICITAÇÃO E MANDADO DE SEGURANÇA

ADMINISTRATIVO. MANDADO DE SEGURANÇA. PROCESSO ADMINISTRATIVO DISCIPLINAR. CONTRADITÓRIO E AMPLA DEFESA. VIOLAÇÃO. INEXISTÊNCIA. INSUFICIÊNCIA DE PROVA. ALEGAÇÃO. VIA INADEQUADA. MÉRITO ADMINISTRATIVO. REVISÃO. IMPOSSIBILIDADE. 1. Não há violação ao devido processo legal quando o conjunto de manifestações operadas na via administrativa demonstra que ao impetrante foi garantido o direito de defesa, que foi levada em consideração pelo Poder Público, mas rejeitada mediante decisão expressamente fundamentada. 2. Caso em que se escolheu transcrever, no *decisum* recorrido, o Parecer da Administração lançado no Pedido de Reconsideração porque era aquele que mais evidenciava inexistir vício ao contraditório, pois, naquela oportunidade, o Poder Público dividiu a sua manifestação em tópicos de acordo com cada uma das alegações do servidor, e rejeitou uma a uma as teses de defesa. 3. A técnica adotada não quer dizer que, anteriormente, os fundamentos do impetrante não tivessem sido rejeitados – expressa ou tacitamente –, uma vez que a Fazenda já havia desenvolvido fundamentação congruente a respeito do porquê concluiu pela participação do servidor no concerto que foi entabulado para direcionar uma licitação e futuramente permitir o beneficiamento de terceiro. 4. Na forma da pacífica jurisprudência do STJ, o mandado de segurança não é a via adequada para o exame da suficiência do conjunto fático-probatório constante do processo administrativo disciplinar – PAD. 5. Hipótese em que, segundo o que se colhe do processo administrativo disciplinar, há ao menos as seguintes provas e indícios da participação do impetrante no direcionamento da licitação para contratação de serviços gráficos da empresa Gráfica e Editora Brasil: (a) contradição no seu depoimento (sobre ter encontrado com um dos coacusados em Juiz de Fora antes da assinatura do contrato); (b) usurpação das competências do pregoeiro e dos membros da comissão de apoio à licitação, ficando caracterizada uma suposta influência no julgamento das propostas; (c) manutenção de contato prévio com representante de uma das empresas interessadas, favorecendo-lhe com informações privilegiadas. 6. Além disso, tratou-se de execução de contrato oriundo de licitação fraudada, que implicou pagamentos sucessivos de valores ilegais ao então reitor da universidade, pelo que as condutas acima citadas devem ser examinadas de acordo com o contexto de toda a licitação/contrato, e não apenas isoladas ao período que antecedeu o certame. 7. Quanto à escolha da sanção infligida, de acordo com a consolidada jurisprudência desta Corte, o controle judicial no processo administrativo disciplinar – PAD restringe-se ao exame da regularidade do procedimento e da legalidade do ato, à luz dos princípios do contraditório, da ampla defesa e do devido processo legal, não sendo possível nenhuma incursão no mérito administrativo. 8. Uma vez que se concluiu, no PAD, pela (fundada) existência de ato ímprobo, a penalidade infligida não podia ser outra que não a máxima, pois "a autoridade administrativa não dispõe de discricionariedade para aplicar ao servidor pena diversa de demissão quando caraterizadas as hipóteses previstas no artigo 132 da Lei 8.112/1990" (Súmula 650/STJ). 9. É pacífico no STJ o entendimento de que há independência das instâncias disciplinar e penal, razão pela qual pode o órgão acusador ter se convencido da inexistência de elementos capazes de configurar algum crime e, por outro lado, ter o Poder Público concluído que os elementos seriam suficientes para a deflagração de processo disciplinar, sem que isso implique incongruência. 10. Agravo interno não provido (AgInt no MS 26.990/DF, Rel. Min. Gurgel de Faria, 1.ª Seção, j. 02.05.2023, *DJe* 09.05.2023).

DIREITO ADMINISTRATIVO. AGRAVO INTERNO NO RECURSO EM MANDADO DE SEGURANÇA. PREGÃO ELETRÔNICO. VIOLAÇÃO AO DEVER DE SIGILO DAS PROPOSTAS. DESCLASSIFICAÇÃO DE LICITANTE VENCEDORA. ATO IMPUTÁVEL À LICITANTE. ATUAÇÃO REGULAR DA ADMINISTRAÇÃO. ILEGALIDADE NÃO EVIDENCIADA. AUSÊNCIA DE DIREITO LÍQUIDO E CERTO. 1. Tendo o recurso sido interposto contra acórdão publicado na vigência do Código de Processo Civil de 2015, devem ser exigidos os requisitos de admissibilidade na forma nele previsto, conforme Enunciado Administrativo n. 3/2016/STJ. 2. Os autos são oriundos de mandado de segurança impetrado por Grabin Obras e Serviços Urbanos – Eirele contra ato atribuído ao Secretário de Estado de Administração e Desburocratização de Mato Grosso do Sul, visando a anulação do ato administrativo que a desclassificou no certame licitatório destinado a contratação de serviços de limpeza e conservação com fornecimento de materiais (Pregão Eletrônico 127/2019-SAD). 3. É ressabido que o processo de licitação está submetido à cláusula de sigilo das propostas, em consonância com os princípios da isonomia, impessoalidade, moralidade e eficiência, nos termos do art. 3.º, *caput* e § 3.º da Lei 8.666/93. 4. Da análise dos autos, não se vislumbram razões para alterar o acórdão recorrido, porquanto, como bem lá assentado, restou incontroverso que houve quebra no sigilo das propostas, com a indevida identificação de um dos licitantes para a equipe condutora do certame, não obstante o alerta constante no sistema para o não preenchimento do referido campo em caso de prestação de serviços. 5. Sendo assim, é de se considerar que a desclassificação da impetrante se deu de forma regular, porque em observância aos ditames legais e em decorrência de ato negligente a si imputável, de forma que não se vislumbra ilegalidade no ato apontado como coator. 6. Agravo interno não provido (AgInt no RMS 66.091/MS, Rel. Min. Benedito Gonçalves, 1.ª Turma, j. 11.04.2023, *DJe* 18.04.2023).

PROCESSUAL CIVIL. ADMINISTRATIVO. RECURSO ESPECIAL. ENUNCIADO ADMINISTRATIVO N. 2/STJ. MANDADO DE SEGURANÇA. LICITAÇÃO. EMPATE FICTO ENTRE PARTICIPANTES. LC 123/2006. TRATAMENTO DIFERENCIADO. DIREITO DE PREFERÊNCIA. VERIFICAÇÃO DE ENQUADRAMENTO OU NÃO DA EMPRESA COMO MICROEMPRESA OU EMPRESA DE PEQUENO POR-

TE. NECESSÁRIA DILAÇÃO PROBATÓRIA. NÃO CONFIGURAÇÃO DE DIREITO LÍQUIDO E CERTO. INADEQUAÇÃO DA VIA ELEITA. PRECEDENTES. RECURSO ESPECIAL PROVIDO. 1. Inicialmente é necessário consignar que o presente recurso atrai a incidência do Enunciado Administrativo n. 2/STJ: "Aos recursos interpostos com fundamento no CPC/1973 (relativos a decisões publicadas até 17 de março de 2016) devem ser exigidos os requisitos de admissibilidade na forma nele prevista, com as interpretações dadas, até então, pela jurisprudência do Superior Tribunal de Justiça". 2. O Mandado de Segurança visa proteger direito líquido e certo, sendo essa consubstanciada em prova pré-constituída e irrefutável da certeza do direito a ser tutelado. 3. No presente caso, diante de fatos controversos, somente com a realização de perícia contábil é que se poderia saber qual o efetivo alcance econômico das receitas próprias da recorrente para assim confrontá-lo com os limites traçados na LC 123/2006 para daí admiti-la ou não como uma microempresa ou empresa de pequeno porte com direito de preferência. 4. Diante da não comprovação de direitos plenamente verificáveis, em razão da necessidade de dilação probatória para o deslinde de questão controversa, imperiosa se mostra a reforma do acórdão recorrido e restabelecimento da sentença de primeiro grau por nítida inviabilidade da via eleita utilizada pela recorrida WELLPARK. 5. Prejudicada a análise de violação aos demais dispositivos diante do conhecimento da preliminar de inadequação da via eleita. 6. Recurso especial provido (REsp 1.707.996/PE, Rel. Min. Mauro Campbell Marques, 2.ª Turma, j. 13.12.2022, *DJe* 15.12.2022).

PROCESSO CIVIL. AGRAVO INTERNO NO RECURSO EM MANDADO DE SEGURANÇA. CONTRATO ADMINISTRATIVO. PRESTAÇÃO DE SERVIÇOS TERCEIRIZADOS. PRETENSÃO DE REPACTUAÇÃO DECORRENTE DE CONVENÇÃO COLETIVA DE TRABALHO. FATO PREVISÍVEL. PREVISÃO EM CLÁUSULA CONTRATUAL. FIXAÇÃO DE REQUISITOS. POSSIBILIDADE. NÃO CUMPRIMENTO PELO IMPETRANTE. ALEGADO DIREITO LÍQUIDO E CERTO NÃO COMPROVADO. 1. Considerado que o recurso foi interposto contra decisão publicada na vigência do Código de Processo Civil de 2015, devem ser exigidos os requisitos de admissibilidade na forma nele previsto, conforme Enunciado Administrativo n. 3/2016/STJ. 2. Os autos são oriundos de mandado de segurança impetrado contra ato que deferiu o pleito administrativo de repactuação dos custos do contrato firmado entre as partes, em face de convenção coletiva de trabalho, porém, limitando os seus efeitos à data do requerimento protocolizado pelo impetrante, em face da previsão contida na cláusula contratual 9.2. 3. A jurisprudência desta Corte é firme no sentido de que o aumento salarial dos empregados em razão de convenção coletiva de trabalho não configura fato imprevisível a justificar a repactuação contratual. Precedentes: AgInt no REsp 1.797.714/DF, Rel. Min. Benedito Gonçalves, Primeira Turma, *DJe* 30/09/2021; REsp 1.824.099/GO, Rel. Min. Herman Benjamin, Segunda Turma, *DJe* 29/10/2019; AgInt no REsp 1.484.581/PE, Rel. Min. Assusete Magalhães, Segunda Turma, *DJe* 11/04/2019. 4. No caso dos autos, verifica-se que, embora haja expressa previsão contratual de repactuação decorrente de convenção coletiva, a impetrante não cumpriu os requisitos nela previstos para fins de aplicação dos efeitos retroativos, os quais, diferentemente do alegado, não se mostram eivados de ilegalidade, porquanto não evidenciam qualquer abusividade ou vício de consentimento. 5. Agravo interno não provido (AgInt no RMS 65.937/MT, Rel. Min. Benedito Gonçalves, 1.ª Turma, j. 03.10.2022, *DJe* 05.10.2022).

RECURSO EM MANDADO DE SEGURANÇA. ADMINISTRATIVO E PROCESSUAL CIVIL. LICITAÇÃO. PREENCHIMENTO DE REQUISITOS DO EDITAL. PARECER TÉCNICO CONSTANTE DO PROCESSO ADMINISTRATIVO QUE ATESTA A CONFORMIDADE DOS EQUIPAMENTOS COM O EDITAL. INVIABILIDADE DE DILAÇÃO PROBATÓRIA. ALEGAÇÃO DE VÍCIO NA REPRESENTAÇÃO DA PES-

SOA INDICADA PELO FABRICANTE DOS PRODUTOS LICITADOS. INEXISTÊNCIA DE COMPROVAÇÃO CABAL DO ALEGADO VÍCIO. AUSÊNCIA DE DIREITO LÍQUIDO E CERTO. 1. Trata-se, na origem, de Mandado de Segurança impetrado por Interativa Soluções em Impressão Ltda. contra alegado ato coator do Secretário de Estado da Secretaria de Estado da Administração e da Previdência do Estado do Paraná – SEAP/PR, consubstanciado na declaração da empresa Tecprinters Tecnologia de Impressão Ltda. como vencedora da licitação na modalidade pregão, para registro de preço por período de 12 meses de serviços de reprografia. O valor adjudicado foi de R$ 15.673.764,48 (quinze milhões, seiscentos e setenta e três mil, setecentos e sessenta e quatro reais e quarenta e oito centavos), válidos para agosto de 2018. 2. A segurança foi denegada. 3. A parte impetrante questiona a habilitação da empresa Tecprinters com base em dois argumentos: a) a declaração utilizada pela autoridade coatora para tomar sua decisão não possuiria validade no plano jurídico, porque subscrita por pessoa sem poderes para tanto; b) o Parecer Técnico 986.745 da Celepar apontaria o descumprimento do instrumento convocatório pela empresa vencedora, Tecprinters. 4. O argumento de que o Sr. Pedro Luiz Gross não teria poderes para prestar declaração acerca da capacidade e das especificações técnicas dos equipamentos deve ser rejeitado. 5. Verifica-se que os diretores da Ricoh Brasil S/A, empresa fabricante dos equipamentos em debate, Luiz Guilherme Bairão Carmagani e João Luiz Cavalcante dos Santos, outorgaram amplos poderes para representação da pessoa jurídica em qualquer espécie de licitação, conforme consta da procuração de fl. 258. 6. O instrumento outorgou amplos poderes ao funcionário para representar a empresa fabricante em qualquer processo licitatório, abrangendo a prestação dos esclarecimentos solicitados pela Administração Pública quanto aos equipamentos multifucionais. Referido documento não vedou, em nenhum momento, a emissão de declaração que beneficie terceiros. 7. Além disso, foram carreados aos autos documentos que comprovam que os outorgantes eram, efetivamente, diretores da Ricoh Brasil S/A à época em que conferida a procuração questionada, inexistindo, ademais, indícios de fraude, ilegalidade ou de ato praticado além dos poderes outorgados (fls. 824, 835-836). A parte recorrente não demonstrou cabalmente a invalidade da declaração do fabricante pela suposta inexistência de poderes de representação. 8. O Parecer Técnico 986746 da Celepar limitou-se a anotar que a documentação técnica do protocolo 15.301.067-6 não permitiu aos técnicos da Celepar aferir, em um primeiro momento, o detalhamento das características comuns e obrigatórias da totalidade dos equipamentos. Diferentemente do alegado pela parte ora agravante, em momento algum foi atestada a desconformidade dos equipamentos multifuncionais elencados pela Tecprinters com as especificações técnicas editalícias. 9. O aludido parecer técnico (fls. 267-270) limita-se a registrar que "não foi encontrada na documentação técnica do equipamento referência à capacidade...", o que é totalmente distinto de consignar que houve o descumprimento das especificações do edital. 10. Após apresentados esclarecimentos pelo fabricante (fls. 155-266), análises de recursos administrativos (fls. 382-417) e confecção do Parecer administrativo 996.212 (fls. 373-381), do órgão técnico, Celepar, o Diretor-Geral da Secretaria de Estado da Administração e da Previdência concluiu pela conformidade dos equipamentos com as normas editalícias. 11. Os documentos apresentados pela parte recorrente não servem para desconstituir cabalmente os esclarecimentos prestados pelo fabricante, corroborados pelo parecer técnico administrativo e pela decisão da pregoeira, que gozam de presunção de veracidade e legitimidade. Além disso, tal pretensão demandaria análise técnica, mediante dilação probatória, o que não é compatível com o rito do Mandado de Segurança. 12. Recurso Ordinário não provido (RMS 68.433/PR, Rel. Min. Herman Benjamin, 2.ª Turma, j. 21.06.2022, *DJe* 29.06.2022).

Cabe mandado de segurança contra ato praticado em licitação promovida por sociedade de economia mista ou empresa pública (Enunciado 333 da Súmula do STJ, 1.ª Seção, j. 13.12.2006, *DJ* 14.02.2007, p. 246).

9. LIMINAR

ADMINISTRATIVO. MANDADO DE SEGURANÇA. CONCURSO PÚBLICO. NOMEAÇÃO E POSSE AMPARADAS POR DECISÃO NÃO DEFINITIVA. EXERCÍCIO DO CARGO DESDE 1996. REFORMA DO JULGADO EM SEGUNDA INSTÂNCIA. DESFAZIMENTO DA NOMEAÇÃO POR ATO ADMINISTRATIVO. SUSPENSÃO DO ATO IMPETRADO POR LIMINAR DEFERIDA PELO STJ, NO PRESENTE *WRIT*. ACÓRDÃO DO STJ RECONHECENDO A IRREVERSIBILIDADE DA SITUAÇÃO. APOSENTADORIA SUPERVENIENTE DA IMPETRANTE. DISTINÇÃO EM RELAÇÃO AO TEMA 476/STF (RE 608.482/RN). PRECEDENTES DO STF E DO STJ. JUÍZO NEGATIVO DE RETRATAÇÃO. ART. 1.040, II, DO CÓDIGO DE PROCESSO CIVIL. ACÓRDÃO MANTIDO. I. Na hipótese, os autos foram devolvidos para exercício do juízo de retratação, de que cuida o art. 1.040, inciso II, do CPC/2015, ao fundamento de que o acórdão, proferido pela Primeira Seção do STJ, em 26/06/2013, teria contrariado o entendimento firmado pelo STF, no RE 604.482/RN (Tema 476), no sentido de que "não é compatível com o regime constitucional de acesso aos cargos públicos a manutenção no cargo, sob fundamento de fato consumado, de candidato não aprovado que nele tomou posse em decorrência de execução provisória de medida liminar ou outro provimento judicial de natureza precária, supervenientemente revogado ou modificado". II. No acórdão sob exame, a Primeira Seção do STJ, citando vários precedentes, reconheceu a nulidade de ato administrativo que, após a conclusão do processo judicial, tornara sem efeito a nomeação da parte impetrante, por ausência de prévio contraditório. Todavia, considerando que, em tais casos, a jurisprudência autoriza a repetição do ato, desde que precedido de processo administrativo, o Colegiado avançou, e, levando em conta o tempo transcorrido desde a nomeação (quase 15 anos), concedeu a ordem, para garantir à impetrante "a permanência no cargo para o qual foi nomeada, diante da irreversibilidade da situação". Registrou o acórdão ora sob exame que, "com a segurança denegada por sentença transitada em julgado, catorze anos depois da posse e quatro anos do trânsito em julgado, foi tornada sem efeito a nomeação sem processo, defesa ou contraditório", concluindo, no caso, em face de suas peculiaridades, pelo "avanço maior da jurisprudência para contemplar, em definitivo, mas de de forma excepcionalíssima, a situação fática consolidada". III. Não obstante o entendimento firmado pelo STF, no Tema 476 da repercussão geral (RE 608.482/RN, Rel. Ministro Teori Zavascki, julgado em 07/08/2014, *DJe* de 29/10/2014), há precedente unânime, transitado em julgado, também da Suprema Corte, sobre caso em tudo semelhante ao presente, no qual se entendeu que "necessário se faz, portanto, o *distinguish* com os termos do RE 608.842, que não abriga a hipótese em que o afastamento da teoria do fato consumado do caso concreto retira a aposentadoria do servidor mantido no cargo por força de decisão precária em processos cuja duração não observa o art. 5.º, LXXVIII, da Carta Magna (...)" (STF, AgRg no RE 740.029/DF, Rel. Ministro Alexandre de Moraes, Primeira Turma, *DJe* de 02/10/2018). No voto-vista proferido no aludido julgado, acompanhando a posição do Relator, no STF, o Ministro Roberto Barroso registrou que, "no entanto, pela análise dos votos proferidos naquele julgamento [RE 608.482/RN], percebo que não foram contempladas as hipóteses em que o servidor, em razão do decurso do tempo no exercício do cargo, tem a aposentadoria concedida pela Administração Pública. (...) No caso em análise, entendo que as especificidades da causa – em especial o decurso de mais de 21 (vinte e um) anos no cargo e a concessão de aposentadoria voluntária pela Administração Pública – diferem das circunstâncias do precedente firmado no RE 608.482. Nesses casos, em razão do elevado grau de estabilidade da situação jurídica, o princípio da proteção da confiança legítima incide com maior intensidade. (...) Saliento que não é inédito, na jurisprudência desta Corte, a ressalva da situação do servidor já aposentado. Nas ADIs 4.876 e 1.241, ambas de relatoria do Min. Dias Toffoli, que impugnavam normas que efetivavam em cargos públicos servidores que não se submeteram ao prévio e necessário concurso público, o STF, ao julgá-las inconstitucionais, ressalvou dessas decisões os servidores que já estavam inativados e também aqueles que, até a data de publicação da ata desses julgamentos, já tivessem preenchido os requisitos para aposentadoria". IV. Na mesma direção já decidiu o STJ, em situação análoga, afastando, em face de excepcional peculiaridade, a aplicação do aludido precedente qualificado do STF, registrando que, "embora o vínculo de trabalho fosse precário, o vínculo previdenciário, após as contribuições previdenciárias ao regime próprio, consolidou-se com a reunião dos requisitos para a concessão de aposentadoria. A legislação federal estabelece a cassação da aposentadoria apenas nos casos de demissão do servidor público e de acumulação ilegal de cargos (arts. 133, § 6.º, e 134 da Lei 8.112/1990), não havendo, portanto, respaldo legal para impor a mesma penalização quando o exercício do cargo é amparado por decisões judiciais precárias e o servidor se aposenta por tempo de contribuição durante esse exercício após legítima contribuição ao sistema" (STJ, MS 20.558/DF, Rel. Ministro Herman Benjamin, Primeira Seção, *DJe* de 31/03/2017). Em igual sentido: STJ, REsp 696.924/DF, Rel. Ministro Antonio Saldanha Palheiro, Sexta Turma, *DJe* de 28/08/2017; MS 14.647/DF, Rel. Ministra Laurita Vaz, Terceira Seção, *DJe* de 03/09/2012. V. Na situação sob exame, o ato de nomeação da impetrante para o cargo foi mantido, inicialmente por liminar e sentença, posteriormente reformada, em 2.º Grau, e, depois, por liminar e julgamento da Primeira Seção do STJ, vindo a impetrante, na pendência deste processo, a ter sua aposentadoria concedida, por ato publicado em 20/02/2017. Com efeito, a nomeação da parte impetrante ocorreu em 02/02/1996 e foi desfeita quase 15 (quinze) anos depois, em 16/07/2010, por ato posteriormente suspenso, no mês seguinte, em 04/08/2010, pela liminar deferida pelo STJ, nos autos do presente Mandado de Segurança. Na sequência, a Primeira Seção concedeu a segurança, em 26/06/2013, e, por fim, a parte impetrante juntou aos autos cópia do ato de concessão de sua aposentadoria, publicado em 20/02/2017. VI. Consequentemente, o caso não comporta retratação, pois, conforme orientação que veio a se firmar na jurisprudência, a tese adotada no Tema 476/STF não autoriza a desconstituição de aposentadoria. VII. Acórdão anterior mantido (MS 15.471/DF, Rel. Min. Assusete Magalhães, 1.ª Seção, j. 02.03.2023, *DJe* 08.03.2023).

PROCESSUAL CIVIL. TRIBUNAL DE ORIGEM QUE DETERMINA SUSPENSÃO DO FEITO EM RAZÃO DA AFETAÇÃO DO TEMA 1.079/STJ. PEDIDO FORMULADO NOVAMENTE PELO AGRAVANTE. AUSÊNCIA DE INTERESSE RECURSAL QUANTO AO PONTO. PEDIDO DE SUBSTITUIÇÃO PROCESSUAL OU LITISCONSÓRCIO DA UNIÃO. AUSÊNCIA DE ENFRENTAMENTO DO TEMA PELO TRIBUNAL DE ORIGEM. DESPROVIMENTO DO AGRAVO INTERNO MANUTENÇÃO DA DECISÃO RECORRIDA. I – Na origem, trata-se de agravo de instrumento interposto pela parte Serviço Social da Indústria – SESI e Serviço Nacional de Aprendizagem Industrial contra decisão do juízo de primeiro grau que deferiu em parte o pedido liminar nos autos de Mandado de Segurança. No Tribunal *a quo*, a decisão foi mantida. II – A alegação do agravante quanto ao pedido de suspensão dos autos em razão do Tema 1.079 já foi deferido pelo Tribunal de origem, o que demonstra a ausência de interesse recursal, em que pese o Tribunal não ter citado ambos os recursos especiais repetitivos afetados, tendo citado somente o REsp 1.898.532/CE. Isso basta para que se entenda que se trata da suspensão do Tema repetitivo. III – Quanto ao pedido de substituição processual ou litisconsórcio, o pedido deve ser dirigido às instâncias ordinárias, especificamente ao juízo de primeiro grau, porquanto não foi enfrentada no acórdão do tribunal de origem. IV – Agravo interno improvido (AgInt no AREsp 2.179.085/SP, Rel. Min. Francisco Falcão, 2.ª Turma, j. 22.05.2023, *DJe* 24.05.2023).

PROCESSUAL CIVIL. AGRAVO EM RECURSO ESPECIAL. PARTICIPAÇÃO EM CONCURSO MEDIANTE LIMINAR DEFERIDA EM MANDADO DE SEGURANÇA. POSTERIOR DESISTÊNCIA DA AÇÃO. 1. A medida liminar que não vem a ser confirmada em julgamento definitivo de mérito, tendo em vista a denegação da ordem por extinção processual sem resolução de mérito decorrente de pedido de desistência, não enseja o direito líquido e certo do interessado em permanecer nas demais etapas do certame, inclusive o curso de formação ou a eventual investidura no cargo. 2. Agravo conhecido para dar provimento ao recurso especial (AREsp 2.289.319/BA, Rel. Min. Mauro Campbell Marques, 2.ª Turma, j. 16.05.2023, *DJe* 19.05.2023).

PROCESSUAL CIVIL. ADMINISTRATIVO. MANDADO DE SEGURANÇA. LOTEAMENTO. PROPRIEDADE. QUITAÇÃO DO VALOR. NECESSIDADE. DIREITO LÍQUIDO E CERTO. AUSÊNCIA. LIMINAR INDEFERIDA. DECRETO MUNICIPAL. ACÓRDÃO RECORRIDO. FUNDAMENTO NÃO IMPUGNADO. APLICAÇÃO DAS SÚMULAS N. 283 E 284, AMBAS DO STF. I – Na origem, trata-se de agravo de instrumento interposto pelo Município de Aparecida de Goiânia contra a decisão que, nos autos do mandado de segurança impetrado contra o Prefeito do mesmo município, concedeu, em parte, a medida liminar postulada pelos impetrantes para determinar a suspensão dos efeitos do art. 9.º do Decreto municipal n. 283/2021 que concede a propriedade das unidades habitacionais do Residencial Pátio Andaluz em detrimento do direito líquido e certo dos possuidores do imóvel, ao responsável pelo loteamento irregular. II – No Tribunal *a quo*, a decisão foi reformada para revogar a medida liminar concedida. Esta Corte conheceu do agravo para negar provimento ao recurso especial. III – A jurisprudência do Superior Tribunal de Justiça é firme no sentido de que, se as razões recursais apresentadas pelo recorrente estão dissociadas dos fundamentos do acórdão recorrido não é possível conhecer do recurso especial, por aplicação dos óbices das Súmulas n. 283 e 284, ambas do STF. IV – O acórdão recorrido se originou de decisão liminar deferida em primeira instância, porém revogada pelo Tribunal de Justiça do Estado de Goiás. Em razão da natureza instável de decisão desse jaez, incide, por analogia, o entendimento, segundo o qual "não cabe recurso extraordinário contra acórdão que defere medida liminar" (enunciado n. 735 da Súmula do STF). A propósito: (AgInt no AREsp n. 1.447.307/RJ, relator Ministro Francisco Falcão, Segunda Turma, *DJe* 9/9/2019, AgInt no AREsp 1.307.603/SP, relator Ministro Francisco Falcão, Segunda Turma, *DJe* 29/10/2018 e REsp n. 1.701.603/SP, relator Ministro Herman Benjamin, Segunda Turma, *DJe* 19/12/2017). V – O Tribunal de origem adotou o fundamento de que o instrumento negocial particular é título hábil para a aquisição da propriedade pelos ocupantes das unidades imobiliárias objeto de Reurb apenas quando acompanhado da prova de quitação das obrigações por parte dos adquirentes. VI – Tal interpretação da Lei n. 13.465/2017 está em consonância com o Decreto n. 9.310/2018, que regulamentou o texto legal, nos seguintes termos: "Art. 50. Registrada a CRF, será aberta matrícula para cada uma das unidades imobiliárias regularizadas. Parágrafo único. Nas hipóteses de ter sido celebrado compromisso de compra e venda, contrato de a cessão ou promessa de cessão, este será título hábil para a aquisição da propriedade pelos ocupantes das unidades imobiliárias objeto de Reurb quando acompanhado da prova de quitação das obrigações do adquirente e será registrado nas matrículas das unidades imobiliárias correspondentes resultantes da regularização fundiária". VII – Tais fundamentos são suficientes para manter o acórdão recorrido e atraem a incidência, por analogia, dos óbices contidos nos enunciados n. 283 e 284, ambos da Súmula do STF. VIII – Agravo interno improvido (AgInt no AREsp 2.207.722/GO, Rel. Min. Francisco Falcão, 2.ª Turma, j. 13.03.2023, *DJe* 16.03.2023).

AGRAVO INTERNO EM MANDADO DE SEGURANÇA. ADMINISTRATIVO. SERVIDOR PÚBLICO. PROCESSO ADMINISTRATIVO DISCIPLINAR. PENA DE DEMISÃO. PRETENSÃO DE REVISÃO DA PENALIDADE APLICADA. PEDIDO DE LIMINAR. AUSÊNCIA DOS REQUISITOS PARA CONCES-

SÃO DA TUTELA DE URGÊNCIA. PRESUNÇÃO DE LEGALIDADE DO ATO ADMINISTRATIVO. INEXISTÊNCIA DE PERIGO NA DEMORA. DECISÃO MANTIDA. I – Trata-se de mandado de segurança, com pedido liminar, impetrado por ex-servidor do Ministério das Relações Exteriores objetivando a declaração de nulidade dos atos do processo administrativo disciplinar que culminou na sua demissão ou, alternativamente, redução proporcional da pena aplicada, com a devida reintegração ao cargo, bem como indenização por danos morais. A tutela de urgência foi indeferida monocraticamente, sendo interposto agravo interno. II – A concessão de liminar em mandado de segurança demanda a presença dos requisitos centrais à tutela de urgência, quais sejam, o *fumus boni iuris* e o *periculum in mora*. III – Pois bem, *prima facie*, não se verifica a presença do *fumus boni iuris*. O ato administrativo tem fé pública e goza de presunção de legalidade, legitimidade e veracidade. Somente em situações excepcionais, desde que haja prova robusta e cabal, se pode autorizar o afastamento da justificativa do interesse público à sua desconstituição, o que não se verifica de pronto no caso concreto. IV – As robustas informações prestadas pela autoridade apontada como coatora infirmam as alegações aduzidas pelo impetrante e corroboram a presunção de legalidade do ato administrativo, afastando, por conseguinte, o requisito de *fumus boni iuris* quanto ao direito alegado pela parte. Frise-se, por oportuno, que, a despeito da alegação nesse sentido, a parte não demonstra a existência de fato novo capaz de alterar, de plano e pelo juízo de cognição sumária, as circunstâncias fático-jurídicas reiteradamente analisadas e que não justificam a concessão de medida liminar em seu benefício. V – Ademais, ausente também o *periculum in mora*, já que, caso reconhecido o direito, poderá vir a ser processado o pedido de revisão pretendido, sem prejuízo iminente que justifique o deferimento da medida liminar. A alegação de tratar-se, o impetrante, de pessoa idosa impõe a já identificada prioridade na tramitação dos autos e não é suficiente, no caso, para caracterizar o perigo da demora, conforme pretende o recorrente. VI – Agravo interno improvido (AgInt no MS 28.038/DF, Rel. Min. Francisco Falcão, 1.ª Seção, j. 29.11.2022, *DJe* 01.12.2022).

10. LIMINAR E RECURSO CABÍVEL

PROCESSUAL CIVIL. RECURSO ORDINÁRIO EM MANDADO DE SEGURANÇA. DESCABIMENTO. ACÓRDÃO DE JULGAMENTO DE MEDIDA LIMINAR. 1. Não cabe recurso ordinário, com fundamento no art. 105, inciso II, alínea "b", da Constituição da República, contra acórdão que julga agravo de instrumento interposto contra decisão de indeferimento de medida liminar. 2. Recurso ordinário em mandado de segurança não conhecido (RMS 69.902/MS, Rel. Min. Mauro Campbell Marques, 2.ª Turma, j. 08.11.2022, *DJe* 17.11.2022).

PEDIDO DE RECONSIDERAÇÃO NO *HABEAS CORPUS* RECEBIDO COMO AGRAVO REGIMENTAL. IMPETRAÇÃO INDEFERIDA LIMINARMENTE. *WRIT* CONTRA DECISÃO QUE INDEFERIU LIMINAR EM MANDADO DE SEGURANÇA. ENUNCIADO N. 691 DO STF. AUSÊNCIA DE PATENTE ILEGALIDADE. AGRAVO REGIMENTAL DESPROVIDO. 1. Apresentado no prazo legal de 5 dias, o pedido de reconsideração deve ser recebido como agravo regimental, nos termos dos arts. 258 e 259 do Regimento Interno do Superior Tribunal de Justiça. Precedentes. 2. É incabível *habeas corpus* contra decisão monocrática de Desembargador que indefere liminar em mandado de segurança impetrado na origem. 3. Nos termos do art. 16, parágrafo único, da Lei n. 12.016/2009, contra a decisão do relator que conceder ou denegar a medida liminar em mandado de segurança cabe o recurso de agravo ao órgão competente, o qual, *in casu*, não foi interposto. Neste cenário, a atuação desta Corte importaria indevida supressão de instância. 4. Pleito que também encontra óbice no enunciado n. 691 da Súmula do Supremo Tribunal Federal, aplicável ao caso, já que o ato apontado como coator consiste em decisão de natureza precária proferida por Desembargador do Tribunal de origem. 5. A juntada do documento faltante – decisão proferida pela magistrada de 1.º grau – que não é capaz de alterar o cenário, uma vez que o pedido foi indeferido momentaneamente, considerando o sigilo interno do feito, e em aguardo à manifestação do órgão ministerial que, por sua vez, já apresentou parecer parcialmente favorável à parte, devendo o mérito do pedido, desta maneira, aguardar o pronunciamento final do Tribunal de Justiça do Rio Grande do Sul nos autos do Mandado de Segurança n. 5073535-14.2020.8.21.70000-RS. 6. Agravo regimental desprovido (AgRg no HC 628.804/RS, Rel. Min. Ribeiro Dantas, 5.ª Turma, j. 15.12.2020, DJe 18.12.2020).

TRIBUTÁRIO. MANDADO DE SEGURANÇA. AGRAVO DE INSTRUMENTO CONTRA CONCESSÃO DE LIMINAR. ALEGAÇÃO DE VIOLAÇÃO DO ART. 1.022 DO CPC/2015. INEXISTENTE. ALEGAÇÕES DE VIOLAÇÕES DOS ARTS. 300 DO CPC/2015 E 7.º, III, DA LEI N. 12.016/2009. PRETENSÃO DE REEXAME FÁTICO-PROBATÓRIO. PRETENSÃO DE EXAMINAR OS REQUISITOS ENSEJADORES DA IMPETRAÇÃO DE MANDADO DE SEGURANÇA. INCIDÊNCIA DO ENUNCIADO N. 7 DA SÚMULA DO STJ. INCIDÊNCIA, POR ANALOGIA, DO ENUNCIADO N. 735 DA SÚMULA DO STF. ALEGAÇÃO DE VIOLAÇÕES DOS ARTS. 104 E 178, AMBOS DO CTN. ACÓRDÃO COM FUNDAMENTO EMINENTEMENTE CONSTITUCIONAL. ACÓRDÃO FUNDAMENTADO EM LEI LOCAL. INCIDÊNCIA, POR ANALOGIA, DO ENUNCIADO N. 280 DA SÚMULA DO STF. RECURSO EXTRAORDINÁRIO INTERPOSTO NOS AUTOS. ALEGAÇÃO DE DIVERGÊNCIA JURISPRUDENCIAL. DEFICIÊNCIA DA FUNDAMENTAÇÃO. INCIDÊNCIA, POR ANALOGIA DO ENUNCIADO N. 284 DA SÚMULA DO STF. I – Na origem trata-se de agravo de instrumento contra decisão que, em mandado de segurança, deferiu liminar contra ato a ser praticado pelo Subsecretário Adjunto de Fiscalização do Estado do Rio de Janeiro e outros. Na liminar, objetiva-se a concessão da medida para que seja determinado à autoridade coatora que se abstenha de exigir o recolhimento da contribuição de 10% para o FEEF instituído pela Lei n. 7.428/2016 e Decreto n. 45.810/2016 (regulamentador), bem como criar empecilhos em função do eventual não recolhimento da aludida contribuição (negativa de certidões positivas com efeito de negativas, protesto, Cadin Estadual etc.). No Tribunal *a quo*, deu-se provimento ao agravo de instrumento, cassando a liminar. II – No tocante à apontada violação do 1.022, II, do CPC/2015, decorrente da perpetuação da omissão supostamente existente na decisão impugnada, registro que não assiste razão à recorrente. III – A partir da análise do acórdão recorrido, em conjunto com a decisão integrativa, é possível verificar que o Tribunal de origem adotou fundamentação necessária e suficiente à solução da parcela da controvérsia que lhe foi devolvida, tendo apreciado, de modo coerente e satisfatório, as questões imprescindíveis ao julgamento da causa. IV – Em relação à impossibilidade de que a superveniência de lei importe a revogação de isenções fiscais conferidas em função de determinadas condições, manifestou-se o Tribunal de origem no sentido de afastar a questão, considerando que a Lei Estadual n. 7.428/2016, responsável por amparar o ato supostamente coator impugnado, não promoveu a revogação total do benefício fiscal em tela, apenas postergou, transitoriamente, o seu usufruto. Depreende-se o exposto do fragmento do voto condutor da decisão integrativa transcrito a seguir: "Inobstante o aduzido pelo Embargante, tem-se que a Lei n.º 7.428/16 não revogou totalmente o referido benefício fiscal, deixando apenas de usufruir, transitoriamente, da integralidade deste, diante de sua redução, em 10%. Outrossim, deve ser salientado que o parágrafo único do art. 4.º da citada lei bem como o art. 9.º do Decreto n.º 45.810/2016 asseguram a prorrogação do prazo de fruição do benefício pelo período necessário ao ressarcimento do montante depositado no FEEF". V – Portanto, tendo em vista que o Tribunal de origem, ao julgar os embargos declaratórios opostos, pronunciou-se de modo embasado e suficiente ao saneamento da mácula constatada no acórdão recorrido, conclui-se que não subsiste qualquer omissão capaz de ensejar a oposição de novos embargos de declaração. VI – Conforme a pacífica jurisprudência do Superior Tribunal de Justiça, não ocorre a violação do art. 1.022, II, do CPC/2015, quando as questões discutidas nos autos são analisadas, mesmo que implicitamente, ou ainda afastadas de modo fundamentado pela Corte Julgadora, posto que a mera insatisfação da parte, com o conteúdo decisório exarado, não autoriza a oposição de embargos declaratórios. VII – No que diz respeito às supostas violações dos arts. 300 do CPC/2015 e 7.º, III, da Lei n. 12.016/2009, registro que o recurso especial não merece conhecimento. VIII – A irresignação da recorrente, quanto à revogação da tutela liminar que lhe foi concedida, vai de encontro às convicções do Julgador Originário, que, com lastro no conjunto probatório acostado aos autos, decidiu cassar a decisão concessiva, por concluir que a verificação dos requisitos autorizadores do deferimento da liminar pleiteada demandaria dilação probatória. Afere-se o exposto dos fragmentos do voto condutor da decisão integrativa transcritos a seguir: "Rechaça-se também a alegação de que eventual ressarcimento traria prejuízos futuros ao Embargante pela natureza de sua atividade de longo prazo (construção de plataformas), eis que inexistem elementos nos autos capazes de comprovar, inequivocamente, a possibilidade do dano". (...) "Dito de outro modo, como aduzido pelo ERJ em suas contrarrazões, eventual especificidade da situação do ora Embargante, a afastar a contribuição ao FEEF, dependeria de produção de prova técnica, o que se mostra incabível em sede de mandado de segurança". IX – A revisão do entendimento acima retratado, por meio da reinterpretação dos dispositivos legais federais reputados violados, implicaria, necessariamente, o reexame de elementos fático-probatórios, o que é vedado no âmbito estreito do recurso especial, em virtude da incidência do óbice constante da Súmula n. 7 do STJ, segundo a qual (in verbis): "A pretensão de simples reexame de prova não enseja recurso especial". X – Ademais, mesmo que afastado o óbice acima pronunciado, a matéria tratada nos dispositivos legais em comento (arts. 300 do CPC/2015 e 7.º, III, da Lei n. 12.016/2009) refere-se aos pressupostos imprescindíveis à concessão de tutela liminar de natureza cautelar em mandado de segurança, mediante decisão precária, ou seja, passível de modificação e pendente de confirmação ou revogação na sentença, obtida a partir de cognição meramente sumária. XI – O entendimento do Superior Tribunal de Justiça consolidou-se no sentido de que, em regra, por não representar pronunciamento definitivo acerca do direito postulado, a decisão que defere ou indefere medida liminar acautelatória não tem o condão de ensejar a violação da legislação federal, razão pela qual contra ela não cabe recurso especial. XII – O acórdão recorrido, assim como a decisão concessiva de tutela liminar por ele cassada, sustenta caráter precário, motivo pelo qual não enseja a interposição do apelo nobre. Incide na hipótese, por analogia, o óbice constante da Súmula n. 735 do STF, segundo a qual (in verbis): "Não cabe recurso extraordinário contra acórdão que defere medida liminar". XIII – No que se refere às supostas violações dos arts. 104 e 178, ambos do CTN, registro que o recurso especial não merece conhecimento. XIV – Verifica-se, a partir da análise conjunta do acórdão recorrido e da decisão proferida em via de embargos declaratórios, que a parcela da controvérsia devolvida ao Tribunal de origem, alusiva à matéria contida no art. 178 do CTN, foi dirimida com amparo em fundamentos de índole tanto constitucional quanto infraconstitucional, ambos suficientes à manutenção da decisão impugnada, sendo estes últimos limitados às interpretação e aplicação de normas locais. Infere-se o exposto do fragmento do voto condutor da decisão integrativa transcrito a seguir: "Por outro prisma, deferir-se a liminar pretendida pelo Embargante, sem a declaração de inconstitucionalidade da lei que instituiu o FEEF, significaria negar-lhe vigência e violar o princípio da legalidade tributária e da reserva de plenário, em franca colisão com a Súmula n.º 10 do STF ('Viola a cláusula de reserva de plenário (CF, artigo 97) a decisão de órgão fracionário de tribunal que, embora não declare expressamente a inconstitucionalidade de lei ou ato normativo do Poder Público, afasta sua incidência, no todo ou em parte'). Inobstante o aduzido pelo Embargante, tem-se que a Lei n.º 7.428/16 não revogou totalmente o referido benefício fiscal, deixando apenas de usufruir, transitoriamente, da integralidade deste, diante de sua redução, em 10%. Outrossim, deve ser salientado que o parágrafo único do art. 4.º da citada lei bem como o art. 9.º do Decreto n.º 45.810/2016 asseguram a prorrogação do prazo de fruição do benefício pelo período necessário ao ressarcimento do montante depositado no FEEF". XV – Observa-se ainda que, em nenhum momento, o princípio da anterioridade tributária anual foi abordado, pelo Tribunal de origem, à luz do disposto no art. 104 do CTN, mas sim com enfoque eminentemente constitucional. Inclusive, ao versar sobre a matéria, o fundamento do acórdão recorrido faz remissão direta à decisão proferida em Representação de Inconstitucionalidade da Lei Estadual n. 7.428/2016, ajuizada e distribuída sob o n. 0063240-02.2016.8.19.0000 no Tribunal de origem. Afere-se o exposto do fragmento do voto condutor do acórdão recorrido que segue transcrito: "A questão foi submetida ao Plenário do E. Órgão Especial deste Tribunal de Justiça, sendo declarado, por maioria, que inexiste ofensa ao princípio da anterioridade tributária, principal fundamento da liminar agravada (...)". XVI – Depreende-se do art. 105, III, da Constituição Federal, que a competência do Superior Tribunal de Justiça, na via do recurso especial, encontra-se vinculada à interpretação e à uniformização do direito infraconstitucional federal. XVII – Considerando que, ao dispor sobre as matérias em comento, o acórdão recorrido contemplou a interpretação de regramentos e princípios constitucionais, fica inviabilizada a análise da questão pelo Superior Tribunal de Justiça, na via estreita do recurso especial, sob pena de usurpação da competência constitucionalmente atribuída ao Supremo Tribunal Federal, para processar e julgar recursos extraordinários (art. 102, III, da Constituição Federal). No mesmo sentido: AgInt no AREsp n. 862.012/SP, Rel. Ministro Herman Benjamin, Segunda Turma, julgado em 9/8/2016, *DJe* 8/9/2016; AgInt no AREsp n. 1097441/SP, Rel. Ministro Mauro Campbell Marques, Segunda Turma, julgado em 24/10/2017, *DJe* 31/10/2017. XVIII – Ressalte-se, por oportuno, que, contra o acórdão proferido pelo Tribunal de origem, a parte ora recorrente interpôs, além de recurso especial, recurso extraordinário, o que afasta a aplicação, ao caso em tela, da fungibilidade recursal prevista no art. 1.032, do CPC/2015. Nesse sentido: AgInt no REsp n. 1.531.075/SC, Rel. Ministro Mauro Campbell Marques, Segunda Turma, julgado em 9/8/2016, *DJe* 19/8/2016; AgInt no REsp n. 1.626.653/PE, Rel. Ministra Assusete Magalhães, Segunda Turma, julgado em 26/9/2017, *DJe* 6/10/2017; e EDcl no REsp n. 1.694.848/RS, Rel. Ministro Herman Benjamin, Segunda Turma, julgado em 19/4/2018, *DJe* 21/11/2018. XIX – Ademais, a solução da controvérsia com base nas interpretação e aplicação da legislação local, no caso, da Lei Estadual n. 7.428/2016, também inviabiliza a apreciação da matéria controvertida por esta Corte Superior, em via de recurso especial, aplicando-se à hipótese, por analogia, o óbice constante da Súmula n. 280 do STF, segundo a qual (*in verbis*): "Por ofensa a direito local não cabe recurso extraordinário". Nesse sentido: AgInt no AREsp n. 970.011/SP, Rel. Ministra Assusete Magalhães, Segunda Turma, julgado em 18/5/2017, *DJe* 24/5/2017; REsp n. 1.711.689/MG, Rel. Ministro Herman Benjamin, Segunda Turma, julgado em 11/9/2018, *DJe* 21/11/2018.) XX – No que tange à suposta violação do art. 1.º da Lei n. 12.016/2009, registro que o recurso especial tampouco merece ser conhecido. XXI – O cumprimento da incumbência de promover a uniformização interpretativa do direito infraconstitucional federal, por meio do processamento e julgamento dos recursos especiais, constitucionalmente atribuída ao Superior Tribunal de Justiça (art. 105, III, da Constituição Federal), exige não apenas a indicação do dispositivo legal federal supostamente contrariado pelo Tribunal de origem, mas também a delimitação da violação da matéria insculpida no regramento indicado. XXII – Da mesma forma, o desempenho do encargo acima retratado fica comprometido quando o recorrente, apesar de indicar o dispositivo infraconstitucional federal reputado malferido, deixa de evidenciar a suposta violação, ou ainda de demonstrar como ocorreu tal ofensa. XXIII – A partir da análise das razões recursais, é possível verificar que a recorrente não logrou explicitar de que modo teria ocorrido a alegada afronta ao art. 1.º da

Lei n. 12.016/2009, que diz respeito às hipóteses de cabimento do mandado de segurança, sobretudo porque o acórdão recorrido não comportou a análise das condições da ação, dos pressupostos processuais, tampouco do mérito da ação mandamental, limitando-se à apreciar o pedido de concessão de tutela liminar. XXIV – Diante da aludida deficiência recursal, aplica-se ao caso, por analogia, o óbice constante da Súmula n. 284 do STF, segundo a qual (*in verbis*): "É inadmissível o recurso extraordinário, quando a deficiência na sua fundamentação não permitir a exata compreensão da controvérsia". XXV – Ademais, mesmo que afastado o óbice acima pronunciado, não prosperaria a irresignação da recorrente, quanto à suposta violação do art. 1.º da Lei n. 12.016/2009. XXVI – Isso porque, de acordo com a pacífica jurisprudência do Superior Tribunal de Justiça, o recurso especial é meio inadequado à veiculação da pretensão de examinar os requisitos ensejadores da impetração de mandado de segurança, porquanto a verificação da ausência ou existência de provas suficientes à caracterização da afronta a direito líquido e certo requer o revolvimento dos elementos fáticos e probatórios dos autos, providência vedada no âmbito do recurso especial, diante do óbice da Súmula n. 7 do STJ. XXVII – No tocante à parcela recursal lastreada no art. 105, III, c, da Constituição Federal, observa-se que, conforme prevê o art. 255, § 1.º, do RISTJ, para a constatação da assinalada divergência jurisprudencial, é de rigor a caracterização das circunstâncias que identificam os casos confrontados. Cabe a quem recorre demonstrar tais circunstâncias, por meio da designação das similitudes fática e jurídica existentes entre os julgados, bem como da indicação dos dispositivos legais interpretados nos arestos em cotejo, com a transcrição dos trechos necessários à aludida demonstração. XXVII – Porém, a partir do exame das razões recursais, é possível verificar que os dispositivos infraconstitucionais federais, cujas interpretações supostamente ensejaram o dissídio pretoriano assinalado pela recorrente, quais sejam, os arts. 104 e 178 do CTN, sequer foram apreciados no acórdão recorrido, o qual, conforme anteriormente mencionado, fundamentou-se na análise de dispositivos tanto constitucionais quanto pertencentes à legislação local. XXVIII – Portanto, a recorrente não logrou efetuar o necessário e suficiente cotejo analítico entre a decisão recorrida e aquelas paradigmáticas. Dessa forma, não ficaram demonstradas, claramente, as alegadas incompatibilidades de entendimento, tampouco a identidade dos casos comparados, o que inviabiliza o conhecimento da parcela recursal embasada na suposta divergência jurisprudencial, atraindo, por analogia, a incidência do óbice da Súmula n. 284 do STF. XXIX – Agravo interno improvido (AgInt no REsp 1.767.485/RJ, Rel. Min. Francisco Falcão, 2.ª Turma, j. 26.03.2019, *DJe* 29.03.2019).

PROCESSO CIVIL. AGRAVO REGIMENTAL. AGRAVO DE INSTRUMENTO CONTRA DECISÃO DE RELATOR NO TRIBUNAL DE ORIGEM QUE INDEFERE PEDIDO DE LIMINAR EM MANDADO DE SEGURANÇA ORIGINÁRIO. NÃO CABIMENTO. 1 – Nos termos do que dispõe o Código de Processo Civil, existem apenas duas hipóteses para o cabimento de agravo dirigido ao Superior Tribunal de Justiça, quais sejam: a) da decisão que não admite o recurso especial (artigo 544 do CPC); b) das decisões interlocutórias proferidas por juiz federal nas causas em que são partes, de um lado, Estado estrangeiro ou organismo internacional, e, do outro, Município ou pessoa residente ou domiciliada no País (artigo 539, II, "b" e parágrafo único do CPC). 2 – É incabível a interposição de agravo de instrumento ao STJ desafiando decisão que nega ou concede liminar em mandado de segurança originário de tribunal. 3 – Agravo regimental improvido (AgRg no Ag 1.432.972/PR, Rel. Min. Sérgio Kukina, 1.ª Turma, j. 10.06.2014, *DJe* 20.06.2014).

TESE JURÍDICA: "É cabível a interposição de agravo de instrumento contra decisão de magistrado de primeira instância que indefere ou concede liminar em mandado de segurança".

PROCESSUAL CIVIL. ADMINISTRATIVO. RECURSO ESPECIAL. REPRESENTATIVO DE CONTROVÉRSIA. ART. 543-C, DO CPC. AGRAVO DE INSTRUMENTO CONTRA DECISÃO CONCESSIVA OU DENEGATÓRIA DE LIMINAR EM MANDADO DE SEGURANÇA EM PRIMEIRO GRAU DE JURISDIÇÃO. CABIMENTO. 1. O agravo é o recurso cabível contra a decisão que defere ou indefere liminar em Mandado de Segurança, a teor dos arts. 527, II, e 588, do CPC, com a novel redação dada pela Lei 9.139/95. Precedentes do STJ: REsp 776.667/SE, Rel. Ministro Luiz Fux, Primeira Turma, *DJ* 26/04/2007; AgRg no Ag 837.628/SP, Rel. Ministro Arnaldo Esteves Lima, Quinta Turma, *DJ* de 21.05.2007; REsp 829.938/RJ, Rel. Ministro Castro Meira, Segunda Turma, *DJ* de 25.08.2006; e REsp 743.154/AL, Rel. Ministro Teori Albino Zavascki, Primeira Turma, *DJ* de 27.06.2005. 2. A supressão de recurso tendente a modificar o provimento liminar, em sede de *writ*, viola os princípios constitucionais processuais da ampla defesa e do de *process of law*. 3. É que subtrair a possibilidade de interpor Agravo de Instrumento contra a decisão, que concede ou denega a liminar em mandado de segurança, ressoa incompatível com os cânones da ampla defesa e do devido processo legal de previsão jusconstitucional. 4. Dessarte, considerando que o agravo é instrumento recursal que desafia qualquer decisão interlocutória, independentemente do rito inerente à ação, correta se mostra a sua utilização contra a decisão concessiva ou denegatória de liminar em mandado de segurança. 5. A abalizada doutrina sobre o tema não discrepa ao assentar que: "A afirmativa de que a Lei n. 1.533/51 especificou os dispositivos do Código de Processo Civil aplicáveis, especificação esta exaustiva, não resiste, data venia, à menor análise. Sem invocação daquele Código não será sequer possível processar um mandado de segurança. A Lei n. 1.533/51 não cogita, por exemplo, da capacidade processual, dos procuradores, da competência, da forma, tempo e lugar dos atos processuais, das nulidades, dos requisitos da sentença, assim como se vários outros temas cuja regulamentação é indispensável para que se possa fazer um processo. E tem-se ainda aceito, sem maiores divergências, que aplicável o incidente de uniformização de jurisprudência e admissível a ação rescisória. A primeira, pertinente ao processo de julgamento de recursos. A segunda, meio de impugnação de sentença. Em verdade, aplicam-se supletivamente, sem discussão, numerosíssimas normas do Código, nenhuma delas mencionada na lei. A questão de que aqui se cogita não é peculiar ao mandado de segurança: Outras leis especiais existem e existiram, regulando procedimentos, sem que se questione sobre a aplicabilidade supletiva do que se contém no Código. Como observa Barbi: "parece mais adequado entender que o sistema do Código, como geral que é, deve aplicar-se aos procedimentos regidos em leis especiais, salvo naquele em que essas leis dispuserem em contrário ou em que as normas do Código não se coadunarem com as peculiaridades, do procedimento regido por aquelas leis". Causa, é certo, alguma estranheza o fato de que a Lei n. 1.533/51 se tenha referido a duas matérias, reguladas no Código de Processo Civil, quando é, evidente que muitas outras normas igualmente haverão de aplicar-se. Explica-se em parte. A Lei n. 191/36 foi editada quando ainda vigentes os Códigos estaduais. Não havendo lei federal a que se reportar, sentiu-se a necessidade de enumerar os requisitos da inicial. Sobrevindo-lhe o Código de 1939, o mandado de segurança passou a ser por este regulado. Claro que as normas nele contidas se lhe aplicavam, no que não fossem incompatíveis com o procedimento especial. Malgrado isso, o art. 321 reportou-se aos dispositivos do próprio Código, pertinentes à inicial. Justifica-se, em primeiro lugar, pelo simples fato de se terem repetido vários dispositivos da Lei n. 191. Em segundo, em virtude de a inicial do mandado de segurança apresentar algumas particularidades, o que fez conveniente explicitar que, no mais, seria regulada pelas regras comuns. A Lei n. 1.533/51 também reproduziu a menção aos artigos do Código e os motivos são semelhantes. Relativamente ao litisconsórcio, cumpre reconhecer, a Lei n. 1.533/51 foi redundante ao invocar, como aplicáveis, os arts. 88 a 94 do Código então vigente, compreensivos também da assistência. No texto atual, após a adaptação feita pela Lei n. 6.071/74, limitou-se ia referência ao litisconsórcio, o que enseja o entendimento de que incabível a assistência. Não se haverá de concluir, entretanto, que se teve o propósito de excluir a aplicação de todos os demais dispositivos do Código de Processo Civil o que como salientado, é impossível. Costumam os intérpretes repetir certas afirmações, como se fossem dogmas, daí resultando, muitas vezes, situações paradoxais. Uma delas, tida como regra de hermenêutica, é a de que a lei não contém palavras inúteis, posto que se presume sábio o legislador: *verba cum ei fectu sunt accipienda*. Nem sempre isto é verdade. Pode a lei não ter sido elaborada com obediência melhor técnica, o que não deverá conduzir a que se tirem conclusões, fundadas em posições *a priori*, capazes de levar a um desvio do verdadeiro sentido do texto. Carlos Maximiliano lembra que ps norte-americanos, bem-avisados, formularam diferentemente o princípio. E invoca Sutherland para afirmar: "deve-se atribuir, quando for possível, algum efeito a toda palavra, cláusula ou sentença". E prossegue: "Não se presume a existência de expressões supérfluas; em regra supõe-se que leis e contratos foram redigidos com atenção e esmero; de sorte que traduzam o objetivo dos seus autores. Todavia é possível, e não muito raro, suceder o contrário; e na dúvida entre a letra e o espírito, prevalece o último". No caso, há que se concluir que era supérfluo o disposto na Lei n. 1.333/51 e, na redação atual, tem como única consequência poder-se afirmar que inadmissível a assistência, embora muito recomendável fosse o contrário. A invocação do art. 20, como salienta Cretella Jr., antes favorece a aplicabilidade dos institutos do Código de Processo Civil do que os afasta. Foram revogados os dispositivos do Código sobre o assunto – ou seja, os que regulavam diretamente o mandado de segurança – e os incompatíveis com a nova lei. Permanecem em vigor os com ela compatíveis. (Ministro Eduardo Ribeiro, em seu texto "Recursos em mandado de segurança (Algumas questões controvertidas)", in "Mandados de Segurança e de Injunção. Estudos de Direito Processual-Constitucional em memória de Ronaldo Cunha Campos", Coordenador Ministro Sálvio de Figueiredo Teixeira pelo Instituto de Direito Processual de Minas Gerais, Editora Saraiva, 1990). 6. Sobre o *thema decidendum*, destaque-se, pela juridicidade de suas razões, os fundamentos desenvolvidos pelo Ministro Teori Albino Zavascki em sede doutrinária: "(...) Atualmente, porém, com a nova feição do recurso de agravo de instrumento, a situação é inteiramente diversa. Hoje, esse recurso é 'dirigido diretamente ao tribunal competente' (CPC, art. 524), onde será 'distribuído incontinenti' (art. 527) e submetido, de imediato, a juízo liminar do relator, que poderá, se for o caso, 'atribuir efeito suspensivo' ou mesmo deferir outra medida adequada a salvaguardar o direito de eventuais riscos de lesão (art. 527, III). Portanto, o agravo de instrumento e recurso que propicia o mais pronto reexame do tema controvertido, equiparando-se, com a consequência de torná-lo dispensável, ao meio substitutivo anteriormente utilizado, ou seja, o de outro mandado de segurança. Assim, não há mais substância alguma no argumento de que o agravo e recurso incompatível com a índole do mandado de segurança. Pelo contrário: é a via recursal mais afinada com a celeridade que se pretende impor a essa ação constitucional. (...)" (in *Antecipação da Tutela*, 5.ª edição, São Paulo, Saraiva, 2008, p. 248-253). 7. A título de argumento *obiter dictum*, sobreleva notar, que a novel legislação disciplinadora do mandado de segurança individual e coletivo (Lei 12.016/2009) não afasta a possibilidade de interposição de agravo de instrumento contra liminar concedida nas ações movidas contra o poder público e seus agentes, ao revés, prevê expressamente em seu art. 15, *verbis*: "Art. 15. Quando, a requerimento de pessoa jurídica de direito público interessada ou do Ministério Público e para evitar grave lesão à ordem, à saúde, à segurança e à economia públicas, o presidente do tribunal ao qual couber o conhecimento do respectivo recurso suspender, em decisão fundamentada, a execução da liminar e da sentença, dessa decisão caberá agravo, sem efeito suspensivo, no prazo de 5 (cinco) dias, que será levado a julgamento na sessão seguinte à sua interposição. (...) 8. *In casu*, trata-se de Agravo de Instrumento interposto contra decisão concessiva de liminar em mandado de segurança, proferida pelo Juízo de Direito da Vara da Fazenda Pública da Comarca de São José do Rio Preto, a qual determinou à autoridade, apontada coatora, o fornecimento de medicamentos à impetrante, por tempo indeterminado, até o término do tratamento, consoante decisão de fl. 36. 9. Recurso Especial provido. Acórdão submetido ao regime do art. 543-C do CPC e da Resolução STJ 08/2008 (REsp 1.101.740/SP, Tema Repetitivo 136, Min. Luiz Fux, Corte Especial, j. 04.11.2009, DJe 07.12.2009).

11. LITISCONSÓRCIO

PROCESSUAL CIVIL. AMBIENTAL. APP. ACESSO AO CANAL CAPRI. CONSTRUÇÃO DE TRAPICHE. MUNICIPALIDADE. CERTIDÃO DE CONFORMIDADE AMBIENTAL. INDEFERIMENTO. CONFLITO DE COMPETÊNCIA. INTERESSE DA UNIÃO. LITISCONSORTE PASSIVO. CITAÇÃO. NECESSIDADE. EXTINÇÃO DO FEITO. APLICAÇÃO DA SÚMULA N. 631 DO STF. I – Na origem, trata-se de conflito de competência instaurado entre o Juízo de Direito da 2.ª Vara Cível de São Francisco do Sul e o Juízo Federal da 6.ª Vara Cível de Joinville – SJ/S nos autos de mandado de segurança impetrado contra ato reputado ilegal atribuído ao Secretário do Meio Ambiente do Município de São Francisco do Sul. II – Esta Corte extinguiu a ação sem resolução de mérito, afastando a existência de conflito de competência entre os juízos. III – A jurisprudência do Superior Tribunal de Justiça é firme no sentido de que a ausência de citação de litisconsorte passivo necessário, não obstante a manifesta existência de múltiplos interesses da União no feito, enseja a aplicação do entendimento consolidado na Súmula n. 631 do STF, que prescreve a extinção do feito sem resolução do mérito. IV – O impetrante alega que solicitou certidão de conformidade ambiental objetivando a instalação de sistema de apoio náutico em acesso ao Canal do Capri, que foi indeferido pela autoridade coatora. Aduziu, ainda, que os fundamentos da negativa não subsistem, ressaltando que não houve argumento idôneo à denegação do pedido de autorização para o simples ingresso no caminho já existente. V – O impetrante objetiva, em resumo, provimento jurisdicional para obter o livre acesso ao aludido corpo hídrico, além de declaração de conformidade ambiental para construção de um trapiche no local. VI – O município informou que está em tratativas com a União para implantação de um parque linear em toda a extensão do Canal do Capri, salientando a pretensão de definir quais áreas deverão ser prioritárias para conservação, integralmente recuperadas, ou convertidas em estruturas públicas de lazer e de apoio náutico. VII – A edilidade destacou, ainda, a promoção de inúmeras demandas por parte do Ministério Público Federal contemplando a referida localidade, sustentando que deve ser mantida preservada, pois constitui APP, além de ser afeta à Superintendência de Patrimônio da União – SPU que, por sua vez, reiterou o interesse na área. VIII – O objeto dos autos interfere sobre patrimônio do ente federal. Nesse sentido, a Lei n. 12.016/2009, que disciplina o mandado de segurança, estabelece que: "Art. 2.º Considerar-se-á federal a autoridade coatora se as consequências de ordem patrimonial do ato contra o qual se requer o mandado houverem de ser suportadas pela União ou entidade por ela controlada". IX – Conforme dispõe o art. 114 do CPC/2015: "O litisconsórcio será necessário por disposição de lei ou quando, pela natureza da relação jurídica controvertida, a eficácia da sentença depender da citação de todos que devam ser litisconsortes". X – Instado sobre eventual interesse no aditamento da inicial, o impetrante manifestou a intenção de manter, como autoridade coatora, apenas o Secretário do Meio Ambiente do Município de São Francisco do Sul. XI – Sob pena de comprometer a legalidade do procedimento, a Súmula n. 631 do STF determina: "Extingue-se o processo de mandado de segurança se o impetrante não promove, no prazo assinado, a citação do litisconsorte passivo necessário". A propósito, confira-se: (AR n. 4.847/DF, relator Ministro Sérgio Kukina, revisor Ministro Ari Pargendler, Órgão Julgador S1 – Primeira Seção, DJe 4/11/2014). XII – O art. 66 do CPC/2015 dispõe que há conflito de competência quando dois ou mais juízes se declaram competentes, dois ou mais juízes se consideram incompetentes, atribuindo um ao outro a competência, ou, ainda, na hipótese em que entre dois ou mais juízes surge controvérsia acerca da reunião ou separação de processos. O referido dispositivo preceitua, em seu parágrafo único, que o juiz que não acolher a competência declinada deverá suscitar o conflito, salvo se a atribuir a outro juízo. XIII – Com efeito, a imperativa extinção da ação sem resolução de mérito, tal como relatada, afasta a existência de conflito de competência entre os juízos. XIV – Agravo interno improvido (AgInt no CC 194.413/SC, Rel. Min. Francisco Falcão, 1.ª Seção, j. 20.06.2023, *DJe* 22.06.2023).

PROCESSUAL CIVIL. MANDADO DE SEGURANÇA. IMPUGNAÇÃO DE DECISÃO JUDICIAL PROFERIDA NO ÂMBITO DO JUIZADO ESPECIAL DA FAZENDA PÚBLICA. TURMA DE RECURSOS. CONTROLE DE COMPETÊNCIA. SÚMULA N. 376/STJ. DISCUSSÃO SOBRE INCLUSÃO DA UNIÃO COMO LITISCONSORTE PASSIVO NECESSÁRIO EM DEMANDA RELATIVA À CONCESSÃO DE MEDICAMENTO. RECURSO ORDINÁRIO PROVIDO. I – Trata-se de recurso ordinário em mandado de segurança com pedido de medida cautelar com fundamento no art. 105, II, *b*, da Constituição Federal, no art. 18 da Lei n. 12.016 de 2009, e no art. 1.027, II, *a*, do CPC de 2015, objetivando reformar acórdão ementado pelo Tribunal de Justiça do Estado de Mato Grosso do Sul. II – Nos termos do Enunciado Sumular n. 376/STJ, em regra, compete à turma recursal processar e julgar o mandado de segurança contra ato de juizado especial. III – Contudo, excepcionalmente, admite-se o conhecimento da impetração de mandado de segurança nos Tribunais de Justiça para fins de exercício do controle de competência dos juizados especiais, conforme o precedente RMS n. 48.413/MS, relator Ministro Ricardo Villas Bôas Cueva, Terceira Turma, julgado em 4/6/2019. IV – Na hipótese dos autos, trata-se de questionamento sobre qual é a parte legitimada para fornecimento de medicamento no caso concreto, conforme a legislação de regência, questão, enfim, que perpassa a conclusão meritória da demanda judicial em apreço, mas diz respeito ao exercício do controle de competência dos juizados especiais, porquanto a inclusão ou não da União no feito poderá levar o trâmite e consequente julgamento do processo à Justiça Federal. V – Desse modo, a extinção sem julgamento do mérito do processo em decorrência da não inclusão da União na demanda judicial implica, necessariamente, debate sobre definição da competência, justificando o exercício do controle pelo tribunal de justiça. Nesse sentido: AgInt no RMS n. 67.753/SC, relator Ministro Francisco Falcão, Segunda Turma, julgado em 30/5/2022, *DJe* de 2/6/2022. VI – Dessa forma, correta decisão que deu provimento ao recurso ordinário para, reconhecendo a competência do tribunal de justiça, determinar o retorno dos autos à origem para o regular processamento do feito originário. VII – Agravo interno improvido (AgInt no RMS 70.750/MS, Rel. Min. Francisco Falcão, 2.ª Turma, j. 08.05.2023, *DJe* 10.05.2023).

ADMINISTRATIVO E PROCESSUAL CIVIL. AGRAVO INTERNO NO RECURSO ORDINÁRIO EM MANDADO DE SEGURANÇA. FORNECIMENTO DE MEDICAMENTO REGISTRADO NA ANVISA, MAS NÃO CONSTANTE DOS ATOS NORMATIVOS DO SUS. TEMA 793 DA REPERCUSSÃO GERAL. INEXISTÊNCIA DE LITISCONSÓRCIO PASSIVO NECESSÁRIO. OBRIGAÇÃO SOLIDÁRIA DOS ENTES DA FEDERAÇÃO. IMPETRAÇÃO DIRECIONADA APENAS CONTRA SECRETÁRIO ESTADUAL DE SAÚDE. COMPETÊNCIA DA JUSTIÇA ESTADUAL. AGRAVO INTERNO IMPROVIDO. I. Recurso em Mandado de Segurança interposto contra acórdão publicado na vigência do CPC/2015. II. No acórdão objeto do Recurso Ordinário, o Tribunal de origem manteve decisão da Relatora que julgara extinto, sem resolução de mérito, Mandado de Segurança, impetrado pela recorrente, contra ato do Secretário de Saúde do Estado de Goiás, consubstanciado no não fornecimento de medicamento registrado na ANVISA, mas não constante dos atos normativos do SUS. A aludida decisão monocrática, mantida pelo acórdão recorrido, citando o Tema 793/STF, entendeu necessária a inclusão da União no polo passivo de lide, concluindo, porém, não ser possível determiná-la, no caso, por se tratar de Mandado de Segurança. III. O Supremo Tribunal Federal, ao apreciar o Tema 793 da Repercussão Geral, fixou tese no sentido de que "os entes da federação, em decorrência da competência comum, são solidariamente responsáveis nas demandas prestacionais na área da saúde, e diante dos critérios constitucionais de descentralização e hierarquização, compete à autoridade judicial direcionar o cumprimento conforme as regras de repartição de competências e determinar o ressarcimento a quem suportou o ônus financeiro" (STF, EDcl no RE 855.178/SE, Rel. p/ acórdão Ministro Edson Fachin, Tribunal Pleno, *DJe* de 16/04/2020). IV. Igual entendimento é adotado pela jurisprudência do Superior Tribunal de Justiça, que se orienta no sentido de que o funcionamento do Sistema Único de Saúde é de responsabilidade solidária da União, dos Estados e dos Municípios, de modo que qualquer um destes entes possui legitimidade para figurar no polo passivo da demanda, cabendo à parte autora escolher contra quem deseja litigar, conforme se verifica dos seguintes precedentes: STJ, AgInt no RMS 68.273/GO, Rel. Min. Francisco Falcão, Segunda Turma, *DJe* de 11/11/2022; AgInt no RMS 68.929/GO, Rel. Min. Sérgio Kukina, Primeira Turma, *DJe* de 29/09/2022; AgInt no REsp 1.940.176/SE, Rel. Min. Manoel Erhardt (Desembargador Federal convocado do TRF/5.ª Região), Primeira Turma, *DJe* de 09/12/2021; AREsp 1.841.444/MG, Rel. Min. Herman Benjamin, Segunda Turma, *DJe* de 16/08/2021; AgInt no RE nos EDcl no AgInt no REsp 1.097.812/RS, Rel. Min. Jorge Mussi, Corte Especial, *DJe* de 27/08/2021. V. A Primeira Seção do STJ, ao examinar questão análoga, firmou entendimento no sentido de que, "ao julgar o RE 855.178 ED/SE (Tema 793/STF), o Supremo Tribunal Federal foi bastante claro ao estabelecer na ementa do acórdão que 'É da jurisprudência do Supremo Tribunal Federal que o tratamento médico adequado aos necessitados se insere no rol dos deveres do Estado, porquanto responsabilidade solidária dos entes federados. O polo passivo pode ser composto por qualquer um deles, isoladamente, ou conjuntamente'. (...) é fundamental esclarecer que, ao julgar o RE 855.178/SE (Tema 793), não foram acolhidas pelo Pleno do STF todas as premissas e conclusões do Voto condutor do Ministro Edson Fachin. Ainda que tenha sido apresentada proposta pelo Ministro Edson Fachin que, na prática, poderia implicar litisconsórcio passivo da União, tal premissa/conclusão – repita-se – não integrou o julgamento que a Corte Suprema realizou no Tema 793. (...) o STJ já se manifestou reiteradas vezes sobre a quaestio iuris, estando pacificado o entendimento de que a ressalva contida na tese firmada no julgamento do Tema 793 pelo Supremo Tribunal Federal, quando estabelece a necessidade de se identificar o ente responsável a partir dos critérios constitucionais de descentralização e hierarquização do SUS, relaciona-se ao cumprimento de sentença e às regras de ressarcimento aplicáveis ao ente público que suportou o ônus financeiro decorrente do provimento jurisdicional que assegurou o direito à saúde. Entender de maneira diversa seria afastar o caráter solidário da obrigação, o qual foi ratificado no precedente qualificado exarado pela Suprema Corte" (STJ, RE nos EDcl no AgInt no CC 175.234/PR, Rel. Ministro Herman Benjamin, Primeira Seção, *DJe* de 15/03/2022). VI. Nesse contexto, em se tratando de pretensão de fornecimento de medicamento registrado na ANVISA, ainda que não incorporado em atos normativos do SUS, descabida a necessidade de inclusão da União no polo passivo da demanda. Competência da Justiça estadual para processar e julgar o feito. VII. Recurso em Mandado de Segurança provido, para, afastando a necessidade de inclusão da União no polo passivo da demanda, anular o acórdão recorrido e determinar o retorno dos autos à origem, para que seja dado regular processamento ao Mandado de Segurança. VIII. Agravo interno improvido (AgInt no RMS 67.545/GO, Rel. Min. Assusete Magalhães, 2.ª Turma, j. 24.04.2023, *DJe* 02.05.2023).

TRIBUTÁRIO E PROCESSUAL CIVIL. AGRAVO INTERNO NO AGRAVO EM RECURSO ESPECIAL. ALEGADA VIOLAÇÃO AO ART. 1.022 DO CPC/2015. RAZÕES DO AGRAVO QUE NÃO IMPUGNAM, ESPECIFICAMENTE, A DECISÃO AGRAVADA. SÚMULA 182/STJ. AÇÃO MANDAMENTAL

IMPETRADA VISANDO O AFASTAMENTO DE CONTRIBUIÇÕES PREVIDENCIÁRIAS E DE CONTRIBUIÇÕES A TERCEIROS, INCIDENTES SOBRE VERBAS DA FOLHA DE SALÁRIOS. INEXIGÊNCIA DE FORMAÇÃO DE LITISCONSÓRCIO PASSIVO ENTRE A UNIÃO E AS ENTIDADES BENEFICIÁRIAS DAS CONTRIBUIÇÕES DE TERCEIROS. ORIENTAÇÃO FIRMADA PELA PRIMEIRA SEÇÃO DO STJ, NOS ERESP 1.619.954/SC. ILEGITIMIDADE ATIVA DO EMPREGADOR PARA PLEITEAR A DECLARAÇÃO DA INEXISTÊNCIA DE RELAÇÃO JURÍDICO-TRIBUTÁRIA. INCIDÊNCIA DA CONTRIBUIÇÃO PREVIDENCIÁRIA PATRONAL SOBRE OS REFLEXOS DO AVISO PRÉVIO INDENIZADO. AGRAVO INTERNO PARCIALMENTE CONHECIDO, E, NESSA EXTENSÃO, IMPROVIDO. I. Agravo interno aviado contra decisão que julgara recurso interposto contra *decisum* publicado na vigência do CPC/2015. II. Na origem, trata-se de Mandado de Segurança impetrado pela parte ora recorrente, em face da União, com o objetivo de ver declarada a inexistência de relação jurídico-tributária e a existência do direito à compensação em relação à contribuição previdenciária e às contribuições destinadas a terceiros, incidentes sobre verbas salariais. III. Interposto Agravo interno com razões que não impugnam, especificamente, os fundamentos da decisão agravada – mormente quanto à inexistência de violação ao art. 1.022 do CPC/2015 –, não prospera o inconformismo, no ponto, em face da Súmula 182 desta Corte. IV. Na forma da jurisprudência firmada pela Primeira Seção do STJ, nos EREsp 1.619.954/SC (Relator Ministro Gurgel de Faria, *DJe* de 16/04/2019), a partir da interpretação dos arts. 3.º da Lei 11.457/2007 e 89 da Lei 8.212/91, esse último alterado pela Lei 11.941/2009, a restituição de contribuições destinadas a terceiros, nas hipóteses de pagamento ou recolhimento indevido ou maior que o devido, ocorre nos termos e condições estabelecidos pela Secretaria da Receita Federal do Brasil. O último dispositivo legal acima foi regulamentado – após a criação da "Super Receita" – pelo § 3.º do art. 2.º da Instrução Normativa RFB 900/2008, reproduzido pelo § 3.º do art. 2.º da Instrução Normativa RFB 1.300/2012, e, atualmente, pelo art. 5.º da vigente Instrução Normativa RFB 1.717/2017, segundo o qual compete à Receita Federal do Brasil efetuar a restituição dos valores recolhidos para outras entidades ou fundos, exceto nos casos de arrecadação direta, realizada mediante convênio. Assim, em ação judicial que contenha pedido de restituição ou compensação de contribuições de terceiros, não arrecadadas diretamente por outras entidades ou fundos, a União possui legitimidade exclusiva para figurar no polo passivo da demanda, não havendo que se falar em litisconsórcio passivo entre a União e os beneficiários dessas contribuições. Precedentes: STJ, AgInt no REsp 1.828.602/PR, Rel. Ministro Og Fernandes, Segunda Turma, *DJe* de 28/11/2019; REsp 1.632.302/SC, Rel. Ministro Gurgel de Faria, Primeira Turma, *DJe* de 24/09/2019. V. É firme o entendimento da jurisprudência desta Corte no sentido da ilegitimidade ativa do empregador no que se refere ao pleito de declaração de não incidência de contribuição previdenciária dos empregados. Precedentes: STJ, AgInt no REsp 1.895.544/SC, Rel. Ministro Herman Benjamin, Segunda Turma, *DJe* de 01/07/2021; AgInt no REsp 1.563.612/SC, Rel. Ministro Sérgio Kukina, Primeira Turma, julgado em 30/5/2022, *DJe* de 2/6/2022. VI. No entendimento de ambas as Turmas que integram a Primeira Seção do Superior Tribunal de Justiça, incide a contribuição previdenciária patronal sobre o aviso prévio indenizado e seus reflexos. Precedentes: STJ, AgInt no REsp 1.836.748/RS, Rel. Ministro Gurgel de Faria, Primeira Turma, *DJe* de 17/02/2021; AgInt no REsp 1.921.297/BA, Rel. Ministro Herman Benjamin, Segunda Turma, julgado em 28/6/2021, *DJe* de 1/7/2021. VII. Agravo interno parcialmente conhecido, e, nessa extensão, improvido (AgInt no AREsp 1.929.445/RS, Rel. Min. Assusete Magalhães, 2.ª Turma, j. 26.09.2022, DJe 30.09.2022).

PROCESSUAL CIVIL E TRIBUTÁRIO. SALÁRIO-EDUCAÇÃO. MANDADO DE SEGURANÇA. FUNDO NACIONAL DE DESENVOLVIMENTO DA EDUCAÇÃO – FNDE. LITISCONSÓRCIO E LEGITIMIDADE PASSIVA. INEXISTÊNCIA. 1. Nos termos da Lei n. 12.016/2009, para o polo passivo do mandado de segurança deve ser indicada a autoridade que tenha praticado o ato impugnado ou da qual emane a ordem para a sua prática. 2. Este Tribunal Superior tem entendimento pela não formação de litisconsórcio passivo, em mandado de segurança, entre a autoridade apontada como coatora e o ente federado ou entidade de direito público ao qual é vinculada, porquanto aquela atua como substituto processual. 3. Se não há razão para o reconhecimento de eventual litisconsórcio entre a parte impetrada e a pessoa jurídica à qual está vinculada, muito menos haverá para a inclusão no feito de entidade pública não relacionada com as atribuições da autoridade nem mesmo integrante da relação jurídico-tributária controvertida. 4. A Primeira Seção, no julgamento do EREsp 1.619.954/SC, decidiu pela inexistência de legitimidade das entidades que recebem subvenção econômica para figurarem no polo passivo de ações em que se discute a relação jurídico-tributária. 5. Hipótese em que o recurso não deve ser provido, pois o Tribunal Regional Federal decidiu pela ilegitimidade do FNDE para figurar, como litisconsorte, no polo passivo de mandado de segurança impetrado contra delegado da Receita Federal. 6. Recurso especial não provido (REsp 1.632.302/SC, Rel. Min. Gurgel de Faria, 1.ª Turma, j. 03.09.2019, *DJe* 24.09.2019).

PROCESSUAL CIVIL. AGRAVO INTERNO NO RECURSO ESPECIAL. MANDADO DE SEGURANÇA. INGRESSO DE LITISCONSORTE ATIVO. INADMISSIBILIDADE. 1. A jurisprudência desta Corte firmou entendimento de que não se admite o ingresso de litisconsorte ativo em mandado de segurança após o despacho da inicial, por expressa vedação legal, nos termos do art. 10, § 2.º, da Lei 12.016/2009, segundo o qual o ingresso de litisconsorte ativo não será admitido após o despacho da petição inicial e que opera-se a decadência em relação à parte que postula seu ingresso como litisconsorte ativo na relação processual após o decurso do prazo de 120 dias da intimação. 2. Agravo interno não provido (AgInt no REsp 1.335.594/RJ, Rel. Min. Benedito Gonçalves, 1.ª Turma, j. 18.05.2017, *DJe* 24.05.2017).

ADMINISTRATIVO. CONCURSO PÚBLICO. MANDADO DE SEGURANÇA. FORMAÇÃO DE LITISCONSÓRCIO PASSIVO NECESSÁRIO. DESNECESSIDADE. ACÓRDÃO RECORRIDO EM CONSONÂNCIA COM JURISPRUDÊNCIA DO STJ. SÚMULA N. 568 DO STJ. DIREITO LÍQUIDO E CERTO. PROVA PRÉ-CONSTITUÍDA. REEXAME DE PROVAS. SÚMULA N. 7 DO STJ. RECURSO ESPECIAL PARCIALMENTE CONHECIDO E IMPROVIDO. I – Não se conheceu do recurso especial em relação à existência do direito líquido e certo, objeto do mandado de segurança, por implicar em revolvimento do conjunto fático-probatório, com aplicação do enunciado n. 7 da Súmula do STJ. II – A jurisprudência do Superior Tribunal de Justiça firmou-se no sentido de que é dispensável a formação de litisconsórcio passivo necessário em relação aos demais aprovados no concurso público, uma vez que possuem mera expectativa de direito. Precedentes: AgRg no AREsp 151.813/GO, Rel. Ministro Napoleão Nunes Maia Filho, Primeira Turma, julgado em 5/4/2016, *DJe* 11/4/2016; AgRg no AREsp 656.540/PI, Rel. Ministra Assusete Magalhães, Segunda Turma, julgado em 17/3/2016, *DJe* 31/3/2016; e, AgRg no REsp. 1.478.420/RR, Rel. Min. Sérgio Kukina, *DJe* 3.2.2015. III – Agravo interno improvido (AgInt no AREsp 939.391/PI, Rel. Min. Francisco Falcão, 2.ª Turma, j. 09.03.2017, *DJe* 16.03.2017).

12. MANDADO DE SEGURANÇA E COISA JULGADA

A impetração de mandado de segurança interrompe o prazo prescricional em relação à ação de repetição do indébito tributário, de modo que somente a partir do trânsito em julgado do *mandamus* se inicia a contagem do prazo em relação à ação ordinária para a cobrança dos créditos indevidamente recolhidos.

Acórdãos: REsp 1.248.077/PR, Rel. Min. Mauro Campbell Marques, 2.ª Turma, j. 04.08.2015, *DJE* 12.08.2015; AgRg no REsp 1.276.022/RS, Rel. Min. Regina Helena Costa, 1.ª Turma, j. 19.05.2015, *DJE* 28.05.2015; REsp 1.248.618/SC, Rel. Min. Benedito Gonçalves, 1.ª Turma, j. 18.12.2014, *DJE* 13.02.2015; REsp 1.254.615/PE, Rel. Min. Marga Tessler (Juíza Federal convocada do TRF 4.ª Região), 1.ª Turma, j. 16.12.2014, *DJE* 19.12.2014; AgRg no Ag 1.392.595/SC, Rel. Min. Sérgio Kukina, 1.ª Turma, j. 18.03.2014, *DJE* 25.03.2014; AgRg no Ag 1.314.560/RS, Rel. Min. Napoleão Nunes Maia Filho, 1.ª Turma, j. 07.11.2013, *DJE* 02.12.2013 (STJ. Jurisprudência em teses n.º 91. Publicado em 18.10.2017).

PREVIDENCIÁRIO E PROCESSUAL CIVIL. AGRAVO INTERNO NO AGRAVO INTERNO NO AGRAVO EM RECURSO ESPECIAL. CUMPRIMENTO DE SENTENÇA. MANDADO DE SEGURANÇA INDIVIDUAL. ALEGADA VIOLAÇÃO AO ART. 1.022 DO CPC/2015. INEXISTÊNCIA DE VÍCIOS, NO ACÓRDÃO RECORRIDO. INCONFORMISMO. HONORÁRIOS ADVOCATÍCIOS. NÃO CABIMENTO. ART. 25 DA LEI 12.016/2009. SÚMULA 105/STJ. ACÓRDÃO RECORRIDO EM HARMONIA COM A JURISPRUDÊNCIA DO STJ. PRECEDENTES. SÚMULA 83/STJ. AGRAVO INTERNO IMPROVIDO. I. Agravo interno aviado contra decisão que julgara Agravo em Recurso Especial interposto contra decisum publicado na vigência do CPC/2015. II. Trata-se, na origem, de impugnação ao Cumprimento de Sentença apresentada pelo Instituto Nacional do Seguro Social, nos autos do Mandado de Segurança impetrado por José João Batista de Paulo. A sentença rejeitou a impugnação e homologou os cálculos apresentados pela Contadoria Judicial, concluindo que, "descabida a condenação em honorários advocatícios em sede de mandado de segurança, não poderá, por conseguinte, ser cobrada tal verba em execução do julgado, consoante disposto no art. 25 da Lei 12.016/2009, bem como nas Súmulas 512 do STF e 105 do STJ". O Tribunal de origem negou provimento ao recurso de Apelação interposto pela parte exequente, mantendo o afastamento da condenação em honorários advocatícios. III. Não há falar, na hipótese, em violação ao art. 1.022, II, do CPC/2015, porquanto a prestação jurisdicional foi dada na medida da pretensão deduzida, de vez que os votos condutores do acórdão recorrido e do acórdão proferido em sede de Embargos de Declaração apreciaram fundamentadamente, de modo coerente e completo, as questões necessárias à solução da controvérsia, dando-lhes, contudo, solução jurídica diversa da pretendida. IV. Na forma da jurisprudência do STJ, não se pode confundir decisão contrária ao interesse da parte com ausência de fundamentação ou negativa de prestação jurisdicional. Nesse sentido: STJ, EDcl no REsp 1.816.457/SP, Rel. Ministro Herman Benjamin, Segunda Turma, *DJe* de 18/05/2020; AREsp 1.362.670/MG, Rel. Ministro Mauro Campbell Marques, Segunda Turma, *DJe* de 31/10/2018; REsp 801.101/MG, Rel. Ministra Denise Arruda, Primeira Turma, *DJe* de 23/04/2008. V. Nos termos da jurisprudência desta Corte, na fase de cumprimento de sentença em Mandado de Segurança individual, não cabem honorários advocatícios de sucumbência, na esteira do disposto no art. 25 da Lei 12.016/2009 e na Súmula 105/STJ. Nesse sentido: STJ, AgInt no REsp 2.010.538/MG, Rel. Ministro Benedito Gonçalves, Primeira Turma, *DJe* de 30/11.2022; AgInt no REsp 1.968.010/DF, Rel. Ministro Manoel Erhardt (Desembargador Federal convocado do TRF/5.ª Região), Primeira Turma, *DJe* de 11/05/2022; AgInt no REsp 1.960.102/AL, Rel. Ministro Manoel Erhardt (Desembargador Federal convocado do TRF/5.ª Região), Primeira Turma, *DJe* de 09/06/2022; AgInt no REsp 1.931.193/MG, Rel. Ministro Francisco Falcão, Segunda Turma, *DJe* de 24/03/2022, o que atrai, ao caso, a Súmula 83 do STJ. VI. Agravo interno improvido (AgInt no AgInt no AREsp 2.127.997/MG, Rel. Min. Assusete Magalhães, 2.ª Turma, j. 22.05.2023, *DJe* 26.05.2023).

DIREITO PROCESSUAL CIVIL. EMBARGOS DE DECLARAÇÃO. ADVENTO DE SOLUÇÃO DO TEMA 1.056 DOS RECURSOS ESPECIAIS REPETITIVOS. O ARESTO EMBARGADO, AO ANOTAR QUE A

PARTE, COMO PENSIONISTA DE MILITAR PRAÇA, PODERIA DAR ENSEJO AO PROCESSO EXECUTIVO DO MANDADO DE SEGURANÇA COLETIVO, APRESENTOU DIRETRIZ QUE SE ANTAGONIZA COM A TESE VERTIDA NO TEMA 1.056, A QUAL BENEFICIA OS MILITARES DO OFICIALATO. ACLARATÓRIOS ACOLHIDOS COM EFEITOS INFRINGENTES. 1. Os embargos de declaração, muitas vezes mal utilizados como mecanismo de protelação processual, cumprem, lado outro, utilíssima missão de promover o aperfeiçoamento da prestação jurisdicional (EDcl no AgInt no REsp 1.810.705/SP, de minha relatoria, Primeira Turma, *DJe* 20.05.2021). 2. O acórdão ora embargado, proclamado pela Primeira Turma do STJ, foi lavrado em 12.08.2019, tendo-se emitido, nessa oportunidade, a diretriz de que o título executivo havia sido objeto de debate nesta Corte nos autos do EREsp 1.121.981/RJ, no qual se reconheceu que a Vantagem Pecuniária Especial – VPE, criada pela Lei 11.134/2005, devia ser estendida aos servidores do antigo Distrito Federal em razão da vinculação jurídica criada pela Lei 10.486/2002, sem distinções. 3. Ante essa constatação, referendou-se a solução unipessoal do então relator, o Ministro Napoleão Nunes Maia Filho, que tinha dado provimento ao recurso especial para reconhecer a legitimidade ativa da pensionista "para promover a execução e determinar o retorno dos autos ao Tribunal *a quo* a fim de que dê prosseguimento ao feito, julgando-o como entender de direito" (fl. 774). 4. Contudo, após agosto de 2019, quando o aresto embargado foi emitido, sobreveio o julgamento do Tema 1.056 da pauta de recursos especiais julgados sob sistemática repetitiva, tendo sido proclamada a seguinte tese: a coisa julgada formada no Mandado de Segurança Coletivo 2005.51.01.016159-0 (impetrado pela Associação de Oficiais Militares do Estado do Rio de Janeiro – AME/RJ, enquanto substituta processual) beneficia os militares e respectivos pensionistas do antigo Distrito Federal, integrantes da categoria substituída – oficiais, independentemente de terem constado da lista apresentada no momento do ajuizamento do *mandamus* ou de serem filiados à associação impetrante. 5. Ficou plasmado na tese repetitiva que a coisa julgada formada no MS coletivo 2005.51.01.016159-0 alcançaria os militares do oficialato. No caso concreto, a promovente da execução, na qualidade de pensionista, demandou prestação jurisdicional que supostamente caberia a militar praça. O aresto embargado – ao anotar que a parte, como pensionista de militar praça, poderia dar ensejo ao processo executivo do MS coletivo – apresentou diretriz que se antagoniza com a tese vertida no Tema 1.056. 6. Embargos de declaração acolhidos, com excepcional atribuição de efeitos infringentes (EDcl no AgInt no AREsp 1.368.526/RJ, Rel. Min. Manoel Erhardt (Desembargador convocado do TRF5), 1.ª Turma, j. 24.10.2022, *DJe* 28.10.2022).

PROCESSO CIVIL. EXECUÇÃO INDIVIDUAL DE SENTENÇA COLETIVA. AÇÃO COLETIVA ORDINÁRIA PROPOSTA POR ASSOCIAÇÃO. LIMITAÇÃO TERRITORIAL DOS EFEITOS DA DECISÃO. TEMA N. 499 DO STF. RECURSO ESPECIAL PROVIDO PARA RECONHECER A ILEGITIMIDADE DE EXEQUENTE NÃO ABRANGIDO PELA LIMITAÇÃO TERRITORIAL. AGRAVO INTERNO. DECISÃO MANTIDA. I – Na origem, a parte autora ajuizou execução individual de sentença coletiva, na qual se assegurou aos substituídos da ASDNER o direito à implantação e ao pagamento do índice residual de 3,17%, incidindo tal percentual sobre férias, gratificação natalina e gratificações, pagando-lhes as diferenças daí decorrentes, acrescidas de correção monetária e juros, descontando os valores pagos administrativamente a todos os associados arrolados no processo. II – Na sentença, foi acolhida preliminar de ilegitimidade ativa e extinto o feito sem resolução de mérito. No TRF da 5.ª Região, deu-se provimento à apelação da parte autora, ficando consignado que é permitida a execução individual de sentença coletiva proposta por associado domiciliado fora da área da competência territorial do Juízo prolator da decisão coletiva. O recurso especial foi provido para reconhecer a ilegitimidade ativa do exequente nas referidas condições. III – O agravo interno não merece provimento, não sendo as razões nele aduzidas suficientes para infirmar a decisão recorrida, que deve ser mantida por seus próprios fundamentos. IV – A Suprema Corte, no julgamento do RE n. 612.043/PR (Tema n. 499), em regime de repercussão geral, fixou o entendimento no sentido de que a eficácia subjetiva da coisa julgada, formada a partir de ação coletiva, de rito ordinário, ajuizada por associação civil na defesa de interesses dos associados, somente alcança os filiados, residentes no âmbito da jurisdição do órgão julgador, que o fossem em momento anterior ou até a data da propositura da demanda, constantes da relação jurídica juntada à inicial do processo de conhecimento. V – Nessa linha, está bem delimitado e evidenciado no referido acórdão do STF que a tese relativa à limitação territorial dos efeitos da decisão coletiva diz respeito apenas às ações coletivas de rito ordinário, ajuizadas por associação civil, que agem em representação processual, não se estendendo tal entendimento aos sindicatos, que agem na condição de substitutos processuais, nem a outras espécies de ações coletivas, como, por exemplo, o mandado de segurança coletivo ou a ação civil pública. VI – Especificamente quanto à limitação territorial, as razões do agravo interno veiculam argumento pertinente às ações civis públicas. Ocorre que, na hipótese, como bem consignado na decisão recorrida, a ASDNER ajuizou Ação Coletiva de rito ordinário. Assim, não sendo hipótese de Ação Civil Pública, inaplicável o entendimento definido no REsp n. 1.243.887/PR (Tema n. 480). No mesmo sentido, *mutatis mutandis*: REsp n. 1.746.416/PR, relator Ministro Herman Benjamin, Segunda Turma, julgado em 16/8/2018, *DJe* 13.11/2018. VII – Agravo interno improvido (AgInt no REsp 1.993.350/RN, Rel. Min. Francisco Falcão, 2.ª Turma, j. 19.09.2022, *DJe* 21.09.2022).

TESE JURÍDICA: "A coisa julgada formada no Mandado de Segurança Coletivo 2005.51.01.016159-0 (impetrado pela Associação de Oficiais Militares do Estado do Rio de Janeiro – AME/RJ, enquanto substituta processual) beneficia os militares e respectivos pensionistas do antigo Distrito Federal, integrantes da categoria substituída – oficiais, independentemente de terem constado da lista apresentada no momento do ajuizamento do *mandamus* ou de serem filiados à associação impetrante".

PROCESSUAL CIVIL. RECURSO ESPECIAL REPETITIVO. MILITARES DO ANTIGO DISTRITO FEDERAL. VANTAGEM PECUNIÁRIA ESPECIAL. MANDADO DE SEGURANÇA COLETIVO. ASSOCIAÇÃO. SUBSTITUIÇÃO PROCESSUAL. COISA JULGADA. LIMITES SUBJETIVOS. EXECUÇÃO. LEGITIMIDADE. 1. No julgamento do ARE 1.293.130/RG-SP, realizado sob a sistemática da repercussão geral, o Supremo Tribunal Federal reafirmou a sua jurisprudência dominante, estabelecendo a tese de que "é desnecessária a autorização expressa dos associados, a relação nominal destes, bem como a comprovação de filiação prévia, para a cobrança de valores pretéritos de título judicial decorrente de mandado de segurança coletivo impetrado por entidade associativa de caráter civil". 2. Também sob a sistemática da repercussão geral, no julgamento do RE 573.232/RG-SC, o STF – não obstante tenha analisado especificamente a possibilidade de execução de título judicial decorrente de ação coletiva sob o procedimento ordinário ajuizada por entidade associativa – registrou que, para a impetração de mandado de segurança coletivo em defesa dos interesses de seus membros ou associados, as associações prescindem de autorização expressa, que somente é necessária para ajuizamento de ação ordinária, nos termos do art. 5.º, XXI, da CF. 3. O STJ já se manifestou no sentido de que os sindicatos e as associações, na qualidade de substitutos processuais, têm legitimidade para atuar judicialmente na defesa dos interesses coletivos de toda a categoria que representam, por isso, caso a sentença do *writ* coletivo não tenha uma delimitação expressa dos seus limites subjetivos, a coisa julgada advinda da ação coletiva deve alcançar todas as pessoas da categoria, e não apenas os filiados. 4. No título exequendo, formado no julgamento do EREsp 1.121.981/RJ, esta Corte acolheu embargos de divergência opostos pela Associação de Oficiais Militares Estaduais do Rio de Janeiro – AME/RJ "para que a Vantagem Pecuniária Especial – VPE, criada pela Lei n. 11.134/2005, seja estendida aos servidores do antigo Distrito Federal em razão da vinculação jurídica criada pela Lei n. 10.486/2002", não havendo nenhuma limitação quanto aos associados da então impetrante. 5. Acolhidos os embargos de divergência, nos moldes do disposto no art. 512 do CPC/1973 (vigente à época da prolação do aresto), deve prevalecer a decisão proferida pelo órgão superior, em face do efeito substitutivo do recurso. 6. Nos termos do art. 22 da Lei n. 12.016/2009, a legitimidade para a execução individual do título coletivo formado em sede de mandado de segurança, caso o título executivo tenha transitado em julgado sem limitação subjetiva (lista, autorização etc.), restringe-se aos integrantes da categoria que foi efetivamente substituída. 7. Hipótese em que, conforme registrado pelo Tribunal de origem, de acordo com o Estatuto Social, a Associação de Oficiais Militares Estaduais do Rio de Janeiro – AME/RJ tem por objeto apenas a defesa de interesses dos Oficiais Militares, não abarcando os Praças. 8. Para o fim preconizado no art. 1.039 do CPC/2015, firma-se a seguinte tese repetitiva: "A coisa julgada formada no Mandado de Segurança Coletivo 2005.51.01.016159-0 (impetrado pela Associação de Oficiais Militares do Estado do Rio de Janeiro – AME/RJ, enquanto substituta processual) beneficia os militares e respectivos pensionistas do antigo Distrito Federal, integrantes da categoria substituída – oficiais, independentemente de terem constado da lista apresentada no momento do ajuizamento do *mandamus* ou de serem filiados à associação impetrante". 9. Recurso especial provido para cassar o aresto recorrido e reconhecer a legitimidade ativa da parte recorrente para promover a execução, e determinar o retorno dos autos ao Tribunal *a quo*, a fim de que dê prosseguimento ao feito, julgando-o como entender de direito (REsp 1.845.716/RJ, Tema Repetitivo 1.056, Rel. Min. Sérgio Kukina, 1.ª Sessão, j. 21.10.2021, *DJe* 14.12.2021).

AGRAVOS INTERNOS. MANDADO DE SEGURANÇA COLETIVO. EXECUÇÃO. EMBARGOS. EXISTÊNCIA DE *WRIT* ANTERIOR. IDENTIDADE. MESMOS SUBSTITUÍDOS. AUDITORES FISCAIS DA RECEITA FEDERAL. CAUSA DE PEDIR E PEDIDO. RESÍDUO DE 3,17% DA URV. COISA JULGADA. OFENSA. EXTINÇÃO DA EXECUÇÃO. HONORÁRIOS ADVOCATÍCIOS. RAZOABILIDADE. AGRAVOS IMPROVIDOS. 1. Sendo impetrado um primeiro mandado de segurança coletivo, em benefício dos auditores fiscais da Receita Federal do Brasil, buscando integrar na remuneração dos substituídos a diferença de 3,17% decorrente da URV, não pode posteriormente ser impetrado um segundo *mandamus* coletivo com a mesma causa de pedir e pedido, por se tratar de causas idênticas. Precedentes da Terceira Seção do STJ. 2. Já tendo sido iniciada a execução de uma primeira sentença transitada em julgado, incide uma das exceções à predominância da segunda coisa julgada, conforme reconhecido no precedente do STJ, formado no âmbito da Corte Especial, nos Embargos de Divergência em agravo em Recurso Especial 600.811/SP. 3. A primazia de uma segunda coisa julgada em detrimento da primeira não se aplica aos casos nos quais dois mandados de segurança coletivos concederam os mesmos direitos aos substituídos (reajustes remuneratórios), ainda que suas execuções sejam relativas a períodos distintos, porque, ao formar o precedente, a Corte Especial do STJ ressalvou esta situação, dizendo expressamente não ter decidido em confronto com a orientação da Terceira Seção da Corte sobre o tema específico. *Distinguishing*. 4. Considerando, nos termos expostos, que o MS 6.864/DF não foi capaz de formar título executivo válido e eficaz, em face da coisa julgada, a extinção das execuções dele decorrentes e dos respectivos embargos oferecidos pelos executados é o único caminho possível. 5. Os honorários advocatícios foram fixados com base na complexidade da demanda, a partir de parâmetro fixado em precedentes desta Corte. Por isso, não merece alteração. 6. Agravos internos improvidos (AgInt nos EDcl nos EDcl nos EmbExeMS 6.864/DF, Rel. Min. Ribeiro Dantas, 3.ª Seção, j. 27.10.2021, *DJe* 04.11.2021).

PROCESSUAL CIVIL. AGRAVO INTERNO EM RECURSO ESPECIAL. MANDADO DE SEGURANÇA COLETIVO. AUSÊNCIA DE FILIADOS NA CIRCUNSCRIÇÃO. AUSÊNCIA DE LEGITIMIDADE PASSIVA DE DELEGADO DA RECEITA FEDERAL. FALTA DE INTERESSE DE AGIR. REGRA DE COMPETÊNCIA. ALCANCE E EFEITOS DA COISA JULGADA COLETIVA. REGIMES DIVERSOS. AUSÊNCIA DE IMPUGNAÇÃO A FUNDAMENTO AUTÔNOMO PARA MANTER O ACÓRDÃO DE ORIGEM. SÚMULA 283 DO STF. APLICAÇÃO. RECURSO NÃO PROVIDO. 1. Cuida-se na origem de Mandado de Segurança Coletivo impetrado pela Associação Nacional dos Contribuintes de Tributos – ANCT, na qual pede o reconhecimento do direito líquido e certo, em favor de seus associados, de terem excluída a contribuição previdenciária da base de cálculo do PIS e da Cofins. 2. O juízo de primeiro grau denegou a segurança, sob o fundamento de ausência de interesse de agir da Associação, já que na relação de seus associados em São Paulo não consta nenhuma empresa sediada em Jundiaí sujeita à circunscrição de atuação funcional da autoridade apontada como coatora. O Tribunal de origem negou provimento ao apelo da Associação. 3. O Tribunal *a quo* dirimiu a controvérsia nos seguintes termos: "Diante da não comprovação nos autos de que a apelante tenha associados sujeitos à fiscalização por parte do Delegado da Receita Federal em Jundiaí/SP, o juiz indeferiu a petição inicial por falta de interesse *a quo* processual. Embora possa se tratar de caso de substituição processual, isso não significa que o ato coator do Delegado da Receita Federal em Jundiaí/SP atinge também todas as empresas associadas que não tenham domicílio na cidade. Pelo contrário, a legitimidade passiva da autoridade impetrada limita-se aos associados com domicílio fiscal atendido pela Delegacia da Receita Federal na respectiva cidade. (...) O eventual argumento de que pode futuramente arregimentar associados não justifica o interesse na concessão da segurança, salvo se considerarmos que a apelante usará o eventual título judicial em seu favor para conseguir novos filiados, o que implica em busca de finalidade diversa da prevista em lei". 4. A hipótese dos autos não trata da necessidade de juntada da relação de filiados e autorização expressa deles, como aduz o recorrente, mas sim de demonstração mínima de que possui filiados em Jundiaí para o fim de aferição da legitimidade passiva do Delegado da Receita Federal naquela localidade, o que não teria sido comprovado nas instâncias ordinárias, conforme se verifica nas passagens colacionadas acima. 5. O reexame de tais fundamentos pelo Superior Tribunal de Justiça demandaria imersão no substrato fático-probatório dos autos, o que é inviável em Recurso Especial em razão do óbice da Súmula n. 7 desta Corte (AgInt no AREsp 1.410.120/RJ, Rel. Min. Og Fernandes, *DJe* 2.4.2020; e AgInt no AREsp 1.658.163/CE, Rel. Min. Assusete Magalhães, Segunda Turma, *DJe* 10.6.2020). 6. Não se deve confundir competência do juiz que profere a sentença com o alcance e os efeitos decorrentes da coisa julgada coletiva. 7. Disso decorre que o fato de a associação, embora de âmbito nacional, não estar autorizada a ajuizar demanda em qualquer juízo federal, violando as regras de competência, sob o fundamento de que os efeitos da decisão beneficiarão todos os associados em todos os lugares, inclusive os possíveis futuros associados naquela localidade (Judiaí/SP), que se associarão após a vitória judicial. Trata-se, portanto, de ilegítimo método de angariar novos associados. 8. Ademais, a argumentação da recorrente, em seu Recurso Especial, desenvolve-se em demonstrar que "se discute se em mandado de segurança coletivo impetrado por associação é necessário juntar aos autos lista nominal dos associados, sendo que restou pacificado sua desnecessidade". Observa-se, contudo, que a recorrente deixou de impugnar de forma específica o fundamento do *decisum* recorrido relativo à ilegitimidade passiva do Delegado da Receita Federal de Jundiaí, além de não ter comprovado que a referida autoridade cometeu ou estaria em vias de cometer algum ato coator contra os associados, o que atrai a incidência do óbice da Súmula 283 do STF: "É inadmissível o recurso extraordinário, quando a decisão recorrida assenta em mais de um fundamento suficiente e o recurso não abrange todos eles". 9. Agravo Interno não provido (AgInt no REsp 1.913.888/SP, Rel. Min. Herman Benjamin, 2.ª Turma, j. 25.10.2021, *DJe* 04.11.2021).

PROCESSUAL CIVIL. AGRAVO INTERNO NOS EMBARGOS DE DECLARAÇÃO NO RECURSO ESPECIAL. CÓDIGO DE PROCESSO CIVIL DE 2015. APLICABILIDADE. AÇÃO DE COBRANÇA. DIFERENÇAS PRETÉRITAS A MANDADO DE SEGURANÇA COLETIVO. AUSÊNCIA DE INTERESSE DE AGIR. DECLARAÇÃO DO TRIBUNAL DE ORIGEM PELA INEXISTÊNCIA DE COISA JULGADA NO MANDADO DE SEGURANÇA. REEXAME DE PROVAS. IMPOSSIBILIDADE. SÚM. N. 7/STJ. ARGUMENTOS INSUFICIENTES PARA DESCONSTITUIR A DECISÃO ATACADA. APLICAÇÃO DE MULTA. ART. 1.021, § 4.º, DO CÓDIGO DE PROCESSO CIVIL DE 2015. DESCABIMENTO. I – Consoante o decidido pelo Plenário desta Corte na sessão realizada em 09.03.2016, o regime recursal será determinado pela data da publicação do provimento jurisdicional impugnado. *In casu*, aplica-se o Código de Processo Civil de 2015. II – Tendo os autores vinculado a causa de pedir da ação de cobrança ao título executivo a ser formado no mandado de segurança coletivo, o tribunal de origem extinguiu o processo, sem resolução de mérito. Pois, enquanto não formada coisa julgada no do mandado de segurança, não é possível demandar ação ordinária de cobrança das parcelas anteriores à impetração do *writ*. III – Declarada a inexistência de coisa julgada no mandado de segurança coletivo, o provimento do recurso especial quanto à existência de interesse de agir na presente ação de cobrança, depende da aferição de existência de trânsito em julgado de um título formado em sede de mandado de segurança coletivo. Incidência da Súm. n. 7/STJ. IV – Não apresentação de argumentos suficientes para desconstituir a decisão recorrida. V – Em regra, descabe a imposição da multa, prevista no art. 1.021, § 4.º, do Código de Processo Civil de 2015, em razão do mero improvimento do Agravo Interno em votação unânime, sendo necessária a configuração da manifesta inadmissibilidade ou improcedência do recurso a autorizar sua aplicação, o que não ocorreu no caso. VI – Agravo Interno improvido (AgInt nos EDcl no REsp 1.748.988/SP, Rel. Min. Regina Helena Costa, 1.ª Turma, j. 06.04.2020, *DJe* 13.04.2020).

Na ação de mandado de segurança não se admite condenação em honorários advocatícios (Enunciado 105 da Súmula do STJ, Corte Especial, j. 26.05.1994, *DJ* 03.06.1994, p. 13885).

13. MANDADO DE SEGURANÇA E CRIME DE DESOBEDIÊNCIA

PROCESSO PENAL. AGRAVO REGIMENTAL DA DECISÃO QUE NEGOU PROVIMENTO AO RECURSO ORDINÁRIO EM MANDADO DE SEGURANÇA. TESE DE NULIDADE DO ACÓRDÃO RECORRIDO. AUSÊNCIA DE INTIMAÇÃO. INTIMAÇÃO ELETRÔNICA EXPEDIDA. PUBLICAÇÃO NO *DJE*. DESNECESSIDADE DE NOVA INTIMAÇÃO APÓS PEDIDO DE VISTA. INTELECÇÃO DOS ARTS. 101, 105, II, 107 E 153, PAR. ÚN., DO RITRF-4. ORDEM JUDICIAL. QUEBRA DE SIGILO DE DADOS. RECORRENTE. EMPRESA PRESTADORA DE SERVIÇOS DE E-MAIL. DESCUMPRIMENTO. ALEGAÇÃO DE IMPOSSIBILIDADE TÉCNICA E DE AUSÊNCIA DE OBRIGAÇÃO JURÍDICA. IMPROCEDÊNCIA. RECORRENTE CONTROLADA POR EMPRESA QUE EM TESE POSSUIRIA OS DADOS. TRANSFERÊNCIA RESERVADA QUE NÃO CONFIGURA QUEBRA DE SIGILO. POSSIBILIDADE. COOPERAÇÃO JURÍDICA INTERNACIONAL. DESNECESSIDADE. EMPRESA QUE PRESTA SERVIÇOS NO BRASIL. CONTA DE E-MAIL UTILIZADA EM TERRITÓRIO NACIONAL. CIDADÃO BRASILEIRO. CRIMES DE COMPETÊNCIA DA JUSTIÇA BRASILEIRA. MULTA POR DESCUMPRIMENTO DE ORDEM JUDICIAL. ARTS. 536 E 537 DO CPC. PRESERVAÇÃO DA AUTORIDADE E DIGNIDADE DA JURISDIÇÃO. LEGALIDADE. REVISÃO DO VALOR. IMPOSSIBILIDADE. SUCESSIVOS DESCUMPRIMENTOS. AUSÊNCIA DE DESPROPORCIONALIDADE. ELEVADO CAPITAL DA EMPRESA. IMPOSSIBILIDADE DE ADIMPLIR A OBRIGAÇÃO. NÃO DEMONSTRADA. DILAÇÃO PROBATÓRIA. INVIÁVEL. EXECUÇÃO VIA BACENJUD. POSSIBILIDADE. EFETIVIDADE DA MEDIDA. ÓBICE DA LIMINAR CONCEDIDA NA ADC 51/DF. INAPLICABILIDADE AO CASO. AGRAVO REGIMENTAL DESPROVIDO. I – O agravo regimental deve trazer novos argumentos capazes de alterar o entendimento anteriormente firmado, sob pena de ser mantida a r. decisão vergastada por seus próprios fundamentos. II – O art. 153, par. ún., do RITRF-4 dispõe que o relator do mandado de segurança solicitará sua inclusão em pauta de julgamento, cuja publicação, nos termos do art. 101, *caput*, do mesmo Regimento, deve anteceder no mínimo 5 (cinco) dias úteis a data da sessão de julgamento, na qual poderá haver sustentação oral (art. 105, II). Ainda, conforme o art. 107 do RITRF-4, quando houver pedido de vista em feito de natureza penal a reinclusão em pauta não será necessária, pois o processo será apresentado na sessão de julgamento seguinte à data da devolução dos autos. III – Não houve violação aos dispositivos do Regimento Interno da e. Corte Federal que disciplinam o processo e julgamento do mandado de segurança, porquanto o mandado de segurança foi incluído na pauta de julgamento do dia 25/9/2019 ainda em 5/9/2019, oportunidade em que se expediu intimação eletrônica e procedeu-se à publicação no Diário de Justiça Eletrônico. IV – Na presente hipótese, o Juízo da 13.ª Vara Federal de Curitiba/PR determinou que a recorrente, empresa prestadora de serviços de correspondência eletrônica, cumprisse ordem de quebra de sigilo de dados de conta de e-mail de usuário para quem prestaria serviços. A recorrente, contudo, recusou-se a cumprir a ordem, alegando, para tanto, que a conta de e-mail estaria vinculada à Yahoo Inc. (atualmente Oath Inc.), que, a despeito de pertencer ao mesmo grupo societário da recorrente, ostentaria personalidade jurídica distinta. V – Examinada a composição societária da empresa recorrente, verifica-se que esta é controlada pelas empresas norte-americanas Oath Hispanic Americas LLC e AOL Holdings (Brazil) LLC., devendo-se considerar que a Oath Hispanic Americas LLC, para os fins que importam à presente controvérsia, sucedeu a Yahoo Inc., sob cuja guarda estariam os dados requisitados pela ordem judicial. VI – O controle societário que a empresa que possuiria os dados requisitados efetivamente exerce sobre a recorrente permite a aplicação do entendimento firmado pela Corte Especial deste Superior Tribunal de Justiça na APn 845/DF, em que se decidiu que "a mera transferência reservada entre empresa controladora e controlada não constitui, em si, quebra do sigilo, o que só será feito quando efetivamente for entregue à autoridade judicial brasileira" (APN 845/DF, Corte Especial, Rel.ª Min.ª Laurita Vaz, *DJe* 17/4/2013). VII – Os procedimentos de cooperação jurídica internacional não são necessários, visto que a empresa recorrente, para a qual a ordem de quebra de sigilo telemático foi direcionada, opera seus serviços no Brasil e por essa razão deve subordinar-se ao ordenamento jurídico nacional. Cuida-se ainda de conta de e-mail que foi criada por cidadão brasileiro e era utilizada a partir do território nacional para tratar de assuntos relativos a eventuais delitos cuja persecução compete à autoridade jurisdicional brasileira. VIII – A multa por descumprimento de ordem judicial, prevista nos arts. 536 e 537 do CPC (art. 461, § 5.º, do CPC de 1973), aplicável no âmbito penal por força do art. 3.º do CPP, apresenta natureza jurídica sancionatória/coercitiva e tem por objetivo assegurar a força imperativa das decisões judiciais, protegendo a eficiência da tutela do processo e dos interesses públicos envolvidos. Não tem por objetivo punir, ressarcir ou compensar, diga-se, não tem a finalidade de indenizar a parte, tampouco de expropriar o devedor. IX – O art. 139, IV, do CPC/2015 autoriza o Juiz a determinar todas as medidas indutivas, coercitivas, mandamentais ou sub-rogatórias necessárias para assegurar o cumprimento de ordem judicial, inclusive nas ações que tenham por objeto prestação pecuniária. X – Devidamente configurada a desobediência de ordem judicial, legítima a imposição de multa. Carece de fundamento a afirmativa de que a multa teria sido baseada unicamente no instituto da *contempt of court* do direito anglo-saxônico, visto que, por um lado, há normas jurídicas nacionais que amparam a multa por descumprimento de ordem judicial, e, por outro, o acórdão recorrido apenas citou que a multa aplicada aproxima-se mais do instituto, cuja finalidade é, justamente, resguardar a dignidade, a efetividade e a autoridade da jurisdição. XI – A multa cominada, que alcança R$ 6.320.000,00, de fato tem elevado valor. Nota-se, porém, que a multa diária foi arbitrada inicialmente em R$ 10.000,00, tendo sido majorada para R$ 50.000,00 e R$ 200.000,00 apenas após sucessivos descumprimentos da ordem judicial pela recorrente durante largo período. Por conseguinte, não há flagrante ilegalidade ou teratologia que justifique a revisão do valor fixado, sobretudo porque a recorrente não demonstrou, mediante prova pré-constituída, a alegada impossibilidade financeira de fazer frente ao valor. Não admitindo a ação de mandado de segurança dilação probatória, o direito líquido e certo suscitado deveria ter sido comprovado de plano. XII – Embora a multa coercitiva possa ser, em tese, enquadrada como dívida ativa não tributária da União, consoante o art. 39, § 2.º, da Lei 4.320/1964, o que demandaria sua cobrança na forma da Lei de Execuções Fiscais (Lei 6.830/80), na realidade, ao determinar o bloqueio dos valores, o juiz não age como o titular da execução fiscal, dando-lhe início, mas apenas dá efetividade à medida coercitiva anteriormente imposta e não cumprida, tomando providência de natureza cautelar, o que se justifica quando a mera imposição da multa, o seu valor e o decurso do tempo, como no caso, não afetaram a disposição da recorrente em cumprir a ordem judicial. XIII – A decisão liminar que o e. Min. Gilmar Mendes proferiu na ADC 51/DF reservou-se a "impedir a movimentação – levantamento ou qualquer outra destinação específica – dos valores depositados judicialmente à título de astreintes nos processos judiciais em que se discute a aplicação do Decreto Executivo n.º 3.810/2001, que internalizou no Direito brasileiro o Acordo de Assistência Judiciária em Matéria Penal entre o Governo da República Federativa do Brasil e o Governo dos Estados Unidos da América – MLAT" (*DJe* 15/5/2019). A determinação considerou casos em que valores devidos a título de astreintes por descumprimento de ordens judiciais em procedimentos em curso no país foram destinados para a constituição de fundos para financiamento de políticas públicas, como empreendimentos relacionados à execução penal. XIV – Não consta que o Juízo da 13.ª Vara Federal de Curitiba/PR ou mesmo o e. Tribunal Regional Federal da 4.ª Região, no presente caso, tenham conferido ao valor bloqueado da conta bancária da recorrente via BacenJud ou ao total do valor da multa tratamento ou destinação que configurem hipótese que a decisão liminar da ADC 51/DF objetivou impedir. Por conseguinte, o referido julgado não influi na resolução da presente controvérsia. Agravo regimental desprovido (AgRg no RMS 63.200/PR, Rel. Min. Felix Fischer, 5.ª Turma, j. 06.10.2020, *DJe* 16.10.2020).

PENAL. PROCESSO PENAL. INQUÉRITO POLICIAL. ARQUIVAMENTO. PREFEITO E SECRETÁRIO MUNICIPAL. DESCUMPRIMENTO DE ORDEM JUDICIAL EM MANDADO DE SEGURANÇA. FORNECIMENTO DE MEDICAMENTO. COMINAÇÃO DE MULTA DIÁRIA. ART. 1.º, XIV, DO DECRETO-LEI 201/67. CRIME DE RESPONSABILIDADE. DESOBEDIÊNCIA À ORDEM JUDICIAL. ATIPICIDADE. I – Com efeito, nos termos da jurisprudência desta eg. Corte Superior de Justiça, "(...) O crime de desobediência é subsidiário e somente se caracteriza nos casos em que o descumprimento da ordem emitida pela autoridade não é objeto de sanção administrativa, civil ou processual" (AgRg no HC 345.781/SC, Quinta Turma, Rel. Min. Reynaldo Soares da Fonseca, *DJe* 31/05/2016). II – A jurisprudência do STJ e do STF têm por consolidada a aplicação dessa orientação ao delito previsto no art. 1.º, inc. XIV, do Decreto-lei 201/67. A respeito e em casos análogos aos dos autos, ou seja, em que se imputou a Prefeito a conduta prevista no art. 1.º, inc. XIV, do Decreto-lei 201/67 por descumprimento de liminar em ação civil pública ou madamental, para o qual a autoridade judicial estipulara multa diária, destaca-se precedentes dessa col. Corte Superior e do Pleno do Supremo Tribunal Federal: HC 92.655/ES, Quinta Turma, Rel. Min. Napoleão Nunes Maia Filho, *DJ* 25/02/2008; HC 68.144/MG, Quinta Turma, Rel. Min. Gilson Dipp, *DJ* 04/06/2007; Inq 3155, Tribunal Pleno, Rel.ª Min.ª Cármen Lúcia, *DJe* 11/10/2011. Agravo Regimental não provido (AgRg no AREsp 1.175.205/GO, Rel. Min. Felix Fischer, 5.ª Turma, j. 12.12.2017, *DJe* 18.12.2017).

CONSTITUCIONAL. ADMINISTRATIVO. PROCESSUAL CIVIL. *HABEAS CORPUS*. DESPACHO QUE DETERMINA O CUMPRIMENTO DE ORDEM JUDICIAL DE MANDADO DE SEGURANÇA. AUSÊN-

CIA DE CARÁTER DE COAÇÃO. ADVERTÊNCIA GENÉRICA. PRECEDENTES. 1. Cuida-se de *Habeas Corpus* no qual figura como paciente Procurador-Geral de Justiça Estadual que foi intimado em despacho sobre a necessidade de cumprimento imediato de ordem judicial, derivada de mandado de segurança, processado pelo órgão especial de Tribunal de Justiça. 2. "A simples intimação genérica para cumprimento de decisão jurisdicional, sob pena de eventual caracterização de crime de desobediência, não constitui constrangimento à liberdade de locomoção passível de correção pela via do *Habeas Corpus*" (HC 295.826/SC, Rel. Ministro Herman Benjamin, Segunda Turma, *DJe* 25.9.2014). No mesmo sentido: HC 157.499/MS, Rel. Ministra Laurita Vaz, Corte Especial, *DJe* 1.º.7.2011; e HC 134.829/AL, Rel. Ministro Mauro Campbell Marques, Segunda Turma, *DJe* 19.8.2009. Ordem denegada (HC 299.519/AC, Rel. Min. Humberto Martins, 2.ª Turma, j. 20.11.2014, *DJe* 04.12.2014).

PROCESSO PENAL. *HABEAS CORPUS*. ORDEM DE PRISÃO. PROCEDIMENTO CÍVEL. INCOMPETÊNCIA DO MAGISTRADO. ILEGALIDADE. RECONHECIMENTO. 1. No âmbito do Superior Tribunal de Justiça, firmou-se o entendimento jurisprudencial de que, no exercício de jurisdição extrapenal, não é viável a determinação de prisão em razão do crime de desobediência. Ademais, com o advento da Lei 12.403/11, por meio da qual se consagrou a segregação como *ultima ratio*, não se mostra apropriada, em regra, a determinação de prisão decorrente de suposta prática de infração penal de menor potencial ofensivo. 2. Ordem concedida, ratificada a liminar e na esteira do parecer ministerial, para cassar a ordem de prisão expedida em desfavor do paciente no seio do Mandado de Segurança de n.º 2001.004.00540, do Tribunal de Justiça do Estado do Rio de Janeiro

(HC 123.256/RJ, Rel. Min. Maria Thereza de Assis Moura, 6.ª Turma, j. 27.09.2011, *DJe* 10.10.2011).

14. MANDADO DE SEGURANÇA E EMBARGOS INFRINGENTES

PROCESSUAL CIVIL. *HABEAS DATA*. HONORÁRIOS ADVOCATÍCIOS. DESCABIMENTO. 1. É impertinente o pedido de condenação em honorários advocatícios em *habeas data*, tendo em vista que o art. 24, parágrafo único, da Lei n. 8.038/1990, que institui normas procedimentais para os processos em que especifica, dispôs que, "no mandado de injunção e no *habeas data*, serão observadas, no que couber, as normas do mandado de segurança, enquanto não editada legislação específica". 2. O art. 25 da Lei n. 12.016/2009, ao dispor sobre o mandado de segurança individual e coletivo, estabelece: "Não cabem, no processo de mandado de segurança, a interposição de embargos infringentes e a condenação ao pagamento dos honorários advocatícios, sem prejuízo da aplicação de sanções no caso de litigância de má-fé". 3. O preceito legal reproduz o entendimento consagrado na Súmula n. 105/STJ, que explicita: "Na ação de mandado de segurança, não se admite condenação em honorários advocatícios", não havendo ensejo para condenação em honorários advocatícios no *habeas data*. 4. Agravo interno desprovido (AgInt no REsp 1.936.003/RJ, Rel. Min. Gurgel de Faria, 1.ª Turma, j. 25.10.2021, *DJe* 25.11.2021).

PROCESSUAL CIVIL. MANDADO DE SEGURANÇA, APELAÇÃO. RESULTADO NÃO UNÂNIME. AMPLIAÇÃO DO COLEGIADO. ART. 942 DO CPC/2015. INCIDÊNCIA. I – Trata-se de recurso especial interposto contra o acórdão que, em decisão por maioria em apelação, deixou de observar a técnica de ampliação do colegiado, que determina novo julgamento do recurso, prevista no art. 942 do CPC/2015, sob o fundamento de que o mandado de segurança permanece regulado por sua lei específica, nos termos do art. 1.046, § 2.º, do CPC/2015. II – O Código de

Processo Civil de 2015, em seu art. 942, institui a técnica de ampliação do colegiado, segundo a qual o julgamento não unânime da apelação terá prosseguimento em sessão a ser designada com a presença de outros julgadores, convocados em número suficiente para possibilitar a inversão do resultado inicial obtido. III – A técnica de ampliação do colegiado, prevista no art. 942 do CPC/2015, tem por finalidade aprofundar as discussões relativas à controvérsia recursal, seja ela fática ou jurídica, sobre a qual houve dissidência. Cuida-se de técnica de julgamento, e não de modalidade de recursal, conforme depreende-se do rol de recursos enumerados no art. 994 do CPC/2015, razão pela qual a sua aplicação é automática, obrigatória e independente da provocação das partes. Precedentes: REsp n. 1.846.670/PR, Relator Ministro Herman Benjamin, Segunda Turma, julgado em 17/12/2019, DJe 19/12/2019; e REsp n. 1.762.236/SP, Relator Ministro Marco Aurélio Bellizze, Relator p/ Acórdão Ministro Ricardo Villas Bôas Cueva, Terceira Turma, julgado em 19/2/2019, DJe 15/3/2019. IV – O Código de Processo Civil de 2015 (CPC/2015), ao entrar em vigor, revogou o Código de Processo Civil de 1973 (CPC/1973), nos termos do art. 1.046, *caput*, do CPC/2015. Todavia, as disposições especiais dos procedimentos regulados por leis específicas permaneceram em vigor, mesmo após o advento do novel diploma legal, consoante o previsto no art. 1.046, § 2.º, do CPC/2015, de maneira que as disposições especiais pertinentes ao mandado de segurança seguem reguladas pela Lei n. 12.016/2009. Contudo, ao contrário do que ficou assentado no acórdão recorrido, a Lei n. 12.016/2009, responsável por disciplinar o mandado de segurança, não contém nenhuma disposição especial acerca da técnica de julgamento a ser adotada nos casos em que o resultado da apelação for não unânime. Enquanto o art. 14 da Lei n. 12.016/2009 se limita a preconizar que contra a sentença proferida em mandado de segurança cabe apelação, o art. 25 da Lei n. 12.016/2009 veda a interposição de embargos infringentes contra decisão proferida em mandado de segurança. V – Embora a técnica de ampliação do colegiado, prevista no art. 942 do CPC/2015, e os embargos infringentes, revogados junto com Código de Processo Civil de 1973 (CPC/1973), possuam objetivos semelhantes, os referidos institutos não se confundem, sobretudo porque o primeiro compreende técnica de julgamento, já o segundo consistia em modalidade de recurso. Ademais: "(...) diferentemente dos embargos infringentes regulados pelo CPC/73, a nova técnica de ampliação do colegiado é de observância automática e obrigatória sempre que o resultado da apelação for não unânime e não apenas quando ocorrer a reforma de sentença" (REsp n. 179.8705/SC, Relator Ministro Paulo de Tarso Sanseverino, Terceira Turma, julgado em 22/10/2019, DJe 28/10/2019). VI – Conclui-se, portanto, que a técnica de ampliação do colegiado, prevista no art. 942 do CPC/2015, aplica-se também ao julgamento de apelação que resultou não unânime interposta contra sentença proferida em mandado de segurança. Precedente: REsp n. 1.817.633/RS, Relator Ministro Gurgel de Faria, Primeira Turma, julgado em 17/9/2019, DJe 11/10/2019. VII – Recurso especial parcialmente conhecido e, nessa parte, provido para anular o acórdão recorrido, bem como para determinar o retorno dos autos ao Tribunal de origem, a fim de que seja convocada nova sessão destinada ao prosseguimento do julgamento da apelação, nos moldes do disposto no art. 942 do CPC/2015 (REsp 1.868.072/RS, Rel. Min. Francisco Falcão, 2.ª Turma, j. 04.05.2021, *DJe* 10.05.2021).

PROCESSUAL CIVIL E TRIBUTÁRIO. RECURSO ORDINÁRIO EM MANDADO DE SEGURANÇA. EXECUÇÃO FISCAL DE VALOR IGUAL OU INFERIOR A 50 ORTNs. SENTENÇA EXTINTIVA. RECURSOS CABÍVEIS. EMBARGOS INFRINGENTES E EMBARGOS DE DECLARAÇÃO. TESE FIRMADA PELA PRIMEIRA SEÇÃO NO IAC NO RMS 53.720/SP E IAC NO RMS 54.712/SP. 1. Na origem, trata-se de Mandado de Segurança impetrado pelo Município de Arandu contra ato do juiz de direito do Setor do Anexo Fiscal da Comarca de Avaré-SP, que rejeitou os Embargos Infringentes previstos no art. 34 da Lei 6.830/1980. 2. A Primeira Seção, na sessão do dia 10.4.2019, no julgamento do IAC no RMS 53.720/SP e do IAC no RMS 54.712/SP, fixou a tese de que "não é cabível mandado de segurança contra decisão proferida em execução fiscal no contexto do art. 34, da Lei 6.830/80 (...)" (IAC no RMS 53.720/SP, Rel. Min. Sérgio Kukina, Primeira Seção, data de julgamento 10.4 2019). 3. A compreensão da Corte de origem está em consonância com a atual entendimento do STJ, de que, nas decisões proferidas no âmbito do art. 34 da Lei 6.830/1980, apenas são oponíveis Embargos de Declaração e Embargos Infringentes, salvo se existentes fundamentos constitucionais aptos a ensejar a interposição de Recurso Extraordinário. 4. Recurso Ordinário não provido (RMS 53.189/SP, Rel. Min. Herman Benjamin, 2.ª Turma, j. 07.05.2019, *DJe* 21.05.2019).

São inadmissíveis embargos infringentes no processo de mandado de segurança (Enunciado 169 da Súmula do STJ, Corte Especial, j. 16.10.1996, *DJ* 22.10.1996).

15. PETIÇÃO INICIAL

PROCESSUAL CIVIL. EMBARGOS DE DECLARAÇÃO NOS EMBARGOS DE DECLARAÇÃO NO MANDADO DE SEGURANÇA. ART. 535 DO CÓDIGO DE PROCESSO CIVIL DE 1973. ATRIBUIÇÃO DE EXCEPCIONAIS EFEITOS INFRINGENTES. OMISSÃO E ERRO DE PREMISSA NO ACÓRDÃO EMBARGADO. EMBARGOS DECLARATÓRIOS ACOLHIDOS. I – Consoante o decidido pelo Plenário desta Corte na sessão realizada em 9.3.2016, o regime recursal será determinado pela data da publicação do provimento jurisdicional impugnado. Aplica-se, *in casu*, o Código de Processo Civil de 1973. II – É cabível a interposição de aclaratórios previamente à publicação do acórdão embargado quando, a par de sua posterior ratificação, as razões recursais impugnam especificamente os fundamentos do decisum recorrido. III – À vista da ordem lógica dos requerimentos veiculados na petição inicial, não importa julgamento *extra petita* a concessão da segurança para desconstituir o ato coator, porquanto pedido expressamente formulado pela Impetrante. IV – Embargos de Declaração acolhidos, com atribuição de excepcionais efeitos infringentes, para restabelecer o acórdão mediante o qual anulada a concessão do registro sindical (EDcl nos EDcl MS 14.052/DF, Rel. Min. Regina Helena Costa, 1.ª Seção, j. 02.05.2023, *DJe* 05.05.2023).

PROCESSUAL CIVIL E TRIBUTÁRIO. AGRAVO INTERNO. RECURSO ORDINÁRIO EM MANDADO DE SEGURANÇA. ICMS SOBRE ENERGIA ELÉTRICA. ILEGITIMIDADE PASSIVA DO SECRETÁRIO DE FAZENDA DO ESTADO. PRECEDENTES. IMPOSSIBILIDADE DE APLICAÇÃO DA TEORIA DA ENCAMPAÇÃO. IMPOSSIBILIDADE DE EMENDA À INICIAL. EXTINÇÃO DO FEITO, DE OFÍCIO, SEM RESOLUÇÃO DE MÉRITO. 1. Ambas as Turmas de Direito Público desta Corte possuem entendimento no sentido de que o Secretário de Estado da Fazenda não possui legitimidade para figurar, como autoridade coatora, em mandado de segurança no qual se pleiteia o afastamento da exigência de tributo reputada por ilegal. Nesse sentido: AgInt no RMS n. 36.682/RJ, Rel. Ministro Sérgio Kukina, Primeira Turma, julgado em 26/9/2017, *DJe* 9/10/2017; RMS n. 54.333/RN, Rel. Ministro Herman Benjamin, Segunda Turma, julgado em 19/9/2017, *DJe* 20/10/2017; AgInt no RMS n. 54.968/RN, Rel. Ministra Assusete Magalhães, Segunda Turma, julgado em 15/5/2018, *DJe* 21/5/2018; e AgInt no RMS n. 35.512/RJ, Rel. Ministro Napoleão Nunes Maia Filho, Primeira Turma, julgado em 27/11/2018, *DJe* 7/12/2018. 2. Ressalte-se que a ilegitimidade aqui discutida é da autoridade coatora, portanto, do polo passivo, não havendo *distinguishing*, *a priori*, em relação a casos ajuizados por contribuintes de direito ou contribuintes de fato. 3. Esta Corte não autoriza a emenda da petição inicial para que seja indicada a correta autoridade coatora em casos que tais, visto que tal indicação implicaria a alteração da competência jurisdicional para processamento da impetração, saindo da competência originária do Tribunal de Justiça para o primeiro grau de jurisdição. Nessas hipóteses, deve o feito ser extinto sem resolução de mérito, consoante o inciso VI do art. 485 do CPC, em razão da ausência de legitimidade passiva da autoridade indicada como coatora. A propósito: AgInt no RMS 35.432/RJ, Rel. Ministro Og Fernandes, Segunda Turma, *DJe* 19/11/2020; EDcl no RMS 67.101/RJ, Rel. Ministra Assusete Magalhães, Segunda Turma, *DJe* 16/12/2021; RMS 68.112/MA, Rel. Ministro Mauro Campbell Marques, Segunda Turma, *DJe* 27/09/2022. 4. Agravo interno não provido (AgInt RMS 70.010/RJ, Rel. Min. Mauro Campbell Marques, 2.ª Turma, j. 25.04.2023, *DJe* 02.05.2023).

ADMINISTRATIVO. AGRAVO INTERNO NOS EMBARGOS DECLARATÓRIOS NO RECURSO ORDINÁRIO EM MANDADO DE SEGURANÇA. CONCURSO PÚBLICO. DIREITO À NOMEAÇÃO. CANDIDATOS APROVADOS FORA DO NÚMERO DE VAGAS PREVISTO NO EDITAL. CLÁUSULA DE BARREIRA. LEGALIDADE E CONSTITUCIONALIDADE. ALEGAÇÃO DE PRETERIÇÃO, POR SURGIMENTO DE VAGA, OCUPADA POR CONTRATAÇÃO TEMPORÁRIA IRREGULAR. INCIDÊNCIA DA SÚMULA 283/STF E AUSÊNCIA DE COMPROVAÇÃO DO DIREITO LÍQUIDO E CERTO. PRECEDENTES DO STJ. AGRAVO INTERNO IMPROVIDO. I. Agravo interno interposto contra decisão que negou provimento ao Recurso Ordinário, interposto contra acórdão publicado na vigência do CPC/2015. II. Na origem, trata-se de Mandado de Segurança, impetrado por Grazielle Pereira de Sá e outros contra ato omissivo do Governador do Distrito Federal e do Secretário de Estado de Planejamento, Orçamento e Gestão do Distrito Federal, alegando que foram aprovados fora do número de vagas no concurso público para o preenchimento de cargos de Professor de Educação Básica (Edital 1, de 04/09/2013) do magistério público do Distrito Federal, para a especialidade "atividades", a despeito de previstas 200 (duzentas) vagas para 40 (quarenta) horas semanais, a "cláusula de barreira" estipulada no item 9.1 do edital limitou o cadastro de reserva a cinco vezes o número de vagas previstas para a especialidade mencionada. Aduzem ter direito líquido à nomeação, tanto pelo surgimento de novas vagas, como pela contratação de professores substitutos em caráter temporário, em desconformidade com a Lei distrital 4.266/2008. A petição inicial foi indeferida e denegada a segurança. III. É pacífico o entendimento desta Corte no sentido de que a petição do Recurso Ordinário em Mandado de Segurança, a teor dos arts. 1.010, II, 1.027, II, e 1.028 do CPC/2015 e 247 do RISTJ, deve apresentar as razões pelas quais o recorrente não se conforma com o acórdão proferido pelo Tribunal de origem. Com efeito, "no recurso ordinário interposto contra acórdão denegatório de mandado de segurança também se impõe à parte recorrente o ônus de impugnar especificadamente os fundamentos adotados no acórdão, pena de não conhecimento por descumprimento da dialeticidade" (STJ, AgInt nos EDcl no RMS 29.098/MG, Rel. Ministro Mauro Campbell Marques, Segunda Turma, *DJe* de 02/05/2017). IV. A jurisprudência do STJ é firme no sentido de que "candidatos aprovados fora do número de vagas previstas no edital ou em concurso para cadastro de reserva não possuem direito líquido e certo à nomeação, mesmo que novas vagas surjam no período de validade do concurso – por criação de lei ou por força de vacância –, cujo preenchimento está sujeito a juízo de conveniência e oportunidade da Administração" (STJ, RMS 53.495/SP, Rel. Ministro Herman Benjamin, Segunda Turma, *DJe* de 08/05/2017). V. No julgamento do Recurso Extraordinário com Repercussão Geral 635.739/AL (Rel. Ministro Gilmar Mendes, Tribunal Pleno, *DJe* de 03/10/2014), o Supremo Tribunal Federal consagrou o entendimento de que "é constitucional a regra inserida no edital de concurso público, denominada cláusula de barreira, com o intuito de selecionar apenas os candidatos mais bem classificados para prosseguir no certame" (Tema 376/STF). Essa orientação tem sido reiterada pelo Superior Tribunal de Justiça. Nesse sentido, dentre inúmeros: STJ, AgInt no RMS 66.848/GO, Rel. Ministra Regina Helena Costa, Primeira Turma, *DJe* de 08/10/2021; RMS 65.540/BA, Rel. Ministro Herman Benjamin, Segunda Turma, *DJe* de 1.º/07/2021; AgInt no RMS 51.590/MS, Rel. Ministro Gurgel de Faria, Primeira Turma, *DJe* de 27/04/2020; RMS 54.448/MS, Rel. Ministro Mauro Campbell Marques, Segunda Turma, *DJe* de 15/09/2017. V. Quanto à preterição por alegada contratação rregular de temporários, o Supremo Tribunal Federal (ADI 3.721/CE, Rel. Ministro Teori Zavascki, Tribunal Pleno, *DJe* de 12/08/2016) entende válida a contratação temporária, quando tiver por finalidade evitar a interrupção da prestação do serviço, isso sem significar vacância ou a existência de cargos vagos. Assim, a contratação temporária de terceiros não constitui, pura e simplesmente, ato ilegal – nem é indicativo da existência de cargo vago, para o qual há candidatos aprovados em cadastro reserva –, devendo ser comprovada, pelo candidato, a ilegalidade da contratação ou a existência de cargos vagos. Nesse sentido: STJ, RMS 55.187/RN, Rel. Ministro Herman Benjamin, Segunda Turma, *DJe* de 19/12/2017. VI. No caso, a impetrante não logrou êxito na comprovação de existência de cargo vago ou de contratação irregular de temporários. Ausência de comprovação de direito líquido e certo. Precedentes, em casos semelhantes: STJ, AgInt no RMS 64.312/MG, Rel. Ministro Francisco Falcão, Segunda Turma, *DJe* de 26/03/2021; AgInt no RMS 64.423/MG, Rel. Ministra Regina Helena Costa, Primeira Turma, *DJe* de 05/03/2021; AgInt no RMS 65.365/MG, Rel. Ministro Herman Benjamin, Segunda Turma, *DJe* de 01/07/2021; AgInt no RMS 62.633/MG, Rel. Ministro Gurgel de Faria, Primeira Turma, *DJe* de 23/09/2020; AgInt no RMS 64.422/MG, Rel. Ministro Mauro Campbell Marques, Segunda Turma, *DJe* de 04/03/2021; AgInt no RMS 64.704/MG, Rel. Ministro Sérgio Kukina, Primeira Turma, *DJe* de 11/02/2021. VII. Agravo interno improvido (AgInt nos EDcl no RMS 52.530/DF, Rel. Min. Assusete Magalhães, 2.ª Turma, j. 13.03.2023, *DJe* 21.03.2023).

PROCESSUAL CIVIL. ENUNCIADO ADMINISTRATIVO N. 3/STJ. MANDADO DE SEGURANÇA. INDEFERIMENTO DA PETIÇÃO INICIAL. RAZÕES DE MÉRITO. IMPOSSIBILIDADE. 1. É inadmissível o indeferimento da petição inicial do mandado de segurança, lastreado em questões de mérito. Precedentes. 2. Agravo interno não provido (AgInt no REsp 1.753.012/CE, Rel. Min. Mauro Campbell Marques, 2.ª Turma, j. 26.02.2019, *DJe* 01.03.2019).

16. SERVIDOR PÚBLICO

AGRAVO INTERNO EM MANDADO DE SEGURANÇA. ADMINISTRATIVO. SERVIDOR PÚBLICO. PROCESSO ADMINISTRATIVO DISCIPLINAR. PENA DE DEMISÃO. PRETENSÃO DE REVISÃO DA PENALIDADE APLICADA. PEDIDO DE LIMINAR. AUSÊNCIA DOS REQUISITOS PARA CONCESSÃO DA TUTELA DE URGÊNCIA. PRESUNÇÃO DE LEGALIDADE DO ATO ADMINISTRATIVO. INEXISTÊNCIA DE PERIGO NA DEMORA. DECISÃO MANTIDA. I – Trata-se de mandado de segurança, com pedido liminar, impetrado por ex-servidor do Ministério das Relações Exteriores objetivando a declaração de nulidade dos atos do processo administrativo disciplinar que culminou na sua demissão ou, alternativamente, redução proporcional da pena aplicada, com a devida reintegração ao cargo, bem como indenização por danos morais. A tutela de urgência foi indeferida monocraticamente, sendo interposto agravo interno. II – A concessão de liminar em mandado de segurança demanda a presença dos requisitos centrais à tutela de urgência, quais sejam, o *fumus boni iuris* e o *periculum in mora*. III – Pois bem, *prima facie*, não se verifica a presença do *fumus boni iuris*. O ato administrativo tem fé pública e goza de presunção de legalidade, legitimidade e veracidade. Somente em situações excepcionais, desde que haja prova robusta e cabal, se pode autorizar o afastamento da justificativa do interesse público à sua desconstituição, o que não se verifica de pronto no caso concreto. IV – As robustas informações prestadas pela autoridade apontada como coatora infirmam as alegações aduzidas pelo impetrante e corroboram a presunção de legalidade do ato administrativo, afastando, por conseguinte, o requisito de *fumus boni iuris* quanto ao direito alegado pela parte. Frise-se, por oportuno, que, a despeito da alegação nesse sentido, a parte não demonstra a existência de fato novo capaz de alterar, de plano e pelo juízo de cognição sumária, as circunstâncias fático-jurídicas reiteradamente analisadas e que não justificam a concessão de medida liminar em seu benefício. V – Ademais, ausente também o *periculum in mora*, já que, caso reconhecido o direito, poderá vir a ser processado o pedido de revisão pretendido, sem prejuízo iminente que justifique o deferimento da medida liminar. A alegação de tratar-se, o impetrante, de pessoa idosa impõe a já identificada prioridade na tramitação dos autos e não é suficiente, no caso, para caracterizar o perigo da demora, conforme pretende o recorrente. VI – Agravo interno improvido (AgInt no MS 28.038/DF, Rel. Min. Francisco Falcão, 1.ª Seção, j. 29.11.2022, *DJe* 01.12.2022).

PROCESSUAL CIVIL. MANDADO DE SEGURANÇA. TUTELA DE URGÊNCIA. PROCESSO DISCIPLINAR. SERVIDOR PÚBLICO. DEMISSÃO. TERMO *A QUO*. DECADÊNCIA. DATA DA PUBLICAÇÃO NO DIÁRIO OFICIAL. DESPROVIMENTO DO AGRAVO INTERNO MANUTENÇÃO DA DECISÃO RECORRIDA. I – Na origem, trata-se de mandado de segurança, com pedido de liminar, contra ato do Ministro da Justiça e Segurança Pública, consubstanciado no indeferimento, no mérito, do pedido de revisão do processo administrativo em que lhe foi aplicada a pena de demissão – Portaria n. 147. Nesta Corte, o pedido de tutela de urgência não foi conhecido. II – Cumpria ao impetrante manejar o recurso cabível, o que não foi feito, limitando-se este a protocolar petição de juntada de novo documento, no qual há certificação de que o impetrante fora intimado da decisão administrativa em data posterior à publicação da portaria no Diário Oficial da União, o que a seu ver implicaria no afastamento da decadência a se considerar o termo *a quo* a respectiva data da intimação. III – Dessa forma, suplantado o prazo recursal, sem o manejo do recurso cabível, não há falar em revisão da decisão proferida pela juntada do documento novo. IV – Ademais, ainda que assim não fosse, o entendimento pacífico nesta Corte Superior, quanto ao início do prazo de decadência para impetração do mandado de segurança, em caso de demissão de servidor público, é a data da publicação no Diário Oficial, não a data de intimação, neste sentido: AgInt no MS n. 24.706/DF, relator Ministro Gurgel de Faria, Primeira Seção, julgado em 3/5/2022, *DJe* de 10/5/2022 e AgInt no MS n. 24.338/DF, relator Ministro Herman Benjamin, Primeira Seção, julgado em 10/2/2021, *DJe* de 30/3/2021. V – Agravo interno improvido (AgInt na TutPrv no MS 28.191/DF, Rel. Min. Francisco Falcão, 1.ª Seção, j. 20.09.2022, *DJe* 22.09.2022).

ADMINISTRATIVO. MANDADO DE SEGURANÇA. ANULAÇÃO DO ATO. EFEITOS FINANCEIROS. RETROAÇÃO. LIMITE. 1. A declaração de nulidade do ato administrativo (requerida pelo impetrante na inicial) produz, em regra, efeitos *ex tunc*, o que gera o retorno ao *status quo ante*, e permite que o servidor receba todos os direitos e vantagens que teria recebido caso o ato não tivesse ocorrido. 2. O pagamento de vencimentos e vantagens pecuniárias asseguradas em sentença concessiva de mandado de segurança a servidor público da administração direta ou autárquica federal, estadual e municipal somente será efetuado relativamente às prestações que se vencerem a contar da data do ajuizamento da inicial (art. 14, § 4.º, da Lei n. 12.016/2009). 3. Hipótese em que a condenação no pagamento de atrasados decorre naturalmente do pedido de anulação do ato administrativo, devendo, porém, retroagir apenas até a data de impetração do mandado de segurança. 4. Agravo interno parcialmente provido (AgInt no RMS 51.222/MT, Rel. Min. Gurgel de Faria, 1.ª Turma, j. 14.02.2022, *DJe* 18.02.2022).

ADMINISTRATIVO E PROCESSUAL CIVIL. MANDADO DE SEGURANÇA. SERVIDOR PÚBLICO. RELAÇÃO DE TRATO SUCESSIVO. DECADÊNCIA. AFASTAMENTO. 1. Trata-se de Mandado de Segurança impetrado por Charles de Freitas Carvalho contra ato ilegal e arbitrário atribuído ao Secretário da Saúde do Estado de Goiás, consistente na redução da gratificação de insalubridade de 40% para 15%, havida por força da Lei 19.573/2016. 2. No caso, ocorreu redução da vantagem pecuniária do impetrante, e não supressão de pagamento. 3. A jurisprudência do STJ se firmou no sentido de que o prazo decadencial de Mandado de Segurança que ataca ato consistente na redução da remuneração de servidor público é renovado mensalmente, por envolver relação de trato sucessivo. 4. Agravo Interno não provido (AgInt no RMS 65.906/GO, Rel. Min. Herman Benjamin, 2.ª Turma, j. 14.09.2021, *DJe* 13.10.2021).

17. SUSPENSÃO DE LIMINAR

AGRAVO INTERNO NA SUSPENSÃO DE SEGURANÇA. CRÉDITO FISCAL DE ICMS. ÓBICE À IMEDIATA COMPENSAÇÃO DO CRÉDITO TRIBUTÁRIO PELA EMPRESA ANTES DO TRÂNSITO EM JULGADO DO MANDADO DE SEGURANÇA. OFENSA À ORDEM E À ECONOMIA PÚBLICAS. 1. O deferimento do pedido de suspensão está condicionado à cabal demonstração de que a manutenção da decisão impugnada causa efetiva lesão ao interesse público. 2. Foram apontadas, pela parte requerente, situações específicas ou dados concretos que efetivamente pudessem demonstrar que o comando judicial atual possa causar lesão de consequências significativas e desastrosas à ordem, à saúde, à segurança ou à economia públicas. 3. Observância ao Tema n. 345/STJ, segundo o qual, "em se tratando de compensação de crédito objeto de controvérsia judicial, é vedada a sua realização 'antes do trânsito em julgado da respectiva decisão judicial', conforme prevê o art. 170-A do CTN, vedação que, todavia, não se aplica a ações judiciais propostas em data anterior à vigência desse dispositivo, introduzido pela LC 104/2001" (REsp n. 1.164.452/MG, Primeira Seção, relator Ministro Teori Zavascki, *DJe* de 2/9/2010). 4. Possibilidade fática de utilização imediata do crédito em compensação, da ordem de aproximadamente R$ 500.000.000,00, afigura-se patente o risco de grave lesão a um dos bens jurídicos tutelados pelo regime legal de contracautela, qual seja, a economia pública do Estado de Mato Grosso do Sul. Agravo interno provido (AgInt no AgInt na SS 3.408/MS, Rel. Min. Humberto Martins, Red. para ac. Min. Humberto Martins, Corte Especial, j. 15.03.2023, *DJe* 25.04.2023).

EMBARGOS DE DECLARAÇÃO. MANDADO DE SEGURANÇA. OMISSÃO. INEXISTÊNCIA. 1. Trata-se de Embargos de Declaração opostos por Amarildo de Carvalho Antunes e outros, em suma, apontando omissão do acórdão desta Corte Especial, que não teria apreciado alegação dos recorrentes de que a Petros é parte ilegítima para propor a SLS 2705, motivo pelo qual existente teratologia da decisão da Presidência do Superior Tribunal de Justiça, a justificar o cabimento do Mandado de Segurança. 2. Inexiste omissão no acórdão recorrido, visto que ele, literalmente, afirmou: "No caso dos autos, a decisão questionada fundamentou-se na possibilidade de extensão da Suspensão de Liminar prevista no art. 4.º, § 8.º, da Lei 8.437/1992. Em que pese tal disposição autorizar a suspensão das decisões de mesmo objeto proferidas após o ajuizamento da suspensão, não se pode negar que elas também podem alcançar, eventualmente, decisões pretéritas não incluídas no pedido inicial. Primeiro, porque não há elementos que comprovem que a requerente da medida tenha agido de má-fé na operação. E segundo, principalmente, se não houver prazo propriamente dito para o manejo da medida do art. 4.º da Lei 8.437/92, o acolhimento da tese implicará propositura de novo pedido para suspender as decisões benéficas aos impetrantes (cujos efeitos querem restabelecer neste *writ*), duplicando procedimentos que, até pela identidade de objetos, possivelmente seriam unidos para julgamento conjunto (art. 55 e 58 do CPC). Vale destacar que o móvel do art. 4.º, § 8.º, da Lei 8.437/1992 foi o de preservar a uniformidade de tratamento das situações jurídicas lesivas à ordem, saúde, segurança e economia pública. Não permitir que a medida extensiva avance sobre todas as decisões proferidas em contrariedade ao interesse público, ainda que eventualmente não indicadas inicialmente no pedido de suspensão, contraria o espírito da norma e subverte a lógica do sistema sob os prismas da igualdade e da efetividade. O fato de a lei se referir, unicamente, a 'liminares supervenientes', advém da presunção de que todas as decisões a serem suspensas já viriam indicadas na inicial do pedido de Suspensão, não representando isso vedação (ou preclusão) para que o pedido de extensão ocorra para outros pronunciamentos já existentes ao tempo da propositura, mas inadvertidamente só indicados após. Isso é o que basta para comprovar que a decisão atacada não é teratológica e, como tal, inatacável pela via mandamental. A análise do seu acerto ou o erro se fará na própria SLS 2.507/RJ, especialmente no caso em análise em que existem diversos recursos de Agravo Interno interpostos que pendem de julgamento na Corte Especial". 3. Diversamente do sustentado pelos embargantes, a decisão embargada não foi omissa quanto ao argumento da ilegitimidade a Petros para o pedido de Suspensão da Liminar e de Sentença (o que geraria a invocada teratologia), porque a questão deverá ser debatida na própria SLS 2.507, como expressamente indicado na decisão recorrida, *verbis*: "A análise do seu acerto ou o erro se fará na própria SLS 2.507/RJ, especialmente no caso em análise em que existem diversos recursos de Agravo Interno interpostos que pendem de julgamento na Corte Especial". 4. Embargos de Declaração rejeitados (EDcl no AgInt nos EDcl MS 25.685/DF, Rel. Min. Herman Benjamin, Corte Especial, j. 13.10.2021, *DJe* 04.11.2021).

PROCESSUAL CIVIL E ADMINISTRATIVO. AGRAVO INTERNO NO PEDIDO DE SUSPENSÃO DE SEGURANÇA. LIMINAR QUE POSSIBILITA A PARTICIPAÇÃO DE EMPRESA PUNIDA COM PENA DE SUSPENSÃO TEMPORÁRIA DE LICITAR. GRAVE LESÃO À ORDEM ADMINISTRATIVA. HISTÓRICO DA DEMANDA. 1. Trata-se de Agravo Interno interposto pelo Estado do Ceará contra a decisão que indeferiu o Pedido de Suspensão de Liminar em Mandado de Segurança, sob os seguintes argumentos: a) não foi comprovado que a decisão questionada viola acentuadamente a ordem, a saúde, a segurança e a economia públicas; b) não há urgência na concessão da medida, pois o pleito de suspensão não foi imediato, tendo sido formulado após o deferimento da liminar. 2. Na origem, a ora agravada (Engevix Engenharia de Projetos S/A) impetrou Mandado de Segurança questionando a validade de cláusulas editalícias (item 3.3) de duas Concorrências Públicas da Companhia de Gestão de Recursos Hídricos (COGERH) que vedam a participação de empresas apenadas com suspensão temporária de licitar. As licitações cujos editais são impugnados referem-se à contratação de serviços de consultoria para a elaboração dos estudos de viabilidade, estudos ambientais (EIA-RIMA), levantamento cadastral, plano de reassentamento e projeto executivo das barragens Poço Comprido e Pedregulho, ambas no Município de Santa Quitéria/CE. Consta que o objeto das citadas concorrências será custeado com valor estimado em R$ 4.041.068,76 (quatro milhões, quarenta e um mil, sessenta e oito reais e setenta e seis centavos). 3. A ora agravada defende que a penalidade de suspensão temporária de licitar e contratar não pode abranger toda a Administração, devendo ser restrita ao órgão aplicador da sanção, o qual, no caso, é a estatal Eletrosul. 4. A própria Engevix Engenharia de Projetos S/A – citada em vários procedimentos da operação lava-jato, tendo feito colaboração premiada – não informa os atos por ela praticados que ensejaram a aplicação, pela Eletrosul, da pena de suspensão temporária de licitar, de sorte que a Corte Especial, no presente feito, estará deliberando no escuro. 5. O Desembargador relator no Tribunal de Justiça do Estado do Ceará concedeu, em parte, a liminar, determinando que as autoridades coatoras se abstenham de desclassificar as propostas da ora agravada com base nos requisitos do item 3.3 dos editais citados. 6. O eminente Relator negou provimento ao Agravo Interno por entender que não se demonstrou ofensa grave à ordem pública. Natureza jurídico-política do pedido de suspensão. Necessidade de realização de juízo de delibação mínimo sobre a controvérsia principal. 7. A suspensão da eficácia de liminar ou segurança, embora longe de constituir modalidade recursal (típica ou atípica), na prática acaba imprópria e, aqui e acolá, ilegitimamente, por fazer as vezes de recurso. A *ratio essendi* do instituto não afronta, em si ou em tese, os fundamentos do Estado de Direito, que tem na prevalência do interesse público um dos seus pilares. Se assim é, lógico e necessário que o legislador estabeleça mecanismos, inclusive processuais e pragmáticos, de garantia do bem comum, fragmentado em nichos de valor ético-jurídico do tipo "ordem", "saúde", "segurança", "economia" públicas. À luz da jurisprudência do STJ e do STF, portanto, afasta-se da suspensão a pecha de via que, de plano, haverá de se ter como intrínseca e inevitavelmente contrária aos alicerces mais profundos do ordenamento. Porém, a constitucionalidade, legalidade e compatibilidade do instrumento com o Estado de Direito dependem dos contornos e limites impostos ao instrumento pelo legislador e – principalmente – do cumprimento integral e rigoroso, pelo prolator da decisão, dos requisitos e cautelas procedimentais que da suspensão se exijam. 8. Não obstante essa legitimidade original, em nada incondicional, a suspensão transformou-se em espécie de bête noire da processualística e experiência judicial brasileiras, em razão de uso heterodoxo e abusivo no cotidiano dos Tribunais. Nela se enxergam pelo menos dois pontos de modificação anômala do princípio do *due process* (ordem natural do processo) e do princípio do juiz natural. Primeiro, a constatação objetiva de que o instituto atropela, por meio de decisão monocrática do Presidente do Tribunal, o rito próprio e a cognição comum dos recursos. E segundo, o sentimento de que a suspensão abate a distribuição livre e aleatória a Desembargador ou Ministro integrante de órgão colegiado, porquanto dirigida diretamente ao Presidente da Corte, é instrumentalizada mediante a ciência prévia da pessoa do julgador, permitindo, a partir da combinação da medida com o manejo de recursos, verdadeiro forum shopping interno. 9. Por isso, a suspensão de liminar ou segurança deve ser vista e utilizada como via absolutamente excepcional, de rígida vinculação aos núcleos legais duros autorizativos previstos na legislação ("ordem", "saúde", "segurança", "economia" públicas), que devem ser interpretados de maneira estrita, sendo vedada dilatação ou afrouxamento das hipóteses de cabimento ou de legitimação, p. ex., para ampliar o rol dos legitimados ativos legalmente estabelecidos (o "Ministério Público" e a "pessoa jurídica de direito público interessada") ou, no mérito, para se distanciar dos valores ético-jurídicos legitimadores da medida. Esses reclamam dupla fundamentação, ou seja, primeiro, "manifesto interesse público" ou "flagrante ilegalidade" e, segundo, cumulativamente, a finalidade específica de evitar (prevenção) "lesão à ordem, à saúde, à segurança e à economia públicas", lesão em si (e não o risco em si) que deve ser "grave" (arts. 4.º da Lei 8.437/1992 e 15 da Lei 12.016/2009). De modo que a decisão do Presidente do Tribunal que aprecia a Suspensão clama por fundamentação de máxima intensidade, com imediato trâmite e julgamento de eventual recurso interposto contra ela. 10. Estabelecidas essas premissas, entende-se que, apesar da inexata e infeliz terminologia jurisprudencial e doutrinária predominante, na Suspensão não se tem puramente juízo político. Jurisdição se exerce com fulcro em parâmetros e conteúdo valorativo preestabelecidos na legislação, o que, na lógica e no discurso jurídicos do Estado de Direito, implica juízo de legalidade e juízo de constitucionalidade e, com amparo neles, decisão jurisdicional. No coração do Estado de Direito, como a própria expressão indica, encontra-se o império das normas (regras e princípios) de Direito, regido só por elas – não mais nem menos que por elas. Por isso, mesmo no âmbito da Suspensão, devem ser rejeitados juízos estritamente políticos (de conveniência e oportunidade). A nenhum juiz, mesmo os integrantes das Cortes de grau mais elevado, deve ser dado afastar-se dos parâmetros da Constituição Federal e das leis. 11. Mesmo compreendida como juízo de legalidade ou juízo de constitucionalidade, ainda assim a Suspensão de Liminar ou Segurança há de se utilizar com elevada prudência. Do contrário, inverte-se a ordem natural e democrática do sistema jurídico e do processo, em que aos juízes incumbe emitir juízos técnico-legais; e, aos outros Poderes, juízos políticos. Por isso, a Suspensão de Segurança é medida absolutamente excepcional, voltada a sobrestar execução ou cumprimento de liminar prejudicial à ordem, à saúde, à segurança e à economia públicas, não servindo como sucedâneo recursal. 12. A decisão que examina o pedido de suspensão não pode afastar-se totalmente do mérito da causa originária, não só porque é necessária a verificação da plausibilidade do direito, como também para que não se torne via processual de manutenção de situações ilegítimas. Por isso, o deferimento ou indeferimento da citada medida pressupõe juízo de delibação mínimo acerca da controvérsia principal – no caso, a abrangência dos efeitos da sanção de suspensão temporária do direito de licitar prevista no art. 87, III, da Lei 8.666/1993. A penalidade de suspensão temporária do direito de licitar prevista no art. 87, III, da Lei 8.666/1993 abrange toda a administração pública, não estando restrita ao ente que a impôs. 13. É entendimento assente no Superior Tribunal de Justiça que a extensão dos efeitos da pena de suspensão temporária de licitar abrange toda a Administração Pública, e não somente o ente que aplica a penalidade. Nessa linha: AgInt no REsp 1.382.362/PR, Rel. Ministro Gurgel de Faria, Primeira Turma, *DJe* de 31/3/2017; MS 19.657/DF, Rel. Ministra Eliana Calmon, Primeira Seção, *DJe* de 23/8/2013; REsp 174.274/SP, Rel. Ministro Castro Meira, Segunda Turma, *DJ* de 22/11/2004, p. 294, e REsp 151.567/RJ, Rel. Ministro Francisco Peçanha Martins, Segunda Turma, *DJ* de 14/4/2003, p. 208. Licitação viciada – Lesão à ordem e à economia públicas. 14. É evidente que a participação de empresas punidas pela Administração com a pena de suspensão temporária de licitar, em concorrências públicas, abrange a ordem e a economia públicas. 15. A liminar cuja Suspensão foi postulada impõe que a Administração Pública autorize a participação de empresa em procedimento licitatório contra disposição normativa expressa, cuja observância é obrigatória para a Administração em virtude do princípio da legalidade. Ademais, impede a realização de processo licitatório sem vícios que possam comprometer todo o contrato administrativo e a economia pública. 16. O fato de não existir perfeita contemporaneidade do pedido de Suspensão de Liminar com o deferimento da tutela provisória não obsta sua concessão, porque o pleito foi apresentado antes da finalização das Concorrências Públicas, de modo que se encontra presente o interesse em evitar a contratação com a empresa punida, ora agravada. 17. O Superior Tribunal de Justiça reconhece a existência de grave lesão à ordem administrativa e à economia pública quando presentes vícios na licitação, bem como a impossibilidade de o Poder Judiciário autorizar a realização do processo licitatório em tal situação. Nesse sentido: AgInt na SS 2.941/BA, Rel. Ministra Laurita Vaz, Corte Especial, *DJe* de 7/8/2018; AgInt na SS 2.908/MG, Rel. Ministra Laurita Vaz, Corte Especial, *DJe* de 7/8/2018; AgInt na SLS 2.350/MG, Rel. Ministra Laurita Vaz, Corte Especial, *DJe* de 7/8/2018 e AgInt na SS 2.923/AP, Rel. Ministra Laurita Vaz, Corte Especial, *DJe* de 17/4/2018. Adequação da via eleita – Ausência de natureza recursal. 18. No caso dos autos, o deferimento do pedido de suspensão de liminar visa apenas retirar a executoriedade de decisão manifestamente ilegal, que, como destacado, permite inaceitável participação de empresa apenada com suspensão temporária do direito de licitar em concorrências públicas. A própria Engevix Engenharia e Projetos S/A reconhece que lhe foi cominada a citada sanção; contudo, a fim de não cumpri-la, tornando-a inócua, pretende limitar seus efeitos com base em interpretação do art. 87, III, da Lei 8.666/1993 contrária à jurisprudência pacífica do STJ. 19. No presente feito, não se quer reapreciar o mérito da controvérsia, ou rejulgar a causa, atribuindo a esse incidente natureza recursal, mas sustar a eficácia de decisão judicial que permite a manutenção de situação manifestamente ilegal, passível de causar prejuízos a toda a sociedade, que é exatamente o alvo do instituto da Suspensão de Segurança. 20. Assim, trata-se apenas de cautelarmente sobrestar o cumprimento de decisão que obriga a Administração a descumprir norma legal, maculando, todo o certame, o tratamento isonômico entre os participantes, e prejudicando a escolha da melhor proposta. O escopo do presente feito é suspender a potencial lesão a esses outros interesses que devem ser protegidos. Conclusão. 21. Rendendo homenagens ao judicioso voto do eminente Relator, dele divirjo e dou provimento ao Agravo Interno, deferindo o pedido de suspensão da liminar concedida nos autos do Mandado de Segurança em questão, com efeitos retroativos à concessão da liminar deferida pelo Tribunal de Justiça do Estado do Ceará, até o trânsito em julgado do writ (AgInt na SS 2.951/CE, Rel. Min. Herman Benjamin, Red. p/ acórdão Min. Herman Benjamin, Corte Especial, j. 04.03.2020, *DJe* 01.07.2021).

AGRAVO INTERNO NA SUSPENSÃO DE SEGURANÇA. LIMINAR EM MANDADO DE SEGURANÇA DEFERIDA. NÃO DEMONSTRAÇÃO DE GRAVE LESÃO À ORDEM E À SEGURANÇA PÚBLICAS. SUCEDÂNEO RECURSAL. IMPOSSIBILIDADE. MANUTENÇÃO DA DECISÃO AGRAVADA. 1. O deferimento do pedido de suspensão está condicionado à cabal demonstração de que a manutenção da decisão impugnada causa grave lesão a um dos bens tutelados pela legislação de regência. 2. Não foi demonstrado de que forma a manutenção da decisão proferida em primeiro grau e confirmada pelo TJBA afeta a continuidade do serviço público prestado pelos agentes penitenciários. 3. A exigência de cumprimento dos requisitos legais para que agentes penitenciários possam fazer escolta armada não configura interferência indevida na gestão ou administração pública. 4. O incidente da suspensão de segurança, por não ser sucedâneo recursal, é inadequado para a apreciação do mérito da controvérsia. Precedentes. 5. O provimento de agravo interno requer a demonstração de motivos que afastem os fundamentos da decisão agravada. Precedentes. Agravo interno improvido (AgInt na SS 3.249/BA, Rel. Min. Humberto Martins, Corte Especial, j. 16.12.2020, *DJe* 01.02.2021).

AGRAVO INTERNO NA SUSPENSÃO DE SEGURANÇA. SERVIÇO DE MANUTENÇÃO DE RODOVIAS. RETENÇÃO DE VALORES PELO ESTADO COM BASE EM ACÓRDÃO DO TCE. PRÁTICA DO JOGO DE PLANILHAS. MANDADO DE SEGURANÇA. LIMINAR. NÃO APRECIAÇÃO DAS QUESTÕES JURÍDICAS SUSCITADAS. GRAVE LESÃO À ORDEM PÚBLICA E ADMINISTRATIVA DEMONSTRADA. 1. A presunção de legalidade opera em favor do ato administrativo, cuja invalidação por liminar em mandado de segurança – feito de estreita dilação probatória –, sem a análise das questões jurídicas suscitadas, implica interferência indevida do Poder Judiciário no exercício de funções administrativas pelas autoridades constituídas, em grave lesão à ordem pública e administrativa. 2. Agravo interno desprovido (AgInt na SS 3.166/GO, Rel. Min. João Otávio de Noronha, Corte Especial, j. 25.08.2020, *DJe* 31.08.2020).

AGRAVO INTERNO. RECLAMAÇÃO JULGADA PROCEDENTE. DESCUMPRIMENTO DE DECISÃO PROFERIDA EM SUSPENSÃO DE SEGURANÇA COM EFEITOS ATÉ O TRÂNSITO EM JULGADO DA DECISÃO DE MÉRITO NA AÇÃO PRINCIPAL. NÃO OCORRÊNCIA DO TRÂNSITO EM JULGADO. MARCO TEMPORAL NA SUSPENSÃO DE SEGURANÇA. NÃO DELIMITAÇÃO. INCIDÊNCIA DO ART. 4.º, § 9.º, DA LEI N. 8.437/1992. FUNDAMENTOS NÃO INFIRMADOS. DECISÃO MANTIDA. 1. É procedente a reclamação ajuizada em razão de afronta a decisão do Superior Tribunal de Justiça. 2. A decisão proferida em suspensão de segurança, quando não delimita marco temporal, tem efeitos até o trânsito em julgado da decisão de mérito na ação principal. 3. Mantém-se o julgado cujos fundamentos não foram infirmados pela parte recorrente. 4. Agravo interno desprovido (AgRg na Rcl 34.882/DF, Rel. Min. João Otávio de Noronha, Corte Especial, j. 26.03.2019, *DJe* 01.04.2019).

18. TERMO INICIAL DOS JUROS DE MORA

TESE JURÍDICA: "O termo inicial dos juros de mora, em ação de cobrança de valores pretéritos ao ajuizamento de anterior mandado de segurança que reconheceu o direito, é a data da notificação da autoridade coatora no mandado de segurança, quando o devedor é constituído em mora (art. 405 do Código Civil e art. 240 do CPC)".

ADMINISTRATIVO, CIVIL E PROCESSUAL CIVIL. RECURSO ESPECIAL REPRESENTATIVO DE CONTROVÉRSIA DE NATUREZA REPETITIVA. AÇÃO DE COBRANÇA DE PARCELAS ANTERIORES À IMPETRAÇÃO DE MANDADO DE SEGURANÇA COLETIVO QUE RECONHECEU O DIREITO. TERMO INICIAL DOS JUROS DE MORA. NOTIFICAÇÃO DA AUTORIDADE COATORA. OBRIGAÇÃO ILÍQUIDA. MORA *EX PERSONA*. ART. 405 DO CÓDIGO CIVIL E ART. 240 DO CÓDIGO DE PROCESSO CIVIL. PRECEDENTES DO STJ. RECURSO ESPECIAL CONHECIDO E PROVIDO. I. Recurso Especial interposto em face de acórdão publicado na vigência do CPC/2015, aplicando-se, no caso, o Enunciado Administrativo 3/2016, do STJ, aprovado na sessão plenária de 09/03/2016 ("Aos recursos interpostos com fundamento no CPC/2015 (relativos a decisões publicadas a partir de 18 de março de 2016) serão exigidos os requisitos de admissibilidade recursal na forma do novo CPC"). II. Trata-se, na origem, de Ação de Cobrança ajuizada por policiais militares inativos em face do Estado de São Paulo e São Paulo Previdência – SPPREV, objetivando o pagamento das parcelas referentes ao Adicional Local de Exercício – ALE, no lustro que antecedeu a impetração de Mandado de Segurança Coletivo que reconhecera o direito à incorporação da verba aos proventos de aposentadoria e pensões. A sentença – que extinguira o feito, sem resolução de mérito, nos termos do art. 267, VI, do CPC/73 – foi reformada, pelo Tribunal *a quo*, para reconhecer o direito ao pagamento do Adicional em questão, no período pleiteado, fixando o termo inicial dos juros de mora a partir da citação dos réus, na ação de cobrança. III. O tema ora em apreciação, submetido ao rito dos recursos especiais repetitivos, nos termos dos arts. 1.036 a 1.041 do CPC/2015, foi assim delimitado: "Definir se o termo inicial dos juros de mora, em ação de cobrança de valores pretéritos ao ajuizamento de anterior mandado de segurança, deve ser contado a partir da citação, na ação de cobrança, ou da notificação da autoridade coatora, quando da impetração do mandado de segurança" (Tema 1.133). IV. A partir do regramento previsto para a constituição em mora do devedor, nas obrigações ilíquidas (art. 405 do Código Civil e art. 240 do Código de Processo Civil), extrai-se que a notificação da autoridade coatora, em mandado de segurança, cientifica formalmente o Poder Público do não cumprimento da obrigação (mora *ex persona*). V. É irrelevante, para fins de constituição em mora do ente público, a via processual eleita pelo titular do direito para pleitear a consecução da obrigação. Em se tratando de ação mandamental, cujos efeitos patrimoniais pretéritos deverão ser reclamados administrativamente, ou pela via judicial própria (Súmula 271/STF), a mora é formalizada pelo ato de notificação da autoridade coatora, sem prejuízo da posterior liquidação do *quantum debeatur* da prestação. VI. A limitação imposta pelas Súmulas 269 e 271 do STF apenas tem por escopo obstar o manejo do *writ of mandamus* como substitutivo da ação de cobrança, em nada interferindo na aplicação da regra de direito material referente à constituição em mora, a qual ocorre uma única vez, no âmbito da mesma relação obrigacional. VII. Na espécie, o Tribunal de origem fixou o termo inicial dos juros de mora da obrigação de pagar o Adicional Local de Exercício – ALE a partir da citação dos réus, na ação ordinária de cobrança, sob o fundamento de que não houve prévia constituição do devedor em mora, nos autos do Mandado de Segurança Coletivo que lastreou o direito, no tocante aos efeitos pecuniários anteriores à impetração. Tal entendimento está em desconformidade com a orientação uníssona deste Superior Tribunal de Justiça, firmada no sentido de que "o termo inicial dos juros de mora, nas ações de cobrança de parcelas pretéritas à impetração do mandado de segurança, é a data da notificação da autoridade coatora no *writ*"

(STJ, REsp 1.841.301/SP, Rel. Ministro Og Fernandes, Segunda Turma, *DJe* de 04/02/2020), pois é o momento no qual ocorre a interrupção do prazo prescricional e a constituição em mora do devedor. Nesse sentido: STJ, REsp 1.896.040/SP, Rel. Ministro Herman Benjamin, Segunda Turma, *DJe* de 18/12/2020; AgInt no REsp 1.850.054/SP, Rel. Ministro Benedito Gonçalves, Primeira Turma, *DJe* de 18/11/2020; AgInt no REsp 1.856.058/SP, Rel. Ministra Regina Helena Costa, Primeira Turma, *DJe* de 24/04/2020; AgInt no REsp 1.752.557/SP, Rel. Ministro Francisco Falcão, Segunda Turma, *DJe* de 03/05/2019; AgInt no REsp 1.711.432/DF, Rel. Ministro Mauro Campbell Marques, Segunda Turma, *DJe* de 14/08/2018; REsp 1.916.549/SP, Rel. Ministra Assussete Magalhães, Segunda Turma, *DJe* de 07/04/2021. VIII. Tese jurídica firmada: "O termo inicial dos juros de mora em ação de cobrança de valores pretéritos ao ajuizamento de anterior mandado de segurança que reconheceu o direito, é a data da notificação da autoridade coatora no mandado de segurança, quando o devedor é constituído em mora (art. 405 do Código Civil e art. 240 do CPC)". IX. Caso concreto: Recurso Especial conhecido e provido, para fixar a data da notificação da autoridade coatora, no Mandado de Segurança Coletivo, como termo inicial dos juros de mora das parcelas pleiteadas na ação de cobrança, respeitada a prescrição quinquenal. X. Recurso julgado sob a sistemática dos recursos especiais representativos de controvérsia (art. 1.036 e seguintes do CPC/2005 e art. 256-N e seguintes do RISTJ) (REsp 1.925.235/SP, Tema Repetitivo 1133, Min. Assusete Magalhães, 1.ª Seção, j. 10.05.2023, *DJe* 29.05.2023).

19. COMPETÊNCIA

Compete à turma recursal processar e julgar o mandado de segurança contra ato de juizado especial (Enunciado 376 da Súmula do STJ, Corte Especial, j. 18.03.2009, *DJe* 30.03.2009).

Acórdãos: RMS 46.955/GO, Rel. Min. Moura Ribeiro, 3.ª Turma, j. 23.06.2015, *DJE* 17.08.2015; AgRg no RMS 44.774/SC, Rel. Min. Og Fernandes, 2.ª Turma, j. 26.05.2015, *DJE* 10.06/2015; AgRg no RMS 45.388/SC, Rel. Min. João Otávio de Noronha, 3.ª Turma, j. 07.05.2015, *DJE* 14.05.2015; AgRg no MS 21.291/DF, Rel. Min. Benedito Gonçalves, Corte Especial, j. 04.03.2015, *DJE* 23.03.2015; AgRg no MS 21.421/DF, Rel. Min. Humberto Martins, Corte Especial, j. 17.12.2014, *DJE* 02.02.2015; AgRg no RMS 45.878/SC, Rel. Min. Ricardo Villas Bôas Cueva, 3.ª Turma, j. 04.12.2014, *DJE* 15.12.2014; AgRg no RMS 46.583/SC, Rel. Min. Paulo de Tarso Sanseverino, 3.ª Turma, j. 11.11.2014, *DJE* 17.11.2014; AgRg no RMS 46.146/SC, Rel. Min. Sérgio Kukina, 1.ª Turma, j. 14.10.2014, *DJE* 21.10.2014; EDcl no AgRg no RMS 45.550/SC, Rel. Min. Marco Aurélio Bellizze, 3.ª Turma, j. 02.10.2014, *DJE* 09.10.2014; AgRg no RMS 45.550/SC, Rel. Min. Sidnei Beneti, 3.ª Turma, j. 19.08.2014, *DJE* 29.08.2014 (STJ. Jurisprudência em teses n.º 43. Publicado em 14.10.2015).

O Superior Tribunal de Justiça é incompetente para processar e julgar, originariamente, mandado de segurança contra ato de órgão colegiado presidido por Ministro de Estado (Enunciado 177 da Súmula do STJ, 1.ª Seção, j. 27.11.1996, *DJ* 11.12.1996, p. 49795).

Acórdãos: AgRg no MS 12.412/DF, Rel. Min. Nefi Cordeiro, 3.ª Seção, j. 09.09.2015, *DJE* 17.09.2015; AgRg no MS 20.192/DF, Rel. Min. Humberto Martins, 1.ª Seção, j. 25.09.2013, *DJE* 07.10.2013; RMS 28.597/GO, Rel. Min. Castro Meira, 2.ª Turma, j. 13.08.2013, *DJE* 19.08.2013; MS 14.800/DF, Rel. Min. Og Fernandes, 3.ª Seção, j. 22.06.2011, *DJE* 29.06.2011; MS 15.796/DF, Rel. Min. Benedito Gonçalves, 1.ª Seção, j. 13.04.2011, *DJE* 19.04.2011; MS 12.349/DF, Rel. Min. Maria Thereza de Assis Moura, 3.ª Seção, j. 22.09.2010, *DJE* 15.10.2010; MS 13.092/DF, Rel. Min. Mauro Campbell Marques, 1.ª Seção, j. 23.06.2010, *DJE* 30.06.2010; AgRg no MS 14.726/DF, Rel. Min. Luiz Fux, 1.ª Seção, j. 09.12.2009, *DJE* 01.02.2010; MS 8.698/DF, Rel. Min. Hamilton Carvalhido, 1.ª Seção, j. 23.09.2009, *DJE* 01.10.2009; MS 14.670/DF, Rel. Min. Humberto Martins, 1.ª Seção, j. 09.12.2009, *DJE* 18.12 2009 (STJ. Jurisprudência em teses n.º 43. Publicado em 14.10.2015).

O Superior Tribunal de Justiça não tem competência para processar e julgar, originariamente, mandado de segurança contra ato de outros tribunais ou dos respectivos órgãos (Enunciado 41 da Súmula do STJ, Corte Especial, j. 14.05.1992, *DJ* 20.05.1992, p. 7074).

Acórdãos: EDcl no MS 21.424/SP, Rel. Min. Ericson Maranho (Desembargador convocado do TJ/SP), 3.ª Seção, j. 12.08.2015, *DJE* 27.08.2015; AgRg no MS 21.331/PB, Rel. Min. Newton Trisotto (Desembargador convocado do TJ/SC), 3.ª Seção, j. 22.04.2015, *DJE* 05.05.2015; AgRg no MS 21.625/MT, Rel. Min. Ricardo Villas Bôas Cueva, Segunda Seção, j. 22.04.2015, *DJE* 28.04.2015; AgRg no MS 21.368/MG, Rel. Min. Mauro Campbell Marques, Corte Especial, j. 17.12.2014, *DJE* 19.12.2014; AgRg no MS 20.842/DF, Rel. Min. Herman Benjamin, 1.ª Seção, j. 22.10.2014, *DJE* 28.11.2014; AgRg no MS 21.094/AM, Rel. Min. Laurita Vaz, 3.ª Seção, j. 27.08.2014, *DJE* 02.09.2014; AgRg no MS 20.630/SP, Rel. Min. Assussete Magalhães, 1.ª Seção, j. 23.04.2014, *DJE* 06.05.2014; AgRg no MS 20.015/GO, Rel. Min. Raul Araújo, Segunda Seção, j. 12.03.2014, *DJE* 09.04.2014; AgRg no MS 19.522/RS, Rel. Min. Antonio Carlos Ferreira, Segunda Seção, j. 24.04.2013, *DJE* 29.04.2013; AgRg no MS 19.961/SP, Rel. Min. Sérgio Kukina, 1.ª Seção, j. 24.04.2013, *DJE* 29.04.2013 (STJ. Jurisprudência em teses n.º 43. Publicado em 14.10.2015).

Compete à justiça federal comum processar e julgar mandado de segurança quando a autoridade apontada como coatora for autoridade federal, considerando-se como tal também os dirigentes de pessoa jurídica de direito privado investidos de delegação concedida pela União.

Acórdãos: AgRg no CC 126.151/RJ, Rel. Min. Ari Pargendler, Rel. p/ acórdão Min. Herman Benjamin, 1.ª Seção, j. 09.09.2015, *DJE* 10.02.2016; AgRg no REsp 1.344.382/SE, Rel. Min. Mauro Campbell Marques, 2.ª Turma, j. 27.11.2012, *DJE* 05.12.2012; AgRg no CC 118.872/PA, Rel. Min. Humberto Martins, 1.ª Seção, j. 23.11.2011, *DJE* 29.11.2011; AgRg no AREsp 34.447/RJ, Rel. Min. Benedito Gonçalves, 1.ª Turma, j. 20.09.2011, *DJE* 26.09.2011 (STJ. Jurisprudência em teses n.º 85. Publicado em 26.07.2017).

20. DESISTÊNCIA

O impetrante pode desistir da ação mandamental a qualquer tempo antes do trânsito em julgado, independentemente da anuência da autoridade apontada como coatora.

Acórdãos: AgInt no REsp 1.475.948/SC, Rel. Min. Regina Helena Costa, 1.ª Turma, j. 02.08.2016, *DJE* 17.08.2016; AgRg no REsp 1.212.141/RJ, Rel. Min. Napoleão Nunes Maia Filho, 1.ª Turma, j. 16.02.2016, *DJE* 26.02.2016; AgRg nos EDcl nos EDcl na DESIS no RE nos EDcl no AgRg no REsp 999.447/DF, Rel. Min. Laurita Vaz, Corte Especial, j. 03.06.2015, *DJE* 15.06.2015; AgRg na DESIS no REsp 1.452.786/PR, Rel. Min. Humberto Martins, 2.ª Turma, j. 24.03.2015, *DJE* 30.03.2015; AgRg no REsp 1.127.391/DF, Rel. Min. Assussete Magalhães, j. 11.02.2014, *DJE* 11.03.2014; AgRg no REsp 927.529/DF, Rel. Min. Rogerio Schietti Cruz, j. 06.02.2014, *DJE* 28.02.2014 (STJ. Jurisprudência em teses n.º 85. Publicado em 26.07.2017).

21. HONORÁRIOS

Na ação de mandado de segurança não se admite condenação em honorários advocatícios (Súmula n. 105/STJ).

Acórdãos: AgInt no RMS 52.179/MA, Rel. Min. Luis Felipe Salomão, 4.ª Turma, j. 27.06.2017, *DJE* 01.08.2017; MS 23.203/DF, Rel. Min. Og Fernandes, 1.ª Seção, j. 26.04.2017, *DJE* 03.05.2017; EDcl no MS 12.675/DF, Rel. Min. Antonio Saldanha Palheiro, 3.ª Seção, j. 22.02.2017, *DJE* 01.03.2017; RMS 52.170/DF, Rel. Min. Mauro Campbell Marques, 2.ª Turma, j. 08.11.2016, *DJE* 19.12.2016; AgInt no REsp 1.475.948/SC, Rel. Min. Regina Helena Costa, 1.ª Turma, j. 02.08.2016, *DJE* 17.08.2016; MS 10.909/DF, Rel. Min. Ribeiro Dantas, 3.ª Seção, j. 09.12.2015, *DJE* 18.12.2015 (STJ. Jurisprudência em teses n.º 91. Publicado em 18.10.2017).

Jurisprudência do STF
MANDADO DE SEGURANÇA

SUMÁRIO

1. Decadência 289
2. Descabimento do Mandado de Segurança 291
3. Direito líquido e certo 293
4. Eficácia da medida liminar em Mandado de Segurança 296
5. Intimação e recurso 298
6. Legitimidade ativa 300
7. Legitimidade passiva 302
8. Licitação e Mandado de Segurança 303
9. Liminar e recurso cabível 304
10. Litisconsórcio 306
11. Mandado de Segurança – Conselho Nacional de Justiça 308
12. Mandado de Segurança e coisa julgada 310
13. Mandado de Segurança e embargos infringentes 312
14. Mandado de Segurança e liminar 314
15. Mandado de Segurança – Petição inicial 317
16. Servidores públicos 319
17. Suspensão de liminar 321
18. Tribunal de Contas da União 323
19. Intervenção de terceiros 326
20. Desistência 327

1. DECADÊNCIA

AGRAVO REGIMENTAL NO RECURSO ORDINÁRIO EM MANDADO DE SEGURANÇA. ANISTIA. ANULAÇÃO. ATO COMISSIVO. INOBSERVÂNCIA DO PRAZO DECADENCIAL. DECADÊNCIA CONSUMADA. AGRAVO REGIMENTAL DESPROVIDO. 1. O prazo decadencial para a impetração de mandado de segurança contra ato do Poder Público tem seu termo inicial na data em que, devidamente divulgado, torna-se apto a gerar efeitos lesivos à esfera jurídica do interessado. 2. Agravo regimental a que se nega provimento (RMS 38.481 AgR/DF, Rel. Min. Edson Fachin, 2.ª Turma, j. 18.04.2023).

AGRAVO INTERNO EM MANDADO DE SEGURANÇA. CONSELHO NACIONAL DE JUSTIÇA (CNJ). DECADÊNCIA DA IMPETRAÇÃO. CONTAGEM DO PRAZO EM DIAS CORRIDOS. 1. A alteração promovida na sistemática de contagem de prazos, os quais passaram a ser computados em dias úteis, diz respeito tão somente aos prazos processuais, conforme dispõe o parágrafo único do art. 219 do Código de Processo Civil de 2015. 2. O prazo de 120 (cento e vinte) dias para impetração de mandado de segurança na forma do art. 23 da Lei n. 12.016/2009 tem natureza decadencial, não sendo admitida a suspensão ou interrupção. 3. Agravo interno desprovido (MS 38.772 AgR/DF, Rel. Min. Nunes Marques, 2.ª Turma, j. 22.02.2023).

AGRAVO INTERNO NO MANDADO DE SEGURANÇA. TRIBUNAL DE CONTAS DA UNIÃO. INDEFERIMENTO DE REGISTRO DE APOSENTADORIA. INOBSERVÂNCIA DO PRAZO DECADENCIAL DE 120 DIAS PREVISTO NO ARTIGO 23 DA LEI 12.016/2009. RECURSO ADMINISTRATIVO SEM EFEITO SUSPENSIVO. TRANSCURSO DO PRAZO DECADENCIAL PARA A IMPETRAÇÃO DA AÇÃO MANDAMENTAL. RECURSO DE AGRAVO A QUE SE NEGA PROVIMENTO. 1. Esta Corte já firmou entendimento no sentido de que a contagem do prazo decadencial para impetração da ação mandamental se inicia a partir da ciência, pelo interessado, do ato impugnado. 2. A jurisprudência desta Corte é pacífica no sentido de que a interposição de pedido ou de recurso administrativo, sem efeito suspensivo, não obsta o transcurso do prazo decadencial para impetração do mandado de segurança. 3. Recurso de agravo a que se nega provimento (MS 38.676 AgR/DF, Rel. Min. Alexandre de Moraes, 1.ª Turma, j. 03.10.2022).

AGRAVO INTERNO EM MANDADO DE SEGURANÇA. ATO IMPUGNADO CONSISTENTE EM ACÓRDÃO DA PRIMEIRA CÂMARA DO TRIBUNAL DE CONTAS DA UNIÃO QUE, AO EXAMINAR A LEGALIDADE DE ATO INICIAL CONCESSIVO DE APOSENTADORIA, DETERMINOU AO MINISTÉRIO PÚBLICO DO DISTRITO FEDERAL E DOS TERRITÓRIOS A ADOÇÃO DE PROVIDÊNCIAS PARA OBTER A REPOSIÇÃO AO ERÁRIO, NOS MOLDES DO ART. 46, § 3.º, DA LEI N.º 8.112/1990, DE VALORES PAGOS AO AGRAVANTE EM DECORRÊNCIA DE DECISÃO JUDICIAL PRECÁRIA, POSTERIORMENTE REVOGADA. INOBSERVÂNCIA DO PRAZO DECADENCIAL DE 120 DIAS PREVISTO NO ART. 23 DA LEI N.º 12.016/2009. 1. Delimitadas, no Acórdão n.º 7096/2016-TCU-1.ª Câmara, a exigência e a forma de reposição ao erário, a Procuradora-Geral de Justiça do Distrito Federal e dos Territórios, no tocante a esses aspectos, atuou como mera executora da mencionada deliberação do Tribunal de Contas da União, sem margem para adotar conduta diversa e sem legitimidade, portanto, para figurar no polo passivo do presente mandado de segurança. 2. Tendo o prazo de 120 dias para impetração de mandado de segurança começado a fluir em 05.01.2017, data em que o agravante teve inequívoca ciência do Acórdão n.º 7096/2016-TCU-1.ª Câmara, contra o qual não interpôs qualquer recurso, verifica-se que o presente *writ*, protocolado somente em 08.05.2022, não observou o lapso temporal previsto no art. 23 da Lei n.º 12.016/2009, preceito cuja constitucionalidade, assentada na Súmula 632/STF ("É constitucional lei que fixa o prazo de decadência para a impetração de mandado de segurança"), foi recentemente reafirmada por esta Suprema Corte ao julgamento da ADI n.º 4.296. 3. Inaplicável o art. 85, § 1.º, do CPC/2015, por se tratar de recurso interposto em mandado de segurança (art. 25 da Lei n.º 12.016/2009 e Súmula 512/STF). 4. Agravo interno conhecido e não provido (MS 38.557 AgR/DF, Rel. Min. Rosa Weber, 1.ª Turma, j. 04.07.2022).

AÇÃO DIRETA DE INCONSTITUCIONALIDADE. ARTS. 1.º, § 2.º, 7.º, III E § 2.º, 22, § 2.º, 23 E 25, DA LEI DO MANDADO DE SEGURANÇA (LEI 12.016/2009). ALEGADAS LIMITAÇÕES À UTILIZAÇÃO DESSA AÇÃO CONSTITUCIONAL COMO INSTRUMENTO DE PROTEÇÃO DE DIREITOS INDIVIDUAIS E COLETIVOS. SUPOSTA OFENSA AOS ARTS. 2.º E 5.º, XXXV E LXIX, DA CONSTITUIÇÃO. NÃO CABIMENTO DO "WRIT" CONTRA ATOS DE GESTÃO COMERCIAL DE ENTES PÚBLICOS, PRATICADOS NA EXPLORAÇÃO DE ATIVIDADE ECONÔMICA, ANTE A SUA NATUREZA ESSENCIALMENTE PRIVADA. EXCEPCIONALIDADE QUE DECORRE DO PRÓPRIO TEXTO CONSTITUCIONAL. POSSIBILIDADE DE O JUIZ EXIGIR CONTRACAUTELA PARA A CONCESSÃO DE MEDIDA LIMINAR. MERA FACULDADE INERENTE AO PODER GERAL DE CAUTELA DO MAGISTRADO. INOCORRÊNCIA, QUANTO A ESSE ASPECTO, DE LIMITAÇÃO AO JUÍZO DE COGNIÇÃO SUMÁRIA. CONSTITUCIONALIDADE DO PRAZO DECADENCIAL DO DIREITO DE IMPETRAÇÃO E DA PREVISÃO DE INVIABILIDADE DE CONDENAÇÃO AO PAGAMENTO DE HONORÁRIOS SUCUMBENCIAIS. JURISPRUDÊNCIA CONSOLIDADA DO SUPREMO TRIBUNAL FEDERAL. PROIBIÇÃO DE CONCESSÃO DE LIMINAR EM RELAÇÃO A DETERMINADOS OBJETOS. CONDICIONAMENTO DO PROVIMENTO CAUTELAR, NO ÂMBITO DO MANDADO DE SEGURANÇA COLETIVO, À PRÉVIA OITIVA DA PARTE CONTRÁRIA. IMPOSSIBILIDADE DE A LEI CRIAR ÓBICES OU VEDAÇÕES ABSOLUTAS AO EXERCÍCIO DO PODER GERAL DE CAUTELA. EVOLUÇÃO DO ENTENDIMENTO JURISPRUDENCIAL. CAUTELARIDADE ÍNSITA À PROTEÇÃO CONSTITUCIONAL AO DIREITO LÍQUIDO E CERTO. RESTRIÇÃO À PRÓPRIA EFICÁCIA DO REMÉDIO CONSTITUCIONAL. PREVISÕES LEGAIS EIVADAS DE INCONSTITUCIONALIDADE. PARCIAL
PROCEDÊNCIA DA AÇÃO. 1. O mandado de segurança é cabível apenas contra atos praticados no desempenho de atribuições do Poder Público, consoante expressamente estabelece o art. 5.º, inciso LXIX, da Constituição Federal. Atos de gestão puramente comercial desempenhados por entes públicos na exploração de atividade econômica se destinam à satisfação de seus interesses privados, submetendo-os a regime jurídico próprio das empresas privadas. 2. No exercício do poder geral de cautela, tem o juiz a faculdade de exigir contracautela para o deferimento de medida liminar, quando verificada a real necessidade da garantia em juízo, de acordo com as circunstâncias do caso concreto. Razoabilidade da medida que não obsta o juízo de cognição sumária do magistrado. 3. Jurisprudência pacífica da Corte no sentido da constitucionalidade de lei que fixa prazo decadencial para a impetração de mandado de segurança (Súmula 632/STF) e que estabelece o não cabimento de condenação em honorários de sucumbência (Súmula 512/STF). 4. A cautelaridade do mandado de segurança é ínsita à proteção constitucional ao direito líquido e certo e encontra assento na própria Constituição Federal. Em vista disso, não será possível a edição de lei ou ato normativo que vede a concessão de medida liminar na via mandamental, sob pena de violação à garantia de pleno acesso à jurisdição e à própria defesa do direito líquido e certo protegida pela Constituição. Proibições legais que representam óbices absolutos ao poder geral de cautela. 5. Ação julgada parcialmente procedente, apenas para declarar a inconstitucionalidade dos arts. 7.º, § 2.º, e 22, § 2.º, da Lei 12.016/2009, reconhecendo-se a constitucionalidade dos arts. 1.º, § 2.º; 7.º, III; 23 e 25 dessa mesma lei (ADI 4.296, Rel. Min. Marco Aurélio, Red. do ac. Min. Alexandre de Moraes, j. 09.06.2021, *DJe* 202, public. 11.10.2021).

2. DESCABIMENTO DO MANDADO DE SEGURANÇA

AGRAVO REGIMENTAL NOS EMBARGOS DECLARATÓRIOS EM MANDADO DE SEGURANÇA. IMPETRAÇÃO CONTRA ATO DE TURMA DO SUPREMO TRIBUNAL FEDERAL. DESCABIMENTO. ATO TRANSITADO EM JULGADO. AGRAVO REGIMENTAL DESPROVIDO. 1. É inadmissível o mandado de segurança impetrado contra decisão já transitada em julgado, nos termos da Súmula 268 do STF e do art. 5.º, III, da Lei 12.016/2009. 2. A jurisprudência desta Suprema Corte é uníssona no sentido de afirmar incabível mandado de segurança contra ato judicial por ela própria emanado, inclusive aqueles proferidos por seus Ministros, salvo nas hipóteses de teratologia, ilegalidade ou abuso flagrante, o que não se verifica no caso dos autos. 3. Agravo regimental a que se nega provimento (MS 38.386 ED-AgR, Rel. Min. Edson Fachin, Tribunal Pleno, j. 03.05.2023, *DJe* 12.05.2023).

AGRAVO REGIMENTAL EM RECURSO ORDINÁRIO EM MANDADO DE SEGURANÇA. NÃO CABIMENTO DE MANDADO DE SEGURANÇA AJUIZADO COMO MEIO DE IMPUGNAÇÃO DE DECISÃO JUDICIAL QUANDO JÁ FORAM ESGOTADAS TODAS AS VIAS RECURSAIS CABÍVEIS. SÚMULA N.º 268/STF. AGRAVO REGIMENTAL AO QUAL SE NEGA PROVIMENTO. 1. No caso, o Órgão Especial do Tribunal Superior do Trabalho negou seguimento ao mandado de segurança por ser incabível quando ajuizado como meio de impugnação de decisão judicial quando já esgotadas todas as vias recursais cabíveis, nos termos da Orientação Jurisprudencial n.º 99 da SBDI-2 do TST. 2. O aresto do TST se encontra em consonância com a legislação aplicável à espécie e com a jurisprudência consolidada na Suprema Corte, segundo a qual "[n]ão cabe mandado de segurança contra decisão judicial com trânsito em julgado" (Súmula n.º 268 do STF). 3. Agravo regimental não provido (RMS 38.669 AgR, Rel. Min. Dias Toffoli, 1.ª Turma, j. 14.11.2022, *DJe* 10.01.2023).

AGRAVO INTERNO EM MANDADO DE SEGURANÇA PREVENTIVO. ATO DE MINISTRO DE ESTADO E DE RELATOR-GERAL DO ORÇAMENTO. INCOMPETÊNCIA DO SUPREMO TRIBUNAL FEDERAL. EXCLUSÃO DA RELAÇÃO PROCESSUAL. AUSÊNCIA DE COMPROVAÇÃO DE DIREITO LÍQUIDO E CERTO. DESCABIMENTO DA VIA MANDAMENTAL. EXECUÇÃO DE DESPESAS DECORRENTES DE EMENDA DE RELATOR GERAL DA LEI ORÇAMENTÁRIA ANUAL (INDICADOR DE RESULTADO PRIMÁRIO RP-09). PREVISÃO NA RESOLUÇÃO 1/2021 DO CONGRESSO NACIONAL. CARÁTER GERAL E ABSTRATO DAS NORMAS. MERA APLICAÇÃO DE DISPOSITIVOS REGIMENTAIS DA CASA LEGISLATIVA. ATO *INTERNA CORPORIS*, NÃO SUJEITO AO CONTROLE JUDICIAL. SEPARAÇÃO DE PODERES. AGRAVO INTERNO A QUE SE NEGA PROVIMENTO. 1. Incompetência da Suprema Corte para apreciar mandado de segurança impetrado contra ato de Ministro de Estado e de Relator de Orçamento. Nos termos do art. 105, I, *b*, da Constituição, compete ao Superior Tribunal de Justiça, e não ao Supremo Tribunal Federal, processar e julgar originariamente mandado de segurança contra ato de Ministros de Estado. 2. Incabível dilação probatória no mandado de segurança, uma vez que a prova há de se constituir no momento da impetração. Em se tratando de mandado preventivo, ao apontar como ato coator receio de má-utilização da norma pelo Relator-Geral sem colacionar aos autos provas hábeis a considerá-lo uma ameaça concreta e real de lesão a direito subjetivo líquido e certo, descabe a via eleita. 3. O mandado de segurança não pode ser utilizado como mecanismo de controle abstrato da validade constitucional das leis e dos atos normativos em geral. O conteúdo da Resolução 1/2006 do Congresso Nacional, considerado o seu caráter impessoal e genérico, configura típico ato em tese, insuscetível de impugnação em sede de mandado de segurança (Súmula 266/STF). 4. *In casu*, eventuais e futuros atos de execução do indicador de Resultado Primário RP-9, despesa discricionária decorrente de emendas de relator-geral, apontados como suscetíveis de ameaçar direito líquido e certo, estão sustentados unicamente na interpretação conferida às normas regimentais internas, razão pela qual revela a hipótese de ato *interna corporis* insindicável pelo Poder Judiciário. 5. Agravo interno a que se nega provimento (MS 38.485 AgR/DF, Rel. Min. Luiz Fux, Tribunal Pleno, j. 22.11.2022, *DJe*-239, divulg. 24.11.2022, public. 25.11.2022).

DIREITO PROCESSUAL CIVIL. AGRAVO REGIMENTAL EM EMBARGOS DE DECLARAÇÃO EM MANDADO DE SEGURANÇA. DESCABIMENTO DA VIA PROCESSUAL DO MANDADO DE SEGURANÇA PARA IMPUGNAR DECRETO DE DEMARCAÇÃO DE TERRA INDÍGENA. 1. Recurso contra decisão que considera adequada a via do mandado de segurança para impugnar decreto de demarcação de terra indígena. 2. Em diversos precedentes, esta Corte entendeu que a verificação da posse indígena em processo de demarcação de terras exige dilação probatória, o que não é admitido em sede de mandado de segurança. Precedentes. 3. Recurso provido (MS 28.541 ED-AgR/DF, Red. p/ acórdão Min. Roberto Barroso, Tribunal Pleno, j. 14.06.2021, *DJe*-167, divulg. 20.08.2021, public. 23.08.2021).

MANDADO DE SEGURANÇA. DIREITO CONSTITUCIONAL. DIREITO DA CRIANÇA E DO ADOLESCENTE. ATO COATOR. DECRETO FEDERAL 10.003/2019. CONANDA. QUESTIONAMENTO DE ATO NORMATIVO GERAL. IMPOSSIBILIDADE DO PLEITO NA VIA MANDAMENTAL. SÚMULA 266 STF. ADPF 622. ART. 10, *CAPUT*, DA LEI 12.016/2009. MANDADO DE SEGURANÇA EXTINTO. 1. A Súmula 266 do Supremo Tribunal Federal estabelece que "Não cabe mandado de segurança contra lei em tese". 2. *In casu*, a impetração se volta contra contra ato normativo de caráter geral e abstrato (Decreto 10.003/2009), por meio do qual o Presidente da República alterou a estrutura e a composição do Conselho Nacional da Criança e do Adolescente (CONANDA). 3. Consectariamente, o alcance geral da norma impugnada torna eventuais ofensas aos impetrantes meramente reflexas, descaracterizando coação possível de ser amparada pela via do mandado de segurança. Contra esse ato normativo já há, inclusive, Ação de Descumprimento de Preceito Fundamental (ADPF) no âmbito desta Suprema Corte. 4. *Ex positis*, extingo o presente mandado de segurança, sem resolução de mérito, com fulcro no art. 10, *caput*, da Lei 12.016/2009. Prejudicado o pleito de medida liminar (MS 36.684, Rel. Min. Luiz Fux, Tribunal Pleno, j. 22.06.2020, *DJe* 08.07.2020).

AGRAVO INTERNO. RECURSO ORDINÁRIO EM MANDADO DE SEGURANÇA. PROCESSO PENAL MILITAR. MEDIDA CAUTELAR ASSECURATÓRIA. SUSPENSÃO DO EXERCÍCIO DA ADVOCACIA DETERMINADA PELO CONSELHO DE JUSTIÇA MILITAR DA 1.ª AUDITORIA DA 3.ª CJM. ATO REVESTIDO DE CONTEÚDO JURISDICIONAL. AUSÊNCIA DE FLAGRANTE ILEGALIDADE OU TERATOLOGIA. NÃO CABIMENTO. INEXISTÊNCIA DE DIREITO LÍQUIDO E CERTO. AGRAVO INTERNO DESPROVIDO. 1. É manifestamente inadmissível o mandado de segurança contra ato jurisdicional, exceto em caso de flagrante ilegalidade ou teratologia da decisão questionada. Precedentes: MS 30.669-ED, Plenário, Rel. Min. Gilmar Mendes, *DJe* de 6/4/2016; RMS 26.769-AgR-AgR-AgR-ED-AgR, Rel. Min. Roberto Barroso, Primeira Turma, *DJe* de 16/11/2017, MS 34.866-AgR, Rel. Gilmar Mendes, 2.ª Turma, *DJe* de 8/11/2017, MS 34.471-AgR, Rel. Min. Dias Toffoli, 2.ª Turma, *DJe* de 22/2/2017, RMS 34.422-AgR, Rel. Min. Teori Zavascki, 2.ª Turma, *DJe* de 15/11/2016, RMS 30.856-AgR, Rel. Min. Luiz Fux, Primeira Turma, *DJe* de 9/8/2016, RMS 26.191-AgR, Rel. Min. Rosa Weber, 2.ª Turma, *DJe* de 19/11/2015, RMS 29.916-AgR, Rel. Min. Edson Fachin, Primeira Turma, *DJe* de 19/9/2016. 2. A admissão do mandado de segurança contra decisão judicial pressupõe, exclusivamente: i) não caber recurso, com vistas a integrar ao patrimônio do impetrante o direito líquido e certo a que supostamente aduz ter direito; ii) não ter havido o trânsito em julgado; e iii) tratar-se de decisão manifestamente ilegal ou teratológica. Precedente: RMS 32.932-AgR, Segunda Turma, Rel. Min. Gilmar Mendes, *DJe* de 25/2/2016. 3. *In casu*, (a) cuida-se de Recurso em Mandado de Segurança, tendo por objeto medida judicial de suspensão do exercício à advocacia, decretada cautelarmente no curso de ação penal militar, em razão de suspeita de abuso do exercício da profissão para a prática dos crimes imputados ao recorrente, conforme decisão da 1.ª Auditoria da 3.ª CJM, confirmada pelo Superior Tribunal Militar. (b) O acórdão do Superior Tribunal Militar, ora impugnado, limitou-se, no âmbito do MS 7000828-54.2018.7.00.000, a evidenciar a inexistência de teratologia, ilegalidade ou abuso de poder na medida cautelar decretada pelo juízo de primeira instância, que determinou a suspensão do exercício da advocacia pelo ora recorrente. Consignou, também, a ausência de direito líquido e certo do ora impetrante, tendo em vista que a referida decisão mostrou-se legalmente fundamentada, sobretudo para garantir o *status libertatis* do recorrente, aplicando-lhe medida cautelar alternativa à prisão preventiva. (c) Consectariamente, os órgãos jurisdicionais *a quo* atuaram legitimamente no exercício de suas competências, observados os limites legais, inexistindo teratologia a autorizar a impetração do *mandamus*. 4. Agravo interno desprovido (RMS 36.787 AgR/RS, Rel. Min. Luiz Fux, 1.ª Turma, j. 11.05.2020, *DJe*-129 public. 26.05.2020).

3. DIREITO LÍQUIDO E CERTO

AGRAVO REGIMENTAL EM RECURSO ORDINÁRIO EM MANDADO DE SEGURANÇA. DIREITO ADMINISTRATIVO. CONCURSO PÚBLICO. CANDIDATO APROVADA FORA DO NÚMERO DE VAGAS PREVISTAS NO EDITAL. TEMA 784 DA REPERCUSSÃO GERAL. PRETERIÇÃO. AUSÊNCIA DE COMPROVAÇÃO. INEXISTÊNCIA DE DIREITO LÍQUIDO E CERTO. AGRAVO DESPROVIMENTO. 1. O candidato aprovado fora no número de vagas previstas no edital possui mera expectativa de direito à nomeação, ressalvadas, conforme a tese fixada no julgamento do RE 837.311-RG, Tema 784 da repercussão geral, as hipóteses de demonstração da ocorrência de novas vagas e de preterição arbitrária e imotivada por parte da Administração, o que não se constatou no caso dos autos. 2. A nomeação de candidato aprovado fora do número de vagas previsto no edital situa-se no âmbito do juízo de conveniência e oportunidade da administração pública, pois é ela quem detém capacidade institucional para avaliar a real necessidade do provimento de cargos públicos na hipótese de surgimento de novas vagas, com vistas ao exclusivo atendimento do interesse público, não houve, efetivamente, preterição do impetrante, mas apenas exercício do poder discricionário da administração. 3. A "atuação administrativa orientada por restrições orçamentárias não se assimila a preterição arbitrária e imotivada" (RMS 35.976-AgR, Rel. Min. Rosa Weber, Primeira Turma, *DJe* de 09.03.2020). 4. Agravo regimental a que se nega provimento (RMS 36.786 AgR/DF, Rel. Min. Edson Fachin, 2.ª Turma, j. 18.04.2023, *DJe* divulg. 26.04.2023, public. 27.04.2023).

AGRAVO INTERNO EM MANDADO DE SEGURANÇA. ATO DO TRIBUNAL DE CONTAS DA UNIÃO. DECISÃO QUE NÃO CONHECE A REPRESENTAÇÃO. AUSÊNCIA DE DIREITO LÍQUIDO E CERTO. INEXISTÊNCIA DE ILEGALIDADE, ABUSO DE PODER OU TERATOLOGIA. AGRAVO INTERNO A QUE SE NEGA PROVIMENTO. 1. Conforme dispõe o art. 21 da Lei 12.016/2009, a admissibilidade do mandado de segurança está condicionada à presença de direito líquido e certo que esteja sendo violado (ou se encontra ameaçado) por ato comissivo ou omissivo imputável à autoridade apontada como coatora. Nesse sentido, pretensão que demande dilação probatória é incompatível com o rito especial do mandado de segurança. 2. Descabe transformar o Supremo Tribunal Federal em instância recursal, revisora geral e irrestrita, das decisões administrativas tomadas pelo Tribunal de Contas da União, no regular exercício de suas atribuições constitucionalmente estabelecidas. Ressalvadas as hipóteses de flagrante ilegalidade, abuso de poder ou teratologia, impõe-se ao Poder Judiciário autocontenção (*judicial self-restraint*) e deferência às valorações realizadas pelos órgãos técnico-especializados, sobretudo os dotados de previsão constitucional para tanto, dada sua maior capacidade institucional para o tratamento da matéria. Precedentes. 3. *In casu*, as provas colacionadas ao *writ* e os argumentos manejados são insuficientes para demonstrar, de plano, a alegação de violação a direito líquido e certo da agravante. Não foi comprovada ilegalidade ou o abuso de poder praticado pela autoridade impetrada. A *causa petendi* do presente *mandamus* é de todo incompatível com o rito especial do mandado de segurança. 4. Agravo interno a que se nega provimento. Em caso de votação unânime, determino a aplicação da multa de 2% (dois por cento) sobre o valor atualizado da causa (artigo 1.021, § 4.º, do CPC/2015), considerado o caráter infundado e protelatório do recurso (MS 38.678 AgR/DF, Rel. Min. Luiz Fux, 1.ª Turma, j. 22.02.2023, *DJe* divulg. 24.02.2023, public. 27.02.2023).

AGRAVO INTERNO EM MANDADO DE SEGURANÇA. CUMULAÇÃO DE PROVENTOS DE MILITAR COM REMUNERAÇÃO DE CARGO PÚBLICO CIVIL. IMPOSSIBILIDADE. REINGRESSO NO SERVIÇO PÚBLICO APÓS A EDIÇÃO DA EMENDA CONSTITUCIONAL N. 20/1998. VEDAÇÃO PREVISTA NO § 10 DO ART. 37 DA CONSTITUIÇÃO FEDERAL. 1. Militar da reserva remunerada que reingressa no serviço público, em cargo civil, após a vigência da Emenda Constitucional n. 20/1998, não tem direito líquido e certo de acumular os proventos oriundos da reserva remunerada com a remuneração decorrente do exercício do cargo civil assumido. 2. A hipótese excepcional de acumulação de um cargo de professor com outro técnico ou científico, prevista na alínea "a" do inciso XVI do art. 37 da Constituição Federal, não se estende aos militares, uma vez que estes receberam regramento constitucional específico. 3. Agravo interno desprovido (MS 36.882 ED-AgR/DF, Rel. Min. Nunes Marques, 2.ª Turma, j. 07.02.2023, *DJe* divulg. 15.02.2023, public. 16.02.2023).

AGRAVO REGIMENTAL EM MANDADO DE SEGURANÇA. DENÚNCIA POR CRIME DE RESPONSABILIDADE CONTRA O PRESIDENTE DA REPÚBLICA. ALEGADA OMISSÃO DO PRESIDENTE DA CÂMARA DOS DEPUTADOS. LITISPENDÊNCIA, EM PARTE, EM RELAÇÃO AO MS N.º 37.083/DF. ALEGADA OMISSÃO DE MINISTRO DO SUPREMO TRIBUNAL FEDERAL NO JULGAMENTO DO MS N.º 37.083/DF. SUPERVENIÊNCIA DE DECISÃO MONOCRÁTICA E RESPECTIVO ACÓRDÃO DE CONFIRMAÇÃO, EM SEDE DE AGRAVO REGIMENTAL. PERDA SUPERVENIENTE DO OBJETO. 1. No MS n.º 37.083/DF e nesse *mandamus*, no tocante à alegada omissão do Presidente da Câmara dos Deputados, trata-se exatamente da mesma questão. Configurada, portanto, como já reconhecida na decisão monocrática agravada, a hipótese de litispendência, em parte, nos termos do art. 337, inc. VI, §§ 1.º, 2.º e 3.º, do CPC, a desaguar na extinção deste feito sem resolução do mérito, quanto ao ponto. 2. Inexistência, no MS n.º 37.083/DF, de qualquer atuação jurisdicional que pudesse ser atribuída como teratológica ou manifestamente ilegal. Pelo contrário, a questão foi devidamente decidida, tendo sido proferida decisão de mérito que denegou a ordem postulada e, em face dessa decisão, foi interposto agravo regimental, com julgamento pela manutenção da decisão monocrática, por unanimidade, pelo Plenário do Supremo Tribunal Federal. Em decorrência, evidenciada a perda do objeto da presente demanda, não sendo mais possível sustentar omissão judicial na apreciação do MS n.º 37.083/DF. 3. Inexistência de direito líquido e certo, a ser amparado por mandado de segurança, nos casos de impetrações em que se busca combater suposta omissão do Presidente da Câmara dos Deputados na apreciação de denúncia por crime de responsabilidade contra autoridades. Precedentes. 4. Agravo regimental a que se nega provimento (MS 37.867 AgR, Rel. Min. André Mendonça, Tribunal Pleno, j. 14.09.2022, public. 0 5.10.2022).

MANDADO DE SEGURANÇA. DIREITO CONSTITUCIONAL E PROCESSUAL CIVIL. ATO DA CORREGEDORA NACIONAL DE JUSTIÇA QUE APROVOU O RELATÓRIO DE INSPEÇÃO NO TRIBUNAL DE JUSTIÇA DO ESTADO DO MATO GROSSO DO SUL. SUSPENSÃO DO PAGAMENTO DOS PRECATÓRIOS ATÉ O JULGAMENTO FINAL DE AÇÕES CONTRA ACORDO EXTRAJUDICIAL HOMOLOGADO JUDICIALMENTE ENTRE ENTIDADE FINANCEIRA E O MUNICÍPIO DE DOURADOS/MS. DETERMINAÇÕES. REALIZAÇÃO DE AUDITORIA TÉCNICA. CONTRATOS. REVISÃO DOS CÁLCULOS DE PRECATÓRIOS. ATO EMINENTEMENTE ADMINISTRATIVO. NECESSIDADE DE DILAÇÃO PROBATÓRIA. INEXISTÊNCIA DE PROVA PRÉ-CONSTITUÍDA. MANDADO DE SEGURANÇA A QUE SE NEGA SEGUIMENTO. 1. Os critérios para cálculos de precatórios têm natureza intrinsecamente administrativa, o que atrai a competência do Conselho Nacional de Justiça para atuar no afã de corrigir supostas ilegalidades detectadas nos referidos cálculos (CRFB/88, art. 103-B, § 4.º, II). Precedentes: MS 32.749 AgR, Relator Min. Celso de Mello, Segunda Turma, *DJe* 18.06.2015; RE 309.103, Relator Min. Moreira Alves, Primeira Turma, *DJ* 16.11.2001; ADI 1.098, Rel. Min. Marco Aurélio, Tribunal Pleno, *DJ* 25.10.1996; RE 281.208 AgR, Rel. Min. Ellen Gracie, Primeira Turma, *DJ* 26.4.2002; AI 409.331 AgR, Rel. Min. Carlos Velloso, Segunda Turma, *DJ* 4.4.2003. 2. O Conselho Nacional de Justiça ostenta competência constitucional para determinar a auditoria técnica e a revisão dos cálculos dos precatórios, bem como a suspensão de seu pagamento. 3. *In casu*, na correição realizada pelo CNJ, foram constatadas diversas irregularidades nos cálculos dos precatórios em questão. Deveras, no procedimento de revisão dos valores desses precatórios, foram identificados erros grosseiros, de sorte a enquadrar a hipótese na previsão normativa contida no art. 35 da Resolução CNJ 115/2010, o que atrai e justifica a competência do órgão de controle. 4. A decisão proferida no presente caso pelo Conselho Nacional de Justiça, órgão autônomo especializado, não deve ser objeto de revisão, mormente por não ter caráter manifestamente ilegal, abusivo ou teratológico. 5. É recomendável a adoção de uma postura de deferência para com os órgãos autônomos especializados em geral, especialmente àqueles que a Constituição da República outorgou assento constitucional de competência técnica para determinadas matérias. 6. O impetrante não logrou demonstrar, por meio de prova inequívoca, a violação a direito líquido e certo, na medida em que o *writ* não está aparelhado com evidências capazes de demonstrar, de plano, ilegalidade ou abuso de poder praticado pela autoridade impetrada, de sorte que o mandamus deve ser denegado por manifesta improcedência. 7. O reconhecimento da ausência de direito líquido e certo não impede que o impetrante lance mão das vias ordinárias para defesa do seu alegado direito. Nos termos do art. 19 da Lei 12.016/2009, a sentença ou o acórdão que denegar mandado de segurança sem decidir o mérito, não impedirá que o requerente, por ação própria, pleiteie os seus direitos e os respectivos efeitos patrimoniais. 8. Mandado de segurança a que se nega seguimento (MS 34.057, Rel. Min. Luiz Fux, 1.ª Turma, j. 23.05.2022, public. 12.09.2022).

AGRAVO INTERNO EM MANDADO DE SEGURANÇA. DENÚNCIA POR CRIME DE RESPONSABILIDADE CONTRA O CHEFE DO PODER EXECUTIVO. OMISSÃO DO PRESIDENTE DA CÂMARA DOS DEPUTADOS. AUSÊNCIA DE DIREITO LÍQUIDO E CERTO DOS IMPETRANTES. 1. Não se pode conhecer de pedido formulado contra o Presidente da República, porquanto o objeto da impetração é a atuação do Presidente da Câmara dos Deputados, consubstanciada na omissão em apreciar requerimento de impeachment protocolado pelos impetrantes. A autoridade coatora é o Presidente daquela Casa Legislativa e não o Chefe do Poder Executivo. 2. É inadmissível aplicar-se o instituto da revelia em relação ao Presidente da República, sob pena de ser proferido verdadeiro julgamento de natureza jurídico-política, com o reconhecimento da ocorrência de crime de responsabilidade. 3. A Constituição Federal e o Regimento Interno da Câmara dos Deputados não preveem a fixação de prazo para que pedido de *impeachment* seja analisado pelo Presidente daquela Casa Legislativa. Invocar o uso de prazos da legislação administrativa é descabido, uma vez que o procedimento em discussão é eminentemente constitucional, de teor político e subordinado à discricionariedade dos agentes autorizados pela Carta da República. 4. Agravo interno desprovido (MS 37.083 AgR, Rel. Min. Nunes Marques, Tribunal Pleno, j. 16.08.2022, public. 26.08.2022).

MANDADO DE SEGURANÇA. DIREITO LÍQUIDO E CERTO. AUSÊNCIA. O direito líquido e certo é, a um só tempo, condição e mérito da impetração. APOSENTADORIA. REGISTRO. DECADÊNCIA. INADEQUAÇÃO. Ante o fato de a aposentadoria pressupor atos sequenciais, não cabe articular a observância, presente atuação do Órgão de controle, ao disposto no artigo 54 da Lei n.º 9.784/1999. TEMPO DE SERVIÇO FICTO. LEI EM SENTIDO FORMAL E MATERIAL. EXIGÊNCIA. A consideração de tempo de serviço ficto pressupõe lei em sentido formal e material. POLICIAL FEDERAL. TEMPO DE SERVIÇO ESPECÍFICO. Com a Lei Complementar n.º 51/1985, o período para concessão de aposentadoria especial foi alterado de 25 para 30 anos de serviço, 20 dos quais prestados em atividade de natureza estritamente policial. APOSENTADORIA ESPECIAL. POLÍCIA FEDERAL. TEMPO DE SERVIÇO. A majoração decorrente da Lei Complementar n.º 51/1985 – de 25 para 30 anos de serviço – não é passível de ser compensada mediante atuação administrativa criando 20% de tempo de serviço ficto (MS 33.584/DF, Rel. Min. Marco Aurélio, 1.ª Turma, *DJe*-166, divulg. 19.08.2021, public. 20.08.2021).

4. EFICÁCIA DA MEDIDA LIMINAR EM MANDADO DE SEGURANÇA

CONSTITUCIONAL E ADMINISTRATIVO. PROVIMENTO 71/2018. ATO NORMATIVO E DE CONTEÚDO GENÉRICO DO CONSELHO NACIONAL DE JUSTIÇA. IMPOSSIBILIDADE DE REALIZAÇÃO DE CONTROLE DE CONSTITUCIONALIDADE COM EFEITOS *ERGA OMNES* EM MANDADO DE SEGURANÇA. USURPAÇÃO DE COMPETÊNCIA PRIVATIVA DO SUPREMO TRIBUNAL FEDERAL EM INTERPRETAR CONCENTRADAMENTE A CONSTITUIÇÃO FEDERAL. RECURSO DE AGRAVO PROVIDO PARA NÃO CONHECER DA IMPETRAÇÃO. 1. O Mandado de Segurança é uma ação constitucional, de natureza civil, cujo objeto é a proteção de direito líquido e certo, lesado ou ameaçado de lesão, por ato ou omissão de autoridade pública ou agente de pessoa jurídica no exercício de atribuições do Poder Público. 2. A impetração do mandamus exige a descrição de fatos que, em tese, configurem violação de direito líquido e certo do impetrante, sendo incabível seu ajuizamento contra lei ou ato normativo em tese (Súmula 266 do STF). 3. Inadequação do uso da via do mandado de segurança para a realização de controle concentrado de constitucionalidade. Impossibilidade do exercício de controle difuso quando, ao declarar a inconstitucionalidade da lei ou ato normativo em face da Constituição Federal a decisão gerar efeitos *erga omnes*, retirando-os do ordenamento jurídico. 4. Usurpação de competência privativa do Supremo Tribunal Federal, por ser o único Tribunal cujo texto constitucional autoriza a realização de interpretação concentrada da Constituição Federal, não sendo, portanto, permitida essa possibilidade em ações subjetivas, como verdadeiro sucedâneo de ação direta de inconstitucionalidade, a fim de exercer controle concentrado de constitucionalidade de lei ou ato normativo. 5. A revogação tácita do Provimento 71/2018 pela edição da Resolução 305/2019, pelo Conselho Nacional de Justiça, reforça a impossibilidade do conhecimento do mérito da impetração. 6. Recurso de agravo provido para não conhecer do Mandado de Segurança. Cassada a decisão liminar (MS 35.779 AgR/DF, Rel. Min. Roberto Barroso, Red. do ac. Min. Alexandre de Moraes, 1.ª Turma, j. 22.08.2022, *DJe*-171, public. 29.08.2022).

AÇÃO DIRETA DE INCONSTITUCIONALIDADE. ARTS. 1.º, § 2.º, 7.º, III E § 2.º, 22, § 2.º, 23 E 25, DA LEI DO MANDADO DE SEGURANÇA (LEI 12.016/2009). ALEGADAS LIMITAÇÕES À UTILIZAÇÃO DESSA AÇÃO CONSTITUCIONAL COMO INSTRUMENTO DE PROTEÇÃO DE DIREITOS INDIVIDUAIS E COLETIVOS. SUPOSTA OFENSA AOS ARTS. 2.º E 5.º, XXXV E LXIX, DA CONSTITUIÇÃO. NÃO CABIMENTO DO "WRIT" CONTRA ATOS DE GESTÃO COMERCIAL DE ENTES PÚBLICOS, PRATICADOS NA EXPLORAÇÃO DE ATIVIDADE ECONÔMICA, ANTE A SUA NATUREZA ESSENCIALMENTE PRIVADA. EXCEPCIONALIDADE QUE DECORRE DO PRÓPRIO TEXTO CONSTITUCIONAL. POSSIBILIDADE DE O JUIZ EXIGIR CONTRACAUTELA PARA A CONCESSÃO DE MEDIDA LIMINAR. MERA FACULDADE INERENTE AO PODER GERAL DE CAUTELA DO MAGISTRADO. INOCORRÊNCIA, QUANTO A ESSE ASPECTO, DE LIMITAÇÃO AO JUÍZO DE COGNIÇÃO SUMÁRIA. CONSTITUCIONALIDADE DO PRAZO DECADENCIAL DO DIREITO DE IMPETRAÇÃO E DA PREVISÃO DE INVIABILIDADE DE CONDENAÇÃO AO PAGAMENTO DE HONORÁRIOS SUCUMBENCIAIS. JURISPRUDÊNCIA CONSOLIDADA DO SUPREMO TRIBUNAL FEDERAL. PROIBIÇÃO DE CONCESSÃO DE LIMINAR EM RELAÇÃO A DETERMINADOS OBJETOS. CONDICIONAMENTO DO PROVIMENTO CAUTELAR, NO ÂMBITO DO MANDADO DE SEGURANÇA COLETIVO, À PRÉVIA OITIVA DA PARTE CONTRÁRIA. IMPOSSIBILIDADE DE A LEI CRIAR ÓBICES OU VEDAÇÕES ABSOLUTAS AO EXERCÍCIO DO PODER GERAL DE CAUTELA. EVOLUÇÃO DO ENTENDIMENTO JURISPRUDENCIAL. CAUTELARIDADE ÍNSITA À PROTEÇÃO CONSTITUCIONAL AO DIREITO LÍQUIDO E CERTO. RESTRIÇÃO À PRÓPRIA EFICÁCIA DO REMÉDIO CONSTITUCIONAL. PREVISÕES LEGAIS EIVADAS DE INCONSTITUCIONALIDADE. PARCIAL PROCEDÊNCIA DA AÇÃO. 1. O mandado de segurança é cabível apenas contra atos praticados no desempenho de atribuições do Poder Público, consoante expressamente estabelece o art. 5.º, inciso LXIX, da Constituição Federal. Atos de gestão puramente comercial desempenhados por entes públicos na exploração de atividade econômica se destinam à satisfação de seus interesses privados, submetendo-os a regime jurídico próprio das empresas privadas. 2. No exercício do poder geral de cautela, tem o juiz a faculdade de exigir contracautela para o deferimento de medida liminar, quando verificada a real necessidade da garantia em juízo, de acordo com as circunstâncias do caso concreto. Razoabilidade da medida que não obsta o juízo de cognição sumária do magistrado. 3. Jurisprudência pacífica da CORTE no sentido da constitucionalidade de lei que fixa prazo decadencial para a impetração de mandado de segurança (Súmula 632/STF) e que estabelece o não cabimento de condenação em honorários de sucumbência (Súmula 512/STF). 4. A cautelaridade do mandado de segurança é ínsita à proteção constitucional ao direito líquido e certo e encontra assento na própria Constituição Federal. Em vista disso, não será possível a edição de lei ou ato normativo que vede a concessão de medida liminar na via mandamental, sob pena de violação à garantia de pleno acesso à jurisdição e à própria defesa do direito líquido e certo protegida pela Constituição. Proibições legais que representam óbices absolutos ao poder geral de cautela. 5. Ação julgada parcialmente procedente, apenas para declarar a inconstitucionalidade dos arts. 7.º, § 2.º, e 22, § 2.º, da Lei 12.016/2009, reconhecendo-se a constitucionalidade dos arts. 1.º, § 2.º; 7.º, III; 23 e 25 dessa mesma lei (ADI 4.296, Rel. Min. Marco Aurélio, Red. do ac. Min. Alexandre de Moraes, j. 09.06.2021, *DJe* 202, public. 11.10.2021).

CONSTITUCIONAL. MANDADO DE SEGURANÇA. LIMINAR. REQUISITOS. PROCESSO LEGISLATIVO. APRECIAÇÃO DE VETOS PRESIDENCIAIS (CF, ART. 66, §§ 4.º E 6.º). 1. A concessão de liminar, em mandado de segurança, supõe, além do risco de ineficácia da futura decisão definitiva da demanda, a elevada probabilidade de êxito da pretensão, tal como nela formulada. 2. No caso, o que se pretende, na impetração, é provimento que iniba o Congresso Nacional de apreciar o

Veto Parcial n.º 38/2012, aposto pela Presidente da República ao Projeto de Lei n.º 2.565/2011, antes da votação de todos os demais vetos anteriormente apresentados (mais de 3.000 – três mil), alguns com prazo vencido há mais de 13 – treze – anos. 3. A medida liminar, que tem natureza antecipatória, não pode ir além nem deferir providência diversa da que deriva da sentença definitiva. Assim, no entender majoritário da Corte, não há como manter a determinação liminar ordenando ao Congresso Nacional que "se abstenha de deliberar acerca do Veto Parcial n.º 38/2012 antes que proceda à análise de todos os vetos pendentes com prazo de análise expirado até a presente data, em ordem cronológica de recebimento da respectiva comunicação". Isso porque se mostra pouco provável que tal determinação venha a ser mantida no julgamento definitivo da demanda, especialmente pela gravidade das consequências que derivariam do puro e simples reconhecimento, com efeitos *ex tunc*, da inconstitucionalidade da prática até agora adotada pelo Congresso Nacional no processo legislativo de apreciação de vetos presidenciais (ADI n.º 4.029/DF, Rel. Min. Luiz Fux, *DJe* de 27.06.2012). 4. Agravo regimental provido (MS 31.816 MC-AgR, Rel. Min. Luiz Fux, Red. do ac. Min. Teori Zavascki, Tribunal Pleno, j. 27.02.2013, public. 13.05.2013).

5. INTIMAÇÃO E RECURSO

EMBARGOS DE DECLARAÇÃO EM AGRAVO REGIMENTAL EM MANDADO DE SEGURANÇA. OPOSIÇÃO EM 03.09.2022. INCOGNISCIBILIDADE DO *WRIT* E DA PETIÇÃO DO AGRAVO. ARTIGOS 310, I, E 1.021, § 1.º, do CPC e 317, § 1.º, do RISTF. ÓBICES INTRANSPONÍVEIS. INTIMAÇÃO PROCESSUAL PARA DATA ESPECÍFICA DE JULGAMENTO. AUSÊNCIA DE NULIDADE. ERRO MATERIAL NÃO CONFIGURADO. 1. A Pauta de Julgamento n.º 103/2022, em que incluído o feito, foi publicada no Diário de Justiça eletrônico n.º 153 de 03.08.2022, sendo que, anteriormente, em 02.08.2022, o processo foi incluído na lista 312/2022, agendado para a Sessão Virtual do Plenário de 12.08.2022 a 19.08.2022, conforme andamento processual. 2. Logo, encaminhado o julgamento do agravo regimental no mandado de segurança em lista pela relatoria, por sua vez apregoada regularmente pela Presidência do Tribunal, a jurisprudência assente desta Corte é pela validade desse expediente processual, por não ofender a garantia constitucional da ampla defesa. 3. Não há nulidade processual decorrente da ausência de intimação de data específica de julgamento, sendo que é ônus da parte e de seus representantes legais acompanharem o trâmite do feito, inclusive para efeitos de realização de sustentação oral e demais faculdades processuais. Precedente: AR 1.945-AgR-ED, de relatoria do Ministro Gilmar Mendes, Plenário, *DJe* 07.03.2018. 4. Nos termos do artigo 1.022 do Código de Processo Civil de 2015, os embargos de declaração são cabíveis nos casos de obscuridade, contradição ou omissão da decisão impugnada, bem como para fins de correção de erro material, o que não ocorre no presente caso. 5. Embargos de declaração rejeitados (MS 37.891 AgR-ED/SP, Rel. Min. Edson Fachin, Tribunal Pleno, *DJe*-239, divulg. 24.11.2022, public. 25.11.2022).

DIREITO ADMINISTRATIVO. AGRAVO INTERNO EM RECURSO EXTRAORDINÁRIO COM AGRAVO. MANDADO DE SEGURANÇA. CONCURSO PÚBLICO. INTIMAÇÃO PESSOAL DE CANDIDATO. REAPRECIAÇÃO DOS FATOS E DO MATERIAL PROBATÓRIO CONSTANTES DOS AUTOS. SÚMULA 279/STF. CARÁTER PROTELATÓRIO. IMPOSIÇÃO DE MULTA. 1. A solução da controvérsia demanda uma nova reapreciação dos fatos e do material probatório constantes dos autos (Súmula 279/STF), bem como da legislação infraconstitucional pertinente, procedimento inviável em recurso extraordinário. 3. Inaplicável o art. 85, § 11, do CPC/2015, uma vez que não houve fixação de honorários advocatícios (art. 25 da Lei n.º 12.016/2009 e Súmula 512/STF). 4. Agravo interno a que se nega provimento, com aplicação da multa prevista no art. 1.021, § 4.º, do CPC/2015 (ARE 1.200.052 AgR, Rel. Min. Roberto Barroso, 1.ª Turma, j. 23.08.2019, public. 03.09.2019).

AGRAVO REGIMENTAL EM MANDADO DE SEGURANÇA. INTERPOSIÇÃO SOB A ÉGIDE DO CPC/2015. CONSELHO NACIONAL DE JUSTIÇA. SERVENTIAS EXTRAJUDICIAIS DO ESTADO DO ESPÍRITO SANTO. OUTORGA DE DELEGAÇÃO A SUBSTITUTO, SEM CONCURSO PÚBLICO. DETERMINAÇÃO GENÉRICA. SUSTENTADA OFENSA ÀS GARANTIAS DO DEVIDO PROCESSO LEGAL, DO CONTRADITÓRIO E DA AMPLA DEFESA. 1. A jurisprudência deste Supremo Tribunal Federal, atenta à viabilidade operacional dos órgãos de controle (Tribunal de Contas da União, Conselho Nacional de Justiça, Conselho Nacional do Ministério Público etc.), e à acertada delimitação das garantias constitucionais de natureza procedimental, firma-se no sentido de que, na hipótese de a atuação de instituições fiscalizatórias envolver apuração de espectro amplo, voltada à promoção de ajuste da conduta de entes ou órgãos fiscalizados aos ditames legais, sem deliberação imediata sobre situações específicas, não há necessidade de intimação, no âmbito interno do órgão de controle, de cada um dos potenciais interessados nos desdobramentos da decisão administrativa genérica a ser proferida. Precedentes. 2. Em tais hipóteses, incumbirá ao órgão ou ente fiscalizado, no intuito de verificar a subsunção de casos específicos ao genericamente determinado pelo órgão de controle, instaurar, posteriormente, em seu perímetro, contraditório individualizado e observar as demais garantias de índole procedimental. 3. No caso em tela, ante o caráter geral da apuração empreendida no PCA n.º 2008.10.00.000885-5, impõe-se concluir, na ausência de objeto de deliberação suscetível de causar, de forma direta e imediata, gravame ao impetrante, que não havia necessidade de que este fosse intimado para apresentar manifestação no referido procedimento de controle administrativo. 4. Ainda que se reputasse devida a prévia intimação pessoal do agravante no PCA em tela, forçoso seria concluir, presente a diretriz traçada no brocardo "pas de nullité sans grief", que a decretação de nulidade por cerceamento de defesa exigiria demonstração de prejuízo concreto, o que não ocorreu, quer ante a existência de manifestação do impetrante no mencionado procedimento de controle administrativo, quer ante a natureza genérica da decisão proferida pelo CNJ, limitada a determinar a observância, pelo Tribunal de Justiça do Estado do Espírito Santo, autoridade delegante, da exigência constitucional de concurso para ingresso e remoção na atividade notarial e de registro, sem redundar em imediata desconstituição de delegações específicas, providência deixada a cargo da Corte estadual capixaba, após exame individualizado de cada situação. 5. Tanto é certo que a análise empreendida no ato impugnado foi meramente genérica, não enfocada a situação particular do agravante, que, posteriormente, no PP n.º 0000584-14.2011.2.00.0000, o CNJ examinou a situação individualizada da serventia titularizada pelo impetrante, proferindo decisão administrativa específica, que veio a ser contestada, perante esta Suprema Corte, por meio do MS n.º 30791, distribuído ao Ministro Marco Aurélio. 6. Inaplicável o art. 85, § 11, do CPC/2015, por se tratar de recurso interposto em mandado de segurança (art. 25 da Lei 12.016/2009 e Súmula 512/STF). 7. Agravo regimental conhecido e não provido, com aplicação, no caso de votação unânime, da penalidade prevista no art. 1.021, § 4.º, do CPC/2015 (MS 27.751 ED-AgR, Rel. Min. Rosa Weber, 1.ª Turma, j. 09.11.2016, public. 22.11.2016).

EMBARGOS DE DECLARAÇÃO RECEBIDOS COMO AGRAVO REGIMENTAL. MANDADO DE SEGURANÇA. DECISÃO TRANSITADA EM JULGADO. INTUITO MANIFESTAMENTE PROTELATÓRIO. 1. Não há previsão legal de intimação prévia da parte quando o mandado de segurança é julgado monocraticamente pelo Relator, com fundamento no art. 21, § 1.º, do RI/STF. 2. "Não cabe mandado de segurança contra decisão judicial com trânsito em julgado" (Súmula 268/STF e Lei n.º 12.016/2009, art. 5.º, III). 3. O Supremo Tribunal Federal já decidiu que o benefício da justiça gratuita não isenta a parte do pagamento da multa dos arts. 17 e 18 do CPC (AI 342393 AgR-ED-EI, Rel. Min. Celso de Mello, entre outros). 4. Dispensa do parecer ministerial, nos termos do art. 52, p. único, do RI/STF. 5. Embargos recebidos como agravo regimental, a que se nega provimento. 6. Imposição de nova multa, de 1% (um por cento) do valor corrigido da causa, em razão do caráter manifestamente infundado do recurso, ficando a interposição de qualquer outro recurso condicionada ao depósito do respectivo valor (CPC, art. 557, § 2.º) (MS 33.395 ED, Rel. Min. Roberto Barroso, 1.ª Turma, j. 03.03.2015, public. 08.05.2015).

6.   LEGITIMIDADE ATIVA

Mandado de Segurança. Direito Constitucional e Processual Civil. Tramitação de proposta de Emenda à Constituição. Alegação de inconstitucionalidade. Ausência de legitimidade ativa. Agravo a que se nega provimento. 1. Agravo interno interposto contra decisão monocrática em que neguei seguimento a mandado de segurança devido à ilegitimidade ativa de procurador municipal em face de alegada omissão do Presidente do Senado Federal em pautar a PEC n.º 17/2012. 2. O Supremo Tribunal Federal possui entendimento consolidado no sentido de que somente os parlamentares detêm a legitimidade ativa para impetrar mandado de segurança objetivando tutelar o direito subjetivo ao devido processo legislativo. Precedentes. 3. Agravo interno a que se nega provimento (MS 38.854 AgR/DF, Rel. Min. Roberto Barroso, Tribunal Pleno, j. 13.03.2023, public. 28.03.2023).

CONSTITUCIONAL. AGRAVO INTERNO EM EMBARGOS DE DECLARAÇÃO EM RECURSO EXTRAORDINÁRIO. ASSOCIAÇÃO. MANDADO DE SEGURANÇA COLETIVO. LEGITIMIDADE. 1. A jurisprudência do Supremo Tribunal Federal se consolidou no sentido de reconhecer a legitimidade ativa das associações para a impetração de mandado de segurança coletivo em defesa dos interesses de seus associados, independentemente de expressa autorização ou da relação nominal desses. Precedentes. 2. Inaplicável o art. 85, § 11, do CPC/2015, uma vez que não é cabível, na hipótese, condenação em honorários advocatícios (art. 25 da Lei n.º 12.016/2009 e Súmula 512/STF). 3. Agravo interno a que se nega provimento, com aplicação da multa prevista no art. 1.021, § 4.º, do CPC/2015 (RE 1.296.035 ED-AgR, Rel. Min. Roberto Barroso, 1.ª Turma j. 09.03.2022, public. 12.04.2022).

AGRAVO REGIMENTAL EM MANDADO DE SEGURANÇA. PRELIMINAR DE NULIDADE. DISPENSA DE VISTA AO PROCURADOR-GERAL DA REPÚBLICA. AUSÊNCIA DE NULIDADE. AUDITORIA DO TRIBUNAL DE CONTAS DA UNIÃO REALIZADA NA FUNDAÇÃO DOS ECONOMIÁRIOS FEDERAIS – FUNCEF. ACÓRDÃO QUE DETERMINA A ABERTURA DE TOMADA DE CONTAS ESPECIAL PARA VERIFICAR POSSÍVEIS IRREGULARIDADES. AUSÊNCIA DE LEGITIMIDADE ATIVA *AD CAUSAM* DO AGRAVANTE. ALEGAÇÃO DE PRESCRIÇÃO. MATÉRIA NÃO EXAMINADA PELA CORTE DE CONTAS. AGRAVO REGIMENTAL A QUE SE NEGA PROVIMENTO. I – Dispensa-se a vista ao Procurador--Geral da República quando a matéria em debate já tiver jurisprudência firmada, como é o caso dos autos (art. 52, parágrafo único, do Regimento Interno do Supremo Tribunal Federal – RISTF). Além disso, para o reconhecimento de eventual nulidade, ainda que absoluta, faz-se necessária a demonstração do prejuízo efetivamente sofrido, o que não ocorreu na espécie. II – No mais, as razões do agravo regimental são inaptas para desconstituir os fundamentos da decisão agravada, que, por isso, se mantêm hígidos. III – O Tribunal de Contas da União – TCU determinou apenas a abertura de tomada de contas especial pela Fundação dos Economiários Federais – Funcef, com o fim de verificar possíveis irregularidades. Não houve, assim, qualquer medida concreta que tenha interferido diretamente na esfera de direitos subjetivos do agravante. IV – Desse modo, o agravante não possui legitimidade ativa ad causam para propor, em nome próprio, a ação mandamental, uma vez que, longe de vindicar a defesa de direito subjetivo próprio, limitou-se a pleitear, em seu nome, direito supostamente lesado conferido à Funcef. V – O art. 3.º da Lei 12.016/2009 prevê a possibilidade de legitimação extraordinária, desde que, após a notificação judicial, o titular do direito apontado como violado permaneça inerte, o que não ocorreu na hipótese dos autos. VI – No tocante à suscitada prescrição da pretensão de ressarcimento ao erário, nota-se que os Acórdãos 3.151/2019 e 357/2020 – Plenário não trataram dessa matéria. Dessa forma, não é permitido o exame da questão por este Supremo Tribunal na via do mandado de segurança. VII – Agravo regimental a que se nega provimento (MS 37.342 AgR, Rel. Min. Ricardo Lewandowsk , 2.ª Turma, j. 14.2.2022, public. 22.02.2022).

AGRAVO REGIMENTAL EM MANDADO DE SEGURANÇA. AUDITORIA DO TRIBUNAL DE CONTAS DA UNIÃO REALIZADA NA FUNDAÇÃO DOS ECONOMIÁRIOS FEDERAIS – FUNCEF. ACÓRDÃO EM QUE DETERMINADA A ABERTURA DE TOMADA DE CONTAS ESPECIAL PARA VERIFICAR POSSÍVEIS IRREGULARIDADES. AUSÊNCIA DE LEGITIMIDADE ATIVA *AD CAUSAM* DO AGRAVANTE. ALEGAÇÃO DE PRESCRIÇÃO. MATÉRIA NÃO EXAMINADA PELA CORTE DE CONTAS. AGRAVO REGIMENTAL A QUE SE NEGA PROVIMENTO. I – As razões do agravo regimental são inaptas para desconstituir os fundamentos da decisão agravada, que, por isso, se mantêm hígidos. II – O Tribunal de Contas da União – TCU determinou apenas a abertura de tomada de contas especial pela Fundação dos Economiários Federais – Funcef, com o fim de verificar possíveis irregularidades. Não houve, assim, qualquer medida concreta que tenha interferido diretamente na esfera de direitos subjetivos do agravante. III – Desse modo, o agravante não possui legitimidade ativa *ad causam* para propor, em nome próprio, a ação mandamental, eis que, longe de vindicar a defesa de direito subjetivo próprio, limitou-se a pleitear, em seu nome, direito supostamente lesado conferido à Funcef. IV – O art. 3.º da Lei 12.016/2009 prevê a possibilidade de legitimação extraordinária, desde que, após a notificação judicial, o titular do direito apontado como violado permaneça inerte. O que não ocorreu na hipótese dos autos. IV – No tocante à suscitada prescrição da pretensão de ressarcimento ao erário, nota-se que o Acórdão 3.151/2019-TCU-Plenário não tratou dessa matéria. Dessa forma, não é permitido o exame da questão por este Supremo Tribunal na via do mandado de segurança. V – Agravo regimental a que se nega provimento (MS 37.509 AgR/DF, Rel. Min. Ricardo Lewandowski, 2.ª Turma, j. 19.10.2021, *DJe*-214, divulg. 27.10.2021, public. 28.10.2021).

MANDADO DE SEGURANÇA. AGRAVO INTERNO. CAPACIDADE POSTULATÓRIA E ILEGITIMIDADE ATIVA. EXTINÇÃO, SEM RESOLUÇÃO DE MÉRITO, DO MANDADO DE SEGURANÇA. ORDEM DENEGADA (ART. 6.º, § 5.º, DA LEI N. 12.016/2009). MANUTENÇÃO INTEGRAL DA DECISÃO AGRAVADA. 1. A representação judicial dos entes federados se faz exclusivamente mediante os correspondentes órgãos da advocacia pública. Nesse sentido, ADI 881, relator o ministro Celso de Mello; e RCL 8.025, relator o ministro Eros Grau. 2. É pressuposto para impetração de mandado de segurança individual que o impetrante, pessoa natural ou jurídica, seja o titular do direito subjetivo tutelado, não sendo lícito pleitear, em nome próprio, direito alheio. 3. Agravo desprovido (MS 37.000 AgR, Rel. Min. Nunes Marques, 2.ª Turma, j. 17.08.2021, public. 23.09.2021).

AÇÃO DIRETA DE INCONSTITUCIONALIDADE. ARTIGO 14, § 2.º, DA LEI N.º 12.016/2009. MANDADO DE SEGURANÇA. LEGITIMIDADE RECURSAL DA AUTORIDADE COATORA. AUSÊNCIA DE DISPENSA DE CAPACIDADE POSTULATÓRIA. AÇÃO JULGADA IMPROCEDENTE. 1. O art. 14, § 2.º, da Lei n. 12.016/2009, conferiu legitimidade recursal, não capacidade postulatória, à autoridade coatora, não havendo, pois, ofensa ao art. 133 da CRFB (ADI 4.403, Rel. Edson Fachin, Tribunal Pleno, j. 23.08.2019).

7. LEGITIMIDADE PASSIVA

AGRAVO REGIMENTAL. MANDADO DE SEGURANÇA. QUEBRA DE SIGILO. DIREITO À INTIMIDADE. CPI DA PANDEMIA DA COVID-19. PERDA SUPERVENIENTE DO OBJETO. ENCERRAMENTO DOS TRABALHOS. RELATÓRIO FINAL. EXTINÇÃO DO *MANDAMUS*. FUNDAMENTOS NÃO INFIRMADOS. NÃO PROVIMENTO. 1. Tendo em vista a aprovação, em 26/10/21, do relatório final da CPI da Pandemia e o consequente exaurimento de sua competência, nos termos do art. 58, § 3.º, da Constituição Federal, verifica-se a prejudicialidade do presente *mandamus*. 2. Na linha da jurisprudência do STF, "[e]xtinta a Comissão Parlamentar de Inquérito pela conclusão dos seus trabalhos tem-se por prejudicado o mandado de segurança por perda superveniente do objeto, não mais existindo legitimidade passiva do órgão impetrado" (MS n.º 34.318, Segunda Turma, Rel. Min. Edson Fachin, *DJe* de 28/6/17, entre outros). 3. As ponderações do agravante dizem respeito ao encaminhamento do relatório final dos trabalhos da CPI aos órgãos competentes e a possíveis desdobramentos oriundos da investigação levada a cabo pelo Senado Federal, objeto que escapa ao objeto do *writ*. 4. Eventuais irresignações relativas a fases posteriores da investigação deverão ser veiculadas e apreciadas em sede própria. 5. Agravo regimental não provido (MS 38.053 AgR/DF, Rel. Min. Dias Toffoli, 1.ª Turma, j. 22.04.2022, *DJe*-086, divulg. 04.05.2022, public. 05.05.2022).

AGRAVO REGIMENTAL EM RECURSO EXTRAORDINÁRIO COM AGRAVO. DIREITO PROCESSUAL CIVIL. MANDADO DE SEGURANÇA. LEGITIMIDADE PASSIVA. MATÉRIA INFRACONSTITUCIONAL. OFENSA REFLEXA. TEMAS 339 e 660 DA REPERCUSSÃO GERAL. 1. Eventual divergência em relação ao entendimento adotado pelo Tribunal de origem, no que diz respeito à ilegitimidade passiva da autoridade indicada como coatora no mandado de segurança, demandaria o reexame da legislação infraconstitucional específica, o que inviabiliza o processamento do apelo extremo, por ser reflexa a alegada afronta à Carta Federal, e por óbice da Súmula 279 do STF. 2. Esta Corte, ao julgar o AI-QO-RG 791.292, de relatoria do Ministro Gilmar Mendes, *DJe* 13.08.2010, assentou a repercussão geral do Tema 339 referente à negativa de prestação jurisdicional por ausência de fundamentação e reafirmou a jurisprudência segundo a qual o art. 93, IX, da Constituição Federal exige que o acórdão ou decisão sejam fundamentados, ainda que sucintamente, sem determinar, contudo, o exame pormenorizado de cada uma das alegações ou provas, nem que sejam corretos os fundamentos da decisão. 3. No julgamento do ARE-RG 748.371, de relatoria do Ministro Gilmar Mendes, *DJe* de 1.º.08.2013, Tema 660, o Plenário desta Corte assentou que não há repercussão geral quando a alegada ofensa aos princípios do devido processo legal, da ampla defesa, do contraditório, do direito adquirido, do ato jurídico perfeito e da coisa julgada é debatida sob a ótica infraconstitucional, uma vez que configura ofensa indireta ou reflexa à Carta da República, como no caso dos autos. 4. Agravo regimental a que se nega provimento. Inaplicável a norma do artigo 85, §11, do CPC, em face da Súmula 512 do STF (ARE 1.299.205 AgR, Rel. Min. Edson Fachin, 2.ª Turma, j. 27.09.2021, public. 04.10.2021).

AGRAVO REGIMENTAL EM MANDADO DE SEGURANÇA. ACÓRDÃO 2.780/2016 DO TRIBUNAL DE CONTAS DA UNIÃO (TCU). BENEFÍCIO DE PENSÃO POR MORTE CONCEDIDO COM FUNDAMENTO NA LEI N.º 3.373/1958. VIOLAÇÃO AOS PRINCÍPIOS DA LEGALIDADE E DA SEGURANÇA JURÍDICA. AGRAVO A QUE SE NEGA PROVIMENTO. PRECEDENTE DA SEGUNDA TURMA (MS 34.873/DF). 1. Este Tribunal admite a legitimidade passiva do Tribunal de Contas da União em mandado de segurança quando, a partir de sua decisão, for determinada a exclusão de um direito. Precedentes. 2. A jurisprudência desta Corte considera que o prazo decadencial de 120 (cento e vinte) dias, previsto no art. 23 da Lei n.º 12.016/2009 conta-se da ciência do ato impugnado, quando não houve a participação do interessado no processo administrativo questionado. 3. Reconhecida a qualidade de dependente da filha solteira maior de vinte e um anos em relação ao instituidor da pensão e não se verificando a superação das condições essenciais previstas na Lei n.º 3373/1958, que embasou a concessão, quais sejam, casamento ou posse em cargo público permanente, a pensão é devida e deve ser mantida, em respeito aos princípios da legalidade, da segurança jurídica e do *tempus regit actum*. 4. Agravo regimental a que se nega provimento (MS 36.798 AgR/DF, Rel. Min. Edson Fachin, 2.ª Turma, j. 03.03.2020, *DJe*-053, divulg. 11.03.2020, public. 12.03.2020).

MANDADO DE SEGURANÇA COLETIVO. IMPETRAÇÃO QUE NÃO APONTA FATOS CONCRETOS CUJA OCORRÊNCIA POSSA ENSEJAR A ADEQUADA UTILIZAÇÃO DA VIA MANDAMENTAL. AUSÊNCIA DE LEGITIMIDADE PASSIVA "AD CAUSAM" DA PRESIDENTE DA REPÚBLICA PARA FIGURAR COMO AUTORIDADE COATORA. CONTROVÉRSIA JURÍDICA QUE NÃO SE INCLUI NA ESFERA DE COMPETÊNCIA ORIGINÁRIA DO SUPREMO TRIBUNAL FEDERAL. PRECEDENTES A RESPEITO DESSE ESPECÍFICO TEMA. RECURSO DE AGRAVO IMPROVIDO (MS 33.313 ED-AgR, Rel. Min. Celso de Mello, Tribunal Pleno, j. 07.05.2015, public. 19.06.2015).

8. LICITAÇÃO E MANDADO DE SEGURANÇA

DIREITO ADMINISTRATIVO. AGRAVO INTERNO EM RECURSO ORDINÁRIO EM MANDADO DE SEGURANÇA. LICITAÇÃO. DESISTÊNCIA DA PROPOSTA. DECLARAÇÃO DE INIDONEIDADE. 1. Da leitura do art. 43, § 6.º, da Lei n.º 8.666/1993, chega-se à conclusão de que a desistência da proposta, após a fase de habilitação, não é ato unilateral do licitante, havendo a necessidade da conjugação de três condições: (i) motivo justo; (ii) fato superveniente; (iii) autorização da Comissão de licitação. 2. Considerando o transcurso de quase um ano da data da apresentação da proposta até a convocação para apresentação da demonstração de sua exequibilidade, ficou caracterizado de plano o requisito da existência de fato superveniente contido no art. 43, § 6.º, da Lei n.º 8.666/1993. 3. Pretendendo a autoridade impetrada a manutenção das condições apresentadas na primeira, e não na segunda proposta, o prazo a que se refere o citado dispositivo só pode ser considerado da data daquela proposta. Recusa da desistência da licitante e aplicação de sanção de declaração de inidoneidade que se mostram abusivas. 4. Agravo a que se nega provimento (RMS 35.244 AgR, Rel. Min. Roberto Barroso, 1.ª Turma, j. 23.11.2021, public. 02.12.2021).

AGRAVO REGIMENTAL EM MANDADO DE SEGURANÇA CONTRA DECISÃO DO TRIBUNAL DE CONTAS DA UNIÃO. APLICAÇÃO DA LEI N. 8.666/93 ÀS CONTRATAÇÕES DA PETROBRAS S/A. DECISÃO PLENÁRIA DESTE SUPREMO TRIBUNAL SOBRE A MATÉRIA. RECURSO EXTRAORDINÁRIO N. 441.280 JULGADO EM 5.3.2021 NO SENTIDO DA INAPLICABILIDADE DA LEI DE LICITAÇÕES À PETROBRAS S/A. ORDEM DE SEGURANÇA CONCEDIDA. REVOGAÇÃO DO PROCEDIMENTO LICITATÓRIO SIMPLIFICADO MAIS DE DEZ ANOS APÓS AS CONTRATAÇÕES, MANTIDAS POR DECISÃO LIMINAR. PRINCÍPIO DA SEGURANÇA JURÍDICA E OBSERVÂNCIA DO PRINCÍPIO *TEMPUS REGIT ACTUM*. PRECEDENTES. AUSÊNCIA DA PERDA SUPERVENIENTE DO OBJETO DA IMPETRAÇÃO. AGRAVO REGIMENTAL AO QUAL SE NEGA PROVIMENTO (MS 27.232 AgR/DF, Rel. Min. Carmen Lúcia, 1.ª Turma, j. 11.11.2021, *DJe*-227, divulg. 17.11.2021, public. 18.11.2021).

EMBARGOS DE DECLARAÇÃO RECEBIDOS COMO AGRAVO INTERNO NO MANDADO DE SEGURANÇA. CONSTITUCIONAL E PROCESSUAL CIVIL. ATO DO CONSELHO NACIONAL DE JUSTIÇA E DO TRIBUNAL SUPERIOR ELEITORAL. DECISÃO DO TSE, EM PROCEDIMENTO LICITATÓRIO, NÃO INSTAURA A COMPETÊNCIA DESTA CORTE PARA ANALISAR O CASO EM MANDADO DE SEGU-

RANÇA. AUSÊNCIA DE LEGITIMIDADE *AD CAUSAM* DA RECORRENTE PARA IMPUGNAR DECISÃO DO CNJ PROFERIDA EM PCA DO QUAL NÃO FIGUROU COMO PARTE. IMPOSSIBILIDADE DE UTILIZAÇÃO DO *WRIT* COMO SUCEDÂNEO RECURSAL. AUSÊNCIA DE ILEGALIDADE OU ABUSO DE PODER. RECURSO DE AGRAVO A QUE SE NEGA PROVIMENTO. 1. Atos proferidos pelos demais Tribunais não instauram a competência desta Corte para processar e julgar originariamente o Mandado de Segurança, nos termos do art. 102, I, "d", da Constituição Federal. *Writ* aponta como autoridade coatora o CNJ, por conta de decisão administrativa, mas que pretende, no mérito, rever decisão administrativa do TSE em procedimento licitatório, o que torna absolutamente ausente a competência da Corte. 2. Não possui legitimidade *ad causam* para impugnar decisão proferida pelo Conselho Nacional de Justiça aquele que não figurou como parte em processo cujas determinações possuem natureza subjetiva, voltadas a terceiros. 3. O Mandado de Segurança não se presta a revisar as conclusões de mérito fixadas pelo CNJ, não se admitindo a sua utilização como sucedâneo recursal, objetivando a reanálise do caso, sem apontar qualquer ilegalidade ou abuso de poder praticados pelo CNJ. 4. Embargos de Declaração recebidos como Recurso de Agravo, ao qual se nega provimento (MS 37.449 ED/DF, Rel. Min. Alexandre de Moraes, 1.ª Turma, j. 23.08.2021, *DJe*-171, divulg. 26.08.2021, public. 27.08.2021).

RECURSO ORDINÁRIO. MANDADO DE SEGURANÇA. QUADRO SOCIETÁRIO. ALTERAÇÃO SUPERVENIENTE. LICITAÇÃO. DESCLASSIFICAÇÃO. Ante a alteração do quadro societário, entre a fase de habilitação e a publicação de resultado de licitação de serviço de radiofusão, é possível a desclassificação superveniente do vencedor, considerada a recontagem, pela Administração Pública, no exercício da autotutela, da pontuação atribuída à proposta técnica (RMS 35.951/DF, Rel. Min. Marco Aurélio, 1.ª Turma, j. 31.05.2021, *DJe*- 107, divulg. 04.06.2021, public. 07.06.2021).

AGRAVO INTERNO NO RECURSO EXTRAORDINÁRIO COM AGRAVO. DIREITO ADMINISTRATIVO. MANDADO DE SEGURANÇA. LICITAÇÃO. EDITAL. PRESTAÇÃO DE SERVIÇO. MODALIDADE. QUADRO SOCIETÁRIO. OFENSA REFLEXA. LEGISLAÇÃO INFRACONSTITUCIONAL. FATOS E PROVAS. REEXAME. IMPOSSIBILIDADE. PRECEDENTES. 1. É inviável, em recurso extraordinário, o reexame dos fatos e das provas dos autos (Súmula n.º 279/STF) e de legislação infraconstitucional. 2. Agravo interno não provido, com imposição de multa de 5% (cinco por cento) do valor atualizado da causa (artigo 1.021, § 4.º, do CPC), caso seja unânime a votação. 3. Honorários advocatícios majorados ao máximo legal em desfavor da parte recorrente, caso as instâncias de origem os tenham fixado, nos termos do artigo 85, § 11, do Código de Processo Civil, observados os limites dos §§ 2.º e 3.º e a eventual concessão de justiça gratuita (ARE 1.285.850 AgR, Rel. Min. Luiz Fux (Presidente), Tribunal Pleno, j. 11.11.2020, public. 15.12.2020).

9. LIMINAR E RECURSO CABÍVEL

AGRAVO INTERNO NA SUSPENSÃO DE LIMINAR. FUNDO DE MANUTENÇÃO E DESENVOLVIMENTO DO ENSINO FUNDAMENTAL (FUNDEF). COMPLEMENTAÇÃO DE RECURSOS PELA UNIÃO. SUSPENSÃO DA EXECUÇÃO DE SENTENÇA. ALEGADA GRAVE LESÃO À ORDEM E À ECONOMIA PÚBLICAS. OCORRÊNCIA. VERBAS VINCULADOS AO CUSTEIO DE SERVIÇOS EDUCACIONAIS. VEDADA QUALQUER DESTINAÇÃO DIVERSA. PRECEDENTES. PROCEDÊNCIA DO PEDIDO DE SUSPENSÃO. AGRAVO INTERNO A QUE SE NEGA PROVIMENTO. 1. A pacífica jurisprudência desta Corte se fixou no sentido de que a paralisação do curso das execuções de verbas do FUNDEF devidas pela União a Estados e Municípios, tal como declarado na Ação Civil Pública n.º 0050616-27.1999.4.03.6100, causa risco de grave lesão à ordem e à economia dos entes públicos credores, na medida em que prolonga a inacessibilidade dos cidadãos a verbas essenciais vinculadas à promoção da educação. Precedentes: STP 862-AgR/PI, de relatoria do Min. Dias Toffoli, *DJe* 10/6/20; ACO 658-AgR/PE, de relatoria da Min. Rosa Weber, *DJe* 20/5/20; ACO 683/CE-AgR e 722/MG-AgR, *DJe* de 19/2/20, ambas de relatoria do Ministro Edson Fachin; SL 1050-AgR/CE, de relatoria do Min. Dias Toffoli, *DJe* 14/5/20. 2. *In casu*, a controvérsia deriva da manutenção de decisão liminar que determinou a suspensão da tramitação da execução de sentença, relativa ao pagamento de diferenças devidas do FUNDEF ao Município agravado, até o julgamento do agravo de instrumento interposto pela União. 3. Não se revela razoável consentir com a suspensão, por tempo indeterminado, de execução que visa o repasse de valores que poderiam ser imediatamente revertidos em benefício da população local, porquanto se trata de verbas que possuem destinação vinculada à promoção da educação, conforme juízo administrativo dos órgãos gestores da municipalidade. 4. Agravo interno a que se nega provimento (SL 1.470 AgR, Rel. Min. Luiz Fux (Presidente), Tribunal Pleno, j. 29.11.2021, *DJe*-247, public. 16.12.2021).

Agravo regimental no mandado de segurança. 2. Impetração contra decisão de Ministro do STF que deferiu pedido de liminar no MS 28.545. 3. Prevenção não configurada. 4. Art. 16, parágrafo único, da Lei 12.016/2009. Cabimento de recurso contra decisão liminar em mandado de segurança. Insubsistência da Súmula 622 do STF. 4. Incabível *writ* contra decisões jurisdicionais de Ministros da Corte. Exceção. Situações excepcionais, não verificadas no caso. 5. Agravo regimental a que se nega provimento (MS 28.612 AgR, Rel. Min. Gilmar Mendes, 2.ª Turma, j. 10.11.2015, public. 26.11.2015).

CONSTITUCIONAL. AGRAVO REGIMENTAL NOS EMBARGOS DE DECLARAÇÃO NA RECLAMAÇÃO. CONCESSÃO DE EFEITO SUSPENSIVO A AGRAVO DE INSTRUMENTO CONTRA DEFERIMENTO DE LIMINAR EM MANDADO DE SEGURANÇA. DECISÃO DE NATUREZA PRECÁRIA. CLÁUSULA DA RESERVA DO PLENÁRIO. OBSERVÂNCIA. DESNECESSIDADE. OFENSA À SÚMULA VINCULANTE 10. NÃO CONFIGURAÇÃO. AGRAVO REGIMENTAL A QUE SE NEGA PROVIMENTO (Rcl 21.723 ED-AgR, Rel. Min. Teori Zavascki, 2.ª Turma, j. 15.09.2015, *DJe*-193, public. 28.09.2015).

MANDADO DE SEGURANÇA. CONCURSO PÚBLICO PARA PROVIMENTO DE CARGOS DE PROCURADOR DA REPÚBLICA. FASE OBJETIVA. IMPUGNAÇÃO DA FORMA REDACIONAL DE QUESTÕES. ALEGADA VIOLAÇÃO DO ART. 29 DA RESOLUÇÃO N.º 116/09 DO CONSELHO SUPERIOR DO MINISTÉRIO PÚBLICO E DO ART. 17 DA RESOLUÇÃO N.º 14/06 DO CONSELHO NACIONAL DO MINISTÉRIO PÚBLICO. AGRAVO REGIMENTAL CONTRA O DEFERIMENTO DE LIMINAR. 1. Cabível o mandado de segurança, pois deduzida pretensão relativa a estrito controle de legalidade acerca da forma redacional de questões de concurso, sob parâmetro das normas regulamentares incidentes. A impetrante não questiona o acerto do gabarito apresentado pela banca examinadora. Não há, portanto, invasão jurisdicional sobre o mérito administrativo. 2. A concessão da ordem exige demonstração de direito líquido e certo, no caso à atribuição dos pontos correspondentes às questões impugnadas na prova objetiva. Uma vez respeitadas as diretrizes regulamentares do certame, inexistente ilegalidade na forma redacional das perguntas, não há como imputar a desclassificação da impetrante à autoridade apontada como coatora. Ordem denegada, cassada a liminar. Prejudicado o agravo da União (MS 31.323, Rel. Min. Rosa Weber, 1.ª Turma, j. 17.03.2015, public. 16.04.2015).

AGRAVO REGIMENTAL NO AGRAVO DE INSTRUMENTO. TRIBUTÁRIO. MANDADO DE SEGURANÇA. PEDIDO DE LIMINAR INDEFERIDO. IMPOSSIBILIDADE DE ANÁLISE EM RECURSO EXTRAORDINÁRIO. NÃO É CABÍVEL RECURSO EXTRAORIDNÁRIO CONTRA DECISÃO QUE INDEFERE OU

INDEFERE MEDIDA LIMINAR OU ANTECIPAÇÃO DE TUTELA. SÚMULA 735/STF. 1. A Súmula 735 do STF dispõe que: "não cabe recurso extraordinário contra acórdão que defere medida liminar". Precedentes: RE 263.038, 1.ª Turma, Min. Sepúlveda Pertence, *DJ* de 28.04.00, AI 439.613AgR, rel. Min. Celso de Mello, *DJ* de 24.06.03. 2. É que as medidas liminares de natureza eminentemente satisfativas são conferidas à base de cognição sumária e de juízo de mera verossimilhança (art. 273, § 4.º, art. 461, § 3.º, primeira parte, art. 798 e art. 804 do CPC), por isso que não representam pronunciamento definitivo e se sujeitam à modificação a qualquer tempo (CPC, art. 273, § 4.º, art. 461, § 3.º, parte final, e art. 807), reclamando confirmação ou revogação na decisão final. 3. Agravo regimental a que se nega provimento (AI 832.877 AgR, Rel. Min. Luiz Fux, 1.ª Turma, j. 13.09.2011, public. 28.09.2011).

MANDADO DE SEGURANÇA. LIMINAR. RECURSO. Ante a nova lei do mandado de segurança, explicitou-se o cabimento de recurso contra decisão monocrática que implique o deferimento ou o indeferimento da liminar, havendo o Plenário declarado, na apreciação do Agravo Regimental na Medida Cautelar no Mandado de Segurança n.º 28.177/DF, a insubsistência do Verbete n.º 622. MANDADO DE SEGURANÇA. PARÂMETROS. LIMINAR. O mandado de segurança há de ser tomado conforme os parâmetros subjetivos e objetivos retratados na inicial, não cabendo redirecionamento (MS 25.563 AgR, Rel. Min. Marco Aurélio, Tribunal Pleno, j. 09.12.2010, public. 10.02.2011).

AGRAVO REGIMENTAL NA AÇÃO CAUTELAR. PROCESSUAL CIVIL. AÇÃO CAUTELAR AJUIZADA CONTRA DECISÃO QUE CONCEDE LIMINAR EM MANDADO DE SEGURANÇA: NÃO CABIMENTO. AUSÊNCIA DE IMPUGNAÇÃO DOS FUNDAMENTOS DA DECISÃO AGRAVADA. ART. 317, § 1.º, DO REGIMENTO INTERNO DO SUPREMO TRIBUNAL FEDERAL. AGRAVO REGIMENTAL AO QUAL SE NEGA PROVIMENTO (AC 2.205 AgR, Rel. Min. Cármen Lúcia, Tribunal Pleno, j. 02.08.2010, p. 20.08.2010).

10. LITISCONSÓRCIO

AGRAVO INTERNO NOS EMBARGOS DE DECLARAÇÃO NO AGRAVO INTERNO EM MANDADO DE SEGURANÇA. DIREITO CONSTITUCIONAL E ADMINISTRATIVO. RECOMENDAÇÃO DO CONSELHO DE MAGISTRATURA DO TRIBUNAL DE JUSTIÇA DO RIO DE JANEIRO. FERIADO JUDAICO. DESCONSTITUIÇÃO PELO CONSELHO NACIONAL DE JUSTIÇA. PEDIDO DE INGRESSO NO FEITO. LITISCONSORTE PASSIVO NECESSÁRIO. IMPOSSIBILIDADE. AGRAVO INTERNO A QUE SE NEGA PROVIMENTO. 1. Não há litisconsórcio passivo necessário em mandado de segurança em que se impugna pronunciamento do Conselho Nacional de Justiça que desconstituiu a Recomendação 04/2006 do Conselho da Magistratura do Tribunal de Justiça do Rio de Janeiro, a qual orienta os magistrados no sentido do acolhimento de pedidos de adiamento ou de designação de data para audiências que recaiam no feriado religioso do Yom Kipur. 2. Recurso de Agravo a que se nega provimento (MS 30.491 MC-AgR-ED-AgR, Rel. Min. Marco Aurélio, Red. do ac. Min. Alexandre de Moraes, 1.ª Turma, j. 03.08.2021, public. 15.10.2021).

AGRAVO INTERNO EM MANDADO DE SEGURANÇA. ACÓRDÃO DO CNJ, ANULADO PELA DECISÃO UNIPESSOAL AGRAVADA. RECURSO INTERPOSTO PELO CONSELHO FEDERAL DA OAB. ILEGITIMIDADE. LITISCONSÓRCIO PASSIVO NECESSÁRIO NÃO EVIDENCIADO. INTERVENÇÃO DE TERCEIROS QUE RESULTA INCOMPATÍVEL COM O RITO DA IMPETRAÇÃO. EVENTUAL INGRESSO NA CONDIÇÃO DE *AMICUS CURIAE* QUE SÓ AUTORIZARIA A OPOSIÇÃO DE ACLARATÓRIOS, NOS TERMOS DO ART. 138, § 1.º, DO CPC. 1. O ato questionado na presente ação mandamental, anulado pela decisão unipessoal agravada, consiste em acórdão por meio do qual o Conselho Nacional de Justiça ratificou medida liminar deferida pelo relator do PP n.º 0004302- 72.2018.2.00.0000, para determinar ao Tribunal de Justiça do Estado da Bahia a suspensão de "qualquer ato tendente a implementar medidas de efetivação da Lei Estadual n.º 13.964/2018, que criou 09 (nove) cargos de Desembargador, e respectivos cargos comissionados de Assessor de Desembargador, símbolo TJ-FC- 2 e de Assistente de Gabinete, símbolo TJ-FC-3". 2. Nesse contexto, constata-se que, além de inexistir disposição legal expressa a determinar a formação de litisconsórcio passivo necessário simples com a parte agravante, a Ordem dos Advogados do Brasil não integra a relação jurídica controvertida nem defende direito cuja titularidade lhe possa ser atribuída, em quadro revelador da ausência do requisito da incindibilidade, imprescindível para a configuração de litisconsórcio passivo necessário unitário, nos termos do art. 114 do Código de Processo Civil. 3. À luz da tradicional jurisprudência desta Suprema Corte, "o rito procedimental do mandado de segurança é incompatível com a intervenção de terceiros, *ex vi* do art. 24 da Lei n.º 12.016/09, ainda que na modalidade de assistência litisconsorcial" (MS 32074, Rel. Min. Luiz Fux, Primeira Turma, *DJe* de 05.11.2014). 4. Eventual intervenção do Conselho Federal da OAB como *amicus curiae*, nos termos do art. 138, § 1.º, do Código de Processo Civil, somente autorizaria a oposição de embargos de declaração, jamais a interposição de agravo interno. 5. Agravo interno não conhecido (MS 36.133 AgR/BA, Rel. Min. Rosa Weber, 1.ª Turma, j. 20.09.2021, *DJe*- 190, divulg. 22.09.2021, public. 23.09.2021).

RESCISÓRIA. MANDADO DE SEGURANÇA. LITISCONSÓRCIO PASSIVO NECESSÁRIO. RELAÇÃO JURÍDICA ENTRE AS PARTES. AUSÊNCIA DE CITAÇÃO. NULIDADE DA DECISÃO. CONCORDÂNCIA DO MINISTÉRIO PÚBLICO DO ESTADO DO CEARÁ QUANTO AO JUÍZO RESCINDENDO. ART. 47, PARÁGRAFO ÚNICO, CPC/73. HIPÓTESE DE NECESSÁRIO REJULGAMENTO DO MÉRITO. ART. 974, CPC/15. OPORTUNIDADE DE SUPRIR A OMISSÃO. REGULARIZAÇÃO DO CONTRADITÓRIO. AMPLA DEFESA. PEDIDO QUE SE JULGA PARCIALMENTE PROCEDENTE. 1. A faltante citação no processo principal de litisconsorte que sofra diretamente os efeitos da decisão acarreta sua nulidade, consoante o art. 47, *caput*, do Código de Processo Civil de 1973 (art. 115, do Código de Processo Civil de 2015). 2. A falta de citação compromete o regular contraditório e fere a ampla defesa constitucionalmente garantida às partes, de modo que autoriza o ajuizamento de ação rescisória com fundamento no art. 966, V, do Código de Processo Civil. 3. *In casu*, o mandado de segurança tramitou sem a citação do ora requerente, que deveria integrar a lide no polo passivo, tendo em vista o impacto da decisão em sua situação jurídica. 4. A extinção sem resolução do mérito do mandado de segurança pela ausência de citação do litisconsorte é incabível, de modo que o rejulgamento do mérito é medida que se impõe no afã de perfectibilizar o contraditório, nos termos do art. 974, do Código de Processo Civil (AO 851, Rel. Min. Ellen Gracie, Tribunal Pleno, *DJ* 16/4/2004). 5. Julgo parcialmente procedentes os pedidos, para rescindir o acórdão e proceder ao novo julgamento de mérito (AR 2.640, Rel. Min. Luiz Fux, Tribunal Pleno, j. 15.04.2020, public. 30.04.2020).

MANDADO DE SEGURANÇA. ADMISSÃO. TERCEIRO. É inadmissível intervenção de terceiro em mandado de segurança, ante o rito especial e a ausência de previsão expressa no artigo 24 da Lei n.º 12.016/2009. CONSELHO NACIONAL DE JUSTIÇA. CONCURSO PÚBLICO. LITISCONSÓRCIO PASSIVO NECESSÁRIO. Não há litisconsórcio passivo necessário em mandado de segurança mediante o qual impugnado pronunciamento do Conselho Nacional de Justiça em procedimento administrativo versando possibilidade de cumulação de títulos em concurso público (MS 35.992 MC-AgR, Rel. Min. Marco Aurélio, 1.ª Turma, j. 01.10.2019, public. 25.03.2020).

Agravo regimental em mandado de segurança. Decisão que nega o ingresso do ministério público estadual no polo passivo. Ausência de interesse direto do *Parquet* estadual. Interesse que se confunde com o de *custos legis*. Atribuição perante o Supremo Tribunal Federal de competência do PGR. Agravo não provido. Para admissão como litisconsorte passivo em mandado de segurança, faz-se necessária a demonstração de interesse jurídico direto no deslinde da causa. O fato de a representação junto ao CNJ ter sido apresentada pelo Parquet estadual não o legitima a integrar mandado de segurança contra decisão do Conselho naqueles autos proferida se a pretensão do MP estadual não é de defesa de prerrogativas próprias, mas sim, da ordem jurídica, relativamente às condições de atendimento dos menores infratores. Em tal caso, sua atuação no *mandamus* se confundiria com a de custos legis, reservada, no âmbito do Supremo Tribunal, ao Procurador-Geral da República. Agravo regimental não provido (MS 31.902 AgR, Rel. Min. Dias Toffoli, 2.ª Turma, j. 12.05.2015, public. 29.05.2015).

11. MANDADO DE SEGURANÇA – CONSELHO NACIONAL DE JUSTIÇA

AGRAVO REGIMENTAL EM MANDADO DE SEGURANÇA. *WRIT* IMPETRADO CONTRA ATO DO CNJ EM PEDIDO DE PROVIDÊNCIAS. ALEGAÇÃO DE CERCEAMENTO DE DEFESA E OFENSA AO CONTRADITÓRIO E À AMPLA DEFESA. AUSÊNCIA DE ILEGALIDADE OU ABUSO DE PODER. INEXISTÊNCIA DE DIREITO LÍQUIDO E CERTO. AGRAVO REGIMENTAL A QUE SE NEGA PROVIMENTO. I – A decisão ora atacada não merece reforma, visto que o recorrente não aduz argumentos capazes de afastar as razões nela expendidas. II – A jurisprudência desta Suprema Corte se firmou no sentido de que a possibilidade de revisão de atos emitidos pelos órgãos de controle – CNJ e CNMP – só se verifica, "como regra geral, [...] nas hipóteses de (i) inobservância do devido processo legal; (ii) exorbitância das competências do Conselho; e (iii) injuridicidade ou manifesta irrazoabilidade do ato impugnado" (MS 33.690-AgR/DF, relator Ministro Roberto Barroso). III – No caso concreto, inexiste prova documental pré-constituída de ocorrência das hipóteses supracitadas, relembrando que o rito sumaríssimo, próprio do *writ*, não permite qualquer dilação probatória. IV – Agravo regimental a que se nega provimento (MS 37.927 AgR/DF, Rel. Min. Ricardo Lewandowski, 2.ª Turma, j. 03.04.2023, *DJe* divulg. 10.04.2023, public. 11.04.2023).

AGRAVO REGIMENTAL EM MANDADO DE SEGURANÇA. *WRIT* IMPETRADO CONTRA ATO DO CNJ. INDEVIDA INCLUSÃO DE PAD NA PAUTA DE JULGAMENTOS SEM O PRÉVIO DESENTRANHAMENTO DE PROVAS ILÍCITAS. ORDEM CONCEDIDA PARCIALMENTE. PRELIMINAR DE FALTA DE INTERESSE DE AGIR DO IMPETRANTE NEGADA. PEDIDO DE RECONSIDERAÇÃO DA DECISÃO POR AUSÊNCIA DE TRÂNSITO EM JULGADO DA DECISÃO QUE DECLAROU AS PROVAS ILÍCITAS PREJUDICADO. AGRAVO REGIMENTAL A QUE SE NEGA PROVIMENTO. I – A decisão ora atacada não merece reforma, visto que a agravante não aduz argumentos capazes de afastar as razões nela expendidas. II – Não há se falar em falta de interesse de agir do impetrante pela ausência de decisão em sentido oposto à pretensão deduzida. Anteriormente à impetração houve pedido para a retirada da pauta de julgamento do Processo Administrativo Disciplinar para exclusão das provas julgadas ilícitas dos autos. III – Prejudicada a pretensão de reconsideração da decisão agravada. O comando proferido no HC 200.197/RJ ainda não havia transitado em julgado, o que ocorreu somente em 1.º/3/2023. IV – Agravo regimental a que se nega provimento (MS 38.099 AgR/DF, Rel. Min. Ricardo Lewandowski, 2.ª Turma j. 27.03.2023, *DJe* divulg. 04.04.2023, public. 10.04.2023).

AGRAVO REGIMENTAL EM MANDADO DE SEGURANÇA. IMPUGNAÇÃO DE DISPOSITIVO DA RESOLUÇÃO CNJ N.º 115, DE 2010. CARÁTER NORMATIVO, GENÉRICO E ABSTRATO. ENUNCIA-

DO N.º 266 DA SÚMULA DO STF. INVIABILIDADE DA IMPETRAÇÃO. 1. O ato impugnado pelo *writ* consiste, efetivamente, no art. 32, inc. II, da Resolução CNJ n.º 155, de 2010, que, por possuir caráter normativo e ser dotado de generalidade e abstração, não se caracteriza como objeto passível de questionamento em sede de mandado de segurança. 2. Providência que esbarra no contido no enunciado n.º 266 da Súmula desta Suprema Corte, que assenta que "não cabe mandado de segurança contra lei em tese". 3. Agravo regimental a que se nega provimento (MS 31.281 ED-AgR/DF, Rel. Min. André Mendonça, 2.ª Turma, j. 22.02.2023, *DJe* divulg. 27.02.2023, public. 28.02.2023).

AGRAVO REGIMENTAL EM MANDADO DE SEGURANÇA. ATO DO CONSELHO NACIONAL DE JUSTIÇA. DELIBERAÇÃO NEGATIVA. INVIABILIDADE DA AÇÃO MANDAMENTAL. AGRAVO REGIMENTAL A QUE SE NEGA PROVIMENTO. I – As razões do agravo regimental são inaptas para desconstituir os fundamentos da decisão agravada, que, por isso, se mantêm hígidos. II – A jurisprudência desta Casa firmou-se no sentido de que as deliberações negativas do Conselho Nacional de Justiça e do Conselho Nacional do Ministério Público, por não substituírem o ato originalmente questionado, não estão sujeitas à apreciação por mandado de segurança impetrado diretamente no Supremo Tribunal Federal. Precedentes. III – O Supremo Tribunal Federal já decidiu ser descabida a pretensão de transformar esta Corte em instância recursal das decisões administrativas tomadas pelos conselhos constitucionais (da Magistratura ou do Ministério Público) no regular exercício das atribuições a ele constitucionalmente estabelecidas (MS 31.199/DF, Rel. Min. Cármen Lúcia). IV – Agravo regimental a que se nega provimento (MS 38.202 AgR/DF, Rel. Min. Ricardo Lewandowski, Tribunal Pleno, j. 05.12.2022, *DJe*-250, divulg. 07.12.2022, public. 09.12.2022).

AGRAVO REGIMENTAL EM MANDADO DE SEGURANÇA. CONSELHO NACIONAL DE JUSTIÇA (CNJ). INSTAURAÇÃO DE PROCESSO ADMINISTRATIVO DISCIPLINAR PARA APURAR CONDUTA DE MAGISTRADA. ATRIBUIÇÃO CORREICIONAL ORIGINÁRIA E AUTÔNOMA. PRETENSÃO DE ARQUIVAMENTO DA APURAÇÃO SOB A ALEGAÇÃO DE QUE OS INDÍCIOS DA INFRAÇÃO DERIVAM DE PROVA ILÍCITA. AUSÊNCIA DE DIREITO LÍQUIDO E CERTO. PRETENSÃO DE REAPRECIAÇÃO DE MATÉRIA FÁTICO-PROBATÓRIA. IMPOSSIBILIDADE EM SEDE DE MANDADO DE SEGURANÇA. AUSÊNCIA DE INDÍCIOS DE ILEGALIDADE NA DECISÃO TOMADA PELO CNJ DE APURAÇÃO DOS FATOS QUE TEVE NOTÍCIA OU DE EXORBITÂNCIA DE SEU PAPEL CONSTITUCIONAL. O STF NÃO DEVE FUNCIONAR COMO INSTÂNCIA RECURSAL DE TODA E QUALQUER DECISÃO ADMINISTRATIVA TOMADA PELO CNJ. PRECEDENTES. AGRAVO REGIMENTAL NÃO PROVIDO. 1. O CNJ possui atribuição correicional originária e autônoma, a qual não é subsidiária da atribuição dos órgãos de correição local, mas sim concorrente, de modo que seu exercício não se submete a condicionantes relativas ao desempenho da competência disciplinar pelos tribunais locais. Precedentes. 2. O debate acerca da ilicitude da prova utilizada para instauração do processo administrativo disciplinar necessariamente implica o revolvimento do conjunto fático-probatório relativo ao desenvolvimento do procedimento e da apuração dos fatos envolvidos, inconciliável com o rito do mandado de segurança, não se podendo inferir, em tal pretensão, a liquidez e a certeza do direito. 3. Inexistência de indícios de ilegalidade na decisão tomada pelo CNJ pela instauração do processo disciplinar em tela ou de exorbitância de seu papel constitucional. Desnecessidade de atuação excepcional da Suprema Corte, que não deve funcionar como instância recursal de toda e qualquer decisão administrativa tomada pelo CNJ. Precedentes. 4. Agravo regimental não provido (MS 38.404 AgR/DF, Rel. Min. Dias Toffoli, 1.ª Turma, j. 30.05.2022, *DJe*- 126, divulg. 28.06.2022, public. 29.06.2022).

AGRAVO REGIMENTAL EM MANDADO DE SEGURANÇA. CONSELHO NACIONAL DE JUSTIÇA – CNJ. AUSÊNCIA DE INJURIDICIDADE OU MANIFESTA IRRAZOABILIDADE DO ATO IMPUGNADO. CONTROVÉRSIA RELEVANTE SOBRE A NATUREZA JURÍDICA DOS ATOS GERADORES DO PROCEDIMENTO ADMINISTRATIVO DISCIPLINAR INSTAURADO NO ÂMBITO DO TRIBUNAL DE JUSTIÇA DO ESTADO DE SÃO PAULO. AUSÊNCIA DE DIREITO LÍQUIDO E CERTO. AGRAVO REGIMENTAL A QUE SE NEGA PROVIMENTO. I – O controle dos atos do CNJ pelo STF somente se justifica nas hipóteses de: (i) inobservância do devido processo legal; (ii) exorbitância das competências do Conselho; e (iii) injuridicidade ou manifesta irrazoabilidade do ato impugnado (MS 35.100/DF, Relator Min. Roberto Barroso). Tais hipóteses não estão caracterizadas no caso *sub judice*. II – O ato inquinado como ilegal está centrado no acórdão proferido pelo Conselho Nacional de Justiça – no âmbito do Procedimento de Controle Administrativo 00006816- 90.2021.2.00.0000 –, que, por maioria, não ratificou a liminar concedida para suspender o processo administrativo disciplinar (PAD) instaurado no Tribunal de Justiça do Estado de São Paulo – TJSP. III – Ausência de direito liquido e certo. Afigura-se controversa, quando menos, a natureza jurídica dos atos investigados no PAD instaurado pelo TJSP. IV – A fundamentação esposada pelo Plenário do Conselho Nacional de Justiça não constitui fato gerador de qualquer violação de direito ou de preceito constitucional. V – Agravo regimental a que se nega provimento (MS 38.275 AgR/DF, Rel. Min. Ricardo Lewandowski, 2.ª Turma, j. 21.06.2022, *DJe*-122, divulg. 23.06.2022, public. 24.06.2022).

12. MANDADO DE SEGURANÇA E COISA JULGADA

AGRAVO REGIMENTAL EM RECURSO EXTRAORDINÁRIO. INTERPOSIÇÃO EM 15.02.2023. MANDADO DE SEGURANÇA. EQUIPARAÇÃO DE VENCIMENTOS ENTRE DEFENSOR PÚBLICO E PROMOTOR DE JUSTIÇA. ALEGADO DESRESPEITO À SÚMULA VINCULANTE 37. TRÂNSITO EM JULGADO DA SENTENÇA. COISA JULGADA. IMPROCEDÊNCIA. TEMA 733 DA REPERCUSSÃO GERAL. INCIDÊNCIA DA SÚMULA 284 DO STF. REDUTOR CONSTITUCIONAL. LIMITES OBJETIVOS DA COISA JULGADA. TEMA 660 DA RG. 1. Quanto à preliminar de cabimento da ação de mandado de segurança em fase de execução, as razões do recurso extraordinário estão dissociadas dos fundamentos do acórdão recorrido. Incidência da Súmula 284 do STF. 2. No que tange ao mérito, não obstante o Supremo Tribunal vede a vinculação remuneratória entre as carreiras de defensor público e de promotor de justiça, ora em análise, as razões de decidir do juízo *a quo* – no que concerne à coisa julgada nos mandados de segurança referidos no julgamento do Tribunal de Justiça do Piauí, estão em consonância com a jurisprudência desta Corte, a qual prestigia sobremaneira o princípio da segurança jurídica, porquanto se trata de um dos corolários do Estado Democrático de Direito: instrumento que confere estabilidade à sentença de mérito transitada em julgado. 3. A impugnação desta espécie de decisão requer, necessariamente, o ajuizamento de ação autônoma (ação rescisória) dentro do prazo decadencial estipulado em lei, inclusive nos casos em que haja superveniente decisão do Supremo Tribunal Federal que declare a inconstitucionalidade dos fundamentos utilizados em sentença com trânsito em julgado. 4. No julgamento do mérito do RE 730.462-RG, Rel. Min. Teori Zavascki, *DJe* 09.09.2015, Tema 733 da repercussão geral, esta Corte firmou a seguinte tese: "A decisão do Supremo Tribunal Federal declarando a constitucionalidade ou a inconstitucionalidade de preceito normativo não produz a automática reforma ou rescisão das decisões anteriores que tenham adotado entendimento diferente. Para que tal ocorra, será indispensável a interposição de recurso próprio ou, se for o caso, a propositura de ação rescisória própria, nos termos do art. 485 do CPC, observado o respectivo prazo decadencial (art. 495)". 5. Ademais, no tocante ao outro fundamento do aresto impugnado, relativo à exclusão do redutor constitucional da remuneração percebida e à alegada afronta aos limites objetivos da coisa julgada, sobre o argumento do Recorrente de que o TJPI "deu provimento judicial diverso do que foi pedido e decidido no *mandamus* anterior, também não merece acolhimento a tese sustentada no recurso, por ser tal discussão de nível infraconstitucional. Tema 660 da repercussão geral. 6. Agravo regimental a que se nega provimento. Incabível a aplicação do disposto no art. 85, § 11, do CPC, haja vista se tratar de mandado de segurança na origem (Súmula 512 do STF e art. 25 da Lei 12.016/2009) (RE 1.161.904 AgR, Rel. Min. Edson Fachin, 2.ª Turma, j. 03.05.2023, public. 10.05.2023).

AGRAVO REGIMENTAL EM MANDADO DE SEGURANÇA. PROVENTOS DE APOSENTADORIA. PARCELA REFERENTE À URP DE FEVEREIRO DE 1989. ACÓRDÃO DO TRIBUNAL DE CONTAS DA UNIÃO PELO QUAL SE DETERMINOU A CESSAÇÃO DO PAGAMENTO DA RUBRICA. DECADÊNCIA NÃO CONFIGURADA. OBSERVÂNCIA PELO TCU DO PRAZO DE 5 ANOS PARA JULGAMENTO DA LEGALIDADE DO ATO. TERMO INICIAL: TEMA RG N.º 445. SENTENÇA JUDICIAL TRANSITADA EM JULGADO. OFENSA À COISA JULGADA: INEXISTÊNCIA. MODIFICAÇÃO NA FORMA DE CÁLCULO DA REMUNERAÇÃO. POSSIBILIDADE. PRECEDENTES. 1. A análise da legalidade do ato de revisão da aposentadoria pelo TCU, no que toca ao prazo decadencial de cinco anos, deve ser feita a partir do ingresso do processo administrativo na Corte de Contas, nos termos da tese fixada por esta Corte, ao exame do Tema RG n.º 445: "Em atenção aos princípios da segurança jurídica e da confiança legítima, os Tribunais de Contas estão sujeitos ao prazo de 5 anos para o julgamento da legalidade do ato de concessão inicial de aposentadoria, reforma ou pensão, a contar da chegada do processo à respectiva Corte de Contas". 2. Consideradas as datas da disponibilização do ato de aposentadoria para análise pelo TCU e o julgamento pela Corte de Contas, observa-se não ultrapassado o quinquênio legal. 3. Consoante a jurisprudência do Supremo Tribunal Federal, não há que se falar em ofensa à coisa julgada quando modificado o regime jurídico em vigor no momento da prolação da sentença transitada em julgado, tendo em vista a alteração promovida por lei reestruturadora da carreira na forma de composição da remuneração, desde que observada a irredutibilidade de vencimentos. Precedentes. 4. Agravo regimental ao qual se nega provimento (MS 38.504 AgR/DF, Rel. Min. André Mendonça, 2.ª Turma, j. 13.03.2023, *DJe* divulg. 23.03.2023, public. 24.03.2023).

AGRAVO REGIMENTAL EM MANDADO DE SEGURANÇA. SERVIDORES PÚBLICOS. AUSÊNCIA DE AFRONTA À COISA JULGADA. DECADÊNCIA ADMINISTRATIVA NÃO CARACTERIZADA. INEXISTÊNCIA DE AFRONTA À GARANTIA DO *DUE PROCESS OF LAW*. IMPOSSIBILIDADE DE COBRANÇA DE VALORES INDEVIDOS RECEBIDOS ATÉ OS MARCOS TEMPORAIS FIXADOS NO RE 606.358/SP E NO RE 638.115/CE. AUSÊNCIA DE IMPUGNAÇÃO DE FUNDAMENTO DA DECISÃO AGRAVADA. INCIDÊNCIA DO ART. 317, § 1.º, DO RISTF. AGRAVO REGIMENTAL A QUE SE NEGA PROVIMENTO. I – Os agravantes não refutaram todos os fundamentos da decisão agravada, o que atrai a incidência do art. 317, § 1.º, do RISTF. Precedentes. II – Inexiste ofensa à coisa julgada. Precedente. III – Não há falar em afronta à garantia do *due process of law*, uma vez que o ato coator decorre de auditoria realizada no Tribunal de Justiça do Distrito Federal e Territórios – TJDFT, sendo desnecessária a instauração de processos administrativos individuais em face de cada servidor. IV – Esta Corte possui jurisprudência pacificada no sentido de que a restituição dos valores percebidos de forma ilegal só é possível se demonstrada a má-fé do beneficiário. Precedente. V – Concessão parcial da segurança para afastar a cobrança de valores indevidos pagos até os marcos fixados por esta Corte nos julgamentos dos REs 606.358/SP, de relatoria da Ministra Rosa Weber e 638.115/CE, de relatoria do Ministro Gilmar Mendes. VI – Agravo regimental a que se nega provimento (MS 33.962 AgR/DF, Rel. Min. Ricardo Lewandowski, 2.ª Turma, j. 13.12.2022, *DJe* divulg. 03.02.2023, public. 06.02.2023).

AGRAVO INTERNO EM RECURSO ORDINÁRIO EM MANDADO DE SEGURANÇA. PEDIDO DE DECLARAÇÃO DE NULIDADE DO ACÓRDÃO RECORRIDO. PREJUÍZO NÃO DEMONSTRADO. LITISPENDÊNCIA CONCERNENTE À PRESCRIÇÃO E À ATIPICIDADE DA CONDUTA. POSSIBILIDADE DE PENA DE CASSAÇÃO DE APOSENTADORIA. INOVAÇÃO RECURSAL. 1. A participação, no julgamento de agravo interno realizado pela Primeira Seção do Superior Tribunal de Justiça, de ministro que havia se declarado suspeito não acarreta a nulidade da decisão se, excluído o voto do magistrado, o resultado da votação permanecer incólume e não ficar demonstrado prejuízo concreto. 2. Suscitar, em nova ação mandamental, a prescrição e a atipicidade da conduta previamente discutidas e analisadas em outro mandado de segurança, configura litispendência e/ou coisa julgada. 3. Não cabe inovar em sede recursal ordinária o objeto do mandado de segurança, com vistas à inclusão de matéria que não foi apreciada pelo Tribunal de origem. Precedentes. 4. A penalidade de cassação de aposentadoria é compatível com o caráter contributivo e solidário do regime próprio de previdência dos servidores públicos. Precedente. 5. Agravo interno desprovido (RMS 34.688 AgR, Rel. Min. Nunes Marques, 2.ª Turma, j. 11.04.2022, public. 28.04.2022).

CONSTITUCIONAL E PROCESSUAL CIVIL. MANDADO DE SEGURANÇA. DESCABIMENTO DE AÇÃO MANDAMENTAL PROPOSTA COM O ESCOPO DE IMPUGNAR ATO JURISDICIONAL ACOBERTADO PELA EFICÁCIA IMUNIZADORA DA COISA JULGADA. INCIDÊNCIA DO ART. 5.º, III, DA LEI 12.016/2009. ENUNCIADO N.º 268 DA SÚMULA DESTA SUPREMA CORTE. INEXISTÊNCIA DE TERATOLOGIA OU ILEGALIDADE. MANDADO DE SEGURANÇA NÃO CONHECIDO. 1. Nos termos do art. 5.º, III, da Lei 12.016/2009, não cabe Mandado de Segurança contra decisão judicial transitada em julgado (Súmula 268, STF), exatamente a hipótese em análise, uma vez que a parte impetrante impugna decisão estabilizada pela coisa julgada em 23/3/2010, enquanto a presente ação somente foi impetrada em 11/3/2011. 2. Esta Corte possui orientação firme no sentido de que não é cabível Mandado de Segurança contra suas próprias decisões jurisdicionais, salvo em hipóteses absolutamente excepcionais, nas quais exista teratologia (MS 27.915, Rel. Min. Eros Grau, Pleno, DJ de 19/3/2010; MS 25.413, Rel. Min. Gilmar Mendes, Pleno, DJ de 14/9/2007; MS 25.070, Rel. Min. Cezar Peluso, Pleno, DJ de 8/6/2007; MS 25.019, Rel. Min. Marco Aurélio, Pleno, DJ de 12/11/2004; e MS 22.626, Rel. Min. Celso de Mello, Pleno, DJ de 22/11/1996) o que não é o caso dos autos, uma vez que o ato impugnado encontra-se em conformidade com a jurisprudência então vigente, no sentido de ser exigível a multa aplicada à Fazenda Pública como requisito de admissibilidade recursal, motivo pelo qual não há que se falar em teratologia. 3. Mandado de segurança não conhecido (MS 30.449/SC, Red. p/ acórdão Min. Alexandre de Moraes, Tribunal Pleno, j. 17.12.2021, DJe-037, divulg. 26.02.2021, public. 01.03.2021).

13. MANDADO DE SEGURANÇA E EMBARGOS INFRINGENTES

EMBARGOS DE DECLARAÇÃO EM MANDADO DE SEGURANÇA. DIREITO ADMINISTRATIVO. AÇÃO DE DESAPROPRIAÇÃO. INTERESSE SOCIAL. REFORMA AGRÁRIA. NECESSIDADE DE PROVA PRÉ-CONSTITUÍDA. INVIABILIDADE DE DILAÇÃO PROBATÓRIA EM SEDE DE MANDADO DE SEGURANÇA. PRETENDIDO REEXAME DA CAUSA. ALEGADO IMPEDIMENTO DE MINISTRO. NULIDADE DO JULGAMENTO. INEXISTÊNCIA DE PREJUÍZO. AUSÊNCIA DE OMISSÃO, CONTRADIÇÃO, OBSCURIDADE OU ERRO MATERIAL. ART. 1.022 DO CPC. EMBARGOS REJEITADOS. 1. Os embargos de declaração não constituem meio hábil para reforma do julgado, sendo cabíveis somente quando houver no acórdão omissão, contradição, obscuridade ou erro material. 2. A parte Embargante busca rediscutir a matéria, com objetivo de obter excepcionais efeitos infringentes. 3. A jurisprudência desta Corte é firme quanto à impossibilidade de dilação probatória em sede de mandado de segurança. A noção de direito líquido e certo ajusta-se, em seu específico sentido jurídico-processual, ao conceito de situação decorrente de fato incontestável e inequívoco, suscetível de imediata demonstração mediante prova literal pré-constituída (MS 26.552 AgR-AgR, Rel. Min. Celso de Mello, Tribunal Pleno, *DJe* 16.10.2009). 4. *In casu*, não restou demonstrado, pelo Impetrante, o prejuízo concreto da alegada participação do Ministro Dias Toffoli no julgamento do mandamus – vez que teve carga dos autos enquanto Advogado-Geral da União. A jurisprudência desta Corte é firme no sentido de que quando não demonstrado prejuízo à defesa do impetrante, não se reconhece a nulidade do ato. 5. Embargos de declaração rejeitados (MS 26.336 ED/DF, Rel. Min. Edson Fachin, Tribunal Pleno, j. 22.02.2023, *DJe* divulg. 03.03.2023, public. 06.03.2023).

EMBARGOS DE DECLARAÇÃO NO AGRAVO REGIMENTAL EM MANDADO DE SEGURANÇA. PEDIDO DE SUSTENTAÇÃO ORAL INDEFERIDO. AUSÊNCIA DE OMISSÃO, CONTRADIÇÃO, OBSCURIDADE OU ERRO MATERIAL. REDISCUSSÃO DA MATÉRIA. EFEITOS INFRINGENTES. EMBARGOS DE DECLARAÇÃO REJEITADOS. I – O pedido de destaque feito pelas partes com base no art. 4.º, II da Resolução 642/2019 desta Suprema Corte, com as alterações feitas pela Resolução 669/2020, não produz efeitos automaticamente, visto que deverá ser submetido a deferimento ou indeferimento pelo relator. II – Além disso, a decisão embargada não se enquadra em nenhuma das hipóteses previstas no art. 937 do novo Código de Processo Civil. III – Quanto ao mérito, destaco que os embargos de declaração apenas são cabíveis, nos termos do art. 1.022 do CPC/2015, quando no acórdão recorrido estiver presente omissão, contradição, obscuridade ou erro material. IV – Na espécie, as partes embargantes buscam tão somente a rediscussão da matéria, porém os embargos de declaração não constituem meio processual adequado para a reforma do *decisum*, não sendo possível atribuir-lhes efeitos infringentes, salvo em situações excepcionais, o que não ocorre no caso em questão. V – Embargos de declaração rejeitados (MS 38.103 AgR-ED/DF, Rel. Min. Ricardo Lewandowski, Tribunal Pleno, j. 06.06.2022, *DJe*-113, divulg. 09.06.2022, public. 10.06.2022).

PROCESSUAL CIVIL. EMBARGOS DECLARATÓRIOS NO AGRAVO INTERNO NO MANDADO DE SEGURANÇA. INEXISTÊNCIA DE VÍCIOS DE FUNDAMENTAÇÃO NO ACÓRDÃO EMBARGADO. NÍTIDO CARÁTER INFRINGENTE. EMBARGOS MANIFESTAMENTE INCABÍVEIS NÃO INTERROMPEM O PRAZO PARA INTERPOSIÇÃO DE OUTROS RECURSOS. PRECEDENTES. EMBARGOS DE DECLARAÇÃO NÃO CONHECIDOS. CERTIFICAÇÃO DO TRÂNSITO EM JULGADO E ARQUIVAMENTO IMEDIATO DOS AUTOS INDEPENDENTEMENTE DA PUBLICAÇÃO DO ACÓRDÃO REFERENTE AO PRESENTE JULGAMENTO. 1. O Acórdão Embargado não apresenta omissão, contradição, obscuridade ou erro material. O ofício judicante realizou-se de forma completa e satisfatória, não se mostrando necessários quaisquer reparos. 2. A Parte Embargante pretende dar nítido caráter infringente aos Declaratórios, os quais não estão vocacionados a essa função, salvo em situações excepcionais, não caracterizadas no caso. 3. Embargos manifestamente incabíveis não produzem o efeito de interromper o prazo para interposição de outros recursos. Precedentes: ARE 738.488 AgR, Rel. Min. Joaquim Barbosa, Tribunal Pleno, *DJe* de 24/3/2014; e AI 241.860 AgR-ED-ED-ED-AgR, Rel. Min. Carlos Velloso, Segunda Turma, *DJ* de 8/11/2002. 4. Embargos de Declaração não conhecidos. Determinação de certificação do trânsito em julgado e arquivamento imediato dos autos independentemente da publicação do Acórdão referente ao presente julgamento (MS 36.523 AgR-ED/DF, Rel. Min. Alexandre de Moraes, 1.ª Turma, j. 27.09.2021, *DJe*-204, divulg. 13.10.2021, public. 14.10.2021).

AGRAVO REGIMENTAL NOS EMBARGOS INFRINGENTES NOS EMBARGOS DE DECLARAÇÃO NO AGRAVO REGIMENTAL EM MANDADO DE SEGURANÇA. INTERPOSIÇÃO DE EMBARGOS INFRINGENTES CONTRA ACÓRDÃO PROFERIDO EM MANDADO DE SEGURANÇA. NÃO CABIMENTO. AUSÊNCIA DE IMPUGNAÇÃO DOS FUNDAMENTOS DA DECISÃO AGRAVADA. INOBSERVÂNCIA DOS ARTS. 1.021, § 1.º, DO CPC/2015 E 317, § 1.º, DO RISTF. INCIDÊNCIA DA SÚMULA 284/STF. AGRAVO REGIMENTAL A QUE SE NEGA PROVIMENTO, COM APLICAÇÃO DE MULTA E DETERMINAÇÃO DE BAIXA IMEDIATA DOS AUTOS. I – Nos termos do art. 1.021, § 1.º, do CPC/2015 e do art. 317, § 1.º, do RISTF, é requisito de admissibilidade do agravo regimental a impugnação específica de todos os fundamentos nos quais se baseou a decisão agravada, sob pena de incidência do óbice previsto na Súmula 284/STF. II – Não cabem embargos infringentes fora das hipóteses previstas no art. 333 do Regimento Interno do Supremo Tribunal Federal. III – Agravo regimental a que se nega provimento, com aplicação de multa (art. 1.021, § 4.º, do CPC/2015) e determinação de baixa imediata dos autos (MS 37.551 AgR-ED-EI-AgR, Rel. Min. Ricardo Lewandowski, Tribunal Pleno, j. 04.10.2021, p. 13.10.2021).

DIREITO PROCESSUAL CIVIL. EMBARGOS DE DECLARAÇÃO EM AGRAVO REGIMENTAL EM MANDADO DE SEGURANÇA. ACÓRDÃO DA SEGUNDA TURMA DO SUPREMO TRIBUNAL FEDERAL. INEXISTÊNCIA DOS VÍCIOS AUTORIZADORES. PRETENSÃO MERAMENTE INFRINGENTE. 1. Não há obscuridade, contradição, omissão ou erro material no acórdão questionado, o que afasta os pressupostos de cabimento de embargos de declaração. 2. A via recursal adotada não é adequada para a renovação de julgamento que ocorreu regularmente. 3. Embargos de declaração desprovidos (MS 37.223 AgR-ED/DF, Rel. Min. Roberto Barroso, Tribunal Pleno, j. 23.08.2021, *DJe*-174, divulg. 31.08.2021, public. 01.09.2021).

PROCESSUAL CIVIL. RECURSO EXTRAORDINÁRIO COM AGRAVO. EXECUÇÃO DE VALOR IGUAL OU INFERIOR A 50 OBRIGAÇÕES REAJUSTÁVEIS DO TESOURO NACIONAL (ORTN). DECISÃO QUE JULGA EMBARGOS INFRINGENTES (ART. 34 DA LEI 6.830/1980). CABIMENTO DE MANDADO DE SEGURANÇA. MATÉRIA INFRACONSTITUCIONAL. AUSÊNCIA DE REPERCUSSÃO GERAL. 1. É de natureza infraconstitucional a controvérsia relativa ao cabimento de mandado de segurança contra decisão que julga embargos infringentes opostos em execução fiscal de pequeno valor, fundada na interpretação da Lei 6.830/1980. 2. É cabível a atribuição dos efeitos da declaração de ausência de repercussão geral quando não há matéria constitucional a ser apreciada ou quando eventual ofensa à Carta Magna ocorra de forma indireta ou reflexa (RE 584.608-RG, Rel. Min. Ellen Gracie, *DJe* de 13/3/2009). 3. Ausência de repercussão geral da questão suscitada, nos termos do art. 1.035 do CPC/2015 (ARE 963.889 RG, Tema 898, Rel. Min. Teori Zavascki, Tribunal Pleno, j. 19.05.2016, p. 27.05.2016).

14. MANDADO DE SEGURANÇA E LIMINAR

DIREITO ADMINISTRATIVO E CONSTITUCIONAL. MANDADO DE SEGURANÇA. SERVENTIA EXTRAJUDICIAL. PROCEDIMENTO DE CONTROLE ADMINISTRATIVO NO ÂMBITO DO CONSELHO NACIONAL DE JUSTIÇA. AGRAVO INTERNO A QUE SE NEGA PROVIMENTO. 1. Agravo interno em Mandado de segurança impetrado contra acórdão do Plenário do Conselho Nacional de Justiça (CNJ) que cassou medida liminar, proferida em processo administrativo em trâmite no Tribunal de Justiça do Estado do Espírito Santo (TJ/ES), a fim de afastar o impetrante do exercício da interinidade do Tabelionato de Notas do Distrito de Goiabeiras do Juízo de Vitória/ES. 2. A parte agravante não trouxe nenhum elemento novo que justifique a revisão da decisão recorrida, mas se limitou a repetir os argumentos já rejeitados anteriormente 3. Como regra geral, o controle dos atos do Conselho por esta Corte somente se justifica nas hipóteses de (i) inobservância do devido processo legal, (ii) exorbitância das competências do Conselho e (iii) injuridicidade ou manifesta irrazoabilidade do ato impugnado. 4. A cassação da medida liminar concedida pelo TJ/ES teve por fundamento o fato de o impetrante não cumprir os requisitos previstos no Provimento n.º 77/2018, do CNJ, que dispõe sobre a designação de responsável interino pelo expediente de serventias extrajudiciais vaga. 5. Não há injuridicidade ou manifesta irrazoabilidade no ato impugnado, na medida em que o CNJ tem a competência de fiscalizar os serviços extrajudiciais (art. 103-B, § 4.º, III, da CF) e a decisão está devidamente fundamentada na norma que regulamenta a questão posta à sua apreciação. 6. O afastamento da conclusão do CNJ de que a decisão do TJ/ES afrontou "a ordem a ser observada para a designação do substituto para responder, interinamente, por serventia vaga" demandaria o reexame de fatos e provas, o que não se compatibiliza com o rito do mandado de segurança. 7. Agravo interno a que se nega provimento (MS 38.468 AgR/DF, Rel. Min. Luís Roberto Barroso, 1.ª Turma, j. 03.10.2022, *DJe*-200, divulg. 05.10.2022, public. 06.10.2022).

AÇÃO DIRETA DE INCONSTITUCIONALIDADE. ARTS. 1.º, § 2.º, 7.º, III E § 2.º, 22, § 2.º, 23 E 25, DA LEI DO MANDADO DE SEGURANÇA (LEI 12.016/2009). ALEGADAS LIMITAÇÕES À UTILIZAÇÃO DESSA AÇÃO CONSTITUCIONAL COMO INSTRUMENTO DE PROTEÇÃO DE DIREITOS INDIVIDUAIS E COLETIVOS. SUPOSTA OFENSA AOS ARTS. 2.º E 5.º, XXXV E LXIX, DA CONSTITUIÇÃO. NÃO CABIMENTO DO "WRIT" CONTRA ATOS DE GESTÃO COMERCIAL DE ENTES PÚBLICOS, PRATICADOS NA EXPLORAÇÃO DE ATIVIDADE ECONÔMICA, ANTE A SUA NATUREZA ESSENCIALMENTE PRIVADA. EXCEPCIONALIDADE QUE DECORRE DO PRÓPRIO TEXTO CONSTITUCIONAL. POSSIBILIDADE DE O JUIZ EXIGIR CONTRACAUTELA PARA A CONCESSÃO DE MEDIDA LIMINAR. MERA FACULDADE INERENTE AO PODER GERAL DE CAUTELA DO MAGISTRADO. INOCORRÊNCIA, QUANTO A ESSE ASPECTO, DE LIMITAÇÃO AO JUÍZO DE COGNIÇÃO SUMÁRIA. CONSTITUCIONALIDADE DO PRAZO DECADENCIAL DO DIREITO DE IMPETRAÇÃO E DA PREVISÃO DE INVIABILIDADE DE CONDENAÇÃO AO PAGAMENTO DE HONORÁRIOS SUCUMBENCIAIS. JURISPRUDÊNCIA CONSOLIDADA DO SUPREMO TRIBUNAL FEDERAL. PROIBIÇÃO DE CONCESSÃO DE LIMINAR EM RELAÇÃO A DETERMINADOS OBJETOS. CONDICIONAMENTO DO PROVIMENTO CAUTELAR, NO ÂMBITO DO MANDADO DE SEGURANÇA COLETIVO, À PRÉVIA OITIVA DA PARTE CONTRÁRIA. IMPOSSIBILIDADE DE A LEI CRIAR ÓBICES OU VEDAÇÕES ABSOLUTAS AO EXERCÍCIO DO PODER GERAL DE CAUTELA. EVOLUÇÃO DO ENTENDIMENTO JURISPRUDENCIAL. CAUTELARIDADE ÍNSITA À PROTEÇÃO CONSTITUCIONAL AO DIREITO LÍQUIDO E CERTO. RESTRIÇÃO À PRÓPRIA EFICÁCIA DO REMÉDIO CONSTITUCIONAL. PREVISÕES LEGAIS EIVADAS DE INCONSTITUCIONALIDADE. PARCIAL PROCEDÊNCIA DA AÇÃO. 1. O mandado de segurança é cabível apenas contra atos praticados no desempenho de atribuições do Poder Público, consoante expressamente estabelece o art. 5.º, inciso LXIX, da Constituição Federal. Atos de gestão puramente comercial desempenhados por entes públicos na exploração de atividade econômica se destinam à satisfação de seus interesses privados, submetendo-os a regime jurídico próprio das empresas privadas. 2. No exercício do poder geral de cautela, tem o juiz a faculdade de exigir contracautela para o deferimento de medida liminar, quando verificada a real necessidade da garantia em juízo, de acordo com as circunstâncias do caso concreto. Razoabilidade da medida que não obsta o juízo de cognição sumária do magistrado. 3. Jurisprudência pacífica da Corte no sentido da constitucionalidade de lei que fixa prazo decadencial para a impetração de mandado de segurança (Súmula 632/STF) e que estabelece o não cabimento de condenação em honorários de sucumbência (Súmula 512/STF). 4. A cautelaridade do mandado de segurança é ínsita à proteção constitucional ao direito líquido e certo e encontra assento na própria Constituição Federal. Em vista disso, não será possível a edição de lei ou ato normativo que vede a concessão de medida liminar na via mandamental, sob pena de violação à garantia de pleno acesso à jurisdição e à própria defesa do direito líquido e certo protegida pela Constituição. Proibições legais que representam óbices absolutos ao poder geral de cautela. 5. Ação julgada parcialmente procedente, apenas para declarar a inconstitucionalidade dos arts. 7.º, § 2.º, e 22, § 2.º, da Lei 12.016/2009, reconhecendo-se a constitucionalidade dos arts. 1.º, § 2.º; 7.º, III; 23 e 25 dessa mesma lei (ADI 4.296, Rel. Min. Marco Aurélio, Tribunal Pleno, red. do ac. Min. Alexandre de Moraes, j. 09.06.2021, p. 11.10.2021).

AGRAVO INTERNO EM MANDADO DE SEGURANÇA. AUSÊNCIA DE ATAQUE AOS FUNDAMENTOS DA DECISÃO AGRAVADA. IRREGULARIDADE FORMAL. ART. 1.021, § 1.º, DO CÓDIGO DE PROCESSO CIVIL E ART. 317, § 1.º, DO REGIMENTO INTERNO DO SUPREMO TRIBUNAL FEDERAL. 1. Não preenchimento do requisito de regularidade formal expresso nos arts. 1.021, § 1.º, do Código de Processo Civil e 317, § 1.º, do Regimento Interno do Supremo Tribunal Federal: "Na petição de agravo interno, o recorrente impugnará especificadamente os fundamentos da decisão agravada" e "A petição conterá, sob pena de rejeição liminar, as razões do pedido de reforma da decisão agravada". Ausência de ataque, nas razões do agravo interno, aos fundamentos da decisão agravada. 2. O manejo de agravo interno desacompanhado de esforço no desenvolvimento de argumentação mínima endereçada à superação do fundamento invocado na decisão unipessoal agravada revela comportamento processual abusivo da parte agravante, a ser coibido por este Supremo Tribunal Federal, por meio de comando que imponha a imediata certificação de trânsito em julgado e o arquivamento dos autos (MS 37539 e MS 37525, Plenário, Rel. Min. Rosa Weber, julgados na sessão virtual de 05.02.2021 a 12.02.2021; e MS 37355, Plenário, Rel. Min. Alexandre de Moraes, julgado na sessão virtual de 23.10.2020 a 3.11.2020). 3. Inaplicável o art. 85, § 11, do CPC/2015, por se tratar de recurso interposto em mandado de segurança (art. 25 da Lei 12.016/2009 e Súmula 512/STF). 4. Agravo interno não conhecido, com determinação de imediata certificação do trânsito em julgado e de arquivamento dos autos, independentemente da publicação do acórdão referente ao presente julgamento (MS 33.010 AgR/DF, Rel. Min. Rosa Weber, 1.ª Turma, j. 08.06.2021, *DJe-* 113, divulg. 11.06.2021, public. 14.06.2021).

MANDADO DE SEGURANÇA. DIREITO ADMINISTRATIVO. TRIBUNAL DE CONTAS DA UNIÃO. SERVIDOR DA SECRETARIA DE SAÚDE DO ESTADO DO ACRE. FISCALIZAÇÃO OMISSA E DEFICIENTE NA EXECUÇÃO DE DOIS CONVÊNIOS FIRMADOS ENTRE A SECRETARIA ESTADUAL E O MINISTÉRIO DA SAÚDE. APLICAÇÃO DE MULTA. ARTS. 28, II, E 58, II, DA LEI 8.443/1992. ART. 268, II, DO REGIMENTO INTERNO DO TCU. PRESCRIÇÃO DA PRETENSÃO SANCIONATÓRIA. OCORRÊNCIA. APLICAÇÃO DA LEI 9.873/1999. PRECEDENTES DESTE STF. MEDIDA LIMINAR DEFERIDA E RATIFICADA NO EXAME DE MÉRITO. SEGURANÇA CONCEDIDA PARA AFASTAR A MULTA APLICADA. 1. A prescrição da pretensão punitiva do TCU é regulada pela Lei 9.873/1999, descabendo a aplicação do prazo decenal previsto na legislação civil (art. 205 do Código Civil). Ao revés, incide o prazo quinquenal previsto na Lei 9.873/1999 (MS 32201, Rel. Min. Roberto Barroso, Primeira Turma, *DJe* 7/8/2017; MS 35.512-AgR, Rel. Min. Ricardo Lewandowski, Segunda Turma, *DJe* 21/6/2019). 2. *In casu*, na linha do parecer apresentado pelo Ministério Público Federal e da decisão liminar de minha lavra, é inequívoca a superação do prazo prescricional quinquenal. Os ilícitos apontados pela Corte de Contas ocorreram em julho de 2006, tendo o processo de auditoria sido instaurado em 9/10/2006. A ordem de citação do responsável para a audiência, por sua vez, ocorreu em 25/6/2007. Entretanto, a decisão condenatória recorrível foi exarada somente em 31/5/2016, data da prolação do Acórdão 3.513/2016-TCU-1.ª Câmara. 3. *Ex positis*, concedo a segurança unicamente para afastar a sanção de multa aplicada ao impetrante, nos autos da Tomada de Contas 023.288/2006-0, máxime da ocorrência de prescrição da pretensão punitiva do Tribunal de Contas da União (MS 35.940/DF, Rel. Min. Luiz Fux, 1.ª Turma, j. 16.06.2020, divulg. 13.07.2020, public. 14.07.2020).

CONSTITUCIONAL E ADMINISTRATIVO. MANDADO DE SEGURANÇA. SERVENTIA EXTRAJUDICIAL. PROVIMENTO, MEDIANTE PERMUTA, SEM CONCURSO PÚBLICO. ARTIGO 236 DA CONSTITUIÇÃO FEDERAL. NORMA AUTOAPLICÁVEL, COM EFEITOS IMEDIATOS. PACÍFICA ORIENTAÇÃO JURISPRUDENCIAL DESTA SUPREMA CORTE. SEGURANÇA DENEGADA. CASSAÇÃO DA MEDIDA LIMINAR ANTERIORMENTE DEFERIDA. 1. A orientação jurisprudencial desta Suprema Corte firmou-se no sentido de que o prazo decadencial previsto no art. 54 da Lei 9.784/99 não alcança situações flagrantemente inconstitucionais, sob pena de subversão das determinações insertas na Constituição Federal. Precedentes. 2. Desse modo, tem-se refutado, de maneira expressa, a pretensão de retirar do texto constitucional justificativa pautada em ato jurídico perfeito ou decadência, para, ao final, pretender resguardar situação consolidada em desrespeito à própria ordem Constitucional de 1988. 3. O CNJ atuou conforme suas prerrogativas constitucionais e de acordo com a jurisprudência desta Corte, não incorrendo em qualquer ilegalidade ou abuso de poder. 4. Mandado de segurança denegado e, por conseguinte, revogada a medida liminar anteriormente deferida (MS 29.065/DF, Redator p/ acórdão Min. Alexandre de Moraes, 1.ª Turma, j. 22.05.2020, divulg. 05.06.2020, public. 08.06.2020).

Agravo regimental no mandado de segurança. 2. Impetração contra decisão de Ministro do STF que deferiu pedido de liminar no MS 28.545. 3. Prevenção não configurada. 4. Art. 16, parágrafo único, da Lei 12.016/2009. Cabimento de recurso contra decisão liminar em mandado de segurança. Insubsistência da Súmula 622 do STF. 4. Incabível *writ* contra decisões jurisdicionais de Ministros da Corte. Exceção. Situações excepcionais, não verificadas no caso. 5. Agravo regimental a que se nega provimento (MS 28.612 AgR, Rel. Min. Gilmar Mendes, 2.ª Turma, j. 10.11.2015, p. 26.11.2015).

15. MANDADO DE SEGURANÇA – PETIÇÃO INICIAL

AGRAVO REGIMENTAL EM MANDADO DE SEGURANÇA. INCOGNISCIBILIDADE DO *WRIT* E DA PETIÇÃO DO AGRAVO. ARTIGOS 310, I, E 1.021, § 1.º, do CPC e 317, § 1.º, do RISTF. ÓBICES INTRANSPONÍVEIS. PRECEDENTES. 1. O *writ* não reúne condições processuais indispensáveis ao seu conhecimento, uma vez que apresenta pedidos indeterminados e desprovidos de fundamentos jurídicos específicos e objetivos, estando a impugnação traçada em termos absolutamente ininteligíveis, configurando-se inépcia da inicial, obstando o trânsito do mandamus. 2. O conteúdo da petição de agravo regimental, da mesma forma, encontra-se deficiente de fundamentação, o que impede a exata compreensão da controvérsia. Súmula 287 do STF. 3. É ônus do recorrente, nos termos do art. 1.021, § 1.º, do CPC e 317, § 1.º, do RISTF impugnar de modo específico todos os fundamentos da decisão agravada. Precedentes. 4. Agravo regimental a que se nega provimento (MS 37.891 AgR/SP, Rel. Min. Edson Fachin, Tribunal Pleno, j. 22.08.2022, *DJe*- 175, divulg. 01.09.2022, public. 02.09.2022).

AGRAVO INTERNO EM MANDADO DE SEGURANÇA. PROCESSUAL CIVIL. INÉPCIA DA PETIÇÃO INICIAL. INDEFERIMENTO. AUSÊNCIA DE IMPUGNAÇÃO ESPECÍFICA DO FUNDAMENTO DA DECISÃO AGRAVADA. ARTIGO 1.021, § 1.º, DO CPC. AGRAVO INTERNO NÃO CONHECIDO. AUSÊNCIA DE INTERRUPÇÃO DO PRAZO PARA INTERPOSIÇÃO DE OUTROS RECURSOS. PRECEDENTES. CERTIFICAÇÃO DO TRÂNSITO EM JULGADO E ARQUIVAMENTO IMEDIATO DOS AUTOS INDEPENDENTEMENTE DA PUBLICAÇÃO DO ACÓRDÃO REFERENTE AO PRESENTE

JULGAMENTO. 1. O Agravo Interno deve impugnar especificadamente todos os fundamentos da decisão agravada, sob pena de não conhecimento do recurso. Inteligência do art. 932, III, c/c 1.021, § 1.º, do CPC/2015. 2. Recurso manifestamente inviável não produz o efeito de interromper o prazo para interposição de outros recursos. 3. Agravo Interno não conhecido. Determinação de certificação do trânsito em julgado e arquivamento imediato dos autos independentemente da publicação do acórdão referente ao presente julgamento (MS 38.512 AgR/SP, Rel. Min. Alexandre de Moraes, Tribunal Pleno, j. 23.05.2022, *DJe*-105, divulg. 30.05.2022, public. 31.05.2022).

DIREITO CONSTITUCIONAL. AGRAVO INTERNO EM MANDADO DE SEGURANÇA. SUPOSTA INOBSERVÂNCIA A REQUERIMENTO DE ADITAMENTO À PETIÇÃO INICIAL. 1. Mandado de segurança impetrado contra o Despacho n.º 517/2017, do Ministro da Justiça e Segurança Pública, por meio do qual foi indeferido o pedido de revogação da perda e de reaquisição da nacionalidade brasileira, deduzido pela impetrante. 2. O Despacho n.º 517/2017 confirma o que decidido na Portaria Ministerial n.º 2.465/2013, que foi referendada por esta Corte no julgamento do Mandado de Segurança n.º 33.864, sob a minha relatoria. A presente impetração, portanto, procura rediscutir matéria enfrentada e decidida por este Tribunal em demanda anterior. 3. Os argumentos aduzidos pela parte foram devidamente enfrentados na decisão agravada, não havendo razões novas que justifiquem revisitar o que foi decidido. 4. Agravo interno a que se nega provimento (MS 37.200 AgR/DF, Rel. Min. Roberto Barroso, 1.ª Turma, j. 02.05.2022, *DJe*-088, divulg. 06.05.2022, public. 09.05.2022).

MANDADO DE SEGURANÇA. PETIÇÃO INICIAL. INÉPCIA. REGULARIZAÇÃO. AUSÊNCIA. INDEFERIMENTO. Não tendo sido apontada a autoridade coatora, cumpre indeferir a inicial do mandado de segurança (MS 37.240 AgR, Rel. Min. Marco Aurélio, 1.ªTurma, j. 08.03.2021, p. 23.03.2021).

AGRAVO INTERNO EM MANDADO DE SEGURANÇA. AUSÊNCIA DE INTEIRO TEOR DO ATO COATOR. *MANDAMUS* CONTRA ATO DE MINISTRO DO SUPREMO TRIBUNAL FEDERAL. HIPÓTESE DE NÃO CABIMENTO DO *WRIT*. AUSÊNCIA DE EXCEPCIONALIDADE CONDUCENTE À ADMISSÃO DA AÇÃO MANDAMENTAL. AGRAVO INTERNO DESPROVIDO. 1. A jurisprudência deste Tribunal é invariável ao afirmar o descabimento de mandado de segurança contra atos provenientes de seus órgãos colegiados ou mesmo de seus membros, individualmente, no exercício da prestação jurisdicional, salvo situações excepcionais de abuso de poder, ilegalidade ou teratologia patentes, porquanto impugnáveis somente pelos recursos próprios ou pela via da ação rescisória, como consectário do sistema processual. Precedentes. 2. Em igual sentido, a jurisprudência desta Suprema Corte é firme no sentido de que a cópia do inteiro teor da decisão apontada como coatora é imprescindível à instrução da petição inicial do mandado de segurança e sua falta não pode ser suprida em momento posterior à impetração. Precedentes. 3. *In casu*, o *writ* foi manejado, sem a apresentação do inteiro teor do *decisium* apontado como coator, contra *decisium* do Ministro Presidente desta Suprema Corte, que reiterando jurisprudência consolidada da Corte, negou provimento ao agravo regimental interposto pela ora agravante, nos autos do ARE 1.142.071/SP. 4. Consectariamente, primeiro, o caso concreto não caracteriza excepcionalidade flagrante que pudesse justificar a admissão do mandado de segurança contra ato de Ministro do Supremo Tribunal Federal, máxime à luz do firme posicionamento desta Corte no sentido da absoluta impossibilidade de utilização da via mandamental como sucedâneo recursal. Segundo, a ausência da cópia do *decisium* apontado como coator fulmina o cabimento do mandamus proposto, mercê da firme jurisprudência desta Suprema Corte, a qual aduz que se trata de elemento indispensável à instrução da petição inicial do mandado de segurança e sua falta não pode ser suprida em momento posterior à impetração. 5. Agravo interno a que se nega provimento (MS 36.191 AgR, Rel. Min. Luiz Fux, Tribunal Pleno, j. 27.04.2020, p. 14.05.2020).

CONSTITUCIONAL E ADMINISTRATIVO. AGRAVO INTERNO NO RECURSO ORDINÁRIO EM MANDADO DE SEGURANÇA. PROCESSO ADMINISTRATIVO DISCIPLINAR. PENA DE DEMISSÃO. AUSÊNCIA DE ABUSIVIDADE OU TERATOLOGIA. INEXISTÊNCIA DE DIREITO LÍQUIDO E CERTO. RECURSO DE AGRAVO A QUE SE NEGA PROVIMENTO. 1. O acórdão recorrido amparou-se nos princípios da razoabilidade e da eficiência dos atos administrativos para manter os atos válidos produzidos pela comissão processante, ante a inexistência de motivo razoável para invalidar todos os atos até então produzidos. 2. A conclusão adotada pelo STJ parte da premissa que deve nortear a atuação da Administração Pública, pois, conforme já registrei anteriormente, o que se exige do Poder Público é uma coerência lógica nas decisões e medidas administrativas e legislativas, bem como na aplicação de medidas restritivas e sancionadoras (*Constituição do Brasil Interpretada*. 8. ed. São Paulo: Atlas, 2011. fl. 285). 3. O entendimento manifestado no acórdão recorrido reproduz, de maneira fiel, a orientação jurisprudencial deste Tribunal sobre a ausência de direito subjetivo ao deferimento de todas as provas requeridas nos autos (art. 156, §§ 1.º e 2.º, da Lei 8.112/1990) – o que reforça a fragilidade do presente recurso. 4. A parte recorrente também não demonstrou, concretamente, os reflexos negativos do ato reputado coator para a ampla defesa e o contraditório, ou seja, o efetivo prejuízo a que estaria submetido o impetrante, capaz de justificar a requerida decretação de nulidade do procedimento administrativo disciplinar. Incide, portanto, a regra segundo a qual não haverá declaração de nulidade quando não demonstrado o efetivo prejuízo causado à parte (*pas de nullité sans grief*). 5. A alegação de nulidade decorrente da suposta negativa de acesso ao inteiro teor do conteúdo das gravações da interceptação telefônica não foi objeto da petição inicial do mandado de segurança, o que, por si só, constitui óbice ao exame da matéria por esta Suprema Corte, sob pena de inovação em sede de recurso ordinário. 6. Recurso de agravo a que se nega provimento (RMS 36.451 AgR, Rel. Min. Alexandre de Moraes, 1.ª Turma, j. 09.08.2019, p. 20.08.2019).

16. SERVIDORES PÚBLICOS

AGRAVO REGIMENTAL NOS EMBARGOS DE DECLARAÇÃO NO RECURSO ORDINÁRIO EM MANDADO DE SEGURANÇA. SERVIDOR PÚBLICO. PENA DE DEMISSÃO. PROCESSO ADMINISTRATIVO DISCIPLINAR. NULIDADES. ALEGAÇÃO. ART. 169 DA LEI 8.112/1990. OBSERVÂNCIA. AGRAVO REGIMENTAL NÃO PROVIDO. 1. Infere-se dos autos que o processo foi parcialmente anulado, sendo aproveitados os atos que não foram contaminados pelo vício. Na esteira da jurisprudência desta Corte, não se declara a nulidade se não houver comprovação de prejuízo. 2. A anulação parcial do processo não reflete na interrupção do prazo prescricional, uma vez que o feito original foi validamente instaurado. 3. Agravo regimental a que se nega provimento com aplicação de multa de 5% (cinco por cento) sobre o valor da causa, nos termos do art. 1.021, § 4.º, do CPC, diante do caráter manifestamente infundado das alegações (RMS 35.442 ED-AgR/DF, Rel. Min. Edson Fachin, 2.ª Turma, j. 13.04.2023, *DJe* divulg. 20.04.2023, public. 24.04.2023).

Agravo regimental no recurso ordinário em mandado de segurança. 2. Direito Administrativo. 3. Servidor público. Processo Administrativo Disciplinar. Pena de demissão. 4. Conduta: valer-se do cargo para lograr proveito pessoal ou de outrem, em detrimento da dignidade da função pública. 5. Proporcionalidade e razoabilidade da penalidade aplicada. Decisão da

Comissão Processante amparada no acervo probatório constante do PAD e guarda correta correspondência à previsão normativa aplicável à espécie. 6. Necessidade de dilação probatória. Impossibilidade na via do mandado de segurança. 7. Ausência de argumentos capazes de infirmar a decisão agravada. 8. Negado provimento ao agravo regimental (RMS 37.526 AgR, Rel. Min. Gilmar Mendes, 2.ª Turma, j. 27.03.2023, p. 10.04.2023).

AGRAVO REGIMENTAL EM RECURSO EXTRAORDINÁRIO COM AGRAVO. MANDADO DE SEGURANÇA. SERVIDORES PÚBLICOS. PARCELAMENTO DE SALÁRIOS. IMPOSSIBILIDADE. ALEGADA OFENSA AO PRINCÍPIO DA SEPARAÇÃO DOS PODERES. IMPROCEDÊNCIA. ADPF 405. INAPLICÁVEL. 1. O acórdão recorrido encontra-se em consonância com a jurisprudência desta Corte, no sentido da impossibilidade de parcelamento dos salários dos servidores públicos. Precedentes. 2. É firme nesta Corte o entendimento no sentido de que o controle, pelo Poder Judiciário, da legalidade dos atos dos demais poderes não viola o princípio da separação dos poderes. Precedentes. 3. Ademais, não é aplicável, ao caso, o decidido no julgamento da ADPF 405, tendo em vista que tal julgado teve o alcance mais abrangente em relação à decisão proferida pelo acórdão recorrido, que concedeu, parcialmente, a segurança apenas para determinar o pagamento dos substituídos do Sindicato Impetrante, até o quinto dia útil do mês subsequente, sem deferimento de bloqueio de verbas públicas, por entender que, na hipótese de mandado de segurança preventivo, tal pedido seria incabível. 4. Agravo regimental a que se nega provimento. Sem honorários, por se tratar de mandado de segurança (Súmula 512 do STF e art. 25 da Lei 12.016/2009) (ARE 1.386.048 AgR, Rel. Min. Edson Fachin, 2.ª Turma, j. 22.02.2023, p. 01.03.2023).

AGRAVO REGIMENTAL EM MANDADO DE SEGURANÇA. SERVIDORES PÚBLICOS. AUSÊNCIA DE AFRONTA À COISA JULGADA. DECADÊNCIA ADMINISTRATIVA NÃO CARACTERIZADA. INEXISTÊNCIA DE AFRONTA À GARANTIA DO *DUE PROCESS OF LAW*. IMPOSSIBILIDADE DE COBRANÇA DE VALORES INDEVIDOS RECEBIDOS ATÉ OS MARCOS TEMPORAIS FIXADOS NO RE 606.358/SP E NO RE 638.115/CE. AUSÊNCIA DE IMPUGNAÇÃO DE FUNDAMENTO DA DECISÃO AGRAVADA. INCIDÊNCIA DO ART. 317, § 1.º, DO RISTF. AGRAVO REGIMENTAL A QUE SE NEGA PROVIMENTO. I – Os agravantes não refutaram todos os fundamentos da decisão agravada, o que atrai a incidência do art. 317, § 1.º, do RISTF. Precedentes. II – Inexiste ofensa à coisa julgada. Precedente. III – Não há falar em afronta à garantia do *due process of law*, uma vez que o ato coator decorre de auditoria realizada no Tribunal de Justiça do Distrito Federal e Territórios – TJDFT, sendo desnecessária a instauração de processos administrativos individuais em face de cada servidor. IV – Esta Corte possui jurisprudência pacificada no sentido de que a restituição dos valores percebidos de forma ilegal só é possível se demonstrada a má-fé do beneficiário. Precedente. V – Concessão parcial da segurança para afastar a cobrança de valores indevidos pagos até os marcos fixados por esta Corte nos julgamentos dos REs 606.358/SP, de relatoria da Ministra Rosa Weber e 638.115/CE, de relatoria do Ministro Gilmar Mendes. VI – Agravo regimental a que se nega provimento (MS 33.962 AgR/DF, Rel. Min. Ricardo Lewandowski, 2.ª Turma, j. 13.12.2022, *DJe* divulg. 03.02.2023, public. 06.02.2023).

AGRAVO REGIMENTAL EM MANDADO DE SEGURANÇA. SERVIDOR PÚBLICO. ANISITIA. LEI 8.878/1994. TRANSPOSIÇÃO DO REGIME CELETISTA PARA O ESTATUTÁRIO. TRIBUNAL DE CONTAS DA UNIÃO. RESTABELECIMENTO DO REGIME ANTERIOR. DETERMINAÇÃO. PRAZO DECADENCIAL. TERMO INICIAL. DECADÊNCIA CONSUMADA. AGRAVO REGIMENTAL DESPROVIDO. 1. O prazo decadencial para a impetração de mandado de segurança contra ato do Poder Público tem seu termo inicial na data em que, devidamente divulgado, torna-se apto a gerar efeitos lesivos à esfera jurídica do interessado. 2. Embargos de declaração intempestivos não possuem o condão de suspender a exequibilidade da decisão embargada. 3. Agravo regimental a que se nega provimento (MS 34.823 AgR/DF, Rel. Min. Edson Fachin, 2.ª Turma, j. 13.12.2022, *DJe*-259, divulg. 16.12.2022, public. 19.12.2022).

RECURSO EXTRAORDINÁRIO. REPERCUSSÃO GERAL RECONHECIDA. QUESTÃO DE ORDEM. FORMULAÇÃO DE PEDIDO DE DESISTÊNCIA DA AÇÃO NO RECURSO EXTRAORDINÁRIO EM QUE RECONHECIDA A REPERCUSSÃO GERAL DA MATÉRIA. IMPOSSIBILIDADE. MANDADO DE SEGURANÇA. SERVIDORES PÚBLICOS CIVIS E DIREITO DE GREVE. DESCONTOS DOS DIAS PARADOS EM RAZÃO DO MOVIMENTO GREVISTA. POSSIBILIDADE. REAFIRMAÇÃO DA JURISPRUDÊNCIA DO SUPREMO TRIBUNAL FEDERAL. RECURSO DO QUAL SE CONHECE EM PARTE, RELATIVAMENTE À QUAL É PROVIDO. 1. O Tribunal, por maioria, resolveu questão de ordem no sentido de não se admitir a desistência do mandado de segurança, firmando a tese da impossibilidade de desistência de qualquer recurso ou mesmo de ação após o reconhecimento de repercussão geral da questão constitucional. 2. A deflagração de greve por servidor público civil corresponde à suspensão do trabalho e, ainda que a greve não seja abusiva, como regra, a remuneração dos dias de paralisação não deve ser paga. 3. O desconto somente não se realizará se a greve tiver sido provocada por atraso no pagamento aos servidores públicos civis ou por outras situações excepcionais que justifiquem o afastamento da premissa da suspensão da relação funcional ou de trabalho, tais como aquelas em que o ente da administração ou o empregador tenha contribuído, mediante conduta recriminável, para que a greve ocorresse ou em que haja negociação sobre a compensação dos dias parados ou mesmo o parcelamento dos descontos. 4. Fixada a seguinte tese de repercussão geral: "A administração pública deve proceder ao desconto dos dias de paralisação decorrentes do exercício do direito de greve pelos servidores públicos, em virtude da suspensão do vínculo funcional que dela decorre, permitida a compensação em caso de acordo. O desconto será, contudo, incabível se ficar demonstrado que a greve foi provocada por conduta ilícita do Poder Público". 5. Recurso extraordinário provido na parte de que a Corte conhece (RE 693.456 RG, Tema 531, Rel. Min. Dias Toffoli, Tribunal Pleno, j. 27.10.2016, p. 19.10.2017).

17. SUSPENSÃO DE LIMINAR

SUSPENSÃO DE LIMINAR. AÇÃO CIVIL PÚBLICA EM BENEFÍCIO DE PESSOA SINGULAR. DECISÃO QUE DETERMINA, NA ORIGEM, O PAGAMENTO IMEDIATO DE VALORES REFERENTES A INTERNAÇÃO COMPULSÓRIA, SOB PENA DE BLOQUEIO JUDICIAL. ALEGADA NECESSIDADE DE OBSERVÂNCIA DO REGIME DOS PRECATÓRIOS. PLAUSIBILIDADE. PREVALÊNCIA DA TUTELA DA ORDEM ADMINISTRATIVA. SUSPENSÃO CONCEDIDA. 1. A via eleita – suspensão de liminar – consubstancia meio processual autônomo à disposição, exclusiva, segundo as normas de regência, das pessoas jurídicas de direito público e do Ministério Público, para buscar a sustação – com objetivo de salvaguardar o interesse público primário –, nas causas contra o Poder Público e seus agentes, de decisões judiciais que potencialmente provoquem grave lesão à ordem, à saúde, à segurança e à economia públicas. 2. Assentada, ao julgamento do Tema n.º 45 da Repercussão Geral, a inaplicabilidade do regime dos precatórios às obrigações de fazer, ou seja, estas não se submetem à sistemática do art. 100 da Constituição. 3. Quanto às obrigações de pagar, é da jurisprudência desta Suprema Corte a inviabilidade jurídica, do ponto de vista constitucional, de proceder-se ao seu cumprimento provisório. Necessário, ao pagamento de quantia certa, aguardar o trânsito em julgado do provimento judicial, para prosseguir-se na marcha processual até a expedição do respectivo precatório. 4. A imperiosa observância do regime dos precatórios aplica-se inclusive em mandado de segurança, no que diz com a obrigação de pagar as parcelas atrasadas, compreendidas entre o ajuizamento da demanda e a efetivação da ordem (Tema n.º 831 da Repercussão Geral e ADPF 250). 5. No caso concreto, a obrigação de fazer dirigida ao requerente, para que procedesse à internação em estabelecimento público ou, se necessário, particular por ele custeado, resultou, em parte, na imposição subsequente de obrigação de pagar quantia certa a terceiro, o que confere plausibilidade à tese municipal no sentido da necessidade de submissão do pagamento à sistemática do art. 100 da Constituição. 6. Configurado risco de grave lesão à ordem pública, na dimensão da ordem administrativa, diante de decisão ainda precária que determina o pagamento de soma em dinheiro, sob pena de bloqueio judicial. Precedentes. 7. Suspensão concedida (SL 1.577, Rel. Min. Rosa Weber (Presidente), Tribunal Pleno, j. 03.05.2023, p. 10.05.2023).

AGRAVO INTERNO NA RECLAMAÇÃO. SUSPENSÃO DE LIMINAR DEFERIDA PELA PRESIDÊNCIA DO SUPERIOR TRIBUNAL DE JUSTIÇA. ALEGAÇÃO DE USURPAÇÃO DE COMPETÊNCIA DA PRESIDÊNCIA DESTE SUPREMO TRIBUNAL FEDERAL. INOCORRÊNCIA. MATÉRIA CONTROVERTIDA NA ORIGEM QUE NÃO OSTENTA NATUREZA CONSTITUCIONAL DIRETA. NECESSIDADE DE PRÉVIA INTERPRETAÇÃO DA LEGISLAÇÃO INFRACONSTITUCIONAL APLICÁVEL À ESPÉCIE. AGRAVO INTERNO A QUE SE NEGA PROVIMENTO. 1. A reclamação, por expressa determinação constitucional, destina-se a preservar a competência desta Suprema Corte e garantir a autoridade de suas decisões, *ex vi* do artigo 102, I, *l*, da CRFB/88, além de salvaguardar o estrito cumprimento das súmulas vinculantes. 2. *In casu*, não se configura a usurpação de competência da Presidência deste Supremo Tribunal Federal para a análise de incidente de contracautela realizada pelo Presidente do Superior Tribunal de Justiça. 3. A questão controvertida na origem não ostenta natureza constitucional direta, mas apenas indireta ou oblíqua, haja vista que o deslinde da controvérsia na origem há de passar necessariamente pela interpretação de dispositivos infraconstitucionais e análise de cláusulas editalícias concernentes ao procedimento licitatório. 4. Agravo interno a que se nega provimento (Rcl 51.320 AgR, Rel. Min. Luiz Fux (Presidente), Tribunal Pleno, j. 09.03.2022, p. 07.04.2022).

AGRAVO REGIMENTAL NOS EMBARGOS DE DECLARAÇÃO NO AGRAVO REGIMENTAL NA SUSPENSÃO DE LIMINAR. DECISÃO DE INDEFERIMENTO DE INGRESSO DE TERCEIRO COMO ASSISTENTE LITISCONSORCIAL. DESCABIMENTO DO PEDIDO EM SEDE DE SUSPENSÃO. AUSÊNCIA DE INTERESSE RECURSAL. AGRAVO REGIMENTAL NÃO PROVIDO. 1. A decisão agravada lastreou-se na pacífica jurisprudência do Supremo Tribunal Federal de que, sendo incabível o ingresso de terceiro na qualidade de assistente litisconsorcial em mandado de segurança, também o seria em relação às suspensões. Precedentes. 2. O pedido de ingresso da agravante como terceira prejudicada foi realizado a destempo, tratando-se, portanto, de matéria alcançada por preclusão, inexistindo, assim, interesse recursal para a interposição de recurso. 3. Ainda que subsistisse interesse recursal, as alegações trazidas constituem inovação em relação à matéria fática deduzida na ação originária, não sendo cabível sua análise na estreita via da presente contracautela. 4. Agravo regimental não provido
(SL 1.054 AgR-ED-AgR, Rel. Min. Dias Toffoli (Presidente), Tribunal Pleno, j. 27.03.2020, p. 17.04.2020).

AGRAVOS REGIMENTAIS CONTRA DECISÃO DE SUSPENSÃO DE LIMINAR E DE EXTENSÃO DE LIMINAR. RECONDUÇÃO AO CARGO DE PREFEITO DE ATIBAIA/SP, AFASTADO EM PROCESSO PENAL. IMPUTAÇÃO DE CRIMES CONTRA A ADMINISTRAÇÃO PÚBLICA. EXTENSÃO DA LIMINAR PARA SUSPENDER OS EFEITOS DA DECISÃO EM RELAÇÃO AO PREFEITO DE PINHALZINHO/SP: AGRAVO REGIMENTAL PREJUDICADO. EXCEPCIONALIDADE DA SUSPENSÃO DE LI-

MINAR EM DEMANDAS DE NATUREZA CRIMINAL. RISCO À SEGURANÇA, À ORDEM PÚBLICA E LESÃO À ORDEM ECONÔMICA INEXISTENTES. RISCO DE REITERAÇÃO CRIMINOSA. PERIGO DE DEMORA INVERSO. AGRAVO REGIMENTAL AO QUAL SE DÁ PROVIMENTO (SL 972 AgR, Rel. Min. Cármen Lúcia (Presidente), Tribunal Pleno, j. 27.04.2018, p. 09.05.2018).

18. TRIBUNAL DE CONTAS DA UNIÃO

Agravo regimental em mandado de segurança. 2. Direito Administrativo. Tribunal de Contas da União. Servidor público. 3. Ato coator proferido em 11.10.2017 e cientificado à impetrante em 18.10.2017. Mandado de segurança impetrado em 15.11.2017. Decadência não configurada. 4. Incorporação de quintos no período compreendido entre a edição da Lei 9.624/1998 e da MP 2.225-45/2001. 5. Decisão transitada em julgado, para assegurar a incorporação aos proventos da impetrante. 6. Aplicação do entendimento firmado no RE-ED-ED 638.115 (tema 395 da RG). Observância do princípio da segurança jurídica. Modulação dos efeitos da decisão. 7. Ausência de argumentos capazes de infirmar a decisão agravada. 8. Negado provimento ao agravo regimental (MS 35.343 AgR, Rel. Min. Gilmar Mendes, 2.ª Turma, j. 15.05.2023, p. 19.05.2023).

Agravo regimental em mandado de segurança. 2. Direito Administrativo. 3. Aposentadoria. 4. Legalidade do ato de concessão inicial reconhecida pelo TCU (Acórdão 4.208/2012). 5. Averbação de tempo de serviço com fundamento em decisão liminar. Cassação da liminar. Modificação do fundamento legal do benefício após apreciação pelo TCU. TRT 13 remeteu os autos à Corte de Contas. 6. Ato coator. TCU determinou ao TRT 13 que promovesse a inclusão do ato de alteração da aposentadoria do ora impetrante no Sisac ou e-Pessoal. (Acórdão 12.280/2020-2.ª Câmara) para posterior análise pela Corte de Contas. 7. Violação a direito líquido e certo não configurada. 8. Ausência de violação ao contraditório e à ampla defesa. 9. Falta de argumentos capazes de infirmar a decisão agravada. 10. Negado provimento ao agravo regimental (MS 37.692 AgR, Rel. Min. Gilmar Mendes, 2.ª Turma, j. 15.05.2023, p. 19.05.2023).

AGRAVO REGIMENTAL NO MANDADO DE SEGURANÇA. DIREITO CONSTITUCIONAL E ADMINISTRATIVO. TRIBUNAL DE CONTAS DA UNIÃO. PRETENSÃO PUNITIVA E RESSARCITÓRIA. PRESCRIÇÃO. NECESSIDADE DE PRESERVAÇÃO DA PREVISIBILIDADE E DA SEGURANÇA JURÍDICA. MARCOS INTERRUPTIVOS. INCIDÊNCIA DO "PRINCÍPIO DA UNICIDADE DA INTERRUPÇÃO PRESCRICIONAL" (ART. 202, *CAPUT*, DO CÓDIGO CIVIL). SEGURANÇA CONCEDIDA. AGRAVO REGIMENTAL PROVIDO. 1. A prescrição da pretensão punitiva e ressarcitória do TCU é quinquenal, porquanto regulada pela Lei n.º 9.873/1999 (MS n.º 32.201, Rel. Min. Roberto Barroso, Primeira Turma, *DJe* 7.8.2017). 2. O termo inicial do prazo prescricional deve coincidir com o momento em que a Corte de Contas tem ciência dos fatos (ADI n.º 5.509 e RE-RG n.º 636.553, Tema 445 da repercussão geral). 3. Admitir-se que o prazo prescricional possa ser interrompido por um número indeterminado de vezes, bastando que para isso se verifique a ocorrência de uma das causas previstas no art. 2.º da Lei n.º 9.873/1999, seria o mesmo que, na prática, chancelar a tese da imprescritibilidade das apurações levadas a efeito pelo TCU, o que não encontra ressonância no ordenamento jurídico brasileiro. Necessidade de preservação da previsibilidade e da segurança jurídica nas relações existentes entre a Corte de Contas e as pessoas e entidades sujeitas a seu controle. Incidência do "Princípio da unicidade da interrupção prescricional" (art. 202, *caput*, do Código Civil). 4. Os marcos interruptivos devem traduzir medidas inequívocas de apuração de condutas individualmente descritas e imputadas à pessoa investigada (MS n.º 37.664, Rel. Min. Ricardo Lewandowski; e MS n.º 38.250, Rel. Min. Nunes Marques). 5. No caso, a citação para o processo de tomada de contas especial constituiu a primeira medida inequívoca de apuração da conduta individualmente descrita, imputada à pessoa do impetrante, de modo que deve ser considerada a única causa interruptiva do prazo prescricional. Prescrição da pretensão ressarcitória e punitiva do TCU caracterizada. Segurança concedida. 6. Agravo regimental provido (MS 38.627 AgR/DF, Red. p/ acórdão Min. Gilmar Mendes, 2.ª Turma, j. 13.04.2023, *DJe* divulg. 27.04.2023, public. 28.04.2023).

AGRAVO INTERNO EM MANDADO DE SEGURANÇA. ATO DO TRIBUNAL DE CONTAS DA UNIÃO. TOMADA DE CONTAS ESPECIAL. IMPOSIÇÃO DE MULTA E DE RESSARCIMENTO AO ERÁRIO. PRESCRIÇÃO. INOCORRÊNCIA. DISCUSSÃO SOBRE MARCOS INTERRUPTIVOS. AUSÊNCIA DE COMPROVAÇÃO DE DIREITO LÍQUIDO E CERTO. DESCABIMENTO DA VIA MANDAMENTAL. AGRAVO INTERNO A QUE SE NEGA PROVIMENTO. 1. Alegação de incidência única dos marcos interruptivos, nos termos da Lei n.º 9.873/99. Impossibilidade de inovação de argumentos nesta fase processual, em sede de agravo interno. Precedentes. 2. Incabível dilação probatória no mandado de segurança, uma vez que a prova há de se constituir no momento da impetração. Ao pretender discutir os marcos interruptivos da prescrição sem colacionar aos autos provas suficientes de uma ameaça concreta e real de lesão a direito subjetivo líquido e certo, descabe a via eleita. 3. *In casu*, aplicando-se integralmente a regulamentação da Lei n.º 9.873/1999 e a orientação jurisprudencial do Plenário deste Supremo Tribunal Federal ao caso concreto, observa-se que as determinações exaradas pelo Tribunal de Contas da União em relação aos atos praticados pelo impetrante não se encontram fulminadas pelo decurso do tempo. 4. Agravo interno a que se nega provimento (MS 38.763 AgR/DF, Rel. Min. Luiz Fux, 1.ª Turma, j. 03.04.2023, *DJe* divulg. 14.04.2023, public. 17.04.2023).

MANDADO DE SEGURANÇA. TRIBUNAL DE CONTAS DA UNIÃO. TOMADA DE CONTAS ESPECIAL. DESCONSIDERAÇÃO DA PERSONALIDADE JURÍDICA. POSSIBILIDADE. REQUISITOS LEGAIS OBSERVADOS. AUSÊNCIA DE DIREITO LÍQUIDO E CERTO. DENEGAÇÃO DA SEGURANÇA. 1. Ao TCU é assegurado plexo de poderes e mecanismos cautelares voltados à garantia da eficácia de eventuais provimentos definitivos que imponham sanções a agentes públicos ou particulares responsáveis por irregularidades no trato de recursos públicos. 2. O levantamento do véu da pessoa jurídica, embora grave do ponto de vista da segurança jurídica e da liberdade econômica, não se afeiçoa àquele estrito rol de direitos fundamentais cuja restrição apenas pode ser operacionalizada pelo Poder Judiciário. É equivocado equiparar, para fins de proteção judicial, o conteúdo de comunicações telefônicas de cidadãos à desconsideração, em situações pontuais e fundamentadas, da pessoa jurídica. Não há, nessa hipótese, supressão ou malferimento de qualquer direito fundamental, seja do sócio pessoa física, seja da empresa pessoa jurídica. 3. É legal e constitucionalmente fundada a desconsideração da pessoa jurídica pelo TCU, de modo a alcançar o patrimônio de pessoas físicas ou jurídicas envolvidas na prática de atos lesivos ao erário público, observados o contraditório e a ampla defesa. 4. Segurança denegada (MS 35.920/DF, Red. p/ acórdão Min. Gilmar Mendes, Tribunal Pleno, j. 18.03.2023, *DJe* divulg. 12.04.2023, public. 13.04.2023).

AGRAVO REGIMENTAL EM MANDADO DE SEGURANÇA. CONCESSÃO ANTERIOR DA SEGURANÇA. TRIBUNAL DE CONTAS DA UNIÃO. INCORPORAÇÃO DA VANTAGEM DE 13,23% PELOS SERVIDORES PÚBLICOS DO SUPERIOR TRIBUNAL DE JUSTIÇA E DO CONSELHO DA JUSTIÇA FEDERAL. LEI 10.698/2003. NATUREZA ALIMENTAR E PERCEPÇÃO DE BOA-FÉ. MARCO TEMPORAL INTERRUPTIVO. CESSAÇÃO DA BOA-FÉ. TERMO INICIAL DA DEVOLUÇAO. RESPEITO AOS LIAMES SUBJETIVOS DA CONTROVÉRSIA. DECISÃO FIRMADA NA RCL 24.271. AGRAVO REGIMENTAL A QUE SE NEGA PROVIMENTO. 1. Consoante firme entendimento desta Suprema Corte, descabe a "restituição de valores percebidos indevidamente em circunstâncias, tais como a dos autos, em que o servidor público está de boa-fé" (MS 25.921/DF-AgR, Rel. Min. Luiz Fux, Primeira Turma, *DJe* de 28/9/2015). É que o reconhecimento posterior da ilegalidade de revisão remuneratória "não determina, automaticamente, a restituição ao erário dos valores recebidos, salvo se comprovada a má-fé do servidor, o que não foi demonstrado nos autos" (MS 26.085, Rel. Min. Cármen Lúcia, Pleno, *DJe* 13/6/2008). 2. *In casu*, a decisão monocrática agravada não afasta a ilegalidade relativa ao pagamento dos referidos reajustes de 13,23%. Em tal ponto, o Tribunal de Contas da União proferiu entendimento notoriamente acertado, tal como expressamente me manifestei no exame liminar da questão nos autos do MS 34.921/DF. 3. Ao revés, a controvérsia jurídica posta em debate versa acerca de 2 (dois) pontos: (i) primeiro, se há ou não boa-fé por parte dos membros da ASSTJ, no tocante aos valores recebidos em 2 de março de 2016; (ii) segundo, caso a resposta à questão anterior seja afirmativa, qual o marco temporal a ser considerado para sua caracterização. 4. Deveras, quanto ao primeiro ponto, não se apresenta razoável presumir que servidores do Superior Tribunal de Justiça e do Conselho da Justiça Federal, ao receberem decisão administrativa válida concedendo tal revisão remuneratória, de caráter alimentar, proferida por instância hierárquica máxima do órgão, estariam de má-fé na ausência qualquer ordem superior (judicial ou administrativa) determinando o contrário. 5. Consectariamente, cuida-se de hipótese de interpretação legal por autoridades competentes para tanto apta a nortear todos os servidores envolvidos, tanto os encarregados de tal pagamento, quanto os receptores de tais montantes. Ora, presume-se que a decisão administrativa emanada está em conformidade com as disposições legais vigentes e não o contrário, razão pela qual descabe falar de má-fé dos servidores do Superior Tribunal de Justiça ou do Conselho da Justiça Federal. 6. Quanto ao segundo ponto, impende questionar qual seria o marco temporal correto quanto ao momento em que se cessou a boa-fé dos servidores que receberam tais valores? (a) em 14/3/2016 (marco temporal adotado pelo TCU no ato coator), dia em que publicada a decisão proferida pelo Ministro Gilmar Mendes na Rcl 14.872 – tese defendida pela agravante; ou (b) em 13/6/2016 (marco temporal adotado por mim, na decisão hostilizada), dia em que publicada a decisão liminar proferida pelo Ministro Luís Roberto Barroso na Rcl 24.271/DF. 7. No afã de solucionar a questão, ao perscrutar os autos das referidas Reclamações, resta claro que, em sede liminar, o Ministro Gilmar Mendes sequer mencionou a situação dos servidores do STJ e do CJF. Ao contrário, na Rcl 14.872, restringiram-se os efeitos da decisão às questões correlatas à decisão administrativa proferida pela 1.ª Turma do Tribunal Regional Federal da Primeira Região, nos autos do Processo n.º 2007.34.00.041467-0. Em verdade, mesmo ao ser instado pela União (ora agravante) para se manifestar especificamente acerca da possibilidade de extensão dos efeitos decisórios aos outros órgãos do Poder Judiciário (dentre eles, o CJF e o STJ), o Ministro Relator expressamente indeferiu, em sede meritória e definitiva, tal pleito extensivo, formulado no aditamento da inicial. 8. Mercê de (i) a União ter pleiteado especificamente a extensão dos efeitos decisórios adotados na Rcl 14.872 aos servidores do STJ e do CJF, porém, o Ministro Gilmar Mendes tê-lo expressamente indeferido; bem como de (ii) a União ter ingressado com reclamação específica (Rcl 24.271) para avaliar a correição e a legalidade da decisão administrativa que autorizou tal revisão remuneratória aos servidores dos mencionados órgãos; não há razão para supor que pela publicidade que foi dada à decisão liminar proferida na Rcl 14.872, não mais se poderia falar em presunção de boa-fé a partir desta data. Pelo contrário, a publicidade de tal decisão leva a crer que a Corte Superior de Justiça, bem como o Conselho da Justiça Federal, não teriam sido englobados pelo dispositivo do *decisium*, pois sua inclusão foi expressamente rechaçada pelo eminente Relator. 9. Agravo regimental a que se nega provimento (MS 36.227 AgR, Rel. Min. Luiz Fux, Tribunal Pleno, j. 03.04.2020, p. 12.05.2020).

19. INTERVENÇÃO DE TERCEIROS

AGRAVO INTERNO EM MANDADO DE SEGURANÇA. ACÓRDÃO DO CNJ, ANULADO PELA DECISÃO UNIPESSOAL AGRAVADA. RECURSO INTERPOSTO PELO CONSELHO FEDERAL DA OAB. ILEGITIMIDADE. LITISCONSÓRCIO PASSIVO NECESSÁRIO NÃO EVIDENCIADO. INTERVENÇÃO DE TERCEIROS QUE RESULTA INCOMPATÍVEL COM O RITO DA IMPETRAÇÃO. EVENTUAL INGRESSO NA CONDIÇÃO DE *AMICUS CURIAE* QUE SÓ AUTORIZARIA A OPOSIÇÃO DE ACLARATÓRIOS, NOS TERMOS DO ART. 138, § 1.º, DO CPC. 1. O ato questionado na presente ação mandamental, anulado pela decisão unipessoal agravada, consiste em acórdão por meio do qual o Conselho Nacional de Justiça ratificou medida liminar deferida pelo relator do PP n.º 0004302- 72.2018.2.00.0000, para determinar ao Tribunal de Justiça do Estado da Bahia a suspensão de "qualquer ato tendente a implementar medidas de efetivação da Lei Estadual n.º 13.964/2018, que criou 09 (nove) cargos de Desembargador, e respectivos cargos comissionados de Assessor de Desembargador, símbolo TJ-FC- 2 e de Assistente de Gabinete, símbolo TJ-FC-3". 2. Nesse contexto, constata-se que, além de inexistir disposição legal expressa a determinar a formação de litisconsórcio passivo necessário simples com a parte agravante, a Ordem dos Advogados do Brasil não integra a relação jurídica controvertida nem defende direito cuja titularidade lhe possa ser atribuída, em quadro revelador da ausência do requisito da incindibilidade, imprescindível para a configuração de litisconsórcio passivo necessário unitário, nos termos do art. 114 do Código de Processo Civil. 3. À luz da tradicional jurisprudência desta Suprema Corte, "o rito procedimental do mandado de segurança é incompatível com a intervenção de terceiros, *ex vi* do art. 24 da Lei n.º 12.016/09, ainda que na modalidade de assistência litisconsorcial" (MS 32074, Rel. Min. Luiz Fux, Primeira Turma, *DJe* de 05.11.2014). 4. Eventual intervenção do Conselho Federal da OAB como *amicus curiae*, nos termos do art. 138, § 1.º, do Código de Processo Civil, somente autorizaria a oposição de embargos de declaração, jamais a interposição de agravo interno. 5. Agravo interno não conhecido (MS 36.133 AgR, Rel. Min. Rosa Weber, 1.ª Turma, j. 20.09.2021, p. 23.09.2021).

MANDADO DE SEGURANÇA. TERCEIRO. É inadmissível intervenção de terceiro em mandado de segurança, ante o rito especial – ausência de previsão no artigo 24 da Lei n.º 12.016/2009 (MS 26.683 ED-AgR, Rel. Min. Marco Aurélio, 1.ª Turma, j. 27.04.2021, p. 05.05.2021).

Segundo agravo regimental em recurso extraordinário. 2. Direito Administrativo. 3. Mandado de segurança. Intervenção de terceiros. Impossibilidade. 4. Matéria infraconstitucional. Ofensa reflexa à Constituição Federal. Súmula 280 do STF. Precedentes. 5. Ausência de argumentos capazes de infirmar a decisão agravada. 6. Negado provimento ao agravo regimental. Sem majoração da verba honorária (RE 1.046.278 AgR-segundo, Rel. Min. Gilmar Mendes, 2.ª Turma, j. 24.08.2020, p. 03.09.2020).

DIREITO CONSTITUCIONAL E ADMINISTRATIVO. CONCURSO PÚBLICO PARA PROVIMENTO E REMOÇÃO DE OUTORGAS DE CARTÓRIOS EXTRAJUDICIAIS. MANDADO DE SEGURANÇA CONTRA ATO DO CONSELHO NACIONAL DE JUSTIÇA. PEDIDO DE INTERVENÇÃO DE TERCEIRO. INCOMPATIBILIDADE COM O RITO DO MANDADO DE SEGURANÇA. INDEFERIMENTO. PRELIMINAR DE INTEMPESTIVIDADE REJEITADA. *WRIT* IMPETRADO DENTRO DO PRAZO DECADENCIAL DE 120 DIAS (LEI N.º 12.016/09, ART. 23). INVALIDADE JURÍDICO-CONSTITUCIONAL DA ATRIBUIÇÃO DE CARÁTER ELIMINATÓRIO A PROVAS DE TÍTULOS EM CONCURSOS PÚBLICOS. INTERPRETAÇÃO DO ART. 37, II, DA CONSTITUIÇÃO DA REPÚBLICA. NECESSIDADE DE COERÊNCIA NORMATIVA DO CNJ NO TRATAMENTO DOS CERTAMES PARA INGRESSO NA CARREI-

RA DE MAGISTRADO E NA CARREIRA DE NOTÁRIO. APARENTE INCOMPATIBILIDADE ENTRE OS REGIMES FIXADOS PELAS RESOLUÇÕES CNJ N.º 75/09 E 81/09. ERRO MATERIAL NA FÓRMULA MATEMÁTICA CONSAGRADA PELA RESOLUÇÃO N.º 81/09 DO CNJ. NULIDADE DO ATO DE ELIMINAÇÃO DA IMPETRANTE NO 7.º CONCURSO PARA OUTORGA DE DELEGAÇÕES DE NOTAS E DE REGISTRO DO ESTADO DE SÃO PAULO. ORDEM CONCEDIDA. 1. As provas de títulos em concursos públicos para provimento de cargos efetivos no seio da Administração Pública brasileira, qualquer que seja o Poder de que se trate ou o nível federativo de que se cuide, não podem ostentar natureza eliminatória, prestando-se apenas para classificar os candidatos, sem jamais justificar sua eliminação do certame, consoante se extrai, *a contrario sensu*, do art. 37, II, da Constituição da República. Precedente do STF: AI n.º 194.188-AgR, relator Min. Marco Aurélio, Segunda Turma, j. 30/03/1998, *DJ* 15-05-1998. 2. A Resolução n.º 75/09 do Conselho Nacional de Justiça, ao dispor sobre concursos públicos para ingresso na magistratura, conferiu natureza apenas classificatória à prova de títulos, não havendo qualquer fundamento lógico ou jurídico para que haja regime diferente nos concursos públicos para ingresso nos serviços notarial e registral, atualmente disciplinados pela Resolução n.º 81/09. 3. A Resolução n.º 81/09 do CNJ incorre em evidente erro material ao afirmar, por um lado, que o Exame de Títulos nos concursos para ingresso nos serviços notarial e registral terá caráter apenas classificatório (item 5.2 da minuta-padrão), mas, por outro lado, consagrar fórmula matemática que permite a eliminação de candidato que não pontue no Exame de Títulos (itens 9.1 e 9.2 da minuta-padrão). 4. O prazo decadencial de 120 dias para a impetração do mandado de segurança (Lei n.º 12.016/09, art. 23) tem início com a ciência do ato coator pelo titular do direito violado. 5. O rito procedimental do mandado de segurança é incompatível com a intervenção de terceiros, *ex vi* do art. 24 da Lei n.º 12.016/09, ainda que na modalidade de assistência litisconsorcial, na forma da jurisprudência remansosa do Supremo Tribunal Federal (MS n.º 24.414, Rel. Min. Cezar Peluso, *DJ* de 21/11/2003; MS n.º 32.450, rel. Min. Marco Aurélio, *DJe*-251 de 19/12/2013; MS n.º 32.824 MC, rel. Min. Roberto Barroso, *DJe*-072 de 11/04/2014; RMS n.º 31.553, rel. Min. Ricardo Lewandowski, *DJe*-050 de 14/03/2014; MS n.º 29.178, rel. Min. Ayres Britto, *DJe* de 15.3.2011; MS n.º 27.752, rel. Min. Ellen Gracie, *DJe* de 18.6.2010; MS n.º 30.659, rel. Min. Joaquim Barbosa, *DJe* de 19.10.2011). 6. A decadência obsta futuras e eventuais impugnações por outros candidatos ao 7.º Concurso de Ingresso e Remoção para outorga de delegações de notas e de registros do Estado de São Paulo. 7. Ordem concedida para: (i) cassar o acórdão lavrado pelo CNJ nos autos do PCA n.º 0000379-14.2013.2.00.0000; (ii) determinar que o Tribunal de Justiça do Estado de São Paulo declare a nulidade da reprovação da impetrante no 7.º Concurso de Ingresso e Remoção para outorga de delegações de notas e de registros do Estado de São Paulo, promovendo sua nomeação e posse na serventia de Comarca de Novo Horizonte; e (iii) notificar o CNJ acerca do erro material indicado no item 3 supra para que proceda às correções necessárias da Resolução n.º 81/09 (MS 32.074, Rel. Min. Luiz Fux, 1.ª Turma, j. 02.09.2014, p. 05.11.2014).

20. DESISTÊNCIA

RECURSO EXTRAORDINÁRIO. MANDADO DE SEGURANÇA. DESISTÊNCIA. POSSIBILIDADE. INAPLICABILIDADE DO ART. 267, § 4.º, DO CPC/73, VIGENTE À ÉPOCA EM QUE FORMULADO O PEDIDO. ORIENTAÇÃO QUE PREVALECE NO SUPREMO TRIBUNAL FEDERAL EM RAZÃO DE JULGAMENTO FINAL, COM REPERCUSSÃO GERAL, DO RE 669.367/RJ. SUCUMBÊNCIA RECURSAL (CPC, ART. 85, § 11). NÃO DECRETAÇÃO, NO CASO, ANTE A INADMISSIBILIDADE DE CONDENAÇÃO EM VERBA HONORÁRIA, POR TRATAR-SE DE PROCESSO DE MANDADO DE SEGURANÇA (SÚMULA 512/STF E LEI N.º 12.016/2009, ART. 25). AGRAVO INTERNO IMPROVIDO (RE 1.250.651 AgR, Rel. Min. Celso de Mello, 2.ª Turma, j. 03.10.2020, p. 08.10.2020).

CONSTITUCIONAL E ADMINISTRATIVO. AGRAVO INTERNO NO MANDADO DE SEGURANÇA. PEDIDO DE DESISTÊNCIA FORMULADO APÓS A INTERPOSIÇÃO DO RECURSO DE AGRAVO. INVIABILIDADE. JURISPRUDÊNCIA CONSOLIDADA. DESISTÊNCIA NÃO HOMOLOGADA. IMPETRAÇÃO EM PRAZO SUPERIOR A 120 DIAS. DECADÊNCIA. DECLARAÇÃO DE VACÂNCIA DE SERVENTIA EXTRAJUDICIAL DO ESTADO DE ALAGOAS. PEDIDO DE DESISTÊNCIA NÃO HOMOLOGADO. RECURSO DE AGRAVO A QUE SE NEGA PROVIMENTO (MS 35.039 AgR, Rel. Min. Alexandre de Moraes, 1.ª Turma, j. 18.05.2018, p. 06.06.2018).

RECURSO EXTRAORDINÁRIO. REPERCUSSÃO GERAL RECONHECIDA. QUESTÃO DE ORDEM. FORMULAÇÃO DE PEDIDO DE DESISTÊNCIA DA AÇÃO NO RECURSO EXTRAORDINÁRIO EM QUE RECONHECIDA A REPERCUSSÃO GERAL DA MATÉRIA. IMPOSSIBILIDADE. MANDADO DE SEGURANÇA. SERVIDORES PÚBLICOS CIVIS E DIREITO DE GREVE. DESCONTOS DOS DIAS PARADOS EM RAZÃO DO MOVIMENTO GREVISTA. POSSIBILIDADE. REAFIRMAÇÃO DA JURISPRUDÊNCIA DO SUPREMO TRIBUNAL FEDERAL. RECURSO DO QUAL SE CONHECE EM PARTE, RELATIVAMENTE À QUAL É PROVIDO. 1. O Tribunal, por maioria, resolveu questão de ordem no sentido de não se admitir a desistência do mandado de segurança, firmando a tese da impossibilidade de desistência de qualquer recurso ou mesmo de ação após o reconhecimento de repercussão geral da questão constitucional. 2. A deflagração de greve por servidor público civil corresponde à suspensão do trabalho e, ainda que a greve não seja abusiva, como regra, a remuneração dos dias de paralisação não deve ser paga. 3. O desconto somente não se realizará se a greve tiver sido provocada por atraso no pagamento aos servidores públicos civis ou por outras situações excepcionais que justifiquem o afastamento da premissa da suspensão da relação funcional ou de trabalho, tais como aquelas em que o ente da administração ou o empregador tenha contribuído, mediante conduta recriminável, para que a greve ocorresse ou em que haja negociação sobre a compensação dos dias parados ou mesmo o parcelamento dos descontos. 4. Fixada a seguinte tese de repercussão geral: "A administração pública deve proceder ao desconto dos dias de paralisação decorrentes do exercício do direito de greve pelos servidores públicos, em virtude da suspensão do vínculo funcional que dela decorre, permitida a compensação em caso de acordo. O desconto será, contudo, incabível se ficar demonstrado que a greve foi provocada por conduta ilícita do Poder Público". 5. Recurso extraordinário provido na parte de que a Corte conhece (RE 693.456, Rel. Min. Dias Toffoli, Tribunal Pleno, j. 27.10.2016, p. 19.10.2017).

RECURSO EXTRAORDINÁRIO. REPERCUSSÃO GERAL ADMITIDA. PROCESSO CIVIL. MANDADO DE SEGURANÇA. PEDIDO DE DESISTÊNCIA DEDUZIDO APÓS A PROLAÇÃO DE SENTENÇA. ADMISSIBILIDADE. "É lícito ao impetrante desistir da ação de mandado de segurança, independentemente de aquiescência da autoridade apontada como coatora ou da entidade estatal interessada ou, ainda, quando for o caso, dos litisconsortes passivos necessários" (MS 26.890-AgR/DF, Pleno, Ministro Celso de Mello, DJe de 23.10.2009), "a qualquer momento antes do término do julgamento" (MS 24.584-AgR/DF, Pleno, Ministro Ricardo Lewandowski, DJe de 20.6.2008), "mesmo após eventual sentença concessiva do 'writ' constitucional, (...) não se aplicando, em tal hipótese, a norma inscrita no art. 267, § 4.º, do CPC" (RE 255.837-AgR/PR, 2.ª Turma, Ministro Celso de Mello, DJe de 27.11.2009). Jurisprudência desta Suprema Corte reiterada em repercussão geral (Tema 530 – Desistência em mandado de segurança, sem aquiescência da parte contrária, após prolação de sentença de mérito, ainda que favorável ao impetrante). Recurso extraordinário provido (RE 669.367, Rel. Min. Luiz Fux, Red. do ac. Min. Rosa Weber, Tribunal Pleno, j. 02.05.2013, p. 30.10.2014).

BIBLIOGRAFIA

ALMEIDA, Gregório Assagra de. *Direito processual coletivo brasileiro*: um novo ramo do direito processual (princípios, regras interpretativas e a problemática de sua interpretação e aplicação). São Paulo: Saraiva, 2003.

ALSINA, Hugo. *Tratado teórico e prático de derecho procesal civil y comercial*. Buenos Aires: Cia. Argentina de Editores, 1941. v. I.

ALVIM, Eduardo Arruda. Mandado de segurança. 2. ed. Rio de Janeiro: GZ Editora, 2010.

AMARAL SANTOS, Moacyr. *Primeiras linhas de direito processual civil*. São Paulo: Saraiva, 2012. v. 2.

ARAÚJO FILHO, Luiz Paulo da Silva. *Ações coletivas*: a tutela jurisdicional dos direitos individuais homogêneos. Rio de Janeiro: Forense, 2000.

ARAUJO, Valter Shuenquener. *O princípio da proteção da confiança*. Uma nova forma de tutela do cidadão diante do Estado. Niterói: Impetus, 2009.

BARBI, Celso Agrícola. *As novas dimensões do mandado de segurança*. Tese apresentada no Seminário os Novos Direitos Fundamentais na Constituição Brasileira, 1988.

BARBI, Celso Agrícola. *Do mandado de segurança*. 10. ed. Rio de Janeiro: Forense, 2002.

BARBI, Celso Agrícola; SEABRA FAGUNDES. A nova Constituição e o mandado de segurança. *Revista Forense*, v. 219, p. 5.

BARBOSA MOREIRA, José Carlos. *Mandado de segurança* – uma apresentação. *Temas de direito processual*: sexta série. São Paulo: Saraiva, 1997.

BARBOSA MOREIRA, José Carlos. Recorribilidade das decisões interlocutórias no processo do mandado de segurança. *Revista de Processo*, n. 72, p. 7-15, out.-dez. 1993.

BARBOSA MOREIRA, José Carlos. *Novo processo civil brasileiro*. 18. ed. Rio de Janeiro: Forense.

BEDAQUE, José Roberto dos Santos. *Tutela cautelar e tutela antecipada*: tutelas sumárias e de urgência (tentativa de sistematização). 5. ed. São Paulo: Malheiros.

BENTHAM. *Tratado de las pruebas judiciales*, v. I.

BUENO, Cássio Scarpinella. *A Nova Lei do Mandado de Segurança*. Comentários sistemáticos à Lei n. 12.016, de 7.8.2009. 2. ed. São Paulo: Saraiva, 2010.

BUENO, Cássio Scarpinella. Amicus curiae *no processo civil brasileiro*. Um terceiro enigmático. São Paulo: Saraiva, 2006.

BÜLLOW. *La teoría de las excepciones y los presupuestos procesales*. Buenos Aires: Librería El Foro, 2008.

BUZAID, Alfredo. *Considerações sobre o mandado de segurança coletivo*. São Paulo: Saraiva, 1992.

BUZAID, Alfredo. *Do agravo de petição no sistema do Código de Processo Civil*. 2. ed. São Paulo: Saraiva, 1956.

CABRAL, Antônio do Passo. *Coisa julgada e preclusões dinâmicas*. Entre continuidade, mudança e transição de posições processuais estáveis. Salvador: JusPodivm, 2013.

CALAMANDREI. La Genesis Lógica de la Sentencia Civil. *Estudios sobre el proceso civil*. Trad. Espanhola. 1945.

CANTOARIO, Diego Martinez Fervenza. Meios de coerção na tutela específica das obrigações de fazer e não fazer. In: FUX, Luiz (Coord.). *O novo processo civil brasileiro*: direito em expectativa. Rio de Janeiro: Forense, 2011.

CAPPELLETTI, Mauro. Problemas de reforma do processo civil nas sociedades contemporâneas. *Revista de Processo*, ano 17, São Paulo: RT, n. 65, jan.-mar. 1992.

CAPPELLETTI, Mauro; GARTH, Bryant. *Acesso à justiça*. Tradução de Ellen Gracie Northfleet. Porto Alegre: Fabris, 1988.

CAPPELLETTI, Mauro; GARTH, Bryant. *Acesso à Justiça*. Tradução de Ellen Gracie Northfleet. Porto Alegre: Fabris, 2002.

CARBONELL, Miguel; GARCÍA JARAMILLO, Leonardo (Org.). *El canon neoconstitucional*.

CARNEIRO, Athos Gusmão. *Intervenção de terceiros*. 14. ed. São Paulo: Saraiva, 2003.

CARNEIRO, Paulo Cezar Pinheiro. *O Ministério Público no processo civil e penal*: promotor natural, atribuição e conceito com base na Constituição de 1988. 5. ed. Rio de Janeiro: Forense, 1999.

CARNELUTTI, Francesco. *Istituzioni del nuovo processo civile italiano*. 1951. v. I.

CARNELUTTI, Francesco. *Istituzioni del nuovo processo civile italiano*. 1951. v. II.

CARNELUTTI, Francesco. *Sistema di diritto processuale civile*. 1938. v. II.

CASTRO MENDES, Aluisio Gonçalves de. *Ações coletivas no direito comparado e nacional*. São Paulo: RT, 2002.

CASTRO, Prieto. *Derecho procesal civil*. 1946. v. I.

CAVALLO, Vicenzo. *La sentenza penale*. 1936.

CHIOVENDA. *Instituições de direito processual civil*. São Paulo: Saraiva, 1998. v. I.

COMANDUCCI, Paolo. Formas de (neo)constitucionalismo: un análisis metateórico. Trad. Miguel Carbonell. In: Isonomía. *Revista de Teoría y Filosofía del Derecho*, nº 16, 2002.

COUTURE. *Fundamentos del derecho procesal civil*. 1951.

CRETELLA JÚNIOR, José. *Comentários à Lei do Mandado de Segurança e mandado de segurança coletivo*: diversificações conceptuais. 11. ed. São Paulo: Saraiva, 1990.

CRUZ E TUCCI, José Rogério. *Class Action e Mandado de Segurança Coletivo*. São Paulo: Saraiva, 1990.

CRUZ, Alexandre. *Ações constitucionais*: mandado de segurança, *habeas data*, mandado de injunção, *habeas corpus* e outros instrumentos de garantia. Campinas: Millennium, 2007.

LASCANO, Davi. *Jurisdicción y competencia*. 1941.

DERBLI, Felipe. *O princípio da proibição de retrocesso social na Constituição de 1988*. Rio de Janeiro: Renovar, 2007.

DI PIETRO, Maria Sylvia Zanella. *Direito administrativo*. 22. ed. São Paulo: Atlas, 2009.

DIDIER JR., Fredie (Org.). *Ações constitucionais*. Salvador: JusPodivm, 2008.

DIDIER JR., Fredie. *Instituições de direito processual civil*. 4. ed. São Paulo: Malheiros, 2002. v. II.

DINAMARCO, Cândido Rangel. *Instituições de direito processual civil*. 4. ed. São Paulo: Malheiros, 2004. v. II.

DINAMARCO, Cândido Rangel. *Instituições de direito processual civil*. 6. ed. rev. São Paulo: Malheiros, 2004.

DINAMARCO, Pedro da Silva. A sentença e seus desdobramentos no mandado de segurança individual e coletivo. In: BUENO, Cassio Scarpinella et al. (Coord.). *Aspectos polêmicos e atuais do mandado de segurança*: 51 anos depois. São Paulo: RT, 2002.

FERRAZ, Sergio. *Mandado de segurança*. São Paulo: Malheiros, 2006.

FERREIRA FILHO, Manoel Gonçalves. *Direitos humanos fundamentais*. São Paulo: Saraiva, 1995.

FIGUEIREDO, Lúcia Valle. *Mandado de segurança*. 5. ed. São Paulo: Malheiros, 2004.

FLORIAN. *Elementos de derecho procesal penal*. Barcelona: Bosch, 1934.

FRIGNANI, Aldo. L'injunction nella common Law e l'inibitoria Del diritto italiano, 1974.

GOLDSCHMIDT, James. *Derecho procesal civil*. Madrid: Editorial Labor, 1936.

GRECO FILHO, Vicente. *Intervenção de terceiros no processo civil*. São Paulo: Saraiva, 1973.

GRECO, Leonardo. Natureza jurídica do mandado de segurança. *Separata da Revista Arquivos do Ministério da Justiça*, n. 129, p. 67, jan.-mar. 1974.

GRECO, Leonardo. O acesso ao direito e à justiça. *Estudos de direito processual*. Faculdade de Direito de Campos, 2005.

GRECO, Leonardo. *O processo de execução*. Rio de Janeiro: Renovar, 2001. v. II.

GRECO, Leonardo. *A teoria da ação no processo civil*. São Paulo: Dialética, 2003.

GRINOVER, Ada Pellegrini. Mandado de segurança coletivo: legitimação, objeto e coisa julgada. *Revista de Processo*, n. 58, p. 76, abr.-jun. 1990.

GUGLIUZZA, Paul R. The New Federal Circuit Mandamus. Disponível em: <http://www.iulaw.indy.indiana.edu/ilr/pdf/vol45p343.pdf>. Acesso em: out. 2012.

GUIMARÃES, Machado. Preclusão, coisa julgada e efeito preclusivo. *Estudos de direito processual civil*. 1969.

HESSE, Konrad. *A força normativa da Constituição*. Porto Alegre: Sergio Antonio Fabris, 2009.

HORBACH, Carlos Bastide. *Memória jurisprudencial*: Ministro Pedro Lessa. Brasília: Supremo Tribunal Federal, 2007. Série Memória jurisprudencial.

JAEGER, Nicola. *Diritto processuale civile*. 1944.

KISCH, Wilhem. *Elementos de derecho procesual civil*, 1940.

KISCH, Wilhem. *Elementos de derecho procesal civil*. 1940.

LARENZ, Karl. *Metodologia da Ciência do Direito*. 3. ed. Lisboa: Fundação Calouste Gulbenkian, 1997.

LESSA, Pedro. *Do Poder Judiciário*. 1915.

LIEBMAN, Enrico Tullio. *Corso di diritto processuale civile*, 1952.

LIEBMAN, Enrico Tullio. *Eficácia e autoridade da sentença e outros estudos sobre a coisa julgada*. Rio de Janeiro: Forense, 1981.

LIEBMAN, Enrico Tullio. *Manuale di diritto processuale civile italiano*. 1955. v. I.

LIEBMAN, Enrico Tullio. *Processo de execução*. São Paulo: Saraiva.

LOPES, João Batista. Princípio da proporcionalidade e efetividade do processo civil. In: MARINONI, Luiz Guilherme (Coord.). *Estudos de direito processual civil*: homenagem ao Professor Egas Dirceu Moniz de Aragão. São Paulo: RT, 2005.

MACHADO, Hugo de Brito. *Curso de direito tributário*. São Paulo: Malheiros, 1997.

MANASSERO, Aristides. *Introduzione allo studio sistematico della competenza funzionale in materia penale*. 1939. p. 43.

MANCUSO, Rodolfo de Camargo. *Interesses difusos*: conceito e legitimação para agir. 6. ed. São Paulo: RT, 2004.

MANDRIOLI, Crisanto. *L'azione esecutiva*. 1965.

MARINONI, Luiz Guilherme; ARENHART, Sérgio Cruz. *Curso de processo*: processo cautelar. 2. ed. São Paulo: RT, 2010. v. 4.

MARQUES, Frederico. *Instituições de direito processual civil*. São Paulo: RT, 1972. v. III.

MARQUES, Frederico. *Instituições de direito processual civil*. São Paulo: RT, 1971. v. II.

MARQUES, Frederico. *Instituições de direito processual civil*. São Paulo: RT, 1971. v. I.

MARTINS, Pedro Batista. *Recursos e processo da competência originária dos tribunais*. 1957.

MAZZILLI, Hugo Nigro. *A defesa dos interesses difusos em juízo*: meio ambiente, consumidor, patrimônio cultural, patrimônio público e outros interesses. 17. ed. São Paulo: Saraiva, 2004.

MEIRELLES, Hely Lopes. *Mandado de segurança, Ação Popular, Ação Civil Pública, Mandado de Injunção e Habeas data*. 28. ed. Atualizada por Arnoldo Wald e Gilmar Ferreira Mendes. São Paulo: Malheiros, 2005.

MEIRELLES, Hely Lopes. *Mandado de segurança*. 26. ed. São Paulo: Malheiros, 2004.

MEIRELLES, Hely Lopes; WALD, Arnoldo; BARBI, Celso Agrícola. *Do mandado de segurança*, Rio de Janeiro: Forense.

MEIRELLES, Hely Lopes; WALD, Arnoldo; MENDES, Gilmar Ferreira. *Mandado de segurança e ações constitucionais*. 35. ed. São Paulo: Malheiros, 2013.

MEIRELLES, Hely Lopes; WALD, Arnoldo; MENDES, Gilmar Ferreira. *Mandado de segurança e ações constitucionais*, São Paulo, 2009.

MENDONÇA, José Vicente dos Santos. *Vedação do retrocesso*: o que é e como perder o medo. In: BINENBOJM, Gustavo (coord.). Direitos fundamentais. *Revista de Direito da Associação dos Procuradores do Novo Estado do Rio de Janeiro*, Rio de Janeiro: Lumen Juris, vol. XII, 2003.

MENEZES DIREITO, Carlos Alberto. *Manual do mandado de segurança*. 4. ed. Rio de Janeiro: Renovar, 2003.

MORAES, Alexandre de. *Direito constitucional*. 35. ed. São Paulo: Atlas, 2019.

MORAES, Maria Celina B.; TEPEDINO, Gustavo. A caminho de um direito civil constitucional. *Revista de Direito Civil*, São Paulo, n. 21, p. 65.

MOREL, René. *Traité elémentaire de procedure civile*. 1952.

NERY JR., Nelson. *Mandado de segurança coletivo*: instituto que não alterou a natureza do mandado de segurança já constante das Constituições anteriores: partidos políticos: *legitimidade ad causam*. Revista de Processo, n. 57, p. 150-158, jan.-mar. 1990. Rio de Janeiro: Forense, 2000.

NERY, Rosa Maria de Andrade. *Código de Processo Civil comentado e legislação extravagante*. 11. ed. São Paulo: RT, 2010.

NUNES, José de Castro. *Do mandado de segurança*. 8. ed. atual. por José de Aguiar Dias Rio de Janeiro: Forense, 1980.

NUNES, Castro. *Teoria e prática do Poder Judiciário*. Rio de Janeiro: Forense, 1943.

PACHECO, José da Silva. *Mandado de segurança e outras ações constitucionais típicas*. 6. ed. São Paulo: RT, 2012.

PERLINGIERI, Pietro. *Perfis do direito civil*. São Paulo: Martins Fontes, 1997.

PONTES DE MIRANDA. *Comentários ao Código de Processo Civil*. 1949. v. V.

RECASÉNS SICHES. *Nueva filosofía de la interpretación*, México, 1980.

REIS, José Alberto dos. *Comentários ao Código de Processo Civil*. 1946. v. 36.

ROCCO, Ugo. *L'Autorità della Cosa Giudicata e i suoi limitti soggettivi*, 1917.

SARLET, Ingo Wolfgang. *A eficácia dos direitos fundamentais*. 5. ed. Porto Alegre: Livraria do Advogado, 2009.

SARLET, Ingo Wolfgang. *A eficácia dos direitos fundamentais*: uma teoria geral dos direitos fundamentais na perspectiva constitucional. 10. ed. Porto Alegre: Livraria do Advogado, 2010.

SARLET, Ingo Wolfgang. *Eficácia dos direitos fundamentais*. 8. ed. Porto Alegre: Livraria do Advogado, 2007.

SARMENTO, Daniel (Org.). *Filosofia e teoria constitucional contemporânea*. Rio de Janeiro: Lumen Juris, 2009.

SCARPINELLA BUENO, Cassio. *A nova Lei do Mandado de Segurança*. São Paulo: Saraiva.

SCHONKE. *Elementos de derecho procesal civil*. Madrid: Bosch, s/a.

SEABRA FAGUNDES. *Dos recursos ordinários em matéria civil*. 1946.

SILVA, Irapuã Santana do Nascimento da Silva. MP tem legitimidade para propor ação sobre direitos individuais homogêneos. Disponível em: <https://www.conjur.com.br/2014-ago-27/irapua-santana-mp-defender-direitos-individuais-homogeneos>. Acesso em: 10 maio 2019.

SILVA, José Afonso da. *Curso de direito constitucional positivo*. 18. ed. São Paulo: Malheiros, 2000.

SILVA, José Afonso da. *Curso de Direito Constitucional Positivo*. 37. ed. São Paulo: Malheiros, 2014.

SILVA, José Afonso da. *Do recurso extraordinário no direito brasileiro*, 1963.

SILVA, Ovídio Baptista da. *Curso de processo civil*. Porto Alegre: Fabris, 1990. v. II.

SILVA, Ovídio Baptista da. Mandado de segurança: meio idôneo para a defesa de interesses difusos? *Revista de Processo*, n. 60, p. 131-145, out.-dez. 1990.

SOARES, José de Ribamar Barreiros. A justiça administrativa no direito comparado. *Revista de Informação Legislativa*, Brasília, ano 38, n. 152, out.-dez. 2001. Disponível em: <http://www2.senado.gov.br/bdsf/item/id/721>. Acesso em: out. 2012.

SODRÉ, Eduardo. *Mandado de Segurança Individual*. In: DIDIER JR., Fredie. *Ações Constitucionais*. 5. ed. Salvador: JusPodivm, 2011.

SÜSSEKIND, Arnaldo et al. *Instituições de direito do trabalho*. 19. ed. São Paulo: LTr, 2000. v. II.

TARUFFO, Michele. Leyendo a Ferrajoli: consideraciones sobre la jurisdicción. *Páginas sobre justicia civil*. Madrid: Marcial Pons, 2009.

TEPEDINO, Gustavo. O Código Civil, os chamados microssistemas e a Constituição: premissas para uma reforma legislativa. In: TEPEDINO, Gustavo (Org.). *Problemas de direito civil-constitucional*. Rio de Janeiro: Renovar, 2001.

TEPEDINO, Gustavo et al. *Código Civil interpretado conforme a Constituição da República*. Rio de Janeiro: Renovar, 2004. v. I.

THEODORO JÚNIOR, Humberto. *Processo de conhecimento*. Rio de Janeiro: Forense, 1984. p. 182.

TROCKER, Nicolò; VARANO, Vincenzo. *The reforms of civil procedure in comparative perspective*. Torino: Giappichelli, 2005.

TUPINAMBÁ, Carolina. Novas tendências de participação processual – o *amicus curiae* no anteprojeto do novo CPC. In: FUX, Luiz. *O novo processo civil brasileiro*: direito em expectativa. Rio de Janeiro: Forense, 2011.

VELLOSO, Carlos Mário. As novas garantias constitucionais. *Revista dos Tribunais*, v. 644, p. 11.

VIDIGAL, Luis Eulálio Bueno. *Mandado de segurança*, São Paulo, 1953.

WALD, Arnoldo. *Do mandado de segurança na prática judiciária*. 4. ed. Rio de Janeiro: Forense, 2003.

ZANETI JR., Hermes. Mandado de Segurança Coletivo. In: JR. DIDIER, Fredie. *Ações Constitucionais*. 5. ed. Salvador: JusPodivm, 2011.